◇真良の日精潔の騎の配置図

I w a t a n i Y u k i

岩谷行雄

日精潔(ひみこ) 杵原(みはら) 矢馬初国(やまいくに)

本居宣長への鎮魂歌

H i m i k o ・ M i h a r a ・ Y a m a i k u n

新葉館出版

日精潔・柞原・矢馬初国 ■ 目次

王統　一六代倭王、　為故　日精潔の為故、　譜　日精潔の譜、　手引　安麻の手引

日精潔・柞原・矢馬初国

本居宣長への鎮魂歌

無数の歌人達が祈願したのは、祈りが露呈しても関係図書を焚書されない時の到来を信じ、暗号が解読受容され、真実の伝搬と神日精潔へ祈りを奉げる、即ち後世の倭人が自分達の神と国を取り戻すことである。日精潔の形容は上媛、白雪の人、目瞠れり、惹きつける神様、高根の花、見目良い姫神である。

◇史実の検証　和歌の検索　源順(みなもとしたごふ)＋干支

年表（太字網掛　拙著『邪馬壹国讃歌』記載済、安麻、記、源氏＝四桁番号、道行、玉鉾は『卑弥呼の一生』（以下旧著という）

○二五年　倭国建国・柱丸(ふこづる)即位（六〇年　死亡（庚申(かのえさる)）一〇四九、一四〇六番、墓　広島・早稲田神社）

（乙酉(きのととり)）○五四六、一五五一番「初建乙酉」（日精潔の為故）

あともなくしがのみやこはふりにしをそれかとさけるかきつばたかな①

きのととりみやそなふこづるはくにはたをかかげしれしあもさかかな

（乙酉）宮夫が名　柱丸は国旗を掲げ知れし吾もさ書かな

かりひとののいるののあさぢふみしだきなくやうづらのとこものこらず⑥

きのととりみやのうしたふこづるくなのものこらすちかひあいのらさ

（乙酉）宮の相食　柱丸　槌(くな)の者懲らす誓ひ吾祈らさ

みなづきのそらよりふりしゆきにこそあとたれけりとよにもしらるれ⑭

きのととりにそなふこづるらあらきみだれけりよしりしにもよゆれそ

（乙酉）に　夫名柱丸等荒き乱れけり世知りしにも世揺れそ

※相食（夫の墓　牛田早稲田神社の弥生墳墓は有名。旧著一九三・三九三頁）

一四七年　槇也(しき)（昭の父）死亡

（丁亥(ひのとゐ)）○八二〇番

いそげたごゆきあひのわせのふしたつなますかゐころもみしぶつくとも②
ひのとゐわそころたのしたももせつげますしきこふみつがいなくあゆふ
（丁亥）　倭　祖梢口の下百年継げます槙也　子挑者　が逝なく　吾言う

一八三年　日精潔　生誕
（癸亥（みづのとゐ））○二三二、○二九〇、一一四五、一一六一番（安麻〇八）
いくかへりそめていろこきくれなゐのふみみしあともいまはたえつつ⑫
みづのとゐあいくなころしたえいきもいかはべりくれふまでみつめそ
（癸亥）　吾初　槌殺し耐え生き　馬壬川縁暮ふまで見つめそ

一九一年　擦（きき）即位
（辛未（かのとひつじ））○八二五番
たぐひとてわがすむやどのかべにおふるみなしごぐさもあはれいつまで⑨
かのとひつじわくにがみやれいはたてさふこなともおへむまですあくる
（辛未）　倭国が宮明昭-立てさふ　子名朋追へむまで　主　明る

二〇〇年　擦（きき）死亡
（庚辰（かのえたつ））○一九七番
としふともこすのきけきのたえまよりみえししなひはおもかげにたつ⑮
かのえたつひみことえおはしますききのにししよりともだけもふけな

1　而夫而月而日而象而光而明而昭而以而青而内　明昭（佐賀吉野ヶ里町、石動四本松遺跡甕棺墓出土連弧文昭明鏡）（旧著四一〇頁）

（庚辰）　日精潔と会おはします擦　野に死ししより朋だけ儲けな

二〇四年　日精潔三原の都の野で「さても能地かな」と述べる

（甲申（きのえさる））　〇八二七番（安麻二七）

たまもかるのじまがさきにきりこめてゆふなみちどりこゑのみぞする⑤

きのえさるしまにきりかかりみなもみてこまとめのふぢだこゆするそ

（甲申）　島に霧かかり[2]　**水面見て駒止め　能地**[3]**だ　越ゆするぞ**

二一五年　朋死亡

（乙未（きのとひつじ））　一三九二番

いつしかとあさひのさとをたちいでていそぎもはこぶみつぎものかな⑪

きのとひつじをかかあいのみこなはともいそぎたちつさてさていふ

（乙未）　大好　吾初の御子　名は朋も急ぎ立ちつ　さてさて言ふ

二三一年　顛（さか）死亡　倭建君事　佐治矢麻閣拼（やまかくき）

（辛亥（かのとゐ））　〇三七五、〇五〇五、〇九〇一、一一二三、一一六三番（安麻三三）

さくらゐのこのしたかげにゆきふればころもでさむしせみはなけども③

かのとゐにくもははてせむさのこもたゆじろふこらさみしなげけれき

（辛亥）に真曽は果てせむ　さの子も絶ゆ　ヒ酉　子等寂し嘆けれき

2　三原名物霧隠し『邪馬壹国讃歌』一一七頁、「霧に隠れし三原の野」『邪馬壹国讃歌』三〇九・三一〇頁、二月の海霧は特に有名である（旧著一四三頁）

3　能地　三原市幸崎（旧著二四〇頁）

二三六年　倭建君事　西条御建(みたて)[4]に舘建設

（丙辰(ひのえたつ)）○八四○番

すべらぎのみことのすゑしきえせねばけふもひむろのおものたつなり④

ひのえたつのすゑみことじろふもききりのべおもならのせすげはねむ

（丙辰）の末　君事匕酉[5]**も木伐り延べ主な羅載せ捧げ跳ねむ**

二三九年　日精潔　槌・等閑の生波に燃える

（生波は日精潔の譜にある。初出は『邪馬壹国讃歌』（二○○二年三月）

（己未(つちのとひつじ)）（安麻三六）

いつしかとあさひのさとをたちいでていそぎもはこぶみつぎものかな⑪

つちのとひつじをかかあいみこともなはのさたもてていいさふききそ

（己未）大好　吾初　君事も生波の為故持てて言いさふ聞きそ

二五一年　倭建君事殺害　「喪還谷辛未」（日精潔の譜）　初余（牻）三原到着

（辛未(かのとひつじ)）○四六七、○九二一、一五一七番（安麻四○）（道行○五）

かりひとのいるののあさぢふみしだきなくやうづらのとこものこらず⑥

かのとひつじくなのうさこらすもののふみことやあたりいのちきらる

（辛未）　槌の憂さ懲らす武者君事　矢当たり命切らる

二五三年　日精潔身罷(みまか)る　「言祇癸酉丙」（日精潔の譜）　丙は夏（旧暦四月から六月）

4　東広島市西条町西条小字御建、四日市次郎丸村の字名で西条駅前東に御建神社があった（旧著二五四頁）。

5　一四代倭王匕酉は右注の通り次郎丸村に名を残す。因みに初代倭王八神(やがみ)は八神橋、二代七母は安造、四代七兆は広田、七代槙竹は沼田、九代青は青木、同杜尾は西谷、十二代朋は伴、十三代顛、真曽は御坂、三雲に名を残す。

（癸酉（みづのととり））○八一四、一一八四、一四九八番（安麻四二、玉鉾一八、道行一一）

おもふことみづぐきかはにかきながしみなとわたりのひとにみせばや⑨

ときみづのととりかかひみこははかなしもふなきにおくにみわたせや

とき（癸酉）　好日精潔は儚し喪　船木にお国見渡せや

二五七年　初余の擁立　年一三

（丁丑（ひのとうし））（安麻四八、道行二一）

こひすともつひにあふせをいのるかなこれをばうけよみたらしのかみ⑬

ひのとうしいよかみのなひふをここみはらにつげれせたるをもあかす

（丁丑）　初余　神の栄をここ三原に継げれせたるをも明かす

二六五年　日精潔の大冢　三原市本郷町新高山頂上に完成

（乙酉（きのととり））○二三六七、一三六七、一五四一番

かちひとのみちをぞおもふやましなのこはたのさとのあきのゆふぎり⑨

きのととりひみこおちのちふなきやまのはかのさたのじをもあゆふそ

（乙酉）　日精潔落ち　後船木山の墓の為故の字をも吾言ふぞ

二八五年　槌三原での統治開始（国譲）

（乙巳（きのとみ））（安麻五八、玉鉾一一）

かぜあらきなみやたかしのはまちどりふみかよひこしあともたえゆく⑦

きのとみくながかちみはらひもやしこたえせあとまたよしりあがゆふ

（乙巳）　槌が勝ち　三原火燃やし　子絶えせ　後又世知り　吾が言ふ

◇夫木（ふぼく）和歌抄　検索　源順（この名を一七三八七首中二二七首が含む。一・三一%）

一三一〇年頃　勝間田長清撰

あ**ともなくし**がの**みやこ**は**ふ**りにしをそれかとさけるかきつば**た**かな[6]藤原為家

いそげ**たご**ゆきあひのわせの**ふし**たつ**な**ますかゐころ**もみ**しぶつく**と**も[7]藤原仲実

さくらゐの**こ**の**した**かげにゆき**ふ**ればころ**も**でさむしせ**み**は**な**け**ど**も[8]源俊頼

すべらぎの**みこと**のすゑ**し**きえせねばけ**ふも**ひむろのおもの**た**つ**な**り[9]源俊頼（散木奇歌集　四〇七頁）

たまもかるの**じ**まがさきにきり**こ**めてゆ**ふなみ**ち**ど**りこえのみぞする[10]源師光

かりひ**と**のいるののあさぢ**ふみしだ**き**な**くやうづらのと**こも**のこらず[11]順徳院

かぜあらき**なみ**や**た**か**し**のはまち**ど**り**ふ**みかよひ**こ**しあと**も**たえゆく[12]藤原俊成女（建保名所百首）

お**もふことみ**づぐきかはにかき**な**が**し**みなとわ**た**りのひとにみせばや[13]藤原忠通

---

6 ①〇一九九八　跡もなく志賀のみやこはふりにしをそれかと咲けるかきつばたかな（『新編国歌大観』第二巻　一九八四年三月一五日　角川書店発行　五一八頁）

7 ②〇二五七三　いそげたごゆきあひのわせのふしたつな麻須香井衣みしぶつくとも（同五二九頁）

8 ③〇三六九二　さくら井の木の下陰に雪ふれば衣手さむしせみはなけども（同五五一頁）

9 ④〇三七一〇　すべらぎのみことのすゑしきえせねばけふもひむろのおものたつなり（同五五一頁）

10 ⑤〇五三七七　たまもかる野島がさきに霧こめて夕波ちどりこえのみぞする（同五八四頁）

11 ⑥〇五六五一　かり人のいる野のあさぢふみしだきなくやうづらのとこものこらず（同五九〇頁）

12 ⑦〇六九二二　風あらきなみやたかしのはまちどりふみかよひこしあともたえ行く（同六一五頁）　四六三頁

13 ⑧一一二六七　思ふ事水ぐき河にかきながしみなとわたりのひとに見せばや（同七一七頁）

たぐひとてわがすむやどのかべにおふるみなしごぐさもあはれいつまで[14]藤原家隆
かちひとのみちをぞおもふやましなのこはたのさとのあきのゆふぎり[15]九条良経（新続古今集三二六頁）
いつしかとあさひのさとをたちいでていそぎもはこぶみつぎものかな[16]藤原顕輔
いくかへりそめていろこきくれなゐのふみみしあともいまはたえつつ[17]藤原家良
こひすともつひにあふせをいのるかなこれをばうけよみたらしのかみ[18]野宮左大臣徳大寺公継
みなづきのそらよりふりしゆきにこそあとたれけりとよにもしらるれ[19]五条為実
としふともこすのきけきのたえまよりみえししなひはおもかげにたつ[20]源俊頼

◆王統の検証　『卑弥呼の一生』一〇頁

撫田（やぎろ）
（嫁　椎澡（にぎ））──①**夫**（そ）（**柱丸**（ふこづる）　**相食**（うした）　**八神**（やしん））
（嫁　畑羽（しの））──②**月**（げつ）（**七母**（やすとき））──③**日**（にち）──④**象**（のり）（**七兆**（ひろた））──⑤**光**（こお）（**輝**）──□──⑥**明**（めひ）

---

14 ⑨一三三三七　たぐひとてわがすむ宿のかべにおふるみなしごぐさもあはれいつまで（同七六六頁）
15 ⑩一四七三五　かち人のみちをぞおもふ山しなのこはたのさとの秋の夕霧（同七九八頁）（『和歌文学大系一二　新続古今和歌集』一〇八頁掲載）　人の道（五二六頁　必読）
16 ⑪一四七六七　いつしかとあさ日のさとをたちいでていそぎもはこぶみつぎ物かな（同七九八頁）
17 ⑫一五〇七六　いくかへり染めて色こきくれなゐのふみみしあともいまはたえつつ（同八〇六頁）
18 ⑬一六〇六七　こひすともつひにあふせをいのるかなこれをばうけよみたらしの神（同八三〇頁）
19 ⑭一六〇八四　みなづきのそらよりふりし雪にこそあとたれけりと世にもしらるれ（同八三〇頁）
20 ⑮一七二一五　としふともこすのきけきのたえまより見えししなひはおもかげにたつ（同八五四頁）

梢口(ころた)―□―□―枷(そし)―槙也(しき)―⑦**昭**(しょふ)（**槙竹**(ぬまた)　**挑者**(ふみつ)）―

（嫁　栭突(きは)）（嫁　笹里(やづ)）―柿子(ゆろ)―末木(たる)

⑧**以**（師**麻等**(とと)　師升等　**闞**　母　笹里）

（嫁　**杍朋**(りく)　妹は**棹止**(わだ)）―⑨青（**優露**(やすつる)　**杜尾**(いろの)）

（嫁　末木(たる)　柿子(ゆろ)の娘）

（嫁　矢雨(つる)）―⑬**顚**(さか)（**真曽**(くも)）

（嫁　江白(すし)　栗女(まさ)の姪）―絡兆(なつゑ)（君事の嫁）

（嫁　栗女(まさ)）―⑩**内**（**杖丸**　**隼響**(をぢ)）

（嫁　藻女(もる)　父　相也(ほつは)　母　槁奴(すなみ)）―棟矢(うるとき)

栄Ⅱ(なひふ)日精潔(ひみこ)（吾初(あい)　大好　柞重栄Ⅰ(きくひめなひふ)は従姉　馳言(あまてら)）―⑫**朋**(とも)

（夫　⑪**擦**(きき)　**明昭**(れいは)　**泄**(しっ)　父　易也他(そほや)に嫁栂桃(から)　母　棹止(わだ)）

⑭**君事**(みこと)（雄隼(をせ)　**絡母**(ためざね)　建(たける)　**匕酋**(じろふまる)）

（嫁　絡兆）

（嫁　相土(ほのそみ)）

絡露(ためすけ)―昌母(すけざね)

奴予(とばせ)

（婿　亘(わたり)）

槙尓(ふつまる)（棚市の養子(かみやす)）

⑯**絡路**(かせまる)（**七得**(たろふ)）

柱成(みそのほ)

柄反（しほる）
末梢（すす）―栄（なひふ）Ⅲ初余（いよ）（壹與）
（夫　武平（たけひら））
⑮定里（さだかつ）（矢也（やしぎ））
（嫁　体雨（よなえ）　母棹止　擦の姉）
棚市（かみやす）（棚柄（とら）　朋の嫁）
後母（くけぼ）

◇一七八七年　玉鉾百首　本居宣長　検索　為故　五〇九頁

いつまでかひかりかくらむひさかたのあめのいはとはただしばしこそ　夫夫（かの）（違う漢字を二つ重ねて明示）
ひさかたのあまつきひのかげはみじからのこころのくもしはれずば　月月（つき）（畑羽の子（しの））
あぢきなきなにのさかしらたまちはふかみいつかずておほろかにして　日日（じつ）
おもふことうたへばなきぬことだまのさきはふしるしまさしかりけり　象・朋象（ざふ）・朋（ききがこ）（擦が子（きき））
めかがやくたからのくにをことむけのかみのさとしはとふときろかも　光光（かがやく）（江戸期はこほはこふ）
くなたぶれうまこがつみもきためずてさかしらひとのせしはなにわざ　明明（から）
すめらぎにかみのよさせるみとしをしあくまでたべてあるがたぬしさ　槙竹槙竹（すぎとく）
つきさかきはいづのみたまとあめつちにいてりとほらすひのおほみかみ　麻等麻等（あさたひら）
いざこどもさかしらせずてたまぢはふかみのみしわざたすけまつろへ　杜尾・君事杜尾（ずみ）・君事（かしらじ）
をぢなきがまくるおもひてかみといへどひとにかたずといふがおろかさ　隼響・朋隼響（たかかふ）・朋（なかま）
いづのめのいつのみたまをえてしあらばからのまがれることさとりてん　泄泄（えい）（＝擦）
たなつもののもものくさきもあまてらすひのおおかみのめぐみえてこそ　真曽真曽（まそ）

ひさかたのあまつひつぎのみたからとみもとはなたぬやさかまがたま定里定里（さだひなびたば）

かまくらのたひらのあそがさかわざをうべおほきみのはからせりける絡路絡路（らくだひ）（相土（ほのそみ）から生べかり）

◇九六六年　源順馬名歌合　七四頁・一九四頁

くもまよりわけやいづらむひさかたのつきげそらよりかちてみゆるは夫夫（かの）

いでかたみとぶあしはらのつるぶちをなにはのあしげかへりみてゆく月月（がち）

あさぢふのとらげのみだるけしきにはあなよりがたのいとのくりげや日日（か）

みねのまつみどりのあけはなたかきをよるぬばたまのくろやなからむ象象（きば）

ほのぼのとやまのはのあけはしりいでてこのしたかげをすぎてゆくかな光光（あかり）

なにたかくふりてあめなるひばりかげいとどあらくぞまさるべらなる明明（あけ）

かたきまつみどりのあけにくらぶれはかみとぞみつるぬばたまのくろ槙竹槙竹（まきたけ）

しらいとのくりげひきでてみるからにふすあさぢふのとらげなりけり麻等麻等（あさら）（杼（りく）朋の夫）

ちりにけるはなのかすげもいろまさるにげにしあへばはかなかりけり杜尾杜尾（もりしり）

すまのあまのあさなあさなつむいそなぐさけふかちぶちはなみぞうちつる内内（なか）

くもまよりとふあしはらのつるふちになにはのあしけおひつかむやは泄泄（もる）

ひさかたのつきげそらよりわたるともあまのかはらげかげとどめてむ朋朋（つひ）

やまのはのあけてあさひのいづるにはまづこのしたのかげぞさきだつ顚顚（いただき）（母矢雨（つる））

ゆふかみのなりてわたらばおくれつつとりめはくものよそにこそみめ君事君事（かみよふ）

にけなくもくらぶめるかないちしるくにほひすぐれしはやきかすげに矢也矢也（しかな）

ゆふかみはとくもあらじをなにしおははかけるとりめをあはせざらまし絡路絡路（らくとふり）

◇九〇〇年代後半　源順百首　七五頁・一八七頁（一八七頁は欠　こもりゐの）

はるかなるひとまつほどはしのぶれどしるくやみゆるわがころもでは柱丸柱丸（じゅまる）

はづかしにひとにこころをつけしよりみそかながらにこひわたるかな月月（がつ）

こもりゐのこをしなづるはおもひたつちのえあらねはあるにぞありける日日（じつ）（象（のり）は子）

こひするにころもでひづしさるかそのあらびしぼりてみすべきものを象・光象（きざし）・光（ひかる）

うねびやまほのかにかすみたつからにはるめきにけるここちかもする明明（から）

はるたたばこほりとけなむぬまみづのしたこひしくもおもほゆるかな槙竹槙竹（しむたけ）

ひるまなくよるはすがらにたえずのみいしくらはらのしげきわがこひ以以（よる）

みそぎせしかものかはなみたつひよりまつのかぜこそふかくみえけれ青青（しょふ）（杼朋（りく）の子）

はるたたばまづまろうゑじこゆみづのえずはさひあしさてややみなん杖丸杖　丸（うつまろん・む）（妻　藻女）

いはしみづてにむすびつつわがきゐるこのしたかげもかれにけるかな泄泄（もる）（棹止（わだ）の子）

しのぶれといくそのあきのつみなれやしのびもあへずこひしかるらん朋朋（つひ）（棚市（かみやす）の夫）

もるやまになげきこるみはおともせでけぶりもたえぬおもひをぞたく真曽真曽（まそふ）

かくこひんものとしりせばひとめもるひとにこころをつくるみなれば君事君事（くんじ）（藻女（もる）の子）

かすみたつみむろのやまにさくはなはひとしれずこそちりぬべらなれ定里定　里（やく（約＝約束）り）

かみなづきしぐるるたびのやまごえにもみぢをかぜのたむけたるかな絡路絡路（つなぐみち）

◇一〇五〇年前後　赤染衛門集　検索　源順　四〇一頁

たよりにもこずはいかがはまたれましはなみつるともいふぞうれしき相食・朋相食（そふじき）・朋（なかま）

おもふことなきにもあらずたまかづらかみをばかけじいなわづらはし月月（がつ）

なげきこしみちのつゆにもまさりけりなれにしさとをこふるなみだは日日（じつ）

かひろふうらはなにともみえねどもみやこのかたみうれしかりけり七兆七兆（なのはか）（＝象）

こころぼそたれかけぶりとなるならんはるかにみゆるのべのともしび光光（ひかる）（象の子（のり））

わがためにきよとおもひしふぢごろもみにかへてそこかなしかりけれ明明（みょふ）

はることにきてもみよといふけしきあらばかすみをわけてはなもたづねむ挑者挑者（いどむこと）

ただならずよきみちしつることこそあれおもてならぶるけふはうれしな闕闕（おちる）（＝以）

をしむにしはなのちらずはけふもただはるゆくとこそよそにみましか杜尾杜尾（にしたにとじるみ）

ゆきちがふせきのこなたぞなげかしきいかになるみのうらぞとおもへば内内（なか）（以の子（い））

うせぬともみはなきならしふたついみはきみがとりつるなこそをしれ泄・君事泄（もれる）・君事（きみじ）

ゆきかへるひとにこころをそへたらばわがふるさとはみてもきなまし顚顚（たふる）

まことにやをばすてやまのつきはみなよにさらしなのあたりとおもふに矢也矢也（やなり）

たれとまたふみかよふらむうきはしのうかりしよひもうきこころかな七得七得（なのう）

◇一一三四年　為忠家初度百首　藤原為忠（藤原俊成姻戚）　検索　源順　四一六頁

ひとりしてものおもふやどのうづみびやしたにこがるるたぐひなるらむ八神八神（やがみ）（畑羽の夫（しの））

ますげおふるのべのぬまみづもらさじとさきこめてけるかきつばたかな月月（つき）（畑羽の子（しの））

かみなづきたつたのやまをすぎゆけばしぐれとともにこのはちりかふ日日（じつ）

きくひともなきものゆゑによぶこどりみみなしやまのたにになくなり象象（しょふ）

あかほしのあまたみゆるはこのまよりともしのかげのまがふなりけり光光（あかり）

たのむとはなげのことばにいひながらおもふけしきのみえばこそあらめ明明（あけ）

ふゆくればこゑもつららにとぢられておぼつかなしやたにかはのみづ　挑者　挑者（かかぐもの）

あふことはなにともしらずわたつうみのかめのますらにやくととふとも　麻等・朋　麻等（めとふ）（挑者の子（ふみつ））・朋（なかま）

あだびとのてもやおよふとをみなへしませをばとをくのけてこそゆへ　青　青（あを）（麻等の子（とと））

ながさはのひむろはみちのとほければけたてそなへむごとをしぞおもふ　隼響　隼響（たかこふ）

みをつめばたびのそらなるかりがねのなくたびごとにかなしとぞおもふ　泄　泄（もる）

ふるさとのみしよにだにもかはらずばこひしさのみぞなげきならまし　顚　顚（もと）（江白の夫（すし））

さみだれのなをふるとのみよるふねはふくとまごもしくちはてぬべし　君事　君事（ぬしじ）

やまぶしのたのむこのもとしぐれしてなみだとまらぬふゆはきにけり　矢也　矢也（ふむなり）

をひかぜにはしるふなともほのみえてむろつるおきはかすみこめたり　七得　七得（なのしる）

◇一一八八年　千載和歌集・藤原俊成　一二一二頁

きふねかはたまちるせぜのいはなみにこほりをくだくあきのよのつき　柱丸　柱（き木きみ主）丸（たま）（母椎滐（にぎ））

むさしののほりかねのゐもあるものをうれしくみづのちかづきにける　月　月（つき）

すぎぬるかよはのねざめのほととぎすこゑはまくらにあるここちして　日　日（か）

うきゆめはなごりまでこそかなしけれこのよののちもなほやなげかむ　象　象（きば）

つきさゆるこほりのうゑにあられふりこころくだくるたまがはのさと　光　光（あかり）（象の子（のり））

はるのよはのきばのむめをもるつきのひかりもかほるここちこそすれ　明　明（つきはかをもち）（月日を持ち（つきはか））

いたづらにふりぬるみをもすみよしのまつはさりともあはれしるらむ　挑者　挑者（いどむもの）

よのなかよみちこそなけれおもひいるやまのをくにもしかぞなくなる　以　以（もちひる）

しきしのぶとこだにたえぬなみだにもこひはくちせぬものにぞありける　青　青（はる）（杼朋の子（りく））

をくやまのいはがきぬまのうきぬなはふかきこひぢになにみだれけん内内（以の子）

すみわびてみをかくすべきやまざとにあまりくまなきよはのつきかな擦擦

さみだれはたくものけぶりうちしめりしほたれまさるすまのうらひと朋朋

ふりにけりむかしをしらばさくらばなちりのすゑをもあはれとはみよ顚顚（江白の夫）

あふことはみをかへてともまつべきをよよをへだてんほどぞかなしき君事君事

おもひきやしぢのはしがきかきつめてももよもおなじまろねせむとは矢也矢也

さらにまたはなぞふりしくわしのやまのりのむしろのくれがたのそら七得七得

◇一一〇〇年代後半　頼政集　源頼政

検索　源順　四二三頁

よとともにおつるなみだやこひしてふわがことくさのつゆとなるらん柱丸柱丸＝八神（八神一〇頁注五）

あやなしやひとをこふらむなみだゆゑよそのたもとをけさしぼりつつ月月（八神の子）

おもへどもいはてしのぶのすりころもこころのうちにみだれぬるかな日・杜尾日・杜尾

こひしなむのちはけぶりとのぼりなばなみだしぐるるくもとやならん象象

みなもとはおなじこずゑのはななればにほふあたりのなつかしきかな光光

またもなきあきをこよひはをしめとやみにそふこひのかたさりにけん明明

いまはただみをうらみつつなくものをしひてこふとやいもはきくらん挑者挑者

まことにやうらみのはしをつくりいでてこひわたるともあはじてふなり麻等麻等（挑者の子）

もろこしのはなをわたしのふねよりもあやふきみちはゆかしとぞおもふ隼響隼（隹十）響

このよにはことはもふみもかきたえてかねにつてあることぞかなしき擦擦（手に察）＝泄

しのぶとはきみもかつしることなれどいかにかおもふとはぬたえまを朋朋（泄の子）

こひしさはとまりもしらでゆくふねのゆにかくものはなみだなりけり　**顚**顚（もと）

なきくだれふじのたかねのほとときすすそののみちはこゐもおよばず　**君事**君事（すじ）

わかれにしくもゐをこふるあしたづはさはべにひとりねをのみぞなく　**定里**定里（なるり）〔日精潔（ひみこ）の弟（と）〕

なにかそのきみがしたひもむすぶらんこころしとけばそれもとけなん　**七得**七得（ななとけむ）〔君事（みこと）の子〕

◇一一〇〇年代末　山家集　西行　検索　源順　四五三頁

あはれしるひとみたらばとおもふかなたびねのとこにやどるつきかげ　**柱丸**柱丸（はしらかけなひ）＝夫

こととなくきみこひわたるはしのうへにあらそふものはつきのかげのみ　**月**月（じく）〔夫の子（そ）〕

いにしへをこふるなみだのいろににてたもとにちるはもみぢなりけり　**日**日（いにしへ）

よしなしなあらそふことをたてにしていかりをのみもむすぶこころは　**象**象（ぞふ）

をみなへしいろめくのべにふればはんたもとにつゆやこぼれかかると　**光**光（みつ）

あやにくにひとめもしらぬなみだかなたへぬこころにしのぶかひなく　**明**明（あく）

ほととぎすしのぶうつきもすぎにしをなほこゑをしむさみだれのころ　**挑者**挑者（うすしもの）〔**梢口**　梢（こずゑ）口（を）に届きし（ころたむな）〕

したふあきはつゆもとまらぬみやこへとなどていそぎしふなでなるらん　**麻等**麻等（まとふ）〔妹矢雨（つる）〕

にはになかすしみづのすゑをせきとめてかどたやしなふころにもあるかな　**優露**優　露（しなたかしろ）〔麻等の子（とと）〕

みちもなしやどはこのはにうづもれぬまだきせさするふゆごもりかな　**内・泄**内（なか）・泄（もれぬ）

このまもるつきのかげともみゆるかなはだらにふれるにはのしらゆき　**朋**朋（なかま）

はなをみしむかしのこころあらためてよしののさとにすまむとぞおもふ　**顚**顚（あたま）〔麻等の子（とと）〕

なみたかきあしやのおきをかへるふねのことなくてよをすぎんとぞおもふ　**君事**君事（くんじ）

つれもなきひとにみせばやさくらばなかぜにしたがふこころよはさを　**定里**定里（じょふさと）

こころにはしのぶとおもふかひもなくしるきはこひのなみだなりけり　七得　七得(ななしる)（君事(みこと)の子）

◇一二一五年　建保名所百首　検索　源順　四六三頁

よとともにしのぶこころのあらはれてたえずぞかかるそでのうらなみ　夫　夫(ふ)

みちのくのしのぶのやまのおくとてもおなじけふこそはるはたつらめ　月　月(じく)（夫(そ)の子）

ちえにおもふことのはしげみほととぎすなくやしのだのもりのしたつゆ　日・矢也　日(じつ)・矢也(しなり)（君事(みこと)の弟）

わするねよなれのみここにすみだがはわかおもふかたのとりのなもうし　象　象(すがた)

かりてほすあまのしわざもとことはにたえずみるめやをふのうらなみ　光・麻等　光(あかり)・麻等(めら)（栗女(まさ)の夫）

さとのなもひとのこころもあれまくやふしみのよそにゆめぢたえつつ　明　明(あく)

なにゆゑかそこのみるめもをふのうらにあふことなしのなにはたつらん　挑者　挑者(たふもの)

かぜあらきなみやたかしのはまちどりふみかよひこしあともたえぬる　青　青(みどり)

おもふひとなみのをちかたたづぬべきさののふなはしえやはうごかん　隼響　隼響(はやぶさかふ)

としくるるふゆもいなばのみねのゆきまつとばしるやまたかへりこん　泄・君事　泄(もる)・君事(くんじ)

あふさかをけふこえぬともみちのくのをだえのはしのすゑのしらなみ　朋　朋(たから)

こしかたもなほゆくすゑもふるゆきにあとこそみえねかへるやまひと　真曽　真曽(まそふ)

さみだれにゐなののをざさつゆなれてこころもとなくあきをこふらし　七得　七得(ななとく)

◇一二三五年　新勅撰和歌集　検索　源順　二四一頁

もろひとのうづもれぬなをうれしとやこけのしたにもけふはみるらむ　相食　相食(みるはむ)（畑羽(しの)の夫）

かつしかのままのうらまをこぐふねのふなひとさわぐなみたつらしも　相食　相食(さふくらふ)

かへりみるやどはかすみにへだたりてはなのところにけふもくらしつ月月（じく）

みにつもるおいともしらでながめこしつきさへかげのかたぶきにける月月（つき）

たちはなれこはぎがはらになくしかはみちふみまどふともやこひしき日日（ひ）

ふかからじみなせのかはのうもれぎはしたのこひぢにとしふりぬとも日日（ひ）

むかしおもふなみだのそこにやどしてぞつきをばそでのものとしりぬる象象（ぞふ）

しらくものここのへにたつみねなればおほうちやまといふにぞありける象象（ぞふ）（光は子（こほ））

たかしまやみをのそまやまあとたえてこほりもゆきもふかきふゆかな光光（あかり）

ゆふしでやかみのみやびとたまさかにもりいでしよははなほぞこひしき光光（ひかり）

かすみしくこのめはるさめふるごとにはなのたもとはほころびにけり明明（かみ）（光の子の子（こほ））

あつめこしほたるもゆきもとしふれどみをばてらさぬひかりなりけり明明（あかり）

あふさかのなをはたのみてこしかどもへだつるせきのつらくもあるかな挑者挑者（かかぐもの）

ものおもふにつきみることはたえねどもながめてのみもあかしつるかな挑者 挑者（かきたてるもの）

あふことをたまのをにするみにしあればたゆるをいかがなしとおもはぬ麻等麻等（まはかる）（＝以）

ことのねのはるのしらべにきこゆればかすみたなびくそらかとぞおもふ麻等 麻等（しびれるら）

あふことはしのぶのころもあはれなどまれなるいろにみだれそめけむ杜尾杜尾（とじるみ）

ひとごころこのはふりしくえにしあればなみだのかはもいろかはりけり杜尾杜尾（もりみ）（杍朋の子（りく））

つきのうちのかつらのえだをおもふとやなみだのしぐれふるここちする隼響隼響（たかこふ）（内内同じ（だふ））

なににてかうちもはらはむきみこふとなみだにそではくちにしものを隼響隼響内（たかこふ）（妻藻女（もる）、為故の「母」）

いはでのみおもふこころをしるひとはありやなしやとたれにとはまし明昭明 昭（ひまやみなし）（＝擦）

いかたじのこすてにつもるとしなみのけふのくれをもしらぬはかなさ明昭明 昭（からしづかな）

ふるさとのもとあらのこはぎいたづらにみるひとなしにさきかちるらん　朋朋(たから)（擦の子(きき)）
わがとこのまくらもいかにおもふらんなみだかからぬよはしなければ　朋朋(なかま)
のちのよのみをしるあめのかきくもりこけのたもとにふらぬひぞなき　真曽真(たぶらかしなき)曽(そ)
ひさかたいのくもゐにみえしいこまやまはるはかすみのふもとなりけり　真曽真(ま)曽(かさなる)（以の子(い)）
をとめごのそでふるゆきのしろたへによしののみやはさえぬひもなし　君事君(ぬし)事(じ)
あたらしきとしにそへてもかはらねばこふるこころぞかたみなりける　君事君(かた)事(じ)
おしなべてこのめもいまははるかぜのふくかたみゆるあをやぎのいと　矢也矢(かふ)也(かな)（藻女の子(もる)）
おもふこといはでぞただにやみぬべきわれとひとしきひとしなければ　矢也矢(しと)也(は)
としをへてものおもふひとのからごろもそでやなみだのとまりなるらん　七得七(なな)得(しる)
たのもしなきみきみにますときにあひてこころのいろをふでにそめつる　七得七(なの)得(しる)（君事の子(みこと)）

◇一二六五年　白河殿七百首　検索　源順　四七八頁

しほみたぬあふみのうみもさみだれにいりぬるいそとなれるころかな　相食相(みる)食(たふ)
わかひぢをまくらにしつつおもふかなげにたのしみはこれにすぎしと　月月(つき)（日は子(にち)）
さりともなしたにこころはかよふらむしのふのやまのみちとほくとも　日日(か)
こころやるかただにぞなきをくるまのわがみをうしとおもふばかりに　象象(きば)
なみだのみなほもふるかなかみなつきしぐるるころもたゆむたもとに　光光(みつ)
うきみよにたちこそめくれすてふねのひくひともなしとなにうらみけむ　明明(みよふ)
みてもまたおいとなるみのかなしさにこころにしたふやまのはのつき　挑者・朋挑(いじる)者(しゃ)・朋(なかま)
ことにいてぬこころのおくのみだれにもしのぶのさとはあるかひもなし　以以(もて)（＝闕）

しらせてもかひやなからむおもふことつげのをぐしのなをたのみつつ青青（しゃふ）（闕（けつ）の子）
けふのみといそくやたごのてもたゆくちまちのなへのふしたたぬまを隼響隼響（しゅこふ）
いそぐともここにやけふもくらさましみてすぎかたきはなのしたかげ擦擦（こす）
ひとこころさもうきくさのねをたえてさそふなみだのしるべだになし真曽真曽（ただしそふ）
ねのひとてけふひきそふるこまつばらこだかきまでをみるよしもがな君事君事（こふじ）
ときしあればさつきのせみのはごろものたもとにほふあやめくさかな定里定里（じゃふさと）
あじろきにただよふなみのわればかりこころくだけてものおもへとや七得七得（なのとく）

◇一二七八年　続拾遺和歌集　検索　源順　一二五八頁

なにゆゑとこころのとはむこともうしつらきをしたふそでのなみだは相食相食（そふはむ）（＝夫［椎澡（にぎ）の子］）
いはでおもふこころひとつのたのみこそしられぬなかのいのちなりけれ月月（がち）（夫（そ）の子）
たがかよふみちのせきとかなりぬらんよひよひごとにつもるしらゆき日日（じつ）
しられじなくゆるけぶりのたえずのみこころにけたぬおもひありとも象象（たる）
ありあけはなほぞかなしきあふまでのかたみとてこそつきはみれども光光（みつ）
もろはくさひきつらねたるけふこそはながきためしとかみもしるらめ明明（から）
たれもみなおなじよにこそふるゆきのわれひとりやはみちなかるべき昭昭（ひかる）
ふることはかたくなるともかたみなるあとはいまこむよにもわすれじ以以（ともに）
いつとてもなみだのあめはをやまねどけふはこころのくもまだになし杜尾杜尾（とづみ）
ぬるがうちにげにあふこともなきゆめをいかにみしよりたのみそめけん内内（なか）（以（い）の子）
たづねきてまことのみちにあひぬるもまよふこころぞしるべなりける泄泄（もる）

としふれどこひしきことにそでぬれてものわすれせぬわがなみだかな**朋**朋（どふし）（日精潔（ひみこ）の子）
かみしまのなみのしらゆふかけまくもかしこきみよのためしとぞみる**真曽**真曽（まそふ）
もらさじとおもふこころやせきかへすなみだのかはにかくるしがらみ**匕酋**匕酋（さじすぐる）（の子奴予（とばせ））
あふことはかけてもいはじあだなみのこゆるにやすきすゑのまつやま**矢也**矢也（やのは）（以（い）の孫）
みわたせばかすみしほどのやまもなしふしみのくれのさみだれのころ**七得**七得（なのとく）

◆一三〇四年　新後撰和歌集　検索　源順　二八九頁

しのぶれどものおもふひとはうきくものそらにこひするなをのみぞたつ柱丸柱（はしらひとをのぞみになす）　丸（＝夫）
ねのひとてけふひきそむるこまつばらこだかきまでをみるよしもがな**柱丸**柱丸（ことじがむ）
なにとまたかぜふくごとにうらみてもはなにしられぬものおもふらむ相食相食（ともくらふ）
うつつにはあふよもしらずみるゆめをはかなしとてはたのみこそせめ**相食**相食（そふかじる）
ころもでにつつみしたまのあらはれてうらなくひとにみゆるけふかな月月（がつ）（相食の子（うした））
なつくさのことしげきよにまよひてもなほすゑたのむをののふるみち**月**月（じく）
なとりかはせぜにありてふうもれぎもふちにぞしづむさみだれのころ日日（じっ）
たのむことふかしといはばわたつうみもかへりてあさくなりぬべきかな象象（きば）
たれもみなむかしをしのぶことわりのあるにすぎてもぬるるそでかな**象**象（ぞふ）
こほりしもおなじこころのみづなれはまたうちとくるはるにあふかな光光（あかり）
よよのあとになほたちこゆるおいのなみよりけんとしはけふのためかも**光**光（あかり）
たのめおくふるさとひとのあともなしふかきこのはのしものしたみち明明（あく）
なみだこそしのはよそにみえずともおさふるそでをひとやとがめん**明**明（みん）

むつのみちまよふとおもふこころこそたちかへりてはしるべなりけれ挑者挑者（夫の弟梢口縁り）

こひしのぶむかしのあきのつきかげをこけのたもとのなみだにぞみる挑者　挑者（槙也の子）

とどまらぬあきこそあらめうたてなどもみぢをさへにさそふあらしぞ麻等麻等

おもふことたねしあればとたのみてもまつのねたくやあはでやみなん麻等麻等（挑者の子）

やまざとはそでのもみぢのいろぞこきむかしをこふるあきのなみだに杜尾杜尾

たかさごのをのへのかすみたちぬれどなほふりつもるまつのしらゆき隼響隼　響

をしへおくのりのみちしはふみみればつゆもあだなることのはぞなき隼響　隼（隹下十）響

かねてだにうつろふとみしかみなびのもりのこのはにしぐれふるなり泄泄

たづねてもゆくへしるべきちぎりかはもろこしふねのあとのしらなみ泄泄

としをへてなほいくはるもみかさやまこだかくかかれまつのふぢなみ朋朋（大好の子）

いたづらになのみながれていさやまたあふせもしらぬとこのやまかは朋朋

しられじなかすみにこめてかげろふのをののわかくさしたにもゆとも真曽　真　曽

ちぎりしをひとのまこととたのみてもまたいかならむゆふぐれのそら真曽真曽（以の子）

ほたるとぶなにはのこやのふくるよにたかぬあしびのかげもみえけり建建（日精潔の弟）

ふるさとのおもかげそひしよはのつきまたもろこしのかたみなりけり建建＝君事

やまたかみけふはふもとになりにけりきのふわけこしみねのしらくも矢也矢也

ながらへてまたあふこともしらぬみはこれやかたみのありあけのつき矢也矢也

たびころもしをれぬみちはなけれどもなほつゆふかしさやのなかやま七得七　得

せきかぬるなみだはあらじもろともにしのぶはおなじこころなりとも七得七得（君事の子）

以上一七頁からの囲い字で王統の血筋を明確にしたことになる。

◇日精潔の為故の検証

日精潔作成　癸酉（二五三年）『卑弥呼の一生』九頁

射矢（いるや（槌・等閑国））　白（しろ（矢馬初国））　立（たつ）　柞原（三原）　生（なま（守る））　日精潔（ひみこ）　会（え）　君事（みこと）　船生之畑月（船木のはたけづき）　柱丸（ふこづる）　初建（はじめてたてぬ）　乙酉（きのととり）　酉金（みたて）

羅（ら（国を委ねぬ））　九矢丸（くしまる（九人の君））　日精潔　相無（さなし）　生（なま（燃ゆ））　去（さる（喪））　宮（みや）　擦（きき）　尾掟止（をのり（夢）やむ）　克男立（かつをとこ（朋）たてむ）　顚（さか）　好山（このむやま）　為民（ためたみ（槌））

女無路（をなごなきろ（戦））　母明（ははすぐる）　募声（つのるこゑ）　大好（をかか）　声聞（こゑきこえる）　相之（あひの）　栄（なひふ）　畝籠（うねのろふ（豊か極めせれる宮））　代（よ）　高羽（たかう）　目露（ゆえつかれる）　総根（ふさね）

尊（そん）　生言（きのさき（城ノ前））　米栗（ななら）　喪（も）　矢馬初国（やまいくに）　柞原　日精潔

◇一七八七年　玉鉾百首　本居宣長　五〇五頁

からひとのしわざならひてかざらひておもふまごころいつはるべしや射射（しゃ）一

ちはやぶるかみのこころをなごめずはやそのまがことなにとのがれむ矢矢（ふん（む））二

あなかしこよもつへぐひのまがよりぞもろもろのまがおこりそめける白白（よがあける）三

めかがやくたからのくにをことむけのかみのさとしはとふときろかも立立（はじめむ）（欠つ）四

つみしあらばきよきかはせにみそぎしてはやあきつひめにはやあきらめよ柞原柞原（ははそはじめ）（補つ）五

いまのよはいまのみのりをかしこみてけしきおこなひおこなふなゆめ生生（をふ・いき）六

ひむかしのくにことむけてみつるぎはあつたのみやにしづまりいます日精潔日精潔（かすぐるけつ）七

みづがきのみやのおおみよはあめつちのかみをいはひてくにさかえけり会会（かひ）八

ふることをいまにつばらにつたへきてもじもみくにのひとつみたから君事君事（かみじ）九

くなたぶれうまこがつみもきためずてさかしらひとのせしはなにわざ船生之船生之（しうせひこれ）（欠け）一〇

わたのそこおきついくりにまじりけんきみのまもりのつるぎたちはや畑月畑月（はたじく）（補け）一一

とよくにのかみのみいづはもろこしのからのこきしもおぢまどふまで柱柱（はしら）一二

あづまてるみかみたふとしすめらぎをいつきまつらすみいさをみれば丸丸（たま）一三

ふたばしらみおやのかみそたまぼこのよのなかのみちはしめたまへる初初（そめ）（欠てむ）一四

かみのよのことらことごとつたへきてしるせるみふみみればたふとし（補て欠む）一五

まそかがみみむとおもはばからことのちりゐくもれりとぎてしよけむ建建（けん・む）（補む）一六

からぶみのさぎりいぶせみしなとべのかみのいぶきのかぜまつわれは乙乙（いつ）一七

からざまのさかしらこころうつりてぞよひとのこころあしくなりぬる酉酉（あく）一八

さかしけどひとのさとりはかきりあるかみよのしわざいかではからむ（欠たて）一九

つたへはしなくともにたるたぐひあらばそとになぞへてしることもあらむ酉金羅酉金羅（あくこむならべる）（補たて）二〇

よきひとをよにくるしむるまがつひのかみのこころのすべもすべなさ九九（ここのつ）二一

あまてらすおおみかみすらちはやぶるかみのすさびはかしこみましき矢丸矢丸（やすみずみてらす）二二

いやしけどいかづちこだまきつねとらたつのたぐひもかみのかたはし日精潔日精潔（じっしらぐけつ）二三

たなつもののもものきくさもあまてらすひのおおかみのめぐみえてこそ相相（あひ）（欠し）二四

あめつちのかみのめぐみしなかりせばひとよひとよもありえてましや無無（なし）（補し）二五

まがごとをみそがせれこそよをてらすつきひのかみはなりいでませれ生生（いかす）二六

すめらぎにかみのよさせるみとしをしあくまでたべてあるがたぬしさ去去（きょ）二七

ひさかたのあまつひつぎのみたからとみもとはなたぬやさかまがたま宮宮（かき）二八

おもほさぬおきのいでましきくときはしづのをわれもかみさかだつを擦擦（さつ）二九

まつぶさにいかでしらましいにしへをやまとみふみのよになかりせば尾掟尾掟（みじょふ）三〇

ひのもとのやまとをおきてとつくににむかるこころはなにのこころぞ止止（とまる）三一

まがつひはよびとのみみかふたぐらむまことかたればきくひとのなき克克（こく）三二

おおきみをなやめまつりしたふれらがたみはぐくみてよをあざむきし（欠とこ）三三

おふけなくみくにせめむともろこしのからのこきしがたはわざしける男男（補とこ）三四

かしこきやすめらみくににいむかひてなやめまつりしたぶれあしかが立立三五

いつまでかひかりかくらむひさかたのあめのいはとはただしばしこそ顚顚三六

さひづるやとこよのからのやそくにはすくあびことぞつくらせりけむ好好三七

あまてるやつきひのかげをしるくにはもとつみくににつかへざらめや山山（凸）三八

いづのめのいづのみたまをえてしあらばからのまがれることさとりてん為為三九

したにごるからふみかははとこなめのかしこきかはぞあしふむなゆめ民民四〇

きもむかふこころさくじりなかなかにからのをしへぞひとあしくする（送こ）四一

みくにはしひのかみくにとひとくさのこゝろもなほしおこなひもよし女女（補こ）四二

つたへなきことはしるべきよしもなししらえぬことはしらずてをあらん無無四三

もろもろのなりいづるもとはかみむすびたかみむすびのかみのむすびぞ路路四四

あらはにのことはおおきみかみごとはおおくにぬしのかみのみこゝろ母母四五

をぢなきがまくるおもひてかみといへどひとにかたずといふがおろかさ明　明　四六

ものつくるたみはみたからつくらずばいかにせんとかたみくるしむ募募四七

ちちははわがいへのかみわがかみとこころつくしていつけひとのこ声声四八（江戸期こゑはこへ）

まごころをつつみかくしてかざらひていつはりするはからのならはし大好大好四九

かまのひのけがれゆゆしもいへぬちはひしけがるればまがおこるもの声　声　五〇

おもふことうたへばなぎぬことたまのさきはふしるしまさしかりけり聞聞五一（江戸期聞えるは聞へる）

まがつひのそのまがわざによのひともあひまじこりしときのかなしさ相之　相　之五二

からごころなしとおもへどふみらよむひとのこころはなほぞからなる栄栄（はへる）五三
あやしきはこれのあめつちうべなうべなかみよはことにあやしくありけむ（欠ねの）五四
よのなかのあるおもぶきはなにごともかみよのあとをたずねてしらゆ畝畝（ぶ）（補ねの）五五
あぢきなきなにのさかしらたまぢはふかみいつかずておほろかにして籠籠（いでず）五六
よよのおやのみかげわするなよよのおやはおのがうぢがみおのがいへのかみ代代（かはる）五七
ぬえくさのめこやつこらはすめかみのさづけしたからうつくしみせよ高羽高羽（さえしつばさ）五八
あまのしたとこよゆくなすあしかがのすゑのみだれのみだれよゆゆし目目（まなこ）五九
しづはたをおだのみことはみかどべをはらひしづめていそしきおほおみ（欠るる）六〇
あづまてるかみのみことのやすくにとしづめましけるみよはよろづよ露露（ろ）六一
うまこらがくさむすかばねえてしがもきりてはふりてはぢみせましを総根総根（すこむ）六二
いのちつぐくひものきものすむいへらきみのめぐみぞかみのめぐみぞ尊尊（かみ）六三
かりこものみだれりしさまきくときしをさまれるよはたふとくありけり生言生言（たみよぶ）六四
いかなるやかみのあらびぞまきのたつあらやまなかにきみがみよへし米栗米栗（まひみのる）六五
ひのかみのもとつみくにとみくにはしももやそくにのほくにおやくに喪喪（し）六六
かしこきやすめらみくにはうましくにうらやすのくにくにのまほくに矢馬矢馬（しうま）六七
もろもろのからくにひともひのかみのひかりしえずばいかにかもせむ初初（ひ）六八
さかしらにことあげはすれどからくにもひるめのかみのてらすくぬちぞ国柞原国柞原（くにするもと）六九
からごころなほしたまへとおほなおびかみのなほびをこひのみまつれ日精潔日精潔（じつなまたかひ）七〇

◇九八三年　順集、九〇〇年代後半　源順百首（七八頁＝一六一頁・八一頁＝一九一頁）

◇九九八年　実方集　藤原実方　三五〇頁

ここのへにあらでやへさくやまぶきのいはぬいろをばしるひともなし（一一）射矢　射矢（しゃならべぬ）

しらかはにさそふみづだになかりせばこころもゆかずおもはましやは（九）白立柞原生　白立柞原生（もふすおこしははそかさはやせり）

うぢがはのあじろのひをもこのあきはあみだぼとけによるとこそきけ（三四）日精潔　日精潔（にち・かものけきよし）

いにしへのやまゐのみづにかげみえてなほそのかみのたもとこひしも（五二）会君事　会君事（かひかみじ）

やどのうへにやまほととぎすなくなりけふはあやめのねのみとおもふに（八）船生之　船生之（ふねうめりと）

あくまでもみるべきものをたまくしげうらしまのこやいかがおもはむ（三〇）畑　畑（ものをうむ・産む）

なにをしてとよをかひめをいのらましゆふしてかたきかみなつきかな（一〇五）月　月（よのかがみ）

うゑてみるひとのこころにくらぶればおそくうつろふはなのいろかな（一四）柱丸　柱丸（ふとひころ）

あきはててかみのしぐれはふりぬらむわがかたをかももみぢしにけり（八〇）初建　初建（はじけむ）（欠のと）

たれならむいかでのもりにこととはむしめのほかにてわがなかりけむ（七九）乙　乙（かはりごと）（補のと）

のどかにもたのまるるかなちりたたぬはなのみやこのさくらとおもへば（七五）酉　酉（みのる）

あさひやまふもとをかけてゆふだすきあけくれかみをいのるべきかな（一九）酉金　酉金（ゆふかな・あく）

むかしみしこころばかりをしるべにておもひぞおくるいきのまつばら（二）羅九矢　羅九矢（そろひここのつし）

あまのとをさしてここにとおもひせばあくるもまたずかへらましやは（八六）丸　丸（すべて）

わりなしやみはここのへにありながらとへとはひとのうらむへしやは（九六）日精潔　日精潔（かとどのへりあしなし）

かへさむとおもひもひかけじからころもわれだにこふるをりしなければ（三三）相無　相無（たがひにむ）

たなばたのをにぬくたまもわがごとやよはにおきゐてころもかすらむ（一〇三）生　生（き）

くものうへをつきよりさきにいでつるはふしみのさとにひとやまつとて（六五）去　去（いきし）

かきくもりなどかおとせぬほととぎすかまくらやまにみちやまどへる（六一）宮擦　宮擦（くする）

なにせむにいのちをかけてちかひけむいかばやとおもふをりもありけり（八九）尾掟止 尾掟止（ふもとてひせむ）

きぎすすむをしほのはらのこまつばらとりはじめたるちよのかずかも（七三）克男 克男（よしだむ）

さをしかのみみふりたてかみもきけおもとをかせるつみはあらじな（六四）立顚 立顚（りふもと）

あだなみのたつやおそきとさわぐなりみしまのかみはいかがこたへむ（八一）好山 好山（のぞみはか）

わがごとやくめぢのはしもなかたえてわたしわぶらむかづらきのかみ（一〇七）為民 為民（つくじむ）

みにちかきなをたのむともなつごろもきのふきかへてきたらましかば（一一七）女無路 女無路（つまむぢ）

はしひめによはのさむさもとふべきにさそはですぐるかりひとやたれ（二二）母明 母明（もめひ）

ときははるはなはさつきのはながかをとりのこゑにやけさはわくらむ（三九）募聲大好 募聲大好（むなくはなははやり）

はをしげみみやまのかげやまがふらむあくるもしらぬひぐらしのこゑ（六）聲 聲（しゃふ）

よそにかくきえみきえずみあはゆきのふるのやしろのかみをこそおもふ（九五）聞 聞（かぐ）

いかでかはおもひありとはしらすべきむろのやしまのけぶりならぞは（九〇）相之 相之（しゃふし）

いまはとてふるすをいづるうぐひすのあとみるからにねぞなかれける（一〇八）栄 栄（かかげられる）

いにしへのたねとしみればいはのうへのねのひのまつもおいにけるかな（三）畝 畝（はたけ）

やへながらいろもかはらぬやまぶきのここのへになどさかずなりにし（一〇）籠 籠（かご）

たつきじのうはのそらなるここちにものがれがたきはよにこそありけれ（七二）代高羽 代高羽（つぎたかしは）

おほぞらのしぐるるだにもかなしきにいかにながめてふるたもとぞは（四九）目 目（もく）

はなのかにそでをつゆけみをのやまのやまのうへこそおもひやらるれ（二九）露 露（やや）

こまにやはまづしらすべきまこもぐさまことともふひともこそあれ（八二）総 総（す）

いさやまだちぢのやしろもしらねどもこやそなるらんすくなみのかみ（五五）根 根（もと）

ふくかぜのこころもしらではなすすきそらにむすべるひとやたれぞも（一七）尊生 尊生（たかひくらし）

ふねながらこよひばかりはたびねせむしきつのなみにゆめはさむとも（七）言米栗喪言米栗喪（ゆふよねりつし）

このはるはいざやまざとにすぐしてむはなのみやこはをるにつゆけし（二八）矢馬初国矢馬初国（しばはつみやこ）

むらさきのくものかけてもおもひきやはるのかすみにならむものとは（二五）作原作原（さくもと）

あしのかみひざよりしものさゆるかなこしのわたりにゆきやふるらむ（五九）日精潔日精潔（かしゃふきよし）

◇一一二八年　散木奇歌集　源俊頼　検索　源順　四一一頁

もぎたつるこずゑをみればいとどしくあたりをはらふやへざくらかな射矢射矢（とどくし）一

さらしゐのこのしたかげにゆきふればころもでさむしせみはなけども白白（しらむ）二

すめらきのみことのすゐしきえせねばけふもひむろにおものたつなり立作原立作（りふきにせ）（木に乍）（きせ）原（げむ）三

さよふけてやまだのひたにこゐきけばしかならぬみもおどろかれけり生日精潔会生日精潔会（おかしゃふきよけりともに）四

とへかしなみやここひしきたびのいほにしぐれもりそふくさのまくらを君事君事（こふじ）五

こぎもどれみてもしのばんゆふさればいくたのもりにこのはちるなり船生之船生之（のりものいくこれ）六

あはゆきもまだふるとしにたなびけばころまどはせるかすみとぞみる畑畑（ひにた）（火に田）七

たづねてもみやましりをぞさそふべきなげきこるにはみちまどふなり月月（まるになり）八

ほのかにもつきみるほどはなぐさまでこころはなほぞにしへかたぶく柱丸柱（きにかみ）（木に主）（きかみ）丸（ころがる）（欠る）九

ぬしもぬしところもところたとふへきかたもなぎさによするしらなみ柱柱（きにぬし）（木に主）（きぬし）（補る）一〇

はしけやしなれこそさかえいなわれはみだのみくにをこのもしとおもふ初初（そ）一一

したひくるこひのやつこのたびにてもみのくせなれやゆふとどろきは建建（のぶ）（欠む）一二

すみれつむしづのたぶさにしなへたるかたみにだにもこふときかばや乙乙（しゃれた）（補む）一三

こがたなのつかのまにだにあはばやとおもふみをしもたやはさくべき乙乙（おつ）一四

あふことはさゆるあしたのみづなれやとどこほりつつとくるよもなし酉酉一五

たまゆかのおましのはしにはだふれてこころはゆきぬきみなけれども酉金酉金一六

すずかやませきのこなたにとしふりてあやしくもみのなりまさるかな羅九矢丸羅九（八過）矢丸一七

ささがにはこけのたもとにふるまへどなみだならではくるひともなし日精潔相無生

日精潔相無生一八

さくらだにまことににほふころならばみちをあきとはおもはざらまし去去（欠ぬ）一九

みながらもならぬこころはほどもなくいとふみやこのかたぞこひしき宮宮（補ぬ）（欠き）二〇

あはれてふみのことぐさはしもがれてこもろきものはなみだなりけり擦擦（補き）二一

みはかへてひくひとあらばひざにふすたまのをごともならましものを尾尾二二

おもへどもけふぞくやしきひとこころみぬよりさきになにたのみけん（む）捉止捉止二三

こがたなのつかのまにだにあはばやとおもふみをしもたやはさくべき克克二四

あけくれはものおもふことをたくみにてわりなくむねをしるひとぞなき男立男立二五

もぎたつるこずゑをみればいとどしくあたりをはらふやへざくらかな顚顚二六

みなそこにしづめるえだのしづくにはぬるともをらむやまぶきのはな好山好山二七

すべ（め）らきのみことのすゑしきえせねはけふもひむろにおものたつなり為為二八

さよふけてやまだのひたにこゑきけばしかならぬみもおどろかれけり民民二九

とへかしなみやここひしきたびのいほにしぐれもりそふくさのまくらを女女三〇

あはゆきもまだふるとしにたなびけばころまどはせるかすみとぞみる無路無路三一

たちかへるみやこにだにもひきかへてうしとおもふことなからましかば（欠は）三二

あまくだるかみもしるらむおもふことむなしきもりにゆきていのらば母（補は）母三三

そのくにをしのぶもちすりとにかくにねがふこころのみだれすもがな（欠る）三四

ほのかにもつきみるほどはなぐさまでこころはなほぞにしへかたぶく明（補る）明（日に月）三五

すみれつむしつのたぶさにしなへたるかたみにだにもこふときかばや募声（二つ）募声（欠ゑ）三六

としへたるひさのうゑきのこちたさをしらでもひとにみをかふるかな大好声大好声（補ゑ）三七

としふれどこすのきけきのたえまよりみえつつなみはおもかげにたつ聞聞（欠る）三八

ささがにはこけのたもとにふるまへどなみだならではくるひともなし相之相之（補る）三九

ことわりやいかでかこひもしなざらむあぶくまかはにみづのたえなば栄栄四〇

みながらもならぬこころはほどもなくいとふみやこのかたぞこひしき畝籠畝籠四一

しみこほるすはのとなかのかちわたりうちとけられぬよにもふるかな代高羽代高羽四二

たがためのなほざりごとにあみだふとものうかるねにとなへしもする目露総根目露総根四三

おもへどもけふぞくやしきひとこころみぬよりさきになにたのみけん尊生言米尊生言米（欠なら）四四

いかにしてこころみたらしかはづなくゐでのやまぶきちりまがふとも栗喪矢馬初栗喪矢馬初（補なら）四五

ことわりやいかでかこひもしなざらむあぶくまかはにみづのたえなば国国四六

さくらだにまことににほふころならばみちをあきとはおもはざらまし柞原柞原四七

みながらもならぬこころはほどもなくいとふみやこのかたぞこひしき日精潔日精潔四八

◇一一九〇年　五社百首　藤原俊成　検索　為故　四四五頁

―さみだれはいはなみあらふきぶねがはかはやしろとはこれにぞありける射矢白（欠つ）射矢白一

あはれとをひとみよとてもたてざらむけぶりさびしきしづかかやりび立柞原（補つ）立柞（悪し響）原二

いはかげやまつがさおとのひむろやまいづれひさしきためしなるらむ生生三

ひさかたのつきのみやこもかくやあらんかものかはらのありあけのそら日精潔日精潔（かあきらかけつ）四
すみがまのおのがけぶりのくもさえてゆきふればまたまよふやまびと会会（かひ）五
すみだかはふるさとおもふゆふぐれになくねもそふるみやこどりかな君事船君事船（かみずふね）六
やまざとはぬしをばおきてたきのおともこころぼそさのすむにぞありける生之畑生之畑（きしほりおこすところ）七
かづらきやつくりさしけるいははしもはるのかすみはたちわたりけり月月（げつ）八
いにしへをおもひこそやれやまふかみふたりをりけるはるのさわらび柱柱（はしら）九
はるさめはとひくるひともあとたえぬやなぎのかどのきのいとみづ丸丸（くるひなき）一〇
ふるさとにいかにむかしをしのべとてはなたちばなのかぜにちるらむ初建初建（ふのべる）一一
みそぎするあさのたちはのあをにぎてさばへのかみもなびけとぞおもふ乙乙（みなみ）一二
あきははやたつたのやまのやまおろしのふもとのさとにつぐるなりけり酉酉（なる）一三
すがはらやふしみののべのをみなへしたれになれてかけさはつゆけき酉金酉金（ゆふかな）一四
あきくれてひとりさくだにあるものをふたたびきくのいろをかふらん羅九羅九（とるたびたび）一五
みやこそむかしうつらめふるさとはあきだにしばしとまらましかば矢丸矢丸（やがむ）一六
あさましやそでぬれてこそむすびしかまたかげみえぬやまのしたみづ日精潔日精潔（かたまけつ）一七
をじかなくやまだのいほはつきももるおどろかさでそみるべかりける相無相無（みるかく）一八
くれをまつあしたのつゆもかたきよになほさだめなしのべのあきかぜ生生（きよし・き）一九
あめがしたのどけかるべききみがよはみかさのやまのよろづよのこゑ去宮擦去宮擦（へだつみかどこし）二〇
つららゐしたるみのもりのさわらびのをりにだにやはひとのこざらむ尾捉止尾捉止（びさだし）二一
すみれさくとほざとをののあさつゆにぬるともつまむたびのかたみに克男克男（つとぬるだむ）（欠こ）二二
うのはなのかきねはゆきのあしたにてよそのこずゑはなつのやまざと立立（なす）（補こ・欠む）二三

あさみどりさほのかはべのたまやなぎつりをたれけむいとかとぞみる（補む）二四

やまがつのしわざにもなほいらむとやはにぶのこやもかびたててけり顚好山顚好山（ひたいかふほ）二五

はるもすぎなつたけぬれどひむろやまふゆをさめておけるなりけり為（なす）為二六

はつかりはみどりのかみのたまづさをかきつらねたるあきのそらかな民女民女（たからつま）（欠こ）二七

あさぎりにむこのなみぢをみわたせばほのかになりぬあはのしまやま無無（む）（補こ）二八

やまがつのまろきさしあはせうづむひのよにあるものとたれかしるべき路路（つかれる）（欠は）二九

あさみどりよものやまべにうちなびくかすみぞはるのすがたなりける母明（ぼ）（補は）母明（もあかるひ）三〇

つゆぬけるはるのやなぎはさほひめのたまのすがたをみするなりけり募募三一

はなのえもあさぢかすゑもおくつゆのちればこころのまづくだくらん声声（なく・おん）三二

あさがほをたれかはかなくいひおきしあくればさきぬあきごとにさく大好大好（だひこほ）三三

やまふかみまつのあらしのほかにまたやどとふものはさをしかのこゑ声声（のぶ）三四

かげぶちぞあまたみえけるあふさかのすぎまをいづるもちづきのこま聞聞（つたふ）三五

たつたひめよものやまべをそめざらばみにしむあきもいろにみましや相之相之（みむし）三六

ふかからぬさはのほたるのおもひだにみよりあまるはあはれならずや栄栄（あらはれる）三七

なかがはやわたりにさけるうのはなはかきねつづきになみぞこえける畝畝（たがやさる）三八

つききよきちさとのほかにくもつきてみやこのかたにころもうつなり籠籠（かご）（欠ふ）三九

ほととぎすはなたちばなになくときはこゑさへにほふここちこそすれ（補ふ）四〇

さなへとるとばたのおもをみわたせばいくなみやらむたごのをがさよ代代（かはる）四一

つゆしげきみやぎがはらのはぎざかりにしきのうへにたまぞちりける高羽高羽（まさるは）四二

ありまやまくもまもみえねさみだれにいでゆのすゑもみづまさりけり目目（もく）（欠かれぬ）四三

みかりするかたののをのにひはくれぬくさのまくらをたれにからまし露露（さらす）（補かれぬ）四四
さざなみやしがのはままつふりにけりたがよにひけるねのひなるらむ総根総根（みなたより）四五
うのはなのなみのしがらみかけそへてなにもこえたるたまがはのさと尊尊（みこと）（欠む）四六
なぐさむるかたなからましなつのよをあはれにもとふほととぎすかな生言生言（なまよぶ）（補む欠き）四七
なぞやかくながむるかたもきりこむるみやまのさとにこころすむらむ米栗喪矢米栗喪矢（みかたくさるかずとり）（補き）四八
たびのそらのこりのつきにゆくひともいまやこゆらんあふさかのせき馬初国馬初国（だひひさと）四九
よをてらすひよしとあとをたれてけりこころのやみをはるけざらめや柞原日柞原日（のけるやてらす）五〇
きみがよははこやのやまにちよをつみてふじのたかねにたちまさるまで精潔精潔（まさるきよし）五一

◇一二〇〇年代前半　小倉百人一首　藤原定家撰　二八〇頁

あまのはらふりさけみればかすがなるみかさのやまにいでしつきかも（七番）射矢射矢（はなつし）一
たごのうらにうちいでてみればしろたへのふじのたかねにゆきはふりつつ（四番）白立柞原白立柞原（うぶりふかいこの）二
わがいほはみやこのたつみしかぞすむよをうぢやまとひとはいふなり（八番）生日精潔生日精潔（うみかしゃふすむ）三
あふことのたえてしなくはなかなかにひとをもみをもうらみざらまし（四四番）会君事会君事（あふかみじ）四
はるすぎてなつきにけらししろたへのころもほすてふあまのかぐやま（二番）船生之畑月船（ほしろす）（帆知ろす）生之畑月（まましやくのあからす）五
つくばねのみねよりおつるみなのがはこひぞつもりてふちとなりける（一三番）柱丸柱丸（ぢみな・そっくり）六
わたのはらやそしまかけてこぎいでぬとひとにはつげよあまのつりふね（一一番）初建乙酉初建乙酉（そのぶわはねつけや）七
あきのたのかりほのいほのとまをあらみわがころもではつゆにぬれつつ（一番）酉金羅酉金羅（ゆあきのりにい）（皿（のり）に維）八

わびぬればいまはたおなじなにはなるみをつくしてもあはむとぞおもふ（二〇番）九矢丸　九（ななふたつあと）矢丸（しみな）九
あひみてののちのこころにくらぶればむかしはものをおもはざりけり（四三番）日精潔相　日精潔相（かしらぐけちあてれり）一〇
あしひきのやまどりのをのしだりをのながながしよをひとりかもねむ（三番）無生　無生（むき）一一
やへむぐらしげれるやどのさびしきにひとこそみえねあきはきにけり（四七番）去宮擦　去宮（こく）擦（ひびきれむ）一二
たかさごのをのへのさくらさきにけりとやまのかすみたたずもあらなむ（七三番）尾掟止　尾掟止（みさだただ）一三
なつのよはまだよひながらあけぬるをくものいづこにつきやどるらむ（三六番）克男　克男（よくだむ）一四
たきのおとはたえてひさしくなりぬれどなこそながれてなほきこえけれ（五五番）立顛　立顛（おこりたほれし）一五
たちわかれいなばのやまのみねにおふるまつとしきかばいまかへりこむ（一六番）好山　好山（かふみね）一六
あまつかぜくものかよひぢふきとぢよをとめのすがたしばしとどめむ（一二番）為　為（つく）一七
なにはがたみじかきあしのふしのまもあはでこのよをすぐしてよとや（一九番）民女　民女（もとははじょ）一八
をぐらやまみねのもみぢばこころあらばいまひとたびのみゆきまたなむ（二六番）無路　無路（むみち）一九
ちはやぶるかみよもきかずたつたがはからくれなゐにみづくくるとは（一七番）母明　母（も）明（かがやく）二〇
みがきもりゑじのたくひのよるはもえひるはきえつつものをこそおもへ（四九番）募聲　募聲（つのるひびき）二一
いまこむといひしばかりにながつきのありあけのつきをまちいでつるかな（二一番）大好　大好（はじまりこのむ）二二
おくやまにもみぢふみわけなくしかのこゑきくときぞあきはかなしき（五番）聲　聲（くちあけしときき く）（欠こえる）二三
ゆらのとをわたるふなびとかぢをたえゆくへもしらぬこひのみちかな（四六番）聞　聞（とふ）（補こえる）二四
つきみればちぢにものこそかなしけれわがみひとつのあきにはあらねど（二三番）相之　相之（ともにこれ）二五
ひともをしひともうらめしあぢきなくよをおもふゆゑにものおもふみは（九九番）栄畝　栄畝（はゆぶ）（欠ねの）
二六
よもすがらものおもふころはあけやらぬねやのひまさへつれなかりけり（八五番）籠　籠（かご）（補ねの）二七

はなのいろはうつりにけりないたづらにわがみよにふるながめせしまに（九番）**代高羽目** 代高羽目（しろかふはま）**二八**

なにしおはばあふさかやまのさねかづらひとにしられでくるよしもがな（二五番）**露** 露（はかなひ）**二九**

やすらはでねなましものをさよふけてかたぶくまでのつきをみしかな（五九番）**総根** 総根（みなよし）**三〇**

ひとはいさこころもしらずふるさとははなぞむかしのかににほひける（三五番）**尊** 尊（とふとび）**三一**

かささぎのわたせるはしにおくしものしろきをみればよぞふけにける（六番）**生言** 生言（たみよぶ）**三二**

みちのくのしのぶもぢずりたれゆゑにみだれそめにしわれならなくに（一四番）**米栗喪** 米栗喪（みくりし）**三三**

ふくからにあきのくさきのしをるればむべやまかぜをあらしといふらむ（二二番）**矢馬初国** 矢馬初国（しふときはじむら）**三四**

みかのはらわきてながるるいづみがはいつみきとてかこひしかるらむ（二七番）**柞原日精潔** 柞原日精潔（きるのかしらぎむつみなかる）**三五**

◇一二四一年　拾遺愚草・拾遺愚草員外　藤原定家　検索　源順　四七四頁

はるもいぬはなもふりにしひとにてまたみぬやどにまつぞのこれる**射矢白** 射矢白（はなつのぶまま）（欠ろ）**一**

こをおもふふかきなみだのいろにいでてあけのころものひとしほもかな**立** 立（もふけ）（補ろ欠つ）**二**

いまぞしるあかぬわかれのなみだがはみをなげはつるこひのふちとも**柞原** 柞原（かいこもと）（補つ欠ら）**三**

うくつらきひとをもみをもよししらじただときのまのあふこともがな**生日精潔** 生日精潔（をふ・きかしらぐきよし）（補ら）**四**

もりぬべしなみだせきあへぬとこのうへにたえずものおもふひとのなげきは**会君事船生之畑** 会君事船生之畑（しおうへずのりものきとひにた）（火に田）**五**

しかばかりかたきみのりのすゐにあひてあはれこのよとまづおもふかな**月柱** 月柱（よのひかりじ）**六**

おもひたつみちのしるべかよぶこどりふかきやまべにひとさそふなり**丸** 丸（たま）**七**

なれこしはきのふとおもふひとのあともこけふみわけてみちたどるなり初初（もと）八

たをりもてゆきかふひとのけしきまではなのにほひはみやこなりけり建建（かぎ）（欠ぬ）九

ゆふぎりにこととひわびぬすみだがはわがともふねもありやなしやと乙乙（わたし）（補ぬ欠のと）一〇

もろびとのそでもひとへにおしなべてなつこそみゆれけふきたりとは酉酉金酉酉金（ゆふにじきれひ）（補のと）一一

みしゆめのすゑたのもしくあふことにこころよわらぬものおもひかな羅九矢羅九矢（あみここのおよぶ）一二

ふゆきてもまたひとしほのいろなれやもみぢにのこるみねのまつばら丸日精潔丸日精潔（たまにちしゃふゆきのいろ）一三

こひしさをおもひしづめむかたぞなきあひみしほどにふくるよごとは相無相無（そふむ）一四

たのめおきしひとまつかぜのさよすみておもひにかよふよぶことりかな生去生去（せひきょ）（欠る）一五

しるらめやたゆたふふねのなみまよりみゆるこしまのもとのこころを宮宮（とりこめる）（補る）一六

なにごとをおもふともしらぬなみだかなあきのねざめのあかつきのとこ擦尾掟擦尾掟（さつみたふ）（欠り）一七

うれしさはむかしつつみしそでよりもなほたちかへるけふやことなる止克止克（しよし）（補り）一八

いしばしるたきこそけふもいとはるれちりてもしばしはなはみましを男立男立（しなりふ）（欠ぬ）一九

とけてねぬふしみのさとはなのみしてたれふかきよにころもうつらむ顚好顚好（てむしたしみ）（補ぬ欠む）二〇

たつきじのなるるのはらもかすみつつこをおもふみちやはるまどふらむ山山（はかば）（補む）二一

あきよただながめすててもいでなましこのさとをのみゆふべとおもはば為民女無為民女無（いしもべははぶ）二二

むせぶともしらじなこころかはらやにわれのみけたぬしたのけぶりは路母路母（とふりも）二三

とこなるるやましたつゆのおきふしにそでのしづくはみやこにもにず明募明募（みやふおこましし）二四

あふげどもこたへぬそらのあをみどりむなしくはてぬゆくすゑもがな聲聲（なく）二五

たちかへるはるのわかれのけふごとにうらみてのみもとしをふるかな大好聲大好聲（もとかふとふ）（欠ゑ）二六

ふるさとをへだてぬみねのながめにもこえにしくもぞせきはすゑける聞聞（とふ）（補ゑ）二七

かげみゆるひとへのころもうちなびくあふひもすずししろきすだれに**相之栄**相之栄（かたちしげる）二八

れきこふのぐぜいのうみにふねわたせしやうしのなみはふゆあらくとも**畝**畝（ぶ）二九

おもふとはきみにへだててさよころもなれぬなげきにとしぞかさなる**籠代**籠代（かごとし）三〇

なにゆゑかそこのみるめもおふのうらにあふことなしのなにはたつらん**高羽**高羽（こふは）三一

かこたじよふゆのみやまのゆふぐれはさぞなあらしのこゑならずとも**目**目（もく）三二

しられじなかすみのしたにこがれつつきみにいぶきのさしもしのぶと**露**露（すこし）（欠ぬ）三三

こしかたもゆくさきもみぬなみのうへのかぜをたのみにとばすふねのほ**総根**総根（みなもと）（補ぬ）三四

あきたたむいなばのかぜをいそぐとてみしぶにまじるたごのころもで**尊**尊（みこと）三五

けさはいとどなみだそそでにふりまさるきのふもすぎぬこぞもむかしと**生言**生言（いけることば）三六

あだにみしはなのことやはつねならぬうきはるかぜはめぐりあふとも**米栗喪**米栗喪（あはのみくりしぬ）三七

みやこおもふなみだのつまとなるみがたつきにわれとふあきのしほかぜ**矢馬**矢馬（ほどこしのるもの）三八

てらふかきもみぢのいろにあとたえてからくれなゐをはらふこがらし**初国**初国（はじたみ・とち）三九

しられじないはのしたかげやどふかきこけのみだれてものおもふとも**柞原**柞原（きといとなしの）四〇（いと＝暇（いとま））

おもかげにおほくのこよひしのぶれとつきときみとぞかたみなりける**日精潔**日精潔（かしょふけつ）四一

◇日精潔の譜の検証

初余作成　辛巳（一二六一年）

日精潔　初余（いよ）　定里（さだかつ）　大好　揺（ゆらぐ）　言（ゆふ）　生（な）　波也（はかな）　夢（ゆめ）　祇主（ぎぬし）　無木（なひひつぎ（棺））　比（うかぶ）　積（つもるぬ）　矢（し（埋める））

柞原　覲（きん）　然離（もゆうさぎ）　柄（がら（金銀）かな）　也　露（ふれ（露）る）　懲絡母（こらすためざね）　加羅（から）　槌国（くなくに）　等閟国（とまくに）　露逝（のけぞれぬのぼりけりき）　新羅（真良）

為浮（ためうく）　吾（われ）　鹵也（ろかな）　上媛（じょふえん）　矢乍（やさ（乍氏））　耐（たえる）君事　建（たける）　炎（ほのほ（勝路）の）　絡母　落也（おちるかな）　喪還谷（もかへるたに）　辛未会（かのとひつじえ（喪））

絡母会(え(喪)) 言祇(こき) 癸酉丙(みづのととりひのえ) 栴枝(じし) 定里
然離は もゆ うさぎ と改める。

◇一八〇〇年 鈴屋歌集一之巻 本居宣長 検索 為故 五一六頁

あかすみていぬるたまかささほひめのかすみのそでにありあけのつき日精日精(かたま)一
うぐいすのこゑききそむるあしたよりまたるるものはさくらなりけり潔初余潔初余(はくそあまり)二
これやこのはるたつけふのとしのくれゆくもかへるもあふさかのやま定定(じゃふ)三
たちかへりほのぼのあかるひかりよりかすむもけさをはつはるのそら里里(り)四
おくつゆをふくあさかぜにかはのなのたまぬきみたるきしのやまぶき大好 大好(はみださぬあな)五
なつくさのつゆのはれまもなくてのみひかぞふるのさみだれのそら揺揺(ふれる)六
あふさかやせきをこえてゆくそらもかすみへだつるはるのかりがね言言(く)七
たづねゆくむかひのやまはさきぬやととはばやはなをのじのはるかぜ生波也生波也(きはや)(欠な)八
はなぞめのをしきわかれのつゆだにもかたみとどめぬそでのあさかぜ夢 夢(さめぬもの)(補な)九
かきわらひもゆるばかりはをりしれとはるのひかりもささぬたにのと祇祇(し)一〇
さきつきてうめとさくらのなかたえぬはるのにしきのもものはなぞの主主(との)一一
かすむひはさくるよそめもかくれかにはなをたづねてくるひともなし無無(む・なし)一二
にほひかはみるにつけてもふるさとはむかしこひしきのきのたちばな木木(き)一三
さきしよりはなにうつろふやまざとのはるのこころはちるかたもなし比比(このごろ)一四
はなのいろはたかねのかすみふかきよのつきにもしるきやまざくらかな積積(しゃく)一五
みわたせばはなよりほかのいろもなしさくらにうつむみよしののやま矢矢(や)一六

なにたかきはなのさかりかよしのやまくもにはあらぬみねのしらくも　柞原　柞原（さくの）　一七

よしのやまかはかりはなのさくやひめかみよにいかにたねをまきけむ　覲　覲（まみね）　一八

なきてゆくつばさやいかにきくひともそでしほたるるうらのかりがね　然　然（しかり）　一九

やまざくらはなみるときはわがやどにあたしきくさはうゑしとぞおもふ　離　離（はなる）　二〇

さそはれしゆかりとおもへばうきながらはなのかたみのはるのやまかぜ　柄也　柄也（へとは）　二一

すずしさにさとのわらはのたはぶれもかはべはなれぬろくがつのころ　露　露（ろ）（欠らす）二二

かきくらすくももあつさもときのまによそにふきやるゆふだちのかぜ　懲　懲（ちょふ）（補らす）二三

はるのよのかすめるつきにかぜたえてかさへおぼろのにはのうめがえ　絡　絡（つかめる）　二四

たちこめてはなうぐひすののどけさもおのがいろねのはるがすみかな　母　母（はは）　二五

たまだれにいろもすきまのうめのはなかはさながらのきのはるかぜ　加羅　加　羅（なかまにはいるうすもの）　二六

さくらばなたづねてふかくいるやまのかひありけなるくものいろかな　槌　槌（もく・つひでなる）（木追（もくつひ）でなる）二七

すみのえやきくのはなさくあきとだにちぎりもおかでかへるかりがね　国　国（さと）　二八

かへらばやたかねのさくらあかねともふもとのはなもくれはてぬまに　等閔　等閔（とふあはれ）　二九

あやにくにいとどかすみもたちそひてゆふやまさくらいろそくれゆく　国　国（さと）　三〇

みやこかはけさみしはなのおもかげもたちそふあとのみねのしらくも　露　露（はかなし）（欠れぬ）三一

つきかげにおぼろながらもはなみればたびねのうさははるのきのもと（補れ欠ぬ）三二

はなかとよまつのこずゑはそのままにたちもかくさぬみねのしらくも（補ぬ）三三

さだかなるむかしのゆめはさめしよのやみのうつつににほふたちばな　逝　逝（さる）（欠りけりき）三四

やまざとはただあをばのみしげりあふをりにあふちのはなもめづらし（補けり欠き）三五

みよしののみくまかすげをかりそめのはれまだになきさみだれのころ（補き）三六

おくふかくたづねいらすはよしのやまはなやこころをあさしとおもはむ新羅新羅(なまやね)三七

やえかすみはれにしやまのおそざくらはるをへだててみるもめづらし為為(する)三八

ひとならばうしとみましをさくらばなあかぬこころにたをりつるかな浮浮(かるひ)（欠ふ）三九

のこるやとわれこそけふもたづねつれこころながさはさくらのみかは吾吾(ご)（補ふ）四〇

さきかかるはなのちるかとみるひとともこころくたくるたきのしらたま鹵也 鹵也(かたきとちとは)四一

はなやいつさきぬとみしもけふはただくものさかりのみよしののやま上上(かみ)四二

えだかはすまつのこずゑはむらきえてさくやたかねのはなのしらゆき媛 媛(たかねのはな) 四三（姫、見目好い、美しひ）

さきぬらむはなのたよりのはるかぜもたえてつれなくかすむとほやま矢乍 矢乍(かずとりながら)四四

かぜにほふうめづのさとのしるへだにたえてつれなくかすむはるかな耐耐(しのぶ)四五

みやこびとわかなつみにといづるのはまつさきにたつあさかすみかな君事君事(きみず)四六

たとへけるさくらのはなのいろばかりならのみやこもいまさかりなり建建(のべり)四七

みわたせばくももかすみもさくらいろににほふやさくらみよしののやま炎炎(やく)（欠ほの）四八

みわたせばただしらくもぞにほふなるさくらはいづらみよしののやま（補ほの）四九

さかぬまのおもひねにみしならひにはこれもゆめかとたどるはつはな絡母 絡母(つなひもはは)五〇

のきくらきはるのあめよのあまそそぎあまたもおちぬおとのさびしさ落落(らく)五一

なつころもはるはきのふのはなのかもなごりたづぬるそでのあさかぜ也喪也喪(なりも)五二

みるほどもなきだにあるをかすみさへなにへだつらむはるのよのつき還谷 還谷(もどるたに)五三

にほひだにふきもおよばずはるばるとかすむうめづのさとのはるかぜ辛辛(きむ)五四

あさまだきやまだのさなへひはながしつゆのひるまをまちてとらなむ未未(まだ)五五

なにはがたみぎはのあしのすゑはまでなみにいりえのさみだれのころ会会(ころ)五六

くさまくらいづれのかげとさだめましやとはあまたのはなのゆふぐれ　絡母絡母（らくはは）（欠ね）五七
なかなかにつきもなきよはさくらばなさだかにぞみるおもひねのゆめ（補ね）五八
すみのえのきしにおふてふくさばにももゆるほたるのこひやわすれぬ　会会（でくはす）五九
ものおもふたかころもでのもりのつゆはらひもあへぬさみだれのころ　言言（ゆふ）六〇
おしなべてあさせもみをのそまかはやみやぎよとまぬさみだれのころ　祇祇（かみ）六一
とふほたるなれものざわのみづからはもえてもうつるかげやすずしき　癸癸（はつ）六二
たつなるるにはのこかげにやとながらうきよわするるはなざかりかな　酉酉（なる）六三
ここのえのはなのさかりをみわたせばくものしたゆくものうへひと　丙丙（もゆ）六四
さきそめしはなかあらぬかふもとまでたつたのやまのけさのしらくも　榯枝　榯（さふ相とてら寺かく）枝（たたさぬ）六五
あらたまるけさのひかりもふりまさるみははづかしきはつはるのそら　定里定（きまり）里（り）六六

◎九八三年　順集　八四頁＝一六一頁

◎九九八年　実方集　藤原実方　三五三頁

みかのよのもちひはくはじわづらはしきけばよどのにははこつむなり（八三）日精潔日精潔（かくはしきよし・けつ）
たなばたにちぎるそのよはとほくともふみみきといへかささぎのはし（九二）初余定初余定（はじのちさだ）
おぼつかなわがことづけしほととぎすはやみのさとをいかでなくらむ（一〇一）里大好里大好（さとおほしこのみ）
かりならでわれやゆかましおほはらのやまのさくらにとりもこそたて（九九）揺揺（てのしにやま）（手偏ノシ二山）
ゆきやらでひもくれぬべしふねのうちにかきはなれぬるひとをこふとて（一〇四）言言（ことば）（片仮名九世紀成）
たなばたのけさのわかれにくらぶればこはなほまさるここちこそすれ（四四）生波也生波也（さふはのは）

つねならぬよをみるだにもかなしきにゆめさめてのちおもひやるかな（四三）**夢祇主**　夢（さめるもの）祇（かみ）主（おもに）

いひてなぞかひあるべくもあらなくにつねなきよをもつねになげかじ（二四）**無木**無木（なしもく）

あまのがはかよふうききにこととはむもみぢのはしはちるやちらずや（二一）**比**比（あはす）

つきかげをやどにしとむるものならばおもはぬやまはおもはざらまし（七六）**積**積（かけざむ）

かみまひしをとめにいかでさかきばのかはらぬいろをしらせてしかな（八四）**矢杵原**矢杵（いとめきにさ）（木に乍（さ））原（の）

かぜのまにたれむすびけむはなすすきうはばのつゆもこころおくらし（一八）**覲然**　覲（こむにしれ）（菫（こむ）に見（しれ））然（はひ）

はるくりのしばつみぐるまうしよわみたかぶるさとのかきねしめしぞ（四七）**離**離（り）

おやもこもつねのわかれのかなしきはながらへゆけどわすれやはする（四六）**柄也露**柄（もと）也（や）　露（やねのなきば）

いそがずはちりもこそすれもみぢするまさきのかづらおそくくるとて（五一）**懲**懲（ももぐる）（は広島方言）

いつとなくしぐれふりぬるたもとにはめづらしげなきかみなつきかな（四八）**絡**絡（つなぐ）

うぐひすのふるすをいはばかりがねのかへるつらさにやおもひなさまし（一〇九）**母加羅槌**母加羅槌（おやふへるうすものずい・ひ）

あきかぜのふくにちりかふもみぢばをはなとやおもふさくらゐのさと（二〇）**国**国（さと）

いにしふゆいとしもなにまたれけむはるくるものとおもはましかば（一〇二）**等閔国**　等（なかま）閔（いたむ）国（ど）

すみぞめのころもうきよのはなざかりをりわすれてもをりてけるかな（二六）**露**　露（はかなき）

みかきよりほかのひたきのはななればこころとどめてをるひともなし（一三）**逝**逝（ここ）

たがためにをしきあふぎのつまならんとれかしとらのふせるのべかは（六七）**新羅為**　新羅為（したあとならべきせる）

たまくしげなにいにしへのうらしまにわれならひつつおそくあけけん（三一）**浮吾**　浮（まへにいく）吾（あ）

わがためにむらいしたまふことなくはおもふこころもならざらめやは（三七）**鹵也**　鹵（しおふくむど）（塩含む土）也（や）

ふたばよりみしまのまつをむすばむとなみうちいでてえこそいはれね（一〇六）**上媛**上　媛（うはまなこみはれり）（全て同様）

をみごろもめづらしげなきはるさめにやまゐのみづもみぎはまさりて（一一四）**矢乍**矢乍（しさ）

えだかはすかすがののべのひめこまついのるこころはかみぞしるらむ（三八）耐 耐(しのべる)

あまのとをあくといふことをいみしまにとばかりまたぬつみはつみかは（八七）君事 君事(みかどじ)

みやこびとまつほどしるくほととぎすつきのこなたにけふはなかなむ（四）建炎 建炎(こむやく)（欠の）

うたたねのこのよのゆめのはかなきにさめぬやがてのうつつともがな（四五）絡母 絡母(きづなも)（補の）

おもふことなりもやするとうちむきてそなたざまにぞらいしたてまつる（三六）落 落(うしなふ)

かげにだにたちよりがたきはなのいろをならしがほにもくらべけるかな（一五）也喪還谷 也喪還谷(なりしなほたに)

ただちにはたれかふみみむあまのがはうききにのれるよはかはるとも（九三）辛 辛(きむ)

かつらがはかざしのはなのかげみえしきのふのふちぞけふはこひしき（二）未会 未会(みかなふ)

あまのとをわがためにとはささねどもあやしくあかぬこころのみして（八五）絡母 絡母(あみも)

ほととぎすなくべききえだとみゆれどもまたるるものはうぐひすのこゑ（四〇）会言祇 会言祇(ときくただ)

むらさきのくものたなびくまつなればみどりのいろもことにみえけり（七二）癸酉 癸酉(きたみのれり)

ささがにのくものいがきのたえしよりくべきよひともきみはしらじな（一一五）丙 丙(へい)

いでたちてともまつほどのひさしきはまさきのかづらちりやしぬらむ（五〇）榯枝定里 榯 枝定里(とも(相)てら(寺)き のりさと)

◇一一九〇年　五社百首　藤原俊成　検索　為故　四四五頁

ひときだにはほひはとほしもろこしのうめさくみねをおもひこそやれ 日精潔一 日精潔(ひくはしうひ)一

いせのうみきよきなぎさもなくちどりこゑもさえたるありあけのそら 初余定二 初余定(もとのこりなる)二

おきつなみあはれをかけよわかのうらのかぜにたづさふたづのゆくすゑ 里大好揺三 里 大好揺(あはれみたたすきよふ)三

かみやまやおはたのさはのかきつばたふかきたのみはいろにみゆらむ 言四 言(ぎむ)四

よをかさねともしになづむますらをはしかをまつにやたきつくすらん 生波也 生 波也(くらしまさつゃ)（欠な）五

つきくさはうつしのいろもあるものをつゆだにのこせあさがほのはな（補な欠め）六

つきみればなぐさめがたしおなじくはをばすてやまのみやこなりせば夢夢《やみ》（補め）七

まつのかげたけのはしらのやまざとはちよもへぬべきここちこそすれ祇主祇主《だけつかさ》八

はるははなあきはもみぢぞちりまがふたれやまざとにさびしといふらむ無無《む》九

こやのいけのみぎはにさけるかきつばたあしのかこひをまばらなりとや木木《はる・き》一〇

さみだれはながらのやまもくもとぢてしがのうらふねとまくちぬらむ比比《やはらぐ》一一

なにはかたあしのかれはにかぜさえてみぎはのたづもしもになくなり積積《せき》（欠るぬ）一二

あふさかのせきもるかみにたむけせしぬさのしるしはこよひなりけり（補るぬ）一三

ももしきやながれひさしきかはたけのちよのみどりはきみぞみるへき矢作矢作《やははそ》一四

やまざとはたへてもいかがすぐすべきまつのあらしにしかもなくなり原原《もと》一五

しもさゆるかれののをばなあはれなりそのすがたまでしをりすぎけん観観《あはれる》（欠ゆ）一六

あめのちはなたちばなをふくかぜにそでさへにほふゆふぐれのそら然然《さふ》（補ゆ）一七

おほあらきのうきたのさなへおひにけりもりのしたくさとりなまがへそ離柄離柄《たぐひへ》一八

みづかきのあたりにさけるきくよりやひさしきあきのはなとなりけむ也也《なり》一九

かぜさむみかりばのをのにあさたてばしのぶもぢずりあられちりかふ（欠る）二〇

ふるさとのまだふるとしにはるたちてかすがのやまもまづかすみける露露《ふる》（補る）二一

かはづなくかひやにたつるゆふけぶりしづがしわざもこころすみけり懲　懲《つみつぐなはす》（欠らす）二二

ひかげさすかげをもまたぬあさがほはただおもかげのはなにやあるらむ（補らす）二三

まどのうちにのきばのうめのかをみてまきのいたどもささぬころかな絡母絡母《いとも》（欠ね）二四

たねまきしわさだのさなへうゑてけるいつあきかぜのふかんとすらむ（補ね）二五

あはれなりながらはあともくちにしをおほえのはしのたえせざるらむ加羅　加羅（くはえるあむ）二六

いなばふくかぜもことにぞみにさむきいくたのさとのあきのゆふぐれ槌国　槌（きとみがきむ）（木（き）と　追（みがきむ））国（くに）二七

ふもとにはまだしぐれとやおもふらむみやまのさとはあられふるなり等閔国　等　閔　国（とふあはれむふるさと）二八

けさみればかすみのころもたちかけてみもすそかはもこほりとけゆく露　露（ろ）（欠ぬ）二九

さみだれはおふのうらなしなみこえてなりもならずもしらぬころかな逝　逝（しす）（補ぬ欠ぼりけりき）三〇

やまたもるかりほにまはぎさきぬればはなにぞうつるたつるなりけり（補ぼりけりき）三一

ひさしくもききわたるかなかつしかやままのつぎはしこけおひにけり新　新（にひ）（欠ん）三二

むらさきのいろはふかきをかきつばたあさざはをのにいかでさくらん羅　羅（あむ）（補ん）三三

ふきたつるにはびのかげのふえのねはあまのいはともさこそあけけめ為　為（い）三四

みづどりのうけるこころかあさきだにしたのおもひはありとこそきけ（欠く）三五

さきのよのわがみぞつらききみがためかくありければむくひなるらむ浮　浮（かるひ）（補く欠れ）三六

こなぎつむあがたのゐどのかきつばたはなのいろこそへだてざりけれ吾　吾（ご・あ）（補れ）三七

いつしかとけさはたもとのかろきかなあきはころもにたつにぞありける鹵也　鹵　也（かたきどある）三八

かみかぜやたけのまがきのまつむしはちよにちとせのあきやかさねん上　上（かみ）（欠ふ）三九

ゆくはるをいづかたへともいはじとやくちなしにさくやまぶきのはな（補ふ）四〇

まつかげにひさしくきえぬしらゆきはこぞのかたみにかみやのこせる媛　媛（ひきつけるかみさま）（欠む）四一（讃歌多数）

むかしよりたがみまくさにしなふとてかるかやとしもなづけそめけむ昔より神と名付けそ（補む）四二

たのめおきてまやこさらんさをしかのまちかねやまのあかつきのこゑ矢乍　矢（し）　乍（たちま（ち））四三

そらさむみくもさえさえてふるゆきはふゆのすがたをみするなりけり耐君　耐　君（さささえるきみ）四四

けふごとにつもるとしなみかさなりてへだたりゆけばむかしなりけり事建　事建（じけむ）四五

かるもかくぬたのこひぢにたつたごはさなへよりこそぼつなりけれ炎炎（ひにこ）（火二個）（欠ほの）四六

なほしとてあさのよもぎはなにならずみだれてもあれのべのかるかや（補ほの）四七

ゆめとのみすぎにしかたはおもほえてさめてもさめぬここちこそすれ絡母絡母（すぢも）（欠ね）四八

ながをかやおちばひろひしやまざとにむかしをかけてたづねにぞゆく落落（さと）（補ね欠る）四九

さみだれはみなかみまさるいづみがはかさぎのやまもくもがくれつつ（補る）五〇

たなばたのとわたるふねのかぢのはにいくあきかきつつゆのたまづさ也也（のは）五一

さつきこそはなたちばなもにほひけれはるをくれぬとなにをしみけん喪 喪（なくなる）五二

おもひいではむかしもさらになけれどもまたかへらぬぞあはれなりける還谷還谷（かむあはれ）五三

あさぎりはせたのながはしこめてけりゆききのこまのおとばかりして辛辛（あき）五四

かたそぎのたまのみどののはつしもにまがひてさけるしらぎくのはな未 未（まだ・み）五五

ゆふぎりのたちのこまをひくときはさやかにみえずせきのすぎむら会会（かひ）五六

おくやまのたにのうきぬのあやめくさひくひとなしにねやなかるらむ絡母絡母（らくおかあ）五七

いかなればひかげにむかふあふひくさつきのかつらのえだをそふらむ会会（あふ）五八

このよにはまたなぐさめもなきものをわれをばしるやあきのよのつき言祇言祇（つぐし）五九

ふしみづやうきたのさなへとるたごはそでもひたすらみしぶつくらむ癸癸（はつ）六〇

あさみどりおのがいろとやおもふらむやなぎのえだにうぐひすのなく酉六一

つゆふかきのはらのくさのまくらよりこひのなみだもしのばざりけれ酉（ゆふ）六二

かごやまやさかきのえだににぎてかけそのかみあそびおもひこそやれ丙丙（ひ）六三

みちのくのしのぶのさとのちかからばたちかくれてもすまましものを梻枝（さふとてら） 梻（相と寺）（さふ・てら） 枝（まちまち） 六四

しもののちひとりのこれるたにのまつはるのひかりのさすときもがな定里 定 里（とのひ・り）六五

ながらへばまたこのごろやしのばれむうしとみしよぞいまはこひしき（八四番）日精潔 日精潔《かまこときよし》一
あきかぜにたなびくくものたえまよりもれいづるつきのかげのさやけさ（七九番）初余定里 初余定里《ひあまるさだり》二
ながからむこころもしらずくろかみのみだれてけさはものをこそおもへ（八〇番）大好 大好《おもしこのむ》三
むらさめのつゆもまだひぬまきのはにきりたちのぼるあきのゆふぐれ（八七番）揺言 揺言《めまひのり》四
たまのをよたえなばたえねながらへばしのぶることのよはりもぞする（八九番）生波也 生波也《しょふはとは》五
はるのよのゆめばかりなるたまくらにかひなくたたむなこそをしけれ（六七番）夢 夢《む》六
なげきつつひとりぬるよのあくるまはいかにひさしきものとかはしる（五三番）祇主無木 祇主無木《まさにあるじけつもく》七
みよしののやまのあきかぜさよふけてふるさとさむくころもうつなり（九四番）比積 比積《あむしゃく》（欠ぬ）八
みせばやなをじまのあまのそでだにもぬれにぞぬれしいろはかはらず（九〇番）矢作原 矢作原《やははその》（補ぬ）九
きりぎりすなくやしもよのさむしろにころもかたしきひとりかもねむ（九一番）観《きん》 観《きむのりきとりしりしかく》（勤《きむ》の力《りき》取り見書く《しりし》）一〇
ちぎりおきしさせもがつゆをいのちにてあはれことしのあきもいぬめり（七五番）然 然《しかれども》一一
おもひわびさてもいのちはあるものをうきにたへぬはなみだなりけり（八二番）離 離《はなる》一二
やまがはにかぜのかけたるしがらみはながれもあへぬもみぢなりけり（三二番）柄也 柄也《たちなり》一三
これやこのゆくもかへるもわかれてはしるもしらぬもあふさかのせき（一〇番）露 露《あらはる》一四
わたのはらこぎいでてみればひさかたのくもゐにまがふおきつしらなみ（七六番）懲 懲《いましみ》（欠す）一五
せをはやみいはにせかるるたきかはのわれてもすゑにあはむとぞおもふ（七七番）絡 絡《いと》（補す欠め）一六
あはぢしまかよふちどりのなくこゑにいくよねざめぬすまのせきもり（七八番）母 母《も》（補め）一七
ひさかたのひかりのどけきはるのひにしづこころなくはなのちるらむ（三三番）加羅槌 加羅槌《けのこさなひつち》一八

こころあてにをらばやをらむはつしものおきまどはせるしらぎくのはな（二九番）**国**

国（しらせるところ）（知らせる所）**一九**

このたびはぬさもとりあへずたむけやまもみぢのにしきかみのまにまに（二四番）**等閑**等閑（たちびむ）**二〇**

たれをかもしるひとにせむたかさごのまつもむかしのともならなくに（三四番）**国**国（さと）**二一**

しらつゆにかぜのふきしくあきののはつらぬきとめぬたまぞちりける（三七番）**露**露（つゆ）（欠れぬ）**二二**

あはれともいふべきひとはおもほえでみのいたづらになりぬべきかな（四五番）（補れぬ）**二三**

あけぬればくるるものとはしりながらなほうらめしきあさぼらけかな（五二番）**逝**逝（なくなる・しぬ）（欠りき）**二四**

わすれじのゆくすゑまではかたければけふをかぎりのいのちともがな（五四番）**新**新（いち）（補りき欠む）**二五**

あらざらむこのよのほかのおもひでにいまひとたびのあふこともがな（五六番）**羅**羅（ならぶ）**二六**

きみがためはるののにいでてわかなつむわがころもでにゆきはふりつつ（一五番）**為**為（い）**二七**

うらみわびほさぬそでだにあるものをこひにくちなむなこそをしけれ（六五番）**浮吾**浮（こほさぬ）吾（ご）**二八**

ゆふされればかどたのいなばおとづれてあしのまろやにあきかぜぞふく（七一番）**鹵也**鹵也（やせどとは）**二九**

あさぼらけありあけのつきとみるまでによしののさとにふれるしらゆき（三一番）**上**上（まさる）**三〇**

すみのえのきしによるなみよるさへやゆめのかよひぢひとめよくらむ（一八番）**媛**媛（みめよひひめがみ）**三一千年継承**

やまざとはふゆぞさびしさまさりけるひとめもくさもかれぬとおもへば（二八番）**矢乍**矢（し）乍（とふり）**三二**

あさぼらけうぢのかはぎりたえだえにあらはれわたるせぜのあじろき（六四番）**耐**耐（しのぎ）**三三**

おとにきくたかしのはまのあだなみはかけじやそでのぬれもこそすれ（七二番）**君事**君事（あなたじ）**三四**

ほととぎすなきつるかたをながむればただありあけのつきぞのこれる（八一番）**建**建（たつ）**三五**

おほけなくうきよのたみにおほふかなわがたつそまにすみぞめのそで（九五番）**炎絡**炎絡（たくみきづな）**三六**

よのなかはつねにもがもななぎさこぐあまのをぶねのつなでかなしも（九三番）**母**母（も）**三七**

よの**なか**よみ**ち**こそ**なけれおも**ひい**るや**まのお**く**にも**し**かぞ**な**くな**る**（八三番）**落也喪** 落（なくなる）也（や）喪（し）**三八**
こころにもあら**で**うきよにな**がら**へばこひし**かるべ**きよはの**つ**きかな（六八番）**還** 還（かへって）**三九**
あらしふ**く**みむ**ろ**のやまのもみぢばは**た**つたのかはの**に**しきなりけり（六九番）**谷**谷（ろく）**四〇**
こぬ**ひと**をま**つ**ほ**の**う**ら**のゆふな**ぎ**にやくやも**し**ほの**み**もこ**が**れ**つ**つ（九七番）**辛未** 辛未（つらきみ）**四一**
いまは**た**だおも**ひ**た**え**なむとば**か**りをひとづてならでいふよしもがな（六三番）**会**会（かひ）（欠め）**四二**
よを**こめ**てとりのそら**ねはは**か**る**ともよにあふ**さ**かのせき**は**ゆるさ**じ**（六二番）**絡母** 絡母（しばるはは）（補め）**四三**
わ**が**そではしほ**ひ**にみ**え**ぬおきのいしのひとこそしらねかわくまもなし（九二番）**会**会（かひ）**四四**
な**げ**け**と**て**つき**や**は**も**の**をおもはす**るかこ**ちがほなる**わが**な**みだ**かな（八六番）**言祇癸**言（わが）祇（だけ）癸（はかる）**四五**
なには**え**のあし**の**か**り**ねの**ひと**よ**ゆ**ゑみを**つ**くしてやこひわたるべき（八八番）**酉丙**酉丙（ゆなつ）（＝夏）**四六**
さびしさ**に**や**ど**を**た**ちい**で**てな**が**むれ**ば**い**づく**もおな**じ**あ**き**の**ゆ**ふぐれ（七〇番）**榑枝定里**
榑（もくにはゆ）（木（もく）に時（はゆ））枝定里（きてひさと）**四七**

◆安麻の手引の検証

一七九八年　古事記傳　本居宣長　二三五頁、『卑弥呼の一生』五〇一頁

暗号　い（三六一二三・三六一四・◯三四一二・◯三四一三）◯は一四巻、無印は一五巻

海原乎	夜蘇之麻我久里	伎奴礼杼母	奈良能美也故波	和須礼可袮都母
可敝流散尓	伊母尓見勢武尓	和多都美乃	於幾都志良多末	比利比弖由賀奈
賀美都家野	久路保乃袮呂乃	久受葉我多	可奈師家兒良尓	伊夜射可里久母
刀袮河泊乃	可波世毛思良受	多太和多里	奈美尓安布能須	安敝流伎美可母

暗号　ろ（三七二一・三七二三・◯三四七四・◯三四七五）

大伴乃	美津野等麻里尓	布袮波弖々	多都多能山乎	伊都可故延伊加武

安之比奇能　夜麻治古延牟等　須流君乎　許々呂尓毛知弖　夜須家久母奈之
宇恵太気能　毛登左倍登与美　伊仍弖伊奈婆　伊豆思牟伎弖可　伊毛我奈気可牟
古非都追母　乎良牟等須礼杼　遊布麻夜万　可久礼之伎美乎　於母比可祢都母

暗号　は（三七七四・三七七三・〇三五一一・〇三五一二）

和我世古我　可反里吉麻佐武　等伎能多米　伊能知能己佐牟　和須礼多麻布奈
君我牟多　由加麻之毛能乎　於奈自許等　於久礼弖乎礼杼　与伎許等毛奈之
安乎祢呂尓　多奈婢久君母能　伊佐欲比尓　物能乎曽於毛布　等思乃許能己呂
比登祢呂尓　伊波流毛能可良　安乎祢呂尓　伊佐欲布久母能　余曽里都麻波母

暗号　に（三六三一・三六三二・〇三五二八・〇三五二九）

大船尓　可之布里多弖天　波麻藝欲伎　麻里布能宇良尓　也杼里可世麻之
伊都之可母　見牟等於毛比師　安波之麻乎　与曽尓也故非無　由久与思乎奈美
水都登利能　多々武与曽比尓　伊母能良尓　毛乃伊波受伎尓弖　於毛比可祢都毛
等夜乃野尓　乎佐藝祢良波里　乎佐乎左毛　祢奈敝古由恵尓　波伴尓許呂波要

暗号　ほ（〇三三七七・〇三三七八・〇三四三四・〇三四三五）

武蔵野乃　久佐波母呂武吉　可毛可久母　伎美我麻尓末尓　吾者余利尓思乎
伊利麻治野　於保屋我波良能　伊波為都良　比可婆奴流々々　和尓奈多要曽祢
可美都家野　安蘇夜麻都豆良　野乎比呂美　波比尓思物能乎　安是加多延世武
伊可保呂乃　蘇比乃波里波良　和我吉奴尓　都伎与良之母与　比多敝登於毛敝婆

◇安麻の手引（読み方）『卑弥呼の一生』五〇六頁

暗号　い（三六一三・三六一四・○三四一二・○三四一三）○は一四巻、無印は一五巻

海原乎　夜蘇之麻我久里　伎奴礼杼母　奈良能美也故波　和須礼可祢都母
可敝流散尓　伊母尓見勢武尓　和多都美乃　於幾都志良多末　比利比弖由賀奈
賀美都家野　久路保乃祢呂乃　久受葉我多　可奈師家兒良尓　伊夜射可里久母
刀祢河泊乃　可波世毛思良受　多太和多里　奈美尓安布能須　安敝流伎美可母

暗号　ろ（三七二二・三七二三・○三四七四・○三四七五）

大伴乃　美津野等麻里尓　布祢波弖々　多都多能山乎　伊都可故延伊加武
安之比奇能　夜麻治古延牟等　須流君乎　許々呂尓毛知弖　夜須家久母奈之
宇恵太気能　毛登左倍登与美　伊侶弖伊奈婆　伊豆思牟伎弖可　伊毛我奈気可牟
古非都追母　乎良牟等須礼杼　遊布麻夜万　可久礼之伎美乎　於母比可祢都母

暗号　は（三七七四・三七七三・○三五一一・○三五一二）

和我世古我　可反里吉麻佐武　等伎能多米　伊能知能己佐牟　和須礼多麻布奈
君我牟多　由加麻之毛能乎　於奈自許等　於久礼弖乎礼杼　与伎許等毛奈之
安乎祢呂尓　多奈婢久君母能　伊佐欲比尓　物能乎曽於毛布　等思乃許能己呂
比登祢呂尓　伊波流毛能可良　安乎祢呂尓　伊佐欲布久母能　余曽里都麻波母

暗号　に（三六三一・三六三二・○三五二八・○三五二九）

大船尓　可之布里多弖天　波麻藝欲伎　麻里布能宇良尓　也杼里可世麻之
伊都之可母　見牟等於毛比師　安波之麻乎　与曽尓也故非無　由久与思乎奈美
水都登利能　多々武与曽比尓　伊母能良尓　毛乃伊波受伎弖　於毛比可祢都毛
等夜乃野尓　乎佐藝祢良波里　乎佐乎左毛　祢奈敝古由恵尓　波伴尓許呂波要

暗号　ほ（〇三三七七・〇三三七八・〇三四三四・〇三四三五）

武蔵野乃　久佐波母呂武吉　可毛可久母　伎美我麻尓末尓　吾者余利尓思乎

伊利麻治野　於保屋我波良能　伊波為都良　比可婆奴流々々　和尓奈多要曽祢

可美都家野　安蘇夜麻都豆良　野乎比呂美　波比尓思物能乎　安是加多延世武

伊可保呂乃　蘇比乃波里波良　和我吉奴尓　都伎与良之母与　比多敝登於毛敝婆

◇歌人達が引用した箇所

暗号　い（三六一三・三六一四・〇三四一一・〇三四一三）〇は一四巻、無印は一五巻

海原乎　夜蘇之麻我久里　伎奴礼杼母　奈良能美也故波　和須礼可祢都母

可敝流散尓　伊母尓見勢武尓　和多都美乃　於機都志良多末　比利比弖由賀奈

賀美都家野　久路保乃祢呂乃　久受葉我多　可奈師家兒良尓　伊夜射可里久母

刀祢河泊乃　可波世毛思良受　多太和多里　奈美尓安布能須　安敝流伎美可母

暗号　ろ（三七二一・三七二三・〇三四七四・〇三四七五）

大伴乃　美津野等麻里尓　布祢波弖々　多都多能山乎　伊都可故延伊加武

安之比奇能　夜麻治古延牟等　須流君乎　許々呂尓毛知弖　夜須家久母奈之

宇恵太気能　毛登左倍登与美　伊侶弖伊奈婆　伊豆思牟伎弖可　伊毛我奈気可牟

古非都追母　乎良牟等須礼杼　遊布麻夜万　可久礼之伎美乎　於母比可祢都母

暗号　は（三七七四・三七七三・〇三五一一・〇三五一二）

和我世古我　可反里吉麻佐武　等伎能多米　伊能知能己佐牟　和須礼多麻布奈

君我牟多　由加麻之毛能乎　於奈自許等　於久礼弖乎礼杼　与伎許等毛奈之

安乎祢呂尔　多奈婢久君母能　伊佐欲比尔　物能**乎曽於毛布　等思乃許能己呂**
比登祢**呂尔　伊波流毛能可良　安乎**祢呂**尔　伊佐欲布久母能　余曽里都麻波母**
暗号　に（三六三一・三六二一・〇三五二八・〇三五二九）
大船尔　可之布里多弖天　波麻藝欲伎　麻里布能宇**良尔　也杼里可世**麻之
伊都之可母　見牟等於毛比師　安波之麻乎　与曽尔也故非無　由久与思乎奈美
水都登利能　多々武与曽比尔　伊母能良尔　毛乃伊波受伎尔弖　於毛比可祢都毛
等夜乃野尔　乎佐藝祢良波里　乎佐乎左毛　**祢奈敝古**由恵**尔　波伴尔許呂**波要
暗号　ほ（〇三三七七・〇三三七八・〇三四三四・〇三四三五）
武蔵野乃　久佐波母呂武吉　可毛可久母　伎美我麻尔末尔　吾者余利尔思乎
伊利麻治野　於保屋我波良能　伊波為都良　**比可婆奴流々**々　和尔**奈多要**曽祢
可美都家野　安蘇夜麻都豆良　野乎比呂美　波比尔思物能乎　安是加多延世武
伊可保呂乃　蘇比乃波里波良　和我吉奴尔　都伎与良之母与　比多敝**登於毛**敝婆

◈新古今和歌集　検索　源順　二三二頁

海原乎　夜蘇之麻我久里　伎奴礼杼母　奈良能美也故波　和須礼可祢都母
あふことのむなしきそらのうきくもはみをしるあめのたよりなりけり　**海原乎**
おもふことみにあまるまでなるたきのしばしよどむをなにうらむらん　**海原乎**
可敝流散尔　伊母尔見勢武**尔**　**和多都美**乃　於幾都志良多末　比利比弖由賀奈
わがやどはそこともなにかをしふべきいはでこそみめたつねけりやと　**尔　和多都美**
わびつつもきみがこころにかなふとてけさもたもとをほしぞわづらふ　**尔　和多都美**

賀美都家野　久路保乃祢呂乃　久受葉我多　可奈師家兒良尓　伊夜射可里久母
よのなかをこころたかくもいとふかなふじのけぶりをみのおもひにて　我多　可奈師家兒
たちのぼるしほやのけぶりうらかぜになびくをかみのこころともがな　我多　可奈師家兒良尓
刀祢河泊乃　可波世毛思良受　多太和多里　奈美尓安布能須　安敝流伎美可母
ひとをなほうらみつべしやみやこどりありやとだにもとふをきかねば　刀祢河泊
ふねながらこよひばかりはたびねせんしきつのなみにゆめはさむとも　刀祢河泊乃　可波世毛思
大伴乃　美津野等麻里尓　布祢波弖々　多都多能山乎　伊都可故延伊加武
むかしおもふさよのねざめのとこさえてなみだもこほるそでのうへかな　大伴乃　美
はならてただしばのとをさしておもふこころのおくもみよしののやま　大伴乃　美
安之比奇能　夜麻治古延牟等　須流君乎　許々呂尓毛知弖　夜須家久母奈之
このはちるしぐれやまがふわかそでにもろきなみだのいろとみるまで　奇能　夜麻治古
おもひいるふかきこころのたよりまでみしはそれともなきやまぢかな　比奇能　夜麻治古
宇恵太気能　毛登左倍登与美　伊侶弖伊奈婆　伊豆思牟伎弖可　伊毛我奈気可牟
ふもとまでをのへのさくらちりこずはたなびくくもとみてやすぎまし　能　毛登左倍登
とへかしなかたしくふぢのころもでになみだのかかるあきのねざめを　能　毛登左倍
古非都追母　乎良牟等須礼杼　遊布麻夜万　可久礼之伎美乎　於母比可祢都母
ふるさとをこふるなみだやひとりゆくともなきやまのみちしばのつゆ　杼　遊布麻夜
いさやまたつきひのゆくもしらぬみははなのはるともけふこそはみれ　礼杼　遊布麻夜
和我世古我　可反里吉麻佐武　等伎能多米　伊能知能己佐牟　和須礼多麻布奈
はるかぜのふくにもまさるなみだかなわがみなかみもこほりとくらし　和我世古我　可

かぜふかばみねにわかれんくもをだにありしなごりのかたみともみよ　和我世古我　可
君我牟多　由加麻之毛能乎　於奈自許等　於久礼弖乎礼杼　与伎許等毛奈之
よのなかをいとふまでこそかたからめかりのやどりをもをしむきみかな　君我牟多
きみがあたりみつつををらむいこまやまくもなかくしそあめはふるとも　君我牟多
安乎祢呂尓　多奈婢久君母能　伊佐欲比尓　物能乎曽於毛布　等思乃許能己呂
かりそめのたびのわかれとしのぶれどおいはなみだもえこそとどめね　曽於毛布　等思乃許能
はかなしといふにもいとどなみだのみかかるこのよをたのみけるかな　毛布　等思乃許能
比登祢呂尓　伊波流毛能可良　安乎祢呂尓　伊佐欲布久母能　余曽里都麻波母
なつくさはしげりにけりなたまぼこのみちゆくひともむすぶばかりに　里都麻波母
いつのまにみをやまがつになしはててみやこをたびとおもふなるらん　都麻波母
大船尓　可之布里多弖天　波麻藝欲伎　麻里布能宇良尓　也杼里可世麻之
こゑはしてくもぢにむせぶほととぎすなみだやそそくよひのむらさめ　之布
けふくれどあやめもしらぬたもとかなむかしをこふるねのみかかりて　可之布里多弖
伊都之可母　見牟等於毛比師　安波之麻乎　与曽尓也故非無　由久与思乎奈美
むせぶともしらじなこころかはらやにわれのみけたぬしたのけぶりは　之可母　見牟等
かみかぜやみもすそかはのそのかみよちぎりしことのすゑをたがふな　之可母　見
水都登利能　多々武与曽比尓　伊母能良尓　毛乃伊波受伎尓弖　於毛比可祢都毛
うきみをばわれだにいとふいとへただそをだにおなじこころとおもはむ　多々武
あふことのかたみをだにもみてしかなひとはたゆともみつつしのばむ能　多々武
等夜乃野尓　乎佐藝祢良波里　乎佐乎左毛　祢奈敝古由恵尓　波伴尓許呂波要

やまざとのかぜすさまじきゆふぐれにこのはみだれてものぞかなしき　等夜乃野尓
かすがやまみやこのみなみしかぞおもふきたのふぢなみはるにあへとは等夜乃野尓
武蔵野乃　久佐波母呂武吉　可毛可久母　伎美我麻尓末尓　吾者余利尓思乎
ゆふなぎにとわたるちどりなみまよりみゆるこじまのくもにきえぬる　麻尓末尓
ふるさとにたのめしひともすゑのまつまつらむそでになみやこすらむ　麻尓末尓
伊利麻治野　於保屋我波良能　伊波為都良　比可婆奴流々　和尓奈多要曽祢
ゆらのとをわたるふなびとかぢをたえゆくへもしらぬこひのみちかも　奈多要
きえねただしのぶのやまのみねのくもかかるこころのあともなきまで　奈多要
可美都家野　安蘇夜麻都豆良　野乎比呂美　波比尓思物能乎　安是加多延世武
しのぶるにこころのひまはなけれどもなほもるものはなみだなりけり　呂美　波比尓思物能
なにはがたみじかきあしのふしのまもあはでこのよをすぐしてよとや　尓思物能乎　安
伊可保呂乃　蘇比乃波里波良　和我吉奴尓　都伎与良之母与　比多敝登於毛敝婆
かたみとてほのふみわけしあともなしこしはむかしのにはのをぎはら　波良　和我吉
ことのはのうつりしあきもすぎぬればわがみしぐれとふるなみだかな　和我吉奴

はじめに

うちわたし岸辺は波にやぶるとも我が名は朽ちじ天の橋立（〇〇一八六）
耳に聞き目に見ることをうつしおきてゆく末の世に人はいはせん（〇〇二七八）

曾禰好忠・毎月集序、いずれも『曾禰好忠集注解』　川村　晃生編　三弥井書店　二〇一一年発行各一五八、一三七頁　底本は宮内庁書陵部蔵伝冷泉為相筆本

『邪馬壹国讃歌』では太安萬侶の万葉集の歌二〇首で安麻の手引を見出した。『卑弥呼の一生』では安麻の手引に加えて太安萬侶の『古事記』の四四首、紫式部の『源氏物語』の七九五首で源氏の手引、今川了俊の『道行きぶり』の六〇首、本居宣長の『玉鉾百首』の一三二首を暗号と解し、この流れの中で日本古代史を明らかにした。

三部作の最後は二十万の和歌、漢詩、詩文に接し、この『日精潔・柞原・矢馬初国』で六〇年間のライフワークを完了する。前記の五つの作品以外にも数百人の歌人達が数千の和歌で伝えようとしたこと、多くの名もない人々が伝承、地名等で伝えようとしたことを明らかにする。

紫式部の母方の叔父である源為憲が師と仰ぐ源順（したがふは誤り）は『宇津保物語』の和歌で安麻の手引、『順集』でも安麻の手引、日精潔の為故、日精潔の譜、『源順馬名歌合』で一六代倭国国王及び安麻の手引、『源順百首』で一六代倭国国王を明示した。藤原定家撰の小倉百人一首五一番の作者である藤原実方は『実方集』で日精潔の為故、日精潔の譜、安麻の手引、一六代倭国国王を明示した。源為憲の『三宝絵』を筆写し、藤原定家の父藤原俊成に影響を与えた源俊頼は『散木奇歌集』で日精潔の為故を、源氏物語の「青表紙本」写本の作者で、本居宣長の尊敬する藤原定家は藤原実方同様日精潔の為故、譜、安麻の手引、一六代倭国国王を明示した。一方勅撰和歌集でも、源通具、藤原有家、藤原定家、飛鳥井雅経は『新古今和歌集』で安麻の手引を、本居宣長の尊敬する頓阿の師であり、また今川了俊の師でもある二条為世は『新後撰和歌集』で一六代倭国国王を明示した。

後述の「主として暗号を残した歌人」、「歌合の読み人」を含めて我々に伝えようとした歌人達の継承

の歴史と熱意、屡々命の危険を伴いながらの行為を本書で明らかにしたい。とは言え、七〇〇～八〇〇年に及ぶ先人達の時代精神とも呼ぶべき倭人の心であり、血縁、地縁、交友関係を全て明らかにすることは困難である。

写本については、源俊頼の三宝絵、藤原定家の源氏物語、冷泉為相の曾禰好忠集（源順百首を含む）について先に触れた。写本作成の動機の研究は残念ながらあまり進んでいない。大部の本の写本作成には、それを為さざるを得ない強い目的がある。『卑弥呼の一生』においても、その中核を成す源氏物語の写本に触れていない。今私は藤原定家の写本と藤原定家の小倉百人一首の撰が同一の目的であることに気付く。源俊頼の三宝絵の写本、冷泉為相の曾禰好忠集の写本も藤原定家の目的と同一であることを我々は知ることになる。ここに写本を記載する。

巻頭の二つの好忠の歌も「うつしおきてゆく末の世に」伝える同一の目的を、同集に明示する。

寒しとて道をやすらふほどこそあれ妹がりとだに思ひたちなは（〇〇三〇五）
埋づみ火の下に憂きみとなげきつつはかなく消えむことをしぞ思ふ（〇〇三四五）

作品名	著者	写本製作者
古今和歌集	浄弁	
古今和歌集	藤原俊成	
口遊	源為憲	行文・（その父）二筆とも未詳 大館高門（本居宣長門下）高（こう）＝行、門（もん）＝文

源氏物語	源為憲・紫式部	藤原定家
紫式部集	紫式部	藤原定家
伊勢集	伊勢	藤原定家
恵慶法師集	恵慶法師	藤原定家
更級日記	菅原孝標女	藤原定家
伊勢物語	源順	藤原定家
俊頼髄脳	源俊頼	藤原定家
小倉百人一首	藤原定家	一条兼冬
三宝絵	源為憲	源俊頼
元永本古今集		源俊頼
好忠集（含源順百首）	曾禰好忠・源順	冷泉為相
新古今和歌集		冷泉為相（伝）
源氏物語	源為憲・紫式部	冷泉為相
朝忠集	藤原朝忠	源道済（伝）
散木奇歌集	源俊頼	顕昭法師
頼政集	源頼政	山科言継(ときつぐ)
西行法師集	西行	頓阿
言経本源氏物語	源為憲・紫式部	山科言経(ときつね)（山科言継青表紙本に基づく）
七毫源氏	源為憲・紫式部	二条為明、浄弁、慶運、吉田兼好、頓阿他二名

序　源順への鎮魂歌

梨壺五人[21]の一人である源順は九一一年に生まれ、九八三年に死亡している。平安前期の歌人・学者である。み な も と し た ご ふ の八文字は、七〇〇年代、八〇〇年代の三一文字の和歌[22]に見ることができる。これは言うまでもなく、源順の氏名を意図的に和歌に読込んだものではない。この現象は、これら七〇〇年代・八〇〇年代の和歌に、三文字であれば、なみだ（涙）、たもと（袂）、みこと（尊）、二文字であれば、ふじ（不二）、こと（事）、とも（友、共、伴、供）、ふだ（札）、ふな（舟）、とし（年）、とこ（床）、なし（無）、した（下）、なみ（浪）、こふ（恋ふ）、たみ（民）、みな（皆）、など（等）、という和歌に頻繁に使われる用語があり、当該八文字以外の字（棒線）を含めれば、さみだれ（五月雨）、もみぢ（紅葉）、しのぶ（忍ぶ）、みやこ（都）、まとふ（纏ふ）、をみなへし（女郎花）がある。

---

21 九五一年村上天皇の命により梨壺の和歌所で後撰和歌集を撰集し、又万葉集の訓点を施した五人の寄人。ほかに大中臣能宣、清原元輔、紀時文、坂上望城。

22 七〇〇年代（柿本集　八七六首中一四首）、（赤人集　五四〇首中四首）、（歌経標式　真本　竹柏園本　二八首中〇）、（家持集　五二五首中五首）　小計一九六九首中二三首　一・一七%。
八〇〇年代（業平集　一四四首中三首）、（寛平御時菊合　二〇首中〇）、（寛平御時后宮歌合　一九三首中一首）、（内裏菊合　一四首中〇）、（遍昭集　五三首中〇）、（新撰万葉集・巻上　一一九首中一二首）、（是貞親王家歌合　仁和二宮歌合　七一首中一首）、（千里集　大江千里集　句題和歌　一二六首中一首）、（亭子院女郎花合　七一首中一首）、（本院左大臣家歌合　二〇首中〇）　小計八三一首中一八首　二・一七%　七〇〇年代・八〇〇年代合計二八〇〇首中四一首　一・四七%。

ここからは源順の氏名を意図的に和歌に読込む可能性のある時代に移る。これらは古来「物名（もののな）　次に、隠題といへるものあり。物の名を読むに、その物の名を歌のおもてに据ゑながら、その物といふことを、隠してまどはせる。」の類である（新編日本古典文学全集八七『歌論集』『俊頼髄脳』源俊頼　二〇〇二年一月二〇日　小学館発行）。源順は意図なく詠み得るので隠題の韜晦たり得る。

あ**ふこともなみだ**にうかぶわがみには**し**なぬくすりもなにかはせむ（竹取物語　一三〇頁）

これは八文字に七字読込むというのは、別格として、短い字句で一挙に源順の氏名を含むものが多くある。次に例示する（何故源順かは後述するが、頻出用語　涙を含むことを記憶すべき）。

ひ**とこ**ふる**なみだ**ははるぞぬるみけるたえぬお**も**ひのわかすなるべ**し**（伊勢　後撰和歌集　一五〇頁）

お**もふこと**なすこそか**み**のか**た**からめ**し**ばしわするるこころつけなん（宇津保物語　一三七頁）

しをるともなみだならねば**ふ**らしけむはるさめ**こ**そはあはれともみめ（伊勢集　三三九頁）

お**もふこと**なきにもあらず**た**まかづらか**み**をばかけ**じ**いなわづらはし（赤染衛門集　四〇〇頁）

よ**も**のう**みたとふ**るくにのかた**な**れば**こ**ころもに**し**へなみよりにけり（源俊頼　散木奇歌集　四〇八頁）

としふれど**こ**すのきけきの**た**えまより**み**えつつ**な**みはお**も**かげにたつ（源俊頼　散木奇歌集　四一〇頁）

一八の歌物語・日記では四四二九首中七七首が源順の氏名を含む（一・七四％）。勅撰和歌集二一集三万三七四四首のうち後撰和歌集一四二五首の中に二・九五％の源順の氏名を含む和歌があるのを最高に、玉葉和歌集二八一八首中二七首　〇・九六％が最低である。九〇〇年代から一五〇〇年代の歌合・私家集一四万三六二首のうち一五〇〇年代の一・六六％が最高、一四〇〇年代一・一七％が最低である。

新古今和歌集には二〇〇五首の和歌があり、四〇首の源順の氏名を含む和歌がある。二・〇〇%である。前述のことから二〇首前後が意図的に読込まれたものであると考えるのが普通であるが四〇首全部が意図的に読込まれたものである。これは撰者にとって大変苦労の多い作業になる。自然に源順の氏名を含む和歌を注意深く排除するための精査と、字の変更のための歌人との折衝が必要である。さて四〇という数字は何か。私には直ぐに確信できた。二〇の倍数である。二〇とは拙著（二〇〇二年三月文芸社発行）で記載した安麻の手引の万葉集の歌の数である（『邪馬壹国讃歌』二六六頁・『卑弥呼の一生』五〇五頁）。この万葉集の四五〇〇首の中の二〇首の選択をまだ理解できていない人がいるが、『卑弥呼の一生』で確認した通り、正しいものでゴシック及び圏点◉は明示したものの全てである。注目すべきは他の歌人達が明示したもの以外を極力復元した藤原定家の努力だ。千数百年の隠題の大河を知らぬ和歌研究とは、何か。

新後撰和歌集には一六一七首の和歌があり、三二首の源順の氏名を含む和歌がある。一・九八%である。前述のことから一%前後の一六首くらいが意図的に読込まれたものであると考えるのが普通であるが、驚くべきことに、三二首全部が意図的に読込まれたものである。繰返しになるが、撰者にとって大変苦労の多い作業になると前記したが、歌人に意図はなく、ただ目的に合うので撰となったものもある。この場合、折衝は不要である。さて三二とは何か。私には直ぐに確信できた。一六の倍数である。一六とは『卑弥呼の一生』一〇頁の多氏の系譜日精潔の家族に記載した倭国国王の一六代である。従って二〇＋一六＝三六という数字にも又注意すべきである。

散木(さんぼく)奇歌集（源俊頼）には、一九一四首の和歌があり、その中に源順の氏名を含む和歌が四六首ある。『卑弥呼の一生』九頁の卑弥呼の為故（遺言）を復元してくれる（三六頁）。見事な俊頼の労作である。ここで念を押したいのは、多数の和歌から私の考えで選んだものに暗号を見つけたのではなく、源順の氏名を読込むという選択が既になされているという限られた中での私の作業であるということである。更に日精潔を含む歌（源順でみ、こは含むので、更にひを含むもの）を抽出する。これは正に念には念を入れる特筆すべき労作である。栄から日精潔まで一字も抜けていない（四一四頁）。

たちかへるみやこにだにもひきかへてうしとおもふことなからましかば**栄**栄(はへる)

したひくるこひのやつこのたびにてもみのくせなれやゆふとどろきは**畝**畝(ぶ)

みながらもならぬこころはほどもなくいとふみやこのかたぞこひしき**籠**籠(かご)

さきのよもまたもこんよのみのほどもけふのさまにておもひしるかな**代**代(だひ)

としへたるひさのうゐきのこちたさをしらでもひとにみをかふるかな**高羽**高 羽(こふとびさる)

あめにまたみづそひぬなりよもすがらものおもふやどにぬえのこゑしつ**目**目(まなこ)

すべらきのみことのすゑしきえせねばけふもひむろにおものたつなり**露**露(すこし)（欠かれぬ）

さよふけてやまだのひたにこゐきけばしかならぬみもおどろかれけり**総**総(みな)（補かれぬ）

あけくれはものおもふことをたくみにてわりなくむねをしるひとぞなき**根**根(もと)

おもへどもけふぞくやしきひとこころみぬよりさきになにたのみけん**尊生言**尊生言(みことおふこと)

ささがにはこけのたもとにふるまへどなみだならではくるひともなし**米栗喪**米栗喪(まひこへるし)

とへかしなみやここひしきたびのいほにしぐれもりそふくさのまくらを**矢馬初国**矢 馬 初国(しくらをふそこく)

ことわりやいかでかこひもしなざらむあぶくまかはにみづのたえなば**柞原**柞原(さくの)

しかはあれどおもひたたれぬこころこそつみふかきみのほだしなりけれ**日精潔**日精潔（かこころけつ）

射矢白立柞原生日精潔会君事船生之畑月柱丸初建乙酉酉金羅九矢丸日精潔相無生去宮擦尾掟止克男立顛

好山為民女無路母明募聲大好聲聞相之**栄畝籠代高羽目露総根尊生言米栗喪矢馬初国柞原日精潔**

さて何故源順か（考察は後述）。技巧的和歌の作者・歌物語の作者として知られる源順ということだけではない。源順は最古の長編物語『宇津保物語』の作者である。これに自らの氏名を盛込んだ歌を正に二〇首残している。

海原乎　**夜蘇之麻我**久里　伎奴礼杼母　奈良能美也故波　和須礼可祢都母

うらかぜのとをふきかへるまつやまもあだしなみこそなをばたつらし　**海原乎**　**夜蘇之麻我**

可敝流散尓　伊母尓見勢武尓　和多都美乃　於幾都志良多末　比利比弖由賀奈

みをなげんかたさへぞなきひとをおもふこころにまさるたにしなければ　**可敝流散尓**

賀美都家野　久路保乃祢呂乃　**久受葉我多**　**可奈師**家兒良尓　伊夜射可里久母

おもふことしらせてしがなはなざくらかぜだにきみにみせずやあるらん　**久受葉我多**　**可奈師**

刀祢河泊乃　可波世毛思良受　多太和多里　奈美尓安布能須　安敝流伎美可母

はまちどりふみこしうらにすもりごのかへらぬあとはたづねざらなん　**刀祢河泊乃**

大伴乃　**美津野等麻**里尓　布祢波弖々　多都多能山乎　伊都可故延伊加武

めづらしききみにあふよははるがすみあまのいはとをたちもこめなむ　**美津野等麻**

安之比奇能　夜麻治古延牟等　須**流君乎**　**許々呂尓毛知弖**　**夜**須家久母奈之

たちなれてやみにしやどをけふみればふるきこころのおもほゆるかな　**流君乎**　**許々呂尓毛知弖**　**夜**

宇恵**太気能**　**毛登左**倍登与美　伊侶弖伊奈婆　伊豆思牟伎弖可　伊毛我奈気可牟

ふるさとはいづくともなくしのぶぐさしげきなみだのつゆぞこぼるる　**太気能**　**毛登左**

古非都追母　乎良牟等須礼杼　遊布麻夜万　可久礼之伎美乎　**於母比可**祢都母

としのうちにしたひもとくるはなみればおもほゆるかなわがこふるひと　**於母比可**

和我世古我　可反里吉麻佐武　**等伎能多**米　伊能知能己佐牟　和須礼多麻布奈

きみこふとみなかみしろくなるたきはおひのなみだのつもるなるべし　**等伎能多**

君我牟多　由加麻之毛能乎　於奈自許等　於久礼弖乎**礼杼**　**与伎許等毛奈之**

たちよるもうれしともみずはなちるとふきにしかぜのなごりとおもへば　**礼杼**　**与伎許等毛奈之**

安乎祢呂尓　多奈婢久君母能　伊佐欲比尓　物能乎曽**於毛布**　**等思乃許能**己呂

しろたへのころもにたるうめのはなめにみすみすもおとろふるかな　**於毛布**　**等思乃許能**

比登祢呂尓　伊波流毛能可良　安乎祢呂**尓**　**伊佐欲布久母能**　余曽里都麻波母

いはざらんことぞくるしきうきみこそよのためしにもなるといふなれ　尓　伊佐欲布久母能

大船尓　可之布里多弖天　波麻藝欲伎　麻里布能宇**良尓**　**也杼里可世**麻之

なみだがはふちせもしらぬみどりごをしるべとたのむわれやになる　**良尓**　**也杼里可世**

伊都之可母　見牟等於毛比師　安波之麻乎　与曽尓也故非無　**由久与思乎奈美**

よのなかをゆきめぐりにしみなれどもこひてふやまをまだぞふみみぬ　**由久与思乎奈美**

水都登利能　**多々武**与曽比尓　伊母能良尓　毛乃伊波受伎尓弖　於毛比可祢都毛

むかしおひのまつにしならふものならばまたみどりごのたのもしきかな　**水都登利能**　**多々武**

等夜乃野尓　乎佐藝祢良波里　乎佐乎左**毛**　**祢奈敝古**由恵尓　波伴尓許呂波要

するがなるうらにならねどもしらなみはたごといふなにもたちかへりけり**毛**　**祢奈敝古**

武蔵野乃　久佐波母呂武吉　**可毛可久母**　伎美我麻尓末尓　吾者余利尓思乎

おもふことなすこそかみもかたからめしばしなぐさむこころつけなむ　可毛可久母
伊利麻治野　於保屋我波良能　伊波為都良　比可婆奴流々々　和尓奈多要曽祢
すみこしもみしもかなしきふるさとをたまのうてなになさばなりなん　利麻治野
可美都家野　安蘇夜麻都豆良　野乎比呂美　波比尓思物能乎　安是加多延世武
わびびとのなみだをひろふものならばたもとやたまのはこにならまし　良　野乎比呂美　波比尓思物能
伊可保呂乃　蘇比乃波里波良　和我吉奴尓　都伎与良之母与　比多敝登於毛敝婆
みるひとのなごりありげもみえぬよをなにとしのぶるなみだなるらん　与良之母

更に源順馬名歌合（一六の和歌、成立　九六六年）がある。倭国全一六代の王の名を挙げる（既述一八頁）。既出　一八頁。

くもまよりわけやいづらむひさかたのつきげそらよりかちてみゆるは夫夫（かの）
いでかたみとぶあしはらのつるぶちをなにはのあしげかへりみてゆく月月（がち）
あさぢふのとらげのみだるけしきにはあなよりがたのいとのくりげや日日（か）
みねのまつみどりのあけはなたかきをよるぬばたまのくろやなからむ象象（きば）
ほのぼのとやまのはのあけはしりいでてこのしたかげをすぎてゆくかな光光（あかり）
なにたかくふりてあめなるひばりかげいとどあらくぞまさるべらなる明明（あけ）
かたきまつみどりのあけにくらぶれはかみとぞみつるぬばたまのくろ槙竹槙竹（まきたけ）
しらいとのくりげひきでてみるからにふすあさぢふのとらげなりけり麻等麻等（あさら）（杼朋（りく）の夫）
ちりにけるはなのかすげもいろまさるにげにしあへばはかなかりけり杜尾杜尾（もりしり）
すまのあまのあさなあさなつむいそなぐさけふかちぶちはなみぞうちつる内内（なか）

くもまよりとふあしはらのつるふちになにはのあしけおひつかむやは泄泄（もる）
ひさかたのつきげそらよりわたるともあまのかはらげかげとどめてむ朋朋（つひ）
やまのはのあけてあさひのいづるにはまづこのしたのかげぞさきだつ顚顚（いただき）（母矢雨（つる））
ゆふかみのなりてわたらばおくれつつとりめはくものよそにこそみめ君事君事（かみよふ）
にげなくもくらぶめるかないちしるくにほひすぐれしはやきかすげに矢也矢也（しかな）
ゆふかみはとくもあらじをなにしおはばかけるとりめをあはせざらまし絡路絡路（らくとふり）

更に源順百首も暗号である。

はるかなるひとまつほどはしのぶれどしるくやみゆるわがころもでは柱丸柱丸（じゅまる）
はづかしにひとにこころをつけしよりみそかながらにこひわたるかな月月（がつ）
こもりゐのこをしなづるはおもひたつちのえあらねはあるにぞありける日日（じつ）（象は子（のり））
こひするにころもでひづしさるかそのあらびしぼりてみすべきものを象・光象（きざし）・光（ひかる）
うねびやまほのかにかすみたつからにはるめきにけるここちかもする明明（から）
はるたたばこほりとけなむぬまみづのしたこひしくもおもほゆるかな槙竹槙竹（しむたけ）
ひるまなくよるはすがらにたえずのみいしくらはらのしげきわがこひ以以（よる）
みそぎせしかものかはなみたつひよりまつのかぜこそふかくみえけれ青青（しょふ）（杼朋の子（りく））
はるたたばまづまろうゐじこゆみづのえずはさひあしさてややみなん杖丸杖丸（うつまろむん）（妻藻女（もる））
いはしみづてにむすびつつわがきゐるこのしたかげもかれにけるかな泄泄（もる）（棹止の子（わだ））
しのぶれといくそのあきのつみなれやしのびもあへずこひしかるらん朋朋（つひ）（棚市の夫（かみやす））
もるやまになげきこるみはおともせでけぶりもたえぬおもひをぞたく真曽真曽（まそふ）
かくこひんものとしりせばひとめもるひとにこころをつくるみなれば君事君事（くんこと・じ）（藻女の子（もる））

かすみたつみむろのやまにさくはなはひとしれずこそちりぬべらなれ**定里**　定（やく（約＝約束））里（り）
かみなづきしぐるるたびのやまごえにもみぢをかぜのたむけたるかな**絡路**　絡路（つなぐみち）

源順馬名歌合は二〇の歌があるという資料がある。一六はほぼ同じで追加として四首がある。これは単なる歌の増加ではなく、一六から二〇即ち一六代倭国王から安麻の手引への見事な転換である。

わたのはらしろたへのなみのうちてこしそこのかみぐろかちはみえにき　**海原**
ちはやぶるかみぐろてへどわたつみのしろきくもゐのそらにすててき　**尓　和多都美乃**
あさぢふのとらげのみだるけしきにはあなよりがたのいとのくりげや　**多　可奈師家**
すまのあまのあさなにつめるいそなぐさけふかちぶちはなみぞうちつる　**奈美尓安布能須　安**
かたきまつみどりのあをにくらぶればかみとぞみゆるむばたまのくろ　**乃　美津野等麻里尓　布**
たくなはのたえてもやみねそこひなきふちにはかづくあまもあらじを　**安之比奇能　夜麻治古延**
しらいとのくりげひきいでてみるからにふすあさぢふのとらげなりけり　**美　伊呂弖伊奈**
やまのはのあけてあさひのいづるにはまづこのしたのかげぞさきだつ　**古非都追**
くもまよりわけやいづらむひさかたのつきげぞらよりかちてみゆるは　**我　可反里吉麻佐武**
ひさかたのつきげそらよりわたるともあまのかはらげかげとどめてむ　**我牟多**
ゆふかみのなりてわたらばおくれつつとりめはくものよそにこそみめ　**曽於毛布　等**
ちりにけるはなのかすげもいろまさるにげにしあへばはかなかりけり　**呂尓　伊波流毛能可**
ほのぼのとやまのはのあけはしりいでてこのしたかげをみてもゆくかな　**里多弖天　波麻**
ひだりみぎくらぶるこまのあしはやみわがかたにいつかちぶちをみよ　**安波之麻乎　与**
みねのまつみどりのあをのなたかきをよるむばたまのくろやなからむ　**水都登利能　多々武与**

なみより**と**ぶあしはら**の**つるぶち**に**なには**の**あしげおひつかむ**や**は　**等夜乃野尓**
にげな**くも**くらぶめる**か**ないちしるくにほひすぐれてはや**きか**すげに　**吉　可毛可久**
なにた**か**くふりてあめなるひ**ば**りかげいとどあしこそまさる**べ**らなれ　**我波良**
いで**か**た**み**とぶ**あ**しはら**のつ**るぶちをなにはのあし**げ**かへりみてゆく　**可美都家野　安**
ゆふかみ**は**とくもあ**ら**じをなにしお**は**ばかけると**り**めをあはせざらまし　**波里波良**

暗号　い（三六一二三・三六一四・○三四一二・○三四一三）○は一四巻、無印は一五巻

海原乎　夜蘇之麻我久里　伎奴礼杼母　奈良能美也故波　和須礼可祢都母
可敝流散尓　伊母尓見勢武**尓**　**和多都美乃**　於幾都志良多末　比利比弖由賀奈
賀美都家野　久路保乃祢呂乃　久受葉我**多**　**可奈師家**兒良尓　伊夜射可里久母
刀祢河泊乃　可波世毛思良受　多太和多里　**奈美尓安布能須**　**安**敝流伎美可母

暗号　ろ（三七二二・三七二三・○三四七四・○三四七五）

大伴**乃**　**美津野等麻里尓**　**布**祢波弖々　多都多能山乎　伊都可故延伊加武
安之比奇能　**夜麻治古延**牟等　須流君乎　許々呂尓毛知弖　夜須家久母奈之
宇恵太気能　毛登左倍登与**美**　**伊侶弖伊奈**婆　伊豆思牟伎弖可　伊毛我奈気可牟
古非都追母　乎良牟等須礼杼　遊布麻夜万　可久礼之伎美乎　於母比可祢都母

暗号　は（三七七四・三七七三・○三五一一・○三五一二）

和我世古**我**　**可反里吉麻佐武**　等伎能多米　伊能知能己佐牟　和須礼多麻布奈
君**我牟多**　由加麻之毛能乎　於奈自許等　於久礼弖乎礼杼　与伎許等毛奈之
安乎祢呂尓　多奈婢久君母能　伊佐欲比尓　物能乎**曽於毛布**　**等**思乃許能己呂
比登祢**呂尓**　**伊波流毛能可**良　安乎祢呂尓　伊佐欲布久母能　余曽里都麻波母

暗号　に（三六三二・三六三一・〇三五二八・〇三五二九）

大船尓　可之布**里多弖天**　**波麻**藝欲伎　麻里布能宇良尓　也杼里可世麻之
伊都之可母　見牟等於毛比師　**安波之麻乎**　**与**曽尓也故非無　由久与思乎奈美
水都登利能　**多々武与**曽比尓　伊母能良尓　毛乃伊波受伎尓弖　於毛比可祢都毛
等夜乃野尓　乎佐藝祢良波里　乎佐乎左毛　祢奈敝古由恵尓　波伴尓許呂波要

暗号　ほ（〇三三七七・〇三三七八・〇三四三四・〇三四三五）

武蔵野乃　久佐波母呂武**吉**　**可毛可久**母　伎美我麻尓末尓　吾者余利尓思乎
伊利麻治野　於保屋**我波良**能　伊波為都良　比可婆奴流々々　和尓奈多要曽祢
可美都家野　**安**蘇夜麻都豆良　野乎比呂美　波比尓思物能乎　安是加多延世武
伊可保呂乃　蘇比乃**波里波良**　和我吉奴尓　都伎与良之母与　比多敝登於毛敝婆

順集の為故を含む歌を抽出し、五周し、日精潔の為故を得る。二七首（原型　一七〇頁）

たれによりいのるせぜにもあらなくにあさくいひなせおほぬさにはた**射**射(さく)
くれたけのよさむにいまはなりぬとやかりそめふじにころもかたしく**矢白**矢白(しはく)
いづこともいさやしらなみたちぬればしたなるくさにかけるくものい**立作原**立作原(たちぬさくもと)
せはふちにさみだれがはのなりゆけばみをさへうみにおもひこそませ**生日精潔**生日精潔(たみかうぶけち)
ねをふかみまだあらはれぬあやめくさひとのこひぢにえこそはなれね**会**会(あふ)
たのみづのふかからずのみみゆるかなひとのこころのあさくなるさま**君事**君事(かみず)
かずならぬみのうのはなのさきみだれものをぞおもふなつのゆふぐれ**船生之**船生之(ふなたみかれの)
たなばたのやどりなるべしはたおりめくさむらごとになくこゑのする（欠け）

なげきつつすぐすつきひはなになれやまだきこのめももえまさるらん**畑** 畑（ひにた）（火に田）（補け）

よのなかをなににたとへむゆふつゆもまたできえぬるあさがほのはな**月** 月（よにでるもの）（夜に出る物）

とこなつのつゆうちはらふよひごとにくさのかうつるわがたもとかな**柱丸** 柱丸（ぢゅうつもの）

ゆくあきのかぜにみだるるかるかやはしめゆふつゆもとまらざりけり（欠て）

あさぢふのつゆふきむすぶこがらしにみだれてもなくむしのこゑかな**初** 初（あたらしく）（補て）

おりたてばそらまでひつるたもとさへなにうちかへすあらたなるらむ**建** 建（たつ）

かみのますもりのしたくさかぜふけばなびきてもみなまつるころかな（欠と）

あめふればくさはのつゆもまさりけりよどのわたりをおもひやるかな**乙** 乙（おつ）（補と）

としごとにはるはくれどもいけにおふるぬなははたえぬものにさりける**酉** 酉（なる）

とほやまだたねまきおけるひとよりもゐせきにみづはもりまさるらん**酉金** 酉金（とりきん）（欠て）

さはみづになくつるのねをたづねてやあやめのくさをひとのひくらん**羅九** 羅九（あみく）（補て）

やまざとにこころあはするひとありとわれはしたかにかはりてぞとふ**矢丸** 矢丸（やころがす）

あさごほりとくるあじろのひをなればよれどあはにぞみえわたりける**日精潔** 日精潔（あさあけりえるあくなし）

ひさかたのそらさへすめるあきのつきいづれのみづにやどらざるらん**相** 相（みる）

なくこゑをとりだにかふるものならばほととぎすとぞききあかさまし**無** 無（ぶ）

おほゐがはそまにあきかぜさむければたついはなみもゆきとこそみれ**生** 生（いきむ）

たなばたにけさはかしつるあさのいとをよるはまつるとひとはしらずや**去** 去（にげる）

あらさじとうちかへすらしをやまだのなはしろみづにぬれてつくるあ**宮** 宮（く）

みをつめばものおもふらしほととぎすなきのみまどふさみだれのやみ**擦** 擦（さつ）

のこりなくおつるなみだはつゆけきをいづらむすびしくさむらのしの**尾掟** 尾掟（びさだ）

たなばたのやどりなるべしはたおりめくさむらごとになくこゑのする止 止(とめる)

なつくさのふかきねざめをたづねつつふかくもひとをたのむころかな克男 克男(たふなむ)

よのなかをなににたとへむゆふつゆもまたできえぬるあさがほのはな立 立(さだまる)

ちくさのかうつるたもともありけるをなどあさがほをかくさざりけん顚 顚(さかさ)

あさぢふのつゆふきむすぶこがらしにみだれてもなくむしのこゑかな好 好(こふ)

やまざくらこのしたかぜしこころあらばかをのみつけよはなちらしそ山 山(はかば)

とほやまだたねまきおけるひとよりもゐせきにみづはもりまさるらん為 為(まねる)（欠め）

さはみづになくつるのねをたづねてやあやめのくさをひとのひくらん民 民(びん)（補め欠こ）

やまざとにこころあはするひとありとわれはしたかにかはりてぞとふ女 女(ひとにあはす)（補こ）

さだめなきひとのこころにくらぶればただうきしまはなのみなりけり無路 無路(なしとふり)

うぐひすはわきてくれどもあをやぎのいとはさくらにみだれあひにけり母 母(も)（欠る）

たなばたにけさはかしつるあさのいとをよるはまつるとひとはしらずや明募 明 募(あかるひよらす)（補る）

あさなへもまだとりあへずおほかればたづのこゑともなきぬべきかな聲 聲(ほまれ)

なつくさのふかきねざめをたづねつつふかくもひとをたのむころかな大好 大好(だひこふ)

たなばたのやどりなるべしはたおりめくさむらごとになくこゑのする聲 聲(ことば)

なげきつつすぐすつきひはなになれやまだきこのめももえまさるらん聞 聞(もん)

しなのなるあさまのたけのあさましやおもひくまなききみにもあるかな相之 相之(みるし)

たまのををみなへしひとのたえさらばぬくべきものをあきのしらつゆ（欠ふ）

さをしかのすだくふもとのしたはぎはつゆけきことのかたくもあるかな栄 栄(さかゆ)（補ふ）

うぐひすはわきてくれどもあをやぎのいとはさくらにみだれあひにけり（欠ねの）

やまぶきのはなのしたみづさかねどもみなくちなしとかげぞみえける畝畝《ぶ》（補ねの）
たのみづのふかからずのみみゆるかなひとのこころのあさくなるさま籠籠《かご》
よのなかをなににたとへむゆふつゆもまたできえぬるあさがほのはな代高代《かはる》高《たつとぶ》
とこなつのつゆうちはらふよひごとにくさのかうつるわがたもとかな羽羽《つばさ》
あめふればくさはのつゆもまさりけりよどのわたりをおもひやるかな目目《もく》
もみぢさへきよるあじろのてにかけてたつしらなみはからにしきかも露露《あらは》（欠る）
なくこゑをとりだにかふるものならばほととぎすとぞききあかさまし総総《のこらず》（補る）
みつしほものぼりかねてぞかへるらしなにさへたかきあまのはしたて根根《きにかたし》（木に艮《かたし》）（欠む）
うちよするなみとをのへのまつかぜとこゑたかさごやいづれなるらむ尊尊《みこと》（補む）
ときしまれをしかのはしをあきゆけばあづまをさへぞこひわたるべき生言生言《はゆ・きことば》
あまつかぜそらにふきあぐるひまもあらばさはにぞたづはなくとつげなん米栗喪米栗喪《まひくそふ》
ねをふかみまだあらはれぬあやめくさひとのこひぢにえこそはなれね矢馬矢馬《ちかふば》
たれによりいのるせぜにもあらなくにあさくいひなせおほぬさにはた初国初国《あらたにくに》
のこりなくおつるなみだはつゆけきをいづらむすびしくさむらのしの柞原柞原《さくげむ》
かみのますもりのしたくさかぜふけばなびきてもみなまつるころかな日精潔日精潔《かくはしけつ》

更に源順百首でも同様の暗号（検索　為故）である。

ふるみちのゆきふりしきてこのはるはいさやわかなもまだぞつみみぬ射矢射矢《ながつきし》
はなゆゑにみをやすててしくさまくらちぢにくだくるわがこころかな白白《はく》
ほととぎすうひたつやまをさとしらばこのまをゆきてきくべきものを立立《すぐさま》
おほあらきのをざさがはらやなつをあさみはたまくくずはうらわかきかも柞原生柞原生《さくのはらき》

ゆふやみにあまのいさりびみえつるはまがきのしまのほたるなりけり日精　日精(かしゃふ)
ゆふだちにややくれにけりみなつきのなごしのはらへせでやすぐさん潔　潔(けち)
かやりびのしたにもえつつあやめぐさあやにこひしきこひのかなしさ会　会(かひ)
さみだれてものおもふときはわがやどのなくせみさへにこころぼそしや君事　君事(きみこと)
さきくさももえぬらめやそはるきなばわかなつむべきふぢかたのやま船生之　船(やかたつく)（屋形船）生之(なまかはる)
はなのかのえだにしとまるものならばくるるはるをもをしまざらまし畑　畑(くさをとるはら)（草をとる原）（欠け）
みなかみのさだめてければきみがよにふたたびすめるほりかはのみづ月　月(よにみれる)（夜に見れる）（補け）
あづまぢのゆきかふみちのはるたたばはなみてこころゆかざらめやは柱丸　柱丸(ぢゅたま)
ふるみちのゆきふりしきてこのはるはいさやわかなもまだぞつみみぬ初建　初建(はつのぶ)
ほととぎすうひたつやまをさとしらばこのまをゆきてきくべきものを乙　乙(ひとつ)（欠り）
ゆふやみにあまのいさりびみえつるはまがきのしまのほたるなりけり酉酉　酉　酉(ゆふ・かさなる)（重＝二）（補り）
ゆふだちにややくれにけりみなつきのなごしのはらへせでやすぐさん金羅九矢　金　羅　九矢(きんのこさず　くや)
たれをしかゆきてみつらむさほひめのひとはをらせるやまのさがしさ丸日精　丸日精(たしかじつさが)
をしどりのはぶきやたゆきさゆるよのいけのみぎはになくこゑのする潔　潔(いさぎよし)
さはたがはせぜのむもれきあらはれてはなさきにけりはるのしるしに相無　相無(あらはれむ)
みどりなるいろこそまされよとともになほしたくさのしげるなつのの生去宮　生　去宮(いけれりさる　く)（欠や）
のきばなるうめさきぬとてはかられぬひとだのめなるゆきやなになり擦　擦(はだぎれになる)（補や）
みちのひとよめくりかへしふゆをなほさてあるものそいでたちもする尾掟　尾掟(みてひ)
かすみたつみむろのやまにさくはなはひとしれずこそちりぬべらなれ止克　止克(しこく)
ほととぎすうひたつやまをさとしらばこのまをゆきてきくべきものを男　男(としうへ)

のもやまもいろかはりゆくかぜさむみいかでたづねむわすれにしせこ立顚好 立顚好《りつみねすく》（欠む）
さきくさももえぬらめやそはるきなばわかなつむべきふぢかたのやま山 山《はかば》（補む）
みちのひとよめくりかへしふゆをなほさてあるものそいでたちもする為 為《なす》
かすみたつみむろのやまにさくはなはひとしれずこそちりぬべらなれ民 民《みむ》
はなゆゑにみをやすててしくさまくらちぢにくだくるわがこころかな女 女《ちちだす》（乳出す）
さみだれてものおもふときはわがやどのなくせみさへにこころぼそしや無路 無路《ぶしや》（車《しや》）
るりのつぼささちひさきははちすばにたまれるつゆにさもにたるかな母 母《ぼ》（欠くる）
さつきやみみねにもをにもうつせみのなくこゑきけばただならぬかな（補く欠る）
のきばなるうめさきぬとてはかられぬひとだのめなるゆきやなになり明 明《めひ》（補る）
はるたたばまづまろうゑじこゆみづのえずはさはあしさてややみなん募聲 募 聲《あしざままますうはさ》
おほあらきのをざさがはらやなつをあさみはたまくくずはうらわかきかも大好 大好《おほきすき》
さつきやみみねにもをにもうつせみのなくこゑきけばただならぬかな聲 聲《うはさ》（欠こえる）
をしどりのはぶきやたゆきさゆるよのいけのみぎはになくこゑのする（補こ欠える）
さきくさももえぬらめやそはるきなばわかなつむべきふぢかたのやま聞 聞《もむ》（補える）
みちのひとよめくりかへしふゆをなほさてあるものそいでたちもする相之 相之《さふし》
いさやまだこひにしぬてふこともなしわれをやのちのためしにはせん栄 栄《ちいをしめぬ》
やまがはのうすらびわけてさざなみのたつはるへのかぜにやあるらん（欠ねの）
のもやまもいろかはりゆくかぜさむみいかでたづねむわすれにしせこ畝 畝《せ》（補ねの欠ふ）
ふるみちのゆきふりしきてこのはるはいさやわかなもまだぞつみみぬ籠 籠《かご》（補ふ）
やまだもるそほづもいまはながめすなふねやかたよりほさきみゆめり代高 代高《たつるかふ》

としのうちにはなさきにけりうちしのびはるふくかぜにまだきちらすな羽羽(は)
をしどりのはぶきやたゆきさゆるよのいけのみぎはになくこゑのする目日(みだし)
るりのつぼささちひさきははちすばにたまれるつゆにさもにたるかな露露(つゆ)
をしどりのはぶきやたゆきさゆるよのいけのみぎはになくこゑのする総総(す)
さつきやみみねにもをにもうつせみのなくこゑきけばただならぬかな根 根(きにかたき)（木に艮(かたき)）
さきくさももえぬらめやそはるきなばわかなつむべきふぢかたのやま尊尊(ささぐ)
さきくさももえぬらめやそはるきなばわかなつむべきふぢかたのやま生言生言(なまかたる)
はなのかのえだにしとまるものならばくるるはるをもをしまざらまし米栗喪米栗喪(ままさくし)
はるたたばまづまろうゑじこゆみづのえずはさひあしさてややみなん矢馬矢馬(しば)
みちのひとよめくりかへしふゆをなほさてあるものそいでたちもする初国初 国(しょふるさと)（欠に）
かすみたつみむろのやまにさくはなはひとしれずこそちりぬべらなれ柞原日精潔柞原日精潔(さくたづぬかなれりすむ)（補に）

次は日精潔の譜の労作である。順集の日精潔・譜を含む歌を抽出し、一〇周し、日精潔の譜を得る。

よしのがはそこのいはなみいはでのみくるしやひとをいはでおもふよ日精潔初余日 精 潔初余(かみなもとはくはじよ)
たのみづのふかからずのみみゆるかなひとのこころのあさくなるさま定里定里(なるさと)
しらつゆのきえみきえずみかひなくてふりぬるみをもおもふころかな大好大好(おもひこふ)
たがためにきみをこふらんこひわびてわれはわれにもあらずなりゆく揺揺(ごたごた)
おもひわびおのがふねふねゆくこぶねたごのうらみてきぬといはすな言言(ことば)
いけのおもにてるつきなみをかぞふればこよひぞあきのもなかなりける生波也生 波也(をふ・きなみである)
まつひともみえぬはなつもしらゆきやなほふりしけるこしのしらやま夢 夢(みるもの)（欠め）

ねをふかみまだあらはれぬあやめくさひとのこひぢにえこそはなれね（補め）
きのふこそゆきてみぬほどいつのまにうつろひぬらむのべのあきはぎ祇祇(ふとひ)（欠し）
ゐてもこひふしてもこふるかひもなくかけあさましくみゆるやまのゐ主無主無(あるじぶ)（補し）
たがふなときみにいひてこしばしたをつくりみぬひとあききかんはた木木(き)
うつせみのなきてこふれどこぬひとをまつにもすぐるなつのつきかな比積比積(ひせき)
わぎもこがをみなへしといふあだらなをたまのをにやはむすびこむべき矢作原覲矢作原覲(やかいこのあふ)
かたこひにみをやきつつもなつむしのあはれわびしきものをおもふかも然然(しかし)（欠ゆ）
きのふこそゆきてみぬほどいつのまにうつろひぬらむのべのあきはぎ（補ゆ）
ひをさむみこほりもとけぬいけなれやうへはつれなくふかきわがこひ離離(はなれ)
たのみづのふかからずのみみゆるかなひとのこころのあさくなるさま柄也柄也(つかある)
よをさむみことにしもいるまつかぜはきみにひかれてちよやそふらん露露(よふらん)（夜露らん）
たがためにきみをこふらんこひわびてわれはわれにもあらずなりゆく懲絡懲絡(こりてらく)
ねをふかみまだあらはれぬあやめくさひとのこひぢにえこそはなれね母加羅槌母加羅槌(ははふえあみこにたひ)（木に追(たひ)）
たがふなときみにいひてこしばしたをつくりみぬひとあききかんはた（欠に）
えもいはでこひのみまさるわがみかないつとやいはにおふるまつのえ国国(ふるさと)（補に）
たのみづのふかからずのみみゆるかなひとのこころのあさくなるさま等閔等閔(さなひからだゆるがな)（欠に）
たがふなときみにいひてこしばしたをつくりみぬひとあききかんはた国国(こく)（補に）
わかごまのとさもみるべくあやめくさひかぬさきにぞけふはひかまし露露(めぐみ)
まつひともみえぬはなつもしらゆきやなほふりしけるこしのしらやま逝逝(ゆきし)
かたこひにみをやきつつもなつむしのあはれわびしきものをおもふか新新(にひ)

きのふこそゆきてみぬほどいつのまにうつろひぬらむのべのあきはぎ羅羅《あみ》
さだめなきひとのこころにくらぶればただうきしまはなのみなりけり為浮為浮《なしふ》
きみとわれこころくらぶのやまなれやしげきおもひにみをたのみやく吾鹵吾《ご》　鹵《しおふくみきど》
かみのますもりのしたくさかぜふけばなびきてもみなまつるころかな也也《なり》
こまつひくひとにはつけじふかみどりこだかきかげぞよそはまされる上上《まさる》
まつひともみえぬはなつもしらゆきやなほふりしけるこしのしらやま媛　媛《しらゆきのひと》（欠む）
きのふこそゆきてみぬほどいつのまにうつろひぬらむのべのあきはぎ（補む）
ひをさむみこほりもとけぬいけなれやうへはつれなくふかきわがこひ矢乍矢乍《ふむとほり》
こまつひくひとにはつけじふかみどりこだかきかげぞよそはまされる（欠える）
えもいはでこひのみまさるわがみかないつとやいはにおふるまつのえ耐君事耐君事《なひかみつかふ》（補える）
ねぎごとをきかずあらぶるかみだにもけふはなごしとひとはしらなん建建《こん》
しらつゆのきえみきえずみかひなくてふりぬるみをもおもふころかな炎炎《もゆ》
ねぎごとをきかずあらぶるかみだにもけふはなごしとひとはしらなん（欠め）
わかごまのとさもみるべくあやめくさひかぬさきにぞけふはひかまし絡絡《まとふ》（補め欠ね）
おもひわびおのがふねふねゆくこぶねたごのうらみてきぬといはすな母母《も》（欠ちぬ）
ねをふかみまだあらはれぬあやめくさひとのこひぢにえこそはなれね落落《らく》（補ちぬ）
ひをさむみこほりもとけぬいけなれやうへはつれなくふかきわがこひ也也《なり》
せはふちにさみだれがはのなりゆけばみをさへうみにおもひこそませ喪喪《そふ》（欠る）
よしのがはそこのいはなみいはでのみくるしやひとをいはでおもふよ還　還《もとのよふ》（補る）
わぎもこがをみなへしといふあだらなをたまのをにやはむすびこむべき谷辛谷《や》　辛《しむ・きむ》

よをさむみことにしもいるまつかぜはきみにひかれてちよやそふらん未未（み）
まつひともみえぬはなつもしらゆきやなほふりしけるこしのしらやま会会（みる）
ねをふかみまだあらはれぬあやめぐさひとのこひぢにえこそはなれね絡母絡母（らくはは）
すみやまのもえこそまされふゆさむみひとりおきびのよるはいもねず会言祇会言祇（みるよぶやす）
うつせみのなきてこふれどこぬひとをまつにもすぐるなつのつきかな癸　癸（なつのつぎつぎにくる）（冬＝夏秋の次）（欠り）
かみのますもりのしたくさかぜふけばなびきてもみなまつるころかな酉　酉（つばさもてる）（補り）
しらつゆのきえみきえずみかひなくてふりぬるみをもおもふころかな丙榯　丙　榯（みなみみるてら）（相寺（みる））
きみとわれこころくらぶのやまなれやしげきおもひにみをたのみやく枝枝（き）
かみのますもりのしたくさかぜふけばなびきてもみなまつるころかな定里定里（てひり）

以上二五首　原型　一七五頁。

和歌に倭国を継承させる方法の創始者が源順であろう。日精潔の為故に記載された「柞原　美波良」の五文字が源順作の『和名抄』に記載されなかったら、『邪馬壹国讃歌』・『卑弥呼の一生』・『日精潔・柞原・矢馬初国』は存在していない（なお、『和名抄』には、筑前の糟屋郡の柞原は「柞原　久波良」とある）。

最初の字と末尾の字が同一の和歌の制作は、技巧的であるが、その技巧は隠れ蓑である。

最初の字と末尾の字が同一で為故を含む檄の歌　倭夫で槌「射矢」為故の理　吾も見せね

〇〇〇三七　わすれずもおもほゆるかな朝な朝なしが黒髪のねくたれのたわ
〇〇〇一〇　そこさむみむすびし氷うちとけていまやゆくらん春のたのみぞ
〇〇〇五一　てる月ももるる板まのあはぬよはぬれこそまされかへすころもで
〇〇〇二〇　くれ竹のよさむにいまはなりぬとやかりそめふじに衣かたしく

〇〇〇九一　**な**つ草のふかきねざめをたづねつつふかくも人をたのむころか**な**

〇〇〇三〇　**い**づこともいさやしら浪たちぬればしたなる草にかけるくもの**い**

〇〇〇三九　**る**り草の葉におく露の玉をさへものおもふときは涙とぞな**る**

〇〇〇一二　**や**まも野もなつくさしげく成りにけりなどかまだしき宿のかるか**や**

〇〇〇三八　**さ**さがにのいをだにやすくねぬ比は夢にも君にあひ見ぬがう**さ**

〇〇〇一八　**た**れによりいのるせぜにもあらなくに浅くいひなせおほぬさには**た**

〇〇〇四五　**の**こりなく落つる涙はつゆけきをいづらむすびし草村のし**の**

〇〇〇二三　**り**んだうも名のみなりけり秋の野の千草のはなのかにはおと**り**

〇〇〇〇四　**あ**らさじとうちかへすらし小山田のなはしろ水にぬれてつくる**あ**

〇〇〇二二　**も**紅葉さへきよるあじろのてにかけて立つしら浪はから錦か**も**

〇〇〇一六　**み**をつめば物思ふらし時鳥なきのみまどふ五月雨のや**み**

〇〇〇四二　**せ**は淵にさみだれ川の成りゆけば身をさへうみに思ひこそま**せ**

〇〇〇一七　**ね**をふかみまだあらはれぬあやめ草人のこひぢにえこそはなれ**ね**

わそてくないるやさたのりあもみせね

最初の字と末尾の字が同一で日精潔・譜を含む櫛の歌　**種蒔せよ**　**栄華居ず**

〇〇〇七三　**た**がふなときみにいひてこしばしたをつくり見ぬひとあききかんは**た**

〇〇〇一七　**ね**をふかみまだあらはれぬあやめ草人のこひぢにえこそはなれ**ね**

〇〇〇一三　**ま**つ人もみえぬはなつもしら雪や猶ふりしけるこしのしらや**ま**

〇〇〇二二　**き**のふこそゆきてみぬほどいつのまにうつろひぬらむのべの秋は**ぎ**

〇〇〇四二　**せ**は淵にさみだれ川の成りゆけば身をさへうみに思ひこそま**せ**

〇〇〇四三　**よ**し野川そこの岩波でのみくるしや人をいはで思ふ**よ**

〇〇〇四四　**え**もいはで恋のみまさる我が身かないつとやいはにおふる松の**え**

〇〇〇二八　**ひ**をさむみ氷もとけぬ池なれやうへはつれなくふかきわがこ**ひ**

〇〇〇一四　**か**たこひに身をやきつつも夏虫のあはれわびしき物を思ふ**か**

〇〇〇五〇　**ゐ**てもこひふしてもこふるかひもなくかけあさましくみゆる山の**ゐ**

〇〇〇三四　**す**み山のもえこそまされ冬さむみひとりおき火のよるはいもね**ず**

たねまきせよえひがゐず

この檄が多くの歌人に大きな発奮を促したように、私にとっても作業の端緒となったのである。これなくして、この私の三部作もこの世に存在しないのである。

本書の中だけでも、多くの暗号解読を控えた和歌が多数ある。解読したのは四割、多くても五割程度である。数にして四〇〇から五〇〇〇の暗号が残されている。思いは読者が五〇、一〇〇の解読を一年なり二年費やして解読すれば、『邪馬壹国讃歌』・『卑弥呼の一生』及び本書の正しさを確信できると信じる。更に言えば、本書は長歌の暗号解読に及んでいない。皆でここから始めなければ、日本古代史、それは我々の先祖の生き様を明らかにすること、は永久にできない。我々は平和の民なのであることを理解するために。絶対多数を占めながら少数者支配を打倒しなかった民である。現在もなおそうなのである。乱暴な物言いの政治家を許す民なのである。神及び味方・敵もない、命を大切にする、あるべき社会を取り戻したい。

序の補論　藤原定家（小倉百人一首）への鎮魂歌

安麻の手引　三五番（伊可保呂乃　蘇比）・九六番（乃波里波良　和我吉）の連続は出色である。藤原定家は、他の歌人達が明示したものを極力避けつつ、明示した。小倉百人一首の謎が指摘されてきた。一流歌人ばかりではない。その歌人の代表的秀歌ではないと。定家の目的は違うのである。

はなのいろはうつりにけりないたづらにわがみよにふるながめせしまに（九番）海原
わたのはらこぎいでてみればはひさかたのくもゐにまがふおきつしらなみ（七六番）
尓　和多都美乃　於幾
あまのはらふりさけみればかすがなるみかさのやまにいでしつきかも（七番）賀美都家野
なにしおはばあふさかやまのさねかづらひとにしられでくるよしもがな（二五番）刀祢河泊乃　可波
あらしふくみむろのやまのもみぢばはたつたのかはのにしきなりけり（六九番）多都多能山
あさぢふのをののしのはらしのぶれどあまりてなどかひとのこひしき（三九番）安之比奇能
いまはただおもひたえなむとばかりをひとづてならでいふよしもがな（六三番）伊呂弖伊奈婆
しらつゆにかぜのふきしくあきののはつらぬきとめぬたまぞちりける（三七番）杼　遊布麻
これやこのゆくもかへるもわかれてはしるもしらぬもあふさかのせき（一〇番）和我世古我　可
よをこめてとりのそらねははかるともよにあふさかのせきはゆるさじ（六二番）杼　与伎許等毛
かくとだにえやはいぶきのさしもぐささしもしらじなもゆるおもひを（五一番）尓　多奈婢久君母能
伊佐
たまのをよたえなばたえねながらへばしのぶることのよはりもぞする（八九番）母能　余曽里
やすらはでねなましものをさよふけてかたぶくまでのつきをみしかな（五九番）多弖天　波麻藝欲

はるすぎてなつきにけらししろたへのころもほすてふあまのかぐやま（二番）　**師　安波之麻**

あひみてののちのこころにくらぶればむかしはものをおもはざりけり（四三番）　**尓弖　於毛比可**

たごのうらにうちいでてみればしろたへのふじのたかねにゆきはふりつつ（四番）　**藝祢良波里**

ふくからにあきのくさきのしをるればむべやまかぜをあらしといふらむ（二二番）　**武蔵野乃　久**

かぜそよぐならのをがはのゆふぐれはみそぎぞなつのしるしなりける（九八番）　**我波良能**

わたのはらやそしまかけてこぎいでぬとひとにはつげよあまのつりふね（一一番）　**家野　安蘇夜麻都豆**

良野

ひとはいさこころもしらずふるさとははなぞむかしのかににほひける（三五番）　**伊可保呂乃　蘇比**

はなさそふあらしのにはのゆきならでふりゆくものはわがみなりけり（九六番）　**乃波里波良　和我吉**

海原乎　夜蘇之麻我久里　伎奴礼杼母　奈良能美也故波　和須礼可祢都母

可敝流散尓　伊母尓見勢武**尓**　**和多都美乃**　**於幾**都志良多末　比利比弖由賀奈

賀美都家野　久路保乃祢呂乃　久受葉我多　可奈師家兒良尓　伊夜射可里久母

刀祢河泊乃　**可波**世毛思良受　多太和多里　奈美尓安布能須　安敝流伎美可母

大伴乃　美津野等麻里尓　布祢波弖々　**多都多能山**乎　伊都可故延伊加武

安之比奇能　夜麻治古延牟等　須流君乎　許々呂尓毛知弖　夜須家久母奈之

宇恵太気能　毛登左倍登与美　**伊呂弖伊奈婆**　伊豆思牟伎弖可　伊毛我奈気可牟

古非都追母　乎良牟等須礼**杼**　**遊布麻**夜万　可久礼之伎美乎　於母比可祢都母

和我世古我　**可**反里吉麻佐武　等伎能多米　伊能知能己佐牟　和須礼多麻布奈

君我牟多　由加麻之毛能乎　於奈自許等　於久礼弖乎礼**杼**　**与伎許等毛**奈之

安乎祢呂**尓**　**多奈婢久君母能**　**伊佐**欲比尓　物能乎曽於毛布　等思乃許能己呂

比登祢呂尓　伊波流毛能可良　安乎祢呂尓　伊佐欲布久**母能**　**余曽里**都麻波母
大船尓　可之布里**多弖天**　**波麻藝欲**伎　麻里布能宇良尓　也杼里可世麻之
伊都之可母　見牟等於毛比**師**　**安波之麻**乎　与曽尓也故非無　由久与思乎奈美
水都登利能　多々武与曽比尓　伊母能良尓　毛乃伊波受伎**尓弖**　**於毛比可**祢都毛
等夜乃野尓　乎佐**藝祢良波里**　乎佐乎左毛　祢奈敝古由恵尓　波伴尓許呂波要
武蔵野乃　**久**佐波母呂武吉　可毛可久母　伎美我麻尓末尓　吾者余利尓思乎
伊利麻治野　於保屋**我波良能**　伊波為都良　比可婆奴流々々　和尓奈多要曽祢
可美都**家野**　**安蘇夜麻都豆良**　**野**乎比呂美　波比尓思物能乎　安是加多延世武
伊可保呂乃　**蘇比乃波里波良**　**和我吉**奴尓　都伎与良之母与　比多敝登於毛敝婆

王統　二神様の一人君事の重複は理解できる。

つくばねのみねよりおつるみなのがはこひぞつもりてふちとなりける（一三番）**柱丸**柱(ぢ)　丸(みな・そっくり)
なげけとてつきやはものをおもはするかこちがほなるわがなみだかな（八六番）**月**月(げち)
おくやまにもみぢふみわけなくしかのこゑきくときぞあきはかなしき（五番）**日**日(か)
あはれともいふべきひとはおもほえでみのいたづらになりぬべきかな（四五番）**象**象(きば)
わがそではしほひにみえぬおきのいしのひとこそしらねかわくまもなし（九二番）**光**光(いきおひ)
きみがためおしからざりしいのちさへながくもがなとおもひけるかな（五〇番）**明**明(から)
わびぬればいまはたおなじなにはなるみをつくしてもあはむとぞおもふ（二〇番）**槇竹**槇竹(ひとく)
わすらるるみをばおもはずちかひてしひとのいのちのをしくもあるかな（三八番）**以**以(もちひて)
をぐらやまみねのもみぢばこころあらばいまひとたびのみゆきまたなむ（二六番）**杜尾**杜尾(とみ)

ゆらのとをわたるふなびとかぢをたえゆくへもしらぬこひのみちかな（四六番）隼響　隼響（しゅふひびく）
つきみればちぢにものこそかなしけれわがみひとつのあきにはあらねど（二三番）泄泄（もれ）
ちはやぶるかみよもきかずたつたがはからくれなゐにみづくくるとは（一七番）朋　朋（つきふたつ）（月月）
たかさごのをのへのさくらさきにけりとやまのかすみたたずもあらなむ（七三番）顚　顚（さかさ）
なにはがたみじかきあしのふしのまもあはでこのよをすぐしてよとや（一九番）君事　君（よをすぐ）（世を総ぐ）事（じ）
おとにきくたかしのはまのあだなみはかけじやそでのぬれもこそすれ（七二番）君事君事（ぬしじ）
こぬひとをまつほのうらのゆふなぎにやくやもしほのみもこがれつつ（九七番）矢也矢也（やかな）
みよしののやまのあきかぜさよふけてふるさとさむくころもうつなり（九四番）絡路絡路（つなぐろ）

注意深く読めば、この藤原定家の安麻の手引は藤原（ふじはら）（ふぢはらでないのが韜晦、ち、ぢは煩出しないので危険）で、王統は源（みなもと）で検索されたものであることに気付かれたであろう。本書には脱字さえ暗号であることに注意。

私も一〇万年後の為に隠題を置く。

備忘　安麻の手引の二〇首の萬葉集の歌の抽出では、毛伊川の毛伊がキーワードである。毛伊は馬壬であるが、仏通寺が創建され、仏通寺川となる前の川の名は不明であるが、馬壬川と信じる。上流の仏通寺に流れる川は活龍川であると、大本山仏通寺誌（一九四九年四月一〇日発行）にある。高さ八尺以上の馬を龍と呼ぶ。馬壬の壬は千に一で舌の凵を取れば壬である。仏通寺川の前身を探る手立てはこれである。

一　日本人のルーツ

旧著に米栗、母水という言葉があり、地名の七浦に榯也、粗沓を使用している。ナナとは何か、『帆走船東海丸　南洋カロイン群島・トラック群島及びホ子ヒ島への航海略日誌』に「土人語中に邦語似タルモノ」として「父ヲ「タタ」、母ヲ「ナナ」、赤子ヲ「ネネ」」とある（『知多半島郷土史往来三号』はんだ郷土史研究会　二〇一一年一二月発行　五六頁）。グアム島を人が棲拠としたのは紀元前三〇〇〇～二〇〇〇年頃と言われ、東南アジア系民族チャモロ人がマレーシアやインドネシア、フィリピンからカヌーに乗って移住したことに始まると言われる。縄文人もほぼその頃に日本に来たと言われるが、日本民族がタイから来たことと併せ、いつ頃日本に来たか、数次（一波・縄文人、二波・弥生人、その後加羅多々羅人他朝鮮半島から又は経由で様々のいわゆる渡来人）に亘る渡来であろうが参考にしたい。その研究にはタイ語がサンスクリット語からの借用語が多いことに留意する必要がある。又人名に後母、昌母、絡母、七母、地名に母主、物に母衣と母を使用、母という字が大切にされた。米栗は日精潔の住居であり、らが羅を意味すれば、正に母の家である。

フィリピンは旧著二五三頁のイロイロに出るが、弥生人の最初の目的地か経由地か不明である。ビサヤ地方のパナイ島のイロイロ州、カピス州を中心にして話されるヒリガイノン語、出発地タイ（広げてカンボジア）語の文献に当たった。精通の研究者の努力を待ちたい。

日精潔の冢のある新高山（雄高山）の別名は、火の右に隹、立の下に田、そうして山がくる字である。毛利家文書之二　四〇三号は毛利元就父子雄高山行向滞留日記で、椋梨家文書にもある。雄高山の前にこの別名が記載されている。火の右は爝と同じでシャク、サクと読む。火炬を焚いてお祓いをする。爝竜山と読んでおく。竜という字を使用する山と言えば、西日本各地に竜王山という山があり、この山は雨乞いの山と言われる。三原市にも三つある。一つは標高六六五mで日精潔の為故にある高羽に由来する高羽山と並び立つ。もう一つは標高四四五mで日精潔の叔父　第九代倭王　青の都の近くで須波にある。この山の頂上に竜王神が祭られ、旱魃のときに雨乞いの願かけをした。三つ目は大和町にあり標高四五一m。このように多数の竜王山が西日本にある。竜王の地名は滋賀、山梨にもあるが、三原市高坂町に竜王、竜王窪という地名があった（高坂村誌　一九二六年六月一八日発行）。

竜については、熊本県天草には十五社宮があり、海に生きた古代天草の原住民海人族が信仰を寄せた還シナ海文化圏につながる竜（神）宮が「ジュクサさま」「ジュウゴさま」と転訛していたものに「十五社」の漢字をあて、「天照大御神」・「阿蘇十二神」を含む大和朝廷文化圏の神々を併祀したと伝えられる。しかし海人族（西日本）と大和朝廷は対立するものと留意されたい。

二　蘇る王

倭王の名は古鏡の銘文にある。銘文をどこから読み始めれば良いか普遍的なものがあるか。左記の読み方の明らかになった銘文と鏡を比較検討しても、鏡の銘文をどこから読むか定かでない。ここでは古鏡研究の現状を確認し、倭王の憂いを和らげたい。初余を埋葬する向野田古墳の銘文「青同作竟明大好長生宜子孫」は「作竟」があるので読む順序は間違えない。第二代倭王　月を埋葬する宇那木山二号墳の鏡銘文「夫月日象光明昭闕青内朋」は手元に比較するものがない。第一一代倭王　擦を埋葬する石動四本松遺跡甕棺墓の銘文「而夫而月而日而象而光而明而昭而以而青而内　明昭」は「内而・・・」と佐賀県教育庁文化課の資料は逆から読み始める。第七代倭王　昭（しょふ）を埋葬する飯塚市の立岩古墳一〇号甕棺墓の銘文「而絡母之説可承外之美辛亥日而経世澤流之宮仮明合之調志君事之日精潔」を『古鏡銘文集成』（古代史研究要覧　一九九八年六月　新人物往来社発行　一〇九・一一〇頁）も「潔精日・・・」と逆から読み始める。日精潔をヒミコ、君事をミコトと古鏡の研究者が読むことができていれば、少なくとも邪馬台国近畿説などあるはずがなく、真理は咫尺にあった。順序ばかりでなく、漢字の異同を比較されたい。三分の一を間違え、読む順序が逆では、革命の炬火たる研究とは言えない。研究は杞人の憂いで日々精げ潔くしなければならない。

而絡母之説可承外之美辛亥日而経世澤流之宮仮明合之調志君事之日精潔

絶　而　人　忘　疎恐　□玄承　沄　白

第一三代倭王　顚（さか）、その妻江白（すし）の三雲南小路第一号墓の鏡の銘文は、外銘帯に「絡母而思顚京里一之鹵莫生発也知承礼窮之美懐忘日慰疎忘澤之錫宮仮明合之驢志君事日精潔」、内銘帯に「而揚忽夫月日而象輝光明昭闕青内泄朋而塞辛亥顚」である。外銘帯の下線部五文字は出土した時点で欠けており、当然青柳種信の『柳園古器略考』（一八二四年）には、これを省いて読んでいる。旧著一三七頁に「本居宣長の門下の彼は鏡を見る前に書かれた句を承知していた。彼の作業は確認・報告、そして未だ世に出せる状況ではないので元に戻すという生前の宣長の指示に従うことである」と記載した。鑓溝で発見され鑓溝に戻すのでは世に出したと同じで、源氏の手引の解読、御子守で発見でこそ真実の解明となろう。外銘帯三六字、内銘帯二二字を源氏の手引と全く正しく読んでいるのである。前記の三分の一間違えて読んでいる現代の古鏡の学者の世界と比較するとき、「鏡を見る前に書かれた句を承知していた」という見解は正しい。ここでは倭王の名を幾度も記載した。蘇れ王。

前記石動四本松遺跡甕棺墓の昭明鏡は、卑弥呼の夫　明昭の家で一〇人の王を讃え、明昭と書く。明昭は直系でないため、而揚忽夫月日而象輝光明昭以闕青内朋而塞辛錫亥顛（立岩一〇号甕棺　内銘帯（一二号鏡））のように本来の内（卑弥呼の父）と朋（卑弥呼・明昭の子）の間に書かれないこともある。同じ立岩一〇号甕棺で而揚忽夫月日而象輝光明昭以闕青内泄朋而塞辛錫顛（内銘帯（三号鏡））で泄（明昭のこと）と書かれる。一一代倭王　泄と一二代倭王　朋と国王の父子継承を見るとともに（参照　夫月日象光明昭闕青内朋（宇那木山二号墳　画文帯環状乳神獣鏡）、一三代倭王　顛をも見る。既に出土した古鏡からでも、君事も一四代　倭王）、日精潔も見出すにも拘わらず、歴史学者達は何らの考察をすることのない精神を疑う。学会では昭明鏡とあるとおり明昭を反対から読んでいる。清（精）白鏡（清精は通音文字）も然り、白は日の異体字で、清は精、その後に潔、反対に読み、異体字に気付かずでは、日精潔に辿りつけない。

日精潔は為故（遺言）に柱丸（建国の王　夫）・九矢丸（九人の王）・擦・男（朋　最高位の日精潔にとって私心を押さえながら残す遺言ではあるが、朋という世間用の名より自分の男の子という愛情表現、蜉蝣の吾子よ、に大いに心動かされる）・顛・君事と歴代の倭王の記載を忘れない。倭国には先祖を敬う、先祖を神・精霊とする信仰が窺がえ、架空の神を創造していない。

源氏の手引〇五八〇番で坂という地名を記載している。御坂村の記載が『筑前国続風土記』にある。同書には神功皇后の伝承を多く伝えている。御坂村の由来も神功皇后が休んだというものである。正解は顛王に由来するものである。同書に太郎丸という地名がある。現在の福岡市西区に太郎丸という地名が現存する。太郎丸は君事の子で一六代倭王　絡路である。十六天神社が太郎丸にある。太郎丸の地名の由来は不詳、十六天神社の祭神も不詳ということである。一六代で滅亡した倭王一六人を祀るものと考える。他に旧著を下敷きにすれば、大門、屋敷田等興味は尽きない。地元の教育委員会、郷土史家に期待したい。ここは吉野ヶ里と同等の王宮遺跡なのだ。吉野ヶ里遺跡は遠くから見ただけで現地には行っていない。この遺跡から徒歩一時間位で卑弥呼の夫　擦（きき）の冢に行ける。復元された吉野ヶ里遺跡には違和感を持つ。王宮の復元が必要なのだ。

繰り返すが、旧著一一頁に「泄（しつ）のみが血筋から外れるが故に　而揚忽夫月日而象輝光明昭以闕青内朋而塞辛錫亥顚（立岩一〇号甕棺　内銘帯（二号鏡））」のように十六人の倭王を十五人の王と記録したものがある。熊本県天草には十五社宮があり、十五は十五人の倭王ではないか。

源氏の手引を踏み出して、桜馬場出土甕棺遺物の流雲文縁方格規矩鏡、素縁方格規矩渦文鏡の銘字は、ほぼ正しく尚方作竟真**大好上媛**仙人不知老渇飲玉泉飢食棗浮游天下敖四海徘徊名山採芝草寿如金石之国保兮と読み、次は誤り多く、正しくは英王八神見山立**乙酉**長雲浮乗龍文賀泉澧飲（太字は卑弥呼の遺言・譜と同、八神は初代倭国王　夫・卑弥呼の遺言の柱丸）。夫の母は椎瀑（にぎ）で、饒津（にぎつ）に名を残す。父櫟田（やぎろ）は広島市安佐南区八木に名を残す。和名抄の佐伯郡養我（八木）は夫が我を養うと名付けたのであろう。佐伯郡に海の地名があり、夫の生誕の地（日精潔の生誕地は宇美）か、但し海は能美島一帯とされ、江田島―浅瀬で陸続きになるので枝島―に繋がる。『角川日本地名大辞典三四広島県』（一九八七年三月発行）の佐伯郡の能美島には高祖（こうそ）、大王（だいおう）、大君（おおきみ）、同所小字に王泊の地名がある。高祖の由来についての記載はないが、他は安徳天皇縁の地とされるが、これらは初代倭王に由来しないか。大王は大生とも書き、初代倭王夫の夫という字はもと大（正面を向いた人に一＝簪を加えた字）で生は海、宇美ではないか。佐伯郡の地名　口に替字に濃はそのか、しのか。替は初代倭王　夫の字を二つ含み、妻は畑羽（しの）だ。活躍の地を相食（うした）（広島市の牛田）、畑羽の夫（おっと）、義父母（我養、饒）共に食という字があり、興味津々。更に枝島は梢島とすれば梢田で初代倭王　夫の弟である。

匕尊（君事　一四代倭王）の子　奴予（姉）・七得（絡路　弟　一六代倭王）について記載する。卑弥呼の家族（旧著一〇・一一頁）のこの三人は親子であるが、奴予は戸馳に嫁ぎ、宇城市に地名を残している。上天草市には太郎丸嶽二八一m・次郎丸嶽三九一mがある。次郎丸嶽に登り、太郎丸嶽越しに見る方向にあるのは戸馳島である。この二つの山に物語がある。「昔、太郎丸と次郎丸と言うとっても仲の良い兄弟の山がありました。当然兄の太郎丸のほうが高かったのですが、ある時兄の太郎丸が「次郎丸、今日も松島の島々に沈む夕陽はきれいだなあ」と言うと弟の次郎丸は「兄ちゃんは良かね、毎日きれいな松島の夕陽を見て。俺は兄ちゃんの影で一度も見たことがなか」すると兄の太郎丸は「なんで、早言わんだったか。よし、お前が見えるように、入れかわろう」と言って太郎丸が動きだしたと同時に頂上が崩れてしまい弟の次郎丸より低くなり、弟の次郎丸は松島の美しい景色と夕陽を見れるようになり、大喜びしたそうです。それから、兄の太郎丸より弟の次郎丸が高くなったと言い伝えられています。」」。源氏の手引〇六二六番に「大好大に好当てるる譲る求むよ我が割きそ」（旧著二一〇頁、人の道本書　五二六頁）の譲葉[23]の心を思い出す。次郎丸は太郎丸の父で、次郎丸嶽のほうが高い。なお、松島はこの二つの山の北に位置し、夕陽は見ることができない。その松島を望む視線の先に戸馳がある。次郎丸嶽、太郎丸嶽の少し南に離れるが、姫石神社の祭神は女神としか記録されていない。しかしそ

23　二〇一五年一一月一六日　姫楪を当地の市役所の植栽に見た。同日偶然にも、夏井高人明治大学法学部・法科大学院教授の『艸―財産権としての植物(1)』（明治大学法律論叢第八七巻第二・三合併号）二二五頁に魏志倭人伝のユズリハについての見解として「『邪馬壹国讃歌―太安萬侶への鎮魂歌』（文芸社　二〇〇二）一一三頁が参考になる。」と引用されているのを知ることになった。

の社名からして古来の伝説の姫石の神を祭ったもの。姫石は、古老たちの話によれば、美しい姫が波静かな入江に宝を入れた袋を乗せた船でこられ、何一〇年経ったかと思われるハタヒの大樹、海に覆いかぶさる楠の巨木等の杜の鼻に船を止められて、神宿る地と定住された。船は船石、袋は袋石となり、二つ併せて姫石と呼ばれた。

九代倭王優露（青・杜尾）について書きたい。「多祁理は久和喜の山城訪へ」（旧著四五二頁）「優露は久和喜（柞婦雲）に知れきぞや、その野面へ行けや」（旧著二九〇・二九一頁）とある。三原市幸崎町久和喜に青木氏の青木城跡がある。『三原昔話』（白松克太著　一九七六年七月　みどり書店発行）に「三原水道と青木水道とを見通すことができ」、宮迫城はその支城とある（同書一一八頁）。国王青の青と青木、多祁理の宮と宮迫、二つの城跡は宅地開発で喪失。

「亥の子の祭り　八本の綱は矢　矢馬初国の矢を、土を槌つは槌を槌つを示す」。（旧著一三六頁）と書いた。「亥の子石」（旧著四八九頁）に特段の考察を加えていないが、『平坂史』（平坂歴史研究会　二〇〇〇年四月発行）二八頁に三原市本郷町船木・姥ヶ原西野の荒神社の写真には亥の子石が社の左に祀られている。亥の子の祭りの有り様に目を捉われたが、亥の子石そのものが崇めるものであったことを知る。日精潔・君事の二神が亥の子石である。

イノコヅチや、キンミズヒキなど、盗人萩のように実が衣類や動物の毛に付くものは皆、「泥棒草」と呼ばれている。猪子槌は猪子で日精潔・君事（二人とも亥歳生れ）を指し、亥子槌とも書く。豺狼の槌との戦いを忘れないための命名である。追討ちをかけて、盗人萩（ヌストハギ）と命名する。イノコヅチも萩もマメ科で盗人萩の命名の由来は知らない間に服に付くと説明される。盗人は槌、奪ったものは神と倭国と子供たちを含む人民の命。萩が面白い。艸を取れば秋。安芸。萩に別名は秋知草。

日精潔・君事二人を指す可能性のものとして二神山（旧著二二一頁）を記載する。東広島の広島大学の道路をはさんで西側の小高い二神山（比高九〇m）には、旧著四八九頁の菖蒲の前の子である水戸新四郎頼興が築城した城跡がある。

言祇（こき）について旧著四三九頁に「言祇日精潔の死越えししそれに当てき」「言祇大好の歳抜くる」「言祇今略言い続けれしそ」と書いた。日精潔は死して神になる、その神魂誕生を祝うのが言祇であり、六九歳を人民が祝う、個人の死を全人民的に祝う、このような精神の膂力を有した人物が我々の社会にあったことを覆い隠すためである。多々羅人から隠れての信仰が古稀の当て字である（古来稀が六八、七〇歳ではないのは何故か考えた人は?）。このような国民総洗脳は邪馬壹国（やまいくに）を邪馬台国（やまたいこく）と読んだり、卑弥呼の都は近畿か北九州と思い込むことにも現わされる。倭人（南方系縄文顔）のものか、加羅多々羅人（短頭長身・北方系弥生顔）のものか、多々羅人の死霊に取り付かれていないか峻別して歴史認識を改めて欲しい。日精潔は釈迦、キリストと並ぶ人物で、彼女の人の道他の箴言と共に倭人の精神的支えと成り得たのである。加羅多々羅人さえ彼ら、彼らの死霊にとっても不思議なほど倭人を瞞着詐譎し続けて来た許し難い過誤で、大寺の建築・巨大古墳の築造は倭人を支配する故に自由を失った加羅多々羅人の強制で、人民の苦しみを危櫂することが肝要（地名、川、谷、山に多々羅＝良とあり、ほとんどが踏鞴に由来するが、山口県の防府市多々良は加羅多々羅由来）。今の社会を救う福音は日精潔の復活である。

私の小学校の修学旅行は奈良・京都であったが、奈良については異国を感じた。体験記でO君は東大寺大仏殿の竣工後階段に座って故郷の荒れた田畑を思い茫然とすると結んだ。『邪馬壹国讃歌』二二四頁に横目廃寺（本郷町下北方）のことを記載したが、全国の廃寺の一部は民衆の抵抗を殺ぐための普請であったのである。従って人民の支えのない精神的廃寺から物理的廃寺へ、当然大伽藍でありながら伝承が少ない。

『よみがえる大王墓　今城塚古墳』（森田克行、二〇一一年八月五日　新泉社）「継体大王と同世代の百済第二五代の武寧王と王妃がそれぞれ五二三年と五二六年に亡くなったとき、棺材となるコウヤマキが列島から運ばれたといわれている。おそらく、それらの用材も、継体の裁可のもとに筑紫津あたりから長駆輸送されたのだろう。」（七五頁）、「継体大王は摂津三島から朝鮮半島を中心とする東アジア世界を俯瞰し、心を砕いていたに違いない。」『大王陵発掘！巨大はにわと継体天皇の謎』（二〇〇四年七月　NHK出版）大和王権が加羅多々羅人であることを表現する。

三　高坂・船木・小坂

「高羽(たかう)は高羽(たかは)当てぬる　日精潔為故に書きし　名山にも字ありき　吾知れぞ」（源氏の手引〇一八〇番　旧著一一七頁）。高羽山は仏通寺から北方、標高六一〇m、麓は奈良時代の山陽道が通り、大峰(おおみね)山が通称（『邪馬壹国讃歌』二五三頁）。『三原市史』第一巻一　通史編（一九七七年二月一五日発行）七八頁に大峰山出土の銅剣（折れているが）が掲載されている。日精潔の冢に残る指目はこのようなものであるに相違ない。

三原市の天然記念物のエヒメアヤメは、誰故草(たれゆえそう)という名前を持つことには触れた（旧著二八頁）。これは吾初(あい)という日精潔の名前をとって、同じ字で吾初(をかかあやめ)のことである。菖蒲と日精潔の関係は分からないが、朋喪朗のある前土居山を山図とし、その隣接地の大字地名が「菖蒲迫」である。

前記『平坂史』の七六頁に姥ヶ原・陣ヶ嶺（大陣）の見張り台の写真がある。広大な土塁で、船木地区約七五六m、高坂地区　約一九五mとある。陣ヶ嶺は高坂町真良の馬井谷（同書に昔馬囲谷と云ったとある）、許山と近い。日精潔が「広ひ淵瀬覗けや」（旧著一〇三頁）と書いた許山は、旧著では虎節である。土塁群図が『平坂史』八一頁にある。記載に北虎口、東虎口、南虎口の記載がある。日精潔の楼を見るときは必ず、それをみて楼を囲む土塁と比較して欲しい。

「沼田川下流域の本郷町周辺は、県内でも有数の穀倉地帯であり、古くから水田開発が進んでいたと考えられる」（『本郷町史』一九九六年九月三〇日発行　一〇四頁）。『平坂史』の一九六頁に平坂の田畑を写した写真が二枚ある。昭和六三年一〇月二三日と圃場整理後の平成元年一二月一〇日のものである。五〇枚を超える田畑が一〇枚程度に整備されている。もちろん日精潔の愛した時代の船木の畑月は想像できないが、田畑一枚一枚に月が映り、船を生む船生と名付けた風情は失われた。船木は祖母の実家が今もあり、私の三人の姉の墓が今もある。平坂から南を見上げると日精潔の墓所が見える。日精潔は言った。船生言に墓をと[24]。形は変わったが今も日精潔は船木の畑月を楽しんでいる。三日月に船を、満月に兎（離）を楽しんでいる[25]。日中は槌との戦い、女王の執務、多忙の中で船木の民と月光の中で交歓。因みに日精潔の住居から平坂までは徒歩約二〇分である。これは『平坂歴史』作成の代表者（平坂歴史

24　大好 大 好 も当てけれ船生言の冢請はれし我書けき（〇二四九）（旧著一三一頁）

25　大好は大に好次に然 然と離 離彫る（〇九八六）（旧著二八三頁）、大好大に好もでなす字離月の主兎を正さんな（一一〇〇）（旧著三〇六頁）

研究会）の木村信之氏からご教示頂いた。「裏の風呂」（地名）経由で、この道には巨木が倒れていたという伝説がある。上媛の日精潔の歩いた形跡故の巨木伝説である。日精潔は正に巨木。

船木の花園神社に祀られる赤石はその祟りの伝承を残す。倭国敗北時の船木の民の苦難を思う。

広島県告示第三百十六号（平成二十四年三月三十日）に本郷町船木の字名を見ることができる。「彌藤田、胡麻田」とある。大篆で、藤の八、九、十二、十三画で明らかに火という字が見える。彌藤胡（みひこ）と読めばひみこ。麻も木木、擦（きき）　日精潔の夫。「木々津」（地名）旧著三二頁参照。更に麻は漢和辞典で痲れるを、痲も麻を指示することを知れば、疒（やまいだれ）が邪馬壹を明示し、二つの字名で女王日精潔・倭国第一一代王　擦・国名矢馬初国を示し伝える懸命の熱意を感ずる。人名　日精潔（精　不思議な力、潔　清い人）単独の地名発見は日精潔への尊敬と倭国の領域を表す第一級主題である。旧著一八三頁の志和盆地聖武天皇遷都伝説が、『安芸・備後の民話』第一集（日本の民話二二　垣内稔編　未来社一九五九年一一月発行）一八二・一八三頁に京の天子が遷都するのを国の殿が嫌い、祈願で扇山ができ、遷都を中止させ、山の上に社を祀るという類似話としてある。民話にも日精潔を探索しよう（この未来社の福岡、佐賀、長崎、大分一・二、肥後、天草、日向一・二、薩摩・大隅、種子島一・二、屋久島一・二の一四冊を覗見、検討したが旧著主題に関する特記事項なし）。なお志和から直線距離二㎞弱で八世以山（旧著一八四頁）がある。この世以の逆が以世で伊勢の元の字である。倭国王八代の以の世を表すか。伊勢の勢は、安藝の藝が種をもって地に播くであるから、暴力をもって地を奪うとすれば、以世・伊勢と並べれば倭人の抵抗を感じる。大和王権と関係の深い熱田神宮[26]の熱は元々羸弱な者ほど暴力を奮うが、火をもって地を奪うのである。

26　熱田神宮（草薙剣）と伊勢神宮（八咫鏡）の真ん中に建立されたのが、玉鉾神社（愛知県武豊町向陽）である。本居宣長の『玉鉾百首』とは何の関係もないと神主に聞いた。

小坂は真良の槌よりの隣村で「鼐乃に鼎鼐当てれる君事肩叩きやと」（旧著九七頁）ある。軍事拠点を見回る倭建命を想像する。小坂に「ミないた」という地名が残る（『日本歴史地名体系第三五巻・広島県の地名』一九八二年五月発行　四二四頁）。みが片仮名、後三文字が平仮名。鼎は甲冑の胸板で軍事拠点に相応しく胸板をみないたと訛り、意図的にみことのみをミで残した。

『古事記』（岩波文庫）二一八～二一九頁の黄泉の国から順に本項に必要な言葉を拾う。追往、八雷神、比良坂、坂本、葦原中国、坂石者道反之大神、船戸神。追往は旧著九八頁に船木の川として追付川を紹介した。八雷神は旧著二〇頁で『日本書紀』を引用して雷の神を紹介した。船材敏神社又は霹靂神社である。比良坂は地名は平坂であるが、比良坂神社（荒神社）が平坂にある（『平坂史』一七頁）。坂本は坂の麓である。ここにも麓という地名がある。葦原中国の中国は中原と同義で読み方は違うがここでもまた中原という地名がある（前掲の広島県告示第三百十六号）。塞黄泉坂石者道反之大神は道から追い返した岩で、旧著四八〇頁に「船木の山の中腹に唐人返しの岩がある」と記載した。船戸神は船材敏（ふなきと）神社で、『古事記傳』二（岩波文庫）四二頁に「乃投其杖曰自此以還雷不来、是謂岐神」、四三頁に「此より来莫と障留る処に坐す神と云意なるべし」とある。太安萬侶は「今謂出雲国之伊賦夜坂也」とこの項を締め括るが、そうして我々は比良坂を所在不明と知るが、松江市の揖屋を当てる説がある。太安萬侶が出雲神話がどの場所を頭に描き、何を意図したかを詮索すれば、地名考証になるものが何もない松江市の揖屋よりは、船木の平坂に思いを致すべきである。平坂と書けば焚書にあう。揖屋はふきやと普通に読んで、yをnにし、並べ替えれば船木である。二段構えの暗号である。旧著四八二頁に「壬子（七一二年）古事記　稗田阿礼の里　矢馬初の歌を詠まむ」と安麻の手引に記載したが、極めて具体的な地名考証をさせる太安萬侶及び稗田阿礼の意図を把握できる。さて『日本書紀』のこの件の記載は簡単（地名考証不能）で比良坂も平坂と記載される（日本書紀（一）　岩波文庫四三二頁）。

四　恩頼図

本居宣長の養子の大平が一八二七年頃書いた『恩頼図』は本居宣長がお陰を受けた、或いは本居宣長のお蔭を受けたパノラマと言われるが、宣長の遺言と思う。旧著の内容から辿れば、『玉鉾百首』、『源氏物語』の紫式部、『玉の小櫛』、『古事記傳』『萬葉集』の『玉の小琴』、「筑紫なりしものの。おのれ姫」＝卑弥呼の『馭戎慨言』が」記載されている。また御子守ノ社は子守明神として知られる吉野の水分神社」『玉勝間』)、「御子守の神と申し。今はたゞに子守と申」『菅笠日記』(本居宣長)の記載からすれば、水分神社、子守の神、子守明神と厳密に記載するのが宣長の主義であるから、敢えて御を子守の前に付けたのは、博多・井田の御子守神社を示したのであろう。恩頼図のひらかなを並べ換えれば、狗奴の秘密　広島の民が継がせ届けんか。

賀茂真淵は本居宣長の師である。真淵は北村季吟の『源氏物語湖月抄』の評釈をしている。北村季吟も芭蕉一門である。鶴屋句空は加賀蕉門で編著に『柞原集』(ははそはら)がある。柞原は三原である。芭蕉の次の三句が収められている。

◎風薫る越の白根を国の花
◎湯の名残り今宵は肌の寒からん
◎秋の色糠味噌壷もなかりけり

源氏物語と松尾芭蕉と問えば、「あけぼのは　まだむらさきに　ほととぎす」(伝真蹟賀賛)と紫式部を芭蕉が偲んだ句がある。石山寺には紫式部の供養塔と松尾芭蕉の句碑が建てられている。

私の関心は江戸、明治時代と日精潔の真実がどの範囲で共有されていたかにある(夏目漱石の作品を全て読み直した。何らのメッセージもこの意味ではない）。柞原（みはら）、風薫る越の白根を国の花の白の国は矢馬初国を連想させている。

『源氏物語湖月抄』の評釈に本居宣長も本居翁として登場する。最終巻の「夢浮橋」では『源氏物語』の虚構と真実を歯切れ悪く評する。『源氏物語』の多くの巻名が本文中にある歌詞、人物から取られているが、「夢浮橋」は奇異であるという評釈も『源氏物語湖月抄』にある。「終わることなく終わりを告げる」と評されているが、紫式部は構想通りここで完結したのだ。最後の七九五番目の歌と最初から二番目の歌で倭国最後の王　絡路に触れれば正に完結である。

一五九〇　絡路絡（かせまるしばる）に路（じ）もで言ふ十（と）に六（むつ）つの王名乗れき絶やすぬ（旧著四〇三頁）

のりのしとたづぬるみちをしるべにて　おもはぬやまにふみまどふかな

みやぎののつゆふきむすぶかぜのおとにこはぎがもとをおもひこそやれ

もっと先まで読み進めるのは我々読者の源氏の手引の解読である。夢は読者への期待であり、橋渡しは済ませたという意味と、橋の木に注目すれば、安麻の浮木である。

ここのたづぬるのように、源氏の手引の歌の中に、そへたる、たそがれ、たがふな等たを含む歌が多数ある。しかし旧著七七頁の最初の手引〇〇〇一には「た」がない。

〇〇〇一　大好大（もと）に好（すき）で言ふ馬壬川の地の昔話の記我が告げるや

かぎりとてわかるるみちのかなしきに　いかまほしきはいのちなりけり

みやぎののつゆふきむすぶかぜのおとにこはぎがもとをおもひこそやれ

「壹か臺かの不毛の論争がこの国にはあった」（旧著五一四頁）。「やまたいこく」の読み方は仕組まれた目くらましで、紫式部はこれを避けるために、たの字はない、邪馬臺国（やまたいこく）ではない、邪馬壹国（やまいくに）だと。

五　木簡

旧著四三頁・一八四頁で木簡を取上げている。本来捨てるべきものに、後世に伝えるべきことを木簡に記載し、支配層を摘觖することは想定して良い。奈良文化財研究所の木簡データベースで旧著の語彙を検索すると杵原・為故・新羅のみが該当し、平城宮出土の「加毛郡杵原郷阿斐」（木簡番号二二六五）、「為故長」（同四）、「高□新羅」（同四五七二）に当たる。杵原について同研究所の説明は、「加毛郡は参河、伊豆、美濃、佐渡、播磨、安芸にあるが、杵原郷はいずれにもみえない。」であり、加毛郡（賀茂郡）と御調郡の境界移動に諸説あるが、我々は杵原が安芸にあることを知っている。加毛郡杵原郷阿斐（かもぐんみはらごうあひ）である。阿斐は吾初（あい（うい・ひ））日精潔である。多少強引であるが眩暈の一閃の中で、為故長（さたのをさ）、高□新羅（たかさかしんら）と読む。阿斐という地名は当時許されない。合之坪が条里制古代的地割りによる古地名として三原市西野（『邪馬壹国讃歌』二四七頁）に、合田（三原市本郷町南方）が本書二の広島県告示にある。南方は我家のルーツである。吾初と多（氏）が許されない。

六　四国

『邪馬壹国讃歌』・旧著共四国について明確にできていない。実は日精潔の名前吾初（あい）と同じ文字で吾初（をかかあやめ）と読み、これがエヒメアヤメであるから愛媛に言及する機会があった。ゴシック体は欠落したものを補い、高松市石清尾山猫塚出土の白清鏡または精白鏡の銘文「**絡母宮志而顛之説可承外之美辛**亥日而経世澤**流之宮仮**明合之調志君事日精潔」（宮の字は二つの記号に見えるが、コンピューターで解析すれば宮と出る。主語の絡母の後、字と字の間に記号はない。装飾らしき○は、この時代に図形の○をまると読んだか不明であるが、倭国の王に柱丸、象宮、杖丸、次郎丸、太郎丸がある。二つの記号は宮と丸を表す。宮は日精潔の為故に宮擦とある。）から、また大和・吉備に対する護り・攻めの位置からしても倭国の一部であることを確信できる。旧著一六頁に大分県豊後高田市に尾崎、大分市に神崎の地名を見る。伊予市に尾崎、伊予郡松前町に神崎の地名があることを念頭に愛媛県の愛媛、伊予を考察する。愛媛の地名は、古事記に、伊予の二名（ふたな）島、この島は身一つにして面四つあり、面ごとに名あり、伊予の国を愛比売というとあるが、四国は倭国の一部故愛媛は日精潔、伊予は初余と考える。初余は三原から逃れ大分県の神崎に行くが、経由地を愛媛と考え、伊予の地名を初余と思う。木々津（一〇四頁の近くに余井）。

七　九州の難読地名

九州には三春原（うらせばる）・小鹿田（おんた）（『甕と蜉蝣』「日田」三一六頁　埴谷雄高　未来社　一九六四年七月発行）・馬寄（まいそう）、石動（いしなり）、鼎（かなえ）、来縄（くなわ）、苙（おろ）等難読地名が多い（旧著一六・一七頁）（日田は相豊と書き、難読であるが、倭国史の重要地名。旧著八八・九六頁。漢和辞典もないこの時代にはまず読み方があり、知り得た輸入漢字の意味を把握して法則もなく当て嵌め。難読は必然。日精潔がひみこと読めるかと聞かれれば揖宿・指宿をいぶすきと読めるかと答える）。旧著で地名の原初を示した。日本語の起源、日本人のルーツを研究するには、九州の郷土史家の執拗な努力が必要である。北九州市の修多羅（すたら）の地名の由来はタイ語に多く借用されるサンスクリット語のスタラで、経文を葉に書き、散逸しないよう穴を開けて紐を通し保存した「修多羅」のこと。旧著三一四頁に栂世（すたろ）は日精潔の御輿を置く建物と解いたが、すたろの字の並びはこれで良いのか気にしていた。修多羅があれば栂世（ここでも母）も許される。大事なものを保存するという意味では通底。宗像市にある許斐山はこのみやまである。斐み許、日精潔と換置式暗号[27]で読んでしまう。熊野神社から三羽の鷹が飛んで来たという伝説。三で三原、鷹羽で高羽、日精潔の為故に由来する三原の高羽山。日精潔の為故に見るように三世紀には日本語を漢字で表記していたことを理解し、その後の万葉仮名は加羅多々羅人に日本語を理解させるために考案されたことを前提にして、九州の郷土史家が地名（山、川、谷、海岸を含む）の由来を明確にし、伝承を参考にしながら加羅多々羅人に奪われた倭国の歴史を蘇らせよう。アイヌと琉球は縄文型、日本人の遺伝系統、ゲノム解析で裏付（二〇一二年一一月一日　日本人類遺伝学会）。本州中央の支配から南へ、北へ逃げ移住する倭人。難読地名は南の琉球、北の北海道・東北にもある。地名の由来に知見のある方は、九州、琉球の地名の中にアイヌ語を由来とするものが説として数多くあることを知る。九州の佐世保、屋久島、中種子、琉球の那覇。那覇は日精潔の譜に生波（なは）（初出『邪馬壹国讃歌』二〇〇二年三月）と記載されるように清潔とはほど遠い槌の覇権を打倒するのが日精潔の使命であった。那覇の由来、ナバ（漁場）も生波も通底するものがある。

八　源為憲の日精潔への鎮魂歌

人はみな急ぎたつめる袖のうらにひとり藻塩を垂るるあまかな（ひ**と**は**みな**いそぎ**た**つ**め**るそで**の**うらにひと**りも**しほをたるるあまかな）。源氏物語の七九五の歌の中で、「みなもとためのり」と自分の姓

27　旧著は古典的な換置式暗号を解いて来たのであって、その意味では容易に継走・追試者を得ることができる。この方式の一番単純なものは逆さに読むものである（前頁　初余→余初→余井）。数字を分解して暗号を解くものも換置である。さて源氏の手引の数は一五九〇であるが、これも暗号であれば一五九〇＝（一＋一）×三×五×五三と換置され、ひひみここみ、ひみここみひ、ひみこ、ひみことなる。

名を全て詠み込んだものは、この歌である（旧著三六一頁）。この場面は、源氏物語では玉鬘の子の大君の死を悼むもので、解読した源氏の手引では、同頁にある通り、正に、大好大（はなはだ）に好（すき）もでなし棺入れけむ我も見けし（一三八一番）、大好大（もと）に好（ほしひ）当てるる米栗（ななら）見舞ひ待たれりそ（一三八二番）、大好大（もと）に好（のぞみ）当てたる棺出せ埋めしな我見けむ（一三八三番）と日精潔の崩御前後の重要場面である。源為憲の日精潔への鎮魂歌と思う。

源為憲の『三宝絵』の模写は一一二〇年に源俊頼によって書かれたと伝えられる。源俊頼についても、自分の姓名を全て詠み込んだ歌がある。歌を詠み上げる役目の講師が、俊頼の歌を詠もうとすると短冊に名前が書いていない。そこで講師が俊頼に目配せをし咳払いまでしたが、気づかないようなので密かに「お名前をお忘れでは」と言うと、俊頼は「そのままお詠みなさい」と言うので、歌を詠むと「卯の花の身の白髪とも見ゆるかな賤（しず）が垣根もとしよりにけり」という（うのは**な**の**み**のはくはつ**とも**みゆるかな**し**ずがかきね**も**と**しより**にけり）。同様夫木和歌集に**とし**ふ**とも**こすのきけきのたえま**より****み**えしし**な**ひはおもかげにたつ（一五頁）がある。

九　聖書

「古事記の前の聖書が今後発掘される可能性はある。それは三世紀末か四世紀初めに書かれたものであろう」『邪馬壹国讃歌』三一六頁（旧著四〇三頁に引用）。その埋蔵場所は源為憲・紫式部の墓またはその係累の墓とか、関連先ではなく、加羅多々羅人に簡単に発掘・焼毀されるものであってはならない。しかし手掛かりは源氏の手引と源為憲の著作・人生にあると思う。

源氏の手引では日精潔の為故が最重要でその中の三回の日精潔の記載に注目して暗号の解読の更なる

解読である。一五九〇の源氏の手引を日精潔・日精潔の暗号と考えれば、日精潔の為故・その日精潔の為故の中で三回記載された「日精潔」に至る。

一二八六　大好は大に好生に**日**日に**精**　精　に**潔**　潔は載ると吾は知らむ

をかかはもとにすくきに**ひ**おり**く**はしえりぬ**き**にきよいまともしらむ

一二八七　大好は　大　好もで得まし潔に会会君君　事　事と置ききな

をかかははなはだよひも**で**えま**し**けつにまみ**ゆ**えきみとのつかはるじとおききな

一二九五　大好字大好矢に丸丸日日精　精　見む我知りし

をかかじもとよしやにまるたま**か**とき**せ**ひけがれなしみむしりし

一二九六　君事は君事もで書けたり精に**潔**潔木に目相無無が書かせむな

みことはとのじもでかけたりし**や**ふに**き**よしけつきにめさなしむかかせむな

一三二一　大好は大好当てける柞に原原日日触られぬ我知れしや

をかかはだひすくあてけるくぬぎに**は**らもと**か**に**ち**ふられぬわれしれしや

ひみこかさふけつもあてれるにちへ**く**はしね**ら**ぬ**き**よしけがれずもでつかせんやわれもいふや

一三二二日精潔日精潔も当てれる日へ　**精**　精　**潔**　潔　もで尽かせんや我も言ふや

ひくきでしゆかせやきはかちくらき

せきでらがちゆきかはひくきくやし＝関寺が地行き迦葉引く紀悔やし（悔やしいの意味は、誤りを訂正する）と源氏の手引で関寺[28]と推論する。迦葉は迦葉仏で関寺の再興に力のあった牛が迦葉仏の化身とされた。源為憲の著作では寺に、人生では彼の役職に、注目する。

28　慶長年間に焼失し、明治時代に長安寺として小さな堂宇が建立された。

源為憲が著した『口遊』に日本三大仏として奈良東大寺・河内智識寺の毘盧遮那仏そして関寺の弥勒仏が記載される「和太、河二、近三。謂之大仏。今案、和太謂東大寺仏、在添上郡。河二謂河内国知識寺仏、在大県郡。近三謂近江国関寺仏。在志賀郡。」（『口遊注解』　幼学の会　勉誠社　一九九七年二月発行　一三四頁）。その一三九頁に、『口遊』九七〇年成立の後、九七六年の大地震で大仏は破損、地震の四〇年後に再興に着手、一〇二二年一応の再建とある。関寺は滋賀県大津市逢坂二丁目付近にあった。その跡に長安寺（注二八）が建立され、牛の墓、石造宝塔が今もある。

旧著四三九頁に記載の通り源為憲の源氏の手引制作期間の前に美濃守、後に伊賀国司が彼の役職で、近江に美濃・伊賀は隣接する国であり、関寺の再興計画を早くから知り、関寺再建途上の土木作業に聖書埋蔵を画策する手立てはあったと思う。一一一頁に記載の通り、一一二〇年の源俊頼の筆写が残っているので、その約一〇〇年前の倭国の聖書又はその筆写が残っていても良い。

本居宣長の詠む「相坂」（逢坂）を含む二首を旧著の暗号解読のルールに従って君事・船木・大好で解く。

音羽山おとにきゝつゝ相坂の關のこなたに年をふるかな　『玉勝間』「濁る音なき歌」
お**と**は**や**ま**お**とにききつつ**あ**ふさ**か**のせ**き**のこ**な**たにと**しを**ふるかな
あ**ふ**さ**か**も**せ**きのとささぬ**み**よと**て**やよ**の**まに**こ**えては**るは**きぬらむ
相坂も関の戸さゝぬ御代とてや夜の間にこえて春はきぬらむ　『鈴屋集』「一の巻　立春」
かはのとふをおこしみてきあかせるなや＝迦葉の塔を起こしみて紀明かせるなや
◎関寺が地行き**迦葉**引く**紀悔やし**
◎**迦葉**の塔を起こしみて**紀明かせるなや**

更に前項の歌に自分の姓名を詠み込み、重要な事実を伝える手法を、関寺に当てはめる。せきてらの四文字を含む歌は、源氏物語の七九五の中に探すと次のものがある。
◎憂き世をば今ぞ別るるとどまらむ名をば糺すの神にまかせて（旧著一五三頁）
うきよをばいまぞわかるるとどまらむなをばただすのかみにまかせて
○かきつめて海士のたく藻の思ひにも今はかひなき恨みだにせじ（旧著一七五頁）
○うぐひすのねぐらの枝もなびくまでなほ吹きとほせ夜半の笛竹（旧著二五八頁）
○いかなれば花に木伝ふうぐひすの桜をわきてねぐらとはせぬ（旧著二七七頁）
○夕露に袖ぬらせとや日ぐらしの鳴くを聞く聞くおきて行くらん（旧著二八四頁）
○咲くと見てかつは散りぬる花なれば負くるを深き恨みとはせず（旧著三二六頁）
○あはれとて手を許せかし生き死にを君にまかするわが身とならば（旧著三二九頁）
○霧深きあしたの原のをみなへし心を寄せて見る人ぞ見る（旧著三四八頁）
◎見し人の形代ならば身に添へて恋しき瀬々の撫で物にせむ（旧著三七三頁）
みしひとのかたしろならばみにそへてこひしきせぜのなでものにせむ
○かきくらし晴れせぬ嶺の雨雲に浮きて世をふる身をもなさばや（旧著三八二頁）
◎大方の世を背きける君なれど厭ふに寄せて身こそつらけれ（旧著三九九頁）
おほかたのよをそむきけるきみなれどいとふによせてみこそつらけれ
◎の歌は、右から順に、各々並べ替えて、次の通り解読できる。
なばいまぞとどまるわのかみをかかば　よをただすせきてらにうまむる
名は今ぞ留まる倭の神大好は世を糺す　関寺に埋まむ

知ろし朋鍋の岨手[29]に日精潔は形見載せむ　関寺の碑になせし　二つ
初余譜に君事の名を建と書きつれ　近江関寺それ読むけぞ　三つ
（日精潔初余定里大好揺言生波也夢祇主無木比積矢柞原観然離柄也露懲絡母加羅[30]槌国等閔国露逝）新羅為浮吾鹵也上媛矢乍耐君事**建**炎絡母落也喪還谷辛未会絡母会言祇癸酉丙榯枝定里）

今川了俊は続く。

うきぐものおひかぜまちてあまのはらかみよにてらせひのひかりみむ[31]
せきでらかはのひうもりむみよのておひあひまみからのくにちまかぜ
関寺迦葉の碑埋もりむ　御代の手負ひ相目見加羅の国・血負かせ

本居宣長も続く。

くなたぶれうまこがつみもきためずてさかしらひとのせしはなにわざ[32]
せきでらたもつなかはとふにうまれしひみこのさたくながわざしめす

---

29 大好は榎女来られ印もそろ手向け得き（〇九〇三番）（旧著二六七頁）、大好は左の手に持たしれなや（一五一二番）（旧著二八六頁）

30 『旧唐書』倭国日本国（二国　筆者）伝「日本國者倭國之別種也」「日本舊小国併倭國之地」　旧唐書倭国日本国伝（岩波文庫）一三〇頁（宋の『太平御覧』東夷三　同趣）。紀元前二〇〇〇年前後に倭人はフィリピン経由でタイから渡来、一方加羅多々羅人が紀元前のいつ頃からか日本に渡来、先住の倭人と混在する者、倭人の居住地を避け、出雲、吉備、奈良の寒い地域で居住、やがて国を作り、両者対立抗争（騎馬民族征服は一挙にではなく、徐々に為された）、倭人の敗北。桜井市の出雲、吉備の名は加羅多々羅人が住んでいた出雲、吉備を元に名付けた。

31 浮き雲の　追風待ちて　天の原　神代に照らせ　日の光見む（旧著六七頁）

32 くなたぶれ　馬子が罪も　罰めずて　賢ら人の　為しは何わざ（旧著五三頁）

関寺保つな[33]迦葉塔に埋まれし卑弥呼の為故　槌が業示す

恩頼図の壺型の図には玉勝間・鈴屋集も記載されているが、壺の型については、晦冥の中に屢々陥ったが、これは迦葉の塔の胴体部を表している。

関寺を含む歌が『玉鉾百首』に更に三つある。これ自体は言葉を結ばないが、前記の歌と併せ大好、日精潔、君事を挿入すれば暗号が解ける。

◎かみのよのことらことごとつたへきてしるせるみふみみればとほとし[34]

◎たまきはるふたよはゆかぬうつそみをいかにせばかもしなずてあらむ[35]

◎くなたぶれうまこがつみもきためずてさかしらひとのせしはなにわざ（前頁）

○うまこらがくさむすかばねえてしかもきりてはふりてはぢみせましを[36]

たまきはるふたよはゆかぬうつそみをいかにせばかもしなずてあらむ　大好

くなたぶれうまこがつみもきためずてさかしらひとのせしはなにわざ　日精潔

かみのよのことらことごとつたへきてしるせるみふみみればとほとし　君事

ごこでかはをみてからひとがよもみぬる

ここで迦葉を見て加羅人が世も見ぬる

33　なは打消しの助動詞、関寺は「慶長年間に焼失」し、本居宣長の時代には無い。

34　神の代の事らことごと傳へ来てしるせる御書見ればとほとし（玉鉾百首解　本居大平『本居全集』第六　明治三六年一月五日発行　片野東四郎　二〇四頁）

35　たまきはる二世はゆかぬうつそ身をいかにせばかも死なずてあらむ（前掲『玉鉾百首解』二二二頁）

36　馬子らが草むすかばね得てしかもきりてはふりて耻見せましを（前掲『玉鉾百首解』二一九頁）

前稿に記載した源為憲・源俊頼の姓名を読込んだ二つの歌も更に検討してみる。

人はみな急ぎたつめる袖のうらにひとり藻塩を垂るるあまかな
ひとはみないそぎたつめるそでのうらにひとりもしほをたるるあまかな

卯の花の身の白髪とも見ゆるかな賤（しず）が垣根もとしよりにけり（『無名抄』鴨長明）
うのはなのみのはくはつともみゆるかなしずがかきねもとしよりにけり

寺に訪ひ迦葉碑掘る　多数（あまた）出づる証（そう）・記を知るなそ　源為憲　四つ
迦葉の墓の根に行けば　槌（くな）のす罪書きし　埋もりる　源俊頼

源俊頼は、源為憲の『三宝絵』を強い動機で特に選んで筆写し、後世に残した。

「志賀の伝法会　三月・九月の四日に始む
天智天皇、寺をつくらむの御願あり。此の時に王城は近江の国大津の宮にあり。寺所を祈りてねがひ給へる夜の御夢に、法師来りて申さく、

「乾の方にすぐれたる所あり。とく出でてみ給へ」と。

すなはちをどろきさめて、いでて見給ふに、火の光あかくそびけり。あくる朝に使をつかはしてたづねしめ給ふに、かへり来りて奏す、

「火のひかりし所にちゐさき山寺あり。一人の優婆塞ありてめぐり歩みて行ふ。とへどもこたへず。其の形すこぶるあやし。よの人ににず」

と申す。御門をどろき喜び給ひて、其の所にみゆきし給ふ。優婆塞出でてむかへたてまつる。御門とひ給ふに、こたへて申す、

「ふるき仙霊の窟・伏蔵の地、ささなみ長等山」

と申して、すなはちきえ失せぬ。

あくる戊辰の年の正月に、はじめてつくらしめ給ふ。土ひきて山を平ぐるに、宝鐸を掘り出でたり。また白き石あり。夜光をはなつ。御門いよいよつつしみたうとび給ひて、堂をつくり、仏をあらはし給ひつ。御門、左の方の無名指をきりて石のはこに入れて、とうろの土のしたにうづみをき給ふ。これにともしびをささげてみろくにたてまつりたまふこころざしをあらはし給へるなり。『志賀の縁起』にみへたり。」(『三宝絵』源為憲　東洋文庫五一三　一九九〇年一月一〇日　平凡社発行　一三二・一三三頁)。長等山(志賀山)には関寺があった。『口遊』と『三宝絵』の一つの交点が関寺であり、源俊頼の『三宝絵』の筆写はこの交点を示すことにあったと信じる。

「五〇　関寺の牛に依りて、和泉式部、和歌を詠む事

今は昔、逢坂のあなたに、関寺といふ所に、牛仏現れ給て、よろづの人参りて見奉りけり。大きなる堂を建てて、弥勒を造り据ゑ奉りける。榑、えもいはぬ大木ども、ただこの牛一つして運ぶわざをなんしける。繫がねども行き去ることもせず。ささやかにみめもおかしげにて、例の牛の心ざまにも似ざりけり。入道殿をはじめまいらせて、世の中におはしある人、参らぬはなかりけり。御門、東宮ぞえおはしまさざりける。

この牛、悩ましげにおはしければ、失せ給ぬべきかとて、いよいよ参りこむ。聖は御影像を描かせんと急ぎけり。西の京に、いと貴く行ふ聖の夢に見えける。「迦葉、仏道入涅槃のそむ也。智者当得結縁せよ」とぞ見えたりける。いとど人参りけり。歌詠む人もありけり。和泉式部、

聞きしより牛に心をかけながらまだこそ越えぬ逢坂の関」(古本説話集第五〇話)(『新日本古典文学大系四二　宇治拾遺物語　古本説話集』一九九〇年一一月二〇日　岩波書店発行　四五七頁)。古本説話集上巻、第四話 匡衡、和歌の事、第五話 赤染衛門の事、第六話 帥宮、和泉式部に通ひ給ふ事、第七話 和泉式部、歌の事、第八話 伊勢大輔、歌の事、第二二話 貫之の事、第二三話 躬恒の事、第三二

話 道信中将、父に遭ふ、第三九話 道信中将、花山院の女御に歌を献ずる事、第四一話 貫之、土佐の任に赴く事、下巻 第五〇話 関寺の牛に依りて、和泉式部、和歌を詠む事、第七〇話 関寺の牛の間の事と並べると、本書に馴染みの歌人達の名を見る。関寺の話は二度あり、第七〇話は最後を担う。前掲書の五一二～五一六頁の長文である。ここでは、関寺が「要須(えうす)の寺也」を紹介する。古本説話集は「昭和十七年にようやく発見された。この作品は、作者、成立年時ともに不明で、書名も伝わらない」(同書五五八頁)。成立と同時に写本その他で流布することもなく、そうして話題になることもなく、八〇〇～九〇〇年の時空を超えて出現する運命。成立の時代に要須(必須)であればなおさら不思議である。遠い行く末の要須である運命。

和泉式部記載の通り他に多くの歌人がここ長等山を読む[37]。特に慈円はこの歌で、ながらやまのかは

---

37 世中を厭ひがてらに来しかども憂き身ながらの山にぞ有ける よみ人しらず 後撰和歌集 〇一二三三(『新日本古典文学大系六 後撰和歌集』 一九九〇年 岩波書店 三七二頁)
君が世の長等の山のかひありとのどけき雲のゐる時ぞ見る 中大臣能宣 拾遺和歌集 〇〇五九八(『新日本古典文学大系七 拾遺和歌集』 一九九〇年 岩波書店 一七八頁)
さざなみの長等の山のながらへて楽しかるべき君が御世哉 中大臣能宣 拾遺和歌集 〇〇五九九(同一七八頁)
ささなみの長柄の山にながらへば心にもののかなはざらめや 曾禰好忠 好忠集 〇〇四二六(『曾禰好忠集注解』 川村晃生・金子英世編 二〇一一年一一月 三弥井書店発行 三六九頁)。曾禰好忠は毎月集序歌「わが名は朽ちじ」「耳に聞き目に見ることを写しおきて行く末の世の人にいはせん」。
さざなみや長等の山のみねつづき見せばや人に花のさかりを 藤原範綱 千載和歌集 〇〇〇七五(『新日本古典文学大系一〇 千載和歌集』 一九九三年 岩波書店 三三頁)
ふぶきする長等の山を見わたせばをのへをこゆる志賀の浦波 藤原良清 千載和歌集 〇〇四六一(同一三八頁)

のとふをのけ、からさのなせしはなしもききみるるや　長等の山の迦葉の塔を除け、加羅　乍の為せし話も**聞き見る**　である。聞き見るは前頁注三七　曾禰好忠の歌　**耳に聞き目に見る**ことを写しおきて行く末の世の人にいはせん　の普遍。長等山を詠んだ歌人の本書における役割は各々大きい。

源俊頼は一〇五五年に生まれ、一一二九年に亡くなっているが、この時代又はその前に姓名を読込んだ歌で、倭国・敵対する槌国を記載した歌人を探す。これは膨大な作業であり、一部は読者に委ねるが、『古今和歌集』・『新古今和歌集』に当たる。

◇『古今和歌集』

▼紀貫之

たが秋にあらぬものゆゑをみなへしなぞ色にいでてまだきうつろふ（『古今和歌集』二三二番六九頁）

たがあ**き**にあ**ら**ぬも**のゆ**ゑをみなへしなぞいろにいでてまだ**きうつ**ろふ

安芸沼田（ぬた）に吾初（あい）の名前（**日精潔**）三つ出で「高羽目露総（たかうゆゑろそふ）」[38]に敵を諸（もろ）知らな

38　見せばやな志賀の唐崎ふもとなる長等の山の春のけしきを　慈円　新古今和歌集　〇一四六九（『新日本古典文学大系一一　新古今和歌集』　一九九二年　岩波書店　四二八頁）

あはれなりながらは跡も朽ちにしをおほえのはしの絶えせざるらむ　藤原俊成　五社百首　〇〇三九〇（『藤原俊成全歌集』　松野陽一、吉田薫編　二〇〇七年一月三〇日　笠間書院発行　三八六頁）

五月雨は長等のやまも雲とぢてしがのうら舟とまくちぬらむ　藤原俊成　五社百首　〇〇四二八（同三九三頁）

雁がねはおなじながらの山こえて帰るもつらきしがのうらなみ（『建保名所百首』『新編国歌大観』四巻　一九六六年五月一五日　角川書店発行　二三七頁）

射矢白立柞原生**日精潔**会君事船生之畑月柱丸初建乙酉酉金羅九矢丸**日精潔**相無生去宮擦尾捉止克男立顚好山為民

女無路母明募聲大好聲聞相之栄畝籠代**高羽目露総**根尊生言米栗喪矢馬初国柞原**日精潔**

▼在原元方
あらたまの年の終りになるごとに雪もわが身もふりまざりつつ（同二三九番九四頁）
あらたまのとしのを**はり**になる**ごと**にゆき**もわが**みもふりまざりつつ（源順の名も含む　棒線）
奈良の乍氏に渉り守る君事は　安芸木棉の塚に妻共居りり　木棉＝東広島市西条（旧著二四一・二六四頁）、塚＝三ツ城古墳（旧著　一八三頁）
▼小野の千古の母
たらちねの親のまもりとあひそふる心ばかりはせきなとどめそ（同三六八番一〇〇頁）
たら**ちね**の**おや**の**まもり**とあひそ**ふる**こころ**ば**かり**は**せきなとどめそ
言祇の相沿ふる高羽は諸後名留めりそ　大和怒らせり　高羽山

◇『新古今和歌集』
▼藤原親隆[39]
うつらなくかた野にたてるはしもみちちらぬはかりに秋風ぞふく
うつ**ら**なく**かた**のにたてる**は**しもみ**ちち**らぬは**か**りにあきかぜぞ**ふ**く
ふなきそのつかにうもりちちあしかくぜぬからたたらくにははてみる
船木岨の冢に埋もり、千ぢ悪し隠せぬは加羅多々羅　国は果て見る

39　源俊頼と藤原親隆の関係について記載する。保安二年（一一二一年）九月一二日、時の関白内大臣藤原忠通が、催した歌合の記録である。歌合は、歌人が左右に分かれて歌の出来を競う王朝の遊戯。予め下された題は、山月・野風・庭露・恋題で、各七番の計三五番。作者は、藤原忠通・**藤原親隆**・**源俊頼**・藤原基俊ら一三名、他に隠名の女房がいる。忠通周辺の歌人達に、基俊・俊頼を迎えての大規模な歌合である。

「全ての歌を暗号と捉えるキーワードを見付けた。一五九〇の暗号をこのキーワードで余すところなく解く。厳密な約束は、日精潔　君事　矢馬初　三原　真良　船木　殤筑　博多という順序で優先的に二語（二語ない場合は一語又は無し）を使用し、大好（日精潔の愛称）を追加するというものである」（旧著七五頁）を繰返すと、ここでも日精潔　君事　大好のキーワードで聖書の在処を示すのが分かる。関寺で抽出したのであるから。

旧著の読者は二つの疑問を持たれたであろう。源氏の手引の典拠はどこに隠したか、源為憲・紫式部は生きていた時代の帝を如何に見ていたか。私も同様であり、前者は解決できた。

うきよをばいまぞわ**かる**る**と**どまらむな**を**ばただすの**か**みにまかせて（旧著一五三頁）大好
みしひとのかたしろならば**み**にそへて**こひ**しきせぜの**な**でものにせむ（旧著三七三頁）日精潔
おほかたのよをそむ**きけ**る**き**みなれど**いと**ふによせて**みこ**そつらけれ（旧著三九九頁）君事

此処　皆加羅人なる帝を嘆き忌みきて　此処は私を意味する　五つ

と帝の系統を源為憲・紫式部が如何に見ていたか分かる。

更に紫式部を読込んだ歌は一つだけある。

六つ

な**き**ひとを**し**の**ぶ**るよひの**むら**さめにぬれてや**き**つるやまほととぎす[40]

40　なき人をしのぶる宵の村雨に濡れてや来つる山ほととぎす（旧著三一五頁）

大和[41]人を火で焼き殿になれ募ぬるる　世誉めず　紫式部。
世の人々が大和朝廷を如何に見ていたか分かる。

今川了俊（貞世）は続く。

あら**い**しのみち**よ**りもなほあしひきのや**またちば**なの**さか**ぞくるしき[42]　いまがばさだよ
きびくなのちあし　ならのぼりきみやのちもあししるそ
吉備槌の血悪し　奈良上りき宮の血も悪し知るそ　今川貞世

本居宣長も続く。

ひ**と**み**なのも**ののことわ**りか**にかくに**お**もひはか**り**ていふはからごと[43]
わのひみこのはかにもからはいかにくひてごととふ　もとおりのりなが
倭の日精潔の墓にも加羅はいかに悔ひて言問ふ　本居宣長

源氏の手引は一五九〇であり、本書で六つの暗号解読を追加した。
あしたづのよはひしあらばきみがよのちとせのかずもかぞへとりてむ[44]
しとあむつよみものがたりとかすせきでらかはのひはあしよのちそへ

41　大和という言葉は源氏の手引には出て来ない。恐らく六世紀以後の用法であろう。大和は狗奴・投馬を表すことを示す。
42　荒磯の路よりもなほ足曳きの山たち花の坂ぞ苦しき（旧著六六頁）
43　人皆の物の道理斯に斯に思ひ測りて云ふはからごと（旧著四九頁）
44　あしたづのよはひしあらば君が代の千歳のかずもかぞへとりてむ（『紫式部日記』岩波書店　一九六四年一一月一六日発行　四二二頁）

師と吾六つ（む）詠み物語[45]解かす　関寺迦葉の碑は悪し世の血添へ

説明するまでもないが、源為憲と紫式部[46]は六つの歌を詠み、源氏物語を解明する。関寺の迦葉の碑と悪い帝の血統を添えて。関寺迦葉の碑の下に見つける物は、有形であり、日精潔の墓その他本書・旧著で明示した有形の物は、盗掘、破壊で失われる。完全な物も正当に理解されないことは古鏡の所で述べた。歌人達の残したものは、焚書を逃れれば無形であるが、強い。有形の物を支える補強の域を超えて独自の光を放つ文化であり、尊い。

　更に考察すれば、自己の氏名を和歌に挿入することは、リスクがある。それを暴露された場合にどのように弁明するのか。既に源氏物語においては、そのリスクを負ったのであるが、象徴的存在としてその責任を果たすのは、序で記載した通り、源順[47]である。源為憲が師と仰ぐ源順である。

45　前掲『紫式部日記』四五頁「物語」の註二四に物語は「源氏物語をさすか」とある。

46　「式部　為憲　歌で我に日精潔　覚らせれりそ」（旧著五三頁）にもある通り、『源氏物語』は源為憲と紫式部の共著である。「為憲と式部の創作動機は同一であり、歌は源為憲、本文は一部共同、最後の締め括りを式部が果たした。次の通り九七〇年には源氏の手引作成の兆候を見ることができるので、救世と愛のために四半世紀をかけたものであろう。」（旧著四三九頁）。救世と愛　神　日精潔への信仰　その回帰はこの現代の倭人に蘇るか。

47　「言葉の遊戯・特殊技巧がある」（『新潮日本文学辞典』一九八八年一月二〇日　新潮社発行　一一九〇頁）。「源順は萬葉集の二つの歌が太安萬侶の作で暗号であることに気付いていたことになる。和名類聚抄では柞原―美波良とある。」（邪馬壹国讃歌二六三頁）、「あめつちの歌」（同書三〇八頁）、他に同書二六二頁、二九九頁、三三一頁。あめつち（天地）は姫瑪・槌である。前掲『旧唐書倭国日本国伝』では「其王姓阿毎氏」（旧著一七一頁）、同『太平御覧』（九七七～九八三年）では「何毎」。御用学者は王の姓の議論には踏み入れない。

◇源氏物語　王統

◎ゆふつゆにひもとくはなはたまぼこのたよりにみえしえにこそありけれ 48　月月（じく）

◎かぎりあればうすずみごろもあさけれどなみだぞそでをふちとなしける 49　隼響隼響（たかこふ）

◎あまたとしけふあらためしいろごろもきてはなみだぞふるここちする 50

メイデハナシアケ（明）スキマ（明）トシル

◎かけまくはかしこけれどもそのかみのあきおもほゆるゆふだすきかな 51　光光（おかげ）真曽真曽（ますなは）

◎あひみずてしのぶるころのなみだをもなべてのあきのしぐれとやみる 52　七得七得（ななとく）

◎つきのすむくもゐをかけてしたふともこのよのやみになほやまどはむ 53　君事君事（くむじ）

◎なきひとをしたふこころにまかせてもかげみぬみづのせにやまどはん 54　青青（しゃふ）

◎たちそひてきえやしなましうきことをおもひみだるるけぶりくらべに 55　矢也矢也（しなり）

◎しでのやまこえにしひとをしたふとてあとをみつつもなほまどふかな 56　挑者挑者（しゃふひと）朋朋（なかま）

---

48 夕露にひもとく花は玉ぼこのたよりに見えし縁にこそありけれ（旧著九二頁）

49 かぎりあれば薄墨衣あさけれど涙ぞ袖を渕となしける（旧著一一九頁）

50 あまた年今日あらためし色ごろもきては涙ぞふる心地する（旧著一三三頁）明は旧著に四回出る。いずれもめひ。

51 かけまくはかしこけれどもそのかみの秋思ほゆる木綿襷かな（旧著一四二頁）

52 あひ見ずて忍ぶる頃の涙をもなべての秋の時雨とや見る（旧著一四四頁）

53 月のすむ雲井をかけて慕ふともこの世の闇になほや惑はむ（旧著一四五頁）

54 亡き人を慕ふ心にまかせても影みぬ水の瀬にやまどはん（旧著二一三頁）

55 たちそひて消えやしなまし憂きことを思ひ乱るる煙くらべに（旧著二八六頁）

56 死出の山越えにし人を慕ふとて跡を見つつもなほ惑ふかな（旧著三一九頁）

◎なみだのみきりふたがれるやまざとはまがきにしかぞもろこゑになく[57]　象象（ぞふ）

◎かぜにちることはよのつねえだながらうつろふはなをただにしもみじ[58]　柱丸柱丸（はしらうつ）日日（か）

◎まだふりぬものにはあれどきみがためふかきこころにまつとしらなむ[59]　麻等麻等（まら）泄泄（もりぬ）

源順と源氏物語の関係を知り得るが、更に◎の歌は次のように解ける。

なきひとをしたふこころにまかせてもかげみぬみづのせにやまどはん　大好

たちそひてきえやしなましうきことをおもひみだるるけぶりくらべに　日精潔

あまたとしけふあらためしいろごろもきてはなみだぞふるここちする　君事

てきみかとかだみとこをみなごろしせおひきぬ

敵　帝が民と子を皆殺し　背負ひ来ぬ

源氏物語にかかる暗号があることは、旧著執筆時に気付いていない。この認識があれば、旧著の展開は相違した。

さて我々が今日大著の『源氏物語』を読み、我々倭国人の歴史を明らかにすることができたのは、次のような紫式部の執拗な努力があったことを特に引用してこの章を終わり、私も源為憲・紫式部に続き、同様の執拗な努力を次章以下に纏める。

「入らせ給ふべきことも近うなりぬれど、人々はうちつづきつつ[60]心のどかならぬに、御前には、御冊

---

57 涙のみきりふたがれる山里はまがきに鹿ぞもろ声になく（旧著三四〇頁）

58 風に散ることは世の常枝ながら移ろふ花をただにしも見じ（旧著三二六頁）

59 まだふりぬ物にはあれど君がため深き心にまつと知らなむ（旧著三七七頁）

60 御産のことから引き続いて　同書注　以下同じ

子[61]つくりいとなませ給ふとて、明けたてば、まづ[62]むかひさぶらひて、色々の紙選りととのへて[63]、物語の本どもそへつつ、所々にふみ書きくばる。かつは綴ぢ[64]あつめしたたむるを役にて明かし暮らす。何の心地か、つめたきにかかるわざはせさせ給ふ」と聞こえ給ふものから、よき薄様ども筆墨など持てまゐり給ひつつ、御硯をさへ持てまゐり給へれば、とらせ給へる[65]を、惜しみののしりて、「もののくまにてむかひさぶらひて、かかるわざしいづ」とさいなむなれど、かくべき墨筆[66]など給はせたり。」（前掲『紫式部日記』四三・四四頁）

一〇　源氏物語のルーツとその後の展開

歌を詠んだ自己の名前を密かにその歌に挿入する事例は前稿で触れたように多くはない。古今和歌集・新古今和歌集を声を出して読むと幾つかの音が耳に残る。その音とは以下に太字で示す通り「み・な・も・と・し・た・ご・ふ」源順である。『和名（類聚）抄』という日本古代史研究の基本図書であ

61　冊子は紙を折り重ねて綴じた書物をいうが、以下ここでは源氏物語の豪華な清書本が、作者を中心にして熱心に作製される有様をのべていると考えられよう。
62　中宮の御前に伺候して
63　源氏物語の原本を添えてあちこちに書写の依頼状をくばる
64　書写されてきたのを綴じ集め整理するのを役として
65　中宮が私に下されるので女房たちが惜しがりやかましく言い立て「こっそり物陰に伺候してまんまとこんなうまいことをやってのけた」と私を責めるらしいが
66　中宮はお構いなしに書写すべき墨筆などを下された

る源順については『邪馬壹国讃歌』に度々記載し、源為憲が師と仰ぐ。これらの歌の作者は、時代も異なり、また生没年不詳の歌人も多く、作者間の連携は不明であるが（一部は歌合の参加者で示したい）、多数の源順を含む歌は解読の価値がある。◎の歌は、解読できるものである。

倭国建国者が柱丸であることを知る源順が八咫烏を記すのは、韜晦である。【和名抄に、歴天記云、日中有三足烏赤色、今按文選謂之陽烏、日本紀謂之頭八咫烏、とあるは心得ず】（古事記傳十八之巻（本居宣長全集十巻　一九六八年一一月二五日　筑摩書房発行　三五七頁）。「心得ず」は、倭国建国者が柱丸であることを知る本居宣長の韜晦である。本居宣長は玉勝間巻一〇の一一四で「もろもろの物のことをよくしるしたる書あらまほしき事」を記す（この次の事項は「和名抄といふ名」）。「御国には、わずかに源順の和名抄のみこそあれ」「今いかで古事記書紀萬葉集など、すべてふるきふみどもをまづよく考へ、中むかしのふみども、今の世のうつゝの物まで、よく考へ合せて、和名抄のかはりにも用ふべきさまの書を、作り出む人もがな、おのれはやくより、せちに此心ざしあれど、たやすからぬわざにて、物のかたてには、えしも物せず、いまはのこりのよはひも、いとすくなきこゝちすれば、思ひたえにたれば、今より後の人をだにと、いざなひおくになん」（本居宣長全集一巻　一九六八年五月一五日筑摩書房発行）と記す。本書で読者は源順と本居宣長が同一の目的で著作したことを知る。玉勝間では源順集に言及（同一二八頁）するだけでなく、源順集、宇津保物語、金葉和歌集の三作のみに言及する事項がある（同二六七頁）。源順集、宇津保物語については言うまでもないが、金葉和歌集も安麻の手引の復元で一役あり、その撰者源俊頼も散木奇歌集で本書において重要な役割を果たす。

本題に入る前に本書で扱う古典文学の主なものの成立年代を整理する。古今和歌集は九〇五年（それ以後の作品は後補）、後撰和歌集は九〇〇年代中頃に成立、宇津保物語は我国最古の長編小説で九八〇年前後に成立、落窪物語は九〇〇年代末成立、源氏物語（本書三八頁記入済）は一〇一〇年までには成立、新古今和歌集は鎌倉時代前期の成立である（前掲『新潮日本文学辞典』による）。言うまでもなく扱うべきものの内、わずかであり、その他については読者の不断の努力に委ねたい。源順との関係で言うと古今和歌集成立時には生まれていない。しかし古今和歌集にも源順の氏名を挿入したものがある。自然か、後補か。後撰和歌集は撰者である。宇津保物語は源順の作品とされている。落窪物語は源順及び源相方の名前が著者の候補である。源氏物語の著者の一人源為憲が源順を師とする。

膨大な物語・和歌全てを検討することはできない。取り上げたものも全部は検討できない。若干の解読に過ぎない。読者自身が暗号解読に挑まれ、自分一人の倭国史を持たれたい。願わくば、解読集が編纂され、より豊かな倭国史となることを望む。

歌物語・日記

源順の氏名を挿入した和歌については概略次の通りである。竹取物語（一四首中一首）、源氏物語（七九五首中一二首　記述済）、伊勢物語（二〇九首中四首）、大和物語（三二一首中二首）、土佐日記（六一首中二首）、蜻蛉日記（二六一首中七首）、式部集（後述）、更級日記（八八首中一首）、宇津保物語（九四七首中二〇首）、落窪物語（六五首中首〇）、住吉物語（一八一首中〇）、狭衣物語（一九二首中八首）、堤中納言物語（四一首中首〇）、無名草子（八七首中二首）、とはずがたり（一六二首中〇）、たまきはる（一九首中〇）、栄華物語（五八八首中一一首）、篁物語（三〇首中三首）、平中物語（一四〇首中一首）、濱松中納言物語（一〇二首中一首）、夜の寝覚（六二首中〇）、とりかへばや物語（七四首中二首）。以上四四二九首中七七首　一・七四％。

式部集については、別の場所でまた触れるが、ここに記載する。勅撰和歌集も総合的に後述するが、ここで必要事項のみ記載する。

◆竹取物語

九〇〇年代前半に成立した竹取物語の成立及び作者については定かでないというのが定説であるが、作者が文中で名前を明かしているので、学会の姿は奇妙である。

◎あ**ふこともなみだ**にうかぶわがみには**し**なぬくすりもなにかはせむ[67]

ふこともなみだは連続してあり極めて親切であることが本書を読み進まれれば分かる。ならべ換えれば、**みなもとだこふ**で、四句の**し**を入れてみなもとしたごふ　源順である。

更に並べ換えれば、あがふみはなはうせ、わかにくもりかすむ、みなもとしたごふににぬな。吾が文は名は失せ、和歌に曇霞む、源順に似ぬな　である。

主題とは外れるが、この手法を銘記することが本書を読むために重要である。

◆伊勢物語

◎**など**てかくあ**ふご**か**たみ**になりにけんみづ**も**らさ**じ**とむすびしものを[68]

◎お**もふこと**いはでぞ**た**だにや**み**ぬべきわれとひと**し**きひとし**な**ければ[69]

67　逢ことも涙にうかぶ我身には死なぬくすりも何かはせむ（『日本古典文学大系九　竹取物語　伊勢物語　大和物語』　一九五七年一〇月五日　岩波書店発行　六六頁）

68　などてかくあふごかたみになりにけん水もらさじと結びしものを（同一三〇頁）

69　思ふこといはでぞただにやみぬべき我とひとしき人しなければ（同一八〇頁）　新勅撰和歌集　〇一一二四

◎わすれぐさおふるのべとはみるらめどこはしのぶなりのちもたのまん[70]

◎の歌は次のように解ける。

などてかくあふごかたみになりにけんみづもらさじとむすびしものを　大好

おもふことといはでぞただにやみぬべきわれとひとしきひとしなければ　日精潔

わすれぐさおふるのべとはみるらめどこはしのぶなりのちもたのまん　君事

加羅は帝成りるぞ　日精潔の倭国の民を見んや

からばみかどなりるぞ　ひみこのわこぐのだみをみんや

伊勢物語の作者も定かでないと言うが、源順の名前を挿入した三つの和歌で表現したものは、帝にとって極めて危険なものであり、他人が書けるものではなく、源順の覚悟ある行為である。この手法は後々踏襲されるものであり、その原型であれば、伊勢物語の作者は源順である。

◇大和物語

九〇〇年代中頃に成立した大和物語も又作者が定かでないと言う。

◎たましひはをかしきこともなかりけりよろづのものはからにぞありける[71]

◎たきもののくゆるこころはありしかどひとりはたえてねられざりけり[72]

いずれも在原滋春の名前（太字）を挿入し、順に

ありはらしげはるが　なかづきも　このとまものがたりをよにひろげしりそ

70　忘れ草生ふる野べとは見るらめどこは忍ぶなり後もたのまん（前頁注六七同書一七〇頁）

71　たましひはをかしきこともなかりけりよろづの物はからにぞありける（同二七三頁）

72　たきもののくゆる心はありしかどひとりはたえてねられざりけり（同三〇一頁）

在原滋春が名潜づきもこの等閲（大和奈良）物語世に広げ知りそ　名潜づき＝名を隠し
このものがたり　ありはらしげはる　ひとりでゆえり　ときころ　くだされね
この物語在原滋春一人で結えり時頃下されね、更に巧みに二つの歌で、
◎みもみずもたれとしりてかこひらるるおぼつかなさのけふのながめや[73]
◎わすれぐさおふるのべとはみるらめどこはしのぶなりのちもたのまむ[74]
みなもとしたこふもわたてしおおのふこつるのちみなさとすれ
源順も倭建てし王の柱丸の血　皆諭すれ

◇土佐日記

九〇〇年代後半に成立の土佐日記にも、源順の名前を挿入した歌がある（在原滋春と同一手法で）。
◎さをさせどそこひもしらぬわたつみのふかきこころをきみにみるかな[75]
◎おもひやるこころはうみをわたれどもふみしなければしらずやあるらむ[76]
さをさせどそこひもしらぬわたつみのふかきこころをきみにみるかな
おもひやるこころはうみをわたれどもふみしなければしらずやあるらむ
そのこらなもしどきうたふはみなもどしたこふみらる

---

73 見もみずも誰としりてか戀ひらるるおぼつかなさの今日のながめや（同三三五頁）
74 わすれぐさおふる野邊とはみるらめどこはしのぶなり後もたのまむ（同三三二頁）
75 棹させど底ひも知らぬわたつみの深き心を君に見るかな（『新日本古典文学大系二四　土佐日記　蜻蛉日記　紫式部日記　更級日記』一九八九年一一月二〇日　岩波書店発行　六頁）
76 思ひやる心は海を渡れども文しなければ知らずやあるらむ（同一一頁）

夫の子等名文字解き詠ふは源順見らる

紀貫之の名前を挿入した歌には土佐日記の作者を示す暗号がある。

○わがかみのゆきといそべのしらなみといづれまされりおきつしまもり[77]

○こぎてゆくふねにてみればあしひきのやまさへゆくをまつはしらずや[78]

わがかみのゆきといそべのしらなみといづれまされりおきつしまもり

こぎてゆくふねにてみればあしひきのやまさへゆくをまつはしらずや

とさゆきのつらきふみはまねしがく　ぎのつらゆき

土佐行きの辛き文は真似し書く　紀貫之

土佐を去り行き、辛き文は真似し書く　紀貫之　女が男の真似

（男もすなる日記といふものを、女もしてみむ、とて、するなり）（前頁注七五同書三頁）

（辛き「モチーフは任地で亡くした女子への哀惜と心なき世相への憤り」　前掲『新潮日本文学辞典』三五一頁）

◆蜻蛉日記

○おとにのみきけばかなしなほととぎすことかたらんとおもふこころあり[79]

---

77 我髪の雪と磯辺の白波といづれまされり沖つ島守（同一八頁）

78 漕ぎて行く船にて見ればあしひきの山さへ行くを松は知らずや（同一九頁）

79 おとにのみきけばかなしなほととぎすことかたらんとおもふこころあり（前掲『新日本古典文学大系二四　土佐日記　蜻蛉日記　紫式部日記　更級日記』四〇頁）

○ゆふだすきむすぼほれつつなげくこととたえなばかなしみのしるしとおもはん[80]
◎かたこひやくるしかるらんやまがつのあふごなしとはみえぬものから[81]
◎ふるあめのあしともおつるなみだかなこまかにものをおもひくだけば[82]
○そでひつるときをだにこそなげきしかみさへしぐれのふりもゆくかな[83]
◎かへるさのくもではいづこやつはしのふみみてけんとたのむかひなく[84]
○かたしきしとしはふれどもさごろものなみだにしむるときははなかりき[85]

◎の歌は次のように解ける。

ふるあめのあしともおつるなみだかなこまかにものをおもひくだけば　大好
かたこひやくるしかるらんやまがつのあふごなしとはみえぬものから　日精潔
かへるさのくもではいづこやつはしのふみみてけんとたのむかひなく　君事
みかとはあめさしをこひおるるこごたみつかん
帝は姫瑪乍氏を乞ひ居るる　此処民継がん

◈紫式部集　一〇一九年頃

80 ゆふだすきむすぼほれつつなげくことたえなばかなしみのしるしとおもはん（同八二頁）
81 かたこひやくるしかるらん山がつのあふごなしとはみえぬものから（同八五頁）
82 ふる雨のあしともおつるなみだかなこまかに物を思ひくだけば（同一三三頁）
83 そでひつる時をだにこそなげきしかみさへしぐれのふりもゆくかな（同一六六頁）
84 かへるさのくもではいづこやつはしのふみみてけんとたのむかひなく（同二三五頁）
85 かたしきしとしはふれどもさごろものなみだにしむるときははなかりき（同二三六頁）

◎**こころだ**にいか**なるみ**にかかな**ふ**らむお**も**ひ**し**れ**ど**もおもひしられず[86]
みかどもからこころだにもれしられずいかなるおもひにふしおひなむ
帝も加羅　心他に漏れ知られず　如何なる思ひに伏し思ひなむ

更級日記

一〇〇〇年代中頃成立。
◎のぼりけむのべはけ**ぶ**り**もな**かりけむいづ**こ**をはか**とた**づねてか**みし**[87]
をかかのこともはぶみけりはてけむなべいしのづかぼりたづねりけむ
大好の子　朋は譜[88]見けり　果てけむ　南部[89]榎女(いし)[90]の冢掘り　尋ねりけむ

勅撰和歌集

源氏物語が話題性故にその継承を容易にしたように、勅撰和歌集（全二一集）の継承の容易性は、勅撰の権威故誰でも領ける。歌人、僧侶、貴人、その妻達はここを日本国加羅多々羅人への痛打の場に選んだ。

---

86 心だにいかなる身にかかなふらむ思ひ知れども思ひ知られず（前掲『新日本古典文学大系二四　土佐日記　蜻蛉日記　紫式部日記　更級日記』三四二頁）
87 のぼりけむ野辺は煙もなかりけむいづこをはかとたづねてか見し（同三九二頁）。棒線は譜の逝(のぼりけりき)を連想。
88 日精潔の家族　旧著一〇頁
89 広島市安佐南区　旧著二六三頁
90 「榎(いし)女(かによ)は榎に女も当てたり大好冢寄られ唯擦りりねよ」旧著二五六頁

◆宇津保物語

九〇〇年代後期に成立。源順作。注のゴシック体の片仮名で、神八（みこ）もの尾掟（をのり）見なさる（人の道五二六頁）。

○**み**るひ**と**の**なご**りありげ**も**みえぬよをなにと**し**の**ぶ**るなみ**だ**なるらん[91]
○**なみだ**がは**ふ**ちせ**もし**らぬみ**どりご**をしるべとたのむわれやなになる[92]
○するが**な**るうらにならね**どもし**らな**み**は**たご**とい**ふ**なにもたちかへりけり[93]
○お**もふことし**らせてしが**な**はなざくらかぜ**だ**にき**み**にみせずやあるらん[94]
○はまち**どりふみこし**うらにす**も**りごのかへらぬあとは**た**づねざら**な**ん[95]
○わびび**と**の**なみだ**をひろ**ふもの**ならばたもとやたまのは**こ**にならま**し**[96]
◎うらかぜの**と**を**ふ**きかへるまつやま**も**あ**だしなみこ**そなをばたつらし[97]
○**とし**のうちにし**た**ひ**も**とくるは**なみ**ればおもほゆるかなわが**こふ**るひと[98]

---

91 見る人**ノ**名残有**リ**げもみえぬ世を何と忍ぶる涙なるらん（『日本古典文学大系一〇　宇津保物語　一』一九五九年一二月五日　岩波書店発行　六四頁）。
92 涙川ふちせも知らぬみどりご**ヲ**しるべと頼む我やなにな**ル**（同八二頁）
93 駿河なるうらにならねどもしら浪は田子といふ名にもたちかへりけり（同一五二頁）
94 思ふことしらせてしがな花桜風だに君にみせずやあるらん（同一七〇頁）
95 濱千鳥ふみこし浦にすもりごのかへらぬ跡はたづねざらなん（同一七四頁）
96 侘人のなみだを拾ふ物ならば袂や玉のはこにならまし（同二一〇頁）
97 うら風のとをふきかへる松山も仇しなみこそ名をば立つらし（同二五二頁）
98 年のうちにしたひ**モ**とくる花みればおもほゆるかなわが戀ふる人（同二七〇頁）

片仮名混じりは、それが平仮名とほぼ同時期に作られたことで、隠題解読に役立つ

○**し**ろ**た**への**こ**ろ**も**ににたるうめのは**な**めに**み**すみすもお**と**ろ**ふ**るかな 99
○お**もふことな**すこそか**み**もか**た**からめ**し**ばしなぐさむこころつけなむ 100
○いはざらん**こと**ぞくる**し**きうき**み**こそよの**ため**しに**もな**るとい**ふ**なれ 101
○き**みこふと**み**な**かみ**し**ろくなる**た**きはおひのなみだのつ**も**るなるべし 102
○**み**を**な**げんか**た**さへぞなきひ**と**をお**もふこ**ころにまさるたに**し**なければ 103
○**た**ちよる**も**うれ**しと**も**み**ずは**な**ちると**ふ**きにしかぜのな**ご**りとおもへば 104
○よの**な**かをゆきめぐりに**しみ**なれ**どもこ**ひて**ふ**やまをま**だ**ぞふみみぬ 105
○めづら**し**きき**み**にあ**ふ**よははるがすみあまのいは**と**を**た**ち**もこ**め**な**む 106
○**た**ち**な**れてや**み**に**し**や**ど**をけ**ふ**みればふるき**こ**ころのお**も**ほゆるかな 107

99 白妙の衣ににたる梅の花めに**ミ**す**ミ**すもおとろふる哉（同二八二頁）
100 思ふことなすこそ神もかたからめしばしなぐさむ心つけなむ（同三九七頁）
101 〈言**ハ**〉ざらん**コ**とぞくるしきうきみ〈身〉こそよのためしにも**ナ**るといふなれ（同四〇七頁）
102 君こふとみなかみ白くなる瀧は老の涙のつもるなるべし（同四二八頁）
103 身をなげんかたさへぞなき人を思ふ心にまさる〈谷〉しなければ（『日本古典文学大系一一　宇津保物語　二』
一九六一年五月六日　岩波書店発行　五五頁）
104 たちよるもうれしともみず花散ると吹きにし風のなごりと思へば（同六五頁）
105 世の中を行めぐりにし身なれども戀てふ山をまだぞふみみぬ（同七二頁）
106 珍らしき君にあふ夜は春がすみあまの岩戸をたちもこめなむ（同一〇〇頁）
107 た**チ**なれてやみにし宿を今日みればふるき心**ノ**おもほゆるかな（同一二八頁）

◎むかしおひのまつにしならふものならばまたみどりごのたのもしきかな[108]
○ふるさとはいづくともなくしのぶぐさしげきなみだのつゆぞこぼるる[109]
◎すみこしもみしもかなしきふるさとをたまのうてなになさばなりなん[110]
◎の歌は次のように解ける。
うらかぜの　とをふきかへるまつやまもあだしなみこそなをばたつらし　大好
むかしおひのまつにしならふものならばまたみどりごのたのもしきかな　日精潔
すみこしも　みしもかなしきふるさとをたまのうてなになさばなりなん　君事
みかとのこまごらもみなからのさしのなをこひしかな帝の子・孫等も皆加羅の乍氏の名を乞ひしかな

更に暗号を探す。けだし全部で二〇という数字、二〇は安麻の手引の数。
みるひとのなごりありげもみえぬよをなにとしのぶるなみだなるらん　与良之母
なみだがはふちせもしらぬみどりごをしるべとたのむわれやなになる　良尓　也枏里可世
するがなるうらにならねどもしらなみはたごといふなにもたちかへりけり毛　祢奈敝古
おもふことしらせてしがなはなざくらかぜだにきみにみせずやあるらん　久受葉我多　可奈師
はまちどりふみこしうらにすもりごのかへらぬあとはたづねざらなん　刀祢河泊乃

---

108 昔生ひの松にしならふものならばまた緑兒の頼もしきかな（同二八四頁）
109 故郷はいづくともなくしのぶぐさしげきなみだの露ぞこぼるる（『日本古典文学大系一一　宇津保物語　三』一九六二年一二月五日　岩波書店発行　四〇〇頁）
110 すみこしも見しもかなしき古さとを玉の臺にな**サ**ばなりなん（同四〇〇頁）

わびびとのなみだをひろふものならばたもとやたまのはこにならまし
うらかぜのとをふきかへるまつやまもあだしなみこそなをばたつらし
としのうちにしたひもとくるはなみればおもほゆるかなわがこふるひと
しろたへのころもににたるうめのはなめにみすみすもおとろふるかな
おもふことなすこそかみもかたからめしばしなぐさむこころつけなむ
いはざらんことぞくるしきうきみこそよのためしにもなるといふなれ
きみこふとみなかみしろくなるたきはおひのなみだのつもるなるべし
みをなげんかたさへぞなきひとをおもふこころにまさるたにしなければ
たちよるもうれしともみずはなちるとふきにしかぜのなごりとおもへば
よのなかをゆきめぐりにしみなれどもこひてふやまをまだぞふみみぬ
めづらしききみにあふよははるがすみあまのいはとをたちもこめなむ
たちなれてやみにしやどをけふみればふるきこころのおもほゆるかな
むかしおひのまつにしならふものならばまたみどりごのたのもしきかな
ふるさとはいづくともなくしのぶぐさしげきなみだのつゆぞこぼるる
すみこしもみしもかなしきふるさとをたまのうてなになさばなりなん

良　野乎比呂美　波比尓思物能
海原乎　夜蘇之麻我
於母比可
於毛布　等思乃許能
可毛可久母
尓　伊佐欲布久母能
等伎能多
可敝流散尓
礼杼　与伎許等毛奈之
由久与思乎奈美
美津野等麻
流君乎　許々呂尓毛知弖　夜
水都登利能　多々
太気能　毛登左
利麻治野

海原乎　**夜蘇之麻我**久里　伎奴礼杼母　奈良能美也故波　和須礼可祢都母
可敝流散尓　伊母尓見勢武尓　和多都美乃　於幾都志良多末　比利比弖由賀奈
賀美都家野　久路保乃祢呂乃　**久受葉我多**　**可奈師**家兒良尓　伊夜射可里久母
刀祢河泊乃　可波世毛思良受　多太和多里　奈美尓安布能須　安敝流伎美可母
大伴乃　**美津野等麻**里尓　布祢波弖々　多都多能山乎　伊都可故延伊加武

安之比奇能　夜麻治古延牟等　須**流君乎**　**許々呂尓毛知弖**　**夜**須家久母奈之
宇恵**太気能**　**毛登左**倍登与美　伊呂弖伊奈婆　伊豆思牟伎弖可　伊毛我奈気可牟
古非都追母　乎良牟等須礼杼　遊布麻夜万　可久礼之伎美乎　**於母比可**祢都母
和我世古我　可反里吉麻佐武　**等伎能多**米　伊能知能己佐牟　和須礼多麻布奈
君我牟多　由加麻之毛能乎　於奈自許等　於久礼弖乎**礼杼**　**与伎許等毛奈之**
安乎祢呂尓　多奈婢久君母能　伊佐欲比尓　物能乎曽**於毛布**　**等思乃許能**己呂
比登祢呂尓　伊波流毛能可良　安乎祢呂**尓**　**伊佐欲布久母能**　余曽里都麻波母
大船尓　可之布里多弖天　波麻藝欲伎　麻里布能宇**良尓**　**也杼里可世**麻之
伊都之可母　見牟等於毛比師　安波之麻乎　与曽尓也故非無　**由久与思乎奈美**
水都登利能　**多々**武与曽比尓　伊母能良尓　毛乃伊波受伎尓弖　於毛比可祢都毛
等夜乃野尓　乎佐藝祢良波里　乎佐乎左**毛**　**祢奈敝古**由恵尓　波伴尓許呂波要
武蔵野乃　久佐波母呂武吉　**可毛可久母**　伎美我麻尓末尓　吾者余利尓思乎
伊**利麻治野**　於保屋我波良能　伊波為都良　比可婆奴流々々　和尓奈多要曽祢
可美都家野　安蘇夜麻都豆**良**　**野乎比呂美**　**波比尓思物能**乎　安是加多延世武
伊可保呂乃　蘇比乃波里波良　和我吉奴尓　都伎**与良之母**与　比多敝登於毛敝婆

◇落窪物語

落窪物語の作者について、源順、源相方（みなもとすけかた）の名前があがっている。どちらかを決めるのは、簡単明快で、源相方である。彼は、ひとすぢに思う心はなかりけりいとど憂き身のわくかたぞなき（『新日本古典文学大系一八　落窪物語　住吉物語』一九八九年五月一九日　岩波書店発行　四頁）に自分の氏名を挿入している。

ひ**とす**ぢにお**も**ふこころは**なか**り**け**りい**と**どうき**み**のわくか**た**ぞなき

これは、日精潔(ひみこ)・擦(きき)の倭王朋(とも)亡くなり　墓所(はかどころ)　位置に嘘語り、解けず、と解読できる。

源相方は朋への哀惜と、広島市安佐南区安東の南部(なべ)山の朋の冢で日精潔が親魏倭王印（文字は**汝擦質聲位之栄**　五二七頁）を朋の手に渡す、極めて特筆すべきことを歌った。従って大事な金印を守るための「墓所　位置に嘘語り」なのである。

◆狭衣物語

一〇〇〇年代後半成立。

○うき**ふ**ねの**た**より**ともみ**んわたつみのそ**こ**をを**し**へよあとのしら**な**み 111
◎ちりつ**も**る**ふ**るきまくらをか**たみ**にてみるもか**なしきとこ**のうへかな 112
◎うき**こともた**へぬいのちもあり**し**よに**な**がら**ふ**る**み**ぞはぢにしにせぬ 113
○お**もふことな**るともな**し**にほととぎすか**み**のいがきに**た**づねきにけり 114
○**み**る**たび**に**こ**ころま**ど**はすかざ**し**か**な**なをだにいまはかけじとお**もふ**に 115

---

111 うき舟のたよりとも見んわたつ海のそこを教へよ跡の白波（『日本古典文学大系七九　狭衣物語』一九六五年八月六日　岩波書店発行　二〇九頁）
112 塵つもる古き枕を形見にて見るも悲しき床の上かな（同二一六頁）
113 憂き事も堪へぬ命もありし世に長らふる身ぞ恥に死にせぬ（同二一七頁）
114 おもふことなるともなしにほととぎすかみのいがきにたづねきにけり（同三〇六頁）
115 見るたびに心惑はすかざしかな名をだに今はかけじと思ふに（同三〇八頁）

○てになれしあふぎはそれとみえながらなみだにくもるいろぞことなる[116]
◎かくこひんものとしりてやかねてよりあふことたゆとみてなげきけん[117]
○おもふことなるともなしにいくかへりうらみわたりぬるかものかはなみ[118]
◎の歌は次のように解ける。
ちりつもるふるきまくらをかたみにてみるもかなしきとこのうへかな　大好
かくこひんものとしりてやかねてよりあふことたゆとみてなげきけん　日精潔
うきこともたへぬいのちもありしよにながらふるみぞはぢにしにせぬ　君事
みかともこもからひとをやつみはけせしとここもゆふ
帝も子も加羅人をや　罪は消せじと此処も言ふ

◎栄華物語

平安時代後期に成立。

◎ゆふまぐれきしげきにはをながめつつこのはとともにおつるなみだか[119]
○とくとだにみえずもあるかなふゆのよのかたしくそでにむすぶこほりの[120]

---

116 手に馴れし扇はそれと見えながら涙にくもる色ぞことなる（同三五二頁）
117 かく恋ひんものと知りてやかねてより逢ふこと絶ゆと見て嘆きけん（同四三六頁）
118 思ふことなるともなしにいくかへり恨みわたりぬる賀茂の川波（同四四四頁）
119 夕まぐれ木繁き庭をながめつつ木の葉と共に落つる涙か（『日本古典文学大系七五　栄華物語上』　一九六四年一一月五日　岩波書店発行　七一頁）
120 解くとだに見えずもあるかな冬の夜のかたしく袖に結ぶ氷の（同四〇九頁）

◎**た**にかぜに**なれ**ず**と**いかがお**もふ**らん**こ**ころははやくす**み**に**し**ものを 121
○は**なもみ**ぢをり**した**も**と**もいまはとて**ふ**ぢの**こ**ろもをきるぞかなしき 122
◎**な**ぐさめ**もみだ**れも**し**つつまが**ふ**かな**こと**のはにのみかかるみなれば 123
○**ふ**ぢつぼのは**な**は**こと**はりおとら**じ**と**み**な**も**とさへもひらけ**た**るかな 124
○おほか**た**のよそのあめ**と**やお**もふ**らん**こ**ふる**なみ**だのふると**し**らずや 125
○か**たみと**てきれば**な**みだの**ふぢご**ろ**もし**ぼりもあへずそでのみぞひづ 126
◎**し**のびねの**なみだ**なかけそかくばかりせばし**と**お**もふこ**ろのたもとに 127
◎く**もりな**き**み**がき**しと**きはおもひきやなみ**だふ**るやに**こ**ぼれはてむと 128
◎ま**たもな**をの**こ**りありけりさ**み**だれに**ふ**りつく**し**てしなみだ**と**おもふに 129
◎は次の通り解ける。

121 谷風に馴れずといかが思ふらん心ははやくすみにしものを『日本古典文学大系七六　栄華物語下』一九六五年一〇月五日　岩波書店発行　二五九頁)
122 花紅葉折りし袂も今はとて藤の衣を着るぞ悲しき（同三一二頁）
123 慰めも乱れもしつつ紛ふかなことのはにのみかかる身なれば（同三三二頁）
124 藤壺の花は理劣らじとみなもとさへも開けたるかな（同三七〇頁）
125 おほかたのよその雨とや思ふらん恋ふる涙の降ると知らずや（同三九二頁）
126 形見とて着れば涙の藤衣しぼりも敢へず袖のみぞ漬づ（同三九二頁）
127 忍び寝の涙なかけそかくばかり狭ばしと思ふ頃の袂に（同四〇八頁）
128 曇なき磨きし時は思ひきや涙ふるやにこぼれ果てむと（同四一〇頁）
129 またも猶残ありけり五月雨に降り尽くしてし涙と思ふに（同五〇六頁）

たにかぜになれずといかがおもふらんこころははやくすみにしものを　大好
しのびねのなみだなかけそかくばかりせばしとおもふころのたもとに　日精潔
なぐさめもみだれもしつつまがふかなことのはにのみかかるみなれば　君事
かみびみこのつかがふばやそこもこをすくれだことばにさせ
神日精潔の冢が譜は八十個も語を優れた言葉にさせ
ゆふまぐれきしげきにはをながめつつこのはとともにおつるなみだか　大好
くもりなきみがきしときはおもひきやなみだふるやにこぼれはてむと　日精潔
またもなをのこりありけりさみだれにふりつくしてしなみだとおもふに　君事
をかがひみこのおさだにはふとはこもやつつとおぼきがなみなしりみなめ
大好　日精潔の御為故には譜とは語も八つと多きかな　皆知りなめ

◇篁物語

◎ひとしれぬこころただすのかみならばおもふこころをそらにしらなん[130]
◎しばしばにあとはかなしといふこともおなじみちにはまたもあひなん[131]
◎あはれとはきみばかりをぞおもふらんやるかたもなきこころとをしれ[132]
◎の歌は次のように解ける。

130　人知れぬ心ただすの神ならば思ふ心をそらに知らなん（『日本古典文学大系七七　篁物語　平中物語　濱松中納言物語』一九六四年五月六日　岩波書店発行　二八頁）
131　しばしばにあとはかなしと言ふことも同じ道には又もあひなん（同二九頁）
132　あはれとは君ばかりをぞ思ふらんやるかたもなき心とを知れ（同三一頁）

あはれとはきみばかりをぞおもふらんやるかたもなきこころとをしれ　大好
しばしばにあとはかなしといふこともおなじみちにはまたもあひなん　日精潔
ひとしれぬこころただすのかみならばおもふこころをそらにしらなん　君事
をかかひみこみこともはばかなもるをちふふふもじこらしたたすな
大好　日精潔　君事も母が名藻女　隼嚮夫婦　門司　懲らし糺すな

勅撰和歌集

古今和歌集

成立　九〇五年　撰者　紀友則、紀貫之、凡河内躬恒、壬生忠岑

一一一一首中一九首が源順の八文字を含む（一・七一％）（『新編国歌大観』には四五万首の歌が収録されている。第一巻には勅撰和歌集二一集が収録されている。その数三三七四四首であり、源順の八文字を含む和歌は五九八首である。これは一・七七％である。深くは検討できないが、偶然に源順の八文字を含む和歌の出現は一％前後であるから、和歌の研究者なり、愛好家が今まで何らかの気付きがなかったのは無理もない。しかし精査すれば、日本古代史の研究の突破口はここにもあったのである。）

◎の和歌の作者　藤原定方、紀貫之、紀友則、物部吉名、壬生忠岑、藤原興風

作者藤原定方と紀友則は時代を共にするが、物部吉名は生没年不明である。古今和歌集に一首あるのみで、実在も疑われる。撰者の創造した人物で、目的は勿論帝の告発である。

◎あき**なら**であ**ふこと**か**た**きを**み**なへ**し**あまのかはらにおひぬ**も**のゆゑ[133]藤原定方
○あら**たま**の**とし**のをはりに**なるご**とにゆき**も**わが**み**も**ふ**りまさりつつ[134]在原元方
◎かづけ**どもなみ**のなかにはさぐられでかぜ**ふくご**とにうき**し**づむ**たま**[135]紀貫之
◎わがや**ど**のはな**ふみしだ**くとりうたんのはなければや**こ**こにし**も**くる[136]紀友則
○**たち**かへりあはれ**と**ぞお**もふ**よそにてもひとに**こ**ころをおきつ**しらなみ**[137]在原元方
○**たま**く**し**げあけばき**み**か**な**たちぬべみよ**ふ**かく**こ**しをひ**と**みけんか**も**[138]よみ人しらず
○おほぞらは**こ**ひ**し**きひ**と**のか**たみ**かは**も**のをも**ふ**ごとに**な**がめるらむ[139]酒井人真
◎わびはつる**と**きさへ**も**ののか**なし**きはいづ**こ**をしの**ぶ**な**みだ**なるらむ[140]よみ人しらず
○あきかぜにあ**ふた**の**みこ**そか**なし**けれわがみむなしくなりぬ**と**お**も**へば[141]小野小町

---

133 ○○二三一　秋ならであふことかたき女郎花天のかはらに生ひぬものゆゑ（『古今和歌集』　一九八一年一月一五日　岩波書店発行　六九頁）
134 ○○三三九　あらたまの年の終りになるごとに雪もわが身もふりまさりつつ（同九四頁）
135 ○○四二七　かづけども浪のなかにはさぐられで風吹くごとに浮きしづむ玉（同一一七頁）
136 ○○四四二　わがやどの花ふみしだくとりうたん野はなければやここにしもくる（同一二〇頁）
137 ○○四七四　立ちかへりあはれとぞ思ふよそにても人に心をおきつしらなみ（同一二七頁）
138 ○○六四二　玉くしげあけば君か名たちぬべみ夜深くこしを人みけんかも（同一五五頁）　べみ＝違いないから
139 ○○七四三　大空は恋しきひとのかたみかはもの思ふごとにながめらるらむ（同一七五頁）
140 ○○八一三　わびはつる時さへもののかなしきはいづこをしのぶ涙なるらむ（同一八九頁）
141 ○○八二二　あきかぜにあふたのみこそかなしけれわが身空しくなりぬと思へば（同一九〇頁）

○**ふた**つ**な**き**もの****と**おもひ**し**を**み**なそ**こ**にやまのはならでいづるつきかげ[142]紀貫之
◎よのうきめ**み**えぬやまぢへいらんにはお**もふ**ひ**とこ**そほ**だしな**りけれ[143]物部吉名
○ひ**とし**れずお**もふこ**ころははるかす**みた**ちいでてきみがめにもみえ**な**む[144]藤原勝臣
◎き**み**がよにあ**ふ**さかやまのいは**し**みづ**こ**がくれ**たりと**お**も**ひけるか**な**[145]壬生忠岑
○お**もふ**てふひ**とのこ**ころのくまごとに**たち**かくれつつ**み**るよ**し**もが**な**[146]よみ人しらず
◎**み**はすてつ**こ**ころを**だ**に**も**は**ふ**らさ**じ**つひにはいかが**な**る**と**しるべく[147]藤原興風
○**こしと**きとこひつつをればゆ**ふ**ぐれのお**も**かげにの**み**みえわ**た**るか**な**[148]紀貫之

◎は次の通り解ける。

あきならであふことかたきをみなへしあまのかはらにおひぬものゆゑ
ならはもののふゆゑをかかみことあまてらにぬたへあひあおぎなしき
奈良は武者故　大好　君事馳言（あまてら）沼田へ相仰ぎ為しき
わがやどのはなふみしだくとりうたんのはなければやここにしもくる

---

142 ○○八八一　ふたつなき物と思ひしを水底に山のはならでいづる月影（同二〇六頁）
143 ○○九五五　世のうきめ見えぬやまぢへいらんには思ふ人こそほだしなりけれ（同二二二頁）、同じ字なき歌、言葉の遊戯
144 ○○九九九　人知れず思ふ心は春がすみたちいでてきみがめにもみえなむ（同二三二頁）
145 ○一〇〇四　君が世に逢坂山の石清水木隠れたりと思ひけるかな（同二三八頁）
146 ○一〇三八　思ふてふ人の心のくまごとに立隠れつつ見るよしもがな（同二四五頁）
147 ○一〇六四　身はすてつ心をだにもはふらさじつひにはいかがなると知るべく（同二五〇頁）
148 ○一一〇三　こし時とこひつつをれば夕ぐれの面影にのみ見えわたるかな（同二五七頁）

はばもるのわのみこどはややくなにうたれりんしだふこしがとなけく
母藻女の倭の君事はやや槌に討たれりん　慕う子しかと嘆く
よのうきめみえぬやまぢへいらんにはおもふひとこそほだしなりけれ
やまいなひみこうめえよぬたふもとのちにそはおほへられきしりけん
矢馬初名日精潔生め得よ　沼田麓後にそは覆へられき知りけん

あきならであふことかたきをみなへしあまのかはらにおひぬものゆゑ　大好
よのうきめみえぬやまぢへいらんにはおもふひとこそほだしなりけれ　日精潔
わがやどのはなふみしだくとりうたんのはなければやここにしもくる　君事
ここみかとばからひとあはけしおほをまいみや
ここ帝は加羅人　吾化けし王を真忌みや

▼為故
かづけどもなみのなかにはさぐられでかぜふくごとにうきしづむたま　為故　柞原生
わびはつるときさへもののかなしきはいづこをしのぶなみだなるらむ　為故　月柱丸
きみがよにあふさかやまのいはしみづこがくれたりとをもひけるかな　為故　矢馬初国
みはすてつこころをだにもはふらさじつひにはいかがなるとしるべく　為故　大好名（日精潔）三つ記す

◇後撰和歌集
成立　九五九年　撰者　大中臣能宣、清原元輔、源順、紀時文、坂上望城

一四二五首中四二首が源順の八文字を含む（二一・九五％）

○いづことものはるのひかりはわかなくにまだみよしののやまはゆきふる[149]みつね（凡河内躬恒）

○いろふかくにほひしことはふぢなみのたちもかへらできみとまれとか[150]藤原兼輔朝臣

◎あまのかはとほきわたりはなけれどもきみがふなではとしにこそまて[151]読み人知らず

○こころもておふるやまだのひつちほはきみまもらねどかるひともなし[152]読み人知らず

○ふくかぜにふかきたのみのむなしくはあきのこころをあさしとおもはむ[153]読み人知らず

○なにしおへばながつきごとにきみがためかきねのきくはにほへとぞおもふ[154]読み人も（ママ）

○なみださへしぐれにそひてふるさとはもみぢのいろもこさまさりけり[155]伊勢

○ふるゆきはきえでもしばしとまらなんはなももみぢもえだになきころ[156]読み人知らず

---

149 ○○○一九　いづことも春の光はわかなくにまだみよしのの山は雪ふる（『新日本古典文学大系六　後撰和歌集』一九九〇年四月二〇日　岩波書店発行　一〇頁）

150 ○○一二六　色深くにほひし事は藤浪の立ちもかへらで君とまれとか（同四二頁）

151 ○○二三九　天河遠き渡はなけれども君が船出は年にこそまて（同七四頁）

152 ○○二六九　心もて生ふる山田のひつち穂は君まもらねどかる人もなし（同八二頁）

153 ○○三三三　吹く風に深きたのみのむなしくは秋の心を浅しと思はむ（同一〇〇頁）

154 ○○三九八　名にしおへば長月ごとに君がため垣根の菊はにほへとぞ思ふ（同一一七頁）

155 ○○四五九　涙さへ時雨にそひてふるさとは紅葉の色も濃さまさりけり（同一三五頁）

156 ○○四九三　降る雪は消えでもしばしとまらなん花も紅葉も枝になき頃（同一四三頁）

○**なみだ**かはみなぐばかりの**ふ**ちはあれ**どこ**ほりとけねばゆくかた**も**な**し**[157]読み人知らず
○うちかへ**し**き**み**ぞ**こ**ひしきやま**となるふ**るのわさ**だ**のお**も**ひいでつつ[158]読み人知らず
○あ**ふこと**はいとどく**も**ゐのおほぞらに**たつな**の**みし**てやみぬばかりか[159]読み人知らず
○ひ**とこふるなみだ**ははるぞぬるみけるたえぬお**も**ひのわかすなるべ**し**[160]伊勢
○いかでかく**こ**ころひ**と**つを**ふたし**へにうく**も**つらくも**な**して**み**すらむ[161]伊勢
○**み**ははやく**なら**のみや**こと**なりに**し**をこひしきことのま**だもふ**りぬか[162]読み人も[ママ]
○いろ**ふ**かくそめ**したもと**のいとどしく**なみ**だにさへも**こ**さまさるかな[163]右大臣藤原師輔
○**ふ**ちせ**ともこ**ころも**し**らず**なみだ**かはおりやたつべきそでのぬるるに[164]大輔
○こころ**み**に**な**ほおり**た**たむなみだかはうれ**し**きせに**も**ながれあ**ふ**や**と**[165]敏中
○**ふじ**のねの**も**えわ**たると**もいかがせむけち**こ**そしらね**みづな**らぬみは[166]紀の乳母

---

157 ○○四九四　涙河身投ぐ許の淵はあれど氷とけねばゆく方もなし（同一四四頁）
158 ○○五一二　うち返し君ぞ恋しき大和なる布留の早稲田の思出でつつ（同一五〇頁）
159 ○○五三四　逢事はいとど雲井のおほぞらに立つ名のみして止みぬ許か（同一五六頁）
160 ○○五四六　人恋ふる涙は春ぞぬるみけるたえぬ思ひのわかすなるべし（同一五九頁）
161 ○○五五五　いかでかく心ひとつをふたしへにうくもつらくもなして見すらん（同一六二頁）
162 ○○五六〇　身ははやく奈良の宮こと成りにしを恋しきことのまだもふりぬか（同一六三頁）
163 ○○五八七　色深く染めした本のいとどしく涙にさへも濃さまさる哉（同一七〇頁）
164 ○○六一一　淵瀬とも心もしらず涙河おりやたつべき袖の濡るるに（同一七七頁）
165 ○○六一二　心みに猶おり立たむ涙河うれしき瀬にも流れ合ふやと（同一七七頁）
166 ○○六四八　富士の嶺の燃えわたるともいかがせむ消ちこそ知らね水ならぬ身は（同一八七頁）

○よのつねを**しな**かねばあ**ふこと**のな**みだ**のいろ**も**ことにぞりける[167]藤原治方

○ひさ**し**く**もこ**ひわ**た**るか**な**す**み**のえのきしに**と**し**ふ**るまつならなくに[168]源すぐる

○お**も**ひやる**こ**ころに**た**ぐ**ふみなり**せばひ**と**ひにちたびきみはみてま**し**[169]大江千古

○から**ごろもたつ**をを**しみ**しこころこそ**ふ**たむらやまのせき**となり**けめ[170]読み人知らず

○ひ**としれ**ぬ**み**はいそげど**も**としをへて**など**こえが**た**きあ**ふ**さかのせき[171]藤原伊尹の朝臣

○き**しもな**くしほし**み**ちなばまつやまをし**た**にてなみは**こ**さむ**と**ぞおも**ふ**[172]伊勢

○**な**の**みし**てあ**ふこと**なみの**し**げきまにいつか**た**ま**も**をあまはかづかむ[173]読み人知らず

○**こ**ひてへむ**と**お**もふ**こころのわり**な**さは**し**にてもしれよわすれが**たみ**に[174]伊勢

○**もし**もや**と**あひ**み**む**こ**とを**た**のまずはかく**ふ**るほどにまづぞけ**な**まし[175]贈太政大臣（藤原時平）

○あ**ふ**みてふか**た**の**し**るべ**も**えてしか**な**みるめなき**こと**ゆきてうらみむ[176]源善の朝臣

---

167 ○○六六九　世の常のねをし泣かねば逢事の涙の色もことにぞありける（同一九四頁）

168 ○○六七二　久しくも恋ひわたる哉住の江の岸に年ふる松ならなくに（同一九四頁）

169 ○○六七八　思ひやる心にたぐふ身なりせば一日に千度君は見てまし（同一九六頁）

170 ○○七一三　唐衣たつを惜しみし心こそふたむら山の関となりけめ（同二〇八頁）

171 ○○七三一　人知れぬ身はいそげども年をへてなど越えがたき相坂の関（同二一三頁）

172 ○○七六〇　岸もなく潮し満ちなば松山を下にて浪は越さむとぞ思ふ（同二二二頁）

173 ○○七七三　名のみして逢事浪のしげき間に何時か玉藻を海人は潜かむ（同二二六頁）

174 ○○八二〇　恋ひてへむと思心のわりなさは死にても知れよ忘れがたみに（同二四〇頁）

175 ○○八二一　もしもやと逢ひ見む事をたのまずはかくふるほどにまづぞ消なまし（同二四一頁）

176 ○○八五八　あふみてふ方のしるべも得てし哉見るめなきこと行きてうらみむ（同二五一頁）

○あ**ふこと**のか**た**のへとてぞわれはゆく**み**をお**なじ**なにお**も**ひなしつつ[177]藤原ためよ

◎**ふ**ち**な**がらひ**と**かよはさ**じ**な**みだ**かはわたらばあさきせを**もこ**そみれ[178]読み人知らず

◎きてかへる**な**をの**み**ぞ**た**つから**こ**ろ**もし**たゆ**ふ**ひものこころ**と**けねば[179]読み人知らず

○いかに**し**てかくお**もふ**てふ**こと**を**だ**にひとづて**なら**でき**み**にかたらん[180]敦忠の朝臣

○**な**つむ**し**のしるしるま**どふ**お**も**ひをば**こ**りぬかなしと**た**れか**み**ざらん[181]伊勢

○くる**こと**はつね**なら**ずと**もた**まかづらたの**み**はたえ**じ**とおも**ふ**こころあり[182]読み人知らず

○をやま**だ**のお**ど**ろか**し**に**もこ**ざりしをいとひた**ぶ**るににげしき**み**か**な**[183]読人不知　女の母

○へ**だ**てけるひ**と**の**こ**ころのうきは**し**をあや**ふ**きまで**も**ふ**み**みつるか**な**[184]四条御息所女

○お**も**ひいで**とふこ**とのはを**た**れ**み**ま**し**みのしらくもと**な**りなましかば[185]読み人知らず

○ひ**とふし**にうら**みな**はてそふえ**た**けの**こ**ゑのうちに**も**おもふこころあり[186]読み人知らず

177　○○九一七　逢事のかた野へとてぞ我はゆく身を同じ名に思ひなしつつ（同二七〇頁）
178　○○九四七　淵ながら人かよはさじ涙河渡らば浅き瀬をもこそ見れ（同二七九頁）
179　○○九四八　きて帰名をのみぞ立つ唐衣下ゆふ紐の心とけねば（同二八三頁）
180　○○九六一　如何してかく思てふ事をだに人づてならで君に語らん（同二八三頁）
181　○○九六八　夏虫の知る知る迷ふ思ひをば懲りぬ悲しとたれか見ざらん（同二八五頁）
182　○一〇〇一　くる事は常ならずとも玉葛たのみは絶えじと思心あり（同二九五頁）
183　○一一〇八　小山田のおどろかしにも来ざりしをいとひたぶるに逃げし君哉（同三三〇頁）
184　○一一二二　へだてける人の心のうき橋をあやふきまでもふみみつる哉（同三三四頁）
185　○一一五一　思ひいでて問ふ事の葉を誰見まし身の白雲と成りなましかば（同三四五頁）
186　○一一八五　ひとふしに怨な果てそ笛竹の声の内にも思ふ心あり（同三五八頁）

○あさことにみしみやこぎのたえぬればことあやまりにとふひともなし[187]読み人知らず

○なにたちてふしみのさとといふことはもみぢをとこにしけばなりけり[188]読み人も（伊勢）

○あしひきのやましたとよみなくとりもわがごとたえずものおもふらめや[189]山田法師

○なくなみだふりにしとしのころもではあたらしきにもかはらざりけり[190]藤原兼輔朝臣

◎の歌は次のように解ける。

ふちながらひとかよはさじなみだかはわたらばあさきせをもこそみれ　大好

きてかへるなをのみぞたつからころもしたゆふひものこころとけねば　日精潔

あまのかはとほきわたりはなけれどもきみがふなではとしにこそ待て　君事

たみこをころしたあとみかどかながへわこひよ

民・子を殺した後　帝が名を変へ和乞ひよ

◇拾遺和歌集

成立　一〇〇七年　撰者　花山院

一三六〇首中二六首が源順の八文字を含む（一・九一％）（みなもとしたがふと読んでは何も見えない。この誤りは致命的である）。

---

187 ○一二五四　朝毎に見し宮こ地のたえぬれば事あやまりにとふ人もなし（同三八〇頁）

188 ○一二九七　名に立ちてふしみの里といふ事は紅葉を床に敷けばなりけり（同三九二頁）

189 ○一二九九　あしひきの山下響み鳴く鳥も我ごとたえず物思ふらめや（同三九三頁）

190 ○一三九七　泣く涙ふりにし年の衣手はあたらしきにもかはらざりけり（同四二五頁）

○あ**だな**れ**と**さくらの**みこ**そ**ふ**るさとのむか**し**ながらの**も**のにはありけれ[191]紀貫之
○うすく**こ**く**みだ**れてさける**ふ**ぢのは**な**ひ**とし**きいろはあらしとぞお**も**ふ[192]小野宮太政大臣藤原実頼
○あまのがは**と**ほきわ**たり**にあらねど**も**き**み**か**ふな**ではと**し**に**こ**そまて[193]柿本人麿
○あきのよにあめ**と**き**こ**えて**ふ**る**も**のはかぜに**した**がふも**み**ぢ**な**りけり[194]紀貫之
◎**こ**ころ**も**てちらん**だ**にこそを**し**からめ**など**かも**み**ぢにかぜの**ふ**くらん[195]紀貫之
○**ふし**づけしよ**ど**のわ**たり**をけさ**み**ればとけん**ごもな**くこほりしにけり[196]平兼盛
○ひ**とふし**にちよを**こ**め**た**るつゐ**な**ればつくと**も**つきじき**み**かよはひは[197]大中臣頼基
○いそのか**みふ**るやを**とこ**の**た**ち**も**か**な**くみのを**し**でてみやぢかよはむ[198]不記
○いかでかはかくお**もふ**てふ**こと**を**だ**にひとづて**なら**でき**み**に**し**らせむ[199]権中納言敦忠

---

191 〇〇〇四八　あだなれと桜のみこそ旧里の昔ながらの物には有りけれ（『新日本古典文学大系七　拾遺和歌集』一九九〇年一月一九日　岩波書店発行　一六頁）
192 〇〇〇八六　薄く濃く乱れて咲ける藤の花ひとしき色はあらしとぞ思ふ（同二七頁）
193 〇〇一四四　天の河遠き渡にあらねども君か船出は年にこそ待て（同四三頁）（和漢朗詠集　本書四九七頁）
194 〇〇二〇八　秋の夜に雨と聞こえて降る物は風にしたがふ紅葉なりけり（同六〇頁）
195 〇〇二〇九　心もて散らんだにこそ惜しからめなどか紅葉に風の吹くらん（同六〇頁）
196 〇〇二三四　ふしづけし淀の渡を今朝見ればとけん期もなく氷しにけり（同六七頁）
197 〇〇二七六　一節に千世をこめたる杖なればつくともつきじ君か齢は（同七九頁）
198 〇〇五八二　いその神ふるや男の太刀も哉組の緒しでて宮地かよはむ（同一七四頁）
199 〇〇六三五　いかでかはかく思ふてふ事をだに人づてならで君に知らせむ（同一八九頁）

○**な**がから**じと**お**もふこ**ころは**み**づのあはによそふるひとの**た**のまれぬかな[200]つつみの中納言のみやす所
○**た**まえ**こ**ぐこ**も**かり**ふ**ねのさ**し**はへて**なみ**まもあらばよらむ**と**ぞおもふ[201]読み人知らず
○あ**ふこと**の**た**えて**しな**くはなかなかにひとを**もみ**をもうらみざらまし[202]中納言藤原朝忠
○**ふた**つ**な**き**こ**ころはき**み**におきつるをまたほ**ども**なくこひ**し**きやなぞ[203]大納言源きよかけ
○あ**ふこと**のか**た**かひ**し**たる**み**ちのくのこまほしくのみお**も**ほゆるか**な**[204]読み人知らず
○お**もふことな**すこそか**み**のか**た**からめ**し**ばしわするるこころつけなん[205]読み人知らず
○お**もふこと**いはでや**みな**むはるかすみやまちもちか**した**ちもこそきけ[206]読み人知らず
◎**としご**とにはるはくれど**も**いけ**み**づにを**ふ**るぬ**な**はは**た**えずぞありける[207]源順
○**こ**てふに**も**に**た**るものか**な**はなすすきこひ**し**きひ**と**に**み**すべかりけり[208]紀貫之
○そまやまに**た**つけ**ぶ**り**こ**そか**みな**つき**し**ぐれをくだすく**もと**なりけれ[209]大中臣能宣

200 〇〇六三七　長からじと思心は水の泡によそふる人の頼まれぬ哉（同一八九頁）
201 〇〇六六六　玉江漕ぐ菰刈舟のさしはへて浪間もあらば寄らむとぞ思（同一九六頁）
202 〇〇六七八　逢ふ事の絶えてしなくは中中に人をも身をも怨みざらまし（同一九九頁）（小倉百人一首四四番）
203 〇〇七二一　二つなき心は君に置きつるを又ほどもなくこひしきやなぞ（同二一一頁）
204 〇〇九〇四　逢ふことのかた飼ひしたる陸奥のこまほしくのみ思ほゆる哉（同二五九頁）
205 〇〇九九七　思ふ事なすこそ神のかたからめしばし忘るる心付けなん（同二八四頁）
206 〇一〇一九　思事言はで止みなん春霞山地も近し立ちもこそ聞け（同二九一頁）
207 〇一〇五八　年ごとに春はくれども池水に生ふるぬなはは絶えずぞ有ける（同三〇三頁）
208 〇一一〇三　来てふにも似たる物哉花薄恋しき人に見すべかりけり（同三一六頁）
209 〇一一三八　杣山に立つ煙こそ神無月時雨を下す雲となりけれ（同三二六頁）

○ももしきにちとせのことはおほかれどけふのきみはためづらしきかな[210]参議好古
○あともなきかづらきやまをふみみればわがわたしこしかたはしかもし[211]読み人知らず
○うきよにはあるみもうしとなげきつつなみだのみこそふるここちすれ[212]大納言朝光
◎いかにせむしのぶのくさもつみわびぬかたみとみえしこだになけれは[213]読み人知らず

源順は単独で暗号を残す。

としごとにはるはくれどもいけみづにをふるぬなははたえずぞありける
すぐるははもるは　あいに　ととふたつはるけぬみことをなしえにけれりそ
明(すぐれる) 母藻女(もる)は吾初(あい)に十と二つ遥けぬ君事を成し得にけれりぞ　二九四頁同
（為故に「母明」とある　旧著五一六頁）（日精潔は一八三年、君事は一九五年生まれ　旧著一二頁）

源順は共同でも暗号を残す。◎の歌は次のように解ける。

こころもてちらんだにこそをしからめなどかもみぢにかぜのふくらん　大好
いかにせむしのぶのくさもつみわびぬかたみとみえしこだになけれは　日精潔
としごとにはるはくれどもいけみづにをふるぬなははたえずぞありける　君事
からいつみかとかたみにこもころせしつみをわびける
加羅出づ帝が民に子も殺せし罪を詫びける

210　○一一七一　ももしきに千年の事は多かれど今日の君はためづらしき哉（同三三六頁）
211　○一一九九　跡もなきかづら木山をふみみれば我が渡し来しかたはしかもし（同三四七頁）
212　○一三〇六　憂き世にはある身も憂しと歎きつつ涙のみこそふる心地すれ（同三八二頁）
213　○一三一〇　如何せん忍の草も摘みわびぬ形身と見えしこだになけれは（同三八三頁）

◇拾遺和歌集の源順の歌

○こほりだにとまらぬはるのたにかぜにまだうちとけぬうぐひすのこゑ[214]源順
○はるふかみゐでのかはなみたちかへりみてこそゆかめやまぶきのはな[215]源順
○わがやどのかきねやはるをへだつらんなつきにけりとみゆるうのはな[216]順
◎むらさきのふぢさくまつのこずゑにはもとのみどりもみえずぞありける[217]順
○ほととぎすまつにつけてやともしするひともやまべによをあかすらん[218]源順
○みづのおもにてるつきなみをかぞふればこよひぞあきのもなかなりける[219]源順
○なをきけばむかしながらのやまなれどしぐるるあきはいろまさりけり[220]順
○おいぬればおなじことこそせられけれきみはちよませきみはちよませ[221]源順
◎わかれぢはわたせるはしもなきものをいかでかつねにこひわたるべき[222]源順

---

214 ○〇〇〇六 氷だにとまらぬ春の谷風にまだうちとけぬ鶯の声（前掲『拾遺和歌集』五頁）
215 ○〇〇六八 春深み井手の河浪立ち返り見てこそ行かめ山吹の花（同一一頁）
216 ○〇〇八〇 我が宿の垣根や春を隔つらん夏来にけりと見ゆる卯花（同一五頁）
217 ○〇〇八五 紫の藤咲く松の梢にはもとの緑も見えずぞありける（同一七頁）
218 ○〇一二六 郭公松につけてやともしする人も山辺に夜を明かすらん（同三七頁）
219 ○〇一七一 水の面に照る月浪をかぞふれば今宵ぞ秋の最中なりける（同五〇頁）
220 ○〇一九八 名を聞けば昔ながらの山なれどしぐるる秋は色まさりけり（同五七頁）
221 ○〇二七一 老いぬればおなじ事こそせられけれ君は千世ませ君は千世ませ（同七七頁）
222 ○〇三一八 別地は渡せる橋もなき物をいかでか常に恋ひ渡るべき（同九一頁）

○ほどもなくいづみばかりにしづむみはいかなるつみのふかきなるらん[223]順
○あらたまの　年のはたちに　足らざりし　時はの山の　山寒み　風もさはらぬ　藤衣　二度たちし　朝霧に　心も空に　まどひ初め　みなしご草に　なりしより　物思ことの　葉をしげみ　消ぬべき露の　夜はおきて　夏はみぎはに　燃えわたる　蛍を袖に　拾ひつつ　冬は花かと　見えまがひ　このもかのもに　降りつもる　雪を袂に　集めつつ　ふみみて出でし　道は猶　身のうきにのみ　有りければ　ここもかしこも　葦根はふ　下にのみこそ　沈みけれ　誰九つの　沢水に　鳴く鶴の音を　久方の　雲の上まで　かくれなみ　高く聞ゆる　かひありて　言ひながしけん　人は猶　かひもなぎさに　満つ潮の　世にはからくて　住の江の　松はいたづら　老いぬれど　緑の衣　脱ぎすてむ　春はいつとも　しら浪の　浪路にいたく　行きかよひ　ゆも取りあへず　なりにける　舟の我をし　君知らば　あはれ今だに　沈めじと　海人の釣縄　うちはへて　引くとし聞かば　物は思はじ　源順（〇〇五七一　同一六五頁）
○こひしきをなににつけてかなぐさめむゆめだにみえずぬるよなければ[224]順
○あけぐれのそらにぞわれはまよひぬるおもふこころのゆかぬまにまに[225]順
◎おもふらむこころのうちをしらぬみはしぬばかりにもあらじとぞおもふ[226]源順
◎ひとりぬるやどにはつきのみえざらばこひしきことのかずはまさらじ[227]順

223　〇〇四四四　ほどもなく泉許に沈身はいかなる罪の深きなるらん（同一二六頁）
224　〇〇七三五　恋ひしきを何につけてかなぐさめむ夢だに見えず寝る夜なければ（同二一四頁）
225　〇〇七三六　明けぐれの空にぞ我は迷ぬる思心の行かぬ間に間に（同二一五頁）
226　〇〇七五七　思ふらむ心の内を知らぬ身は死ぬ許にもあらじとぞ思ふ（同二二〇頁）
227　〇〇七九四　ひとり寝る宿には月の見えざらば恋しき事の数はまさらじ（同二三〇頁）

◎なみだかはそこのみくづとなりはててこひしきせぜにながれこそすれ[228]源順
○うめがえをかりにきてをるひとやあるとのべのかすみはたちかくすかも[229]源順
○ひともとのまつのちとせもひさしきにいつきのみやぞおもひやらるる[230]順
○ひくひともなしとおもひしあづさゆみいまぞうれしきもろやしつれば[231]順
◎としごとにはるはくれどもいけみづにおふるぬなははたえずぞありける[232]順
◎たなばたはそらにしるらんささがにのいとかくばかりまつるこころを[233]源順
○ことのねはなぞやかひなきたなばたのあかぬわかれをひきしとめねば[234]源順
○みづのおもにやどれるつきののどけきはなみゐてひとのねぬよなればか[235]順
○いかなればもみぢにもまだあかなくにあきはてぬとはけふをいふらん[236]源順
◎なをきけばむかしながらのやまなれどしぐるるころはいろかはりけり[237]源順

---

228 ○○八七七　涙河底の水屑となりはててこひしき瀬瀬に流れこそすれ（同二五二頁）
229 ○一〇一四　梅が枝をかりに来て折る人やあると野辺の霞は立ち隠すかも（同二九〇頁）
230 ○一〇二五　一本の松の千年も久しきにいつきの宮ぞ思ひやらるる（同二九三頁）
231 ○一〇二九　引く人もなしと思し梓弓今ぞうれしき諸矢しつれば（同二九五頁）
232 ○一〇五八　年ごとに春はくれども池水に生ふるぬなはは絶えずぞ有りける（同三〇三頁）
233 ○一〇八二　たなばたは空に知るらんささがにのいとかく許祭る心を（同三一〇頁）
234 ○一〇九〇　琴の音はなぞやかひなきたなばたの飽かぬ別をひきし留めねば（同三一二頁）
235 ○一一〇七　水の面に宿れる月ののどけきはなみ居て人の寝ぬ夜なればか（同三一七頁）
236 ○一一三六　いかなれば紅葉にもまだ飽かなくに秋はてぬとは今日をいふらん（同三二六頁）
237 ○一一三九　名を聞けば昔ながらの山なれどしぐるる頃は色変りけり（同三二七頁）

○さだめなきひとのこころにくらぶればただうきしまはなのみなりけり[238]順
○くさまくらひとはたれとかいひおきしつひのすみかはのやまとぞみる[239]順
◎の歌は次のように解ける。

わかれぢはわたせるはしもなきものをいかでかつねにこひわたるべき　大好
ひとりぬるやどにはつきのみえざらばこひしきことのかずはまさらじ　日精潔
むらさきのふぢさくまつのこずゑにはもとのみどりもみえずぞありける　君事
をかかのもにとみばらみなこどはこきとつかひ
大好の喪にと柞原皆言葉言祇と使ひ

たなばたはそらにしるらんささがにのいとかくばかりまつるこころを　大好
ひとりぬるやどにはつきのみえざらばこひしきことのかずはまさらじ　日精潔
おもふらむこころのうちをしらぬみはしぬばかりにもあらじとぞおもふ　君事
がしこじひみこやまいのみはらにともしさかざぬははそをことしぬ
賢し日精潔　矢馬初の柞原にと文字探さぬ　柞（ははそ）を語としぬ

なをきけばむかしながらのやまなれどしぐるるころはいろかはりけり　大好
なみだかはそこのみくづとなりはててこひしきせぜにながれこそすれ　日精潔

---

238 ○一二四九　定なき人の心にくらぶればただ浮島は名のみなりけり（同三六三頁）
239 ○一三二六　草枕人はたれとか言ひ置きし終の住処は野山とぞ見る（同三八八頁）

とごとにはるはくれどもいけみづにおふるぬなははたえずぞありける　君事
ずぐれるひみこふなきのだみごとはなしをかはしかな
優れる日精潔船生の民　子と話を交はしかな

◇順集

成立年代未詳。

◎きみとわれこころくらぶのやまなれやしげきおもひにみをたのみやく 240
◎あきかぜにつゆをなみだとなくむしのおもふこころをたれにとはまし 241
◎ねぎごとをきかずあらぶるかみだにもけふはなごしとひとはしらなん 242
○きみがためことしのあきはなければやのべやるべくもあらずといふらん 243
◎ふりがたきこころのつねにこひしきをかりにもひとのみぬはかなしな 244
◎わぎもこがをみなへしといふあたらなをたまのをにやはむすびこむべき 245
◎の歌は次のように解ける。

---

240 ○○一〇九　君とわれ心くらぶの山なれやしげきおもひに身をたのみやく（『新編国歌大観』第三巻　私家集編　Ⅰ　歌集　一九六五年五月一六日　角川書店発行　九九頁）
241 ○○一五七　秋風に露を涙となくむしの思ふ心をたれにとはまし（同一〇一頁）
242 ○○一七四　ねぎごとをきかずあらぶる神だにも今日はなごしと人はしらなん（同一〇一頁）
243 ○○二五九　君がためことしの秋はなければやのべやるべくもあらずといふらん（同一〇三頁）
244 ○○〇八〇　ふりがたきこころのつねにこひしきをかりにもひとの見ぬはかなしな（同九九頁）
245 ○○一三四　わぎもこがをみなへしといふあたら名を玉のをにやは結びこむべき（同一〇〇頁）

ふりかたきこころのつねにこひしきをかりにもひとのみぬはかなしな　大好

ねきことをきかすあらふるかみたにもけふはなこしとひとはしらなむ　日精潔

あきかせにつゆをなみだとなくむしのおもふこころをたれにとはまし　君事

からひくみかとこのつみをひみこかもたたせしな

加羅引く帝と子の罪を日精潔が百糺せしな

▼譜

きみとわれこころくらぶのやまなれやしげきおもひにみをたのみやく　日精潔の譜　等閔国

ねぎごとをきかずあらぶるかみだにもけふはなごしとひとはしらなん　日精潔譜　生波也

ふりがたきこころのつねにこひしきをかりにもひとのみぬはかなしな　日精潔の譜　谷辛未

わぎもこがをみなへしといふあたらなをたまのをにやはむすびこむべき日精潔の譜　言祇

▼譜

日精潔初余定里大好揺言生波也夢祇主無木比積矢柞原観然離柄也露懲絡母加羅槌国等閔国

露逝新羅為浮吾鹵也上媛矢乍耐君事建炎絡母落也喪還谷辛未会絡母会言祇癸酉丙梼枝定里

順集のうち　さた（為故）を含む和歌である。

◎あらさじとうちかへすらしをやまだのなはしろみづにぬれてつくるあ246

246　○○○○四　あらさじとうちかへすらし小山田のなはしろ水にぬれてつくるあ（前掲『新編国歌大観』第三巻私家集編Ⅰ　歌集　九八頁）（○○○五一まで最初と最後の字が同一、継承のための技巧的なあまりも技巧的な）

◎そこ**さ**むみむすびしこほりうちとけていまやゆくらんはるの**た**のみぞ 247
○やまものもなつく**さ**しげくなりにけりなどかま**だ**しきやどのかるかや 248
◎みをつめばものおもふらしほととぎすなきのみまどふ**さ**み**だ**れのやみ 249
◎ねをふかみま**だ**あらはれぬあやめく**さ**ひとのこひぢにえこそはなれね 250
◎**た**れによりいのるせぜにもあらなくにあ**さ**くいひなせおほぬさにはた 251
◎くれ**た**けのよ**さ**むにいまはなりぬとやかりそめふじにころもかたしく 252
◎りん**だ**うもなのみなりけりあきのののちぐ**さ**のはなのかにはおとれり 253
◎いづこともい**さ**やしらなみ**た**ちぬればしたなるくさにかけるくものい 254
○わすれずもおもほゆるかなあ**さ**なあさなしがくろかみのねく**た**れのたわ 255

---

247 ○○○一○　そこさむみむすびし氷うちとけていまやゆくらん春のたのみぞ（同九八頁）
248 ○○○一二　やまも野もなつくさしげく成りにけりなどかまだしき宿のかるかや（同九八頁）
249 ○○○一六　みをつめば物思ふらし時鳥なきのみまどふ五月雨のやみ（同九八頁）
250 ○○○一七　ねをふかみまだあらはれぬあやめ草人のこひぢにえこそはなれね（同九八頁）
251 ○○○一八　たれによりいのるせぜにもあらなくに浅くいひなせおほぬさにはた（同九八頁）
252 ○○○二○　くれ竹のよさむにいまはなりぬとやかりそめふじに衣かたしく（同九八頁）
253 ○○○二三　りんだうも名のみなりけり秋の野の千草のはなのかにはおとれり（同九八頁）
254 ○○○三○　いづこともいさやしら浪たちぬればしたなる草にかけるくものい（同九八頁）
255 ○○○三七　わすれずもおもほゆるかな朝な朝なしが黒髪のねくたれのたわ（同九八頁）（本居宣長が『玉勝間』で引用。継承のため。前掲『本居宣長全集』一巻　二六七頁）

○**さ**さがにのいを**だ**にやすくねぬころはゆめにもきみにあひみぬがうさ 256
○るりく**さ**のはにおくつゆの**た**まをさへものおもふときはなみだとぞなる 257
◎せはふちに**さ**み**だ**れがはのなりゆけばみをさへうみにおもひこそませ 258
◎のこりなくおつるなみ**だ**はつゆけきをいづらむすびしく**さ**むらのしの 259
○てるつきももるるい**た**まのあはぬよはぬれこそま**さ**れかへすころもで 260
◎く**さ**しげみひともかよはぬやまざとに**た**がうちはらひつくるなはしろ 261
○く**さ**まくらつゆさへむすぶ**た**もとなりかれつつのちのゆめのかよひぢ 262
◎**た**のみづのふかからずのみみゆるかなひとのこころのあ**さ**くなるさま 263
○**さ**み**だ**れにものおもひをればほととぎすなきてぞわたるわれならなくに 264
◎かずならぬみのうのはなの**さ**きみ**だ**れものをぞおもふなつのゆふぐれ 265

---

256 ○○○三八 ささがにのいをだにやすくねぬ比は夢にも君にあひ見ぬがうさ（同九八頁）
257 ○○○三九 るり草の葉におく露の玉をさへものおもふときは涙とぞなる（同九八頁）
258 ○○○四二 せは淵にさみだれ川の成りゆけば身をさへうみに思ひこそませ（同九八頁）
259 ○○○四五 のこりなく落つる涙はつゆけきをいづらむすびし草村のしの（同九九頁）
260 ○○○五一 てる月ももるる板まのあはぬよはぬれこそまされかへすころもで（同九九頁）
261 ○○○五三 くさしげみひともかよはぬ山ざとにたがうちはらひつくるなはしろ（同九九頁）
262 ○○○六二 くさまくらつゆさへむすぶ袂なりかれつつのちのゆめのかよひぢ（同九九頁）
263 ○○○六七 たのみづのふかからずのみみゆるかな人のこころのあさくなるさま（同九九頁）
264 ○○○七六 さみだれにものおもひをればほととぎすなきてぞわたるわれならなくに（同九九頁）
265 ○○○七八 かずならぬみのうのはなのさきみだれものをぞおもふなつのゆふぐれ（同九九頁）

◎あ**さ**なへもま**だ**とりあへずおほかればたづのこゑともなきぬべきかな 266
○**さ**み**だ**れのやどのかやりびくゆれどもほにいでがたきものとしらなん 267
○ひくひとにまかせらるればあやめぐ**さ**あ**だ**なはのべにたちやはつべき 268
◎なつく**さ**のふかきねざめを**た**づねつつふかくもひとをたのむころかな 269
◎**た**なばたのやどりなるべしはたおりめく**さ**むらごとになくこゑのする 270
◎なげきつつすぐすつきひはなになれやま**だ**きこのめももえま**さ**るらん 271
◎しなのなるあ**さ**まの**た**けのあさましやおもひくまなききみにもあるかな 272
◎よのなかをなかに**た**とへむゆふつゆもまたできえぬるあ**さ**がほのはな 273
○よのなかをなにに**た**とへむあすかがは**さ**だめなきよにたぎつみづのあわ 274
○よのなかをなにに**た**とへんく**さ**もきもかれゆくころののべのむしのね 275

266 〇〇〇八五 あさなへもまだとりあへずおほかればたづのこゑともなきぬべきかな（同九九頁）
267 〇〇〇八八 さみだれのやどのかやり火くゆれどもほにいでがたきものとしらなん（同九九頁）
268 〇〇〇八九 ひく人にまかせらるればあやめぐさあだなはのべにたちやはつべき（同九九頁）
269 〇〇〇九一 なつ草のふかきねざめをたづねつつふかくも人をたのむころかな（同九九頁）
270 〇〇〇九七 たなばたのやどりなるべしはたおりめくさむらごとになくこゑのする（同九九頁）
271 〇〇一〇六 なげきつつすぐすつき日はなになれやまだきこのめももえまさるらん（同九九頁）
272 〇〇一〇七 しなのなるあさまのたけのあさましやおもひくまなききみにもあるかな（同九九頁）
273 〇〇一二〇 よのなかをなににたとへむ夕露もまたできえぬるあさがほの花（同一〇〇頁）
274 〇〇一二一 世の間を何にたとへむあすか川さだめなきよにたぎつ水のあわ（同一〇〇頁）
275 〇〇一二七 世のなかを何にたとへん草も木も枯れゆくころの野べのむしのね（同一〇〇頁）

○よのなかをなにに**た**とへんふゆをあ**さ**みふるとはみれどけぬるしらゆき[276]
◎**た**まのををみなへしひとのたえ**さ**らばぬくべきものをあきのしらつゆ[277]師
◎**さ**をしかのす**だ**くふもとのしたはぎはつゆけきことのかたくもあるかな[278]兵部
○はぎのはにおくしらつゆの**た**まりせばはなのかたみのおもは**ざ**らまし[279]たちばなのもちき
○つゆうすみし**た**ばもいまだもみぢねばあ**さ**くもみえずかちまけのほど[280]
○あ**だ**しののく**さ**むらにのみまじりつるにほひはいまやひとにしられん[281]ふぢはらのもりふむ
◎とこなつのつゆうちはらふよひごとにく**さ**のかうつるわが**た**もとかな[282]左衛門
◎ちく**さ**のかうつる**た**もともありけるをなどあさがほをかくさざりけん[283]
○**た**か**さ**ごのやまのをしかはとしをへておなじをにこそたちならしなけ[284]藤原もろふむ
○をぎのはをそよがすかぜのおと**た**かみすゑこすかたはすこしま**さ**れり[285]

---

276 ○○一二八　世の中を何にたとへん冬を浅みふるとはみれどけぬる白雪（同一○○頁）
277 ○○一三二　たまのををみなへし人の絶えさらばぬくべきものを秋の白露（同一○○頁）
278 ○○一三五　さをしかのすだく麓の下萩は露けきことのかたくも有るかな（同一○○頁）
279 ○○一三六　萩のはにおく白露のたまりせば花の形見の思はざらまし（同一○○頁）
280 ○○一三七　露うすみした葉もいまだもみぢねばあさくもみえずかちまけの程（同一○○頁）
281 ○○一三九　あだしのの草村にのみまじりつる匂ひはいまや人にしられん（同一○○頁）
282 ○○一四一　床夏の露うちはらふ宵ごとに草のかうつるわがたもとかな（同一○○頁）
283 ○○一四三　千草のかうつるたもとも有りけるをなどあさがほをかくさざりけん（同一○○頁）
284 ○○一四五　高砂の山のをしかは年をへておなじをにこそ立ちならしなけ（同一○○頁）
285 ○○一四九　荻の葉をそよがす風のおとたかみ末こすかたはすこしまされり（同一○○頁）

◎ゆくあきのかぜにみ**だ**るるかるかやはしめゆふつゆもとまら**ざ**りけり286 こはひと
◎あ**さ**ぢふのつゆふきむすぶこがらしにみ**だ**れてもなくむしのこゑかな287 たぢま
○わがかどのわ**さだ**のいねもからなくにまだきふきぬるこがらしのかぜ288
○なくむしのなみ**だ**になせるつゆよりもつゆふきむすぶかぜはま**さ**れり289
○ちどりなく**さ**ほのかはぎりさほやまのもみぢばかりは**た**ちなかくしそ290
◎おり**た**てばそらまでひつるたもと**さ**へなにうちかへすあらたなるらむ291
◎かみのますもりのし**たくさ**かぜふけばなびきてもみなまつるころかな292
○たなば**た**はそらにしるらん**さ**さがにのいとかくばかりまつるこころを293
○いけみづになびく**た**まものそこきよみちよ**さ**へしるきつるのかげかな294
◎あめふればく**さ**はのつゆもまさりけりよどのわ**た**りをおもひやるかな295

---

286 ○○一五三 行くあきの風にみだるるかるかやはしめゆふ露もとまらざりけり（同一〇〇頁）
287 ○○一五六 あさぢふの露吹き結ぶ木枯にみだれてもなく虫の声かな（同一〇一頁）
288 ○○一五九 我が門のわさ田のいねもからなくにまだき吹きぬる木がらしのかぜ（同一〇一頁）
289 ○○一六〇 なくむしの涙になせる露よりもつゆ吹きむすぶ風はまされり（同一〇一頁）
290 ○○一六五 千鳥なくさほの川霧さほ山のもみぢばかりは立ちなかくしそ（同一〇一頁）
291 ○○一六九 おりたてばそらまでひつる袂さへなにうちかへすあら田なるらむ（同一〇一頁）
292 ○○一七二 神のますもりの下草風ふけばなびきてもみなまつる比かな（同一〇一頁）
293 ○○一七五 七夕は空にしるらんささがにのいとかくばかりまつる心を（同一〇一頁）
294 ○○一九三 いけ水になびく玉ものそこ清みちよさへしるきつるのかげかな（同一〇二頁）
295 ○○一九七 雨ふれば草葉の露もまさりけりよどの渡を思ひやるかな（同一〇二頁）

◎としごとにはるはくれどもいけにおふるぬなはは**た**えぬものに**さ**りける 296

◎やま**ざ**くらこのし**た**かぜしこころあらばかをのみつけよはなちらしそ 297

◎とほやま**だ**たねまきおけるひとよりもゐせきにみづはもりま**さ**るらん 298

◎**さ**はみづになくつるのねを**た**づねてやあやめのくさをひとのひくらん 299

○なつく**さ**にはらひかくれどひさか**た**のあまつつみとはつゆやけぬらん 300

◎もみぢ**さ**へきよるあじろのてにかけて**た**つしらなみはからにしきかも 301

◎やま**ざ**とにこころあはするひとありとわれはし**た**かにかはりてぞとふ 302

◎あ**さ**ごほりとくるあじろのひをなればよれどあはにぞみえわ**た**りける 303

○わ**た**つみのそこのなごりもけ**さ**はあらじかづくはいかにあまならずとも 304

◎ひ**さ**か**た**のそらさへすめるあきのつきいづれのみづにやどらざるらん 305

---

296 ○○二〇一 年ごとに春はくれども池におふるぬなははたえぬ物にさりける（同一〇二頁）

297 ○○二〇四 山桜このした風し心あらば香をのみつけよ花なちらしそ（同一〇二頁）

298 ○○二一四 とほ山田たねまきおける人よりもゐせきに水はもりまさるらん（同一〇二頁）

299 ○○二一七 さは水になくつるのねをたづねてやあやめの草を人のひくらん（同一〇二頁）

300 ○○二一八 夏草にはらひかくれど久堅のあまつつみとはつゆやけぬらん（同一〇二頁）

301 ○○二二二 紅葉さへきよるあじろのてにかけて立つしら浪はから錦かも（同一〇二頁）

302 ○○二三五 山里に心あはする人ありと我はしたかにかはりてぞとふ（同一〇三頁）

303 ○○二三六 あさ氷とくる網代のひをなればよれどあはにぞみえわたりける（同一〇三頁）

304 ○○二三七 わたつみのそこの名残も今朝はあらじかづくはいかにあまならずとも（同一〇三頁）

305 ○○二三九 久かたの空さへすめる秋の月いづれの水にやどらざるらん（同一〇三頁）

◎なくこゑをとり**だ**にかふるものならばほととぎすとぞききあか**さ**まし 306

◎おほゐがはそまにあきかぜ**さ**むければ**た**ついはなみもゆきとこそみれ 307

◎みつしほものぼりかねてぞかへるらしなに**さ**へ**た**かきあまのはしたて 308

◎**さだ**めなきひとのこころにくらぶればただうきしまはなのみなりけり 309

◎うちよするなみとをのへのまつかぜとこゑ**た**か**さ**ごやいづれなるらむ 310

○はるくれば**た**ごのうらなみうらよくていでま**さ**りけりあまのつりふね 311

◎ときしまれをしかのはしをあきゆけばあづまを**さ**へぞこひわ**た**るべき 312

○こまつひくひとにはつけじふかみどりこ**だ**かきかげぞよそはま**さ**れる 313

◎うぐひすはわきてくれどもあをやぎのいとは**さ**くらにみ**だ**れあひにけり 314

◎やまぶきのはなのし**た**みづ**さ**かねどもみなくちなしとかげぞみえける 315

---

306 ○○二四三　なく声を鳥だにかふる物ならばほととぎすとぞ聞きあかさまし（同一〇三頁）

307 ○○二六一　大井川そまにあき風さむければたつ岩浪も雪とこそ見れ（同一〇三頁）

308 ○○二六二　みつ塩ものぼりかねてぞかへるらし名にさへ高きあまのはし立て（同一〇三頁）

309 ○○二六四　定めなき人の心にくらぶればただうき島は名のみなりけり（同一〇三頁）

310 ○○二六五　うちよする浪とをのへの松風とこゑたかさごやいづれなるらむ（同一〇三頁）

311 ○○二六六　春くればたごのうら浪うらよくて出でまさりけりあまのつり舟（同一〇三頁）

312 ○○二六九　ときしまれをしかの橋を秋ゆけばあづまをさへぞこひわたるべき（同一〇三頁）

313 ○○二七六　小松ひく人にはつけじふかみどりこだかきかげぞよそはまされる（同一〇四頁）

314 ○○二七九　鶯はわきてくれども青柳のいとはさくらにみだれあひにけり（同一〇四頁）

315 ○○二八〇　山吹の花のした水さかねどもみなくちなしとかげぞみえける（同一〇四頁）

○かはかぜはさへむかたなくやまぶきのちりゆくみづをせきやとめまし[316]
◎たなばたにけさはかしつるあさのいとをよるはまつるとひとはしらずや[317]
◎あまつかぜそらにふきあぐるひまもあらばさはにぞたづはなくとつげなん[318]
◎の歌は次のように解ける。既出　七八頁。
あらさじとうちかへすらしをやまだのなはしろみづにぬれてつくるあ宮宮（く）
みをつめばものおもふらしほとときすなきのみまどふさみだれのやみ擦擦（さつ）
ねをふかみまだあらはれぬあやめくさひとのこひぢにえこそはなれね会会（あそび）矢馬矢馬（ちかふば）
たれによりいのるせぜにもあらなくにあさくいひなせおほぬさにはた射射（さ）初国初国（ひくに）
くれたけのよさむにいまはなりぬとやかりそめふじにころもかたしく矢白矢白（ふむはく）
いづこともいさやしらなみたちぬればしたなるくさにかけるくものい立柞原立柞原（たちさくもと）
せはふちにさみだれがはのなりゆけばみをさへうみにおもひこそませ生日精潔生日精潔（うみかさふけち）
のこりなくおつるなみだはつゆけきをいづらむすびしくさむらのしの尾掟尾掟（びさだ）柞原柞原（ならの）
くさしげみひともかよはぬやまざとにたがうちはらひつくるなはしろ止止（とまる）（欠む）
たのみづのふかからずのみみゆるかなひとのこころのあさくなるさま君事君事（かみず）籠籠（かご）
かずならぬみのうのはなのさきみだれものをぞおもふなつのゆふぐれ船生之船生之（ふなうみかれの）
あさなへもまだとりあへずおほかればたづのこゑともなきぬべきかな聲聲（おと）
なつくさのふかきねざめをたづねつつふかくもひとをたのむころかな克男克男（かつを）（補む）大好大好（だひかふ）

---

316 ○○二八一　川かぜはさへむかたなく山吹の散りゆく水をせきやとめまし（同一〇四頁）
317 ○○二八六　織女にけさはかしつるあさの糸をよるはまつると人はしらずや（同一〇四頁）
318 ○○二九六　天つ風空に吹きあぐるひまもあらば沢にぞたづは鳴くと告げなん（同一〇四頁）

たなばたのやどりなるべしはたおりめくさむらごとになくこゑのする（欠け）聲聲
なげきつつすぐすつきひはなになれやまだきこのめももえまさるらん畑月畑（火に田）月（補け）聞聞
しなのなるあさまのたけのあさましやおもひくまなききみにもあるかな相之相之
よのなかをなににたとへむゆふつゆもまたできえぬるあさがほのはな立立代高代高
たまのををみなへしひとのたえさらばぬくべきものをあきのしらつゆ（欠ふ）
さをしかのすだくふもとのしたはぎはつゆけきことのかたくもあるかな栄　栄（補ふ）
とこなつのつゆうちはらふよひごとにくさのかうつるわがたもとかな柱丸柱　丸　羽羽
ちくさのかうつるたもともありけるをなどあさがほをかくさざりけん顛顛
ゆくあきのかぜにみだるるかるかやはしめゆふつゆもとまらざりけり（欠て）
あさぢふのつゆふきむすぶこがらしにみだれてもなくむしのこゑかな初　初（補て）好好目目
おりたてばそらまでひつるたもとさへなにうちかへすあらたなるらむ建建
かみのますもりのしたくさかぜふけばなびきてもみなまつるころかな（欠と）日精潔日精潔
あめふればくさはのつゆもまさりけりよどのわたりをおもひやるかな乙乙（補と）
としごとにはるはくれどもいけにおふるぬなははたえぬものにさりける酉酉
やまざくらこのしたかぜしこころあらばかをのみつけよはなちらしそ山山
とほやまだたねまきおけるひとよりもゐせきにみづはもりまさるらん酉金酉金（欠て欠め）
さはみづになくつるのねをたづねてやあやめのくさをひとのひくらん（補てめ）羅九羅　九　為民為民（欠こ）
もみぢさへきよるあじろのてにかけてたつしらなみはからにしきかも（欠れる）
やまざとにこころあはするひとありとわれはしたかにかはりてぞとふ矢丸矢丸女女（補こ）
あさごほりとくるあじろのひをなればよれどあはにぞみえわたりける日精潔　日　精　潔　露露（補れる）

ひざかたのそらさへすめるあきのつきいづれのみづにやどらざるらん相（きにめ）相（木に目）

なくこゑをとりだにかふるものならばほととぎすとぞききあかさまし無総（なき）総（のこらず）

おほゐがはそまにあきかぜさむければたついはなみもゆきとこそみれ生（いき）生

みつしほものぼりかねてぞかへるらしなにさへたかきあまのはしたて根（きにはて）根（木に艮（はて））（欠む）

さだめなきひとのこころにくらぶればただうきしまはなのみなりけり無路（ぶくらひ）無路

うちよするなみとをのへのまつかぜとこゑたかさごやいづれなるらむ尊（みこと）尊（補む）

ときしまれをしかのはしをあきゆけばあづまをさへぞこひわたるべき生言（きことば）生言

うぐひすはわきてくれどもあをやぎのいとはさくらにみだれあひにけり母（も）母（欠る欠ねの）

やまぶきのはなのしたみづさかねどもみなくちなしとかげぞみえける畝（ぶ）畝（補ねの）

たなばたにけさはかしつるあさのいとをよるはまつるとひとはしらずや去（さる）去明募（あけしらす）明募（補る）

あまつかぜそらにふきあぐるひまもあらばさはにぞたづはなくとつげなん米栗喪（まひかたきさふ）米栗喪

射矢白立柞原生日精潔会君事船生之畑月柱丸初建乙酉酉金羅九矢丸日精潔相無生去宮擦尾掟止克男立顛

好山為民女無路母明募聲大好聲聞相之栄畝籠代高羽目露総根尊生言米栗喪矢馬初国柞原日精潔

順集のうち　ひみこ（日精潔）を含む和歌である。

◎まつひともみえぬはなつもしらゆきやなほふりしけるこしのしらやま 319

◎かたこひにみをやきつつもなつむしのあはれわびしきものをおもふか 320

319　○○○一三　まつ人もみえぬはなつもしら雪や猶ふりしけるこしのしらやま（前掲『新編国歌大観』第三巻　私家集編Ⅰ　歌集　九八頁）（○○○五〇まで一六二頁注二六四参照）

320　○○○一四　かたこひに身をやきつつも夏虫のあはれわびしき物を思ふか（同九八頁）

◎ねをふか**み**まだあらはれぬあやめくさ**ひ**との**こ**ひぢにえこそはなれね 321

◎きのふ**こ**そゆきて**み**ぬほどいつのまにうつろ**ひ**ぬらむのべのあきはぎ 322

◎**ひ**をさむ**みこ**ほりもとけぬいけなれやうへはつれなくふかきわがこひ 323

◎す**み**やまのもえ**こ**そまされふゆさむみ**ひ**とりおきびのよるはいもねず 324

◎せはふちにさ**み**だれがはのなりゆけばみをさへうみにおも**ひこ**そませ 325

◎よしのがはそ**こ**のいはな**み**いはでのみくるしや**ひ**とをいはでおもふよ 326

◎えもいはで**こひ**の**み**まさるわがみかないつとやいはにおふるまつのえ 327

◎ゐても**こひ**ふしてもこふるかひもなくかくあさましく**み**ゆるやまのゐ 328

◎たの**み**づのふかからずのみみゆるかな**ひ**との**こ**ころのあさくなるさま 329

◎たがふなとき**み**にい**ひ**し**こ**しばしたをつくりみぬひとあきさかんはた 330

321 ○○○一七　ねをふかみまだあらはれぬあやめ草人のこひぢにえこそはなれね（同九八頁）

322 ○○○二二　きのふこそゆきてみぬほどいつのまにうつろひぬらむのべの秋はぎ（同九八頁）

323 ○○○二八　ひをさむみ氷もとけぬ池なれやうへはつれなくふかきわがこひ（同九八頁）

324 ○○○三四　すみ山のもえこそまされ冬さむみひとりおき火のよるはいもねず（同九八頁）

325 ○○○四二　せは淵にさみだれ川の成りゆけば身をさへうみに思ひこそませ（同九八頁）

326 ○○○四三　よし野川そこの岩波いはでのみくるしや人をいはで思ふよ（同九八頁）

327 ○○○四四　えもいはで恋のみまさる我が身かないつとやいはにおふる松のえ（同九九頁）

328 ○○○五〇　ゐてもこひふしてもこふるかひもなくかくあさましくみゆる山のゐ（同九九頁）

329 ○○○六七　たのみづのふかからずのみみゆるかな人のこころのあさくなるさま（同九九頁）

330 ○○○七三　たがふなときみにいひしこしばしたをつくり見ぬひとあきさかんはた（同九九頁）

◎しらつゆのきえ**み**きえずみか**ひ**なくてふりぬるみをもおもふ**こ**ろかな 331
◎き**み**とわれ**こ**ころくらぶのやまなれやしげきおも**ひ**にみをたのみやく 332
◎うつせ**み**のなきて**こ**ふれどこぬ**ひ**とをまつにもすぐるなつのつきかな 333
◎わぎも**こ**がを**み**なへしといふあだらなをたまのをにやはむす**び**こむべき 334
◎よをさむ**みこ**とにしもいるまつかぜはきみに**ひ**かれてちよやそふらん 335
◎か**み**のますもりのしたくさかぜふけばな**び**きてもみなまつる**こ**ろかな 336
◎ねぎ**ご**とをきかずあらぶるか**み**だにもけふはなごしと**ひ**とはしらなん 337
◎たがためにき**み**を**こ**ふらんこ**ひ**わびてわれはわれにもあらずなりゆく 338
◎わか**ご**まのとさも**み**るべくあやめくさ**ひ**かぬさきにぞけふはひかまし 339
○いづ**み**だにの**こ**らずいかでもりにけんせきのふるぐ**ひ**くひものかぬに 340

---

331 ○○一○○ 白露のきえみきえずみかひなくてふりぬる身をも思ふ比かな（同九九頁）
332 ○○一○九 君とわれ心くらぶの山なれやしげきおもひに身をたのみやく（同九九頁）
333 ○○一一二 うつせみのなきてこふれどこぬ人をまつにもすぐる夏の月かな（同九九頁）
334 ○○一三四 わぎもこがをみなへしといふあだら名を玉のをにやは結びこむべき（同一○○頁）
335 ○○一六三 よを寒みことにしもいる松かぜは君にひかれて千代やそふらん（同一○一頁）
336 ○○一七二 神のますもりの下草風ふけばなびきてもみなまつる比かな（同一○一頁）
337 ○○一七四 ねぎごとをきかずあらぶる神だにも今日はなごしと人はしらなん（同一○一頁）
338 ○○一八七 たがために君をこふらんこひ侘びて我はわれにもあらずなりゆく（同一○二頁）
339 ○○二三○ わかごまのとさもみるべくあやめ草ひかぬさきにぞけふはひかまし（同一○二頁）
340 ○○二五二 いづみだにのこらずいかでもりにけんせきのふるぐひくひものかぬに（同一○三頁）

◎さだめなきひとのこころにくらぶればただうきしまはなのみなりけり[341]

◎おもひわびおのがふねふねゆくこぶねたごのうらみてきぬといはすな[342]

◎こまつひくひとにはつけじふかみどりこだかきかげぞよそはまされる[343]

◎いけのおもにてるつきなみをかぞふればこよひぞあきのもなかなりける[344]

◎の歌は次のように解ける。これは前の為故と共に本居宣長にまで続く継承・祈願の源流である。源順の歌は可能な限り左注記を残す。実に二五首で再現していることへの敬意である（既出　八四頁）。

まつひともみえぬはなつもしらゆきやなほふりしけるこしのしらやまゆ夢夢（欠め）逝（せい）逝　会会

かたこひにみをやきつつもなつむしのあはれわびしきものをおもふかも新新（補き欠ちぬ欠ゆ）

ねをふかみまだあらはれぬあやめくさひとのこひぢにえこそはなれね母加羅母加羅落落（補め欠む補ちぬ）

きのふこそゆきてみぬほどいつのまにうつろひぬらむのべのあきはぎ祇祇（欠し）然然（補ゆ）羅羅媛（えん）媛

ひをさむみこほりもとけぬいけなれやうへはつれなくふかきわがこひ離離　槌槌矢矢也喪也喪

すみやまのもえこそまされふゆさむみひとりおきびのよるはいもねず母会言祇母会言　祇

せはふちにさみだれがはのなりゆけばみをさへうみにおもひこそませ乍乍　還還（欠える欠る）

よしのがはそこのいはなみいはでのみくるしやひとをいはでおもふよ日精潔初余日精　潔　初余（補る）

（欠に）

341　○○二六四　定めなき人の心にくらぶればただうき島は名のみなりけり（同一〇三頁）

342　○○二七〇　思ひわびおのが舟ふねゆくこぶねたごのうらみてきぬといはすな（同一〇三頁）

343　○○二七六　小松ひく人にはつけじふかみどりこだかきかげぞよそはまされる（同一〇四頁）

344　○○二八九　池の面にてる月なみをかぞふればこよひぞ秋のも中なりける（同一〇四頁）

えもいはでこひのみまさるわがみかないつとやいはにおふるまつのえ国　国（補に）　耐君事　耐君事（補える）

ゐてもこひふしてもこふるかひもなくかくあさましくみゆるやまのゐ主無　主無（補し）

たのみづのふかからずのみみゆるかなひとのこころのあさくなるさま定里　定里柄也　柄也等閔　等　閔（門の中文）（欠に）

たがふなときみにいひしこしばしたをつくりみぬひとあきさかんはた木国　木国（補に）

しらつゆのきえみきえずみかひなくてふりぬるみをもおもふころかな大好　大好丙椵　丙　椵（相寺）

きみとわれこころくらぶのやまなれやしげきおもひにみをたのみやく吾鹵　吾　鹵　枝　枝

うつせみのなきてこふれどこぬひとをまつにもすぐるなつのつきかな比積　比積癸　癸（欠り）

わぎもこがをみなへしといふあだらなをたまのをにやはむすびこむべき矢作原覲　矢作原覲谷　谷（欠と）

よをさむみことにしもいるまつかぜはきみにひかれてちよやそふらん露　露　辛未　辛未（補と）

かみのますもりのしたくさかぜふけばなびきてもみなまつるころかな也　也　酉　酉　定里　定里（補り）

ねぎごとをきかずあらぶるかみだにもけふはなごしとひとはしらなん建炎（あか）建炎（異同）

たがためにきみをこふらんこひわびてわれはわれにもあらずなりゆく揺　揺徽絡　徽　絡絡　絡（欠め）

わかごまのとさもみるべくあやめくさひかぬさきにぞけふはひかまし露　露（雨に路）（補め欠ね）

さだめなきひとのこころにくらぶればただうきしまはなのみなりけり為浮　為浮

おもひわびおのがふねふねゆくこぶねたごのうらみてきぬといはすな言　言　母　母（補ね）

こまつひくひとにはつけじふかみどりこだかきかげぞよそはまされる上　上

いけのおもにてるつきなみをかぞふればこよひぞあきのもなかなりける生波也　生　波也

日精潔初余定里大好揺言生波也夢祇主無木比積矢作原覲然離柄也露徽絡母加羅槌国等閔国露逝新羅為浮

吾鹵也上媛矢乍耐君事建炎絡母落也喪還谷辛未会絡母会言祇癸酉丙椵枝定里

〇〇〇〇四 **あ**・らさじとうちかへすらし小山田のなはしろ水にぬれてつくるあ

（前掲『新編国歌大観』第三巻　私家集編Ⅰ　歌集　九八頁）（初出は数字をゴシックで示す）

〇〇〇〇五 **め**・もはるに雪まもあをくなりにけり今こそ野べの若なつみてめ（同九八頁）

〇〇〇〇六 **つ**・くば山さける桜のにほひをばいりてをらねどよそながらみつ（同九八頁）

〇〇〇〇七 **ち**・くさにもほころぶ花のにしきかないづら青柳ぬひし糸すぢ（同九八頁）

〇〇〇〇八 **ほ**・のぼのとあかしのはまを見わたせば春の浪わけ出づるふねのほ（同九八頁）

〇〇〇〇九 **し**・づくさへ梅のはながさしるきかな雨にぬれじときてやかくれし（同九八頁）

〇〇〇一〇 **そ**・こさむみむすびし氷うちとけていまやゆくらん春のたのみぞ（同九八頁）

〇〇〇一一 **ら**・にもかれ菊もかれにし冬のよのもえにけるかなさほやまのづら（同九八頁）

〇〇〇一二 **や**・まも野もなつくさしげく成りにけりなどかまだしき宿のかるかや（同九八頁）

〇〇〇一三 **ま**・つ人もみえぬはなつもしら雪や猶ふりしけるこしのしらやま（同九八頁）

〇〇〇一四 **か**・たこひに身をやきつつも夏虫のあはれわびしき物を思ふか（同九八頁）

〇〇〇一五 **は**・つかにも思ひかけてはゆふだすきかもの川浪立ちよらじやは（同九八頁）

〇〇〇一六 **み**・をつめば物思ふらし時鳥なきのみまどふ五月雨のやみ（同九八頁）

〇〇〇一七 **ね**・をふかみまだあらはれぬあやめ草人のこひぢにえこそはなれね（同九八頁）

〇〇〇一八 **た**・れによりいのるせぜにもあらなくに浅くいひなせおほぬさにはた（同九八頁）

〇〇〇一九 **に**・はみれはやほたておひてかれにけりからくしてだに君がとはぬに（同九八頁）

〇〇〇二〇 **く**・れ竹のよさむにいまはなりぬとやかりそめふじに衣かたしく（同九八頁）

〇〇〇二一 **も**・がみがはいなぶねのみはかよはずておりのぼり猶さわぐあしがも（同九八頁）

〇〇〇二二 **き**・のふこそゆきてみぬほどいつのまにうつろひぬらむのべの秋はぎ（同九八頁）

○○○二三　り・んだうも名のみなりけり秋の野の千草のはなのかにはおとれり（同九八頁）

○○○二四　む・すび置きて白露をみるものならばよるひかるてふ玉もなにせん（む）（筆者）（同九八頁）

○○○二五　ろ・もかぢも舟もかよはぬ天の川たなばたわたるほどやいくひろ（同九八頁）

○○○二六　こ・の葉のみ降りしく秋は道をなみわたりぞわぶる山川のそこ（同九八頁）

○○○二七　け・さ見ればうつろひにけりをみなへし我にまかせて秋ははやゆけ（同九八頁）

○○○二八　ひ・をさむみ氷もとけぬ池なれやうへはつれなくふかきわがこひ（同九八頁）

○○○二九　と・へといひし人はありやと雪分けて尋ねきつるぞみわの山本（同九八頁）

○○○三〇　い・づこともいさやしら浪たちぬればしたなる草にかけるくものい（同九八頁）

○○○三一　ぬ・るごとに衣をかへす冬のよのゆめにだにやは君がみえこぬ（同九八頁）

○○○三二　う・ちわたしまつ網代木にいとひをの絶えてよらねばなぞや心う（同九八頁）

○○○三三　へ・みゆみのはるにもあらで散る花はゆきかと山にいる人にとへ（同九八頁）

○○○三四　す・み山のもえこそまされ冬さむみひとりおき火のよるはいもねず（同九八頁）

○○○三五　ゑ・こひする君がはしたか霜がれ野になはなちそはやく手にすゑ（同九八頁）

○○○三六　ゆ・ふさればいとどわびしき大井川かがり火なれや消えかへりもゆ（同九八頁）

○○○三七　わ・すれずもおもほゆるかな朝な朝なしが黒髪のねくたれのたわ（同九八頁）

○○○三八　さ・さがにのいをだにやすくねぬ比は夢にも君にあひ見ぬがうさ（同九八頁）

○○○三九　る・り草の葉におく露の玉をさへものおもふときは涙とぞなる（同九八頁）

○○○四〇　思（お・も）ひをも恋をもせじのみそぎすとひとかたなでてはてはてはしお（同九八頁）

○○○四一　ふ・く風につけても人を思ふかなあまつ空にも有りやとぞ思ふ（同九八頁）

○○○四二　せ・は淵にさみだれ川の成りゆけば身をさへうみに思ひこそませ（同九八頁）

〇〇〇四三 **よ**・し野川そこの岩波でのみくるしや人をいはで思ふよ(同九八頁)
〇〇〇四四 **え**・もいはで恋のみまさる我が身かないつとやいはにおふる松のえ(同九九頁)
〇〇〇四五 **の**・こりなく落つる涙はつゆけきをいづらむすびし草村のしの(同九九頁)
〇〇〇**四六** **え**・もせかぬ涙の川のはてはてやしひて恋しき山はつくばえ(同九九頁)
〇〇〇**四七** **を**・ぐら山おぼつかなくもあひみぬかなくしかばかり恋しきものを(同九九頁)
〇〇〇**四八** **な**・きたむる涙はそでにみつ塩のひるまにだにも相見てしかな(同九九頁)
〇〇〇**四九** **れ**・ふしにもあらぬ我こそ逢ふことをともしの松のもえこがれぬれ(同九九頁)
〇〇〇五〇 **ゐ**・てもこひふしてもこふるかひもなくかけあさましくみゆる山のゐ(同九九頁)
〇〇〇五一 **て**・る月ももるる板まのあはぬよはぬれこそまされかへすころもで(同九九頁)

これらの歌は始めの字と終わりの字が同一である。正に技巧的和歌の作者として知られる源順の面目躍如と言いたいところであるが、出来の悪いものもある。良いものだけを残せば良いものを、そうはしていない。実は源順が詠んだ歌は、あめつちの歌を連続(圏点◉)して詠み込むことに意味があった。

『邪馬壹国讃歌』三〇七・三〇八頁

「伊呂波の歌以外にも数百年にわたり、幾多の人々が謎解きに挑み、敗れた歌が二つある。

あめつちの歌

あめつちほし**そらやま**かは
みね**たに**くもきりむろ**こ**け
ひと**いぬ**うへすえゆわ**さる**
おふせよえ**の**江**をなれ**ゐて
ひみこ　やまい　ぬた　しらのをに　さなれ

卑弥呼　邪馬壹　沼田　真良の尾に　坐成れ。答えは伊呂波の歌と同じである。」
ここで多くを費やした日精潔の為故及び譜の所在場所は日精潔の冢である。

為故を含む歌では、

〇〇〇〇四　**あ**ら**さ**じとうちかへすらし小山**田**のなはしろ水にぬれてつくる**あ**
〇〇〇一〇　**そ**こ**さ**むみむすびし氷うちとけていまやゆくらん春の**た**のみ**ぞ**
〇〇〇一二　**や**まも野もなつく**さ**しげく成りにけりなどかま**だ**しき宿のかるか**や**
〇〇〇一六　**み**をつめば物思ふらし時鳥なきのみまどふ**五月雨**のや**み**
〇〇〇一七　**ね**をふかみま**だ**あらはれぬあやめ**草**人のこひぢにえこそはなれ**ね**
〇〇〇一八　**た**れによりいのるせぜにもあらなくに浅くいひなせおほぬ**さ**には**た**
〇〇〇二〇　**く**れ竹のよ**さ**むにいまはなりぬとやかりそめふじに衣か**た**し**く**
〇〇〇二三　**り**ん**だ**うも名のみなりけり秋の野の千**草**のはなのかにはおとれ**り**
〇〇〇三〇　**い**づこともい**さ**やしら浪**た**ちぬればしたなる草にかけるくもの**い**
〇〇〇三七　**わ**すれずもおもほゆるかな**朝**な朝なしが黒髪のねく**た**れのた**わ**
〇〇〇三八　**さ**さがにのいを**だ**にやすくねぬ比は夢にも君にあひ見ぬがう**さ**
〇〇〇三九　**る**り**草**の葉におく露の**玉**をさへものおもふときは涙とぞな**る**
〇〇〇四二　**せ**は淵に**さ**み**だ**れ川の成りゆけば身をさへうみに思ひこそま**せ**
〇〇〇四五　**の**こりなく落つる**涙**はつゆけきをいづらむすびし**草**村のし**の**
〇〇〇五一　**て**る月ももるる**板**まのあはぬよはぬれこそま**さ**れかへすころも**で**
〇〇〇九一　**な**つ**草**のふかきねざめを**た**づねつつふかくも**人**をたのむころか**な**

○○二三二　紅葉さへきよるあじろのてにかけて立つしら浪はから錦かも
わそでくないるやさたのりあもみせね
倭夫で　槌「射矢」為故の理　吾も見せね
と言い、日精潔・譜を含む歌では、
○○○一三　まつ人もみえぬはなつもしら雪や猶ふりしけるこしのしらやま
○○○一四　かたこひに身をやきつつも夏虫のあはれわびしき物を思ふか
○○○一七　ねをふかみまだあらはれぬあやめ草人のこひぢにえこそはなれね
○○○二二　きのふこそゆきてみぬほどいつのまにうつろひぬらむのべの秋はぎ
○○○二八　ひをさむみ氷もとけぬ池なれやうへはつれなくふかきわがこひ
○○○三四　すみ山のもえこそまされ冬さむみひとりおき火のよるはいもねず
○○○四二　せは淵にさみだれ川の成りゆけば身をさへうみに思ひこそませ
○○○四三　よし野川そこの岩波でのみくるしや人をいはで思ふよ
○○○四四　えもいはで恋のみまさる我が身かないつとやいはにおふる松のえ
○○○七三　たがふなときみにいひてこしばしたをつくり見ぬひとあききかんはた
たねまきよえひがせず
種蒔よ　栄華せず

と言うのである。これは檄（『魏志倭人伝』『邪馬壹国讃歌』二五九頁）である。檄も倭魏交渉も文書（漢字）であり、六世紀応神期の漢字伝来（日本書紀）は倭国の文書の全否定である、炭素測定法不知。

なお順集には、○○一四二　野べごとに花をしつめば草草のかうつる袖ぞつゆけかりける　という源為憲の歌がある（前掲『新編国歌大観』第三巻　私家集編Ⅰ　歌集　一〇〇頁）。

更に順集には、あめつちの歌（〇〇〇五一で終わる）の後に「双六番のうた、これもありただがよみはじめたるに、よみつぐ」（前掲『新編国歌大観』第三巻　私家集編Ⅰ　歌集　九九頁）とある。

◎するがなるふじのけぶりもはるたてばかすみとのみぞみえてたなび**く** 345

◎**く**さしげみひともかよはぬやまざとにたがうちはらひつくるなはし**ろ** 346

◎**ろ**くろにやいともひくらむひきまゆのしらたまのをにぬけとたえぬ**い** 347

◎**い**づこなるくさのゆかりぞをみなへしこころをおけるつゆやしるど**ち** 348

◎**ち**りもなきかがみのやまにいとどしくよそにてみれどあかきもみぢ**ば** 349

◎**は**なかとてゆきのまにまにをりくれどかつきえかへりてにもたまら**ず** 350

最初のするがなるのすへ

これも日精潔の為故である。すくろいちは、いろくはすぢ、一六は筋（血統）、即ち一六代の倭王。

いづこ**なるくさ**のゆかり**ぞ**をみなへ**し**こ**こ**ろをおけるつゆ**やし**るどち**射矢白**射矢白（さくそなし）

くさしげ**み**ひと**も**かよ**は**ぬや**ま**ざとに**た**が**う**ちは**らひつくるな**はしろ**立柞原生**立柞原生（くるさくもとうひ）

する**が**なるふ**じ**のけぶりも**は**るたてばかす**み**とのみぞみえてたな**びく日精**日精（かくはし）

---

345 〇〇〇五二　するがなるふじのけぶりもはるたてばかすみとのみぞ見えてたなびく（前掲『新編国歌大観』第三巻　私家集編Ⅰ　歌集　九九頁）

346 〇〇〇五三　くさしげみひともかよはぬ山ざとにたがうちはらひつくるなはしろ（同九九頁）

347 〇〇〇五四　ろくろにやいともひくらむ引きまゆの白玉のをにぬけとたえぬい（同九九頁）

348 〇〇〇五五　いづこなるくさのゆかりぞをみなへしこころをおけるつゆやしるどち（同九九頁）

349 〇〇〇五六　ちりもなきかがみのやまにいとどしくよそにてみれどあかきもみぢば（同九九頁）

350 〇〇〇五七　はなかとてゆきのまにまにをりくれどかつきえかへりてにもたまらず（同九九頁）

いづこなるくさのゆかりぞをみなへしこころをおけるつゆやしるどち潔潔(けつ)
するがなるふじのけぶりもはるたてばかすみとのみぞみえてたなびく会君会君(かひかみ)
いづこなるくさのゆかりぞをみなへしこころをおけるつゆやしるどち事事(つかへる)
するがなるふじのけぶりもはるたてばかすみとのみぞみえてたなびく船船(のりもの)
ろくろにやいともひくらむひきまゆのしらたまのをにぬけとたえぬい生之生之(いけし)
するがなるふじのけぶりもはるたてばかすみとのみぞみえてたなびく畑畑(ひとた)（火と田）
はなかとてゆきのまにまにをりくれどかつきえかへりてにもたまらず月月(にく)
ちりもなきかがみのやまにいとどしくよそにてみれどあかきもみぢば（欠む）
ろくろにやいともひくらむひきまゆのしらたまのをにぬけとたえぬい尊尊(たたえぬ)（補む）
ちりもなきかがみのやまにいとどしくよそにてみれどあかきもみぢば生生(なま)
くさしげみひともかよはぬやまざとにたがうちはらひつくるなはしろ（欠き）
ちりもなきかがみのやまにいとどしくよそにてみれどあかきもみぢば言言(じ)（補き）
いづこなるくさのゆかりぞをみなへしこころをおけるつゆやしるどち米米(こくのみ)（穀の実）
はなかとてゆきのまにまにをりくれどかつきえかへりてにもたまらず栗喪栗喪(くりゆき)（逝）
ちりもなきかがみのやまにいとどしくよそにてみれどあかきもみぢば

矢馬初国作矢馬(しかみがのり)（守が乗り）初国作(そとちきとともに)（木と乍(ともに)）（欠ら）

ろくろにやいともひくらむひきまゆのしらたまのをにぬけとたえぬい原原(もと)（補ら）
するがなるふじのけぶりもはるたてばかすみとのみぞみえてたなびく日精日精(かくはし)
いづこなるくさのゆかりぞをみなへしこころをおけるつゆやしるどち潔潔(けつ)

射矢白立柞原生日精潔会君事船生之畑月柱丸初建乙酉酉金羅九矢丸日精潔相無生去宮擦尾掟止克男立

顯好山為民女無路母明募聲大好聲聞相之栄畝籠代高羽目露総根**尊生言米栗喪矢馬初国柞原日精潔**（二人対局で駒を相手方に入れるイメージで、正に古代の双六。網掛は　かくはしけつ　で同一）

◇源順百首

順集の中で日精潔・為故の両方を含む歌が六つある。〇〇〇一七、〇〇〇四二、〇〇〇六七、〇〇一七二、〇〇二六四、〇〇二七六である。この内〇〇一七二のみが暗号である。

かみのますもりのしたくさかぜふけばなびきてもみなまつるころかな

ひみこはませりふなきのつかのなかでもすぐるまなもじさたみかけろ

日精潔はませり船木の冢の中でも優る真名文字為故見かけろ。同様に「源順百首」にも、日精潔・為故の両方を含む歌が一つある。為故は八八字である。

はるたたばまづまろうゑじこゆみづのえずはさひあしさてややみなん

ひみこのさたはじはなすゆゑでえんやまたやっつじはうまるさあみろ

日精潔の為故は　字は為　故で得ん　八また八つ　字は埋まる　さあ見ろ

「源順百首」の特質と初期百首の展開（金子英世　慶應義塾大学国文学研究室　三田国文第一九巻　一九九三年一二月発行　一頁）を引用する。

「源順百首」と呼称される百首歌は、曾禰好忠が創案した百首歌に、源順が応和するという形で成立したと考えられているものである。しかしこの百首は、『曾禰好忠集』に所載されており、順自身の家集には見えないこと、また順作とする根拠が曖昧であること等の理由によって、かつてこれを疑問視する説も提示された。

（同論文九頁に）遊戯技巧歌を得意とし、好忠と親しかった人物・・・好忠にとって百首歌の送り手として最もふさわしく、かつ本百首の特性を実現し得るのは、やはり順であろう、という結論に達するのである。

結論は良い。しかしながら和歌の世界における隠題とか技巧とかを知りながら、その片鱗はないか尋ねると良い。

さみだれてものおもふときはわがやどのなくせみさへにこころぼそしや[351]

技巧の最もよく知られているのは作者の氏名を挿入することである。

さ**みだ**れて**も**のおも**ふと**きはわがやどの**な**くせみさへに**こ**ころぼそ**し**や

源順と詠まれている。源順百首にはこれしか源順と読まれたものはない。さてさらに如何なる技巧が、何のために（隠題）されているのか。

わのささへとにろくのおほこもはてや　みなもとしたごふ　そかきみせれや

倭の支へ　十に六　の王　子も果てや　源順　そ書き見せれや

本書では二〇万弱の短歌から源順の氏名を含むものを抽出して暗号を見つけ、解読した。源順百首はその作業をすることなく暗号を見つけることができる。源順の歌であるが故にその作業が不要であると言えるとも考えるのが自然であるが、曾禰好忠と源順との親交を考えれば、両者意思疎通して、好忠が

351　〇〇五四一　さみだれてもの思ふときは我が宿に鳴く蝉さへに心細しや（『歌合・定数歌全釈叢書一八　順百首全釈』　筑紫平安文学会　二〇一三年五月三一日　風間書房発行　一二六頁）（番号は好忠集に拠る）

同じことをしたとも言えるのである。しかし前述の通り「源順　書き見せれや」と明記しながら、好忠のものと言うことはもはやできない。源順百首は疑いもなく源順のものである。

源順百首を日精潔で抽出する。一四首の歌である。

◎うね**び**やまほのかにかす**み**たつからにはるめきにける**こ**こちかもする[352]
◎**み**そぎせしかものかはなみたつ**ひ**よりまつのかぜ**こ**そふかくみえけれ[353]
◎いはし**み**づてにむす**び**つつわがきゐる**こ**のしたかげもかれにけるかな[354]
◎か**み**なづきしぐるるた**び**のやま**ご**えにもみぢをかぜのたむけたるかな[355]
◎はるたたば**こ**ほりとけなむぬま**み**づのしたこ**ひ**しくもおもほゆるかな[356]
◎**ひ**るまなくよるはすがらにたえずの**み**いしくらはらのしげきわが**こ**ひ[357]
◎しのぶれといくそのあきのつ**み**なれやしの**び**もあへず**こ**ひしかるらん[358]

352　○○四八六　畝傍山ほのかに霞立つからに春めきにける心地かもする（前掲『歌合・定数歌全釈叢書一八　順百首全釈』二一一頁）
353　○○四九九　みそぎせし加茂の川波立つ日より松の風こそ深く見えけれ（同四三頁）
354　○○五〇一　岩清水手にむすびつつ我が来ゐるこの下蔭もかれにけるかな（同四七頁）
355　○○五一九　神無月しぐるるたびの山越えに紅葉を風の手向けたるかな（同七九頁）
356　○○五二二　春立たば氷解けなむ沼水の下恋しくも思ほゆるかな（同八六頁）
357　○○五二五　ひる間なく夜はすがらに絶えずのみいしくらはらのしげき我が恋（同九二頁）
358　○○五三二　忍ぶれといくそのあきの罪なれや忍びもあへず恋しかるらん（同一〇四頁）

◎はるかなる**ひ**とまつほどはしのぶれどしるくや**み**ゆるわが**こ**ろもでは 359
◎もるやまになげき**こ**る**み**はおともせでけぶりもたえぬおも**ひ**をぞたく 360
◎かく**こひ**んものとしりせばひとめもるひとにこころをつくる**み**なれば 361
◎はづかしに**ひ**とに**こ**ころをつけしより**み**そかながらにこひわたるかな 362
◎はるたたばまづまろうゑじ**こ**ゆ**み**づのえずはさ**ひ**あしさてややみなん 363
◎かす**み**たつみむろのやまにさくはなは**ひ**としれず**こ**そちりぬべらなれ 364
◎**こひ**するにころもでひづしさるかそのあらびしぼりて**み**すべきものを 365

◎は次の通り解ける。正に一六人の王を「書き見せれや」（一八五頁）。既出　一九頁。

うね**び**やまほの**か**にかすみたつか**ら**にはる**め**きにけるここちかもする**明**明（から）
みそぎ**せし**かも[の]かはなみたつ**ひよ**[り]まつのかぜ[こ]そ**ふ**か[く]みえけれ**青**青（しょふ）（[杼朋（りく）の子]）
いは**し**み**づ**てにむすびつつ[わ]がきゐ**る**[この]し[た]かげ**も**かれにけるかな**泄**泄（もる）（[棹止（わだ）の子]）
かみなづきし**ぐる**るたびのや**ま**ごえにもみ**ぢ**をか**ぜ**のたむけたるかな**絡路**絡路（つなぐみち）
はる**たた**ばこほりと**け**な**むぬま**みづの**し**たこひしくもおもほゆるかな**槙竹**槙竹（しむたけ）

359 ○○五五四　遥かなる人待つほどは忍ぶれどしるくや見ゆる我が衣手は（同一五三頁）
360 ○○五五九　もる山に歎きこる身は音もせで煙も絶えぬ思ひをぞたく（同一六五頁）
361 ○○五六三　かく恋ひんものと知りせば人目もる人に心をつくる身なれば（同一七三頁）
362 ○○五六四　はづかしに人に心をつけしよりみそかながらに恋ひわたるかな（同一七四頁）
363 ○○五七三　春立たばまづまろ植ゑじこゆみづの得ずはさひ悪しさてややみなん（同一九二頁）
364 ○○五七八　霞立つ三室の山に咲く花は人知れずこそちりぬべらなれ（同二〇〇頁）
365 ○○五八〇　恋するに衣手ひづしさるかそのあらび絞りて見すべきものを（同二〇三頁）

ひるまなくよるはすがらにたえずのみいしくらはらのしげきわがこひ以以（よる）
しのぶれといくそのあきのつみなれやしのびもあへずこひしかるらん朋朋（つひ）（棚市の夫（かみやす））
はるかなるひとまつほどはしのぶれどしるくやみゆるわがこころもでは柱丸柱丸（じゅまる）
もるやまになげきこるみはおともせでけぶりもたえぬおもひをぞたく真曽真曽（まそふ）
かくこひんものとしりせばひとめもるひとにこころをつくるみなれば君事君事（くんじ）（藻女の子（もる））
はづかしにひとにこころをつけしよりみそかながらにこひわたるかな月月（がつ）
はるたたばまづまろうゐじこゆみづのえずはさひあしさてややみなん杖丸杖丸（うつまろん）
かすみたつみむろのやまにさくはなはひとしれずこそちりぬべらなれ日・定里日（ひ）・定里（やく）（約約束）
こひするにころもでひづしさるかそのあらびしぼりてみすべきものを象・光象（きざし）・光（ひかる）

源順百首を為故で抽出する。今度は為故そのものである。

◎やまがはのうすらびわけてさざなみのたつははるへのかぜにやあるらん 366
◎あづまぢのゆきかふみちのはるたたばはなみてこころゆかざらめやは 367
◎ふるみちのゆききふりしきてこのはるはいさやわかなもまだぞつみみぬ 368
◎はなゆゑにみをやすててしくさまくらちぢにくだくるわがこころかな 369

---

366 ○○四八五　山川の薄ら氷わけてさざ波の立つは春への風にやあるらん（前掲『歌合・定数歌全釈叢書一八　順百首全釈』一九頁）
367 ○○四八七　東路の行きかふ道の春たたば花見て心ゆかざらめやは（同二三頁）
368 ○○四八八　古道の雪降り敷きてこの春はいさやわかなもまだぞ摘みみぬ（同二四頁）
369 ○○四九一　花ゆゑに身をや捨ててし草枕千々に砕くる我が心かな（同二九頁）

◎**さ**は**だ**がはゐでなるあしのははかれてかげさすなへにはるくれにけり 370

◎ほととぎすうひ**た**つやまを**さ**としらばこのまをゆきてきくべきものを 371

◎おほあらきのを**ざ**さがはらやなつをあさみは**た**まくくずはうらわかきかも 372

◎ゆふやみにあまのい**さ**りびみえつるはまがきのしまのほ**た**るなりけり 373

◎**さ**つきやみみねにもをにもうつせみのなくこゑきけば**た**だならぬかな 374

◎ゆふ**だ**ちにややくれにけりみなつきのなごしのはらへせでやすぐ**さ**ん 375

◎**た**れをしかゆきてみつらむ**さ**ほひめのひとはをらせるやまのさがしさ 376

◎やま**だ**もるそほづもいまはながめすなふねやかたよりほ**さ**きみゆめり 377

◎をしどりのはぶきや**た**ゆき**さ**ゆるよのいけのみぎはになくこゑのする 378

◎としのうちにはな**さ**きにけりうちしのびはるふくかぜにま**だ**きちらすな 379

---

370 〇〇四九二　沢田川井手なる葦の葉はかれて影さすなへに春暮れにけり（同三二頁）

371 〇〇四九六　時鳥うひ立つ山をさと知らばこの間を行きて聞くべきものを（同三九頁）

372 〇〇四九七　大荒木の小笹が原や夏を浅みはたまく葛はうら若きかも（同四〇頁）　春まく　訂正

373 〇〇五〇〇　夕闇に海人の漁火見えつるは籬の島の蛍なりけり（同四五頁）

374 〇〇五〇二　五月止み峯にも尾にも空蝉の鳴く声聞けばただならぬかな（同四九頁）

375 〇〇五〇三　夕立にやや暮れにけり水無月の夏越の祓せでや過ぐさん（同五一頁）

376 〇〇五〇六　誰をしか行きて見つらむ佐保姫の一葉織らる山のさがしさ（同五八頁）

377 〇〇五〇八　山田守るそほづも今はながめすな舟屋形より穂先見ゆめり（同六一頁）　屋形　一九二頁

378 〇〇五一六　鴛鴦の羽ぶきやたゆき冴ゆる夜の池の水際に鳴く声のする（同七五頁）

379 〇〇五二三　年のうちに花咲きにけりうちしのび春吹く風にまだき散らすな（同八八頁）

◎**さ**は**た**がはせぜのむもれきあらはれてはなさきにけりはるのしるしに 380
◎かやりびのし**た**にもえつつあやめぐ**さ**あやにこひしきこひのかなしさ 381
◎**さ**み**だ**れてものおもふときはわがやどのなくせみさへにこころぼそしや 382（一八五頁）
◎みどりなるいろこそま**さ**れよとともになほし**た**くさのしげるなつのの 383
◎るりのつぼ**さ**さちひさきははちすばに**た**まれるつゆにさもにたるかな 384
◎のもやまもいろかはりゆくかぜ**さ**むみいかで**た**づねむわすれにしせこ 385
◎のきばなるうめ**さ**きぬとてはかられぬひと**だ**のめなるゆきやなになり 386
◎**さ**きくさももえぬらめやそはるきなばわかなつむべきふぢか**た**のやま 387
◎はなのかのえ**だ**にしとまるものならばくるるはるをもをしま**ざ**らまし 388
◎はる**た**たばまづまろうゑじこゆみづのえずは**さ**ひあしさてややみなん 389

380 ○○五三五　沢田川瀬々の埋もれ木顕れて花咲きにけり春のしるしに（同一一三頁）
381 ○○五三九　蚊遣り火の下に燃えつつあやめ草あやに恋しき恋のかなしさ（同一二三頁）
382 ○○五四一　五月雨て物思ふときは我が宿の鳴く蝉さへに心細そしや（同一二六頁）
383 ○○五四三　緑なる色こそまされ世とともになほ下草の繁る夏の野（同一三一頁）
384 ○○五四五　瑠璃の壺ささちひさきははちす葉にたまれる露にさも似たるかな（同一三五頁）
385 ○○五四八　野も山も色変はりゆく風寒みいかでたづねむ忘れにし背子（同一四〇頁）
386 ○○五五〇　軒端なる梅咲きぬとてはかられぬ人だのめなる雪やなになり（同一四三頁）
387 ○○五五二　さきくさも萌えぬらめやそ春来なば若菜摘むべきふぢかたの山（同一四七頁）
388 ○○五七一　花の香の枝にしとまるものならば暮るる春をもをしまざらまし（同一八九頁）
389 ○○五七三　春立たばまづまろ植ゑじこゆみづの得ずはさひ悪しさてややみなん（同一九二頁）

◎みちのひとよめくりかへしふゆをなほさてあるものそいでたちもする 390
◎かすみたつみむろのやまにさくはなはひとしれずこそちりぬべらなれ 391
◎いさやまだこひにしぬてふこともなしわれをやのちのためしにはせん 392
◎みなかみのさだめてければきみがよにふたたびすめるほりかはのみづ 393

◎は次の通り解ける。正に書き見せれや。既出　七八頁。

やまがはのうすらびわけてさざなみのたつははるへのかぜにやあるらん（欠ね）
あづまぢのゆきかふみちのはるたたばはなみてこころゆかざらめやは**柱丸**柱丸(ぢゅたま)（欠ふ）
ふるみちのゆきふりしきてこのはるはいさやわかなもまだぞつみみぬ**射矢**射矢(さちかふ)**初建**初建(はつのぶ)**籠**籠(かご)（補ふ）
はなゆゑにみをやすててしくさまくらちぢにくだくるわがこころかな**白女**白(はく)女(ちちだす)（乳出す）
さはだがはゐでなるあしのははかれてかげさすなへにはるくれにけり**立**立(する)（欠つ）
ほととぎすうひたつやまをさとしらばこのまをゆきてきくべきものを**乙**乙(ひとつ)（欠り）**男**男(をす)（補つ）
おほあらきのをざさがはらやなつをあさみはたまくずはうらわかきかも**柞原生**柞原生(さくのき)**大好**大好(おもきすく)
ゆふやみにあまのいさりびみえつるはまがきのしまのほたるなりけり**日精**日精(じつさふ)**酉**酉(みのる)（補り）
さつきやみみねにもをにもうつせみのなくこゑきけばただならぬかな**聲**聲(うはさ)**根**根(きにかたき)（木に良）
ゆふだちにやくれにけりみなつきのなごしのはらへせでやすぐさん**潔**潔(けつ)**酉金羅九矢**酉金羅(ゆきんはふにつな)（皿(はふ)に維(つな)）九矢(くや)

390　〇〇五七六　道の人よめくりかへし冬をなほさてある者そ出で立ちもする（同一九六頁）
391　〇〇五七八　霞立つ三室の山に咲く花は人知れずこそ散りぬべらなれ（同二〇〇頁）
392　〇〇五八一　いさやまだ恋に死ぬてふこともなし我をや後のためしにはせん（同二〇七頁）
393　〇〇五八五　水上のさだめてければ君が代にふたたびすめる堀河の水（同書は〇〇四八五～〇〇五八四までの百首を源順百首としている。〇〇五八五～〇〇五八七までを含めるべき。〇〇五八五は暗号解読に必須である。）

たれをしかゆきてみつらむさほひめのひとはをらせるやまのさがしさ丸日精丸日精

やまだもるそほづもいまはながめすなふねやかたよりほさきみゆめり畝畝（補ね）代高代高

をしどりのはぶきやたゆきさゆるよのいけのみぎはになくこゑのする潔潔目目総総

としのうちにはなさきにけりうちしのびはるふくかぜにまだきちらすな羽羽

さはたがはせぜのむもれきあらはれてはなさきにけりはるのしるしに相無相無

かやりびのしたにもえつつあやめぐさあやにこひしきこひのかなしさ会会（欠える）

さみだれてものおもふときはわがやどのなくせみさへにこころぼそしや君事君事無路無路

みどりなるいろこそまされよとともになほしたくさのしげるなつのの生去生去

るりのつぼささちひさきははちすばにたまれるつゆにさもにたるかな母母（欠ぐる）露露

のもやまもいろかはりゆくかぜさむみいかでたづねむわすれにしせこ宮宮立顚好立顚好（欠る）

のきばなるうめさきぬとてはかられぬひとだのめなるゆきやなになり擦擦（手に察）明明（補る）

さきくさもえぬらめやそはるきなばわかなつむべきふぢかたのやま船生船（屋形つく）生

山山聞聞（補える）尊尊生言生言

はなのかのえだにしとまるものならばくるるはるをもをしまざらまし之之（欠け）米栗喪米栗喪

はるたたばまづまろうゑじこゆみづのえずはさはあしさてややみなん募聲募聲矢馬矢馬

みちのひとよめくりかへしふゆをなほさてあるものそいでたちもする尾掟尾掟為為相之相之初初

かすみたつみむろのやまにさくはなはひとしれずこそちりぬべらなれ止克止克民民

国柞原日精国柞原日精

いさやまだこひにしぬてふこともなしわれをやのちのためしにはせん栄栄潔潔

（親魏倭王印　汝擦質聲位之栄）　五二七頁参照。

みなかみのさだめて**け**ればき**み**がよにふたたびすめるほりかはのみ**づ**畑月畑（火田）月（夜出る）（補け）

射矢白立柞原生日精潔会君事船生之畑月柱丸初建乙酉酉金羅九矢丸日精潔相無生去宮擦尾掟止克男立顛

好山為民女無路母明募聲大好聲聞相之栄畝籠代高羽目露総根尊生言米栗喪矢馬初国柞原日精潔

◇源順馬名歌合

一六の和歌、成立　九六六年

○ほのぼのとやまのはのあけはしりいでてこのしたかげをすぎてゆくかな（〇〇〇一）
○やまのはのあけてあさひのいづるにはまづこのしたのかげぞさきだつ（〇〇〇二）
○ひさかたのつきげそらよりわたるともあまのかはらげかげとどめてん（〇〇〇三）
○くもまよりわけやいづらんひさかたのつきげそらよりかちてみゆるは（〇〇〇四）
○くもまよりとぶあしはらのつるぶちになにはのあしげおひつかむやは（〇〇〇五）
○いでかたみとぶあしはらのつるぶちをなにはのあしげかへりみてゆく（〇〇〇六）
○あさぢふのとらげのみだるけしきにはあなよりがたのいとのくりげや（〇〇〇七）
○しらいとのくりげひきでてみるからにふすあさぢふのとらげなりけり（〇〇〇八）
○かたきまつみどりのあけにくらぶれば**かみ**とぞみつるぬば**た**まのくろ（〇〇〇九）[394]二神
○みねのまつみどりのあけはなたかきをよるぬばたまのくろやなからん（〇〇一〇）

[394] かたきまつみどりのあけにくらぶれば神とぞみつるぬばたまのくろ

『新編国歌大観』　第五巻　歌合編　一九六七年四月一〇日　角川書店発行　五四頁に源順馬名歌合は収まる。この歌のみ漢字一字があり、他はひらがなである。この神に漢字を使い、源順は万感の思いを託した。倭人の神二神　日精潔・君事である。

◎ゆふかみのなりてわたらばおくれつつとりめはくものよそにこそみめ（〇〇〇一一）
○ゆふかみはとくもあらじをなにしおはばかけるとりめをあはせざらまし（〇〇〇一二）
○にげなくもくらぶめるかないちしるくにほひすぐれしはやきかすげに（〇〇〇一三）
○ちりにけるはなのかすげもいろまさるにげにしあへばはかなかりけり（〇〇〇一四）
○すまのあまのあさなあさなつむいそなぐさけふかちぶちはなみぞうちつる（〇〇〇一五）
○なにたかくふりてあめなるひばりかげいとどあらくぞまさるべらなる（〇〇〇一六）

◎の歌は次のように解ける。

ゆふかみのなりてわたらばおくれつつとりめはくものよそにこそみめ
こぞそらつくれりわくにははておつみめみなもとのためのりかゆふよ
過去夫等創れり倭国は果て落つ見め　源為憲が言ふよ

更に源順は倭国全一六代の王の名を挙げる。既出　一八頁。

ほのぼのとやまのはのあけはしりいでてこのしたかげをすぎてゆくかな光光（あかり）
やまのはのあけてあさひのいづるにはまづこのしたのかげぞさきだつ顚顚（いただき）（母矢雨（つる））
ひさかたのつきげそらよりわたるともあまのかはらげかげとどめてむ朋朋（つひ）
くもまよりわけやいづらむひさかたのつきげそらよりかちてみゆるは夫夫（かの）
くもまよりとふあしはらのつるふちになにはのあしけおひつかむやは泄泄（もるがち）
いでかたみとぶあしはらのつるぶちをなにはのあしげかへりみてゆく月月
あさぢふのとらげのみだるけしきにはあなよりがたのいとのくりげや日日（か）
しらいとのくりげひきでてみるからにふすあさぢふのとらげなりけり麻等麻等（あさら）（杼（りく）朋の夫）

かたきまつみどりのあけにくらぶれはかみとぞみつるぬばたまのくろ槙竹槙竹（まきたけ）
みねのまつみどりのあけはなたかきをよるぬばたまのくろやなからむ象象（きば）
ゆふかみのなりてわたらばおくれつつとりめはくものよそにこそみめ君事君事（かみよふ）
ゆふかみはとくもあらじをなにしおはばかけるとりめをあはせざらまし絡路絡路（らくとふり）
にげなくもくらぶめるかないちしるくにほひすぐれしはやきかすげに矢也矢也（しかな）
ちりにけるはなのかすげもいろまさるにげにしあへばはかなかりけり杜尾杜尾（もりしり）
すまのあまのあさなあさなつむいそなぐさけふかちぶちはなみぞうちつる内内（なか）
なにたかくふりてあめなるひばりかげいとどあらくぞまさるべらなる明明（あけ）

『日本古典文学大系七四　歌合集』（一九六五年三月五日　岩波書店発行）にも、源順馬名歌合が掲載されている。一〇五頁に一～五、一〇六頁に六～一三、一〇七頁に一四～二〇。一七～二〇は初出である（棒線　異同）。

○ほのぼのと山（やま）のはのあけはしりいでてこのしたかげをみても（すぎて）ゆくかな
○やまのはのあけてあさひのいづるにはまづこのしたのかげぞさきだつ
○ひさかたのつきげそらよりわたるともあまのかはらげ影（かげ）とどめてむ（ん）
○くもまよりわけやいづらむ（ん）ひさかたのつきげそらよりかちてみゆるは
○なみ（くも）まよりとぶあしはらのつるぶちになにはのあしげおひつかむやは
○いでかたみとぶあしはらのつるぶちを難波（なには）のあしげかへりみてゆく
○あさぢふのとらげのみだるけしきにはあなよりがたのいとのくりげや
○白（しら）いとのくりげひきいでてみるからにふすあさぢふのとらげなりけり

○かたきまつみどりのあを（け）にくらぶればかみ（神）とぞみゆ（つ）るむ（ぬ）ばたまのくろ
○みねのまつみどりのあをの（けは）なたかきをよるむ（ぬ）ばたまのくろやなからむ（ん）
○ゆふかみのなりてわたらばおくれつつとりめはくものよそにこそみめ
○ゆふかみはとくもあらじをなにしおはばかけるとりめをあはせざらまし
○にげなくもくらぶめる哉（かな）いちしるくにほひすぐれて（し）はやきかすげに
○ちりにける花（はな）のかすげも色（いろ）まさるにげにしあへばはかなかりけり
○須磨（すま）のあまのあさなにつめる（あさなつむ）いそなぐさ今日（けふ）かちぶちはなみぞうちつる
○なにたかくふりてあめなるひばりかげいとどあしこそ（らくぞ）まさるべらなれ（る）
○たくなはのたえてもやみねそこひなきふちにはかづくあまもあらじを（〇〇〇一七）
○ちはやぶるかみぐろてへどわたつみのしろきくもゐのそらにすててき（〇〇〇一八）
○わたのはら白妙のなみのうちてこしそこの神ぐろかちはみえにき（〇〇〇一九）
○左右くらぶるこまのあしはやみわがかたにいつかちぶちをみよ（〇〇〇二〇）

これは単なる歌の増加ではなく、一六から二〇即ち一六代倭国王から安麻の手引への見事な転換である。

○ほのぼのとやまのはのあけはしりいでてこのしたかげをみてもゆくかな　里多弖天　波麻
○やまのはのあけてあさひのいづるにはまづこのしたのかげぞさきだつ　古非都追
○ひさかたのつきげそらよりわたるともあまのかはらげかげとどめてむ　麻佐武　等伎能多米
○くもまよりわけやいづらむひさかたのつきげそらよりかちてみゆるは　君我牟多　由加麻
○なみまよりとぶあしはらのつるぶちになにはのあしげおひつかむやは　等夜乃野尓

○いでかたみとぶあしはらのつるぶちをなにはのあしげかへりみてゆく

可美都家野　安

○あさぢふのとらげのみだるけしきにはあなよりがたのいとのくりげや

多　可奈師家

○しらいとのくりげひきいでてみるからにふすあさぢふのとらげなりけり

美　伊倡弖伊奈

○かたきまつみどりのあをにくらぶればかみとぞみゆるむばたまのくろ

乃　美津野等麻里尓　布

○みねのまつみどりのあをのなたかきをよるむばたまのくろやなからむ

水都登利能　多々武与

○ゆふかみのなりてわたらばおくれつつとりめはくものよそにこそみめ

曽於毛布　等

○ゆふかみはとくもあらじをなにしおはばかけるとりめをあはせざらまし

波里波良

○にげなくもくらぶめるかないちしるくにほひすぐれてはやきかすげに

吉　可毛可久

○ちりにけるはなのかすげもいろまさるにげにしあへばはかなかりけり

呂尓　伊波流毛能可

○すまのあまのあさなにつめるいそなぐさけふかちぶちはなみぞうちつる

奈美尓安布能須　安

○なにたかくふりてあめなるひばりかげいとどあしこそまさるべらなれ

我波良

○たくなはのたえてもやみねそこひなきふちにはかづくあまもあらじを

安之比奇能　夜麻治古延

○ちはやぶるかみぐろてへどわたつみのしろきくもゐのそらにすててき

尓　和多都美乃

○わたのはらしろたへのなみのうちてこしそこのかみぐろかちはみえにき

海原

○ひだりみぎくらぶるこまのあしはやみわがかたにいつかちぶちをみよ

安波之麻平　与

海原乎　夜蘇之麻我久里　伎奴礼杼母　奈良能美也故波　和須礼可祢都母

可敝流散尓　伊母尓見勢武**尓**　**和多都美乃**　於幾都志良多末　比利比弖由賀奈

賀美都家野　久路保乃祢呂乃　久受葉我**多**　**可奈師家**兒良尓　伊夜射可里久母

刀祢河泊乃　可波世毛思良受　多太和多里　**奈美尓安布能須**　**安**敝流伎美可母

大伴**乃**　**美津野等麻里尓**　**布**祢波弖々　多都多能山乎　伊都可故延伊加武

安之比奇能　**夜麻治古延**牟等　須流君乎　許々呂尓毛知弖　夜須家久母奈之
宇恵太気能　毛登左倍登与**美**　**伊侶弖伊奈**婆　伊豆思牟伎弖可　伊毛我奈気可牟
古非都追母　乎良牟等須礼杼　遊布麻夜万　可久礼之伎美乎　於母比可祢都母
和我世古我　可反里吉**麻佐武**　**等伎能多米**　伊能知能己佐牟　和須礼多麻布奈
君我牟多　**由加麻**之毛能乎　於奈自許等　於久礼弖乎礼杼　与伎許等毛奈之
安乎祢呂尓　多奈婢久君母能　伊佐欲比尓　物能乎**曽於毛布**　**等**思乃許能己呂
比登祢**呂尓**　**伊波流毛能可**良　安乎祢呂尓　伊佐欲布久母能　余曽里都麻波母
大船尓　可之布**里多弖天**　**波麻**藝欲伎　麻里布能宇良尓　也杼里可世麻之
伊都之可母　見牟等於毛比師　**安波之麻乎**　**与**曽尓也故非無　由久与思乎奈美
水都登利能　**多々武与**曽比尓　伊母能良尓　毛乃伊波受伎尓弖　於毛比可祢都毛
等夜乃野尓　乎佐藝祢良波里　乎佐乎左毛　祢奈敝古由恵尓　波伴尓許呂波要
武蔵野乃　久佐波母呂武**吉**　**可毛可久**母　伎美我麻尓末尓　吾者余利尓思乎
伊利麻治野　於保屋**我波良**能　伊波為都良　比可婆奴流々々　和尓奈多要曽祢
可美都家野　**安**蘇夜麻都豆良　野乎比呂美　波比尓思物能乎　安是加多延世武
伊可保呂乃　蘇比乃**波里波良**　和我吉奴尓　都伎与良之母与　比多敝登於毛敝婆

旧著四一頁に「発見宣言」がある。ここに自信をもって再録する。

私　岩谷行雄はここに日精潔の都が、三原市にあったこと、高坂町に日精潔の騎（とのき）があったことを宣言します。高坂町真良の前土居山にて、二〇〇四年一一月二六日に広島県教育委員会及び三原市教育委員会が発掘調査を始めました。ここが日精潔の朋喪朗（ゆもろ）（高殿）であったことを信じますが、この発見宣言は、この発掘如何に影響されるものではありません。

①　太安萬侶は古事記を七一二年に書きました。四四の和歌（五七五七七のみ）があります。これは暗号でした。順に二つの歌を並べて、ひみこ、みこと、やまい、みはら、しむら（真良）、ふなき、つくし、はかた、の優先順位で二つを当てはめます。大好、は何時でも使えます。二二の謎解きができます。

②　この謎を解けば、長井浦（三原市糸崎町）で詠まれた萬葉集の歌が一つ（萬葉集三六一三）出てきます。この歌を本に、二〇の歌が導かれます。世に言う「安麻の手引」です。①のひみこ、みこと、やまい、みはら、しむら、ふなき、つくし、はかた、大好の語を一つ又は複数を組合わせ、左右対称に語を拾い、言葉を結びます。一〇〇の謎符を解きました。

③　源氏物語に七九五の歌があります。左右の二つの歌を、①のルールを基本として読みますが、次の精緻なルールがあります（真良はしんらです）。一五九〇の暗号を解きました。

(1)ひみこ等の言葉は、その中で先ず選択する。即ち最短コースを選択する。

(2)補助として音上後（おとうへのち）を使用します。上がない場合前（まへ）を使用します。ここでも最短コースを選択する。

(3)「当てるる」は次の(4)に優先して使用する。「あ」がない場合は「である」を使用する。「当てりる」「当てぬる」「でなす」「で書く」等で代替する。

(4)最後の括りの表現として「我書く」「吾書く」を使用する。代替は「聞く」次に「知る」で代替する。

(5)一番困難であるが重要なのが、日精潔であれば、日（ひ）、日（か）、精（くはし）、精（せひ）、潔（きよし）、潔（けつ）等を選択して更に本文の特定をすることです。

(6)(1)以外の言葉の選択は困難であるが、最も重要なことである。漢字一字（顚とか）の場合は上（うへ）（前（まへ））後（のち）が概ねない。

(7)いずれにしても、一度は同じ暗号で日（ひ）、日（か）を繰返し、字の特定を厳密に行う必要があります。

(8)本文の最初に「名」を入れて導入部とすることができます。
(9)全体の中で矛盾がないか確認しつつ言葉を選択します。
(この精緻なルールは一五九〇という数多い暗号が前後矛盾なく解読するために考案されたもので誰が解読しても内容的には同じものになるための必須のルールです)

[4]『古事記』『萬葉集』『源氏物語』の暗号に触れつつ、六〇の歌で三〇の暗号を作り、日精潔の秘密を記載したものが、今川貞世(了俊)の道行きぶり(一三七八年)です。読み方は[1]のルールです。

[5] さらに本居宣長が玉鉾百首(一七八七年)の一三二の歌の三の倍数の順序で出て来る歌で二二の暗号を作りました。読み方は[1]のルールです。『古事記』『萬葉集』『源氏物語』『道行きぶり』に触れています。

[1]〜[5]の著書で日本の錚々たる学者・文学者が残したメッセージは、日精潔の都が、三原市にあったこと、高坂町に日精潔の宮室があったことで一致しました。

何の躊躇もなくここに日精潔の都の発見宣言をします。

二〇〇六年一月一日[395]

これは太安萬侶、紫式部、源為憲、今川了俊、本居宣長を辿るものである。言わば点と線であるが、今私はここに第二の発見宣言を追加できる。点と線ではなく、多くの人々が倭国の歴史を後世に残すべく努力しているのであるから、面と時空への大いなる飛躍である。

ひみこ、みこと、やまい、みはら、しむら(真良)、ふなき、つくし、はかた、大好がキーワードであったが、今回は先ず源順、その後大好、日精潔、君事をキーワードとし、二つの短歌、又は三つの短歌を読み解く(補助として横一列　三字追加可能)。更に和歌制作者の氏名を挿入しているか、注意深

---

395 藝陽日日新聞二〇〇五年六月一六日号及び三原歴史と観光の会会報二〇〇五年八月号に宣言の旧稿が紹介された。

く読む必要がある。

◆後拾遺和歌集

成立　一〇八七年。撰者　藤原通俊

一二二九首中三四首が源順の八文字を含む（二・二九％）。

○はるがす**み**へ**だ**つるやまの**ふもと**までおもひ**し**らずもゆく**こ**ころか**な**[396]藤原孝善

◎**な**に**こと**をはるのか**たみ**にお**も**はま**し**け**ふ**しらかはのはなみざりせは[397]伊賀少将

◎**た**まさかにあ**ふこと**より**も**た**な**ばたはけふまつるをやめつら**し**と**み**る[398]小弁

◎あきは**な**ほわか**み**ならね**どた**かさ**ご**のをのへの**し**か**も**つまぞこ**ふ**らし[399]能因法師

○**み**づ**もな**くみえ**こ**そわ**た**れおほゐがはき**し**のもみぢはあめ**とふ**れども[400]中納言藤原定頼

○ひ**とも**とのまつの**し**るしそ**た**のもしき**ふ**た**こ**ころ**な**きちよと**み**つれば[401]源兼澄

◎さ**みだ**れにあらぬけ**ふ**さへはれせぬはそら**もなし**き**こと**やしるらん[402]周防内侍

396　〇〇〇七七　春がすみへだつる山のふもとまで思ひしらずもゆく心かな（『新日本古典文学大系八　後拾遺和歌集』　一九九四年四月二〇日　岩波書店発行　三四頁）

397　〇〇一一九　なにことを春のかたみに思はまし今日白河の花見ざりせは（同四六頁）

398　〇〇二四七　たまさかに逢ふことよりも七夕は今日祭るをやめつらしと見る（同八四頁）

399　〇〇二八七　秋はなほわか身ならねど高砂の尾上の鹿も妻ぞこふらし（同九五頁）

400　〇〇三六五　水もなく見えこそわたれ大井川岸の紅葉は雨と降れども（同一一八頁）

401　〇〇四三一　ひともとの松のしるしそたのもしき心なき千代と見つれば（同一三九頁）

402　〇〇五六二　五月雨にあらぬ今日さへ晴れせぬは空も悲しきことや知るらん（同一八四頁）

◎ゆゆ**し**さにつつめ**ど**あまる**なみだ**かなかけじとお**もふ**たびの**こ**ろもに[403]源道成朝臣
◎ふかさ**こ**そふぢの**たもと**はまさるらめ**なみ**だはおな**じ**いろにこそしめ[404]伊勢大輔
○**し**のびつつや**みな**むよりはお**もふこと**ありけると**だ**にひとにしらせん[405]大江嘉言
○**な**きな**た**つひ**と**だによにはあるものをき**みこふ**るみと**し**られぬぞうき[406]実源法師
○**とし**へつるやまし**たみ**づのうす**ご**ほりけ**ふ**はるかぜにうち**も**とけ**な**ん[407]藤原能通朝臣
◎あさねが**み**み**だ**れて**こ**ひぞ**しど**ろ**な**るあ**ふ**よし**も**がなもとゆひにせん[408]良暹法師
○われが**み**は**と**がへる**た**かと**な**りにけりと**し**は**ふ**れど**もこ**ゐはわすれず[409]左大臣源俊房
○**し**るひ**ともな**くてや**み**ぬるあ**ふこ**とをいかでなみ**だ**のそでにもるらん[410]藤原元輔
○**な**か**た**ゆるかづらきやまのいはは**し**は**ふみ**みる**こと**もかたくぞありける[411]相模
○**み**や**こ**に**も**こひ**し**きひ**と**のおほかれば**な**ほこの**た**びはいかむとぞおも**ふ**[412]藤原惟規

403 ○○五七八　ゆゆしさにつつめどあまる涙かなかけじと思ふ旅の衣に（同一八九頁）
404 ○○五八○　深さこそ藤の袂はまさるらめ涙はおなじ色にこそ染め（同一九○頁）
405 ○○六一○　しのびつつやみなむよりは思ふことありけるとだに人に知らせん（同二○一頁）
406 ○○六一三　なき名立つ人だに世にはあるものを君恋ふる身と知られぬぞ憂き（同二○二頁）
407 ○○六二三　年へつる山した水のうすごほりけふ春風にうちもとけなん（同二○五頁）
408 ○○六五九　朝寝髪みだれて恋ぞしどろなる逢ふよしもがな元結ひにせん（同二一五頁）
409 ○○六六一　われが身はとがへる鷹となりにけり年はふれどもこゐは忘れず（同二一六頁）
410 ○○六七七　知る人もなくてやみぬる逢ふことをいかでなみだの袖にもるらん（同二二○頁）
411 ○○七五八　中絶ゆる葛城山の岩橋はふみみることもかたくぞありける（同二四六頁）
412 ○○七六四　都にもこひしき人のおほかればなほこのたびはいかむとぞ思ふ（同二四八頁）

◎こひしさのうきにまぎるるものならばまたふたたびときみをみましや[413]大弐三位

○おほかたにふるとぞみえしさみだれはものおもふそでのなにこそありけれ[414]藤原道済

◎おもひいでてとふことのはをたれみましつらきにたへぬいのちなりせば[415]よみ人知らず

◎やまざとをたづねてとふとおもひしはつらきこころをみするなりけり[416]中務典侍

○こぞのけふわかれしほしもあひぬめりなどたぐひなきわがみなるらん[417]後朱雀院御製

○たまくしげみはよそよそになりぬともふたりちぎりしことなわすれそ[418]馬内侍

◎あふさかのせきのあなたもまだみねばあづまのこともしられざりけり[419]大江匡衡朝臣

◎さはみづにおりゐるたづはとしふともなれしくもゐぞこひしかるべき[420]橘為仲朝臣

◎なげきこしみちのつゆにもまさりけりなれにしさとをこふるなみだは[421]赤染衛門

◎けふとしもおもひやはせしあさごろもなみだのたまのかかるべしとは[422]読人不知

---

413 ○○七九二 こひしさのうきにまぎるるものならばまたふたたびと君を見ましや（同二五六頁）

414 ○○八〇四 おほかたに降るとぞみえしさみだれは物思ふ袖の名にこそありけれ（同二五九頁）

415 ○○八七七 思ひ出でてとふ言の葉をたれ見ましつらきにたへぬいのちなりせば（同二八〇頁）

416 ○○八七八 山里をたづねてとふと思ひしはつらき心を見するなりけり（同二八〇頁）

417 ○○八九七 こぞのけふ別れし星も逢ひぬめりなどたぐひなきわが身なるらん（同二八七頁）

418 ○○九二三 たまくしげ身はよそよそになりぬともふたりちぎりしことな忘れそ（同二九七頁）

419 ○○九三七 逢坂のせきのあなたもまだ見ねばあづまのことも知られざりけり（同三〇一頁）

420 ○○九八〇 沢水におりゐるたづは年ふともなれし雲ゐぞこひしかるべき（同三一六頁）

421 ○一〇一六 なげきこし道の露にもまさりけりなれにし里を恋ふるなみだは（同三二八頁）

422 ○一〇二七 けふとしも思ひやはせしあさごろもなみだの玉のかかるべしとは（同三三一頁）

◎**みしとも**わすれのみゆく**ふ**るさとに**こ**ころ**な**がくもき**た**るはるかな[423]前中納言藤原義懐

○**た**にかぜに**なれ**ず**と**いかがお**もふ**らむ**こ**ころははやくす**み**に**し**ものを[424]前大納言藤原公任

○お**もふこと**か**み**は**し**るらんすみよしのきしのしら**な**み**た**よりなりとも[425]源頼実

◎ゆ**ふだ**すきた**もと**にかけていのり**こし**か**み**のしるしをけふみつるか**な**[426]よみ人知らず

◎ま**こと**にやをばすてやまのつきは**み**るよ**も**さら**しな**とおも**ふ**わ**た**りを[427]赤染衛門

○**し**のびねの**なみだ**なかけそかくばかりせばし**と**お**もふこ**ろのたもとに[428]大弐三位

◎**み**や**こ**ひ**と**くるればかへるいまよりは**ふし**みのさとの**な**を**もた**のまじ[429]橘俊綱朝臣

◎は次のように解ける。

あきはなほ　わかみならねどたかさごのをのへのしかもつまぞこふらし　大好

あさねがみ　みだれてこひぞしどろなるあふよしもがなもとゆひにせん　日精潔

おもひいでて　とふことのはをたれみましつらきにたへぬいのちなりせば　君事

からひとみかどはわのだみこをころされつみあふれね

加羅人帝は　倭の民　子を殺され　罪溢れね

423 ○一〇三四　見し人も忘れのみゆくふるさとに心ながくも来たる春かな（同三三三頁）

424 ○一〇三五　谷風になれずといかが思ふらむこころははやくすみにしものを（同三三四頁）

425 ○一〇六七　思ふこと神は知るらん住吉の岸の白波たよりなりとも（同三四四頁）

426 ○一〇七九　ゆふだすきたもとにかけて祈りこし神のしるしをけふ見つるかな（同三四七頁）

427 ○一〇九一　まことにや姨捨山の月は見るよもさらしなと思ふわたりを（同三五一頁）

428 ○一一〇〇　しのびねのなみだなかけそかくばかりせばしと思ふころのたもとに（同三五五頁）

429 ○一一四六　みやこ人暮るれば帰るいまよりは伏見の里の名をもたのまじ（同三七一頁）

▼為故

なにことをはるのかたみにおもはましけふしらかはのはなみざりせは　為故　**柞原生**

たまさかにあふことよりもたなばたはけふまつるをやめつらしとみる　為故　**山為民**

あきはなほわかみならねどたかさごのをのへのしかもつまぞこふらし　為故　**大好**

さみだれにあらぬけふさへはれせぬはそらもかなしきことやしるらん　為故　**去宮**

ゆゆしさにつつめどあまるなみだかなかけじとおもふたびのころもに　為故　**白立**

ふかさこそふぢのたもとはまさるらめなみだはおなじいろにこそしめ　為故　**米栗喪**

あさねがみみだれてこひぞしどろなるあふよしもがなもとゆひにせん　為故　**日精潔**

こひしさのうきにまぎるるものならばまたふたたびときみをみましや　為故　**君事船生之**

やまざとをたづねてとふとおもひしはつらきこころをみするなりけり　為故　**女**

あふさかのせきのあなたもまだみねばあづまのこともしられざりけり　為故　**之畑月柱**

さはみづにおりゐるたづはとしふともなれしくもゐぞこひしかるべき　為故　**月柱丸初**

なげきこしみちのつゆにもまさりけりなれにしさとをこふるなみだは　為故　**生去**

けふとしもおもひやはせしあさごろもなみだのたまのかかるべしとは　為故　**相之**

みしひともわすれのみゆくふるさとにこころながくもきたるはるかな　為故　**栄**

まことにやをばすてやまのつきはみるよもさらしなとおもふわたりを　為故　**尾掟**

みやこひとくればかへるいまよりはふしみのさとのなをもたのまじ　為故　**九矢丸日精潔**

射矢**白立柞原生日精潔**会**君事船生之畑**月**柱丸初**建乙酉酉金羅**九矢丸日精潔**相無**生**去宮擦**尾掟**止克男立顚

好**山為民女**無路母明募聲**大好**聲聞**相之栄**畝籠代高羽目露総根尊生言**米栗喪**矢馬初国柞原日精潔

◇金葉和歌集

成立　一一二七年。撰者　源俊頼

六五〇首中九首が源順の八文字を含む（一・三八％）。これは三奏本でこの前に初度本（一一二四年成立　四七〇首）・二度本（一一二五年成立　七一七首）がある。初度本・二度本は二一集の集計に含めていない。初度本には欠落した部分があり、従って源順の八文字を含む歌全部を確認できないが、三首は確認できる。〇〇〇七九は三奏本の〇〇〇七〇、〇〇一一四は二度本の〇〇〇七六、〇〇一九四は、二度本の〇〇一三三、三奏本の〇〇一三一に当たる。二度本には源順の八文字を含む歌が一三首ある。その内六首は三奏本にある。

◎さくらば**な**ま**たみ**む**こと**もさだめなきよはひそかぜよこころ**し**て**ふ**け[430]藤原隆頼
○お**なじ**くは**と**とのへて**ふ**けあやめぐささ**みだ**れたらば**も**りも**こ**そすれ[431]左近府生秦兼文
○あられ**ふ**るか**た**のの**み**ののかり**ご**ろ**も**ぬれぬや**ど**かすひと**しな**ければ[432]藤原長能
◎あ**ふみ**てふ**な**は**た**か**し**まにき**こ**ゆれ**ど**いづらは**こ**こにくる**も**とのさと[433]読人不知
◎あ**ふこと**のいまはか**たみ**のめをあらみ**も**りて**な**がれむなこそを**し**けれ[434]読人不知

---

430 〇〇〇七〇　桜花またみむこともさだめなきよはひそ風よ心して吹け（『新日本文学大系九　金葉和歌集　詞花和歌集』一九八九年九月二〇日　岩波書店発行　三五七頁）
431 〇〇一三一　おなじくはととのへて葺けあやめ草さみだれたらばもりもこそすれ（同三五九頁）
432 〇〇二九五　霰ふる交野のみのの狩衣ぬれぬ宿かす人しなければ（同三六七頁）
433 〇〇四九二　あふみてふ名は高しまに聞こゆれどいづらはここにくる本の里（同三七七頁）
434 〇〇四九七　逢ふ事のいまはかたみの目をあらみもりて流れむ名こそ惜しけれ（同三七七頁）

○ふるあめのあしともおつるなみだかなこまかにものをおもひくだけは[435]道綱母

○おもふことなくてやみましよさのうみのあまのはしたてみやこなりせば[436]馬内侍

○はやくよりたのみわたりしすずかがはおもふことなるおとぞきこゆる[437]大条右大臣北方

○みのうさをおもひしとけばふゆのよもとどこほらぬはなみだなりけり[438]藤原家経朝臣

○たまくしげかけごにちりもすゑざりしふたおやながらなきみとをしれ[439]読人不知

◎の歌は次のように解ける。

あふことのいまはかたみのめをあらみもりてながれむなこそをしけれ　大好

さくらばなまたみむこともさだめなきよはひそかぜよこころしてふけ　日精潔

あふみてふなはたかしまにきこゆれどいづらはここにくるものさと　君事

からくなここみはらてをがかとだたかひをここみしむ

加羅槌ここ柞原で大好と戦ひ痴（をこ）子見しむ

ここで二度本②と三奏本③について、源順の八文字を含む歌を並べる。

◎②　わがやどにまたこん（む）ひともみるばかりをりなつくしそやまふきのはな[440]津守国基

---

435 ○○五〇九　降る雨のあしとも落つる涙かなこまかにものを思ひくだけは（同三七八頁）

436 ○○五一五　思ふことなくてや見まし与謝の海の天の橋立みやこなりせば（同三七八頁）

437 ○○五三三　早くより頼みわたりし鈴鹿川思ふことなる音ぞきこゆる（同三七九頁）

438 ○○五七四　身の憂さを思ひしとけば冬の夜もとどこほらぬは涙なりけり（同三八三頁）

439 ○○六〇一　玉くしげかけごに塵も据ゑざりしふた親ながらなき身とを知れ（同三八五頁）

440 ○○七六　わが宿にまた来ん人も見るばかり折なつくしそやまふきの花（『新日本文学大系九　金葉和歌集　詞

◎②③おなじくはととのへてふけあやめぐささみだれたらばもりもこそすれ

◎②いのちだにはかなからずはとしふともあひみんことをまたましものを[441]左兵衛督徳大寺実能

◎②つつめどもなみだのあめのしるければこひするなをもふらしつるかな[442]藤原忠隆

◎②あだなりしひとのこころにくらぶれははなもときはのものとこそみれ[443]摂政左大臣藤原忠通

◎②たちながらきたりとあはじふぢごろもぬぎすてられんみぞとおもへば[444]橘俊宗女

◎②あづさゆみかへるあしたのおもひにはひきくらぶべきことのなきかな[445]藤原顕輔朝臣

◎②③あふみてふなはたかしまときこゆれどいづらはここにくるもとのさと

◎②③あふことのいまはかたみのめをあらみもりてながれむなこそをしけれ

◎②③はやくよりたのみわたりしすずかがはおもふことなるおとぞきこゆる

◎②③みのうさをおもひしとけばふゆのよもとどこほらぬはなみだなりけり

◎②③たまくしげかけごにちりもすゑざりしふたおやながらなきみとをしれ

◎②あくといふこともしらばやくれなゐのなみだにそまるそでやかへると[446]琳賢法師

◎③さくらばなまたみむこともさだめなきよはひそかぜよこころしてふけ

花和歌集』 一九八九年九月二〇日 岩波書店発行 二四頁）

441 ○○三八○ 命だにはかなからずは年ふとも逢ひみんことを待たまし物を（同一〇八頁）

442 ○○三九四 つつめども涙の雨のしるければ恋ひする名をもふらしつるかな（同一一二頁）

443 ○○四一一 あだなりし人の心にくらぶれは花もときはの物とこそ見れ（同一一六頁）

444 ○○四一八 たちながらきたりとあはじ藤衣ぬぎ捨てられん身ぞと思へば（同一一八頁）

445 ○○四八○ 梓弓かへる朝の思ひには引きくらぶべきことのなきかな（同一三六頁）

446 ○○七一六 あくといふ事も知らばや紅の涙にそまる袖やかへると（同二一五頁）

◎③　あられふるかたののみののかりごろもぬれぬやどかすひとしなければ
◎③　ふるあめのあしともおつるなみだかなこまかにものをおもひくだけは
◎③　おもふことなくてやみましよさのうみのあまのはしたてみやこなりせば

◎は次の通り解ける。

▼安麻の手引　（脱　水都登利能一つ　伊武多比　於毛比可祢都）

わがやどにまたこむひともみるばかりをりなつくしそやまふきのはな
おなじくはととのへてふけあやめぐささみだれたらばもりもこそすれ
いのちだにはかなからずはとしふともあひみんことをまたましものを
つつめどもなみだのあめのしるければこひするなをもふらしつるかな

あだなりしひとのこころにくらぶればはなもときはのものとこそみれ
たちながらきたりとあはじふぢころもぬぎすてられんみぞとおもへば
あづさゆみかへるあしたのおもひにはひきくらぶべきことのなきかな
あふみてふなはたかしまときこゆれどいづらはここにくるもとのさと
あふことのいまはかたみのめをあらみもりてながれむなこそをしけれ
はやくよりたのみわたりしすずかがはおもふことなるおとぞきこゆる
みのうさをおもひしとけばふゆのよもとどこほらぬはなみだなりけり
たまくしげかけごにちりもすゑざりしふたおやながらなきみとをしれ
あくといふこともしらばやくれなゐのなみだにそまるそでやかへると
さくらばなまたみむこともさだめなきよはひそかぜよこころしてふけ

曽尓也故非無
之布里多弖
志良多末　比
賀美都家野
二つ目可美都家野　安
安之比奇能
波里波良
能　毛登左倍
礼杼　遊布麻
伊利麻治野
吉　可毛可久
海原乎
須礼多麻布奈
尓　伊波流毛能可良　安
君我牟多

あられふるかた**のの**みののかりごろもぬれぬ**やど**かすひとしなければ
ふるあめのあし**とも**お**つ**る**なみだ**かなこまか**に**ものを**お**もひくだけは
おもふことなくてやみま**し**よさ**の**うみ**の**あまのはしたてみや**こ**なりせば

等夜乃野
奈美尓安　二つ目**大伴乃**
於毛布　**等思乃許能己**

海原乎　夜蘇之麻我久里　伎奴礼杼母　奈良能美也故波　和須礼可祢都母
可敝流散尓　伊母尓見勢武尓　和多都美乃　於幾都**志良多末**　**比**利比弖由賀奈
賀美都家野　久路保乃祢呂乃　久受葉我多　可奈師家兒良尓　伊夜射可里久母
刀祢河泊乃　可波世毛思良受　多太和多里　**奈美尓安**布能須　安敝流伎美可母
大伴乃　美津野等麻里尓　布祢波弖々　多都多能山乎　伊都可故延伊加武
安之比奇能　夜麻治古延牟等　須流君乎　許々呂尓毛知弖　夜須家久母奈之
宇恵太気**能**　**毛登左倍**登与美　伊侶弖伊奈婆　伊豆思牟伎弖可　伊毛我奈気可牟
古非都追母　乎良牟等須**礼杼**　**遊布麻**夜万　可久礼之伎美乎　於母比可祢都母
和我世古我　可反里吉麻佐武　等伎能多米　伊能知能己佐牟　和**須礼多麻布奈**
君我牟多　由加麻之毛能乎　於奈自許等　於久礼弖乎礼杼　与伎許等毛奈之
安乎祢呂尓　多奈婢久君母能　伊佐欲比尓　物能乎曽**於毛布**　**等思乃許能己**呂
比登祢呂**尓**　**伊波流毛能可良**　**安**乎祢呂尓　伊佐欲布久母能　余曽里都麻波母
大船尓　可**之布里多弖**天　波麻藝欲伎　麻里布能宇良尓　也杼里可世麻之
伊都之可母　**見**牟等於毛比師　安波之麻乎　与**曽尓也故非無**　由久与思乎奈美
水都登利能　**多々武**与曽**比**尓　**伊**母能良尓　毛乃伊波受伎尓弖　**於毛比可祢都**毛（**隠題思ひかねつ**）
等夜乃野尓　乎佐藝祢良波里　乎佐乎左毛　祢奈敝古由恵尓　波伴尓許呂波要
武蔵野乃　久佐波母呂武**吉**　**可毛可久**母　伎美我麻尓末尓　吾者余利尓思乎

伊利麻治野　於保屋我波良能　伊波為都良　比可婆奴流々々　和尓奈多要曽祢
可美都家野　**安**蘇夜麻都豆良　野乎比呂美　波比尓思物能乎　安是加多延世武
伊可保呂乃　蘇比乃**波里波良**　和我吉奴尓　都伎与良之母与　比多敝登於毛敝婆

◇詞花和歌集

成立　一一五一年。撰者　藤原顕輔

四二〇首中一一首が源順の八文字を含む（二・六二％）。

◎け**ふ**より**は**た**つな**つ**ご**ろ**も**うすく**と**もあつ**し**との**み**やおもひわたらむ[447]増基法師

○あきかぜにつゆを**なみだと**なくむ**し**のお**もふこ**ころをたれにとはまし[448]橘正通

◎あられ**ふ**るか**た**のの**み**のかり**こ**ろ**も**ぬれぬや**ど**かすひと**しな**ければ[449]藤原長能

◎わが**こ**ひや**ふたみ**かはれるたまく**し**げいかにすれ**ども**あふかたも**な**き[450]読人不知

◎**こ**ひわびてひ**と**り**ふ**せやによ**も**すがらおつる**なみだ**やおとな**し**のたき[451]中納言藤原俊忠

◎わかのうら**と**い**ふ**にて**し**りぬかぜふかば**なみ**の**た**ち**こ**とお**も**ふなるべし[452]源仲正

---

447 ○○○五一　けふよりはたつ夏衣うすくともあつしとのみや思わたらむ（前掲『新日本文学大系九　金葉和歌集　詞花和歌集』一二三五頁）

448 ○○一二二　秋風に露をなみだとなくむしのおもふこころをたれにとはまし（同一二五四頁）

449 ○○一五二　あられふる交野の御野の狩ころもぬれぬ宿かす人しなければ（同一二六三頁）

450 ○○二二六　わが恋やふたみかはれる玉くしげいかにすれどもあふかたもなき（同一二八七頁）

451 ○○二三二　恋わびてひとり伏せ屋によもすがら落つるなみだやおとなしの滝（同一二八九頁）

452 ○○二八四　和歌の浦といふにてしりぬ風ふかば波のたちことおもふなるべし（同一三〇七頁）

◎ふるあめのあしともおつるなみだかなこまかにものをおもひくだけば[453]大納言道綱母
◎ひとのよにふたたびしぬるものならばしのびけりやとこころみてまし[454]大弐三位
○みのうさはすぎぬるかたをおもふにもいまゆくすゑのことぞかなしき[455]大納言源師頼
◎いとひてもなほをしまるるわがみかなふたたびくべきこのよならねば[456]藤原季通朝臣
○ゆふまぐれこしげきにはをながめつつこのはとともにおつるなみだか[457]少将義孝

◎の歌は次のように解ける。

ふるあめの　あしともおつるなみだかなこまかにものをおもひくだけば　大好
わがこひや　ふたみかはれるたまくしげいかにすれどもあふかたもなき　日精潔
わかのうらといふにてしりぬかぜふかばなみのたちこともおもふなるべし　君事
こまひどのみかどのうしのあめをもとにこかかみにふだかく
高句麗(こま)人の帝の氏婭瑪を基に子が神に簡書く

▼譜
けふよりはたつなつごろもうすくともあつしとのみやおもひわたらむ　日精潔の譜　生波
あられふるかたののみののかりころもぬれぬやどかすひとしなければ　日精潔の譜　鹵也

453 ○○三三　ふる雨のあしともおつるなみだかなこまかにものを思ひくだけば（同三一〇頁）
454 ○○三二七　ひとの世にふたたび死ぬるものならばしのびけりやと心みてまし（同三一一頁）
455 ○○三四一　身のうさは過ぎぬるかたを思ふにもいまゆくすゑのことぞかなしき（同三一六頁）
456 ○○三四六　厭ひてもなほをしまるる我が身かなふたたび来べきこの世ならねば（同三一七頁）
457 ○○三九六　ゆふまぐれ木繁き庭をながめつつ木の葉とともにおつるなみだか（同三四四頁）

わがこひやふたみかはれるたまくしげいかにすれどもあふかたもなき　日精潔譜　也露
こひわびてひとりふせやによもすがらおつるなみだやおとなしのたき　日精潔譜　谷辛未
ふるあめのあしともおつるなみだかなこまかにものをおもひくだけば　日精潔の譜　建
ひとのよにふたたびしぬるものならばしのびけりやとこころみてまし　日精潔の譜　主無
いとひてもなほをしまるるわがみかなふただひくべきこのよならねば　日精潔の譜　初余

日精潔初余定里大好揺言生波也夢祇主無木比積矢柞原観然離柄也露徽絡母加羅槌国等閔国
露逝新羅為浮吾鹵也上媛矢乍耐君事建炎絡母落也喪還谷辛未会絡母会言祇癸酉丙椈枝定里

◇千載和歌集

成立　一一八八年。撰者　藤原俊成

一二九〇首中三七首が源順の八文字を含む（二・八七％）。

◎そまかたにみちやまどへるさをしかのつまどふこゑのしげくもあるかな[458]大納言藤原公実

○いまぞしるたむけのやまはもみぢはのぬさとちりかふなにこそありけれ[459]藤原清輔朝臣

○すむみづをこころなしとはたれかいふこほりぞふゆのはじめをもしる[460]大納言隆季

○かたみにやうはけのしもをはらふらんともねのをしのもろこゑになく[461]源親房

---

458 ○○三〇八　杣かたにみちやまどへるさを鹿の妻どふこゑのしげくも有るかな（『新日本古典文学大系一〇　千載和歌集』一九九三年四月二〇日　岩波書店発行　九八頁）（夫木抄○四六〇五）

459 ○○三七二　今ぞ知る手向の山はもみぢ葉のぬさとちりかふ名こそありけれ（同一一四頁）

460 ○○三九二　すむ水を心なしとはたれかいふこほりぞ冬のはじめをも知る（同一二〇頁）

461 ○○四二九　かた身にやうは毛の霜をはらふらんとも寝のをしのもろ声になく（同一三〇頁）

○**とし**へ**た**るひとの**こ**ころをお**も**ひやれき**み**だにこ**ふ**るは**な**のみやこを[462]大宰大弐資通
○お**もふことな**くてそ**み**ま**し**よさのうみのあまのはし**た**てみやこなりせは[463]赤染衛門
○**み**や**こ**へ**と**お**もふ**につけてか**なし**きは**た**れかはいまはわれをまつらん[464]源実基朝臣
○むねに**み**つお**も**ひを**だ**にもはるかさでけ**ぶ**り**とな**らむ**こ**とぞかな**し**き[465]贈皇太后以子
○ちりぢりにわかるるけ**ふ**のか**なし**さにな**みだ**し**もこ**そ**と**まらざりけれ[466]上西門院の兵衛
○**な**に**こと**の**ふ**かきお**も**ひにいづ**み**かはそこの**た**まもと**し**づみはてけん[467]僧都範玄
○ま**だし**らぬひ**と**をはじめて**こふ**るか**な**お**も**ふこころよ**み**ちしるべせよ[468]前太皇太后宮肥後
○**みご**もりにいはで**ふ**るやの**し**のぶくさしのぶ**とだ**にもしらせてしが**な**[469]藤原基俊
○ひ**とし**れず**も**のおも**ふこ**ろのそで**み**ればあめも**な**み**だ**もわかれざりけり[470]堀河右大臣頼宗
○ひ**とし**れぬ**こ**のはのし**た**のう**も**れ**み**づおも**ふ**こころをかき**な**がさばや[471]右のおほいまうちきみ

462 ○○四八六　年へたる人の心を思ひやれ君だに恋ふる花のみやこを（同一四六頁）
463 ○○五〇四　おもふことなくてそみましよさの海のあまのはしたて都なりせは（同一五三頁）
464 ○○五六八　都へと思ふにつけてかなしきはたれかはいまは我を待つらん（同一七三頁）
465 ○○五七五　胸にみつ思ひをだにも晴るかさで煙とならむ事ぞかなしき（同一七五頁）
466 ○○五七九　ちりぢりに別るるけふのかなしさに涙しもこそとまらざりけれ（同一七六頁）
467 ○○五九六　何事のふかき思ひに泉川そこの玉藻としづみはてけん（同一八二頁）
468 ○○六四二　まだ知らぬ人をはじめて恋ふるかな思ふ心よ道しるべせよ（同一九八頁）
469 ○○六五五　水隠りにいはで古屋の忍草しのぶとだにもしらせてし哉（同二〇二頁）
470 ○○六五八　人しれず物思ふころの袖みれば雨も涙もわかれざりけり（同二〇三頁）
471 ○○六六一　人知れぬ木の葉の下のむもれ水おもふ心をかき流さばや（同二〇三頁）

○お**も**へ**ど**もいはで**し**の**ぶ**のすり**ご**ろもこころのうちに**みだ**れぬるか**な**472前右京権大夫（ごんのだいぶ）頼政
○わが**こ**ひはをば**なふ**きこすあきかぜのお**と**には**たてじみ**にはしむと**も**473源通能朝臣
○き**みこふ**る**な**み**だし**ぐれ**と**ふりぬればしのぶのやま**も**いろづきにけり474祝部宿禰成仲
○うれ**し**くはのちの**こ**ころをか**みも**きけひくしめ**な**はの**た**えじ**と**ぞおも**ふ**475修理大夫藤原顕季
○あ**ふこと**をさりと**も**との**み**おもふか**な**ふ**し**みのさとのなを**た**のみつつ476左衛門督家通
◎よ**し**さらば**なみだ**にくちねから**こ**ろ**も**ほすもひ**と**めをしの**ぶ**かぎりぞ477顕昭法師
◎**なみだ**を**もし**の**ぶ**る**こ**ろのわがそでにあやなくつきのや**ど**りぬるかな478よみ人不知
○**し**るらめやおつる**なみだ**のつゆ**とも**にわかれのと**こ**にきえてこ**ふ**とは479二条院御製
○ま**ぶし**さすしづをの**み**に**もた**へかねては**と**ふくあきの**こ**ゑたてつ**な**り480藤原仲実朝臣
○あ**ふこと**は**み**をかへてと**も**まつべきをよよをへ**だ**てんほどぞか**なし**き481皇太后宮大夫藤原俊成

472 ○○六六三 思へどもいはで忍ぶのすり衣心の中にみだれぬるかな（同二〇四頁）
473 ○○六七一 我が恋は尾花吹きこす秋風の音にはたてじ身にはしむとも（同二〇六頁）
474 ○○六九〇 君こふる涙しぐれと降りぬれば信夫の山も色づきにけり（同二一一頁）
475 ○○七〇九 うれしくはのちの心を神も聞けひく標縄の絶えじとぞ思ふ（同二一七頁）
476 ○○七四三 逢ふことをさりともとのみ思ふかな伏見の里の名を頼みつつ（同二二六頁）
477 ○○八一七 よしさらば涙に朽ちねから衣ほすも人目を忍ぶかぎりぞ（同二四七頁）
478 ○○八二四 涙をも忍ぶるころの我が袖にあやなく月の宿りぬるかな（同二四八頁）
479 ○○八三六 知るらめやおつる涙の露ともに別れの床に消えて恋ふとは（同二五一頁）
480 ○○八四八 まぶしさす賤男の身にも堪へかねて鳩吹く秋の声たてつなり（同二五五頁）
481 ○○八九七 逢ふ事は身を変へてとも待つべきを世世を隔てんほどぞかなしき（同二六八頁）

○はか**なくもこ**むよをかねてちぎるかな**ふた**たびおな**じみと**もならじを[482]右大臣藤原実定
○**し**きしの**ぶとこだ**にたへぬ**なみ**だに**も**こひはくちせぬものにぞありける[483]皇太后宮大夫藤原俊成
○**な**きひ**と**をお**も**ひいで**た**るゆ**ふ**ぐれはうら**みしこ**とぞくやしかりける[484]仁和寺後入道法親王覚性
○きの**ふみし**しのぶ**も**ぢすり**たれなら**む**こ**ころのほ**ど**ぞかぎりしられぬ[485]右京大夫藤原顕輔
○お**もふことな**くてやはるをすぐさま**し**うきよへ**だ**つるかす**み**なりせば[486]源仲正
○い**と**ひて**もな**ほ**し**のばるるわが**み**かな**ふた**たびくべき**こ**のよならねば[487]藤原季通朝臣
○**たれもみな**つゆのみぞか**しと**おも**ふ**にも**こ**ころとまりしくさのいほかな[488]権大納言滋野井実国
◎**した**ひくる**こ**ひのやつこのたびにて**もみ**のくせ**な**れやゆ**ふと**どろきは[489]源俊頼朝臣
○ひ**と**のあ**し**をつむにてしりぬわがか**た**へ**ふみ**を**こ**せよとお**も**ふ**な**るべし[490]良喜法師

482 ◯◯九二一　はかなくも来む世をかねて契るかなふたたび同じ身ともならじを（同二七六頁）
483 ◯◯九四二　しきしのぶ床だに堪へぬ涙にも恋は朽ちせぬものにぞありける（同二八二頁）
484 ◯◯九五四　なき人を思ひ出でたる夕暮はうらみしことぞくやしかりける（同二八五頁）
485 ◯◯九七六　きのふ見し信夫文字摺たれならむ心のほどぞ限り知られぬ（同二九三頁）
486 ◯一◯六四　思ふ事なくてや春を過ぐさまし憂き世隔つるかすみなりせば（同三一九頁）
487 ◯一一二九　いとひても猶しのばるる我身哉ふたたび来べきこの世ならねば（同三三七頁）
比較　同氏　厭ひてもなほをしまるる我が身かなふたたび来べきこの世ならねば　詞花集　二一二頁
488 ◯一一三五　たれもみな露の身ぞかしと思ふにも心とまりし草の庵かな（同三三九頁）
489 ◯一一九二　したひ来る恋の奴の旅にても身のくせなれや夕とどろきは（同三六一頁）
490 ◯一一九四　人の足を抓むにて知りぬ我かたへふみをこせよと思ふなるべし（同三六二頁）

○やつはしのわたりにけふもとまるかなここにすむべきみかはとおもへば[491]道因法師
○たきぎつきけぶりもすみてさりにけむこれやなごりとみるぞかなしき[492]瞻西上人
○みなひとをわたさむとおもふこころこそごくらくへゆくしるべなりけれ[493]律師永観
○おもふことくみてかなふるかみなればしほやにあとをたるるなりけり[494]後三条内大臣

◎の歌は次のように解ける。

よしさらばなみだにくちねからころもほすもひとめをしのぶかぎりぞ　大好
したひくるこひのやつこのたびにてもみのくせなれやゆふとどろきは　日精潔
なみだをもしのぶるころのわがそでにあやなくつきのやどりぬるかな　君事
からびどみがどのわのこころしぬほかあくをたちつたふみや
加羅人帝の倭の子殺しぬ他の悪を立ち伝ふ　見や　立ち＝怒りをもって
そまかたにみちやまどへるさをしかのつまどふこゑのしげくもあるかな　九矢丸　九(そのまへ)矢丸(やたま)（夫木抄）

撰者　藤原俊成の歌は千載和歌集に既出の「あふことはみをかへてともまつべきをよよをへだてんほどぞかなしき（〇〇八九七）」を含め三六首ある。安麻の手引二〇首と倭国国王一六代を合わせて三六、その数字である。〇〇八九七は、じはぶきてあまをそへてをかかみことともなをとほきよよへつたへん字省きて安麻を添へて大好　君事　朋名を遠き代々へ伝へん　である。

---

491 ○一一九七　八橋のわたりにけふもとまるかなここに住むべきみかはと思へば（同三六三頁）
492 ○一二〇九　薪尽き煙もすみて去りにけむこれや名残とみるぞかなしき（同三六七頁）
493 ○一二五五　みな人を渡さむと思ふ心こそ極楽へ行くしるべなりけれ（同三八〇頁）
494 ○一二五八　思ふ事汲みて叶ふる神なれば塩屋に跡を垂るるなりけり（同三八二頁）

◎はるのよはのきばのむめをもるつきのひかりもかほるここちこそすれ 495
◎みよしののはなのさかりをけふみればこしのしらねにはるかぜぞふく 496
◎すぎぬるかよはのねざめのほととぎすこゑはまくらにあるここちして 497
◎さみだれはたくものけぶりうちしめりしほたれまさるすまのうらひと 498
◎いつとてもをしくやはあらぬとしつきをみそぎにすつるなつのくれかな 499
◎やへむぐらさしこもりにしよもぎふにいかでかあきのわけてきつらむ 500
◎ゆふさればのべのあきかぜみにしみてうづらなくなりふかくさのさと 501
◎いしばしるたきのしらたまかずみえてきよたきがはにすめるつきかげ 502
◎さりともとおもふこころもむしのねもよはりはてぬるあきのくれかな 503

---

495 ○○○二四　春の夜は軒端の梅をもる月のひかりもかほる心ちこそすれ（前掲『新日本古典文学大系一〇　千載和歌集』一八頁）
496 ○○○七六　み吉野の花のさかりをけふ見れば越の白根に春風ぞふく（同三二頁）
497 ○○一六五　すぎぬるか夜半のねざめの郭公声はまくらにある心地して（同五八頁）
498 ○○一八三　さみだれはたく藻の煙うちしめりしほたれまさる須磨の浦人（同六三頁）
499 ○○二二四　いつとてもをしくやはあらぬ年月をみそぎにすつる夏のくれかな（同七四頁）
500 ○○二二九　八重葎さしこもりにし蓬生にいかでか秋のわけてきつらむ（同七六頁）
501 ○○二五九　夕されば野辺の秋風身にしみてうづら鳴くなり深草のさと（同八四頁）
502 ○○二八四　いしばしる滝のしら玉数みえて清滝川にすめる月影（同九一頁）
503 ○○三三三　さりともと思ふ心も虫のねもよはりはてぬる秋のくれ哉（同一〇四頁）

◎まばらなるまきのいたやにをとはしてもらぬしぐれやこのはなるらん 504
◎すまのせきありあけのそらになくちどりかたぶくつきはなれもかなしや 505
◎つきさゆるこほりのうゑにあられふりこころくだくるたまがはのさと 506
◎うらづたふいそのとまやのかぢまくらききもならはぬなみのおとかな 507
◎あはれなるのじまがさきのいほりかなつゆをくそでになみもかけけり 508
◎わがともときみがみかきのくれたけはちよにいくよのかげをそふらむ 509
◎ももちたびうらしまのこはかへるともはこやのやまはみどりなるべし 510
◎ともしするはやまがすそのしたつゆやいるよりそでのかくしほるらん 511
◎いかにせむむろのやしまにやどもがなこひのけぶりをそらにまがへん 512
◎おもひきやしぢのはしがききかきつめてももよもおなじまろねせむとは 513

---

504 ○○四○四　まばらなるまきの板屋にをとはしてもらぬしぐれや木の葉なる覧（同一二四頁）
505 ○○四二五　須磨の関ありあけの空になく千鳥かたぶく月はなれもかなしや（同一二九頁）
506 ○○四四三　月さゆるこほりのうゑにあられふり心くだくる玉川の里（同一三三頁）
507 ○○五一五　浦づたふ磯の苫屋の梶枕聞きもならはぬ波の音かな（同一五六頁）
508 ○○五三一　あはれなる野島が崎の庵かな露をく袖に浪もかけけり（同一六〇頁）
509 ○○六〇八　我が友と君が御垣の呉竹は千代に幾世のかげを添ふらむ（同一八七頁）
510 ○○六二六　百千たび浦島の子は帰るとも藐姑射の山はみどりなるべし（同一九二頁）
511 ○○七〇二　照射する端山が裾のした露や入るより袖のかく萎るらん（同二一四頁）
512 ○○七〇三　いかにせむ室の八島にやどもがな恋のけぶりを空にまがへん（同二一四頁）
513 ○○七七九　おもひきや榻の端書書きつめて百夜もおなじまろ寝せむとは（同二三五頁）

◎たのめこしのべのみちしばなつふかしいづくなるらむもずのくさぐさ 514
◎わするなよよのちぎりをすがはらやふしみのさとのありあけのそら 515
◎こひをのみしかまのいちにたつたみのたえぬおもひにみをやかへてむ 516
◎あふことはみをかへてともまつべきをよよをへだてんほどぞかなしき 517（二一七頁）
◎をくやまのいはがきぬまのうきぬなはふかきこひぢになにみだれけん 518
◎しきしのぶとこだにたえぬなみだにもこひはくちせぬものにぞありける 519
◎すみわびてみをかくすべきやまざとにあまりくまなきよはのつきかな 520
◎いかなればしづみながらにとしをへてよよのくもゐのつきをみつらむ 521
◎くものうへのはるこそさらにわすられねはなはかずにもおもひいでじを 522
◎ふりにけりむかしをしらばさくらばなちりのすゑをもあはれとはみよ 523

---

514 〇〇七九五　頼めこし野辺の道芝夏ふかしいづくなるらむ鵙の草ぐさ（同二四一頁）
515 〇〇八三九　忘するなよ世々のちぎりを菅原や伏見の里の有明の空（同二五二頁）
516 〇〇八五七　恋をのみ飾磨の市に立つ民の絶えぬ思ひに身をや替へてむ（同二五八頁）
517 〇〇八九七　逢ふ事は身を変へてとも待つべきを世々をへだてんほどぞかなしき（同二六八頁）
518 〇〇九四一　をく山の岩垣沼のうきぬなは深きこひぢに何乱れけん（同二八二頁）
519 〇〇九四二　しきしのぶ床だに堪えぬ涙にも恋は朽ちせぬものにぞありける（同二八二頁）
520 〇〇九八八　住みわびて身を隠すべき山里にあまり隈なき夜半の月かな（同二九七頁）
521 〇一〇二四　いかなれば沈みながらに年をへてよよの雲居の月をみつらむ（同三〇六頁）
522 〇一〇五六　雲のうへの春こそさらにわすられね花は数にも思ひ出でじを（同三一六頁）
523 〇一〇七一　ふりにけりむかしを知らばさくら花ちりのすゑをもあはれとは見よ（同三二一頁）

◎うきゆめはなごりまでこそかなしけれこのよののちもなほやなげかむ 524

◎よのなかよみちこそなけれおもひいるやまのをくにもしかぞなくなる 525

◎あしたづのくもぢまよひしとしくれてかすみをさへやへだてはつべき 526

◎むさしののほりかねのゐもあるものをうれしくみづのちかづきにける 527

◎さらにまたはなぞふりしくわしのやまのりのむしろのくれがたのそら 528

◎いたづらにふりぬるみをもすみよしのまつはさりともあはれしるらむ 529

◎きふねかはたまちるせぜのいはなみにこほりをくだくあきのよのつき 530

◎は次の通り解ける。既出　二一頁。

はるのよはのきばのむめをもるつきのひかりもかほるここちこそすれ　明　明（つきはかをもち）（月日（つきはか）を持ち）

みよしののはなのさかりをけふみればこしのしらねにはるかぜぞふく　祢河泊乃　可波世

すぎぬるかよはのねざめのほととぎすこゑはまくらにあるここちして　日日（か）

さみだれはたくものけぶりうちしめりしほたれまさるすまのうらひと　朋朋（ほふ）

いつとてもをしくやはあらぬとしつきをみそきにすつるなつのくれかな　奈婆　伊豆思

---

524 ○一一二七　憂き夢はなごりまでこそかなしけれこの世ののちも猶や歎かむ（同三三七頁）

525 ○一一五一　世中よ道こそなけれ思ひ入る山のをくにも鹿ぞ鳴くなる（同三四四頁）百人一首八三番

526 ○一一五八　あしたづの雲路まよひし年暮れて霞をさへやへだてはつべき（同三四六頁）

527 ○一二四一　武蔵野の堀兼の井もある物をうれしく水の近づきにける（同三七七頁）

528 ○一二四六　さらに又花ぞ降りしく鷲の山法のむしろの暮れがたの空（同三七八）

529 ○一二六三　いたづらに古りぬる身をも住吉の松はさりともあはれ知るらむ（同三八三頁）

530 ○一二七四　貴舟河玉ちる瀬々の岩波に氷をくだく秋の夜の月（同三八七頁）

やへむぐらさしこもりにしよもぎふにいかであきのわけてきつらむ
ゆふされば のべのあきかぜみにしみてうづらなくなりふかくさのさと
いしばしるたきのしらたまかずみえてきよたきがはにすめるつきかげ
さりともとおもふこころもむしのねもよはりはてぬるあきのくれかな
まばらなるまきのいたやにをとはしてもらぬしぐれやこのはなるらん
すまのせきありあけのそらになくちどりかたぶくつきはなれもかなしや
つきさゆるこほりのうゑにあられふりこころくだくるたまがはのさと
うらづたふいそのとまやのかぢまくらききもならはぬなみのおとかな
あはれなるのじまがさきのいほりかなつゆをくそでになみもかけけり
わがともときみがみかきのくれたけはちよにいくよのかげをそふらむ
ももちたびうらしまのこはかへるともはこやのやまはみどりなるべし
ともしするはやまがすそのしたつゆやいるよりそでのかくしほるらん
いかにせむむろのやしまにやどもがなこひのけぶりをそらにまがへん
おもひきやしぢのはしがきかきつめてももよもおなじまろねせむとは
たのめこしのべのみちしばなつふかしいづくなるらむもずのくさぐさ
わするなよよのちぎりをすがはらやふしみのさとのありあけのそら
こひをのみしかまのいちにたつたみのたえぬおもひにみをやかへてむ
あふことはみをかへてともまつべきをよよをへだてんほどぞかなしき
をくやまのいはがきぬまのうきぬなはふかきこひぢになにみだれけん
しきしのぶとこだにたえぬなみだにもこひはくちせぬものにぞありける

武吉　可毛可久母　伎
礼杼　遊布
賀美都家野
於毛布　等思乃許能己呂
伊母能良尓
曽里都麻波母
光光(あかり)（象(のり)の子）
海原
可美都家野　安蘇
君我牟多
也杼里可
伊利麻治野
等夜乃野尓　乎
矢也　矢也(ちかひむのは)
能多米　伊能知能己佐牟
里波良　和我吉
多能山乎　伊都可故延
君事　君事(てんしつかふ)
内内(なひ)（以(い)の子）
青青(はる)（杼朋(りく)の子）

すみわびてみをかくすべきやまざとにあまりくまなきよはのつきかな
いかなればしづみながらにとしをへてよよのくもゐのつきをみつらむ
くものうへのはるこそさらにわすられねはなはかずにもおもひいでじを
ふりにけりむかしをしらばさくらばなちりのすゑをもあはれとはみよ
うきゆめはなごりまでこそかなしけれこのよののちもなほやなげかむ
よのなかよみちこそなけれおもひいるやまのをくにもしかぞなくなる
あしたづのくもぢまよひしとしくれてかすみをさへやへだてはつべき
むさしののほりかねのゐもあるものをうれしくみづのちかづきにける
さらにまたはなぞふりしくわしのやまのりのむしろのくれがたのそら
いたづらにふりぬるみをもすみよしのまつはさりともあはれしるらむ
きふねかはたまちるせぜのいはなみにこほりをくだくあきのよのつき

擦　擦（さつ）
伊都之可母　見牟等
可敝流散尓　伊母尓
顛　顛（もと）（江白（すし）の夫）
象　象（きば）
以　以（もちひる）
安之比奇能　夜麻治
月　月（つき）
七得　七得（なのわかれり）
挑者　挑者（いどむもの）
柱丸　柱丸（き木きみ主たま）（母椎澡（にぎ））

海原乎　夜蘇之麻我久里　伎奴礼杼母　奈良能美也故波　和須礼可祢都母
可敝流散尓　伊母尓見勢武尓　和多都美乃　於幾都志良多末　比利比弓由賀奈
賀美都家野　久路保乃祢呂乃　久受葉我多　可奈師家兒良尓　伊夜射可里久母
刀祢河泊乃　可波世毛思良受　多太和多里　奈美尓安布能須　安敝流伎美可母
大伴乃　美津野等麻里尓　布祢波弖々　多都多能山乎　伊都可故延伊加武
安之比奇能　夜麻治古延牟等　須流君乎　許々呂尓毛知弖　夜須家久母奈之
宇恵太気能　毛登左倍登与美　伊侶弖伊奈婆　伊豆思牟伎弓可　伊毛我奈気可牟
古非都追母　乎良牟等須礼杼　遊布麻夜万　可久礼之伎美乎　於母比可祢都母
和我世古我　可反里吉麻佐武　等伎能多米　伊能知能己佐牟　和須礼多麻布奈

君我牟多　由加麻之毛能乎　於奈自許等　於久礼弖乎礼杼　与伎許等毛奈之
安乎祢呂尓　多奈婢久君母能　伊佐欲比尓　物能乎曽**於毛布**　**等思乃許能己呂**
比登祢呂尓　伊波流毛能可良　安乎祢呂尓　伊佐欲布久母能　余**曽里都麻波母**
大船尓　可之布里多弖天　波麻藝欲伎　麻里布能宇良尓　**也杼里可**世麻之
伊都之可母　**見牟等**於毛比師　安波之麻乎　与曽尓也故非無　由久与思乎奈美
水都登利能　多々武与曽比尓　**伊母能良尓**　毛乃伊波受伎尓弖　於毛比可祢都毛
等夜乃野尓　**乎**佐藝祢良波里　乎佐乎左毛　祢奈敝古由恵尓　波伴尓許呂波要
武蔵野乃　久佐波母呂**武吉**　**可毛可久母**　**伎**美我麻尓末尓　吾者余利尓思乎
伊利麻治野　於保屋我波良能　伊波為都良　比可婆奴流々々　和尓奈多要曽祢
可美都家野　**安蘇**夜麻都豆良　野乎比呂美　波比尓思物能乎　安是加多延世武
伊可保呂乃　蘇比乃波**里波良**　**和我吉**奴尓　都伎与良之母与　比多敝登於毛敝婆

◈新古今和歌集

成立　一二〇五年。撰者　源通具、藤原有家、藤原定家、飛鳥井雅経、寂連

二〇〇五首中四〇首が源順の八文字を含む（二・〇〇％）注目すべきは四〇が安麻の手引の二〇首の倍数であることである。

暗号を残した歌人たちの相関図は次の通りである。

式子内親王と守覚法親王は兄弟。如願は藤原家隆と親交。藤原家隆、九条良経は藤原俊成に歌を学び、藤原定家と併称。藤原家隆は建久四年六百番歌合（九条良経が催した歌合で判者は俊成）で藤原有家と同席。藤原伊尹は新後撰和歌集に暗号歌を残している入道前太政大臣（実兼）と兄弟で藤原通俊の

父。実兼女が藤原家隆の母。藤原実定は藤原俊成と承安二年十二月八日廣田社歌合で同席。西行は藤原俊成と親交。西行は上西門院兵衛の句に上句を付ける。本院侍従は藤原伊尹と交渉。九条兼実は俊成に歌を学ぶ。同じく俊成門下の寂連は治承三年十月十八日右大臣兼実家歌合に出席。伊勢は寛弘四年一月〜五年二月公任前十五番歌合で斎宮女御と同席。源通具は建仁元年千五百番歌合に妻俊成女、寂蓮、有家、久我通光と共に出席。撰者藤原顕輔の詞歌和歌集の最多入選者は曾禰好忠。飛鳥井雅経は定家と親交。天徳内裏歌合に本院侍従、藤原元真同席。上西門院兵衛は久安百首に藤原俊成と共に出品。慈円は九条兼実と兄弟。慈円は源道済の道済集の巻尾に書記。惟明親王は式子内親王・藤原定家と親交。藤原実方（三条右大臣）は紀貫之、凡河内躬恒の有力な保護者であり、貫之が京都一条、定方が三条に住んでいたので歌の世界の交流の中でここに記載の歌人達と知人であったであろう。実方と西行の縁を記載する必要があるであろう。村上院は分からない。

　西行は道因法師の足跡を辿り、東北に赴く。

みちのくににまかりたりけるに、野の中につねよりもとおしきつかのみえけるを、人にとひければ、中将のみはかと申すはこれかことなりと申しければ、中将とは誰かことぞと、又とひければ、さねかたの御事なりと申しける、いとかなしかりけり、さらぬたにものあはれにおほえけるに、しもかれのすすきほのの見えわたりて、のちにかたらんもことはなきやうにおほえて

くちもせぬそのなばかりをとどめおきてかれののすすきかたみにぞみる

（くちもせねそのなばかりをとどめ置きてかれののすすき形見にぞみる）山家集〇〇八〇〇 531

---

531 朽ちもせぬその名ばかりをとどめ置きて枯野の薄形見にぞ見る（岩波新書『西行』　高橋秀雄著　一九九三年四月

付言すれば、松尾芭蕉も道因法師、西行の足跡を辿り、東北に赴く。

笠島はいずこ五月のぬかり道（奥の細道）

中将とは藤原実方のことであり、九九八年に亡くなっている。一一六二年に生まれた藤原定家の氏名を小倉百人一首の五一番（後拾遺和歌集　〇〇六一二）に実方が読込むことは不可能であり、定家が敢えてその歌を分かって選択した。

かくとだにえやはいぶきのさしもぐささしもしらじなもゆるおもひを　えはへくなくにささひらししもものとがはおもしふたをもぎゆるさじいえや

槌国槵剪（ささひ）等しし百の科は重し　蓋を掬ぎ許さじ言えや

自己顕示欲ではなく、暗号であるからである。

槵剪について『卑弥呼の一生』一二五頁から引用しよう。怨嗟の象徴的人物であるから。

〇二一九　槵剪槵剪（ささひかんきる）でなる仁徳の名柞原呪はれ保ちそ我言ひし（音後）（日精潔）（一一〇＋一一一）

はかりなきちひろのそこのみるぶさのおひゆくすゑはわれのみぞみん（一）三一三

ちひろともいかでかしらんさだめなくみちひるしほののどけからぬに（一）三一三

さんこさんこと　名は高けれど　さんこさほどの器量じゃない　締めて鳴るのは　太鼓と鼓　なんぼ　締めても　わしゃ鳴らぬ（広島県三原市の古歌）

さんこ節の存在意義　仁徳天皇の偽装・粉飾の排除、さんこは三公か

仁徳天皇の「崇阿」『邪馬壹国讃歌』九八頁、崇高な阿（棟）御殿

二〇日　岩波書店発行　六五頁）

◎**ふもと**までをのへのさくらちり**こ**ずは**たな**びくくもと**み**てやすぎま**し**[532]藤原顕輔

◎**な**つくさは**し**げりにけりな**た**まぼ**こ**の**み**ちゆきひ**とも**むす**ぶ**ばかりに[533]藤原元真

◎**こ**ゑは**し**てく**も**ぢにむせ**ぶ**ほ**と**とぎす**なみだ**やそそくよひのむらさめ[534]式子内親王

◎**こ**のはちる**し**ぐれやまが**ふ**わがそでに**も**ろき**なみだ**のいろ**と**みるまで[535]久我通光

◎やまざ**と**のかぜすさま**じ**きゆ**ふ**ぐれに**こ**のは**みだ**れて**も**のぞか**な**しき[536]如願

◎むか**し**お**もふ**さよのねざめの**とこ**さえて**なみだ**もこほるそでのうへかな[537]守覚法親王

◎ゆ**ふな**ぎに**と**わ**た**るちどりな**み**まよりみゆる**こじ**まのく**も**にきえぬる[538]藤原実定

◎かすがやま**み**や**こ**のみ**な**み**し**かぞお**もふ**き**た**のふぢなみはるにあへ**と**は[539]九条良経

◎け**ふ**くれ**ど**あやめ**もし**らぬ**た**もとか**な**むかしを**こ**ふるねの**み**かかりて[540]上西門院兵衛

---

532 ○○一二四　ふもとまでをのへの桜ちりこずはたなびく雲と見てやすぎまし（『新古今和歌集』新日本古典文学大系一一　一九九二年一月二〇日　岩波書店発行　五三頁）

533 ○○一八八　夏草はしげりにけりなたまぼこの道行き人も結ぶばかりに（同七〇頁）

534 ○○二一五　声はして雲路にむせぶほととぎす涙やそそくよひの村雨（同七八頁）

535 ○○五六〇　木の葉ちる時雨やまがふわが袖にもろき涙の色とみるまで（同一七一頁）

536 ○○五六四　山里の風すさまじき夕暮に木の葉みだれて物ぞかなしき（同一七二頁）

537 ○○六二九　昔おもふさよの寝覚の床さえて涙もこほる袖の上かな（同一八八頁）

538 ○○六四五　夕なぎに門わたる千鳥なみまより見ゆる小島の雲にきえぬる（同一九二頁）

539 ○○七四六　春日山宮このみなみしかぞ思ふ北のふぢなみ春にあへとは（同二二〇頁）

540 ○○七七〇　けふくれどあやめもしらぬ袂かな昔をこふるねのみかかりて（同二二九頁）

◎**ふ**るさ**と**を**こ**ふる**なみだ**やひとりゆくと**も**なきやまのみち**し**ばのつゆ[541]慈円
◎はか**なしと**い**ふ**に**も**いとどな**みだ**のみかかる**こ**のよをたのみけるかな[542]源道済
◎**と**へか**しな**か**た**しく**ふ**ぢの**こ**ろ**も**でにな**み**だのかかるあきのねざめを[543]藤原通俊
◎いつのまに**み**をやまがつに**なし**はててみや**こ**を**た**び**と**お**もふ**なるらん[544]藤原顕輔
◎かりそめの**た**びのわかれ**とし**の**ぶ**れとおいは**なみ**だ**も**え**こ**そとどめね[545]藤原俊成
◎ひ**と**を**な**ほうら**み**つべ**し**やみや**こ**どりありやと**だ**に**も**と**ふ**をきかねば[546]斎宮女御
◎**ふ**ね**な**がら**こ**よひばかりは**た**びねせん**し**きつのな**み**にゆめはさむ**とも**[547]藤原実方
◎**ふ**るさ**と**に**た**のめ**し**ひと**も**すゑのまつまつらむそでに**なみ**や**こ**すらむ[548]藤原家隆
◎よの**な**かをい**とふ**まで**こ**そか**た**からめかりのやどりを**も**を**し**むき**み**かな[549]西行
◎わがや**ど**はそ**こ**と**もな**にかを**しふ**べきいはでこそ**み**め**た**つねけりやと[550]本院侍従

541 ○○七九四　ふるさとをこふる涙やひとりゆくともなき山の道芝のつゆ（同二三七頁）
542 ○○八一三　はかなしといふにもいとど涙のみかかるこの世を頼みけるかな（同二四四頁）
543 ○○八四六　とへかしなかたしく藤の衣手になみだのかかる秋の寝覚めを（同二五四頁）
544 ○○八四八　いつのまに身を山がつになしはてて宮こを旅と思ふなるらん（同二五五頁）
545 ○○八八九　かりそめの旅の別れとしのぶれと老は涙もえこそとどめね（同二六七頁）
546 ○○九〇五　人をなほうらみつべしや宮こ鳥ありやとだにも問ふをきかねば（同二七四頁）
547 ○○九一六　舟ながらこよひばかりは旅寝せんしき津の浪に夢はさむとも（同二七六頁）
548 ○○九七〇　ふるさとにたのめし人も末の松まつらむ袖に浪やこすらむ（同二九〇頁）
549 ○○九七八　世中をいとふまでこそかたからめかりの宿りをもをしむ君かな（同二九三頁）
550 ○一〇〇六　わが宿はそこともなにか教ふべきいはでこそ見めたつねけりやと（同三〇二頁）

◎はるかぜの**ふ**くに**も**まさる**なみだ**かなわがみなかみも**こ**ほり**と**くら**し**[551]藤原伊尹

◎**し**の**ぶ**るに**こ**ころのひまは**な**けれ**ども**なほもるものはな**みだ**なりけり[552]九条兼実

◎**な**にはが**たみじ**かきあしの**ふ**しのま**も**あはで**こ**のよをすぐしてよ**と**や[553]伊勢

◎ゆらの**と**をわ**た**る**ふな**びとかぢを**た**えゆくへ**もし**らぬ**こ**ひの**み**ちかも[554]曾禰好忠

◎きえね**ただし**の**ぶ**のやまの**み**ねのく**も**かかる**こ**ころのあ**と**も**な**きまで[555]飛鳥井雅経

◎あ**ふこと**のむ**なし**きそらのうきく**も**は**み**をしるあめの**た**よりなりけり[556]惟明親王

◎うき**み**をばわれ**だ**にい**とふ**いとへただそをだにお**なじこ**ころとお**も**はむ（ん）[557]藤原俊成

◎わびつつ**も**き**み**が**こ**ころにか**なふと**てけさも**た**もとをほ**し**ぞわづらふ[558]村上院

◎か**たみと**てほの**ふ**みわけ**し**あと**もな**し**こ**しはむかしのにはのをぎはら[559]

◎かぜ**ふ**かば**み**ねにわかれんく**も**を**だ**にあり**しなご**りのかたみ**と**もみよ[560]藤原家隆

---

551 ○一〇二〇 春風のふくにもまさる涙かなわが水上もこほりとくらし（同三〇六頁）

552 ○一〇三七 しのぶるに心のひまはなけれどもなほもる物は涙なりけり（同三一〇頁）

553 ○一〇四九 難波潟みじかき蘆のふしのまも逢はでこの世をすぐしてよとや（同三一四頁）（百人一首一九番）

554 ○一〇七一 由良の門をわたる舟人かぢをたえゆくへもしらぬ恋の道かも（同三一九頁）（百人一首四六番）

555 ○一〇九四 きえねただ信夫の山の峰の雲かかる心のあともなきまで（同三二五頁）

556 ○一一三四 逢ふことのむなしき空のうき雲は身をしる雨のたよりなりけり（同三三六頁）

557 ○一一四三 うき身をばわれだに厭ふ厭へただそをだにおなじ心と思はん（同三三八頁）

558 ○一一八〇 わびつつも君が心にかなふとてけさも袂をほしぞわづらふ（同三四九頁）

559 ○一二八九 かたみとてほの踏みわけし跡もなし来しはむかしの庭のをぎはら（同三七九頁）

560 ○一二九二 風ふかば峰にわかれん雲をだにありし名残のかたみとも見よ（同三七九頁）

◎おもひいるふかきこころのたよりまでみしはそれともなきやまぢかな[561]如願
◎ことのはのうつりしあきもすぎぬればわがみしぐれとふるなみだかな[562]久我通光
◎むせぶともしらじなこころかはらやにわれのみけたぬしたのけぶりは[563]藤原定家
◎きみがあたりみつつををらむ（ん）いこまやまくもなかくしそあめはふるとも[564]読人不知
◎あふことのかたみをだにもみてしかなひとはたゆともみつつしのばむ[565]素性
◎いさやまたつきひのゆくもしらぬみははなのはるともけふこそはみれ[566]源師光
◎よのなかをこころたかくもいとふかなふじのけぶりをみのおもひにて[567]慈円
◎はならでただしばのとをさしておもふこころのおくもみよしののやま[568]慈円
◎おもふことみにあまるまでなるたきのしばしよどむをなにうらむらん[569]
◎かみかぜやみもすそかはのそのかみよちぎりしことのすゑをたがふな[570]九条良経

---

561 ○一三一七　思ひ入るふかき心のたよりまで見しはそれともなき山路かな（同三八六頁）
562 ○一三一九　言の葉のうつりし秋もすぎぬればわが身時雨とふる涙かな（同三八六頁）
563 ○一三二四　むせぶとも知らじな心かはらやにわれのみ消たぬ下の煙は（同三八七頁）
564 ○一三六九　君があたり見つつををらん生駒山雲な隠しそ雨はふるとも（同四〇〇頁）
565 ○一四〇四　逢ふことのかたみをだにも見てしかな人は絶ゆとも見つつしのばん（同四〇九頁）
566 ○一四五八　いさやまた月日のゆくも知らぬ身は花の春ともけふこそは見れ（同四二五頁）
567 ○一六一四　世中を心たかくもいとふかな富士の煙を身の思ひにて（同四七一頁）
568 ○一六一八　花ならでただ柴の戸をさしておもふこころの奥もみよしのの山（同四七二頁）
569 ○一八六〇　思ふこと身にあまるまでなる滝のしばしよどむをなに恨むらん（同五四三頁）
570 ○一八七一　神風や御裳濯河のそのかみよ契しことのすゑをたがふな（同五四五頁）

◎**た**ちのぼる**し**ほやのけ**ぶ**りうらかぜに**な**びくをか**み**の**こ**ころ**と**もがな[571]藤原実定

◎は次の通り解ける。

ふるさとをこふるなみだやひとりゆくともなきやまのみちしばのつゆ

ふなきやまひみこのさたとものゆふなはとやじちりつくをみゆるる

船木山　日精潔の為故と共の「言生波」やと字散り付くを見ゆるる

はかなしといふにもいととなみだのみかかるこのよをたのみけるかな

をかかみことにみななはいとたのみけるといよのふのもじかたるかな

大好　君事に皆生波いと頼みけると初余の譜の文字語るかな

いつのまにみをやまかつになしはててみやこをたびとおもふなるらむ

まなにもはてたやまいのみやこをおなじつかふにてひとつをみるらむ

真名にも果てた矢馬初の都を同じ塚譜にて一つを見るらむ

はかなしと**い**ふにも**い**とと**な**みたのみ**か**か**る**このよ**を**たのみける**か**な　大好

ふるさとを**こ**ふるな**み**たや**ひ**とりゆく**と**も**な**きやま**の**みちしはの**つ**ゆ　日精潔

いつのまに**み**をやま**か**つに**な**しはてて**み**や**こ**をたひ**と**おもふなる**ら**む　君事

ここから**ひ**となるみ**かと**のない**か**なつ**み**を**いみ**

此処(ここ)加羅人なる帝の名如何な　罪を忌み

慈円、源道済、藤原顕輔は世代を異にする。

おふけなく御(み)くにせめむと唐土のおきしがたはたはわざしける（前掲の玉鉾百首解　本居大平『本居

[571]　〇一九〇九　たちのぼる塩屋のけぶり浦風になびくを神の心ともがな（同五四六頁）

全集』第六　明治三六年一月五日　二三二頁）は、玉鉾百首の一三二の歌を流して読むと何でもない。しかし本居大平の注釈を当て嵌め読むと、負気なく御国責めむと唐土（もろこし）の戎（から）の王（こきし）が狂わざしける、もっとわかり易く、倭国攻めむと渡来人の加羅が狂わざと読める。

おふけなくみくにせめむともろこしのからのこきしがたはたはわざしける

みなもとしたごふ　源順の名前がしっかりと読込んである。解読すれば

もろこしくな　からのこきしがみくにたはわざしけるとせめおふけむ

唐土槌　加羅の王が御国に狂わざしけると責め負ふけむ。

本居大平は恩頼図の作者であることを銘記して欲しい。

因みに、『とりかへばや物語』[572]（一二〇〇年代末頃に成立）には二首、『無名草子』には二首、平中物語には一首、濱松中納言物語には一首、源順の名前を挿入するものはあるが、暗号ではない。『堤中納言物語』[573]、『とはずがたり』[574]、『たまきはる』、『夜の寝覚』[575]には源順の名を挿入するものはない。

○しがのうらとたのむることになぐさみてのちもあふみとおもはましやは[576]『とりかへばや物語』

○ひたぶるにおもひいでじとおもふよにわすれがたみのなにのこりけん[577]『とりかへばや物語』

▼安麻の手引　既出　六一頁。

---

572 新日本古典文学大系二六　堤中納言物語　とりかへばや物語（一九九二年三月一九日　岩波書店発行）

573 完訳日本の古典二七　堤中納言物語　無名草子（一九八七年一月三一日　小学館発行）

574 新日本古典文学大系五〇　とはずがたり　たまきはる（一九九四年三月二二日　岩波書店発行）

575 日本古典文学大系七八　夜の寝覚め（一九六四年一二月五日　岩波書店発行）

576 滋賀の浦とたのむることに慰みて後もあふみとおもはましやは（前掲書一七五頁）

577 ひたぶるに思ひ出でじとおもふ世に忘れがたみのなに残りけん（同三四二頁）

ふもとまでをのへのさくらちりこずはたなびくくもとみてやすぎまし　能　毛登左倍登

なつくさはしげりにけりなたまぼこのみちゆきひともむすぶばかりに　里都麻波母

こゑはしてくもぢにむせぶほとゝぎすなみだやそそくよひのむらさめ　之布

このはちるしぐれやまがふわがそでにもろきなみだのいろとみるまで　奇能　夜麻治古

やまざとのかぜすさまじきゆふぐれにこのはみだれてものぞかなしき　等夜乃野尓

むかしおもふさよのねざめのとこさえてなみだもこほるそでのうへかな　大伴乃　美

ゆふなぎにとわたるちどりなみまよりみゆるこじまのくもにきえぬる　麻尓末尓

かすがやまみやこのみなみしかぞおもふきたのふぢなみはるにあへとは　**等夜乃野尓**

（ここからは二重になるので、二三五・二三六頁の手引では太字になる、以下同じ）

けふくれどあやめもしらぬたもとかなむかしをこふるねのみかかりて　可**之布**里多弖

ふるさとをこふるなみだやひとりゆくともなきやまのみちしばのつゆ　杼　遊布麻夜

はかなしといふにもいとどなみだのみかかるこのよをたのみけるかな　毛布　等思乃許能

とへかしなかたしくふぢのころもでになみだのかかるあきのねざめを　**能　毛登左倍**

（ゴシック及び圏点◉二回目出、以下同じ）

いつのまにみをやまがつになしはててみやこをたびとおもふなるらん　**都麻波母**

かりそめのたびのわかれとしのぶれとおいはなみだもえこそとどめね　曾於**毛布**　**等思乃許能**

ひとをなほうらみつべしやみやこどりありやとだにもとふをきかねば　刀祢河泊

ふねながらこよひばかりはたびねせんしきつのなみにゆめはさむとも　**刀祢河泊**乃　可波世毛思良

ふるさとにたのめしひともすゑのまつまつらむそでになみやこすらむ　**麻尓末尓**

よのなかをいとふまでこそかたからめかりのやどりをもをしむきみかな　君我牟多

わがやどはそこともなにかをしふべきいはでこそみめたつねけりやと
はるかぜのふくにもまさるなみだかなわがみなかみもこほりとくらし
しのぶるにこころのひまはなけれどもなほもるものはなみだなりけり
なにはがたみじかきあしのふしのまもあはでこのよをすぐしてよとや
ゆらのとをわたるふなびとかぢをたえゆくへもしらぬこひのみちかも
きえねただしのぶのやまのみねのくもかかるこころのあともなきまで
あふことのむなしきそらのうきくもはみをしるあめのたよりなりけり
うきみをばわれだにいとふいとへただそをだにおなじこころとおもはむ
わびつつもきみがこころにかなふとてけさもたもとをほしぞわづらふ
かたみとてほのふみわけしあともなしこしはむかしのにはのをぎはら
かぜふかばみねにわかれんくもをだにありしなごりのかたみともみよ
おもひいるふかきこころのたよりまでみしはそれともなきやまぢかな
ことのはのうつりしあきもすぎぬればわがみしぐれとふるなみだかな
むせぶともしらじなこころかはらやにわれのみけたぬしたのけぶりは
きみがあたりみつつをらむいこまやまくもなかくしそあめはふるとも
あふことのかたみをだにもみてしかなひとはたゆともみつつしのばむ
いさやまたつきひのゆくもしらぬみははなのはるともけふこそはみれ
よのなかをこころたかくもいとふかなふじのけぶりをみのおもひにて
はなならてただしばのとをさしておもふこころのおくもみよしののやま
おもふこととみにあまるまでなるたきのしばしよどむをなにうらむらん

尓　和多都美
和我世古我　可
呂美　波比尓思物能
尓思物能乎　安
奈多要
奈多要
海原乎
多々武
尓　和多都美
波良　和我吉
和我世古我　可
之比**奇能　夜麻治古**
和我吉奴
之可母　見牟等
君我牟多
能　**多々武**
礼**杼　遊布麻夜**
我多　可奈師家兒
大伴乃　美
海原乎

かみかぜやみもすそかはのそのかみよちぎりしことのすゑをたがふな　**之可母**　**見**
たちのぼるしほやのけぶりうらかぜになびくをかみのこころともがな　**我多**　**可奈師家兒**良尓

旧著五〇一～五〇三頁に本居宣長の安麻の手引の『古事記傳』による復元を記載した。ここに繰返す。

海原乎	夜蘇之麻我久里	伎奴礼杼母	奈良能美也故波	和須礼可祢都母[578]
可敝流散尓	伊母尓見勢武尓	和多都美乃	於幾都志良多末	比利比弖由賀奈[579]
賀美都家野	久路保乃祢呂乃	久受葉我多	可奈師家兒良尓	伊夜射可里久母[580]
刀祢河泊乃	可波世毛思良受	多太和多里	奈美尓安布能須	安敝流伎美可母
大伴乃	美津野等麻里尓	布祢波弖々	多都多能山乎	伊都可故延伊加武[581]
安之比奇能	夜麻治古延牟等	須流君乎	許々呂尓毛知弖	夜須家久母奈之
宇恵太気能	毛登左倍登与美	伊侶弖伊奈婆	伊豆思牟伎弖可	伊毛我奈気可牟
古非都追母	乎良牟等須礼杼	遊布麻夜万	可久礼之伎美乎	於母比可祢都母[582]
和我世古我	可反里吉麻佐武	等伎能多米	伊能知能己佐牟	和須礼多麻布奈
君我牟多	由加麻之毛能乎	於奈自許等	於久礼弖乎礼杼	与伎許等毛奈之[583]

578 本居宣長全集十二巻（筑摩書房）三六八頁
579 古事記伝二岩波文庫二一二頁、三四一二の「久路保乃祢呂乃」は『萬葉集問答』に引用（本居宣長全集六巻三五八頁）
580 古事記伝四岩波文庫二九二頁、但し子等で引用、一巻から十七巻の子等までで萬葉集を九二三回引用。
581 本居宣長全集十二巻八四頁
582 本居宣長全集十一巻（筑摩書房）九四頁・本居宣長全集十二巻二一五頁
583 本居宣長全集十一巻三八〇頁、「君我牟多」『萬葉問聞抄』（本居宣長全集六巻三〇九頁）

安乎祢呂尓　多奈婢久君母能　伊佐欲比尓　物能乎曽於毛布　等思乃許能己呂　584

比登祢呂尓　伊波流毛能可良　安乎祢呂尓　伊佐欲布久母能　余曽里都麻波母

大船尓　可之布里多弖天　波麻藝欲伎　麻里布能宇良尓　也杼里可世麻之

伊都之可母　見牟等於毛比師　安波之麻乎　与曽尓也故非無　由久与思乎奈美　585

水都登利能　多々武与曽比尓　伊母能良尓　毛乃伊波受伎尓弖　於毛比可祢都毛　586

等夜乃野尓　乎佐藝祢良波里　乎佐乎左毛　祢奈敝古由恵尓　波伴尓許呂波要

武蔵野乃　久佐波母呂武吉　可毛可久母　伎美我麻尓末尓　吾者余利尓思乎

伊利麻治野　於保屋我波良能　伊波為都良　比可婆奴流々々　和尓奈多要曽祢　587

可美都家野　安蘇夜麻都豆良　野乎比呂美　波比尓思物能乎　安是加多延世武　588

伊可保呂乃　蘇比乃波里波良　和我吉奴尓　都伎与良之母与　比多敝登於毛敝婆

これに『新古今和歌集』が同じ試みを行っていたものをゴシック及び圏点◉で追加する。

▼為故　検索　為故（圏点▲）

ふもとまでをのへのさくらちりこずはたなびくくもとみてやすぎまし　為故　**生日精潔**

584　本居宣長全集十一巻三〇〇頁

585　古事記伝一岩波文庫二四七頁

586　古事記伝三岩波文庫一五〇頁

587　古事記伝四岩波文庫三一五頁、「伊利麻治野」『萬葉集問目』（本居宣長全集六巻一九三頁）、「伊利麻治野　於保屋我波良」『萬葉集問答』（本居宣長全集六巻三五五頁）、三三七七「武蔵野乃　久佐波母呂武吉」は『萬葉集問答』（本居宣長全集六巻三五四頁）に引用

588　本居宣長全集十一巻二一二頁、三四三五の「伊可保呂乃」は『萬葉集問目』に引用（本居宣長全集六巻一九六頁）

なつくさはしげりにけりなたまぼこのみちゆくひともむすぶばかりに　為故　**栄**
こゑはしてくもぢにむせぶほととぎすなみだやそそくよひのむらさめ　為故　**羅九矢**
やまざとのかぜすさまじきゆふぐれにこのはみだれてものぞかなしき　為故　**相無**
むかしおもふさよのねざめのとこさえてなみだもこほるそでのうへかな為故　**総根**
ふるさとをこふるなみだやひとりゆくともなきやまのみちしばのつゆ　為故　**乙酉**
とへかしなかたしくふぢのころもでになみだのかかるあきのねざめを　為故　**民女無路**
ふねながらこよひばかりはたびねせんしきつのなみにゆめはさむとも　為故　**君事船生之**
ふるさとにたのめしひともすゑのまつまつらむそでになみやこすらむ　為故　**好山**
はるかぜのふくにもまさるなみだかなわがみなかみもこほりとくらし　為故　**羅九矢丸**
わびつつもきみがこころにかなふとてけさもたもとをほしぞわづらふ　為故　**白**
いさやまたつきひのゆくもしらぬみははなのはるともけふこそはみれ　為故　**喪矢馬初**
はなならてただしばのとをさしておもふこころのおくもみよしのやま為故　**米栗喪**矢馬連結
米栗喪矢馬初

射矢**白**立柞原**生日精潔**会**君事船生之**畑月柱丸初建**乙酉**酉金**羅九矢丸**日精潔**相無**生去宮擦尾掟止克男立顚
好山為**民女無路**母明募聲大好聲聞相之**栄**畝籠代高羽目露**総根**尊生言**米栗喪矢馬初**国柞原日精潔

◇新勅撰和歌集

成立　一二三五年。撰者　藤原定家

一三八二首中三二首（二・三二％）。注目すべきは三二が倭国王一六人の倍数であることである。

◎お**しな**べて**こ**のめ**も**いまははるかぜの**ふ**くか**たみ**ゆるあをやぎのい**と**[589]按察使（あぜち）四条隆衡
◎かす**みし**く**こ**のめはるさめ**ふ**るご**と**には**な**の**たも**とはほころびにけり[590]修理大夫藤原顕季
◎かへり**み**るや**ど**はかすみにへ**だ**たりては**な**のと**こ**ろにけ**ふも**くら**し**つ[591]藤原顕仲朝臣
◎**ふ**るさ**と**の**も**とあらの**こ**はぎい**た**づらに**み**るひと**なし**にさきかちるらん[592]鎌倉右大臣源実朝
◎**た**か**し**まや**み**をのそまやまあ**と**たえて**こ**ほりもゆき**もふ**かきふゆか**な**[593]正三位藤原家隆
◎を**と**め**ご**のそで**ふ**るゆきの**し**ろ**た**へによしのの**み**やはさえぬひ**もな**し[594]関白左大臣九条教実
◎ゆ**ふし**でやか**み**のみやび**とた**まさかに**も**りいでしよはは**な**ほぞ**こ**ひしき[595]二条太皇太后宮大弐
◎**た**ちは**な**れ**こ**はぎがはらになく**し**かは**み**ち**ふ**みま**ど**ふと**も**やこひしき[596]寂然法師
◎いはでの**み**お**もふこ**ころを**し**るひ**と**はありや**な**しやと**た**れにとはまし[597]中納言藤原朝忠

589　〇〇〇二七　おしなべてこのめも今は春風の吹く方見ゆる青柳の糸（『和歌文学大系六　新勅撰和歌集』二〇〇五年六月二〇日　明治書院発行　一一頁）
590　〇〇〇五三　霞しくこのめ春雨降るごとに花のたもとはほころびにけり（同一六頁）
591　〇〇〇七九　かへり見る宿は霞にへだたりて花のところに今日も暮しつ（同二二頁）
592　〇〇二三七　ふるさとのもとあらの小萩いたづらに見る人なしにさきか散るらん（同四九頁）
593　〇〇四一三　高島や水尾の杣山あとたえて氷も雪も深き冬かな（同八一頁）
594　〇〇四一九　をとめごの袖ふる雪の白妙に吉野の宮はさえぬ日もなし（同八二頁）
595　〇〇五四六　ゆふしでや神の宮人たまさかにもりいでし夜半は猶ぞこひしき（同一〇六頁）
596　〇〇六一二　立ち離れ小萩が原に鳴く鹿は道踏みまどふ友や恋ひしき（同一一九頁）
597　〇〇六三九　いはでのみ思ふ心を知る人はありやなしやと誰にとはまし（同一二五頁）

◎**ふ**かから**じみな**せのかはのむ**も**れぎはし**た**の**こ**ひぢに**と**しふりぬとも[598]康資王母

◎わが**とこ**のまくら**も**いかにおも**ふ**らん**なみだ**かからぬよは**し**なければ[599]八条院六条

◎**とし**をへて**もの**おも**ふ**ひとのから**ごろ**もそでや**なみだ**のとまりなるらん[600]藤原道信朝臣

◎あ**ふ**さかの**な**をは**たのみ**て**こし**か**ども**へだつるせきのつらくもあるかな[601]よみ人知らず

◎あ**ふこと**を**た**まのをにする**み**に**し**あればたゆるをいかが**な**しとお**も**はぬ[602]和泉式部

◎つきのうちのかつらのえ**だ**をお**もふ**と**や**な**み**だの**し**ぐれふる**こ**こちする[603]光孝天皇御製

◎**もの**おも**ふ**につき**み**る**こと**は**た**えねども**な**がめてのみもあか**し**つるかな[604]藤原道信朝臣

◎あ**ふこと**は**し**のぶのころ**も**あはれ**な**どまれなるいろに**みだ**れそめけむ[605]権中納言源融

◎ひ**とご**ころこのは**ふりし**くえにしあれば**なみだ**のかは**も**いろかはりけり[606]按察使藤原兼宗

◎**な**ににてかうち**も**はらはむき**みこふと**なみ**だ**にそではくちに**し**ものを[607]よみ人知らず

598 〇〇六五六 深からじ水無瀬の川のむもれ木はしたのこひぢに年ふりぬとも（同一二八頁）

599 〇〇六九〇 わが床の枕もいかに思ふらん涙かからぬ夜半しなければ（同一三三頁）

600 〇〇七一八 年をへてもの思ふ人のから衣袖や涙のとまりなるらん（同一三九頁）

601 〇〇七三一 逢坂の名をは頼みてこしかどもへだつる関のつらくもあるかな（同一四一頁）

602 〇〇九三二 逢ふことを玉の緒にする身にしあれば絶ゆるをいかがなしと思はぬ（同一七六頁）

603 〇〇九五二 月の中の桂の枝を思ふとや涙の時雨ふるここちする（同一八一頁）

604 〇〇九五八 もの思ふに月見ることはたえねどもながめてのみも明かしつるかな（同一八二頁）

605 〇〇九八三 逢ふことはしのぶの衣あはれなどまれなる色に乱れそめけむ（同一八六頁）

606 〇〇九九五 人心この葉ふりしくえにしあれば涙の川も色かはりけり（同一八八頁）

607 〇一〇一三 なににてかうちもはらはむ君恋ふと涙に袖は朽ちにしものを（同一九一頁）

◎むかしおもふなみだのそこにやどしてぞつきをばそでのものとしりぬる[608]仁和寺二品守覚法親王
◎みにつもるおいともしらでながめこしつきさへかげのかたぶきにける[609]法院慶忠
◎ことのねのはるのしらべにきこゆればかすみたなびくそらかとぞおもふ[610]選子内親王
◎いかたじのこすてにつもるとしなみのけふのくれをもしらぬはかなさ[611]寂延法師
◎おもふこといはでぞただにやみぬべきわれとひとしきひとしなければ[612]在原業平朝臣
◎たのもしなきみきみにますときにあひてこころのいろをふでにそめつる[613]西行法師
◎のちのよのみをしるあめのかきくもりこけのたもとにふらぬひぞなき[614]二条院讃岐
◎あつめこしほたるもゆきもとしふれどみをばてらさぬひかりなりけり[615]侍従具定
◎あたらしきとしにそへてもかはらねばこふるこころぞかたみなりける[616]出羽弁
◎もろひとのうづもれぬなをうれしとやこけのしたにもけふはみるらむ[617]前大僧正慈円

608 ○一〇七五　むかし思ふ涙のそこに宿してぞつきをば袖のものと知りぬる（同二〇三頁）
609 ○一〇八五　身につもる老ともしらでながめこし月さへ影のかたぶきにける（同二〇五頁）
610 ○一一一六　琴の音の春の調べにきこゆればかすみたなびく空かとぞ思ふ（同二一一頁）
611 ○一一一九　いかたじの越す手に積る年なみの今日の暮をも知らぬはかなさ（同二一一頁）
612 ○一一二四　思ふこと言はでぞただにやみぬべき我とひとしき人しなければ（同二一三頁）
613 ○一一五四　たのもしな君君にます時にあひて心の色を筆に染めつる（同二一九頁）
614 ○一一六一　のちの世の身を知る雨のかきくもり苔の袂にふらぬ日ぞなき（同二二〇頁）
615 ○一一八五　あつめこし蛍も雪も年ふれど身をば照らさぬ光なりけり（同二二四頁）
616 ○一二一五　新しき年にそへてもかはらねば恋ふる心ぞ形見なりける（同二三一頁）
617 ○一二六四　もろ人の埋もれぬ名をうれしとや苔の下にも今日は見るらむ（同二四一頁）

◎しらくものここのへにたつみねなればおほうちやまといふにぞありける[618] 藤原兼輔

◎ひさかたのくもゐにみえしいこまやまはるはかすみのふもとなりけり[619] 後京極摂政前太政大臣 藤原良経

◎かつしかのままのうらまをこぐふねのふなひとさわぐなみたつらしも[620] よみ人知らず（夫木抄）

◎は次のように解ける。

あふさかのなをはたのみてこしかどもへだつるせきのつらくもあるかな　大好

かつしかのままのうらまをこぐふねのふなひとさわぐなみたつらしも　日精潔

なにてかうちもはらはむきみこふとなみだにそではくちにしものを　君事

みかともこもからこまのちをひぐみしちをつきこだふ

帝も子も加羅高句麗の血を引く身　実を突き応ふ

左の歌は譜の君事の没年を示す。

かつしかのままのうらまをこぐふねのふなひとさわぐなみたつらしも　辛未 辛未（からしまだ）

▼王統　既出　二四頁。

おしなべてこのめもいまははるかぜのふくかたみゆるあをやぎのいと　矢也矢也（かふかな）（藻女（もる）の子）

かすみしくこのめはるさめふるごとにはなのたもとはほころびにけり　明明（かみ）（光（こほ）の子の子）

かへりみるやどはかすみにへだたりてはなのところにけふもくらしつ　月月（じく）

---

618 ○一二六五　白雲の九重にたつ峰なれば大内山といふにぞありける（同二四二頁）

619 ○一二七八　ひさかたの雲ゐに見えし生駒山春はかすみのふもとなりけり（同二四四頁）

620 ○一三〇一　葛飾の真間の浦間をこぐ舟のふな人さわぐ波たつらしも（同二四八頁）（夫木抄一一五八二）

ふるさとのもとあらのこはぎいたづらにみるひとなしにさきかちるらん朋朋（たから）（擦（きき）の子）

たかしまやみをのそまやまあとたえてこほりもゆきもふかきふゆかな光光（あかり）

をとめごのそでふるゆきのしろたへによしののみやはさえぬひもなし君事君事（ぬしじ）

ゆふしでやかみのみやびとたまさかにもりいでしよははなほぞこひしき光光（ひかり）

たちはなれこはぎがはらになくしかはみちふみまどふともやこひしき日日（ひ）

いはでのみおもふこころをしるひとはありやなしやとたれにとはまし明昭明昭（ひまやみなし）（＝擦）

ふかからじみなせのかはのうもれぎはしたのこひぢにとしふりぬとも日日（ひ）

わがとこのまくらもいかにおもふらんなみだかからぬよはしなければ朋朋（なかま）

としをへてものおもふひとのからごろもそでやなみだのとまりなるらん七得七得（ななしる）

あふさかのなをはたのみてこしかどもへだつるせきのつらくもあるかな挑者挑者（かかぐもの）

あふことをたまのをにするみにしあればたゆるをいかがなしとおもはぬ麻等麻等（まはかる）（＝以）

つきのうちのかつらのえだをおもふとやなみだのしぐれふるここちする隼響隼響（たかこふ）（内内（だふ）同じ）

ものおもふにつきみることはたえねどもながめてのみもあかしつるかな挑者　挑者（かきたてるもの）

あふことはしのぶのころもあはれなどまれなるいろにみだれそめけむ杜尾杜尾（とじるみ）

ひとごころこのはふりしくえにしあればなみだのかはもいろかはりけり杜尾杜尾（もりみ）（杼（りく）朋の子）

なににてかうちもはらはむきみこふとなみだにそではくちにしものを隼響隼響内（たかこふ）　妻藻（もる）女、為故の「母」

むかしおもふなみだのそこにやどしてぞつきをばそでのものとしりぬる象象（ぞふ）

みにつもるおいともしらでながめこしつきさへかげのかたぶきにける月月（つき）

ことのねのはるのしらべにきこゆればかすみたなびくそらかとぞおもふ麻等麻等（しびれるら）

いかたじのこすてにつもるとしなみのけふのくれをもしらぬはかなさ明昭明昭（からしづかな）

おもふこといはでぞただにやみぬべきわれとひとしきひとしなければ　矢也矢也（しとは）
たのもしなきみきみにますときにあひてこころのいろをふでにそめつる　七得七得（なのしる）（君事の子（みこと））
のちのよのみをしるあめのかきくもりこけのたもとにふらぬひぞなき　真曽　真曽（たぶらかしなきそ）
あつめこしほたるもゆきもとしふれどみをばてらさぬひかりなりけり　明明（あかり）
あたらしきとしにそへてもかはらねばこふるこころぞかたみなりける　君事君事（かたじ）
もろひとのうづもれぬなをうれしとやこけのしたにもけふはみるらむ　相食相食（みるはむ）（椎澡の夫（しの））
しらくものここのへにたつみねなればおほうちやまといふにぞありける　象象（ぞふ）（光は子（こほ））
ひさかたいのくもゐにみえしいこまやまはるはかすみのふもとなりけり　真曽真曽（まかさなる）（以の子（い））
かつしかのままのうらまをこぐふねのふなひとさわぐなみたつらしも　相食相食（さふくらふ）

◇続後撰和歌集

成立　一二五一年。撰者　藤原為家

一三八一首中二六首が源順の八文字を含む（一・八九％）。

◎かすみたちこのめはるさめふるさとのよしののはなもいまやさくらむ[621]後鳥羽院御製

○やへにほふならのみやこにとしふりてしらぬやまぢのはなもたづねす[622]権僧正円経

◎にほふよりこころあだなるはなゆゑにのどけきはるのかぜもうらみし[623]よみ人しらず

621　○○○六七　かすみたちこのめはるさめふるさとのよしのの花もいまやさくらむ（前掲『新編国歌大観』第一巻二八九頁）

622　○○○九九　やへにほふならのみやこに年ふりてしらぬ山ぢの花もたづねす（同二九〇頁）

623　○○一一八　にほふよりこころあだなる花ゆゑにのどけきはるの風もうらみし（同二九〇頁）

○あら**た**まの**ことしもな**かばいたづらにな**み**だかずそ**ふ**をぎのうはかせ[624]前中納言藤原定家
○いに**し**へを**こふるなみだ**のしぐれに**も**なほふりがたきはな**とこ**そみれ[625]円融院御製
◎**もがみ**がはひ**と**をく**だ**せばい**なぶ**ねのかへりて**し**づむものと**こ**そきけ[626]寂然法師
◎い**も**せがは**な**びく**た**ものの**み**がくれてわれは**こふと**もひとは**し**らじな[627]よみ人しらず
◎**こ**ひぢには**ふみだ**にみ**しと**お**も**ふみに**な**にかはかかるなみだなるらん[628]禎子内親王家摂津
○みち**た**えてわが**み**に**ふ**かき**し**の**ぶ**やま**こ**ころのおくをしるひ**とも**な**し**[629]入道前摂政左大臣源通家
◎け**ぶ**り**だ**にそれ**と**は**みえじ**あぢき**な**く**こ**ころにこがしたのお**も**ひは[630]前太政大臣西園寺実氏
○あ**ふこと**のありや**なし**や**もみ**もはてで**た**えなんたまのををいかにせん[631]和泉式部
○**し**ほがまのうら**と**は**な**しにき**みこ**ふるけぶり**もた**えずなりにけるかな[632]よみ人しらず
◎あひ**み**ては**こ**ころひ**と**つをかは**し**まのみづの**な**がれて**た**えじとぞお**もふ**[633]在原業平朝臣

---

624 ○○二四九 あらたまのことしもなかばいたづらになみだかずそふをぎのうはかせ（同二九三頁）
625 ○○四七八 いにしへをこふるなみだの時雨にも猶ふりがたき花とこそ見れ（同二九八頁）
626 ○○六一二 もがみがは人をくだせばいなぶねのかへりてしづむものとこそきけ（同三〇〇頁）
627 ○○六三六 いもせがはなびくたまものみがくれて我はこふとも人はしらじな（同三〇一頁）
628 ○○六四三 恋ぢにはふみだに見しと思ふ身になにかはかかるなみだなるらん（同三〇一頁）
629 ○○六六六 みちたえてわが身にふかきしのぶ山心のおくをしる人もなし（同三〇一頁）
630 ○○六六九 けぶりだにそれとは見えじあぢきなく心にこがすしたの思ひは（同三〇二頁）
631 ○○七一二 あふ事のありやなしやも見もはてでたえなんたまのををいかにせん（同三〇二頁）
632 ○○七三七 しほがまの浦とはなしにきみこふる煙もたえずなりにけるかな（同三〇三頁）
633 ○○八三七 あひ見ては心ひとつをかはしまの水のながれてたえじとぞ思ふ（同三〇五頁）

◎お**も**はずよ**こ**えてくや**し**きあ**ふ**さかのせき**と**めが**た**き**なみ**だなれとは[634]藻壁門院但馬

◎あ**ふこと**の**な**ぎさなればや**み**やこどりかよひ**し**あと**もた**えてとひこす[635]浄成寺入道前摂政太政大臣
藤原道長

◎あ**だなみ**をきみ**こ**そこさめ**とし**ふと**も**わがまつやまはいろもかはらじ[636]祐子内親王家紀伊

◎**な**にはめがあ**し**びのけ**ぶ**り**た**つ**とみ**ばうき**ふ**し**ご**とに**も**ゆとしらなん[637]藤原光俊朝臣

○あまの**こ**ぐ**たな**な**し**を**ふ**ねあ**とも**なくおもひしひとをうら**み**つるかな[638]凡河内躬恒

◎**な**がらへてけ**ふ**にあはば**と**お**も**ひ**こしみ**の**た**めうきはいのちなりけり[639]前太政大臣西園寺実氏

◎わが**こふ**る**なみだ**ばかりぞなきひ**と**のお**も**ひ**し**あとにかはらざりける[640]定修法師

○**ふ**ぢ**こ**ろ**も**よその**た**も**と**と**みし**ものをおのが**な**みだをながしつるかな[641]中納言藤原兼輔

○**ふ**ぢ**こ**ろ**もな**れ**し**か**たみ**をぬぎすててあらぬたも**と**もなみだなりけり[642]藤原季茂

---

634 ○○八四七　おもはずよこえてくやしきあふさかのせきとめがたき涙なれとは（同三〇五頁）

635 ○○九〇四　あふことのなぎさなればやみやこ鳥かよひしあともたえてとひこす（同三〇六頁）

636 ○○九四八　あだなみをきみこそこさめ年ふともわがまつ山はいろもかはらじ（同三〇七頁）

637 ○○九五二　なにはめがあし火のけぶりたつと見ばうきふしごとにもゆとしらなん（同三〇七頁）

638 ○一〇〇六　あまのこぐたななしを舟あともなく思ひし人をうらみつるかな（同三〇八頁）

639 ○一一九三　ながらへてけふにあはばと思ひこし身のためうきはいのちなりけり（同三一二頁）

640 ○一二三九　わがこふるなみだばかりぞなき人のおもひしあとにかはらざりける（同三一三頁）

641 ○一二五一　ふぢ衣よそのたもとと見しものをおのがなみだをながしつるかな（同三一三頁）

642 ○一二七二　ふぢ衣なれしかたみをぬぎすててあらぬたもともなみだなりけり（同三一四頁）

◎おいてこそいとどわかれはかなしけれまたあひみむといふべくもなし[643]権僧正永縁
◎ほどふればおなじみやこのうちだにもおぼつかなさはとはまほしきを[644]西行法師
○あまころもたみのしまにやどとへばゆふしほみちてたづぞなくなる[645]前太政大臣西園寺実氏
◎こころよりちるだにこそはをしからめなどかもみぢをかぜのふくらむ[646]読人不知

◎は次の通り解ける。

こころよりちるたにこそはをしからめなどかもみぢをかぜのふくらむ　大好
いもせがはなびくたまものみがくれてわれはこふともひとはしらじな　日精潔
にほふよりこころあだなるはなゆゑにのどけきはるのかぜもうらみし　君事
みかどはからびどうじをもみけしくれるこふはきこゆ
帝は加羅人　氏をもみ消し暮れる乞ふは聞こゆ

◎は次の通り解ける。

▼為故
かすみたちこのめはるさめふるさとのよしののはなもいまやさくらむ　為故　**顚好山**
おもはずよこえてくやしきあふさかのせきとめがたきなみだなれとは　為故　**君事船生之**
あふことのなぎさなればやみやこどりかよひしあともたえてとひこす　為故　**日精潔会**
あだなみをきみこそこさめとしふともわがまつやまはいろもかはらじ　為故　**矢白**

---

643 ○一二八七　老いてこそいとどわかれはかなしけれ又あひ見むといふべくもなし（同三一四頁）
644 ○一二九三　ほどふればおなじみやこのうちだにもおぼつかなさはとはまほしきを（同三一四頁）
645 ○一三二八　あま衣たみのしまにやどとへばゆふしほみちてたづぞなくなる（同三一五頁）
646 ○一三七五　心より散るだにこそはをしからめなどかもみぢを風の吹くらむ（同三一六頁）

わがこふるなみだばかりぞなきひとのおもひしあとにかはらざりける　為故　乙酉

ほとふればおなじみやこのうちたにもおぼつかなさはとはまほしきを　為故　克男

射矢白立柞原生日精潔会君事船生之畑月柱丸初建乙酉酉金羅九矢丸日精潔相無生去宮擦尾掟止克男立顛好山為民女無路母明募聲大好聲聞相之栄畝籠代高羽目露総根尊生言米栗喪矢馬初国柞原日精潔

◎は次の通り解ける。

▼譜

もがみがはひとをくだせばいなふねのかへりてしづむものとこそきけ　日精潔の譜　酉

いもせがはなびくたまものみがくれてわれはこふともひとはしらじな　日精潔の譜　生波也

こひぢにはふみだにみしとおもふみになにかはかかるなみだなるらん　日精潔譜　矢柞原

けぶりだにそれとはみえじあぢきなくこころにこがすしたのおもひは　日精潔譜　谷辛

あひみてはこころひとつをかはしまのみづのながれてたえじとぞおもふ　日精潔の譜　大好

あふことのなぎさなればやみやこどりかよひしあともたえてとひこす　日精潔譜　酉丙樹

なにはめがあしびのけぶりたつとみばうきふしごとにもゆとしらなん　日精潔の譜　言生波也

ながらへてけふにあはばとおもひこしみのためうきはいのちなりけり　日精潔の譜　加羅

おいてこそいとどわかれはかなしけれまたあひみむといふべくもなし　日精潔譜　槌　等閔

日精潔初余定里大好揺言生波也夢祇主無木比積矢柞原観然離柄也露懲絡母加羅槌国等閔国露逝新羅為浮吾鹵也上媛矢乍耐君事建炎絡母落也喪還谷辛未会絡母会言祇癸酉丙樹枝定里

◘続古今和歌集

成立　一二六五年。撰者　藤原為家、藤原基家、藤原行家、藤原光俊、藤原家良

一九〇〇首中四三首が源順の八文字を含む（二・二六％）。

◎あきよ**た**だ**な**がめすてて**も**いでなま**しこ**のさ**と**の**み**のゆ**ふ**べとおもはば[647]前中納言藤原定家

◎**た**がため**とし**らぬきぬたのおとにさへ**なみ**だうちそ**ふ**よその**こ**ろ**も**で[648]静仁法親王

◎そでぬらすおいその**も**りの**し**ぐれ**こ**そうきに**と**し**ふ**る**なみだ**なりけれ[649]藤原光俊朝臣

◎いろいろにお**もふこ**ころをそめてこそき**み**が**た**むけのぬさ**となし**つれ[650]大中臣能宣朝臣

◎**な**ほ**し**ばし**み**て**こ**そゆかめ**た**かしやま**ふもと**にめぐるうらのまつばら[651]中納言二条為氏

◎**た**か**し**やまゆ**ふこ**えくれてふ**もとな**るはまなのはしをつきに**み**るかな[652]

◎**ふ**ぢ**し**ろの**み**さかを**こ**ゆ**と**しろ**た**へのわがころ**も**ではぬれにけるか**な**[653]読人不知

◎け**ふ**は**な**ほ**み**や**こ**ちか**し**あふさかのせきのあな**た**にしるひ**と**もがな[654]藤原隆祐朝臣

◎**ふ**くかぜのめに**み**ぬか**た**をみや**こ**と て**し**のぶ**も**か**な**しゆふぐれのそら[655]土御門院御製

---

647 〇〇三五八　あきよただながめすててもいでなましこのさとのみのゆふべとおもはば（前掲『新編国歌大観』第一巻　三二五頁）

648 〇〇四六八　たがためとしらぬきぬたのおとにさへなみだうちそふよそのころもで（同三二七頁）

649 〇〇五四九　そでぬらすおいそのもりのしぐれこそうきにとしふるなみだなりけれ（同三二九頁）

650 〇〇八三一　いろいろにおもふこころをそめてこそきみがたむけのぬさとなしつれ（同三三五頁）

651 〇〇八五九　なほしばし見てこそゆかめたかしやまふもとにめぐるうらの松ばら（同三三五頁）

652 〇〇八七八　たかしやまゆふこえくれてふもとなるはまなのはしを月にみるかな（同三三六頁）

653 〇〇九一六　ふぢしろのみさかをこゆとしろたへのわがころもではぬれにけるかな（同三三七頁）

654 〇〇九四一　けふはなほみやこもちかしあふさかのせきのあなたにしる人もがな（同三三七頁）

655 〇〇九四二　ふくかぜのめに見ぬかたをみやことてしのぶもかなし夕ぐれのそら（同三三七頁）

◎**たち**かへり**みなと**にさわぐ**し**らなみのしらじなおなじひとに**こふとも** 656 中納言二条為氏

◎お**も**へ**ど**も**こ**ころにこめて**し**の**ぶ**ればそで**だ**にしらぬ**なみ**だなりけり 657 権大納言姉小路顕朝

◎**と**はぬを**もた**がつらさにか**なし**はてんかた**み**にしの**ぶこ**ころくらべに 658 太上天皇後嵯峨院

◎おろかにや**し**の**ぶと**ひとのお**も**ふらん**こ**ころにか**な**ふな**みだ**ならぬを 659 衣笠前円大臣衣笠家良

◎**な**に**ごとも**こころにこめて**し**の**ぶ**るをいかでな**みだ**のまづしりぬらん 660 和泉式部

◎かげろ**ふ**のほのめくかげを**み**て**し**より**た**れ**とも**しらぬ**こ**ひもするか**な** 661 読人不知

◎お**なじ**よに**た**のむちぎりのむなしくは**み**をかへてだにあ**ふこと**もがな 662 式乾門院御匣

◎くらべはや**こ**ひをするがのやま**た**か**み**およばぬ**ふじ**のけぶり**な**り**とも** 663 中務卿宗尊親王

○**なみだ**のみ**も**ろ**こしぶ**ねもよりぬべしみはうきしづむ**と**このうらなみ 664 光明峰寺入道前摂政左大臣 源通家

---

656 ○○九七○ たちかへりみなとにさわぐしらなみのしらじなおなじ人にこふとも（同三三八頁）

657 ○○九七五 おもへどもこころにこめてしのぶればそでだにしらぬなみだなりけり（同三三八頁）

658 ○一○○四 とはぬをもたがつらさにかなしはてんかたみにしのぶこころくらべに（同三三八頁）

659 ○一○一七 おろかにやしのぶと人のおもふらんこころにかなふなみだならぬを（同三三八頁）

660 ○一○二三 なにごともこころにこめてしのぶるをいかでなみだのまづしりぬらん（同三三九頁）

661 ○一○二七 かげろふのほのめくかげをみてしよりたれともしらぬこひもするかな（同三三九頁）

662 ○一○四一 おなじよにたのむちぎりのむなしくは身をかへてだにあふこともがな（同三三九頁）

663 ○一○七七 くらべはやこひをするがのやまたかみおよばぬふじのけぶりなりとも（同三四○頁）

664 ○一○九六 なみだのみもろこしぶねもよりぬべし身はうきしづむとこのうらなみ（同三四○頁）

○そでの**みと**お**もふな**み**だ**のくれなゐを**こ**ずゑにみするむら**し**ぐれかな[665]入道前太政大臣西園寺実氏

◎か**た**い**と**のあはでのうらの**なみ**たかみ**こ**なたかなたによる**ふ**ね**も**な**し**[666]右近中将藤原経家

◎ゆ**ふ**さればま**た**れ**し**もの**と**おもふ**こ**そこころにのこるかた**みな**りけれ[667]大江忠成朝臣

◎**み**をかへて**な**に**し**かお**もふ**うつせみのよは**た**のまれぬひ**と**の**こ**ころを[668]前左大臣洞院実雄

○お**も**ひあまり**み**づのか**し**はに**とぶこ**との**し**づむにうくは**な**み**だ**なりけり[669]太皇太后宮小侍従

◎**た**のめば**と**お**もふ**ばかりにうきひとの**こ**ころも**し**らずうら**み**つるか**な**[670]中務卿宗尊親王

◎うき**こと**ををりをりごとに**し**の**ぶ**ればつらき**も**ひとのか**たみな**りけり[671]伊勢

◎あ**ふこと**の**た**えばいのち**も**たえ**な**んとおもひ**し**かどもあられける**み**を[672]高松院右衛門佐

○**こ**ころ**だ**にいか**な**る**み**にかかな**ふ**らんお**も**ひ**し**れ**ど**もおもひしられず[673]紫式部

◎のぼりに**し**はるのかす**み**をし**たふと**てそむる**こ**ろ**も**のいろもはか**な**し[674]順徳院御製

665 ○一一〇二　そでのみとおもふなみだのくれなゐをこずゑにみするむらしぐれかな（同三四〇頁）

666 ○一一〇八　かたいとのあはでのうらのなみたかみこなたかなたによるふねもなし（同三四〇頁）

667 ○一一一七　ゆふさればまたれしものとおもふこそこころにのこるかたみなりけれ（同三四二頁）

668 ○一一八四　身をかへてなにしかおもふ空蝉の世はたのまれぬ人のこころを（同三四四頁）

669 ○一一九〇　おもひあまりみづのかしはにとぶことのしづむにうくはなみだなりけり（同三四四頁）

670 ○一二〇二　たのめばとおもふばかりにうき人のこころもしらずうらみつるかな（同三四四頁）

671 ○一二四二　うきことをりをりごとにしのぶればつらきも人のかたみなりけり（同三四五頁）

672 ○一二四七　あふことのたえばいのちもたえなんとおもひしかどもあられける身を（同三四五頁）

673 ○一三六五　こころだにいかなる身にかかなふらんおもひしれども思ひしられず（同三四五頁）

674 ○一四〇六　のぼりにしはるのかすみをしたふとてそむるころものいろもはかなし（同三四六頁）

○あはれ**など**おな**じ**け**ぶ**りに**た**ちそばでの**こ**るお**も**ひの**み**をこかすらむ 675 前大納言藤原為家
○**こ**れや**もし**ゆめ**な**るらむ**と**おも**ふこ**そせめてはかなき**た**の**み**なりけれ 676 藤原能清朝臣
◎お**も**ひいづるけ**ふし**もそらのかきくれてさ**こ**そ**なみだ**のあめ**と**ふるらめ 677 中務卿宗尊親王
◎**したにこ**そひ**と**のこころ**も**うつろ**ふ**をいろに**み**せたるやまざくらか**な** 678 中務卿宗尊親王
◎**ふ**るかはのいりえのは**し**は**なみこ**えてやま**もと**めぐるさみ**だ**れのころ 679 法印尊海
○いく**と**せの**なみだ**のつゆに**し**をれきぬ**こ**ろ**もふ**きほせあきのはつかぜ 680 藤原秀能（如願）
◎やま**だも**るそほづの**みこ**そあはれ**な**れあきはてぬれば**とふ**ひともな**し** 681 僧都玄賓
◎そでぬれ**しと**きを**だ**に**こ**そ**な**げきしか**み**さへしぐれの**ふ**り**も**ゆくかな 682 右近大将道綱母
◎**こ**のはの**み**そらに**し**られぬしぐれか**と**お**も**へばま**た**も**ふ**る**な**みだかな 683
◎さよ**ふ**けてほりえ**こ**ぐ**な**るまつらぶねかぢお**とた**か**しみ**をはやみか**も** 684 柿本人丸（夫木抄）

---

675 ○一四六一 あはれなどおなじけぶりにたちそばでのこるおもひのみをこかすらむ（同三四七頁）
676 ○一四六七 これやもしゆめなるらむとおもふこそせめてはかなきたのみなりけれ（同三四八頁）
677 ○一四七七 おもひいづる今日しもそらのかきくれてさこそなみだのあめとふるらめ（同三四八頁）
678 ○一五〇七 したにこそ人のこころもうつろふをいろにみせたるやまざくらかな（同三四八頁）
679 ○一五五三 ふるかはのいりえのはしはなみこえてやまもとめぐるさみだれのころ（同三四九頁）
680 ○一五六一 いくとせのなみだのつゆにしをれきぬころもふきほせ秋のはつかぜ（同三四九頁）
681 ○一六〇八 やまだもるそほづの身こそあはれなれあきはてぬればとふひともなし（同三五〇頁）
682 ○一六〇九 そでぬれしときをだにこそなげきしかみさへしぐれのふりもゆくかな（同三五〇頁）
683 ○一六一四 このはのみそらにしられぬしぐれかとおもへばまたもふるなみだかな（同三五〇頁）
684 ○一六四二 さよふけてほりえこぐなるまつらぶねかぢおとたかしみをはやみかも（同三五一頁）

○たちかへりみてこそゆかめふじのねのめづらしげなきけぶりなりとも [685]中務卿宗尊親王
◎たらちねのこころのやみをしるものはこをおもふときのなみだなりけり [686]前大納言藤原基良
○ことのははみにこそしらねたらちねのかたみばかりにとふひともがな [687]藤原隆祐朝臣
○おもふことなきだにやすくそむくよにあはれすててもをしからぬみを [688]嘉陽門院越前
◎しりながらいとはぬよこそかなしけれわがためつらきみをおもふとて [689]入道前太政大臣西園寺実氏

◎は次の通り解ける。これは二〇〇頁最後から二行、一行の証明たる重要暗号である。

そでぬれしときをだにこそなげきしかみさへしぐれのふりもゆくかな　大好
やまだもるそほづのみこそあはれなれあきはてぬればとふひともなし　日精潔
いろいろにおもふこころをそめてこそきみがたむけのぬさとなしつれ　君事
ここてひきのみかそろふさだもとにみづつをここかきれな
ここ手引のみが揃ふ　為故も十に三つをここに書きれれな

◎は次の通り解ける。

▼為故

一　あきよただながめすてでもいでなましこのさとのみのゆふべとおもはば　為故　字為為故故（なすいこともと）
二　たがためとしらぬきぬたのおとにさへなみだうちそふよそのころもで　為故　高羽目露総

---

685 ○一六四七　たちかへり見てこそゆかめふじのねのめづらしげなきけぶりなりとも（同三五一頁）
686 ○一七六九　たらちねのこころのやみをしるものは子をおもふときのなみだなりけり（同三五四頁）
687 ○一七七〇　ことのはは身にこそしらねたらちねのかたみばかりにとふ人もがな（同三五四頁）
688 ○一八二二　おもふことなきだにやすくそむくよにあはれすててもをしからぬ身を（同三五五頁）
689 ○一八二八　しりながらいとはぬよこそかなしけれわがためつらき身をおもふとて（同三五五頁）

三　いろいろにおもふこころをそめてこそきみがたむけのぬさとなしつれ　為故　**女**
四　ふぢしろのみさかをこゆとしろたへのわがころもではぬれにけるかな　為故　**大好**
五　けふはなほみやこもちかしあふさかのせきのあなたにしるひともがな　為故　**君事船生**
六　たちかへりみなとにさわぐしらなみのしらじなおなじひとにこふとも　為故　**米栗喪**
七　とはぬをもたがつらさにかなしはてんかたみにしのぶこころくらべに　為故　**酉金羅**
八　ゆふさればまたれしものとおもふこそこころにのこるかたみなりけれ　為故　**君事**
九　おもひいづるけふしもそらのかきくれてさこそなみだのあめとふるらめ　為故　**之栄**
一〇　したにこそひとのこころもうつろふをいろにみせたるやまざくらかな　為故　**九矢丸**
一一　ふるかはのいりえのはしはなみこえてやまもとめぐるさみだれのころ　為故　**射矢白**
一二　そでぬれしときをだにこそなげきしかみさへしぐれのふりもゆくかな　為故　**擦尾掟**
一三　さよふけてほりえこぐなるまつらぶねかぢおとたかしみをはやみかも　為故　**柱丸**（十に三つ）

射矢白立柞原生日精潔会**君事船生**之畑月**柱丸**初建乙酉**酉金羅九矢丸**日精潔相無生去宮**擦尾掟**止克男立顚好山為民**女**無路母明募聲**大好**聲聞相**之栄**畝籠代**高羽目露総**根尊生言**米栗喪**矢馬初国柞原日精潔

▼安麻の手引

◎は次の通り解ける。

そでぬらすおいそのもりのしぐれこそうきにとしふるなみだなりけれ　**吉奴尔**
なほしばしみてこそゆかめたかしやまふもとにめぐるうらのまつばら　**海原**
たかしやまゆふこえくれてふもとなるはまなのはしをつきにみるかな　**久母奈之**
ふくかぜのめにみぬかたをみやことてしのぶもかなしゆふぐれのそら　**可久礼之**

おもへどもこころにこめてしのぶればそでだにしらぬなみだなりけり
おろかにやしのぶとひとのおもふらんこころにかなふなみだならぬを
なにごともこころにこめてしのぶるをいかでなみだのまづしりぬらん
かげろふのほのめくかげをみてしよりたれともしらぬこひもするかな
おなじよにたのむちぎりのむなしくはみをかへてだにあふこともがな
くらべはやこひをするがのやまたかみおよばぬふじのけぶりなりとも
かたいとのあはでのうらのなみたかみこなたかなたによるふねもなし
みをかへてなにしかおもふうつせみのよはたのまれぬひとのこころを
たのめばとおもふばかりにうきひとのこころもしらずうらみつるかな
うきことををりをりごとにしのぶればつらきもひとのかたみなりけり
あふことのたえばいのちもたえなんとおもひしかどもあられけるみを
のぼりにしはるのかすみをしたふとてそむるころものいろもはかなし
やまだもるそほづのみこそあはれなれあきはてぬればとふひともなし
このはのみそらにしられぬしぐれかとおもへばまたもふるなみだかな
たらちねのこころのやみをしるものはこをおもふときのなみだなりけり
しりながらいとはぬよこそかなしけれわがためつらきみをおもふとて

海原乎　夜蘇之麻我久里　伎奴礼杼母　奈良能美也故波　和須礼可祢都母
可敝流散尓　伊母尓見勢武尓　**和多都美**乃　於幾都志良多末　比利比弖由賀奈
賀美都家野　久路保乃祢呂乃　久受葉**我多**　**可奈師家兒良**尓　伊夜射可里久母
刀祢河泊乃　**可**波世毛思良受　多太和多里　奈美尓安布能須　安敝流伎美可母

尓　波伴尓許呂
於毛布　等思乃許能己呂
伴乃　美津野等麻里尓　布
我多　可奈師家兒良
能乎　於奈自許等
良　比可婆奴流
刀祢河泊乃　可
野乎比呂美　波
等伎能多米
水都登利能　多
伊毛我奈気
呂尓　伊波流毛能可
安波之麻
可毛可久母
也杼里
和多都美

大伴乃 **美津野等麻里尓** **布**祢波弖々 多都多能山乎 伊都可故延伊加武

安之比奇能 夜麻治古延牟等 須流君乎 許々呂尓毛知弖 夜須家**久母奈之**

宇恵太気能 毛登左倍登与美 伊侶弖伊奈婆 伊豆思牟伎弖可 **伊毛我奈気**可牟

古非都追母 乎良牟等須礼杼 遊布麻夜万 **可久礼之**伎美乎 於母比可祢都母

和我世古我 可反里吉麻佐武 **等伎能多米** 伊能知能己佐牟 和須礼多麻布奈

君我牟多 由加麻之毛**能乎** **於奈自許等** 於久礼弖乎礼杼 与伎許等毛奈之

安乎祢呂尓 多奈婢久君母能 伊佐欲比尓 物能乎曽**於毛布** **等思乃許能己呂**

比登祢**呂尓** **伊波流毛能可**良 安乎祢呂尓 伊佐欲布久母能 余曽里都麻波母

大船尓 可之布里多弖天 波麻藝欲伎 麻里布能宇良尓 **也杼里**可世麻之

伊都之可母 見牟等於毛比師 **安波之麻**乎 与曽尓也故非無 由久与思乎奈美

水都登利能 **多**々武与曽比尓 伊母能良尓 毛乃伊波受伎尓弖 於毛比可祢都毛

等夜乃野尓 乎佐藝祢良波里 乎佐乎左毛 祢奈敝古由恵**尓** **波伴尓許呂**波要

武蔵野乃 久佐波母呂武吉 **可毛可久母** 伎美我麻尓末尓 吾者余利尓思乎

伊利麻治野 於保屋我波良能 伊波為都**良** **比可婆奴流**々々 和尓奈多要曽祢

可美都家野 安蘇夜麻都豆良 **野乎比呂美** **波**比尓思物能乎 安是加多延世武

伊可保呂乃 蘇比乃波里波良 和我**吉奴尓** 都伎与良之母与 比多敝登於毛敝婆

◇続拾遺和歌集

成立　一二七八年。撰者　二条為氏

一四六四首中一六首が源順の八文字を含む（一・〇九％）。一六首である。一六。

◎**み**わ**た**せばかすみ**し**ほ**ど**のやま**もな**し**ふ**しみのくれのさみだれの**こ**ろ[690]権僧正実伊

◎**た**がかよ**ふみ**ちのせき**と**か**な**りぬらんよひよひ**ご**とにつ**も**る**し**らゆき[691]典侍親子朝臣

◎**たれもみな**おな**じ**よに**こ**そ**ふ**るゆきのわれひ**と**りやはみちなかるべき[692]前大納言藤原良教

◎か**みし**ま**の**な...

◎**し**られじ**な**くゆるけ**ぶ**りの**た**えずの**みこ**ころにけたぬお**も**ひあり**と**も[694]春宮少将

◎いはでお**もふこ**ころひ**と**つの**た**の**み**こそ**し**られぬ**な**かのいのちなりけれ[695]前大納言二条為氏

◎**も**らさ**じと**おも**ふこ**ころやせきかへす**なみだ**のかはにかくるしがらみ[696]前大納言藤原兼宗

◎ぬるがうちにげにあ**ふこともな**きゆめをいかに**みし**より**た**のみそめけん[697]釼平時村

◎ありあけは**な**ほぞかな**し**きあ**ふ**までのか**たみとこ**そつきはみれど**も**[698]典侍親子朝臣

---

690 ○○一八○　見わたせば霞しほどの山もなし伏見の暮の五月雨の比（『和歌文学大系七　続拾遺和歌集』二〇〇二年七月二五日　明治書院発行　三四頁）

691 ○○六五二　誰がかよふ道の関とかなりぬらん宵宵ごとにつもる白雪（同一一六頁）

692 ○○六五六　誰も皆おなじ世にこそふる雪の我ひとりやは道なかるべき（同一一六頁）

693 ○○七五九　神島の浪の白木綿かけまくもかしこき御世のためしとぞ見る（同一三五頁）

694 ○○七七三　知られじなくゆる煙の絶えずのみ心に消たぬ思ひありとも（同一三九頁）

695 ○○七八七　言はで思心ひとつの頼みこそ知られぬ中の命なりけれ（同一四一頁）

696 ○○八一一　もらさじと思ふ心やせき返す涙の川にかくるしがらみ（同一四五頁）

697 ○○八四六　寝るが中にげに逢事もなき夢をいかに見しより憑のみそめけん（同一五一頁）

698 ○○九五九　有明はなほぞ悲しき逢までの形見とてこそ月は見れども（同一七〇頁）

◎あふことはかけてもいはじあだなみのこゆるにやすきすゑのまつやま[699]九条左大臣九条道良
◎なにゆゑとこころのとはむこともうしつらきをしたふそでのなみだは[700]式乾門院御匣
◎としふれどこひしきことにそでぬれてものわすれせぬわがなみだかな[701]入道内大臣源道成
◎ふることはかたくなるともかたみなるあとはいまこむよにもわすれじ[702]藤原道信朝臣
◎いつとてもなみだのあめはをやまねどけふはこころのくもまだになし[703]和泉式部
◎たづねきてまことのみちにあひぬるもまよふこころぞしるべなりける[704]行円法師
◎もろはくさひきつらねたるけふこそはながきためしとかみもしるらめ[705]肥後

◎は次のように解ける。

ぬるがうちにげにあふこともなきゆめをいかにみしよりたのみそめけん　大好
たがかよふみちのせきとかなりぬらんよひよひごとにつもるしらゆき　日精潔
なにゆゑとこころのとはむこともうしつらきをしたふそでのなみだ　君事
しんらをかがみこともしゆめきぬしごかみらゆひげり
新羅　大好　君事も字「夢祇主」＝死後神等言ひけり（旧著五一六頁　日精潔の譜参照）

---

699 ○一〇二六　逢ふ事はかけても言はじあだ波の越ゆるにやすき末の松山（同一八二頁）
700 ○一〇三九　何ゆゑと心のとはむことも憂しつらきを慕ふ袖の涙は（同一八五頁）
701 ○一〇七五　年経れど恋ひしきことに袖濡れて物忘せぬ我涙かな（同一九〇頁）
702 ○一一五〇　ふることは難くなるとも形見なる跡は今こむ世にも忘れじ（同二〇四頁）
703 ○一三四〇　いつとても涙の雨はをやまねどけふはこころの雲間だになし（同二四〇頁）
704 ○一三九五　尋きてまことの道に逢ひぬるも迷ふ心ぞしるべなりける（同二五〇頁）
705 ○一四二〇　もろ葉草引きつらねたる今日こそは長きためしと神も知るらめ（同二五五頁）

更に解く。

▼王統

◎は次の通り解ける。既出　二七頁。

みわたせばかすみしほどのやまもなしふしみのくれのさみだれのころ
たがかよふみちのせきとかなりぬらんよひよひごとにつもるしらゆき
たれもみなおなじよにこそふるゆきのわれひとりやはみちなかるべき
かみしまのなみのしらゆふかけまくもかしこきみよのためしとぞみる
しられじなくゆるけぶりのたえずのみこころにけたぬおもひありとも
いはでおもふこころひとつのたのみこそしられぬなかのいのちなりけれ
もらさじとおもふこころやせきかへすなみだのかはにかくるしがらみ
ぬるがうちにげにあふこともなきゆめをいかにみしよりたのみそめけん
ありあけはなほぞかなしきあふまでのかたみとてこそつきはみれども
あふことはかけてもいはじあだなみのこゆるにやすきすゑのまつやま
なにゆゑとこころのとはむこともうしつらきをしたふそでのなみだは
としふれどこひしきことにそでぬれてものわすれせぬわがなみだかな
ふることはかたくなるともかたみなるあとはいまこむよにもわすれじ
いつとてもなみだのあめはをやまねどけふはこころのくもまだになし
たづねきてまことのみちにあひぬるもまよふこころぞしるべなりける
もろはくさひきつらねたるけふこそはながきためしとかみもしるらめ

七得　七得（なのとく）
日　日（じつ）
昭　昭（ひかる）
真曽　真曽（まそふ）
象　象（たる）
月　月（がち）（夫（そ）の子）
匕酋　匕酋（さじすぐる）（の子奴予（とばせ））
内　内（なか）（以（い）の子）
光　光（みつ）
矢也　矢也（やのは）（以（い）の孫）
相食　相食（そふはむ）（＝夫　椎澡（にぎ）の子）
朋　朋（どぶし）（日精潔（ひみこ）の子）
以　以（ともに）
杜尾　杜尾（とづみ）
泄　泄（もる）
明　明（から）

◇新後撰和歌集

成立　一三〇三年。撰者　二条為世

一六一七首中三二首が源順の八文字を含む（一・九八%）。三二が倭国王一六代の二倍である。

前大納言藤原為家（藤原定家男）の出家を前大僧正慈鎮（慈円）が藤原俊成・藤原定家の道をますます発展させるため思い止まらせた。式乾門院御匣は藤原為信と歌の贈答。入道前太政大臣（西園寺実兼）の男が権大納言西園寺公顕。光明峰入道摂政左大臣（九条道家）が衣笠内大臣（家良）を信任。九条道家女仁子は近衛基平関白左大臣の母。近衛基平は二条為世と歌の贈答。二条為世の室は津守国冬妹。安嘉門院甲斐、皇太后宮大夫俊成は河合社歌合で同席。典侍親子、前関白太政（基忠）、従三位為継、藤原景綱、権中納言師時、志遠上人、前大僧正行尊、前大僧正公什、権少僧都道順、花山院内大臣師信、権少僧都良信、高階宗成、前大納言教良、平政長、法眼行済の立ち位置は不明であり、新古今和歌集での検証の域に達していない。友人関係、地縁その他いろいろであろうが、新古今和歌集、新後撰和歌集の暗号作成に、俊成、定家、為家の三代が大きく関わっていると思う。

更に定家の思いを斟酌すれば小倉百人一首に触れることになる。百首は次の百人の歌人の歌である。

天智天皇、持統天皇、柿本人麻呂、山部赤人、猿丸大夫、中納言家持、阿倍仲麻呂、喜撰法師、小野小町、蝉丸、参議篁、僧正遍昭、陽成院、河原左大臣、光孝天皇、中納言行平、在原業平朝臣、藤原敏行朝臣、伊勢、元良親王、素性法師、文屋康秀、大江千里、菅家、三条右大臣（定方）、貞信公、中納言藤原兼輔、源宗于朝臣、凡河内躬恒、壬生忠岑、坂上是則、春道列樹、紀友則、藤原興風、紀貫之、清原深養父、文屋朝康、右近、参議等、平兼盛、壬生忠見、清原元輔、権中納言敦忠、中納言朝忠、謙徳公、曽禰好忠、恵慶法師、源重之、大中臣能宣朝臣、藤原義孝、藤原実方朝臣、藤原道信朝臣、右大将道綱母、儀同三司母、大納言公任、和泉式部、紫式部、大弐三位、赤染衛門、小式部内侍、伊勢大輔、清少納言、左京大夫道雅、権中納言定頼、相模、大僧正行尊、周防内侍、三条院、能因法師、良暹法師、大納言経信、祐子内親王家紀伊、権中納言匡房、源俊頼朝臣、藤原基俊、法性寺入道前関白太政大臣、崇徳院、源兼昌、左京大夫顕輔、待賢門院堀河、後徳大寺左大臣、道因法師、皇太后宮大夫俊成、藤原清輔朝臣、俊恵法師、西行法師、寂蓮法師、皇嘉門院別当、式子内親王、殷富門院大輔、後京極摂政前太政大臣、二条院讃岐、鎌倉右大臣、参議雅経、前大僧正慈円、入道前太政大臣、権中納言定家、従二位家隆、後鳥羽院、順徳院。

　曽禰好忠は本書では、源順百首が曽禰好忠集に記載されていることでも触れたが、曾禰好忠・源順はその実力・時代として対で思い出すものであり、源順の歌が小倉百人一首にないことが大変不自然なものである。しかし源順はいる。百首の文字数三一〇〇字の中に同じ字は数理的には七〇前後であるが、「み」は一〇〇字、「な」は一二七字、「も」は一〇二字、「と」は一四五字である。みなもとの四字が揃うのが一九首である。ふじはらの四字が揃うのが二三ではあるが、これは皆を源順を探すことに導く。これが大切。源順の恋人の右近の名はあった。源順・右近は貞元二年八月十六日三条左大臣頼忠栽歌合に同席した。

　ゆらの**と**をわ**た**る**ふな**ひとかぢをたえゆくへ**もし**らぬ**こ**ひの**み**ちかな

（由良の門を渡る舟人かぢを絶えゆくへも知らぬ恋のみちかな）

　曽禰好忠が源順の氏名を盛込んだ歌を定家が選択しただけで、他に和歌に源順の歌を盛込んで何事かを伝えようとしていると考えるのが普通である。更に伊勢及び中納言朝忠についても源順の氏名が含まれている歌を選択している。既に我々は自然に源順の氏名が盛込まれるのは一％前後であることを知っている。意図的である。

　なにはが**たみし**かきあしの**ふ**しのま**も**あはて**こ**のよをすぐしてよ**と**や

（難波潟短き蘆のふしの間も逢はでこの世を過ぐしてよとや）

あふことのたえてしなくはなかなかにひとをもみをもうらみざらまし
（逢ふことの絶えてしなくはなかなかに人をも身をも恨みざらまし）

更に更に五一人が暗号を残した歌人である（棒線）。源順の氏名を含む歌人の歌を求めて行けば、ほぼこれら半分の歌人に行き着き、新古今和歌集で四〇、新後撰和歌集で三二、千載和歌集の藤原俊成で三六の歌に行き着き、大きく日本の古代歴史、自分達のルーツに行き着く。これが定家の思い。

天智天皇、持統天皇、柿本人麻呂、山部赤人、猿丸大夫、中納言家持、阿倍仲麻呂、喜撰法師、小野小町、蝉丸、参議篁、僧正遍昭、陽成院、河原左大臣、光孝天皇、中納言行平、在原業平朝臣、藤原敏行朝臣、伊勢、元良親王、素性法師、文屋康秀、大江千里、菅家、三条右大臣（定方）、貞信公、中納言兼輔、源宗于朝臣、凡河内躬恒、壬生忠岑、坂上是則、春道列樹、紀友則、藤原興風、紀貫之、清原深養父、文屋朝康、右近、参議等、平兼盛、壬生忠見、清原元輔、権中納言敦忠、中納言朝忠、謙徳公、曽禰好忠、恵慶法師、源重之、大中臣能宣朝臣、藤原義孝、藤原実方朝臣、藤原道信朝臣、右大将道綱母、儀同三司母、大納言公任、和泉式部、紫式部、大弐三位、赤染衛門、小式部内侍、伊勢大輔、清少納言、左京大夫道雅、権中納言定頼、相模、大僧正行尊、周防内侍、三条院、能因法師、良暹法師、大納言経信、祐子内親王家紀伊、権中納言匡房、源俊頼朝臣、藤原基俊、法性寺入道前関白太政大臣、崇徳院、源兼昌、左京大夫顕輔、待賢門院堀河、後徳大寺左大臣、道因法師、皇太后宮大夫俊成、藤原清輔朝臣、俊恵法師、西行法師、寂蓮法師、皇嘉門院別当、式子内親王、殷富門院大輔、後京極摂政前太政大臣、二条院讃岐、鎌倉右大臣、参議雅経、前大僧正慈円、入道前太政大臣、権中納言定家、従二位家隆、後鳥羽院、順徳院

小倉百人一首は断じて歌留多遊びのものではない。歌人個人の意図は不明であるが、定家の告発の歌の選択である。注目するのは、一〇〇首の歌のふ じ は ら 藤原、み な も と 源の姓の出現回数が多いことである。比べるものとして、一〇〇首のみのものを探す。後普光園院百首、仙洞十人歌

合、撰歌合には、藤原が各一五首、一〇首、一二首、源が一八首、一四首、一九首に対し、小倉百人一首は藤原が二三首、源が一九首である。藤原の挿入には有意差がある。実は藤原、源の両者を含むものがある。四四番、九九番である。これを除けば二一首、一七首で、安麻の手引の二〇、倭国王一六代の一六各々の＋一で何物か有意差を説明してくれそうである。

あきのたのかりほのいほのとまをあらみわがころもではつゆにぬれつつ[706]（一番）天智天皇
はるすぎてなつきにけらししろたへのころもほすてふあまのかぐやま[707]（二番）持統天皇
あしひきのやまどりのをのしだりをのながながしよをひとりかもねむ[708]（三番）柿本人麻呂
たごのうらにうちいでてみればしろたへのふじのたかねにゆきはふりつつ[709]（四番）山部赤人
おくやまにもみぢふみわけなくしかのこゑきくときぞあきはかなしき[710]（五番）猿丸大夫
かささぎのわたせるはしにおくしものしろきをみればよぞふけにける[711]（六番）中納言家持
あまのはらふりさけみればかすがなるみかさのやまにいでしつきかも[712]（七番）安倍仲麿

---

706 秋の田の仮庵の庵の苫をあらみわが衣手は露にぬれつつ（『図説百人一首』石井正己著　二〇〇六年一〇月二〇日　河出書房新社発行　八頁）
707 春過ぎて夏来にけらし白妙の衣干すてふ天の香具山（同九頁）
708 あしひきの山鳥の尾のしだり尾のながながし夜を独りかも寝む（同一〇頁）
709 田子の浦にうち出でて見れば白妙の富士の高嶺に雪は降りつつ（同一二頁）
710 奥山に紅葉踏み分け鳴く鹿の声聞く時ぞ秋は悲しき（同一三頁）
711 鵲の渡せる橋に置く霜の白きを見れば夜ぞ更けにける（同一四頁）
712 天の原ふりさけ見れば春日なる三笠の山に出でし月かも（同一五頁）

わがいほはみやこのたつみしかぞすむよをうぢやまとひとはいふなり[713]（八番）喜撰法師
はなのいろはうつりにけりないたづらにわがみよにふるながめせしまに[714]（九番）小野小町
これやこのゆくもかへるもわかれてはしるもしらぬもあふさかのせき[715]（一〇番）蝉丸
わたのはらやそしまかけてこぎいでぬとひとにはつげよあまのつりふね[716]（一一番）参議篁
あまつかぜくものかよひぢふきとぢよをとめのすがたしばしとどめむ[717]（一二番）僧正遍昭
つくばねのみねよりおつるみなのがはこひぞつもりてふちとなりける[718]（一三番）陽成院
みちのくのしのぶもぢずりたれゆゑにみだれそめにしわれならなくに[719]（一四番）河原左大臣
きみがためはるののにいでてわかなつむわがころもでにゆきはふりつつ[720]（一五番）光孝天皇
たちわかれいなばのやまのみねにおふるまつとしきかばいまかへりこむ[721]（一六番）中納言行平
ちはやぶるかみよもきかずたつたがはからくれなゐにみづくくるとは[722]（一七番）在原業平朝臣

---

713 わが庵は都のたつみしかぞ住む世を宇治山と人はいふなり（同一五頁）
714 花の色は移りにけりないたづらにわが身世にふるながめせしまに（同一六頁）
715 これやこの行くも帰るも別れては知るも知らぬも逢坂の関（同一八頁）
716 わたの原八十島かけて漕ぎ出でぬと人には告げよ海人の釣舟（同一八頁）
717 天つ風雲の通ひ路吹き閉ぢよをとめの姿しばしとどめむ（同一九頁）
718 筑波嶺の峰より落つるみなの川恋ぞ積もりて淵となりける（同一九頁）
719 みちのくのしのぶもぢずり誰ゆゑに乱れそめにし我ならなくに（同二〇頁）
720 君がため春の野に出でて若菜摘む我が衣手に雪は降りつつ（同二一頁）
721 立ち別れ因幡の山の峰に生ふるまつとし聞かば今帰り来む（同二一頁）
722 ちはやぶる神代も聞かず竜田川韓紅に水くくるとは（同二二頁）

すみのえのきしによるなみよるさへやゆめのかよひぢひとめよくらむ[723]（一八番）藤原敏行朝臣
なにはがたみじかきあしのふしのまもあはでこのよをすぐしてよとや[724]（一九番）伊勢
わびぬればいまはたおなじなにはなるみをつくしてもあはむとぞおもふ[725]（二〇番）元良親王
いまこむといひしばかりにながつきのありあけのつきをまちいでつるかな[726]（二一番）素性法師
ふくからにあきのくさきのしをるればむべやまかぜをあらしといふらむ[727]（二二番）文屋康秀
つきみればちぢにものこそかなしけれわがみひとつのあきにはあらねど[728]（二三番）大江千里
このたびはぬさもとりあへずたむけやまもみぢのにしきかみのまにまに[729]（二四番）菅家
なにしおはばあふさかやまのさねかづらひとにしられでくるよしもがな[730]（二五番）三条右大臣
をぐらやまみねのもみぢばこころあらばいまひとたびのみゆきまたなむ[731]（二六番）貞信公
みかのはらわきてながるるいづみがはいつみきとてかこひしかるらむ[732]（二七番）中納言藤原兼輔

---

723 住の江の岸による波よるさへや夢の通ひ路人目よくらむ（同二四頁）
724 難波潟短き葦の節の間も逢はでこの世を過ぐしてよとや（同二五頁）
725 侘びぬれば今はた同じ難波なるみをつくしても逢はむとぞ思ふ（同二六頁）
726 今来むといひしばかりに長月の有明の月を待ち出でつるかな（同二六頁）
727 吹くからに秋の草木のしをるればむべ山風をあらしと言ふらむ（同二七頁）
728 月見れば千々に物こそ悲しけれ我が身一つの秋にはあらねど（同二八頁）
729 このたびは幣も取りあへず手向山紅葉の錦神のまにまに（同二九頁）
730 名にし負はば逢坂山のさねかづら人に知られでくるよしもがな（同三一頁）
731 小倉山峰のもみぢ葉心あらば今一度のみゆき待たなむ（同三二頁）
732 みかの原わきて流るる泉川いつ見きとてか恋しかるらむ（同三三頁）

やまざとはふゆぞさびしさまさりけるひとめもくさもかれぬとおもへば[733]（二八番）源宗于朝臣
こころあてにをらばやをらむはつしものおきまどはせるしらぎくのはな[734]（二九番）凡河内躬恒
ありあけのつれなくみえしわかれよりあかつきばかりうきものはなし[735]（三〇番）壬生忠岑
あさぼらけありあけのつきとみるまでによしののさとにふれるしらゆき[736]（三一番）坂上是則
やまがはにかぜのかけたるしがらみはながれもあへぬもみぢなりけり[737]（三二番）春道列樹
ひさかたのひかりのどけきはるのひにしづこころなくはなのちるらむ[738]（三三番）紀友則
たれをかもしるひとにせむたかさごのまつもむかしのともならなくに[739]（三四番）藤原興風
ひとはいさこころもしらずふるさとははなぞむかしのかににほひける[740]（三五番）紀貫之
なつのよはまだよひながらあけぬるをくものいづこにつきやどるらむ[741]（三六番）清原深養父
しらつゆにかぜのふきしくあきののはつらぬきとめぬたまぞちりける[742]（三七番）文屋朝康

733 山里は冬ぞ寂しさまさりける人目も草もかれぬと思へば（同三四頁）
734 心当てに折らばや折らむ初霜の置きまどはせる白菊の花（同三五頁）
735 有明のつれなく見えし別れより暁ばかり憂きものはなし（同三五頁）
736 朝ぼらけ有明の月と見るまでに吉野の里に降れる白雪（同三六頁）
737 山川に風のかけたるしがらみは流れもあへぬ紅葉なりけり（同三六頁）
738 ひさかたの光のどけき春の日に静心なく花の散るらむ（同三七頁）
739 誰をかも知る人にせむ高砂の松も昔の友ならなくに（同三七頁）
740 人はいさ心も知らず古里は花ぞ昔の香ににほひける（同三八頁）
741 夏の夜はまだ宵ながら明けぬるを雲のいづこに月宿るらむ（同四〇頁）
742 白露に風の吹きしく秋の野は貫きとめぬ玉ぞ散りける（同四一頁）

わすらるるみをばおもはずちかひてしひとのいのちのをしくもあるかな743（三八番）右近
あさぢふのをののしのはらしのぶれどあまりてなどかひとのこひしき744（三九番）参議等
しのぶれどいろにいでにけりわがこひはものやおもふとひとのとふまで745（四〇番）平兼盛
こひすてふわがなはまだきたちにけりひとしれずこそおもひそめしか746（四一番）壬生忠見
ちぎりきなかたみにそでをしぼりつつすゑのまつやまなみこさじとは747（四二番）清原元輔
あひみてののちのこころにくらぶればむかしはものをおもはざりけり748（四三番）権中納言敦忠
あふことのたえてしなくはなかなかにひとをもみをもうらみざらまし749（四四番）中納言朝忠
あはれともいふべきひとはおもほえでみのいたづらになりぬべきかな750（四五番）謙徳公
ゆらのとをわたるふなびとかぢをたえゆくへもしらぬこひのみちかな751（四六番）曾禰好忠
やへむぐらしげれるやどのさびしきにひとこそみえねあきはきにけり752（四七番）恵慶法師

---

743 忘らるる身をば思はず誓ひてし人の命の惜しくもあるかな（同四一頁）
744 浅茅生の小野の篠原忍ぶれど余りてなどか人の恋しき（同四二頁）
745 忍ぶれど色に出でにけり我が恋は物や思ふと人の問ふまで（同四二頁）
746 恋すてふ我が名はまだき立ちにけり人知れずこそ思ひそめしか（同四三頁）
747 契りきなかたみに袖をしぼりつつ末の松山波越さじとは（同四四頁）
748 逢ひ見ての後の心に比ぶれば昔はものを思はざりけり（同四四頁）
749 逢ふことの絶えてしなくはなかなかに人をも身をも恨みざらまし（同四五頁）
750 あはれとも言ふべき人は思ほえで身のいたづらになりぬべきかな（同四五頁）
751 由良の門を渡る舟人かぢを絶え行方も知らぬ恋の道かな（同四六頁）
752 八重葎茂れる宿の寂しきに人こそ見えね秋は来にけり（同四六頁）

かぜをいたみいはうつなみのおのれのみくだけてものをおもふころかな[753]（四八番）源重之
みがきもりゑじのたくひのよるはもえひるはきえつつものをこそおもへ[754]（四九番）大中臣能宣朝臣
きみがためをしからざりしいのちさへながくもがなとおもひけるかな[755]（五〇番）藤原義孝
かくとだにえやはいぶきのさしもぐささしもしらじなもゆるおもひを[756]（五一番）藤原実方朝臣
あけぬればくるるものとはしりながらなほうらめしきあさぼらけかな[757]（五二番）藤原道信朝臣
なげきつつひとりぬるよのあくるまはいかにひさしきものとかはしる[758]（五三番）右大将道綱母
わすれじのゆくすゑまではかたければけふをかぎりのいのちともがな[759]（五四番）儀同三司母
たきのおとはたえてひさしくなりぬれどなこそながれてなほきこえけれ[760]（五五番）大納言公任
あらざらむこのよのほかのおもひでにいまひとたびのあふこともがな[761]（五六番）和泉式部
めぐりあひてみしやそれともわかぬまにくもがくれにしよはのつきかな[762]（五七番）紫式部

753 風をいたみ岩打つ波のおのれのみ砕けて物を思ふころかな（同四七頁）
754 御垣守衛士の炊く火の夜は燃え昼は消えつつものをこそ思へ（同四七頁）
755 君がため惜しからざりし命さへ長くもがなと思ひけるかな（同四八頁）
756 かくとだにえやはいぶきのさしも草さしも知らじな燃ゆる思ひを（同四八頁）
757 明けぬれば暮るるものとは知りながらなほ恨めしき朝ぼらけかな（同四九頁）
758 嘆きつつ独り寝る夜のあくる間はいかに久しきものとかは知る（同五〇頁）
759 忘れじの行く末まではかたければ今日を限りの命ともがな（同五二頁）
760 滝の音は絶えて久しくなりぬれど名こそ流れてなほ聞こえけれ（同五三頁）
761 あらざらむこの世のほかの思ひ出に今一度の逢ふこともがな（同五四頁）
762 めぐり逢ひて見しやそれとも分かぬ間に雲隠れにし夜半の月かな（同五六頁）

ありまやまゐなのささはらかぜふけばいでそよひとをわすれやはする 763 （五八番）大弐三位
やすらはでねなましものをさよふけてかたぶくまでのつきをみしかな 764 （五九番）赤染衛門
おほえやまいくののみちのとほければまだふみもみずあまのはしだて 765 （六〇番）小式部内侍
いにしへのならのみやこのやへざくらけふここのへににほひぬるかな 766 （六一番）伊勢大輔
よをこめてとりのそらねははかるともよにあふさかのせきはゆるさじ 767 （六二番）清少納言
いまはただおもひたえなむとばかりをひとづてならでいふよしもがな 768 （六三番）左京大夫道雅
あさぼらけうぢのかはぎりたえだえにあらはれわたるせぜのあじろき 769 （六四番）権中納言定頼
うらみわびほさぬそでだにあるものをこひにくちなむなこそをしけれ 770 （六五番）相模
もろともにあはれとおもへやまざくらはなよりほかにしるひともなし 771 （六六番）前大僧正行尊
はるのよのゆめばかりなるたまくらにかひなくたたむなこそをしけれ 772 （六七番）周防内侍

763 有馬山猪名の篠原風吹けばいでそよ人を忘れやはする（同五八頁）
764 やすらはで寝なましものをさ夜更けて傾ぶくまでの月を見しかな（同五八頁）
765 大江山生野の道の遠ければまだふみも見ず天の橋立（同五九頁）
766 いにしへの奈良の都の八重桜今日九重ににほひぬるかな（同六〇頁）
767 夜をこめて鳥の空音ははかるともよに逢坂の関は許さじ（同六一頁）
768 今はただ思ひ絶えなむとばかりを人づてならで言ふよしもがな（同六四頁）
769 朝ぼらけ宇治の川霧絶え絶えにあらはれわたる瀬々の網代木（同六四頁）
770 恨みわび干さぬ袖だにあるものを恋に朽ちなむ名こそ惜しけれ（同六五頁）
771 もろともにあはれと思へ山桜花よりほかに知る人もなし（同六五頁）
772 春の夜の夢ばかりなる手枕にかひなく立たむ名こそ惜しけれ（同六六頁）

こころにもあらでうきよにながらへばこひしかるべきよはのつきかな[773]（六八番）三条院
あらしふくみむろのやまのもみぢばはたつたのかはのにしきなりけり[774]（六九番）能因法師
さびしさにやどをたちいでてながむればいづくもおなじあきのゆふぐれ[775]（七〇番）良暹法師
ゆふされぱかどたのいなばおとづれてあしのまろやにあきかぜぞふく[776]（七一番）大納言経信
おとにきくたかしのはまのあだなみはかけじやそでのぬれもこそすれ[777]（七二番）祐子内親王家紀伊
たかさごのをのへのさくらさきにけりとやまのかすみたたずもあらなむ[778]（七三番）

前権中納言（大江）匡房

うかりけるひとをはつせのやまおろしよはげしかれとはいのらぬものを[779]（七四番）源俊頼朝臣
ちぎりおきしさせもがつゆをいのちにてあはれことしのあきもいぬめり[780]（七五番）藤原基俊
わたのはらこぎいでてみればはひさかたのくもゐにまがふおきつしらなみ[781]（七六番）

法性寺入道前関白太政大臣

---

773 心にもあらで憂き夜に長らへば恋しかるべき夜半の月かな（同六七頁）
774 嵐吹く三室の山のもみぢ葉は竜田の川の錦なりけり（同六八頁）
775 寂しさに宿を立ち出でてながむればいづくも同じ秋の夕暮れ（同六九頁）
776 夕されば門田の稲葉おとづれて葦の丸屋に秋風ぞ吹く（同七〇頁）
777 音に聞く高師の浜のあだ波はかけじや袖のぬれもこそすれ（同七一頁）
778 高砂の尾の上の桜咲きにけり外山の霞立たずもあらなむ（同七二頁）
779 憂かりける人を初瀬の山おろしよ激しかれとは祈らぬものを（同七三頁）
780 契りおきしさせもが露を命にてあはれ今年の秋もいぬめり（同七四頁）
781 わたの原漕ぎ出でて見ればひさかたの雲ゐにまがふ沖つ白波（同七五頁）

せをはやみいはにせかるるたきかはのわれてもすゑにあはむとぞおもふ[782]（七七番）崇徳院
あはぢしまかよふちどりのなくこゑにいくよねざめぬすまのせきもり[783]（七八番）源兼昌
あきかぜにたなびくくものたえまよりもれいづるつきのかげのさやけさ[784]（七九番）左京大夫顕輔
ながからむこころもしらずくろかみのみだれてけさはものをこそおもへ[785]（八〇番）待賢門院堀河
ほととぎすなきつるかたをながむればただありあけのつきぞのこれる[786]（八一番）後徳大寺左大臣
おもひわびさてもいのちはあるものをうきにたへぬはなみだなりけり[787]（八二番）道因法師
よのなかよみちこそなけれおもひいるやまのおくにもしかぞなくなる[788]（八三番）皇太后宮大夫俊成
ながらへばまたこのごろやしのばれむうしとみしよぞいまはこひしき[789]（八四番）藤原清輔朝臣
よもすがらものおもふころはあけやらぬねやのひまさへつれなかりけり[790]（八五番）俊恵法師
なげけとてつきやはものをおもはするかこちがほなるわがなみだかな[791]（八六番）西行法師

---

782 瀬をはやみ岩にせかるる滝川のわれても末に逢はむとぞ思ふ（同七五頁）
783 淡路島通ふ千鳥の鳴く声に幾夜寝覚めぬ須磨の関守（同七六頁）
784 秋風にたなびく雲の絶え間よりもれ出づる月の影のさやけさ（同七六頁）
785 長からむ心も知らず黒髪の乱れて今朝は物をこそ思へ（同七七頁）
786 ほととぎす鳴きつる方をながむればただ有明の月ぞ残れる（同七七頁）
787 思ひわびさても命はあるものを憂きに堪へぬは涙なりけり（同七八頁）
788 世の中よ道こそなけれ思ひ入る山の奥にも鹿ぞ鳴くなる（同七九頁）
789 長らへばまたこのごろやしのばれむ憂しと見し世ぞ今は恋しき（同八〇頁）
790 夜もすがら物思ふころは明けやらぬ閨のひまさへつれなかりけり（同八一頁）
791 嘆けとて月やは物を思はするかこち顔なる我が涙かな（同八二頁）

むらさめのつゆもまだひぬまきのはにきりたちのぼるあきのゆふぐれ[792]（八七番）寂蓮法師
なにはえのあしのかりねのひとよゆゑみをつくしてやこひわたるべき[793]（八八番）皇嘉門院別当
たまのをよたえなばたえねながらへばしのぶることのよはりもぞする[794]（八九番）式子内親王
みせばやなをじまのあまのそでだにもぬれにぞぬれしいろはかはらず[795]（九〇番）殷富門院大輔
きりぎりすなくやしもよのさむしろにころもかたしきひとりかもねむ[796]（九一番）後京極摂政前太政大臣
わがそではしほひにみえぬおきのいしのひとこそしらねかわくまもなし[797]（九二番）二条院讃岐
よのなかはつねにもがもななぎさこぐあまのをぶねのつなでかなしも[798]（九三番）鎌倉右大臣源実朝
みよしののやまのあきかぜさよふけてふるさとさむくころもうつなり[799]（九四番）参議（飛鳥井）雅経
おほけなくうきよのたみにおほふかなわがたつそまにすみぞめのそで[800]（九五番）前大僧正慈円
はなさそふあらしのにはのゆきならでふりゆくものはわがみなりけり[801]（九六番）入道前太政大臣

---

792 村雨の露もまだ干ぬ真木の葉に霧立ちのぼる秋の夕暮れ（同八四頁）
793 難波江の葦のかりねのひとよゆゑみをつくしてや恋ひわたるべき（同八四頁）
794 玉の緒よ絶えなば絶えね長らへば忍ぶることの弱りもぞする（同八五頁）
795 見せばやな雄島の海人の袖だにも濡れにぞ濡れし色は変はらず（同八六頁）
796 きりぎりす鳴くや霜夜のさむしろに衣片敷き独りかも寝む（同八六頁）
797 我が袖は潮干に見えぬ沖の石の人こそ知らね乾く間もなし（同八七頁）
798 世の中は常にもがもな渚漕ぐ海人の小舟の綱手かなしも（同八八頁）
799 み吉野の山の秋風さ夜更けて古里寒く衣打つなり（同八九頁）
800 おほけなく憂き世の民におほふかな我が立つ杣に墨染の袖（同九〇頁）
801 花誘ふ嵐の庭の雪ならでふりゆくものは我が身なりけり（同九一頁）

こぬひとをまつほのうらのゆふなぎにやくやもしほのみもこがれつつ[802]（九七番）権中納言藤原定家
かぜそよぐならのをがはのゆふぐれはみそぎぞなつのしるしなりける[803]（九八番）従二位藤原家隆
ひともをしひともうらめしあぢきなくよをおもふゆゑにものおもふみは[804]（九九番）後鳥羽院
ももしきやふるきのきばのしのぶにもなほあまりあるむかしなりけり[805]（一〇〇番）順徳院

藤原・源

あきのたのかりほのいほのとまをあらみわがころもではつゆにぬれつつ（一番）
はるすぎてなつきにけ**らし**しろたへのころもほすて**ふ**あまのかぐやま（二番）
あしひきのやまどりのをのしだりをのながながしよをひとりかもねむ（三番）
たごのう**ら**にうちいでてみれ**ばし**ろたへの**ふ**じのたかねにゆきはふりつつ（四番）
おくやまにもみぢふみわけなくしかのこゑきくときぞあきはかなしき（五番）
かささぎのわたせるはしにおくしものしろきをみればよぞふけにける（六番）
あまの**はらふ**りさけみればかすがなるみかさのやまにいで**し**つきかも（七番）
わがいほはみやこのたつみしかぞすむよをうぢやまとひとはいふなり（八番）
はなのいろはうつりにけりないたづ**ら**にわがみよに**ふ**るながめせ**し**まに（九番）
これやこのゆくもかへるもわかれて**はし**るもし**ら**ぬもあ**ふ**さかのせき（一〇番）

---

802 来ぬ人を松帆の浦の夕凪に焼くや藻塩の身もこがれつつ（同九二頁）
803 風そよぐ楢の小川の夕暮れは御禊ぞ夏のしるしなりける（同九三頁）
804 人も惜し人も恨めしあぢきなく世を思ふゆゑに物思ふ身は（同九四頁）
805 百敷や古き軒端の忍ぶにもなほ余りある昔なりけり（同九六頁）

わたの**は**らやそ**し**まかけてこぎいでぬとひとにはつげよあまのつり**ふ**ね（一一番）
あまつかぜくものかよひぢふきとぢよをとめのすがたしばしとどめむ（一二番）
つくばねのみねよりおつるみなのがはこひぞつもりてふちとなりける（一三番）
みちのくのしのぶもぢずりたれゆゑにみだれそめにしわれならなくに（一四番）
きみがためはるののにいでてわかなつむわがころもでにゆきはふりつつ（一五番）
たちわかれいなばのやまのみねにおふるまつとしきかばいまかへりこむ（一六番）
ちはやぶるかみよもきかずたつたがはからくれなゐにみづくくるとは（一七番）
すみのえのきしによるなみよるさへやゆめのかよひぢひとめよくらむ（一八番）
なにはがたみじかきあしのふしのまもあはでこのよをすぐしてよとや（一九番）
わびぬればいまはたおなじなにはなるみをつくしてもあはむとぞおもふ（二〇番）
いまこむといひしばかりにながつきのありあけのつきをまちいでつるかな（二一番）
ふくか**ら**にあきのくさきの**し**をるれ**ば**むべやまかぜをあらしといふらむ（二二番）
つきみればちぢにものこそかなしけれわがみひとつのあきにはあらねど（二三番）
このたびはぬさもとりあへずたむけやまもみぢのにしきかみのまにまに（二四番）
なに**し**お**は**ばあ**ふ**さかやまのさねかづ**ら**ひとにしられでくるよしもがな（二五番）
をぐらやまみねのもみぢばこころあらばいまひとたびのみゆきまたなむ（二六番）
みかのはらわきてながるるいづみがはいつみきとてかこひしかるらむ（二七番）
やまざとはふゆぞさびしさまさりけるひとめもくさもかれぬとおもへば（二八番）
こころあてにをらばやをらむはつしものおきまどはせるしらぎくのはな（二九番）
ありあけのつれなくみえしわかれよりあかつきばかりうきものはなし（三〇番）

あさぼらけありあけのつきとみるまでによしののさとにふれるしらゆき（三一番）
やまがはにかぜのかけたるしがらみはながれもあへぬもみぢなりけり（三二番）
ひさかたのひかりのどけきはるのひにしづこころなくはなのちるらむ（三三番）
たれをかもしるひとにせむたかさごのまつもむかしのともならなくに（三四番）
ひと**は**いさこころも**しら**ず**ふ**るさとははなぞむかしのかににほひける（三五番）
なつのよはまだよひながらあけぬるをくものいづこにつきやどるらむ（三六番）
しらつゆにかぜの**ふ**きしくあきのの**は**つらぬきとめぬたまぞちりける（三七番）
わすらるるみをばおもはずちかひてしひとのいのちのをしくもあるかな（三八番）
あさぢ**ふ**のをのの**し**の**はら**しのぶれどあまりてなどかひとのこひしき（三九番）
しのぶれどいろにいでにけりわがこひはものやおもふとひとのとふまで（四〇番）
こひすてふわがなはまだきたちにけりひとしれずこそおもひそめしか（四一番）
ちぎりきなかたみにそでをしぼりつつすゑのまつやまなみこさじとは（四二番）
あひみてののちのこころにく**ら**ぶれ**ば**むか**し**はものをおもはざりけり（四三番）
あ**ふ**ことのたえて**し**なく**は**なかなかにひとをもみをもう**ら**みざらまし（四四番）
あはれともいふべきひとはおもほえでみのいたづらになりぬべきかな（四五番）
ゆらのとをわたるふなびとかぢをたえゆくへもしらぬこひのみちかな（四六番）
やへむぐらしげれるやどのさびしきにひとこそみえねあきはきにけり（四七番）
かぜをいたみいはうつなみのおのれのみくだけてものをおもふころかな（四八番）
みがきもりゑじのたくひのよるはもえひるはきえつつものをこそおもへ（四九番）
きみがためをしからざりしいのちさへながくもがなとおもひけるかな（五〇番）

かくとだにえや**は**い**ぶ**きのさ**し**もぐささしもし**ら**じなもゆるおもひを（五一番）
あけぬればくるるものとはしりながらなほうらめしきあさぼらけかな（五二番）
なげきつつひとりぬるよのあくるまはいかにひさしきものとかはしる（五三番）
わすれじのゆくすゑまではかたければけふをかぎりのいのちともがな（五四番）
たきのおとはたえてひさしくなりぬれどなこそながれてなほきこえけれ（五五番）
あらざらむこのよのほかのおもひでにいまひとたびのあふこともがな（五六番）
めぐりあひてみしやそれともわかぬまにくもがくれにしよはのつきかな（五七番）
ありまやまゐなのささはらかぜふけばいでそよひとをわすれやはする（五八番）
やす**らは**でねなま**し**ものをさよ**ふ**けてかたぶくまでのつきをみしかな（五九番）
おほえやまいくののみちのとほければまだふみもみずあまのはしだて（六〇番）
いにしへのならのみやこのやへざくらけふここのへににほひぬるかな（六一番）
よをこめてとりのそ**ら**ね**は**はかるともよにあ**ふ**さかのせきはゆるさ**じ**（六二番）
いま**は**ただおもひたえなむとばかりをひとづてな**ら**でい**ふ**よ**し**もがな（六三番）
あさぼらけうぢのかはぎりたえだえにあらはれわたるせぜのあじろき（六四番）
うらみわびほさぬそでだにあるものをこひにくちなむなこそをしけれ（六五番）
もろともにあはれとおもへやまざくらはなよりほかにしるひともなし（六六番）
はるのよのゆめばかりなるたまくらにかひなくたたむなこそをしけれ（六七番）
こころにもあらでうきよにながらへばこひしかるべきよはのつきかな（六八番）
あ**らしふ**くみむろのやまのもみぢ**ば**はたつたのかはのにしきなりけり（六九番）
さびしさにやどをたちいでてながむればいづくもおなじあきのゆふぐれ（七〇番）

ゆふさればかどたのいなばおとづれてあしのまろやにあきかぜぞふく（七一番）
おとにきくたかしのはまのあだなみはかけじやそでのぬれもこそすれ（七二番）
たかさごのをのへのさくらさきにけりとやまのかすみたたずもあらなむ（七三番）
うかりけるひとをはつせのやまおろしよはげしかれとはいのらぬものを（七四番）
ちぎりおきしさせもがつゆをいのちにてあはれことしのあきもいぬめり（七五番）
わたの**はら**こぎいでてみればはひさかたのくもゐにまが**ふ**おきつ**し**らなみ（七六番）
せをはやみいはにせかるるたきかはのわれてもすゑにあはむとぞおもふ（七七番）
あはぢしまかよふちどりのなくこゑにいくよねざめぬすまのせきもり（七八番）
あきかぜにたなびくくものたえまよりもれいづるつきのかげのさやけさ（七九番）
ながからむこころもしらずくろかみのみだれてけさはものをこそおもへ（八〇番）
ほととぎすなきつるかたをながむればただありあけのつきぞのこれる（八一番）
おもひわびさてもいのちはあるものをうきにたへぬはなみだなりけり（八二番）
よのなかよみちこそなけれおもひいるやまのおくにもしかぞなくなる（八三番）
ながらへばまたこのごろやしのばれむうしとみしよぞいまはこひしき（八四番）
よもすがらものおもふころはあけやらぬねやのひまさへつれなかりけり（八五番）
なげけとてつきやはものをおもはするかこちがほなるわがなみだかな（八六番）
むらさめのつゆもまだひぬまきのはにきりたちのぼるあきのゆふぐれ（八七番）
なにはえのあしのかりねのひとよゆゑみをつくしてやこひわたるべき（八八番）
たまのをよたえな**ば**たえねなが**ら**へば**し**の**ぶ**ることのよはりもぞする（八九番）
みせばやなをじまのあまのそでだにもぬれにぞぬれしいろはかはらず（九〇番）

きりぎりすなくやしもよのさむしろにころもかたしきひとりかもねむ（九一番）
わがそではしほひにみえぬおきのいしのひとこそしらねかわくまもなし（九二番）
よのなかはつねにもがもななぎさこぐあまのをぶねのつなでかなしも（九三番）
みよしののやまのあきかぜさよふけてふるさとさむくころもうつなり（九四番）
おほけなくうきよのたみにおほふかなわがたつそまにすみぞめのそで（九五番）
はなさそ**ふ**あら**し**のにはのゆきな**ら**でふりゆくものはわがみなりけり（九六番）
こぬひとをまつほのうらのゆふなぎにやくやもしほのみもこがれつつ（九七番）
かぜそよぐな**ら**のをが**は**のゆ**ふ**ぐれはみそぎぞなつの**し**るしなりける（九八番）
ひともを**し**ひともう**ら**めしあぢきなくよをおも**ふ**ゆゑにものおもふみ**は**（九九番）
ももしきやふるきのきばのしのぶにもなほあまりあるむかしなりけり（一〇〇番）

▼安麻の手引　検索　藤原（ふぢはら→ふじはら）

はるすぎてなつきにけらししろたへのころもほすてふあまのかぐやま（二番）　師　安波之麻
たごのうらにうちいでてみればしろたへのふじのたかねにゆきはふりつつ（四番）　藝祢良波里
あまのはらふりさけみればかすがなるみかさのやまにいでしつきかも（七番）　賀美都家野
はなのいろはうつりにけりないたづらにわがみよにふるながめせしまに（九番）　海原
これやこのゆくもかへるもわかれてはしるもしらぬもあふさかのせき（一〇番）　和我世古我　可
わたのはらやそしまかけてこぎいでぬとひとにはつげよあまのつりふね（一一番）　家野　安蘇夜麻都豆良　野
ふくからにあきのくさきのしをるればむべやまかぜをあらしといふらむ（二二番）　武蔵野乃　久

なにしおはばあふさかやまのさねかづらひとにしられでくるよしもがな（二五番） 刀祢河泊乃　可波

ひとはいさこころもしらずふるさとははなぞむかしのかににほひける（三五番） 伊可保呂乃　蘇比

しらつゆにかぜのふきしくあきののはつらぬきとめぬたまぞちりける（三七番） 杼　遊布麻

あさぢふのをののしのはらしのぶれどあまりてなどかひとのこひしき（三九番） 安之比奇能

あひみてののちのこころにくらぶればむかしはものをおもはざりけり（四三番） 尓弖　於毛比可

かくとだにえやはいぶきのさしもぐささしもしらじなもゆるおもひを（五一番）

尓　多奈婢久君母能　伊佐

やすらはでねなましものをさよふけてかたぶくまでのつきをみしかな（五九番） 多弖天　波麻藝欲

よをこめてとりのそらねははかるともよにあふさかのせきはゆるさじ（六二番） 杼　与伎許等毛

いまはただおもひたえなむとばかりをひとづてならでいふよしもがな（六三番） 伊呂弖伊奈婆

あらしふくみむろのやまのもみぢばはたつたのかはのにしきなりけり（六九番） 多都多能山

わたのはらこぎいでてみればひさかたのくもゐにまがふおきつしらなみ（七六番）

尓　和多都美乃　於幾

たまのをよたえなばたえねながらへばしのぶることのよはりもぞする（八九番） 母能　余曽里

はなさそふあらしのにはのゆきならでふりゆくものはわがみなりけり（九六番） 乃波里波良　和我吉

かぜそよぐならのをがはのゆふぐれはみそぎぞなつのしるしなりける（九八番） 我波良能

海原乎　夜蘇之麻我久里　伎奴礼杼母　奈良能美也故波　和須礼可祢都母

可敝流散尓　伊母尓見勢武尓　和多都美乃　於幾都志良多末　比利比弖由賀奈

賀美都家野　久路保乃祢呂乃　久受葉我多　可奈師家兒良尓　伊夜射可里久母

刀祢河泊乃　可波世毛思良受　多太和多里　奈美尓安布能須　安敝流伎美可母

大伴乃　美津野等麻里尓　布祢波弖々　**多都多能山**乎　伊都可故延伊加武

安之比奇能　夜麻治古延牟等　須流君乎　許々呂尓毛知弖　夜須家久母奈之

宇恵太気能　毛登左倍登与美　**伊侶弖伊奈婆**　伊豆思牟伎弖可　伊毛我奈気可牟

古非都追母　乎良牟等須礼**杼**　**遊布麻**夜万　可久礼之伎美乎　於母比可祢都母

和我世古我　**可**反里吉麻佐武　等伎能多米　伊能知能己佐牟　和須礼多麻布奈

君我牟多　由加麻之毛能乎　於奈自許等　於久礼弖乎礼**杼**　**与伎許等毛**奈之

安乎祢呂**尓**　**多奈婢久君母能**　**伊佐**欲比尓　物能乎曽於毛布　等思乃許能己呂

比登祢呂尓　伊波流毛能可良　安乎祢呂尓　伊佐欲布久**母能**　**余曽里**都麻波母

大船尓　可之布里**多弖天**　**波麻藝欲**伎　麻里布能宇良尓　也杼里可世麻之

伊都之可母　見牟等於毛比**師**　**安波之麻**乎　与曽尓也故非無　由久与思乎奈美

水都登利能　多々武与曽比尓　伊母能良尓　毛乃伊波受伎**尓弖**　**於毛比可**祢都毛

等夜乃野尓　乎佐**藝祢良波里**　乎佐乎左毛　祢奈敝古由恵尓　波伴尓許呂波要

武蔵野乃　**久**佐波母呂武吉　可毛可久母　伎美我麻尓末尓　吾者余利尓思乎

伊利麻治野　於保屋**我波良能**　伊波為都良　比可婆奴流々々　和尓奈多要曽祢

可美都**家野**　**安蘇夜麻都豆良**　野乎比呂美　波比尓思物能乎　安是加多延世武

伊可保呂乃　**蘇比乃波里波良**　**和我吉**奴尓　都伎与良之母与　比多敝登於毛敝婆

▼一六代倭国国王　検索　源

おく**や**・まにもみ**ぢふ**みわけな**くし**・**か**のこゑ**き**・くときぞあきは**か**なしき（五番）**矢也**矢也(ちかふかな)

つ・くば**ねのみ**・ねよりおつ**る**みなのがはこひぞつ**も**りて**ふ**・ちとなりける（一三番）**挑者**挑者(はねるもの)

ちはやぶるかみよもきかずたつたがはからくれなゐにみづくくるとは（一七番）朋　朋(つきふたつ)（月月）

なにはがたみじかきあしのふしのまもあはでこのよをすぐしてよとや（一九番）君事　君(よをすぶ)（世を総ぶ）事(じ)

わびぬればいまはたおなじなにはなるみをつくしてもあはむとぞおもふ（二〇番）泄　泄(もる)

つきみればちぢにものこそかなしけれわがみひとつのあきにはあらねど（二三番）日　日(じつ)

をぐらやまみねのもみぢばこころあらばいまひとたびのみゆきまたなむ（二六番）杜尾　杜尾(とび)

わすらるるみをばおもはずちかひてしひとのいのちのをしくもあるかな（三八番）以　以(もちひて)

あはれともいふべきひとはおもほえでみのいたづらになりぬべきかな（四五番）象　象(きば)

ゆらのとをわたるふなびとかぢをたえゆくへもしらぬこひのみちかな（四六番）隼響　隼響(たかひびく)

きみがためをしからざりしいのちさへながくもがなとおもひけるかな（五〇番）明　明(みる)

おとにきくたかしのはまのあだなみはかけじやそでのぬれもこそすれ（七二番）君事　君事(ぬしじ)

たかさごのをのへのさくらさきにけりとやまのかすみたたずもあらなむ（七三番）顚　顚(さかさ)

なげけとてつきやはものをおもはするかこちがほなるわがなみだかな（八六番）月　月(がち)

わがそではしほひにみえぬおきのいしのひとこそしらねかわくまもなし（九二番）夫　夫(かの)

みよしののやまのあきかぜさよふけてふるさとさむくころもうつなり（九四番）絡路　絡路(あみろ)

こぬひとをまつほのうらのゆふなぎにやくやもしほのみもこがれつつ（九七番）光　光(ほまれ)

▼為故　既出　四一頁。

あきのたのかりほのいほのとまをあらみわがころもではつゆにぬれつつ（一番）

酉金羅　酉金羅(ゆあきのりにい)（皿(のり)に維）八

はるすぎてなつきにけらししろたへのころもほすてふあまのかぐやま（二番）

船生之畑月 船（帆知ろす）生之畑 月 五
あしひきのやまどりのをのしだりをのながながしよをひとりかもねむ（三番）無生 無生 一一
たごのうらにうちいでてみればしろたへのふじのたかねにゆきはふりつつ（四番）
白立柞原 白立柞原 二
おくやまにもみぢふみわけなくしかのこゑきくときぞあきはかなしき（五番）聲 聲（欠こえる）二三
かささぎのわたせるはしにおくしものしろきをみればよぞふけにける（六番）生言 生言 三二
あまのはらふりさけみればかすがなるみかさのやまにいでしつきかも（七番）射矢 射矢 一
わがいほはみやこのたつみしかぞすむよをうぢやまとひとはいふなり（八番）生日精潔 生日精潔 三
はなのいろはうつりにけりないたづらにわがみよにふるながめせしまに（九番）代高羽目 代高羽目 二八
わたのはらやそしまかけてこぎいでぬとひとにはつげよあまのつりふね（一一番）
初建乙酉 初建乙 酉（羽付けや）七
あまつかぜくものかよひぢふきとぢよをとめのすがたしばしとどめむ（一二番）為 為 一七
つくばねのみねよりおつるみなのがはこひぞつもりてふちとなりける（一三番）柱丸 柱 丸 六
みちのくのしのぶもぢずりたれゆゑにみだれそめにしわれならなくに（一四番）米栗喪 米栗喪 三三
たちわかれいなばのやまのみねにおふるまつとしきかばいまかへりこむ（一六番）好山 好山 一六
ちはやぶるかみよもきかずたつたがはからくれなゐにみづくくるとは（一七番）母明 母明 二〇
なにはがたみじかきあしのふしのまもあはでこのよをすぐしてよとや（一九番）民女 民女 一八
わびぬればいまはたおなじなにはなるみをつくしてもあはむとぞおもふ（二〇番）
九矢丸 九（七二つ後）矢丸 九
いまこむといひしばかりにながつきのありあけのつきをまちいでつるかな（二一番）大好 大好 二二

ふくからにあきのくさきのしをるればむべやまかぜをあらしといふらむ（二二番）　矢馬初国 矢馬初国 三四

つきみればちぢにものこそかなしけれわがみひとつのあきにはあらねど（二三番）　相之 相之 二五

なにしおはばあふさかやまのさねかづらひとにしられでくるよしもがな（二五番）　露 露 二九

をぐらやまみねのもみぢばこころあらばいまひとたびのみゆきまたなむ（二六番）　無路 無路 一九

みかのはらわきてながるるいづみがはいつみきとてかこひしかるらむ（二七番）　杵原日精潔 杵原日 精 潔 三五

ひとはいさこころもしらずふるさとははなぞむかしのかににほひける（三五番）　尊 尊 三一

なつのよはまだよひながらあけぬるをくものいづこにつきやどるらむ（三六番）　克男 克男 一四

あひみてののちのこころにくらぶればむかしはものをおもはざりけり（四三番）　日精潔相 日精潔相 一〇

あふことのたえてしなくはなかなかにひとをもみをもうらみざらまし（四四番）　会君事 会君事 四

ゆらのとをわたるふなびとかぢをたえゆくへもしらぬこひのみちかな（四六番）　聞 聞（補こえる）二四

やへむぐらしげれるやどのさびしきにひとこそみえねあきはきにけり（四七番）　去宮擦 去宮 擦 一二

みがきもりゑじのたくひのよるはもえひるはきえつつものをこそおもへ（四九番）　募聲 募 聲 二一

たきのおとはたえてひさしくなりぬれどなこそながれてなほきこえけれ（五五番）　立顚 立 顚 一五

やすらはでねなましものをさよふけてかたぶくまでのつきをみしかな（五九番）　総根 総根 三〇

たかさごのをのへのさくらさきにけりとやまのかすみたたずもあらなむ（七三番）　尾掟止 尾掟止 一三

よもすがらものおもふころはあけやらぬねやのひまさへつれなかりけり（八五番）　籠 籠（補ねの）二七

ひともをしひともうらめしあぢきなくよをおもふゆゑにものおもふみは（九九番）　栄畝 栄畝（欠ねの）二六

▼譜　既出　五五頁。

これやこのゆくもかへるもわかれてはしるもしらぬもあふさかのせき（一〇番）露　露（あらはる）一四

きみがためはるののにいでてわかなつむわがころもでにゆきはふりつつ（一五番）為為（い）二七

すみのえのきしによるなみよるさへやゆめのかよひぢひとめよくらむ（一八番）媛　媛（みめよひひめがみ）三一

このたびはぬさもとりあへずたむけやまもみぢのにしきかみのまにまに（二四番）等閔等閔（たちびむ）二〇

やまざとはふゆぞさびしさまさりけるひとめもくさもかれぬとおもへば（二八番）矢乍矢乍（しとふり）三一

こころあてにをらばやをらむはつしものおきまどはせるしらぎくのはな（二九番）
国　国（しらせるところ）（知らせる所）一九

あさぼらけありあけのつきとみるまでによしののさとにふれるしらゆき（三一番）上上（まさる）三〇

やまがはにかぜのかけたるしがらみはながれもあへぬもみぢなりけり（三二番）柄也柄也（たちなり）二三

ひさかたのひかりのどけきはるのひにしづこころなくはなのちるらむ（三三番）加羅槌加（け）　羅　槌（のこさなひつち）一八

たれをかもしるひとにせむたかさごのまつもむかしのともならなくに（三四番）国国（さと）二一

しらつゆにかぜのふきしくあきののはつらぬきとめぬたまぞちりける（三七番）露露（つゆ）（欠れぬ）二三

あはれともいふべきひとはおもほえでみのいたづらになりぬべきかな（四五番）（補れぬ）二三

あけぬればくるるものとはしりながらなほうらめしきあさぼらけかな（五二番）逝　逝（なくなる・しぬ）（欠りき）二四

なげきつつひとりぬるよのあくるまはいかにひさしきものとかはしる（五三番）祇主無木祇　主無木（まさにあるじけつもく）七

わすれじのゆくすゑまではかたければけふをかぎりのいのちともがな（五四番）新新（いち）（補りき欠む）二五

あらざらむこのよのほかのおもひでにいまひとたびのあふこともがな（五六番）羅羅（ならぶ）（補む）二六

よをこめてとりのそらねははかるともよにあふさかのせきはゆるさじ（六二番）絡母絡母（しばるはは）（補め）四三

いまはただおもひたえなむとばかりをひとづてならでいふよしもがな（六三番）会 会(かひ)（欠め）四二
あさぼらけうぢのかはぎりたえだえにあらはれわたるせぜのあじろき（六四番）耐 耐(しのぎ)三三
うらみわびほさぬそでだにあるものをこひにくちなむなこそをしけれ（六五番）浮吾 浮(こほさぬ)吾(ご)二八
はるのよのゆめばかりなるたまくらにかひなくたたむなこそをしけれ（六七番）夢 夢(む)六
こころにもあらでうきよにながらへばこひしかるべきよはのつきかな（六八番）還 還(かへって)三九
あらしふくみむろのやまのもみぢばはたつたのかはのにしきなりけり（六九番）谷 谷(ろく)四〇
さびしさにやどをたちいでてながむればいづくもおなじあきのゆふぐれ（七〇番）
榯枝定里 榯(もくにはゆ)（木(もく)に時(はゆ)）枝定里(きてひさと)四七
ゆふさればかどたのいなばおとづれてあしのまろやにあきかぜぞふく（七一番）鹵也 鹵也(やせどとは)二九
おとにきくたかしのはまのあだなみはかけじやそでのぬれもこそすれ（七二番）君事 君事(あなたじ)三四
ちぎりおきしさせもがつゆをいのちにてあはれことしのあきもいぬめり（七五番）然 然(しかれども)一一
わたのはらこぎいでてみればひさかたのくもゐにまがふおきつしらなみ（七六番）懲 懲(いましみ)（欠す）一五
せをはやみいはにせかるるたきかはのわれてもすゑにあはむとぞおもふ（七七番）絡 絡(いと)（補す欠め）一六
あはぢしまかよふちどりのなくこゑにいくよねざめぬすまのせきもり（七八番）母 母(も)（補め）一七
あきかぜにたなびくくものたえまよりもれいづるつきのかげのさやけさ（七九番）
初余定里 初(ひ)余(あまる)定(さだ)里(り)二一
ながからむこころもしらずくろかみのみだれてけさはものをこそおもへ（八〇番）大好 大好(おもしこのむ)三
ほととぎすなきつるかたをながむればただありあけのつきぞのこれる（八一番）建 建(たつ)三五
おもひわびさてもいのちはあるものをうきにたへぬはなみだなりけり（八二番）離 離(はなる)一二
よのなかよみちこそなけれおもひいるやまのおくにもしかぞなくなる（八三番）落也喪 落(なくなる)也(や)喪(し)三八

ながらへばまたこのごろやしのばれむうしとみしよぞいまはこひしき（八四番）日精潔日精潔（かまことぎよし）一
なげけとてつきやはものをおもはするかこちがほなるわがなみだかな（八六番）言祇癸言祇癸（わがだけはかる）四五
むらさめのつゆもまだひぬまきのはにきりたちのぼるあきのゆふぐれ（八七番）揺言揺言（めまひのり）四
なにはえのあしのかりねのひとよゆゑみをつくしてやこひわたるべき（八八番）酉丙酉丙（ゆなつ）（＝夏）四六
たまのをよたえなばたえねながらへばしのぶることのよはりもぞする（八九番）生波也生波也（しょふはとは）五
みせばやなをじまのあまのそでだにもぬれにぞぬれしいろはかはらず（九〇番）矢柞原矢柞原（やははその）（補ぬ）九
きりぎりすなくやしもよのさむしろにころもかたしきひとりかもねむ（九一番）
観観（きんきむのりきとりしりしかく）（勤（きむ）の力（りき）取り見書く（しりし））一〇
わがそではしほひにみえぬおきのいしのひとこそしらねかわくまもなし（九二番）会会（かひ）四四
よのなかはつねにもがもななぎさこぐあまのをぶねのつなでかなしも（九三番）母母（も）三七
みよしののやまのあきかぜさよふけてふるさとさむくころもうつなり（九四番）比積比積（あむしゃく）（欠ぬ）八
おほけなくうきよのたみにおほふかなわがたつそまにすみぞめのそで（九五番）炎絡炎絡（たくみきづな）三六
こぬひとをまつほのうらのゆふなぎにやくやもしほのみもこがれつつ（九七番）辛未辛未（つらきみ）四一

◘新後撰和歌集

一三〇四年成立。撰者　二条為世
一六一七首中三二首が源順の八文字を含む（一・九八％）。三二首。
◎たかさごのをのへのかすみたちぬれどなほふりつもるまつのしらゆき[806]式乾門院御匣

806　〇〇〇一九　たかさごの尾上の霞たちぬれど猶ふりつもるまつのしら雪（『新編国歌大観』第一巻　一九六三年二

◎**な**に**と**ま**た**かぜ**ふ**く**ご**とにうら**み**て**も**はなに**し**られぬものおもふらむ 807典侍親子朝臣

◎**とし**をへて**な**ほいくはる**もみ**かさやま**こだ**かくかかれまつの**ふ**ぢなみ 808前関白太政基忠

◎**なとり**かはせぜにありて**ふ**うもれぎ**も**ふちにぞ**し**づむさ**みだ**れの**こ**ろ 809従三位為継

◎ほ**た**る**とぶな**にはの**こ**やのふくるよにたかぬあ**し**びのかげ**もみ**えけり 810藤原景綱

◎かねて**だ**にうつろ**ふとみし**かみ**な**びの**も**りの**こ**のはにしぐれふるなり 811入道前太政大臣西園寺実兼

◎**と**どまらぬあき**こ**そあらめう**た**てなど**もみ**ぢをさへにさそ**ふ**あら**し**ぞ 812権大納言公顕

◎**た**のめおく**ふ**るさ**と**ひとのあと**もなし**ふかき**こ**のはのしものした**み**ち 813光明峰入道摂政左大臣道家

◎やま**た**か**み**け**ふ**はふ**もと**に**な**りにけりきのふわけ**こし**みねのしらくも 814衣笠内大臣衣笠家良

◎**た**び**こ**ろ**もし**をれぬ**み**ちは**な**けれ**ど**もなほつゆ**ふ**かしさやのなかやま 815皇太后宮大夫俊成

月八日　角川書店発行　三八八頁）

807 ○○一二六　なにと又風ふくごとにうらみても花にしられぬ物おもふらむ（同三九〇頁）
808 ○○一四九　としをへてなほいく春もみかさ山木だかくかかれ松のふぢ波（同三九一頁）
809 ○○二一二　名取河せぜにありてふうもれ木も淵にぞしづむ五月雨の比（同三九二頁）
810 ○○二三三　ほたるとぶ難波のこやのふくる夜にたかぬ芦火の影もみえけり（同三九三頁）
811 ○○四二五　かねてだにうつろふと見し神なびの森の木のはに時雨ふるなり（同三九六頁）
812 ○○四三七　とどまらぬ秋こそあらめうたてなどもみぢをさへにさそふ嵐ぞ（同三九七頁）
813 ○○四五八　たのめおくふる郷人の跡もなしふかきこの葉の霜のした道（同三九七頁）
814 ○○五六一　やまたかみけふはふもとになりにけり昨日わけこし峰のしら雲（同三九九頁）
815 ○○五七九　たび衣しをれぬ道はなけれどもなほ露ふかしさ夜の中山（同四〇〇頁）

◎ふるさ**と**のお**も**かげそひ**し**よはのつきま**た**もろ**こ**しのかた**みな**りけり 816 志遠上人
◎**こ**ろ**も**でにつつ**みした**まのあらはれてうら**な**くひ**と**にみゆるけ**ふ**かな 817 前大僧正行尊
◎を**し**へおくのりの**み**ちしは**ふ**みみればつゆ**も**あ**だなること**のはぞなき 818 前大僧正公什
◎**な**つくさの**ことし**げきよにまよひて**も**なほすゑ**た**のむをのの**ふ**る**み**ち 819 権少僧都道順
◎むつの**み**ちまよ**ふと**お**も**ふ**こ**ころこそ**た**ちかへりては**し**るべ**な**りけれ 820 花山院内大臣
◎**こ**ほり**しも**お**な**じ**こ**ころの**み**づなれはま**た**うち**と**くるはるにあ**ふ**かな 821 権少僧都良信
◎**し**られじ**な**かす**み**に**こ**めてかげろ**ふ**のをののわかくさし**た**に**も**ゆ**と**も 822 前大納言藤原為家
◎**なみだこ**そ**し**のははよそにみえず**と**もおさ**ふ**るそでをひとやとがめん 823
◎せきかぬる**なみだ**はあら**じもろと**もにしの**ぶ**はおなじ**こ**ころなりとも 824 津守国冬
◎**し**の**ぶ**れ**ども**のおもふひとはうきくものそらに**こ**ひする**な**をの**み**ぞ**た**つ 825 権中納言師時

---

816 〇〇六〇五 ふる郷のおも影そひし夜半の月又もろこしのかたみなりけり（同四〇〇頁）
817 〇〇六一六 衣手につつみし玉のあらはれてうらなく人に見ゆるけふかな（同四〇〇頁）
818 〇〇六四五 をしへおく法のみちしはふみみれば露もあだなることのはぞなき（同四〇一頁）
819 〇〇六四六 夏草の事しげき世にまよひても猶末たのむをののふる道（同四〇一頁）
820 〇〇六九九 六つの道まよふとおもふ心こそたちかへりてはしるべなりけれ（同四〇二頁）
821 〇〇七〇九 こほりしもおなじ心の水なれは又うちとくる春にあふかな（同四〇二頁）
822 〇〇七七四 しられじなかすみにこめてかげろふのをののわか草したにもゆとも（同四〇四頁）
823 〇〇七八五 なみだこそしのははよそにみえずともおさふるそでをひとやとがめん（同四〇四頁）
824 〇〇八二二 せきかぬる涙はあらじもろともにしのぶはおなじこころなりとも（同四〇五頁）
825 〇〇八四五 忍ぶれど物おもふ人はうき雲の空に恋する名をのみぞたつ（同四〇五頁）

◎うつつにはあ**ふ**よ**もし**らず**み**るゆめをはか**な**し**と**ては**た**のみ**こ**そせめ[826]今上御製

◎い**た**づらに**な**の**み**ながれていさやまたあ**ふ**せ**もし**らぬ**とこ**のやまかは[827]安嘉門院甲斐

◎お**も**ふ**こ**と**た**ね**し**あればとたの**み**てもまつのねたくやあはでやみ**な**ん[828]高階宗成朝臣

◎ちぎり**し**をひ**と**のま**こ**とと**た**のみて**も**またいか**な**らむゆ**ふ**ぐれのそら[829]近衛基平関白左大臣

◎**な**がらへてま**た**あ**ふこと**も**し**らぬ**み**はこれやかたみのありあけのつき[830]前大納言二条教良

◎**た**づねて**も**ゆくへ**し**るべきちぎりかはもろ**こし**ふねのあ**と**のしら**なみ**[831]藤原為信朝臣

◎ねのひ**と**てけ**ふ**ひきそむる**こ**まつばら**こだ**かきまでを**み**るよ**し**もが**な**[832]後嵯峨院御製

◎**た**のむ**こと**ふか**し**といはばわたつう**み**もかへりてあさく**な**りぬべきかな[833]前大僧正慈鎮（慈円）

◎**た**れ**も**み**な**むか**し**をしの**ぶこと**わりのあるにすぎてもぬるるそでかな[834]平政長

◎やまざ**と**はそでの**も**みぢのいろぞ**こ**きむか**し**をこ**ふ**るあきの**な**み**だ**に[835]前大僧正慈鎮（慈円）（夫木抄）

---

826 ○○八六八　うつつにはあふ夜もしらずみる夢をはかなしとてはたのみこそせめ（同四〇五頁）

827 ○○九〇七　いたづらに名のみながれていさやまたあふ瀬もしらぬとこのやま河（同四〇六頁）

828 ○○九三二　おもふことたねしあればとたのみてもまつのねたくやあはでやみなん（同四〇七頁）

829 ○○九七三　契しを人のまこととたのみても又いかならむゆふぐれの空（同四〇七頁）

830 ○一〇二七　ながらへて又あふ事もしらぬ身はこれやかたみのありあけの月（同四〇八頁）

831 ○一〇四一　たづねても行へしるべき契かはもろこし舟の跡のしらなみ（同四〇九頁）

832 ○一二一六　子のひとてけふひきそむる小松原木だかきまでをみるよしもがな（同四一二頁）

833 ○一三九七　たのむことふかしといはばわたつうみもかへりてあさくなりぬべきかな（同四一六頁）

834 ○一四七二　たれもみなむかしをしのぶことわりのあるに過ぎてもぬるる袖かな（同四一七頁）

835 ○一五二七　山ざとは袖のもみぢの色ぞこきむかしをこふる秋の涙に（同四一九頁）（夫木抄〇六二一四）

◎こひしのぶむかしのあきのつきかげをこけのたもとのなみだにぞみる[836]法眼行済
◎よよのあとになほたちこゆるおいのなみよりけんとしはけふのためかも[837]入道前太政大臣西園寺実兼

◎は次の通り解ける。

ねのひとてけふひきそむるこまつばらこだかきまでをみるよしもがな
ふるさとのおもかげそひしよはのつきまたもろこしのかたみなりけり
なみだこそしのははよそにみえずともおさふるそでをひとやとがめん
そばふこつるやきろのをとこよもめけるとかみがみひとをのぞまむ
夫は柱丸　撫田の男　世揉めけると神神人を望まむ

▼王統　既出　二八頁。

◎は次の通り解ける（二一九頁最終行参照）。

たかさごのをのへのかすみたちぬれどなほふりつもるまつのしらゆき　隼響隼響(たかこだます)
なにとまたかぜふくごとにうらみてもはなにしられぬものおもふらむ　相食相食(ともくらふ)
としをへてなほいくはるもみかさやまこだかくかかれまつのふぢなみ　朋朋(なかま)（大好(をかか)の子）
なとりかはせぜにありてふうもれぎもふちにぞしづむさみだれのころ　日日(じつ)
ほたるとぶなにはのこやのふくるよにたかぬあしびのかげもみえけり　建建(のぶ)（日精潔(ひみこ)の弟(と)）
かねてだにうつろふとみしかみなびのもりのこのはにしぐれふるなり　泄泄(もる)

---

836 ○一五四一　こひしのぶむかしの秋の月かげをこけのたもとのなみだにぞみる（同四一九頁）
837 ○一六〇三　代代の跡になほたちこゆる老の波よりけんとしはけふのためかも（同四二〇頁）

とどまらぬあきこそあらめうたてなどもみぢをさへにさそふあらしぞ
たのめおくふるさとひとのあともなしふかきこのはのしものしたみち
やまたかみけふはふもとになりにけりきのふわけこしみねのしらくも
たびころもしをれぬみちはなけれどもなほつゆふかしさやのなかやま
ふるさとのおもかげそひしよはのつきまたもろこしのかたみなりけり
ころもでにつつみしたまのあらはれてうらなくひとにみゆるけふかな
をしへおくのりのみちしはふみみればつゆもあだなることのはぞなき
なつくさのことしげきよにまよひてもなほすゑたのむをののふるみち
むつのみちまよふとおもふこころこそたちかへりてはしるべなりけれ
こほりしもおなじこころのみづなれはまたうちとくるはるにあふかな
しられじなかすみにこめてかげろふのをののわかくさしたにもゆとも
なみだこそしのははよそにみえずともおさふるそでをひとやとがめん
せきかぬるなみだはあらじもろともにしのぶはおなじこころなりとも
しのぶれどものおもふひとはうきくものそらにこひするなをのみぞたつ
うつつにはあふよもしらずみるゆめをはかなしとてはたのみこそせめ
いたづらになのみながれていさやまたあふせもしらぬとこのやまかは
おもふことたねしあればとたのみてもまつのねたくやあはでやみなん
ちぎりしをひとのまことたのみてもまたいかならむゆふぐれのそら
ながらへてまたあふこともしらぬみはこれやかたみのありあけのつき
たづねてもゆくへしるべきちぎりかはもろこしふねのあとのしらなみ

麻等麻等(あさとふ)
明明(あく)
矢也矢也(しなり)
七得七得(ななさとれぬ)
建建(たつ)
月月(がつ)（相食(うした)の子）
隼響(じく) 隼(とりしたそ)（隹下十(とりそ)）響(こふ)
月月
挑者挑者(ちょふは)（夫(そ)の弟梢口縁り(ころたへ)）
光光(あかり)
真曽 真 曽(かざらじすなわ)
明明(みん)
七得七得(ななしる)（君事(みこと)の子）
柱丸柱 丸(はしらひとをのぞみになす)（＝夫）
相食相食(そふかじる)(なかま)
朋朋
麻等麻等(まおなじ)（挑者(ふみつ)の子）
真曽真曽(まそふ)（以(い)の子）
矢也矢也(かふなり)
泄泄(もる)

ねのひとてけふひきそむるこまつばらこだかきまでをみるよしもがな　柱丸　柱丸（ことじがむ）

たのむことふかしといはばわたつうみもかへりてあさくなりぬべきかな　象象（きば）

たれもみなむかしをしのぶことわりのあるにすぎてもぬるるそでかな　象象（ぞふ）

やまざとはそでのもみぢのいろぞこきむかしをこふるあきのなみだに　杜尾杜尾（とぢるみ）

こひしのぶむかしのあきのつきかげをこけのたもとのなみだにぞみる　挑者　挑者（しかけるもの）（槙也の子）

よよのあとになほたちこゆるおいのなみよりけんとしはけふのためかも　光　光（あかり）

◇玉葉和歌集

成立　一三一二年。撰者　京極為兼

二八一八首中二七首が源順の八文字を含む（〇・九六％）。

○けふにあけてきのふににぬはみなひとのこころにはるのたちにけらしも[838]紀貫之

○はるごとにさそふあらしのなくもがなちよもとはなをみるひとのため[839]前大僧正道玄

○けふはいとどさくらもとこそゆかしけれはるのかたみにはなやのこると[840]周防内侍

○さなへとるしづがをやまだふもとまでくもおりたつさみだれのころ[841]前大納言藤原為家

---

838 ○○○○一　けふに明けて昨日ににぬはみな人の心に春のたちにけらしも（『玉葉和歌集全注釈上巻』岩佐美代子著　一九九六年三月三日　笠間書院発行　三頁）

839 ○○二三八　春ごとにさそふ嵐のなくもがな千世もと花をみる人のため（同一六三頁）

840 ○○二九八　けふはいとど桜もとこそゆかしけれ春のかたみに花や残ると（同二〇二頁）

841 ○○三五六　早苗とるしづが小山田ふもとまで雲もおりたつ五月雨の比（同二三八頁）

○さよ**ふ**けていは**も**る**み**づのお**と**きけばすず**し**く**な**りぬう**た**たねのと**こ**[842]式子内親王
○まつむ**し**も**な**きや**み**ぬなるあきののに**た**れよ**ぶと**てかはなみにも**こ**ん[843]伊勢
○いかばかりけ**ふ**はさくらのは**なみ**て**も**あ**だ**になりに**し**ひ**と**を**こ**ふらむ[844]平親世
◎き**みこふ**る**な**げきの**し**げきやまさ**と**は**た**だひぐらしぞと**も**になきける[845]待賢門院堀河
○**こ**ひ**し**の**ぶ**ひ**と**にあふ**み**のうみ**なら**ばあらきなみに**もた**ちまじらまし[846]建礼門院右京大夫
○**こと**のねに**なみだ**をそへてながすかなたえなま**し**かばとお**もふ**あはれに[847]西行法師
○**た**の**みこし**わがこころに**も**すてられてよにさすら**ふ**るみをい**と**ふか**な**[848]従二位藤原家隆
○き**み**だに**も**みや**こな**りせばおも**ふ**こ**と**まづかたらひてなぐさみなま**し**[849]増基法師
○**な**に**と**かはいそぎ**もた**たむなつ**こ**ろもうき**み**をか**ふ**るけふに**し**あらねば[850]待賢門院堀河

---

842 ○○四四二　さ夜ふけていはもる水の音きけば涼しくなりぬうたたねの床（同二八七頁）
843 ○○六○七　まつむしもなきやみぬなる秋の野にたれよぶとてか花みにもこん（同三八四頁）
844 ○二三九六　いかばかりけふは桜の花みてもあだになりにし人をこふらむ（『玉葉和歌集全注釈下巻』一九九六年九月九日発行　三七七頁）
845 ○二四○九　きみこふるなげきのしげき山郷はただひぐらしぞともになきける（同三八七頁）
846 ○二四一六　恋ひしのぶ人にあふみの海ならばあらき波にもたちまじらまし（同三九四頁）
847 ○二四八一　琴のねに涙をそへてながすかなたえなましかばと思ふあはれに（同四三九頁）
848 ○二五一九　たのみこしわが心にも捨てられて世にさすらふ身をいとふ哉（同四六二頁）
849 ○二五四四　君だにも都なりせばおもふことまづかたらひてなぐさみなまし（同四七五頁）
850 ○一九一六　なにとかはいそぎもたたむ夏衣うき身をかふるけふにしあらねば（同五七頁）

○お**もふこと**のあら**た**まるべきはる**な**らばうき**み**もと**し**のくれやいそがん[851]章義門院

○かぜはや**み**みほのうらわを**こ**ぐ**ふ**ねの**ふな**ひ**と**さわぐなみ**た**つら**しも**[852]読人しらず

◎あまを**と**めかよ**ふ**く**も**ぢはかはらねどわが**た**ち**な**れ**し**よの**みこ**ひしき[853]従三位為子女

○**こ**のさ**と**はく**も**のやへ**だ**つ**み**ね**な**ればふもとに**し**づむとりのひと**こ**ゑ[854]後京極摂政太政大臣

○**な**さけ**み**せての**こ**せる**ふ**みの**た**まのこゑぬ**し**を**と**どむる**も**のにぞありける[855]伏見院御製

○うき**こと**のいつ**も**そ**ふみ**は**な**にと**し**もおもひあへでもなみ**だ**おちけり[856]建礼門院右京大夫

○**と**きのまのあ**ふ**うれ**し**さのほど**もな**くな**ご**りをし**た**ふな**み**だにぞなる[857]前大僧正道昭

○わが**た**まをき**み**が**こ**ころにいれかへてお**もふと**だにもいはせて**し**が**な**[858]壬生忠岑

851　○二〇五八　おもふことのあらたまるべき春ならばうき身も年のくれやいそがん（同一四四四頁）

852　○二〇八〇　風はやみみほのうらわをこぐ舟のふな人さわぐ波たつらしも（前掲『新編国歌大観』第四巻四六四頁）

853　○二〇五四　あまをとめかよふ雲路は変らねどわがたちなれし世のみ恋しき（前掲『玉葉和歌集全注釈下巻』一四一頁）

854　○二二〇九　この里は雲のやへだつみねなればふもとにしづむ鳥の一声（同二四一頁）

855　○二二六九　なさけみせて残せるふみのたまのこゑぬしをとどむる物にぞありける（同二七九頁）

856　○二三五四　うき事のいつもそふ身はなにとしもおもひあへでも涙おちけり（同三四七頁）

857　○一四四〇　時のまのあふうれしさの程もなく名残をしたふ涙にぞなる（前掲『玉葉和歌集全注釈中巻』二七八頁）

858　○一五八一　わがたまを君が心にいれかへておもふとだにもいはせてしがな（同三七〇頁）

○きみこふるなみだはあきにかよへばやそらもたもともともにしぐるる[859]紀貫之
○こころのみかよふなかとはなりぬれどうきせきもりのたゆむよもなし[860]従三位親子
○みのうさもひとのつらさもしりぬるをこはたがたれをこふるなるらん[861]和泉式部
○うちたへできみにあふひといかなれやわがみもおなじよにこそはふれ[862]西行法師
○うしとおもひこひしとおもふそのあたりきかじやいまはみをなきにして[863]院新宰相
◎あさゆふはわすれぬままにみにそへどこころをかたるおもかげもなし[864]前大納言藤原為家

◎は次の通り解ける。

あまをとめかよふくもぢはかはらねとわがたちなれしよのみこひしき　大好
きみだにもみやこなりせばおもふこどまづかたらひてなぐさみなまし　日精潔
あさゆふはわすれぬままにみにそへどこころをかたるおもかげもなし　君事
をかがはだひみこみこどにとどふたづまさればおゆ
大好は多日精潔　君事に十と二つまされれば老ゆ　一五六頁同

859 ○一六六七　きみこふる涙は秋にかよへばや空もたもともともにしぐるる（同四二六頁）
860 ○一六七六　こころのみかよふ中とはなりぬれどうきせきもりのたゆむ世もなし（同四三〇頁）
861 ○一六七九　身のうさも人のつらさもしりぬるをこはたがたれをこふるなるらん（同四三二頁）
862 ○一六八〇　うちたへで君にあふ人いかなれや我が身もおなじ世にこそはふれ（同四三三頁）
863 ○一七三八　うしと思ひ恋ひしとおもふそのあたりきかじやいまは身をなきにして（同四六八頁）
864 ○一七五〇　朝夕はわすれぬままに身にそへどこころをかたるおもかげもなし（同四七四頁）

◆続千載和歌集

成立　一三二〇年。撰者　二条為世

二一五二首中二五首が源順の八文字を含む（一・一六%）。

○**た**ちかへりかぜをの**みこ**そうらみつれ**ふ**かずはは**なも**ちら**じと**おもへば[865]中務卿恒明親王

◎け**ふこ**ずはあす**とも**ま**たじ**さくらば**な**いたづらにの**み**ちらばちらなん[866]西園寺入道前太政大臣公経

○あきのよのつきにいく**たび**な**が**めし**て**ものお**もふごと**の**み**につもるらん[867]参議飛鳥井雅経

◎**ふ**けて**こ**そつらさ**もみ**えめまつむ**し**のくるるより**など**ねには**た**つらん[868]昭訓門院春日

○**した**ひきてまだ**ふみな**れぬやまぢに**も**みや**こ**にてみしつきぞ**と**もなふ[869]遊義門院

○**こと**のは**も**およばぬ**ふじ**の**た**かねか**なみ**やこのひとにいかがかたらん[870]前大納言源有房

◎よの**ため**も**あふ**ぐ**と**を**し**れをと**こ**やまむかしはか**み**のくに**な**らずやは[871]後二条御製

---

865 ○○一四八　たちかへり風をのみこそうらみつれふかずは花もちらじと思へば（前掲『新編国歌大観』第一巻四八四頁）

866 ○○一五五　けふこずはあすともまたじ桜花いたづらにのみちらばちらなん（同四八四頁）

867 ○○四六八　秋の夜の月にいく度ながめして物おもふ事の身につもるらん（同四九〇頁）

868 ○○五二六　ふけてこそつらさもみえめ松虫のくるるよりなどねにはたつらん（同四九二頁）

869 ○○八二四　したひきてまだふみなれぬ山路にも都にてみし月ぞ友なふ（同四九八頁）

870 ○○八三九　ことのはもおよばぬふじのたかねかな都の人にいかがかたらん（同四九八頁）

871 ○○九一八　よのためもあふぐとをしれをとこ山昔は神の国ならずやは（同五〇〇頁）

をとこやまは男山　三原市船木の新高山である。日精潔の冢がある。まさに昔は神の国であった。後二条御製が真実であれば、天に唾である。

◎お**しな**べて**た**れ**も**ほ**と**けになりぬとはかが**み**のかげにけ**ふこ**そはみれ[872]鳥羽院御製

○むか**し**お**もふみ**のりのは**な**のつゆ**ごと**になみ**だ**やそへてかきながすらむ[873]従三位氏久

○お**も**はずよか**しこ**きよよののりの**み**ちおろか**な**るみにつ**たふ**べし**と**は[874]前大僧正禅助

◎**た**づねいる**みちこ**そいま**も**かたからめまよ**ふ**をさぞ**とし**るひとの**な**き[875]入道前太政大臣西園寺実兼

○おくやまのいは**もとこ**すげねを**ふ**か**みな**がくや**した**におもひみだれむ[876]前僧都実伊

○うきには**ふ**あ**し**のし**た**ねの**みご**もりにかくれてひ**と**をこひぬひは**な**し[877]前大納言藤原為家

○**した**にの**み**お**もふこ**ころをそのままに**こと**のは**な**らでいかでしらせん[878]読人しらず

○つゆ**とだ**にたれに**こ**たへんわがそでの**なみ**だのたまはと**ふ**ひとも**なし**[879]読ひとしらず

◎**こ**ひすて**ふみ**をのそまひ**と**あさゆふに**たつな**ばかりはやむとき**も**な**し**[880]入道前太政大臣西園寺実兼

○なほざりに**し**の**ぶと**ひとやお**も**ふらんせきかねて**こ**そもらす**なみだ**を[881]権大納言冬基

---

872 〇〇九三六　おしなべて誰も仏になりぬとは鏡の影にけふこそはみれ（同五〇〇頁）

873 〇〇九七三　むかしおもふみのりのはなの露ごとになみだやそへてかきながすらむ（同五〇一頁）

874 〇〇九九二　おもはずよかしこき代代の法の道おろかなる身につたふべしとは（同五〇一頁）

875 〇一〇〇八　たづね入る道こそいまもかたからめまよふをさぞとしる人のなき（同五〇二頁）

876 〇一〇六六　おく山のいはもとこすげねをふかみながくや下におもひみだれむ（同五〇三頁）

877 〇一〇七九　うきにはふあしの下ねのみごもりにかくれて人をこひぬ日はなし（同五〇三頁）

878 〇一一一五　下にのみおもふ心をそのままにことのはならでいかでしらせん（同五〇四頁）

879 〇一一二一　露とだに誰にこたへんわが袖の涙の玉はとふ人もなし（同五〇四頁）

880 〇一一二九　恋すてふみをのそま人あさ夕にたつなばかりはやむ時もなし（同五〇四頁）

881 〇一一四二　なほざりにしのぶと人やおもふらんせきかねてこそもらすなみだを（同五〇四頁）

◎あ**ふこと**を**な**ほさりと**も**とおもふこそいのちも**し**らぬ**た**の**み**なりけれ[882]平宣時朝臣
○あ**ふ**まで**と**お**も**ふいのちのい**た**づらにただ**こ**ひ**し**なん**み**こそをしけれ[883]法眼兼誉
◎あり**し**よを**こふ**るうつつはかひ**な**きにゆめになさばやま**たもみ**ゆや**と**[884]前大納言二条為氏
◎**た**のめおき**しこと**のはさへにし**も**がれてわが**み**む**な**しきあきのゆ**ふ**ぐれ[885]光明峰入道摂政左大臣道家
◎いつ**な**れ**し**お**も**かげぞ**と**もか**こた**れずただ**み**にそ**ふ**をなぐさめにして[886]万秋門院
○あ**し**のやの**なだ**のしほぢを**こ**ぐ**ふ**ねのあ**と**なきな**み**にく**も**ぞかかれる[887]読人不知
○ゆき**とふ**るは**な**ならねど**も**いに**し**へを**こ**ふるな**みだ**にまがふとをしれ[888]権中納言藤原俊忠
○**と**きは**な**るちのまつばらいろ**ふ**か**みこだ**かきかげのたの**もし**きかな[889]前中納言大江匡房

◎は次の通り解ける。

よのためもあふぐとをしれをとこやまむかしはかみのくにならずやは　大好
ありしよをこふるうつつはかひなきにゆめになさばやまたもみゆやと　日精潔
おしなべてたれもほとけになりぬとはかがみのかけにけふこそはみれ　君事

---

882 ○一一九三　逢ふことをなほさりともとおもふこそ命もしらぬたのみなりけれ（同五〇五頁）
883 ○一二一三　逢ふまでとおもふ命のいたづらにただ恋ひしなん身こそをしけれ（同五〇六頁）
884 ○一四一二　ありし夜をこふるうつつはかひなきに夢になさばや又もみゆやと（同五一〇頁）
885 ○一四二七　たのめおきしことのはさへに霜がれて我が身むなしき秋の夕暮（同五一〇頁）
886 ○一四九七　いつなれし面かげぞともかこたれずただ身にそふをなぐさめにして（同五一一頁）
887 ○一六三八　あしのやのなだのしほぢをこぐ舟の跡なき波に雲ぞかかれる（同五一四頁）
888 ○一六八三　雪とふる花ならねどもいにしへをこふるなみだにまがふとをしれ（同五一五頁）
889 ○二一四三　ときはなる千千の松ばら色ふかみ木だかきかげのたのもしきかな（同五二四頁）

をがかひみこかみことなさたやそとやつつかもしあけらめり

大好　日精潔が見事な為故　八そと八つが文字挙げらめり

▼為故

◎は次の通り解ける。

けふこずはあすともまたじさくらばないたづらにのみちらばちらなん　為故 **柞原生**

ふけてこそつらさもみえめまつむしのくるるよりなどねにはたつらん　為故 **柱丸初**

たづねいるみちこそいまもかたからめまよふをさぞとしるひとのなき　為故 **民女**

こひすてふみをのそまひとあさゆふにたつなばかりはやむときもなし　為故 **尾掟止克**

あふことをなほさりともとおもふこそいのちもしらぬたのみなりけれ　為故 **米栗喪**

ありしよをこふるうつつはかひなきにゆめになさばやまたもみゆやと　為故 **克男**

たのめおきしことのはさへにしもがれてわがみむなしきあきのゆふぐれ　為故 **君事船生之**

いつなれしおもかげぞともかこたれずただみにそふをなぐさめにして　為故 **為民女**

射矢白立**柞原生**日精潔会**君事船生之**畑月**柱丸初**建乙酉酉金羅九矢丸日精潔相無生去宮擦**尾掟止克男**立顚
好山**為民女**無路母明慕聲大好聲聞相之栄畝籠代高羽目露総根尊生言**米栗喪**矢馬初国柞原日精潔

◎続後拾遺和歌集

成立　一三二六年。撰者　二条為藤、二条為定

一三五五首中二三首が源順の八文字を含む（一・七〇％）。

○か**たみ**に**とふ**かくそめて**し**は**な**のいろをうすき**こ**ろ**も**にぬぎやかふらん[890]源重之女
◎ほ**と**ときすあかず**も**あるか**なた**まく**し**げ**ふ**たか**み**やまのよはのひと**こ**ゑ[891]よみ人知らず
○**な**には**と**を**こ**ぎいでて**み**ればし**ぐ**れ**ふ**るいこまの**た**けは**も**みぢしてけり[892]後九条前太政大臣九条良経
○**こ**がら**し**の**た**つたの**もみ**ぢもろ**と**もにさそへばさそ**ふ**あきのかは**な**み[893]衣笠内大臣衣笠家良
○やまざ**と**はゆきよりさきに**み**ち**た**えて**こ**のは**ふ**みわけと**ふ**ひと**もなし**[894]宜秋門院丹後
◎よをさむ**み**か**たし**きわ**ぶ**る**こ**ろ**も**でのた**な**かみがはにち**ど**りなくなり[895]津守国助
○**みやこ**お**もふた**びねのゆめのせきもりはよひよひご**と**のあら**しな**りけり[896]津守経国
○**こ**ひ**し**さに**み**も**な**げつべしなぐさむる**こと**にし**た**が**ふ**こころならねば[897]藤原興風
○あひ**み**ん**と**お**もふこ**ころをいのちにていけるわがみの**た**のも**し**げ**な**き[898]紀貫之

890 ○○一五六　かたみにとふかく染めてし花の色をうすき衣にぬぎやかふらん（『和歌文学大系九　続後拾遺和歌集』　一九九八年九月一〇日　明治書院発行　三〇頁）
891 ○○一九〇　郭公あかずも有るかな玉くしげ二上山の夜半の一こゑ（同三六頁）
892 ○○三九四　難波とをこぎ出でてみれば時雨ふる生駒の岳はもみぢしてけり（同七一頁）
893 ○○四〇二　木枯しの竜田のもみぢもろともにさそへばさそふ秋の川波（同七三頁）
894 ○○四三〇　山里は雪よりさきに道絶えて木の葉ふみわけとふ人もなし（同七八頁）
895 ○○四六二　夜を寒みかたしきわぶる衣手の田上川に千鳥鳴く也（同八四頁）
896 ○○五九八　都おもふ旅寝の夢の関守はよひよひごとのあらしなりけり（同一〇九頁）
897 ○○七一九　恋ひしさに身も投げつべしなぐさむることにしたがふ心ならねば（同一三二頁）
898 ○○七二〇　逢みんと思ふ心をいのちにて生ける我身のたのもしげなき（同一三二頁）

○かくばかりい**とふ**ときかば**こ**ひ**しな**で**み**の**た**めまで**も**うきいのちかな[899]中臣祐臣

○あ**ふこともし**らぬ**た**の**み**のはか**な**きはくらせるよひのゆめのかよひぢ[900]伏見院御製

○**こと**のはにすぎて**もな**ほぞ**た**のまるるいと**ふ**をだにも**し**たふ**み**なれは[901]狛秀房

○うつつ**とも**おぼえぬものはあ**ふ**と**みし**ゆめぢにに**た**る**こ**よひ**な**りけり[902]前大納言藤原為家

○うら**みじと**お**もふ**にぬるる**た**もと**こ**そたえぬつらさのあまり**な**りけれ[903]源清兼朝臣

○ゆくすゑ**もみ**ちはま**ど**は**じた**めし**な**きけ**ふ**のみゆきのあとをの**こ**して[904]

円光院入道前関白太政大臣鷹司基忠

○つかへ**こしみ**のの**な**かやまへ**だ**つ**とも**しづみなはてそせきの**ふ**ぢかは[905]前参議五条為実

◎いに**し**へをしの**ぶ**はおいの**なら**ひぞ**と**お**も**ふに**こ**ゆるわがな**みだ**かな[906]津守国助女

○**た**がための**こ**ころづく**し**にあすしらぬ**み**をお**もふと**てよを**な**げくらむ[907]平行氏

---

899 ○○七二四　かくばかりいとふと聞かば恋死なで身の為までもうき命かな（同一三三頁）

900 ○○七三七　あふ事も知らぬたのみのはかなきは暮せるよひの夢の通ぢ（同一三五頁）

901 ○○七九一　言の葉に過ても猶ぞたのまるるいとふをだにもしたふ身なれは（同一四三頁）

902 ○○八二六　うつつとも覚えぬ物は逢とみし夢路に似たる今宵成りけり（同一五〇頁）

903 ○○九四五　うらみじとおもふにぬるる袂こそたえぬつらさのあまり成りけれ（同一七〇頁）

904 ○一〇五〇　行くすゑも道はまどはじためしなきけふの御幸の跡を残して（同一八九頁）

905 ○一一二四　つかへこしみののなか山へだつともしづみなはてそ関の藤河（同二〇三頁）

906 ○一一四九　いにしへを忍ぶは老のならひぞと思ふに越ゆる我涙かな（同二〇八頁）

907 ○一一九二　たがための心尽しに明日しらぬ身を思ふとて世を嘆らむ（同二一五頁）

○なげかじとおもふこころにまかせぬはさてもよにふるなみだなりけり [908]法院長舜
○うきことはみにそふものとおもひしにはなれておつるわがなみだかな [909]入道親王道覚
○とにかくにうきみをなほもなげくこそすてしにたがふこころなりけれ [910]頓阿法師
○かたみとてきるもかなしきふぢごろもなみだのそでのいろにそめつつ [911]九条左大臣九条道良女
○なきひとのかげやはみえんいはしみづまたあふさかのせきはこゆとも [912]信生法師

◎は次のように解ける。

よをさむみかたしきわぶる　ころものたなかみがはにちどりなくなり　大好
ほととぎすあかずもあるかなたまくしげふたかみやまのよはのひとこゑ　日精潔
いにしへをしのぶはおいの　ならひぞとおもふにこゆるわがなみだかな　君事
ひみこのふにをかがとみやこなにしかかげでとみなぞ
日精潔の譜に大好と都　名に字掲げてと見なそ

◆風雅和歌集

成立　一三四九年。
二二一一首中二八首が源順の八文字を含む（一・二七%）。

908 ○一一九九　嘆かじと思ふ心にまかせぬはさても世にふる涙なりけり（同二一一六頁）
909 ○一二〇二　憂き事は身にそふ物と思ひしに離れて落つる我涙かな（同二一一六頁）
910 ○一二〇六　とにかくに憂き身を猶も嘆こそ捨てしにたがふ心なりけれ（同二一一七頁）
911 ○一二五三　かたみとて着るも悲しき藤衣なみだの袖の色にそめつつ（同二一二六頁）
912 ○一二六〇　なき人の影やはみえん岩清水又逢坂の関はこゆとも（同二一二七頁）

幸いにも今川了俊（貞世）への鎮魂歌を書くことができる。『古事記傳』に「源貞世【今川了俊と云し人】が、道ゆきぶりと云物に云く」（本居宣長全集十一巻　二〇六頁）。

風雅和歌集に一首採択されている。

ちる花をせめて袂に吹きとめよそをだに風の情と思はむ（〇一四八三）[913]

ちるはなをせめてたもとにふきとめよそをだにかぜのなさけとおもはむ

ふなきそのち　ぜにはかたてめむ　とと　もるに　をせ　なをとげ　おもはめ　さだよ

船木岨の地背に墓建てめむ　麻等　藻女に雄隼名を遂げ思はめ　貞世

と解ける。

これ以外に、四首勅撰和歌集に源貞世の名で採択されている。

▼新拾遺和歌集

〇一一〇八　わびぬればこよひもひとりぬるがうちにみえつるゆめやしひてたのまん[914]

〇一三一一　おひかぜにまかぢしけぬきゆくふねのはやくぞひとはとほざかりぬる[915]

▼新後拾遺和歌集

〇〇五二六　はしたかのとがへるやまのこのしたにやどりとるまでかりくらしつつ[916]

▼新続古今和歌集

913　（後掲『風雅和歌集全注釈中巻』　岩佐美代子著　二〇〇三年九月三〇日　笠間書院発行　三八四頁）

914　侘びぬれば今夜も独ぬるが内にみえつる夢やしひてたのまん（前掲『新編国歌大観』第一巻　勅撰集編　六七三頁）

915　追風にまかぢしけぬき行く舟のはやくぞ人は遠ざかりぬる（同六七七頁）

916　箸鷹のとがへる山のこのしたにやどりとるまで狩くらしつつ（同七〇一頁）

〇〇三五八　あききぬとをぎのはならすかぜのおとにこころおかかるるつゆのうへかな[917]
をかかはすきかうへにおおのせところあきのなならゆきつるとのこるぬ
大好は好が上に大乗せ　所　安芸の米栗逝きつる　と残るぬ
と解ける。
「了俊の作歌上の指導者であった（京極）為基は、同じ寄人で同一歌系に属し、歌壇的にも地位も向上して、力倆も十分であった（冷泉）為秀に、了俊指導の後事を託したと考えられる」（『今川了俊』著者川添昭二　一九六四年六月二五日　吉川弘文館発行　三三頁内追記）。「詠歌のすがた、心むけは源俊頼の歌ざまを根本に学ぶべきである、と了俊は強調している」（同書三一頁）と俊頼との関係が分かる。ここで交友のある歌人を書き留める。「二条良基、冷泉為邦、今川氏家―兄、渋谷重基、頓阿、経賢僧都、行経法眼、卜部兼凞、町野信方（同三八頁）、順覚（同四三頁）、周阿（同四四頁）、仏海禅師、友山士偲、義堂周信（同五〇頁）」。
鎮魂　今川貞世

◎うら**み**ばや**た**のめ**し**ほ**ど**のひかずを**も**またでうつろ**ふ**は**な**の**こ**ころを[918]顕親門院
〇ほ**し**おほ**み**はれ**た**るそらはいろ**こ**くて**ふ**く**と**し**もな**きかぜそすずしき[919]従二位為子

917　秋きぬと荻の葉ならす風のおとに心おかかるる露のうへかな（同七三〇頁）
918　〇〇二三〇　うらみばやたのめしほどの日数をもまたでうつろふ花の心を（『風雅和歌集全注釈上巻』岩佐美代子著　二〇〇二年一二月二五日　笠間書院発行　一八一頁）
919　〇〇三九三　ほしおほみはれたる空は色こくて吹くとしもなき風そ涼しき（同二八八頁）

○**ふしみ**やまふ**もと**のい**な**ばくもはれて**た**のもにの**こ**るうぢのかはぎり[920]前大僧正実超

◎うち**た**えて**な**がめだにせず**こ**ひすて**ふ**け**し**きをひ**と**に**み**せじとお**も**へば[921]中納言源国信

◎お**と**にの**み**きけばかひ**なし**ほとゝぎす**こ**とか**た**らはむとお**もふ**こころあり[922]

東三条入道摂政前太政大臣藤原兼家

○あや**し**く**もこ**ころのうちぞ**みだ**れゆくものおも**ふ**み**と**は**な**さじとおもふに[923]永福門院

◎お**もふ**か**た**にきき**し**ひ**と**まのひと**こ**とよさてもいかにといふ**み**ちも**な**し[924]永福門院

○**こと**かよ**ふみ**ち**も**さすがに**な**からめや**た**だうきなかぞ**し**のぶにはなる[925]永福門院右衛門督

◎**ふ**けぬれ**ど**さはるときかぬ**こ**よひをば**た**の**み**のうちにまつ**も**はか**なし**[926]宣光門院新右衛門督

◎ひ**とた**びのあ**ふ**せにかへ**し**いのち**な**ればすて**も**おし**み**もきみにのみ**こ**そ[927]院冷泉

○うら**み**はてむいまはよ**し**や**と**お**もふ**より**こ**ころよわくぞま**た**あはれ**なる**[928]後伏見院中納言典侍

---

920 〇〇六六七　ふしみ山ふもとのいなば雲晴れて田面にのこる宇治の河ぎり（同四六六頁）

921 〇〇九七四　うちたえてながめだにせず恋すてふけしきを人にみせじと思へば（『風雅和歌集全注釈中巻』　岩佐美代子著　二〇〇三年九月三〇日　笠間書院発行　五四頁）

922 〇一〇〇三　おとにのみきけばかひなし時鳥ことかたらはむとおもふ心あり（同七二頁）

923 〇一〇一〇　あやしくも心のうちぞみだれゆく物思ふ身とはなさじとおもふに（同七七頁）

924 〇一〇一三　おもふかたにききし人まの一ことよさてもいかにといふみちもなし（同七九頁）

925 〇一〇二八　ことかよふみちもさすがになからめやただうき中ぞしのぶにはなる（同八八頁）

926 〇一〇六三　深けぬれどさはるときかぬ今夜をばたのみのうちにまつもはかなし（同一一一頁）

927 〇一一四九　一たびのあふせにかへし命なればすてもおしみもきみにのみこそ（同一六五頁）

928 〇一二六五　恨みはてむいまはよしやと思ふより心よわくぞまたあはれなる（同二四〇頁）

◎うきゆゑもかくやはとおもふふしぶしよわれこそひとをなほたのみけれ[929]祝子内親王
◎こひしなむみをもあはれとたれかいはむいふべきひとはつらきよなれば[930]西園寺実兼前内大臣女
○あふことはくちきのはしのたえだえにかよふばかりのみちだにもなし[931]藤原朝定
◎おもひたつみちのしるべかよぶことりふかきやまべにひとさそふなり[932]前中納言藤原定家
○みなとえのこほりにたてるあしのはにゆふしもさやぎうらかぜぞふく[933]読人不知
○しらなみのたかしのやまのふもとよりまさごふきまきうらかぜぞふく[934]祝部成茂
○あとたえてへだつるやまのくもふかしゆききはちかきみやこなれども[935]花園院御製
○あともなきしづがいへゐのたけのかきいぬのこゑのみおくふかくして[936]花園院御製
◎いるたびにまたはいでじとおもふみのなにゆへいそぐみやこなるらむ[937]権大僧正道玄

---

929 ○一三一四　うきゆゑもかくやはとおもふふしぶしよわれこそ人を猶たのみけれ（同二六八頁）
930 ○一三六三　こひしなむ身をもあはれとたれかいはむいふべき人はつらき世なれば（同三〇〇頁）
931 ○一三七三　あふことは朽木の橋のたえだえにかよふばかりの道だにもなし（同三〇六頁）
932 ○一四四五　おもひたつみちのしるべかよぶこ鳥ふかき山辺に人さそふなり（同三五六頁）
933 ○一五九八　みなとえの氷にたてるあしのはに夕霜さやぎうらかぜぞふく（同四五三頁）
934 ○一七〇八　しら波のたかしの山のふもとよりまさご吹きまきうら風ぞふく（『風雅和歌集全注釈下巻』岩佐美代子著　二〇〇四年三月　笠間書院発行　五二頁）
935 ○一七五九　跡たえてへだつる山の雲ふかしゆききはちかきみやこなれども（同八一頁）
936 ○一七七四　跡もなきしづが家居の竹のかき犬のこゑのみおくふかくして（同八九頁）
937 ○一八二七　いるたびに又は出でじとおもふ身のなにゆへいそぐ都なるらむ（同一二六頁）

◎をりをりにむか**し**をしの**ぶなみだこ**そこけのた**もと**にいまもかはかね[938]三善遠衡朝臣
○か**なし**さはわがま**だ**しらぬわかれにて**こ**ころ**もまどふ**しののめの**み**ち[939]中務卿宗尊親王
○うかりつる**ふ**ぢの**こ**ろ**も**のか**たみ**さへわかる**とな**ればまたぞかな**し**き[940]前大僧正道意
◎わが**た**めにきよ**と**お**も**ひ**しふ**ぢ**こ**ろも**み**にかへてこそか**な**しかりけれ[941]赤染衛門
◎**こころと**め**し**か**たみ**のいろ**も**あはれ**な**りひとは**ふ**りにしやどのもみぢば[942]伏見院御製
◎**こ**ころざ**しふ**かく**くみ**てしひろさはの**な**がれはすゑ**もた**えじ**と**ぞおもふ[943]後宇多院御製
◎**た**のむま**ことふ**たつ**な**ければいは**しみ**づひとつながれにすむかとぞお**も**ふ[944]太上天皇光厳院
◎**み**つぎ**も**のは**こぶ**ふ**な**せのかけは**し**にこまのひづめのを**と**ぞ**た**えせぬ[945]前中納言大江匡房

◎は次の通り解ける。

をりをりにむかしをしのぶなみだこそこけのたもとに　いまもかはかね　大好
ふけぬれどさはるときかぬこよひをばたのみのうちに　まつもはかなし　日精潔
おとにのみきけばかひなしほととぎすことかたらはむとおもふこころあり　君事

938 ○一九三〇 をりをりにむかしをしのぶなみだこそこけの袂にいまもかはかね（同一九〇頁）
939 ○一九六八 かなしさはわがまだしらぬ別にてこころもまどふしののめの道（同二一三頁）
940 ○二〇〇一 うかりつる藤の衣のかたみさへわかるとなれば又ぞかなしき（同二二五頁）
941 ○二〇一八 我がためにきよとおもひし藤衣身にかへてこそかなしかりけれ（同一四八頁）
942 ○二〇三〇 心とめしかたみの色もあはれなり人はふりにしやどのもみぢば（同二五七頁）
943 ○二〇八〇 心ざしふかくくみてしひろ沢のながれはすゑもたえじとぞ思ふ（同三〇二頁）
944 ○二一三四 たのむまこと二つなければ岩清水ひとつながれにすむかとぞ思ふ（同三四六頁）
945 ○二二〇三 みつぎものはこぶふなせのかけはしに駒のひづめのをとぞたえせぬ（同三九六頁）

おほみかはのどふひみこにことはをかだりかけとけな

近江迦葉塔　日精潔に言葉を語りかけ解けな　一一二頁参照

▼譜

うらみばやたのめしほどのひかずをもまたでうつろふはなのこころを　日精潔の譜　懲絡

うちたえてながめだにせずこひすてふけしきをひとにみせじとおもへば　日精潔譜　会絡

おもふかたにききしひとまのひとことよさてもいかにといふみちもなし　日精潔の譜　初余定

ふけぬれどさはるときかぬこよひをばたのみのうちにまつもはかなし　日精潔の譜　余定里

ひとたびのあふせにかへしいのちなればすてもおしみもきみにのみこそ　日精潔の譜　谷辛

うきゆゑもかくやはとおもふふしぶしよわれこそひとをなほたのみけれ　日精潔の譜　言生波

こひしなむみをもあはれとたれかいはむいふべきひとはつらきよなれば　日精潔譜　木

おもひたつみちのしるべかよぶことりふかきやまべにひとさそふなり　日精潔譜　辛未

いるたびにまたはいでじとおもふみのなにゆへいそぐみやこなるらむ　日精潔の譜　矢柞原

わがためにきよとおもひしふぢころもみにかへてこそかなしかりけれ　日精潔譜　吾鹵也

こころとめしかたみのいろもあはれなりひとはふりにしやどのもみぢば　日精潔の譜　君事

こころざしふかくみてしひろさはのながれはすゑもたえじとぞおもふ　日精潔の譜　榯枝定

たのむまことふたつなければいはしみづひとつながれにすむかとぞおもふ　日精潔の譜　生波也

みつぎものはこぶふなせのかけはしにこまのひづめのをとぞたえせぬ　日精潔の譜　等閔

日精潔**初余定里**大好揺**言生波也**夢祇主無**木**比積**矢柞原**覲然離柄也露**懲絡**母加羅槌国**等閔**国露逝新羅為浮
吾鹵也上媛矢乍耐**君事**建炎絡母落也喪還**谷辛未会絡**母会言祇癸酉丙**榯枝定**里

◇新千載和歌集

成立　一三五九年。撰者　二条為定

二三六六首中三六首が源順の八文字を含む（一・五二%）。

○**みど**り**な**る**こ**けのむすき**もし**ろ**た**へにゆき**ふ**りにけるあまのかぐやま[946]法印定為

○**み**や**こ**お**もふな**み**だ**のたまも**と**どまらずゆふつゆもろきのべのあら**し**に[947]後伏見院御製

◎**み**せばや**と**は**な**のなかばをの**こし**て**もた**れ**ふ**るさとにわれをまつらむ[948]漸空上人

◎よろづ**と**せちとせとう**たふこ**ゑす**な**りか**みも**ひさ**し**くよをまもるらし[949]入道前太政大臣西園寺公経

◎**こ**ひわびぬあ**ふ**よ**も**か**たし**おくやまのいはも**と**こすげねの**みな**がれて[950]衣笠前内大臣衣笠家良

◎**た**よりに**も**あらぬおもひを**し**るべ**と**て**こ**ころとまよ**ふ**こひの**み**ちか**な**[951]源兼朝

◎ひ**とし**れぬ**こ**ころのと**ふも**うきものをう**た**て**なみ**だのそでにもるらむ[952]達智門院兵衛督

◎わがお**もふこ**ころのすゑをもらさねは**なみだ**ばかり**と**そでや**し**るらむ[953]前大納言日野資名

946　〇〇七一四　みどりなる苔のむす木も白妙に雪ふりにける天のかぐ山（前掲『新編国歌大観』第一巻　六一四頁）

947　〇〇七九七　宮こ思ふ涙の玉もとどまらず夕露もろき野べの嵐に（同六一六頁）

948　〇〇八九一　みせばやと花のなかばを残してもたれ故郷に我を待つらむ（同六一八頁）

949　〇〇九七五　よろづとせ千年とうたふこゑすなり神もひさしく世をまもるらし（同六二〇頁）

950　〇一〇二〇　恋わびぬ逢ふ夜もかたしおく山のいはもとこすげねのみながれて（同六二一頁）

951　〇一〇四一　たよりにもあらぬ思ひをしるべとてこころとまよふ恋の道かな（同六二二頁）

952　〇一〇五九　人しれぬ心のとふもうきものをうたて涙の袖にもるらむ（同六二二頁）

953　〇一〇六八　我がおもふ心の末をもらさねはなみだばかりと袖やしるらむ（同六二二頁）

◎お**もふ**にもまけぬ**なみだ**ぞふりにける**し**のぶる**こと**のこころながさに 954 二条為道朝臣

◎**し**の**ぶ**ればそらに**なみだも**かきくれぬ**こ**ひしきひ**と**やいづこなるらん 955

東三条入道前摂政太政大臣藤原兼家

◎**た**ちのぼる**ふじ**のけぶりのゆくへ**ともこ**ころそら**なるみ**のおもひかな 956 前大納言二条為定

◎**こ**ひ**し**さにお**も**ひ**みだ**れてねぬるよの**ふ**かきゆめぢをうつつ**と**もが**な** 957 素性法師

◎お**もふこと**あと**な**きな**み**にこぐふねのうき**し**づみてもこひわ**た**るかな 958 二品法親王覚助

○おほう**み**に**た**つらむ**な**みのかず**し**らずきみに**こふ**らくやむ**と**き**も**なし 959 よみ人しらず

◎**し**られじ**なみ**なそ**こふ**かきなびき**も**のなびかぬひ**と**にわれみ**だ**るとは 960 前大納言正親町公蔭

◎**した**にの**みこ**がれつるか**な**け**ぶ**りたち**も**ゆ**と**はみえぬおもひなれども 961 読人しらず

◎**な**ほざりの**こと**のはまでぞ**た**のまるるつらきをだに**もし**た**ふみ**なれは 962 源清氏朝臣

---

954 ○一〇七二 おもふにもまけぬ涙ぞふりにけるしのぶる事のこころながさに（同六二二頁）

955 ○一〇八七 しのぶれば空に涙もかきくれぬ恋しき人やいづこなるらん（同六二二頁）

956 ○一一二四 立ちのぼるふじの煙のゆくへとも心そらなる身のおもひかな（同六二三頁）

957 ○一一五四 恋ひしさにおもひみだれてねぬる夜のふかき夢ぢをうつつともがな（同六二四頁）

958 ○一一八五 おもふ事跡なき波にこぐ舟のうきしづみても恋ひわたるかな（同六二四頁）

959 ○一二〇三 おほ海に立つらむ波のかずしらず君にこふらくやむ時もなし（同六二五頁）

960 ○一二〇八 しられじな水底ふかきなびきものなびかぬ人にわれみだるとは（同六二五頁）

961 ○一二六一 下にのみこがれつるかな煙たちもゆとはみえぬ思ひなれども（同六二六頁）

962 ○一三五九 猶ざりのことのはまでぞたのまるるつらきをだにもしたふ身なれは（同六二八頁）

◎よがたりをおもふもかなしあふことにみをばかへつるこよひなれども 963中宮大夫公宗母

◎いまこんといひしながらのはしばしらまたもかよはぬなのみふりつつ 964前大納言藤原為家

◎としふればなみだばかりぞいろかはるつらさはおなじこころなれども 965後三条内大臣三条実忠

◎うらみんといふひとあらばあまのすむさとのしるべもなしとこたへよ 966正親町院右京大夫

◎なにゆゑにさのみこころをくだくぞとおもふもかなしあきのゆふぐれ 967藤原秀長

○たちかへりあとをつけてもはまちどりこしかたしたふわかのうらなみ 968前僧正道性

○あれにけりたれとすみこしかげならむあはれいくよのよもぎふのつき 969
後西園寺入道前太政大臣西園寺実兼

◎つきぞすむかよひしみちはあとたえてつゆのそこなるよもぎふのやど 970大江重茂

○たえずこそつかへしものをわがみよになどよどむらむせきのふぢかは 971前大納言二条為世

---

963 ○一四〇五 世がたりを思ふもかなし逢ふことに身をばかへつる今夜なれども（同六二九頁）

964 ○一五五三 今こんといひしながらの橋柱またもかよはぬ名のみふりつつ（同六三二頁）

965 ○一五九六 年ふれば涙ばかりぞ色かはるつらさはおなじ心なれども（同六三三頁）

966 ○一六二九 うらみんといふ人あらば海士のすむさとのしるべもなしとこたへよ（同六三三頁）

967 ○一七六〇 何ゆゑにさのみ心をくだくぞと思ふもかなし秋の夕ぐれ（同六三六頁）

968 ○一八一八 立ち帰り跡をつけても浜千鳥こし方したふ和歌のうら浪（同六三七頁）

969 ○一八五四 あれにけりたれと住みこしかげならむあはれいくよの蓬生の月（同六三八頁）

970 ○一八五九 月ぞすむかよひし道は跡たえて露のそこなる蓬生ふの宿（同六三八頁）

971 ○一八七二 たえずこそつかへしものを我が身世になどよどむらむ関の藤河（同六三九頁）

○うき**ふし**は**み**につ**も**れ**ど**もくれ**た**けのよをか**こ**つべきことのはぞ**な**き[972]源邦長朝臣

◎うき**みしもな**にの**こ**るらん**た**らちねのあ**と**とてしの**ぶ**ひともなきよに[973]前僧正道意

◎あ**だな**れ**ど**わがお**もふ**ままに**み**るゆめのな**ご**りは**し**ばしわすれざりけり[974]三善遠衡朝臣

◎**な**げくぞよあさきせわ**た**るかは**ふ**ねのさ**しも**うきよに**と**ど**こ**ほる**み**を[975]前中納言平惟継

◎す**みな**れ**しふ**るさ**と**ひと**も**なきと**こ**にか**た**しくそではつゆもかわかず[976]権大納言藤原長家

◎さき**だ**つ**と**い**ふも**はか**なし**いつまでかむなしきあとに**み**をの**こ**すべき[977]読人しらず（夫木抄）

◎お**も**ひいでて**し**の**ぶ**まで**こ**そか**た**く**と**も**み**しひととはんかずにもらす**な**[978]平宣時朝臣

◎あま**こ**ろ**もたみ**のの**し**まのゆ**ふ**しほにち**と**せをさしてたづぞ**な**くなる[979]前大納言二条為氏

○わ**た**のはら**もろこし**までもゆく**ふ**ねに**なみ**しづかなるよ**と**はしるらん[980]入道二品親王尊円

◎よの**な**かをお**も**ひ**し**るや**と**と**ふ**ひとにながらふる**み**を**こた**へ　わびぬる[981]大納言藤原基良

972　○一八九九　うきふしは身につもれども呉竹の世をかこつべき言のはぞなき（同六三九頁）
973　○一九六五　うき身しも何残るらんたらちねの跡とて忍ぶ人もなき世に（同六四〇頁）
974　○二〇五六　あだなれど我が思ふままにみる夢の名残はしばしわすれざりけり（同六四三頁）
975　○二〇七九　嘆くぞよあさき瀬わたる河舟のさしもうき世にとどこほる身を（同六四三頁）
976　○二二三二　住みなれし故郷人もなき床にかたしく袖は露もかわかず（同六四七頁）
977　○二二四九　さきだつといふもはかなしいつまでかむなしき跡に身を残すべき（同六四七頁　夫木抄一七〇二八）
978　○二二六六　思ひ出でて忍ぶまでこそかたくともみし人とはんかずにもらすな（同六四八頁）
979　○二二八四　あま衣たみの島の夕塩に千とせをさしてたづぞ鳴くなる（同六四八頁）
980　○二三五七　わたのはらもろこしまでも行く舟に波しづかなる世とはしるらん（同六五〇頁）
981　○二三六六　世の中を思ひしるやととふ人にながらふる身をこたへ侘びぬる（同六五〇頁）

◎は次の通り解ける。

わがおもふこころのすゑをもらさねはなみだばかりとそでやしるらむ　大好
しられじなみなそこふかきなびきものなびかぬひとにわれみだるとは　日精潔
おもふことあとなきなみにこぐふねのうきしづみてもこひわたるかな　君事
ひみこのふもじやそこかきわがにもわなこをときみら
日精潔の譜　文字八十個書き　和歌にも罠語解き見ら

▼為故

◎は次の通り解ける。

みせばやとはなのなかばをのこしてもたれふるさとにわれをまつらむ　為故　**止克男**
わがおもふこころのすゑをもらさねはなみだばかりとそでやしるらむ　為故　**聲大好聲**（**両端**（もろはし））
おもふにもまけぬなみだぞふりにけるしのぶることのこころながさに　為故　**白**
こひしさにおもひみだれてねぬるよのふかきゆめぢをうつつともがな　為故　**日精潔**
なほざりのことのはまでぞたのまるるつらきをだにもしたふみなれは　為故　**酉酉金羅**
としふればなみだばかりぞいろかはるつらさはおなじこころなれども　為故　**露**
うらみんといふひとあらばあまのすむさとのしるべもなしとこたへよ　為故　**柞原生日**
なにゆゑにさのみこころをくだくぞとおもふもかなしあきのゆふぐれ　為故　**九矢**
あだなれどわがおもふままにみるゆめのなごりはしばしわすれざりけり　為故　**君事船**
なげくぞよあさきせわたるかはふねのさしもうきよにとどこほるみを　為故　**総根**
すみなれしふるさとひともなきとこにかたしくそではつゆもかわかず　為故　**君事船生**
さきだつといふもはかなしいつまでかむなしきあとにみをのこすべき　為故　**月柱**又は譜の**榯**（木に時木）**枝定里**（たしかさと）

あまころもたみののしまのゆふしほにちとせをさしてたづぞなくなる　為故　**民女**

射矢**白**立**柞原生日精潔**会**君事船生**之畑**月柱**丸初建乙**酉酉金羅九矢**丸日精潔相無生去宮擦尾掟**止克男**立顛

好山為**民女**無路母明募**聲大好聲**聞相之栄畝籠代高羽目**露総根**尊生言米栗喪矢馬初国柞原日精潔

▼譜

◎は次の通り解ける。

よろづとせちとせとうたふこゑすなりかみもひさしくよをまもるらし　日精潔譜　**余定里大**

こひわびぬあふよもかたしおくやまのいはもとこすげねのみながれて　日精潔の譜　**生波**

たよりにもあらぬおもひをしるべとてこころとまよふこひのみちかな　日精潔の譜　**鹵也**

ひとしれぬこころのとふもうきものをうたてなみだのそでにもるらむ　日精潔の譜　**言祇**

しのぶればそらになみだもかきくれぬこひしきひとやいづこなるらむ　日精潔の譜　**樹枝**

たちのぼるふじのけぶりのゆくへともこころそらなるみのおもひかな　日精潔の譜　**言生**

こひしさにおもひみだれてねぬるよのふかきゆめぢをうつつともがな　日精潔の譜　**枝定里**

おもふことあとなきなみにこぐふねのうきしづみてもこひわたるかな　日精潔の譜　**槌**

しられじなみなそこふかきなびきもののなびかぬひとにわれみだるとは　日精潔の譜　**祇主無**

したにのみこがれつるかなけぶりたちもゆとはみえぬおもひなれども　日精潔の譜　**建**

よがたりをおもふもかなしあふことにみをばかへつるこよひなれども　日精潔譜　**也喪還谷**

いまこんといひしながらのはしばしらまたもかよはぬなのみふりつつ　日精潔の譜　**初余**

つきぞすむかよひしみちはあとたえてつゆのそこなるよもぎふのやど　日精潔の譜　**耐**

うきみしもなにのこるらんたらちねのあととてしのぶひともなきよに　日精潔の譜　**新羅**

おもひいでてしのぶまでこそかたくともみしひとゝはんかずにもらすな日精潔の譜　**等閔国**

よ**の**な**か**を**お**も**ひ**しるやとと**ふ**ひとにな**が**らふる**み**を**こ**たへわびぬる　日精潔の譜　**大好**

日精潔**初余定里大好**揺**言生波**也夢**祇主無**木比積矢柞原観然離柄也露懲絡母加羅**槌**国**等**閔国

露逝**新羅**為浮吾**鹵也**上媛矢乍**耐**君事**建**炎絡母落**也喪還谷**辛未会絡母会**言祇**癸酉内**栴枝定里**

◇新拾遺和歌集

成立　一三六四年。撰者　二条為明、頓阿

一九二〇首中三七首が源順の八文字を含む（一・九三％）。

○はるきて**も**つれ**な**きはなの**ふ**ゆ**ご**もりま**だしと**おもへば**み**ねのしらくも[982]　後京極摂政前太政大臣九条良経

◎やま**た**か**み**さ**こ**そあら**し**はさそ**ふとも**あまり**な**るまでちるさくらかな[983]冷泉前太政大臣西園寺公相

◎**み**やひ**と**のそでつき**こ**ろ**も**け**ふ**かへて**な**つきにけら**した**かまどのやま[984]後九条前内大臣九条良経

◎さ**みだ**れの**ふ**るのたかは**し**たかし**とも**みかさまさりてみえぬ**こ**ろか**な**[985]藤原基任

○われの**み**はあはれ**とも**いは**じた**れもみよゆ**ふ**つゆかかるやまと**な**でし**こ**[986]式子内親王

---

982 ○○○八三　春きてもつれなき花の冬ごもりまだしと思へば峰のしら雲（前掲『新編国歌大観』第一巻　勅撰集編　六五二頁）

983 ○○一七○　山高みさこそ嵐はさそふともあまりなるまでちる桜かな（同六五四頁）

984 ○○一九三　宮人の袖つき衣けふかへて夏きにけらしたかまどの山（同六五四頁）

985 ○○二六四　五月雨のふるの高はしたかしともみかさまさりてみえぬ比かな（同六五六頁）

986 ○○二八六　われのみはあはれともいはじ誰もみよ夕露かかるやまとなでしこ（同六五六頁）

○**た**か**し**まやまつの**こ**ずゑに**ふ**くかぜの**み**にしむ**と**きそしか**もな**きける[987]増基法師

○**た**ちかへるお**と**もき**こ**えず**ふ**ゆかはのい**し**まにこほる**み**づのしら**な**み[988]前大納言二条為定

○**と**まるべき**み**ちに**も**あらぬわかれぢは**したふこ**ころやせきと**な**るらん[989]藤原仲実朝臣

○**こと**のはに**な**げくとは**み**よかがみやま**したふ**こころにかげはなくと**も**[990]前大納言二条為世

◎**も**ろ**と**もに**こ**えま**し**ものをしでのやまま**た**おも**ふ**ひと**な**き**み**なりせば[991]祝部成仲

◎**し**のぶやまま**たこと**かたに**み**ち**も**が**な**ふりぬるあとはひともこそしれ[992]兼好法師

○からあゐのや**し**ほの**こ**ろ**も**ふかけれ**ど**あらぬ**なみだ**のいろぞまがはぬ[993]正三位藤原知家

◎**とし**をへてちりの**み**つ**も**る**なみだ**かなと**こ**うちはら**ふ**ひとしなければ[994]清原深養父

◎**こ**ひすて**ふみ**をのそまひ**と**あさゆふに**た**つ**な**ばかりのやむときも**なし**[995]後西園寺入道前太政大臣西園寺実兼

---

987 ○○四六六　高島や松の梢にふくかぜのみにしむときそしかもなきける（同六六〇頁）

988 ○○六四一　立ちかへる音もきこえず冬河のいしまにこほる水のしらなみ（同六六三頁）

989 ○○七三九　とまるべき道にもあらぬ別ぢはしたふこころや関となるらん（同六六五頁）

990 ○○七五七　ことのはに嘆くとはみよ鏡山したふこころにかげはなくとも（同六六六頁）

991 ○○九〇三　もろともに越えましものをしでの山又おもふ人なきみなりせば（同六六九頁）

992 ○○九四四　しのぶ山又こと方に道もがなふりぬる跡は人もこそしれ（同六七〇頁）

993 ○○九四九　からあゐのやしほの衣ふかけれどあらぬ涙の色ぞまがはぬ（同六七〇頁）

994 ○○九六六　としをへてちりのみつもる涙かなとこうちはらふ人しなければ（同六七〇頁）

995 ○○九七三　こひすてふみをの杣人朝夕にたつなばかりのやむ時もなし（同六七〇頁）

◎ことうらになびかぬほどぞゆふけぶりわがしたもえのたのみなりける 996 頓阿法師

◎かみよよりけぶりたえせぬふじのねはこひやつもりてやまとなるらん 997 素暹法師

○しほたるるみをばおもはずことうらにたつなくるしきゆふけぶりかな 998 後深草院少将内侍

◎いかにせんもろこしふねのよるかたもしらぬにさわぐそでのみなとを 999 前大納言二条為定

○あふことをしばしはかけじおきつなみよそのみるめのたえもこそすれ 1000 前三位藤原為理

○とはれぬもうきみのとがとおもふこそせめてもしたふこころなりけれ 1001 三善信方

◎もがみがはひとのこころのいなふねもしばしばかりときかばたのまん 1002 大蔵卿藤原有家

◎そこひなきふちとなりてもなみだがはしたにこころのさわぎやはせぬ 1003 前参議冷泉為秀

◎ひとりぬるなみだのとこのぬれころもあふよもしらてくちやはてなん 1004 藤原雅冬朝臣

◎このくれもおとになたてそしのぶやまこころひとつのみねのまつかぜ 1005 権大納言中御門宣明

---

996 ○○九八六　こと浦になびかぬ程ぞゆふけぶりわがしたもえのたのみなりける（同六七〇頁）

997 ○○九八九　神代より煙たえせぬ富士のねはこひやつもりて山と成るらむ（同六七〇頁）

998 ○一〇二八　しほたるる身をばおもはずこと浦に立つ名くるしき夕けぶりかな（同六七一頁）

999 ○一〇三一　いかにせんもろこし舟のよる方もしらぬにさわぐ袖の湊を（同六七一頁）

1000 ○一〇四七　逢事をしばしはかけじおきつ波よそのみるめのたえもこそすれ（同六七二頁）

1001 ○一〇七六　とはれぬもうき身のとがと思ふこそせめてもしたふ心なりけれ（同六七二頁）

1002 ○一〇八四　もがみ河人の心のいな舟もしばしばかりときかばたのまん（同六七二頁）

1003 ○一〇八六　そこひなき淵と成りても涙川したに心のさわぎやはせぬ（同六七二頁）

1004 ○一〇九七　独ぬる涙の床のぬれ衣逢ふ夜もしらて朽ちやはてなん（同六七三頁）

1005 ○一一一五　この暮も音になたてそ忍山こころひとつの峰のまつかぜ（同六七三頁）

◎なほざりのことのはにのみききなれてたのむばかりのゆふぐれもなし 1006 加茂雅久
○いはでただあだにうつろふはなにこそとへとおもはぬいろもみえしか 1007 浄妙寺関白前右大臣
○ふけぬるをうらみんとだにおもふまにこぬよしらるるとりのこゑかな 1008 頓阿法師
◎あふさかのこのしたかげのいはしみづながれてむすぶちぎりともがな 1009 民部卿二条為明
○わがことやくめぢのはしもなかたえてわたしわぶらんかづらきのかみ 1010 藤原実方朝臣
○いかにしてわすれんとおもふこころにもなほかなはぬはなみだなりけり 1011 平親清女
◎なつころもひとへににしをおもふかなうらなくみだをたのむみなれは 1012 権少僧都源信
◎しのぶともただひとこゑはほととぎすさのみつれなきよはなかさねそ 1013 後猪熊前関白左大臣近衛経忠
○すみわぶるときこそありけれしらくものたなびくみねのあきのゆふぐれ 1014 深守法親王
○いたづらにみののをやまのまつこともなきわれながらとしふりにけり 1015 亀山院御製

1006 ○一一一六 猶ざりのことのはにのみ聞きなれてたのむばかりの夕暮もなし（同六七三頁）
1007 ○一一二七 いはでただあだにうつろふ花にこそとへとおもはぬ色もみえしか（同六七三頁）
1008 ○一一四三 深けぬるをうらみんとだに思ふまにこぬよしらるる鳥のこゑかな（同六七四頁）
1009 ○一一七四 相坂のこの下陰のいはし水ながれてむすぶ契ともがな（同六七四頁）
1010 ○一二六九 わがことや久米ぢの橋も中絶えてわたしわぶらんかづらきの神（同六七六頁）
1011 ○一二七七 いかにして忘れんと思ふこころにも猶かなはぬは涙なりけり（同六七六頁）
1012 ○一五〇〇 夏衣ひとへに西をおもふかなうらなく弥陀をたのむ身なれは（同六八一頁）
1013 ○一五六一 忍ぶともただひとこゑはほととぎすさのみつれなきよはなかさねそ（同六八二頁）
1014 ○一五九七 住みわぶる時こそありけれ白雲のたなびく嶺の秋の夕暮（同六八三頁）
1015 ○一七四一 いたづらにみののを山のまつこともなき我ながらとしふりにけり（同六八六頁）

◎くれたけのよよのきみにはつかへきぬおもひでのこすひとふしもがな[1016]正三位藤原有範
◎みをしらでいふはかひなきことなれどたのめばひとをとおもふばかりぞ[1017]左京大夫藤原顕輔
◎ちはやぶるいづしのみやのかみのこまひとなのりそやたたりもぞする[1018]源重之

◎は次の通り解ける。

いかにせんもろこしふねのよるかたもしらぬにさわぐそでのみなとを　大好
くれたけのよよのきみにはつかへきぬおもひでのこすひとふしもがな　日精潔
みをしらでいふはかひなきことなれどたのめばひとをとおもふばかりぞ　君事
わなひふいよみをなこそつかへこ「すぐるをかか」おひをとくみれとぞ
倭栄初余　身女子ぞ　冢へ語「明大好」帯を特見れとぞ

青同作竟明大好長生宜子孫（熊本県宇土市松山町字向野田の向野田古墳出土、内行花文鏡）については、旧著一一五頁で触れた。当時この大好は、日精潔を慕う初余が、日精潔と眠るために作成させたものと考えた。ここで大好は栄に当てる名称であることを知る。

▼為故
やまたかみさこそあらしはさそふともあまりなるまでちるさくらかな　為故　**潔相無生去宮**
さみだれのふるのたかはしたかしともみかさまさりてみえぬころかな　為故　**会君事**
こひすてふみをのそまひとあさゆふにたつなばかりのやむときもなし　為故　**尾掟止克**
いかにせんもろこしふねのよるかたもしらぬにさわぐそでのみなとを　為故　**大好**

1016 ○一七七○　呉竹の代代の君にはつかへきぬ思出のこす一ふしもがな（同六八六頁）
1017 ○一八八四　身をしらでいふはかひなきことなれどたのめば人をと思ふばかりぞ（同六八九頁）
1018 ○一八九四　ちはやぶるいづしの宮の神のこま人なのりそやたたりもぞする（同六八九頁）

そこひなきふちとなりてもなみだがはしたにこころのさわぎやはせぬ　為故　日精潔

なほざりのことのはにのみききなれてたのむばかりのゆふぐれもなし　為故　擦

あふさかのこのしたかげのいはしみづながれてむすぶちぎりともがな　為故　好

しのぶともただひとこゑはほととぎすさのみつれなきよはなかさねそ　為故　日精潔相無

射矢白立柞原生日精潔会君事船生之畑月柱丸初建乙酉酉金羅九矢丸日精潔相無生去宮擦尾掟止克男立顛

好山為民女無路母明募聲大好聲聞相之栄畝籠代高羽目露総根尊生言米栗喪矢馬初国柞原日精潔

▼譜

みやひとのそでつきこころもけふかへてなつきにけらしたかまどのやま　日精潔の譜　柄也

もろともにこえましものをしでのやままたおもふひとなきみなりせば　日精潔の譜　栫枝

しのぶやまたことかたにみちもがなふりぬるあとはひともこそしれ　日精潔の譜　等閔

としをへてちりのみつもるなみだかなとこうちはらふひとしなければ　日精潔の譜　生波也

ことうらになびかぬほどぞゆふけぶりわがしたもえのたのみなりける　日精潔の譜　建

かみよよりけぶりたえせぬふじのねはこひやつもりてやまとなるらん　日精潔の譜　也上媛矢

もがみがはひとのこころのいなふねもしばしばかりときかばたのまん　日精潔の譜　言祇

ひとりぬるなみだのとこのぬれころもあふよもしらてくちやはてなん　日精潔の譜　羅槌

このくれもおとになたてそしのぶやまこころひとつのみねのまつかぜ　日精潔の譜　鹵也

なつころもひとへにこしをおもふかなうらなくみだをたのむみなれは　日精潔の譜　矢柞原

くれたけのよよのきみにはつかへきぬおもひてのこすひとふしもがな　日精潔の譜　谷辛未

みをしらでいふはかひなきことなれどたのめばひとをとおもふばかりぞ　日精潔の譜　大好

ちはやぶるいづしのみやのかみのこまひとなのりそやたたりもぞする　日精潔の譜　癸

日精潔初余定里**大好**揺言**生波也**夢祇主無木比積**矢柞原**観然離**柄也**露懲絡母加**羅槌**国**等閔**国露逝新羅為浮
吾**鹵也上媛矢**乍耐君事**建**炎絡母落也喪還**谷辛未**会絡母会**言祇癸**酉丙**樹枝**定里

◆新後拾遺和歌集

成立　一三八四年。撰者　二条為遠、二条為重

一五四四首中二〇首が源順の八文字を含む（一・三六％）（繰り返すが『邪馬壹国讃歌』を二〇〇二年三月に、『卑弥呼の一生』を二〇一二年一二月に出版した。その安麻の手引は認知されていない。萬葉集約四五〇〇首中の二〇首で構成される安麻の手引は日本古代史研究の出発点である。既に新古今和歌集、続古今和歌集で触れたところであるが、ここはずばり二〇首で分かり易い）。

◎うめのは**な**ひ**もと**くはるのかぜに**こ**そにほ**ふ**あ**た**りのそでは**しみ**けれ[1019]康資王母
◎わさ**たも**る**とこ**のあきかぜ**ふ**きそめてかりねさび**し**きつきを**み**るか**な**[1020]如願法師
◎うす**ご**ほり**な**ほ**と**ぢやらでいけ**み**づのか**も**のうきねを**したふ**なみかな[1021]左大臣
○**た**が**み**に**も**つもれる**とし**のくれ**な**ればさ**こ**そはゆきも**ふ**かくなるらめ[1022]葉室光俊朝臣
◎**と**どまらぬうら**みもし**らすはる**ご**とにし**た**ひ**な**れたるけ**ふ**のくれかな[1023]藤原宗遠

1019　〇〇〇四六　梅の花ひもとく春の風にこそ匂ふあたりの袖はしみけれ（前掲『新編国歌大観』第一巻　六九一頁）
1020　〇〇三七六　わさ田もる床の秋かぜ吹きそめてかりねさびしき月をみるかな（同六九八頁）
1021　〇〇五一三　うす氷猶とぢやらで池水のかものうきねをしたふ波かな（同七〇〇頁）
1022　〇〇五七〇　たが身にもつもれる年の暮なればさこそは雪もふかくなるらめ（同七〇一頁）
1023　〇〇六五二　とどまらぬ恨もしらす春ごとにしたひなれたるけふの暮かな（同七〇三頁）

◎あ**し**のやはすむあまや**な**きつきかげに**こ**ぎいでて**み**るな**だ**の**とも**ふね[1024]津守国実

◎**と**まるべき**みち**に**も**あらぬわかれぢは**したふこ**ころやせきと**な**るらん[1025]藤原仲実朝臣

◎**こ**ころこそ**た**えぬお**も**ひに**み**だる**と**もいろに**な**いでてそ**し**の**ぶ**もぢすり[1026]藤原藤経

◎わ**た**つう**み**のそ**こ**と**もしら**ぬあま**な**ればもしほのけ**ぶ**りたたばたづねん[1027]従三位藤原為信

◎**も**が**み**がはい**な**と**こた**へていな**ぶ**ねの**し**ばしばかりはこころをもみん[1028]後鳥羽院下野

◎いつはり**と**お**も**ひ**な**がらもちぎり**し**やゆ**ふ**ぐれ**ご**との**た**の**み**なるらむ[1029]源和義朝臣

◎さの**み**よ**もこ**ぬいつはりはかさね**じとこ**ころにま**た**ぬゆ**ふ**ぐれぞ**な**き[1030]従三位三善長衡

◎あ**ふ**までをかぎり**と**お**も**ひ**しなみだこ**そかへるけささへさきだちにけれ[1031]源季広

◎あ**ふこと**はとほやまとりのおのづからかげ**みし**なか**も**へ**だ**てはてつつ[1032]崇賢門院

◎**ふ**りにける**な**がらのは**し**のあ**と**より**も**なほ**た**えぬべき**こ**ひの**み**ちかな[1033]兵部卿四条隆親

1024 ○〇七四八　あしのやはすむあまやなき月かげに漕出でてみるなだのとも舟（同七〇五頁）
1025 ○〇八五六　とまるべき道にもあらぬ別ぢはしたふ心やせきと成るらん（同七〇七頁）
1026 ○〇九五一　心こそたえぬ思ひにみだるとも色にないでそ忍ぶもぢすり（同七〇九頁）
1027 ○〇九七七　わたつ海のそこともしらぬあまなればもしほの煙たたばたづねん（同七〇九頁）
1028 ○〇九九八　もがみがはいなとこたへていなぶねのしばしばかりは心をもみん（同七一〇頁）
1029 ○一〇九七　いつはりと思ひながらもちぎりしや夕ぐれごとのたのみなるらむ（同七一二頁）
1030 ○一〇九九　さのみよもこぬ偽りはかさねじと心にまたぬ夕ぐれぞなき（同七一二頁）
1031 ○一一五〇　逢ふまでをかぎりと思ひし涙こそ帰るけささへさきだちにけれ（同七一三頁）
1032 ○一一七〇　逢ふことは遠山鳥のおのづからかげみしなかもへだてはてつつ（同七一三頁）
1033 ○一一八二　ふりにけるながらの橋の跡よりも猶たえぬべき恋のみちかな（同七一四頁）

◎たれもみなうきをはいとふことわりをしらずはこそはひとをうらみめ[1034]大蔵卿藤原有家
◎ともにすむこころもならへやまみづをたよりとむすぶしばのいほりに[1035]源顕則
◎さもこそはたけのそのふのすゑならめみにうきふしのなどしけるらん[1036]よみ人しらず
◎ととせあまりよをたすくべきなはふりてたみをしすくふひとこともなし[1037]光厳院御製
◎あかむすぶあとをはのこせながらなるやまのしたみづごけふかくとも[1038]入道二品親王尊道

◎は次の通り解ける。まさに二十、二〇、はたと。

あふまでをかぎりとおもひしなみだこそかへるけささへさきだちにけれ
こころこそたえぬおもひにみだるともいろにないでそしのぶもぢすり
さもこそはたけのそのふのすゑならめみにうきふしのなどしけるらん
ここもあまのでひきをさたかはたどろふかみさしいみなす
ここも安麻の手引を定か二十(はたと)揃ふ　神　乍氏忌為す　（次頁に）

▼譜

◎は次の通り解ける。

うめのはなひもとくはるのかぜにこそにほふあたりのそではしみけれ　日精潔の譜　為浮
とどまらぬうらみもしらすはるごとにしたひなれたるけふのくれかな　日精潔の譜　建

1034 ○一二五六　たれもみなうきをはいとふことわりをしらずはこそは人をうらみめ（同七一五頁）
1035 ○一三四六　ともにすむ心もならへ山水をたよりとむすぶ柴のいほりに（同七一七頁）
1036 ○一四一三　さもこそは竹の園生の末ならめ身にうきふしのなどしけるらん（同七一八頁）
1037 ○一四一九　十とせあまり世をたすくべき名はふりて民をしすくふ事もなし（同七一八頁）
1038 ○一四九一　あかむすぶ跡をは残せながらなる山の下水ごけふかくとも（同七二〇頁）

こころこそたえぬおもひにみだるともいろにないでそしのぶもぢすり　日精潔の譜　耐
いつはりとおもひながらもちぎりしやゆふぐれごとのたのみなるらむ　日精潔の譜　生波也
あふまでをかぎりとおもひしなみだこそかへるけささへさきだちにけれ　日精潔譜　落也喪
ふりにけるながらのはしのあとよりもなほたえぬべきこひのみちかな　日精潔の譜　祇主
たれもみなうきをはいとふことわりをしらずはこそはひとをうらみめ　日精潔譜　矢柞原

日精潔初余定里大好揺言**生波也**夢**祇主**無木比積**矢柞原**覩然離柄也露徵絡母加羅槌国等閔国露逝新羅**為浮**
吾鹵也上媛矢午**耐**君事**建**炎絡母**落也喪**還谷辛未会絡母会言祇癸酉丙椈枝定里

▼安麻の手引

◉は次の通り解ける。

うめのはなひもとくはるのかぜにこそにほふあたりのそではしみけれ　**尓　多奈婢久**
わさたもるとこのあきかぜふきそめてかりねさびしきつきをみるかな　**和我世古我　可反里吉**
うすごほりなほとぢやらでいけみづのかものうきねをしたふなみかな　**等夜乃野**
もがみにもつもれるとしのくれなればさこそはゆきもふかくなるらめ　**吉　可毛可久母**
とどまらぬうらみもしらすはるごとにしたひなれたるけふのくれかな　**良　比可婆奴流**
あしのやはすむあまやなきつきかげにこぎいでてみるなだのともふね　**君我牟多**
とまるべきみちにもあらぬわかれぢはしたふこころやせきとなるらん　**波良　和我吉奴尓**
こころこそたえぬおもひにみだるともいろにないでそしのぶもぢすり　**比呂美**
わたつうみのそこともしらぬあまなればもしほのけぶりたばたづねん　**水都登利能　多々武**
もがみがはいなとこたへていなぶねのしばしばかりはこころをもみん　**可之布里多弖**
いつはりとおもひながらもちぎりしやゆふぐれごとのたのみなるらむ　**伊都之可母　見牟等於毛比**

さのみよもこぬいつはりはかさねじとこころにまたぬゆふぐれぞなき
あふまでをかぎりとおもひしなみだこそかへるけささへさきだちにけれ
あふことはとほやまとりのおのづからかげみしなかもへだてはてつつ
ふりにけるながらのはしのあとよりもなほたえぬべきこひのみちかな
たれもみなうきをはいとふことわりをしらずはこそはひとをうらみめ
ともにすむこころもならへやまみづをたよりとむすぶしばのいほりに
さもこそはたけのそのふのすゑならめみにうきふしのなどしけるらん
ととせあまりよをたすくべきなはふりてたみをしすくふひとこともなし
あかむすぶあとをはのこせながらなるやまのしたみづごけふかくとも

礼杼　**遊布麻**
可敝流散尓　**美津野等麻里**
大伴乃
安敝流伎美可母
海原乎
里都麻波母
宇恵太気能　**毛登左**
安之比奇
賀美都家野　**久**

海原乎　夜蘇之麻我久里　伎奴礼杼母　奈良能美也故波　和須礼可祢都母
可敝流散尓　伊母尓見勢武尓　和多都美乃　於幾都志良多末　比利比弖由賀奈
賀美都家野　**久**路保乃祢呂乃　久受葉我多　可奈師家兒良尓　伊夜射可里久母
刀祢河泊乃　可波世毛思良受　多太和多里　奈美尓安布能須　**安敝流伎美可母**
大伴乃　**美津野等麻里**尓　布祢波弖々　多都多能山乎　伊都可故延伊加武
安之比奇能　夜麻治古延牟等　須流君乎　許々呂尓毛知弖　夜須家久母奈之
宇恵太気能　**毛登左**倍登与美　伊侶弖伊奈婆　伊豆思牟伎弖可　伊毛我奈気可牟
古非都追母　乎良牟等須**礼杼**　**遊布麻**夜万　可久礼之伎美乎　於母比可祢都母
和我世古我　**可反里吉**麻佐武　等伎能多米　伊能知能己佐牟　和須礼多麻布奈
君我牟多　由加麻之毛能乎　於奈自許等　於久礼弖乎礼杼　与伎許等毛奈之
安乎祢呂**尓**　**多奈婢久**君母能　伊佐欲比尓　物能乎曽於毛布　等思乃許能己呂

比登祢呂尔　伊波流毛能可良　安乎祢呂尔　伊佐欲布久母能　余曽**里都麻波母**
大船尔　**可之布里多弖**天　波麻藝欲伎　麻里布能宇良尔　也杼里可世麻之
伊都之可母　**見牟等於毛比**師　安波之麻乎　与曽尔也故非無　由久与思乎奈美
水都登利能　**多々武**与曽比尔　伊母能良尔　毛乃伊波受伎尔弖　於毛比可祢都毛
等夜乃野尔　乎佐藝祢良波里　乎佐乎左毛　祢奈敝古由恵尔　波伴尔許呂波要
武蔵野乃　久佐波母呂武**吉**　**可毛可久母**　伎美我麻尔末尔　吾者余利尔思乎
伊利麻治野　於保屋我波良能　伊波為都**良**　**比可婆奴流**々々　和尔奈多要曽祢
可美都家野　安蘇夜麻都豆良　野乎**比呂美**　波比尔思物能乎　安是加多延世武
伊可保呂乃　蘇比乃波里**波良**　**和我吉奴尔**　都伎与良之母与　比多敝登於毛敝婆

◇新続古今和歌集

成立　一四三九年。撰者　飛鳥井雅世

二一四四首中三五首が源順の八文字を含む（一・六三％）。

○やま**た**か**み**ゆ**ふ**ゐる**く**も**の**あ**と**も**なし**ふき**こ**すかぜにはなやちるらむ[1039]　右衛門督一条実雅

○つつ**み**えぬ**な**み**だ**なりけりほ**と**とぎす**こ**ゑを**し**の**ぶ**の**も**りのしたつゆ[1040]　後照念院関白太政大臣鷹司冬平

1039　○○一六一　山高み夕ゐる雲の跡もなし吹きこす風に花や散るらむ（『和歌文学大系一二　新続古今和歌集』二〇〇一年一二月一〇日　明治書院発行　四二頁）

1040　○○二四四　つつみえぬ涙なりけり時鳥声をしのぶの森の下露（同五七頁）

◎ほ**と**とぎす**し**の**ぶ**の**みだ**れかぎりありて**な**くやさつきの**こ**ろ**も**でのもり[1041]津守国冬
◎**た**びひ**と**のと**も**よびかはす**こ**ゑす**な**りなつののくさに**み**ちまどふら**し**[1042]藤原隆信朝臣
◎**し**げさの**み**ひ**ごと**にまさる**な**つくさのかりそめに**だ**にと**ふ**ひと**も**なし[1043]凡河内躬恒
◎てに**と**ればそでさへにほ**ふ**を**みな**へ**しこ**のし**た**つゆにちらまく**も**をし[1044]柿本人丸[1045]
◎さ**と**は**みな**いで**こし**ままにあれにけり**たれふ**かくさにころ**も**うつらん[1046]従二位藤原家隆
◎かちひ**と**の**み**ちをぞお**も**ふやま**しな**の**こ**は**た**のさとのあきのゆふぎり[1047]
後京極摂政前太政大臣九条良経（夫木抄一四七三五）
○**みなと**がは**も**みぢ**ふ**き**こ**すこがら**し**にやまもとく**だ**るあけのそほふね[1048]良心法師

1041　〇〇二五四　時鳥しのぶの乱れかぎりありて鳴くや五月の衣手の杜（同五九頁）
1042　〇〇二七六　旅人の友よびかはす声す也夏野の草に道まどふらし（同六二頁）
1043　〇〇二七八　しげさのみ日ごとにまさる夏草のかりそめにだに問人もなし（同六二頁）
1044　〇〇四〇八　手にとれば袖さへにほふ女郎花木の下露に散らまくもをし（同八五頁）
1045　作者の真偽は大問題であるが、確認不能である。随所に加羅人が自らを撃つ歌があるが、それを詠むとは考えられない。なお人丸については、本居宣長が「古今集ほのぼのと明石ノ浦の云」（『古事記傳』五之巻　一九四〇年八月一六日　岩波書店発行　二七八頁）と言及している。よみ人しらずとあるが、「ほのぼのとあかしの浦の朝霧に島がくれゆく舟をしぞ思ふ　このうたはあるひとのいはく、かきのもとの人まろがうたなり」ともあり、古今集の序文にもある（前掲『古今和歌集』一七頁・一一一頁）
1046　〇〇五三六　里はみないでこしままに荒れにけり誰深草に衣うつらん（同一〇七頁）
1047　〇〇五四〇　かち人の道をぞ思ふ山科の木幡の郷の秋の夕霧（同一〇八頁）
1048　〇〇六三一　湊川もみぢ吹きこす木がらしに山本くだる朱のそほ舟（同一二四頁）

◎**な**きそむるそ**とも**のとりも**こ**ゑさむ**みし**もにか**たぶ**くもりのつきかげ[1049]光厳院御製
○**な**つ**ご**ろ**も**のりの**た**めに**と**ぬぎつれはけ**ふ**はすず**し**き**み**とぞなりぬる[1050]神祇伯顕仲
○を**しと**お**もふこ**ころやき**みにた**ちそひてしらぬ**な**みぢをともにゆくべき[1051]前大納言滋野井実宣
○あす**し**らぬ**み**を**た**のむ**こ**そあや**ふ**けれしばし**と**お**も**ふわかれ**な**れども[1052]安嘉門院四条阿仏
○くれかかるやまの**したみ**ちわけゆけばく**もこ**そかへれあ**ふ**ひ**と**は**な**し[1053]入道贈一品親王尊円
◎**み**ちのくの**こ**ろ**も**のせきかひ**とし**れぬ**な**み**だ**おさ**ふ**るわれがたもとは[1054]寂照法師
◎**み**さびえのそ**こ**の**た**ま**も**のみだる**と**も**し**らる**な**ひとに**ふ**かき**こ**ころを[1055]兼好法師
○**こ**ひ**しな**ば**も**えむけ**ぶ**りをひ**と**も**み**よきみがか**た**にぞなほもなびかん[1056]藤原資隆朝臣
○**た**のま**じな**そ**こ**のこころをしらぬまのうき**み**に**ふ**かきお**も**ひあり**と**も[1057]藤原為顕
○うち**と**くる**こ**ころのおく**もみ**えぬるに**し**の**ぶ**のやまぞへ**だ**て**な**りける[1058]左兵衛督足利直義

1049 ○○六三五　鳴きそむる外面の鳥も声さむみ霜にかたぶく森の月影（同一二四頁）
1050 ○○八二五　夏衣法のためにと脱ぎつれは今日は涼しき身とぞ成ぬる（同一五八頁）
1051 ○○八九○　惜しと思ふ心や君にたちそひてしらぬ波路を友に行べき（同一七一頁）
1052 ○○九○八　あす知らぬ身をたのむこそあやふけれしばしと思ふ別なれども（同一七五頁）
1053 ○○九四七　暮かかる山の下道わけ行ば雲こそかへれ逢ふ人はなし（同一八二頁）
1054 ○一○三○　陸奥の衣の関か人しれぬ涙おさふるわれがたもとは（同一九七頁）
1055 ○一○五七　みさび江の底の玉藻のみだるとも知らるな人にふかき心を（同二○一頁）
1056 ○一一六五　恋死なばもえむ煙を人も見よ君がかたにぞ猶もなびかん（同二一九頁）
1057 ○一二○○　たのまじな底の心を知らぬまの憂き身に深き思ひありとも（同二二五頁）
1058 ○一二○四　うちとくる心の奥もみえぬるに忍ぶの山ぞへだてなりける（同二二六頁）

○あ**ふこと**はあと**だ**に**もな**き**し**らくものそらにの**み**たつなをいかにせん 1059 冷泉前太政大臣西園寺公相

◎**なみだこ**そこころにかな**ふも**のならねおさふるそでのな**ど**ゆる**し**けん 1060 前中納言坊城定資

○**し**ぬばかりお**もふと**いへどめに**み**えぬ**こ**ころ**な**ればやひとの**た**のまぬ 1061 寂身法師

○**こ**ひをの**みし**づのを**だ**まき**と**しをへてまたくりかへしあ**ふ**よし**も**が**な** 1062 前大納言滋野井実冬

○あ**ふこと**をまつとは**なし**にとし**も**へぬおもひ**た**えよといはぬたの**み**に 1063 中宮大夫公宗母

◎かくやは**とな**にかうら**み**むう**し**とて**も**いひしに**た**が**ふこ**ころならずは 1064 安擦使姉小路顕朝

○ちぎり**しも**あらぬ**こ**のよにすむつきやむかしのそでの**なみだとふ**らん 1065
後三条入道前太政大臣西園寺公経

◎**こ**ぬまで**も**さすかま**た**れ**し**まきの**と**にやすら**ふ**ほどの**な**ぐさ**み**もなし 1066
福光園入道前関白左大臣西園寺公経

◎**た**の**みこし**のりのみ**ふ**ねのつ**な**でなはひくひ**とも**なきあとのかなしさ 1067 従三位世尊寺行能

1059 ○一三四五　逢事は跡だにもなき白雲の空にのみ立つ名をいかにせん（同一一五〇頁）

1060 ○一三五一　涙こそ心にかなふ物ならねおさふる袖のなどゆるしけん（同一一五一頁）

1061 ○一三八二　死ぬばかり思ふといへど目に見えぬ心なればや人のたのまぬ（同一一五六頁）

1062 ○一四二〇　恋をのみしづのをだまき年を経て又くり返し逢よしもがな（同一一六三頁）

1063 ○一四三七　逢事を待つとはなしに年も経ぬ思ひたえよと言はぬたのみに（同一一六五頁）

1064 ○一四七四　かくやはと何か恨みむ憂しとても言ひしにたがふ心ならずは（同一一七二頁）

1065 ○一五三四　契しもあらぬこの世にすむ月やむかしの袖の涙とふらん（同一一八二頁）

1066 ○一五四四　来ぬまでもさすか待たれし槙の戸にやすらふ程のなぐさみもなし（同一一八三頁）

1067 ○一五八三　たのみこし法の御舟のつなで縄ひく人もなき跡のかなしさ（同一一九二頁）

○いとどなほしたにやかよふいけみづのにほのうきすもかつこほりつつ 1068権大納言那須資藤
○くちはつるなをだにのこせかみやまにとしもふるえのまつのしらゆき 1069従三位土御門脩久
○あれにけりまがきのこけのふかみどりたがぬぎかけしころもなるらむ 1070後嵯峨院御製
○しきしまのみちあるよのいにしへになほたちこえむあとをしぞおもふ 1071今上御製
◎やまふかくみづのながれをたづねてぞこのよのほかのところをもみし 1072源詮政
◎くさもきもほとけになるといふなれどをみなへしこそうたがはれけれ 1073僧都観教
○ちはやぶるかみもなしとかいふなるをゆふばかりだにのこらずやきみ 1074大蔵胤材

◎は次の通り解ける。 大好 六九歳 身罷る。言祇（こき）。

やまふかくみづのながれをたづねてぞ このよのほかのところをもみし 大好
かくやはとなにかうらみむうしとても いひしにたがふこころならずは 日精潔
ほととぎすしのぶのみだれかぎりありて なくやさつきのころもでのもり 君事
をがかむとここのづやみとこふしられこきだみひろくぎがれ
大好六と九つ 病み床伏しられ 言祇 民広く聞かれ

1068 ○一七八五 いとど猶したにやかよふ池水のにほのうき巣もかつこほりつつ（同三二七頁）
1069 ○一七九六 朽はつる名をだにのこせ神山に年もふるえの松の白雪（同三二九頁）
1070 ○一八七〇 荒れにけりまがきの苔のふか緑たがぬぎかけし衣なるらむ（同三四一頁）
1071 ○一八八九 敷島の道ある代代のいにしへに猶たちこえむ跡をしぞ思ふ（同三四四頁）
1072 ○二〇二七 山深く水の流れをたづねてぞこの世の外の所をも見し（同三六七頁）
1073 ○二〇六二 草も木も仏になるといふなれどをみなへしこそうたがはれけれ（同三八〇頁）
1074 ○二〇七四 千早振かみもなしとかいふなるをゆふばかりだに残らずや君（同三八二頁）

▼為故

ほととぎすしのぶのみだれかぎりありてなくやさつきのころもでのもり　為故　乙酉酉
たびひとのともよびかはすこゑすなりなつののくさにみちまどふらし　為故　作原生
しげさのみひごとにまさるなつくさのかりそめにだにとふひともなし　為故　日精潔相無生去
てにとればそでさへにほふをみなへしこのしたつゆにちらまくもをし　為故　女
さとはみないでこしままにあれにけりたれふかくさにころもうつらん　為故　顚
かちひとのみちをぞおもふやましなのこはたのさとのあきのゆふきり　為故　君事船生之
君事船生之（かたじのりものきの）（夫木抄一四七三五　人の道　五二六頁）

なきそむるそとものとりもこゑさむみしもにかたぶくもりのつきかげ　為故　募聲
みちのくのころものせきかひとしれぬなみだおさふるわれがたもとは　為故　無路
みさびえのそこのたまものみだるともしらるなひとにふかきこころを　為故　生日精潔会君事
なみだこそこころにかなふものならねおさふるそでのなどゆるしけん　為故　米栗喪
こぬまでもさすかまたれしまきのとにやすらふほどのなぐさみもなし　為故　羅九矢
たのみこしのりのみふねのつなでなはひくひともなきあとのかなしさ　為故　相之栄
くさもきもほとけになるといふなれどをみなへしこそうたがはれけれ　為故　女無

射矢白立作原生日精潔会君事船生之畑月柱丸初建乙酉酉金羅九矢丸日精潔相無生去宮擦尾掟止克男立顚好山為民女無路母明募聲大好聲聞相之栄畝籠代高羽目露総根尊生言米栗喪矢馬初国作原日精潔

なお、『住吉物語』（九〇〇年代後半に成立）（野坂家蔵　広本系）には一八一首の歌（短歌一八〇首、長歌一首）があるが、源順の名前を挿入するものはない（前掲『落窪物語　住吉物語』三五一頁～三九三頁）。同『堤中納言物語』（一一〇〇年代末に成立）（前掲）。

四～五世紀に亘って延々と続けられたこの営為を見るとき、イタリアのミラノでドウモを見学しながら、このキリスト教会が四〇〇年、五〇〇年かけてその町の人々によって創られたという、圧倒的な事実を知らされたときの感動が蘇る。我々のこの恵は　正に神　日精潔である。

歌合・私家集

忘れてはならないのは、我々は多数の歌合歌・私家集を持ち、また漢詩集も持つ。

九〇〇年代の歌合歌・私家集の総数（異同本との重複を無視しているので実数を超える。以下同じ）と源順の八文字を含む歌の数をみる。古今集の時代である。

宇多院歌合（二四首中〇）、左兵衛佐定文朝臣歌合（三八首中一首[1075]）、素性集（六五首中四首[1076]）、友則集（七二首中一首[1077]）、新撰万葉集巻下（五五四首中二首[1078]）、延喜十三年三月十三日亭子院歌合（七〇首中二首[1079]）、醍醐御時菊合（二五首中〇）、亭子院殿上人歌合（二六首中〇）、延喜二十一年五月

1075 〇〇〇三一
1076 〇〇〇三三、〇〇〇七三、〇〇〇七八、〇〇〇九九
1077 〇〇〇六九
1078 〇〇四五八、〇〇五四二
1079 〇〇〇五八、〇〇〇六二

京極御息所褒子歌合（六五首中〇）、論春秋歌合（三〇首中〇）、東院前栽合（二二首中一首[1080]）、近江御息所歌合（二〇首中一首[1081]）、三条右大臣集　藤原定方（三五首中二首[1082]）、兼輔集（一九八首中九首[1083]）、伊勢集（一二五七首中二二首[1084]）、宗于集（四七首中〇）、敦忠集（一七六首中四首[1085]）、陽成院親王二人歌合（七八首中〇）、和歌体十種（五〇首中〇）、貫之集（一六七五首中一四首[1086]）、公忠集（七八首中〇）、陽成院親王姫君達歌合（五〇首中一首[1087]）、内裏歌合（四首中〇）、麗景殿女御歌合（二六首中〇）、宣耀殿御息所歌合（六首中〇）、坊城右大臣殿歌合（二一首中〇）、蔵人所歌合（八首中〇）、

1080　〇〇〇〇二

1081　〇〇〇一七

1082　〇〇〇〇一、〇〇〇三〇

1083　〇〇〇二一、〇〇〇二六、〇〇〇三一、〇〇〇四六、〇〇〇五六、〇〇〇八〇、〇〇〇八八、〇〇一〇四、〇〇一一五

1084　〇〇〇〇二、〇〇〇二八、〇〇〇四七、〇〇一二四、〇〇一二六、〇〇一三四、〇〇一八三、〇〇一九八、〇〇二〇九、〇〇二七九、〇〇三四六、〇〇四〇九、〇〇四四九、〇〇四五〇、〇〇四七七、〇〇四八〇、異本独自本　〇〇四八八、〇〇四九〇、伊勢集　巻上　〇〇四二九、〇〇一六九、〇〇一七八、伊勢集　巻下　〇〇二四四、〇〇三一二、〇〇四一六

1085　〇〇〇五六、異同歌　〇〇〇三六、〇〇〇六七、〇〇一四二

1086　〇〇二五九、〇〇二七六、〇〇四一七、〇〇四三五、〇〇四四九、〇〇五五九、〇〇五八四、〇〇五八七、〇〇五九五、〇〇六〇二、〇〇六三九、〇〇六五八、〇〇六八五、〇〇八五七

1087　〇〇〇一八

清正集（一〇八首中一首[1088]）、頼基集（三五首中一首[1089]）、天徳四年三月三十日内裏歌合（五四首中一首[1090]）、内裏歌合（二二首中一首[1091]）、河原院歌合（一〇首中〇）、宰相中将君達春秋歌合（一〇三首中一首[1092]）、忠岑集（一四〇首中四首[1093]）、朝忠集（一一五首中四首）、内裏前栽合（三六首中〇）、信明集（一八六首中六首[1094]）、天禄三年八月二十八日規子内親王前栽歌合（女四宮歌合）（三六首中一首[1095]）、円融院扇合（二〇首中〇）、堀河中納言家歌合（二〇首中〇）、一条大納言歌合（一二首中〇）、貞元二年八月十六日三条左大臣頼忠殿前栽歌合（一〇二首中一首[1096]）、小野宮右衛門督君達歌合（一八首中〇）、光昭少将家歌合（六首中〇）、斎宮女御集（三九四首中三首[1097]）、内裏歌合（一二首中〇）、内裏歌合（四〇首中〇）、玄々集（一六八首中四首[1098]）、寛和二年七月七日皇太后詮子瞿麦合（一二首中〇）、蔵人頭家歌合

1088 異同歌　〇〇〇七〇
1089 〇〇〇一〇
1090 〇〇〇三八
1091 〇〇〇〇六
1092 〇〇〇八六
1093 〇〇〇四二、〇〇〇八二、〇〇一〇五、〇〇一四一
1094 〇〇〇一四、〇〇〇三四、〇〇〇四三、〇〇〇五六、〇〇〇六五、〇〇〇九六
1095 〇〇〇二〇
1096 〇〇〇七六
1097 〇〇〇〇一、〇〇〇七〇、〇〇一〇七
1098 〇〇〇一九、〇〇〇六三、〇〇〇九一、〇〇一三七

（一〇首中〇）、兼盛集（二六五首中一首[1099]）、元輔集（三五九首中六首[1100]）、花山院歌合（一九首中〇）、能宣集（円融院献上本）（八一首中一首[1101]）、能宣集（花山院献上本）（四八五首中八首）、仲文集（一二八首中二首[1102]）、恵慶法師集（三二九首中四首[1103]）、帯刀陣歌合（一二首中〇）、実方集（一三三首中九首[1104]）、好忠集（五八七首中二首）。以上八八九七首中一二四首　一・四〇%。

◇伊勢集

◎**なみだ**さへ**し**ぐれにそへ（ひ）て**ふ**るさ**と**は**も**みぢのいろも**こ**さぞまされる[1105]他の資料はひが多い。
○まつむ**しもな**きや**み**ぬなるあきののに**た**れよ**ぶと**てかはなみにも**こ**む[1106]
◎わ**た**つう**み**のそ**こ**に**ふ**かくはいれず**ともし**ぐれにだにもぬらさざら**な**む[1107]

1099 〇〇一七九
1100 〇〇〇〇六、〇〇一一〇、〇〇一一三、〇〇一二四、〇〇一五九、〇〇二三三
1101 〇〇二七四
1102 〇〇〇五七、異同歌　〇〇〇四七
1103 〇〇〇〇七、〇〇〇二七、〇〇〇五二、〇〇一二四
1104 〇〇〇〇四、〇〇〇〇七、〇〇〇六四、〇〇一〇七、〇〇一一二、〇〇一六八、異同歌　〇〇一一七、〇〇一八五、〇〇一九五
1105 〇〇〇〇二　涙さへ時雨にそへてふるさとはもみぢの色も濃さぞまされる（『和歌文学大系一八　小町集・遍昭集・業平集・素性集・伊勢集・猿丸集』一九九八年一〇月一〇日　明治書院発行　八二頁）。歌意からひが自然。
1106 〇〇〇二八　松虫も鳴きやみぬなる秋の野に誰呼ぶとてか花見にも来む（同九二頁）
1107 〇〇〇四七　わたつうみのそこに深くはいれずとも時雨にだにも濡らさざらなむ（同九六頁）

◎**なつむし**のしるしるま**どふ**お**も**ひをば**こ**りぬあはれと**た**れか**み**ざらん 1108
◎わびはつる**と**きさへ**もの**のくる**し**きはいづ**こ**をしの**ぶなみだ**なるらん 1109
◎**な**に**たち**て**ふしみ**のさ**と**といふ**こ**とは**も**みぢをとこにしけばなりけり 1110
○**み**のうかむ（**ぶ**）**こともし**られではか**な**きにをり**た**ちぬべきここちこそすれ 1111
○**た**まかづらわがくる**こと**をき**みし**みはつら**な**がらに**も**たえじとぞおも**ふ** 1112
○いかでかく**こ**ころひ**と**つを**ふたし**へにうく**も**つらくも**な**して**み**すらん 1113
○ひ**とこふ**る**なみだ**ははるぞぬるみけるたえぬお**も**ひのわかすなるべ**し** 1114
○を**みな**へ**し**をりけむえ**だ**の**ふ**し**ごと**にすぎにしきみをお**も**ひいでやせし 1115
◎お**となし**のやまのし**た**ゆくささらな**み**あなかまわれ**も**おも**ふこ**ころあり 1116
○**ことだ**に**も**かよ**ふみな**らばなきひとのなみだのほどもきこえきなま**し** 1117

1108 ○○一二四 夏虫の知るしるまどふ思ひをば懲りぬあはれと誰か見ざらん（同一〇九頁）
1109 ○○一二六 わびはつる時さへもののくるしきはいづこをしのぶ涙なるらん（同一〇九頁）
1110 ○○一三四 名に立ちて伏見の里といふことは紅葉を床に敷けばなりけり（同一一一頁）
1111 ○○一八三 身のうかむ（ぶ）ことも知られではかなきにをりたちぬべき心ちこそすれ（同一二〇頁）
1112 ○○一九八 たまかづらわがくることを君し見はつらながらにも絶えじとぞ思ふ（同一二二頁）
1113 ○○二〇九 いかでかく心ひとつをふたしへに憂くもつらくもなして見すらん（同一二四頁）
1114 ○○二七九 人恋ふる涙は春ぞぬるみける絶えぬ思ひのわかすなるべし（同一三七頁）
1115 ○○三四六 女郎花折けむ枝のふしごとに過ぎにし君を思ひ出やせし（同一四九頁）
1116 ○○四〇九 音無の山の下ゆくささら波あなかま我も思ふ心あり（同一五九頁）
1117 ○○四四九 ことだにも通ふ身ならばなき人の涙のほども聞こえきなまし（同一六六頁）

◎ゆきかよ**ふみ**ちは**なくともし**でのやま**こ**とのはを**だ**にふきもこさなむ 1118
○あけぬ**ともた**た**じ**とぞおも**ふ**からにしきき**み**が**こ**ころしかた**な**ならずは 1119
◎き**しもなく**しほも**み**ちなばまつやまをし**た**にてなみは**こ**さむ**と**ぞおも**ふ** 1120
○わ**た**つうみの**ふ**かき**こ**ころのかはらすは**な**にかはひ**と**をうらみ**しも**せむ 1121
○**もし**もや**と**あひ**み**む**こ**とを**た**のますはかく**ふ**るほとにまつそけ**な**まし 1122
○**な**にはが**たみじ**かきあしの**ふ**しのま**も**あはで**こ**のよをすぐしてよ**と**や 1123
○わ**たるとて**（い**ふ**）かげをだに**みじ**た**な**ばたはひとのぬるまをまち**もこ**そすれ 1124
○あ**ふこと**のか**たみ**のこゑ**し**たかからばわが**な**くねと**も**ひとはききなむ 1125
◎**し**をる**ともなみだ**ならねば**ふ**らしけむはるさめ**こ**そはあはれともみめ 1126

1118 〇〇四五〇　ゆき通ふ道はなくとも死出の山言の葉をだに吹きも越さなむ（同一六六頁）
1119 〇〇四七七　あけぬともたたじとぞ思ふ唐錦君が心し刀ならずは（同一七二頁）
1120 〇〇四八〇　岸もなく潮も満ちなばまつやまを下にて波は越さむとぞ思ふ（同一七三頁）
1121 異本独自本　〇〇四八八　『新編国歌大観』に該当するものはない。〇〇四二九まで同じ。
1122 〇〇四九〇
1123 伊勢集　巻上　〇〇四二九　難波潟短き蘆のふしの間も逢はでこの世を過ぐしてよとや（小倉百人一首一九番）
1124 〇〇一六九　わたるとて（いふ）影をだにみじたなばたは人のぬるまをまちもこそすれ（前掲『新編国歌大観』第三巻　私家集編Ⅰ　歌集　四八頁）
1125 〇〇一七八　あふことのかたみのこゑしたかからばわがなくねともひとはききなむ（同四八頁）
1126 伊勢集　巻下　〇〇二四四　しをるともなみだならねばふらしけむはるさめこそはあはれともみめ（同五〇頁）

○ひとわたすことだになきをなにしかもながらのはしとみはふりにけむ 1127

◎は次の通り解ける。

▼為故

なみださへしぐれにそへ(ひ)てふるさとはもみぢのいろもこさぞまされる　為故　九矢丸(日)精潔

わたつうみのそこにふかくはいれずともしぐれにだにもぬらさざらなむ　為故　立柞原

なつむしのしるしるまどふおもひをばこりぬあはれとたれかみざらむ　為故　柞原生

わびはつるときさへもののくるしきはいづこをしのぶなみだなるらん　為故　女無

なにたちてふしみのさとといふことはもみぢをとこにしけばなりけり　為故　酉酉

おとなしのやまのしたゆくささらなみあなかまわれもおもふこころあり　為故　精潔相無生

ゆきかよふみちはなくともしでのやまことのはをだにふきもこさなむ　為故　好山

きしもなくしほもみちなばまつやまをしたにてなみはこさむとぞおもふ　為故　君事船生

しをるともなみだならねばふらしけむはるさめこそはあはれともみめ　為故　米栗喪

射矢白立柞原生日精潔会君事船生之畑月柱丸初建乙酉酉金羅九矢丸(日)精潔相無生去宮擦尾掟止克男

立顛好山為民女無路母明募聲大好聲聞相之栄畝籠代高羽日露総根尊生言米栗喪矢馬初国柞原日精潔

◇朝忠集

◎あふことのたえてしなくはなかなかにひとをもみをもうらみざらまし 1128

1127　○○三一二　人わたすことだになきをなにしかもながらのはしとみはふりにけむ(同五一頁)

1128　○○○○六　逢ふことの絶えてしなくはなかなかに人をも身をも恨みざらまし(百人一首四四番)(『和歌文学大系五二　三十六歌仙集二』二〇一二年三月一〇日　明治書院発行　四頁)

○ぬれわたるみづのなか（した）にもいかなればこひて（とい）ふいをのたえせざるらむ[1129]
○よどがはのみぎはにおふるわかくさのねをしたづねばそこもしらなん[1130]
○いはでのみおもふこころをしるひとはありやなしやとたれにとはまし[1131]
　◎は次の通り解ける。
あふことのたえてしなくはなかなかにひとをもみをもうらみざらまし
大好の日精潔　為故　米栗で喪伏しまし

◘実方集　既出　三四頁。
　九九八年成立。
◎むかしみしこころばかりをしるべにておもひぞおくるいきのまつばら（一）[1132]
◎かつらがはかざしのはなのかげみえしきのふのふちぞけふはこひしき（二）[1133]
◎いにしへのたねとしみればいはのうへのねのひのまつもおいにけるかな（三）[1134]

1129　○○○二一　濡れわたる水の中（下）にもいかなればこひて（とい）ふいをのたえせざるらむ（同六頁）
1130　○○○四八　淀河の水際に生ふる若草の根をし尋ねばそこもしらなん（同一一頁）
1131　○○○五五　言はでのみ思ふ心を知る人はありやなしやと誰に問はまし（同一二頁）
1132　むかしみし心ばかりをしるべにておもひぞおくるいきの松ばら（一）（前掲『新編国歌大観』第三巻　私家集編
Ⅰ　歌集　二一九頁）
1133　かつらがはかざしのはなのかげみえしきのふのふちぞけふはこひしき（二）（同二一九頁）
1134　いにしへのたねとしみればいはのうへの子日のまつもおいにけるかな（三）（同二一九頁）

1135 ◎みやこびとまつほどしるくほととぎすつきのこなたにけふはなかなむ（四）

1136 ◎けふよりはつゆのいのちもをしからずはちすにうかぶたまとちぎれば（五）

1137 ◎はをしげみみやまのかげやまがふらむあくるもしらぬひぐらしのこゑ（六）

1138 ◎ふねながらこよひばかりはたびねせむしきつのなみにゆめはさむとも（七）

1139 ◎やどのうへにやまほととぎすきなくなりけふはあやめのねのみとおもふに（八）

1140 ◎しらかはにさそふみづだになかりせばこころもゆかずおもはましやは（九）

1141 ◎やへながらいろもかはらぬやまぶきのここのへになどさかずなりにし（一〇）

1142 ◎ここのへにあらでやへさくやまぶきのいはぬいろをばしるひともなし（一一）

1143 ◎ゐじかゐしひたきにみゆるはななればこころのうちにいはでおもふかも（一二）

1144 ◎みかきよりほかのひたきのはななればこころとどめてをるひともなし（一三）

1135 みやこ人まつほどしるくほととぎすつきのこなたにけふはなかなむ（四）（同二一九頁）

1136 けふよりはつゆのいのちもをしからずはちすにうかぶ玉とちぎれば（五）（同二一九頁）

1137 はをしげみみやまのかげやまがふらむあくるもしらぬひぐらしのこゑ（六）（同二一九頁）

1138 ふねながらこよひばかりはたびねせむしきつのなみにゆめはさむとも（七）（同二一九頁）

1139 やどのうへに山ほととぎすきなくなりけふはあやめのねのみとおもふに（八）（同二一九頁）

1140 しらかはにさそふ水だになかりせば心もゆかずおもはましやは（九）（同二一九頁）

1141 やへながらいろもかはらぬやまぶきのここのへになどさかずなりにし（一〇）（同二一九頁）

1142 ここのへにあらでやへさくやまぶきのいはぬいろをばしる人もなし（一一）（同二一九頁）

1143 ゐじかゐしひたきに見ゆるはななればこころのうちにいはでおもふかも（一二）（同二一九頁）

1144 みかきよりほかのひたきのはななればこころとどめてをる人もなし（一三）（同二二〇頁）

1145 ◎うゑてみるひとのこころにくらぶればおそくうつろふはなのいろかな（一四）
1146 ◎かげにだにたちよりがたきはなのいろをならしがほにもくらべけるかな（一五）
1147 ◎たちよらむことやはかたきはるがすみならしのをかのはなならずとも（一六）
1148 ◎ふくかぜのこころもしらではなすすきそらにむすべるひとやたれぞも（一七）
1149 ◎かぜのまにたれむすびけむはなすすきうはばのつゆもこころおくらし（一八）
1150 ◎あさひやまふもとをかけてゆふだすきあけくれかみをいのるべきかな（一九）
1151 ◎あきかぜのふくにちりかふもみぢばをはなとやおもふさくらゐのさと（二〇）
1152 ◎あまのがはかよふうききにこととはむもみぢのはしはちるやちらずや（二一）
1153 ◎はしひめによはのさむさもとふべきにさそはですぐるかりひとやたれ（二二）

1145 うゑてみる人のこころにくらぶればおそくうつろふはなのいろかな（一四）（同二二〇頁）
1146 かげにだにたちよりがたき花の色をならしがほにもくらべけるかな（一五）（同二二〇頁）
1147 たちよらむ事やはかたきはるがすみならしのをかのはなならずとも（一六）（同二二〇頁）
1148 ふくかぜのこころもしらではなすすきそらにむすべる人やたれぞも（一七）（同二二〇頁）
1149 風のまにたれむすびけむはなすすきうはばのつゆもこころおくらし（一八）（同二二〇頁）
1150 あさひやまふもとをかけてゆふだすきあけくれかみをいのるべきかな（一九）（同二二〇頁）
1151 秋風のふくにちりかふもみぢばをはなとやおもふさくらゐのさと（二〇）（同二二〇頁）
1152 あまのがはかよふうききにこととはむもみぢのはしはちるやちらずや（二一）（同二二〇頁）
安麻の浮木＝安麻の手引　『卑弥呼の一生』　六二頁　「安麻の浮木も日精潔の言祇告げ留めるぞ」
1153 はしひめによはのさむさもとふべきにさそはですぐるかり人やたれ（二二）（同二二〇頁）

◎はしひめにそでかたしかむほどもなしかりにとまらむひとにたぐひて（二一三） 1154
◎いひてなぞかひあるべくもあらなくにつねなきよをもつねになげかじ（二一四） 1155
◎むらさきのくものかけてもおもひきやはるのかすみにならむものとは（二一五） 1156
◎すみぞめのころもうきよのはなざかりをりわすれてもをりてけるかな（二一六） 1157
◎あかざりしはなをやはるのこひつらむありしむかしをおもひいでつつ（二一七） 1158
◎このはるはいざやまざとにすぐしてむはなのみやこはをるにつゆけし（二一八） 1159
◎はなのかにそでをつゆけみをのやまのやまのうへこそおもひやらるれ（二一九） 1160
◎あくまでもみるべきものをたまくしげうらしまのこやいかがおもはむ（二二〇） 1161
◎たまくしげなにいにしへのうらしまにわれならひつつおそくあけけん（二二一） 1162
◎おそくてもあくこそうけれたまくしげあなうらめしのうらしまのこや（二二二） 1163

1154 はしひめに袖かたしかむほどもなしかりにとまらむ人にたぐひて（二一三）（同二二〇頁）
1155 いひてなぞかひあるべくもあらなくにつねなきよをもつねになげかじ（二一四）（同二二〇頁）
1156 むらさきのくものかけてもおもひきや春のかすみにならむものとは（二一五）（同二二〇頁）
1157 すみぞめのころもうきよのはなざかりをりわすれてもをりてけるかな（二一六）（同二二〇頁）
1158 あかざりしはなをやはるのこひつらむありしむかしをおもひいでつつ（二一七）（同二二〇頁）
1159 このはるはいざ山ざとにすぐしてむはなのみやこはをるにつゆけし（二一八）（同二二〇頁）
1160 はなのかにそでをつゆけみをのやまのやまのうへこそおもひやらるれ（二一九）（同二二〇頁）
1161 あくまでもみるべきものをたまくしげうらしまのこやいかがおもはむ（二二〇）（同二二〇頁）
1162 たまくしげなにいにしへのうらしまにわれならひつつおそくあけけん（二二一）（同二二〇頁）
1163 おそくてもあくこそうけれたまくしげあなうらめしのうらしまのこや（二二二）（同二二〇頁）

1164 ◎かへさむとおもひもかけじからころもわれだにこふるをりしなければ（三三）
1165 ◎うぢがはのあじろのひをもこのあきはあみだぼとけによるとこそきけ（三四）
1166 ◎なみのよるうぢならずともにしかはのあみだにあらばいをもすくはん（三五）
1167 ◎おもふことなりもやするとうちむきてそなたざまにぞらいしたてまつる（三六）
1168 ◎わがためにむらいしたまふことなくはおもふこころもならざらめやは（三七）
1169 ◎えだかはすかすがののべのひめこまついのるこころはかみぞしるらむ（三八）
1170 ◎ときははるはなはさつきのはながかをとりのこゑにやけさはわくらむ（三九）
1171 ◎ほととぎすなくべきえだとみゆれどもまたるるものはうぐひすのこゑ（四〇）
1172 ◎もみぢばのいろどるつゆはここのへにうつるつきひやちかくなるらむ（四一）
1173 ◎あきののにしめゆふはぎのつゆしげきたづねぞいづるさをしかのあと（四二）

1164 かへさむとおもひもかけじからころもわれだにこふるをりしなければ（三三）（同二二〇頁）
1165 うぢがはのあじろのひをもこの秋はあみだぼとけによるとこそきけ（三四）（同二二〇頁）
1166 なみのよるうぢならずともにしかはのあみだにあらばいをもすくはん（三五）（同二二〇頁）
1167 おもふことなりもやするとうちむきてそなたざまにぞらいしたてまつる（三六）（同二二〇頁）
1168 我がためにむらいしたまふことなくはおもふこころもならざらめやは（三七）（同二二〇頁）
1169 枝かはすかすがののべのひめこまついのるこころはかみぞしるらむ（三八）（同二二〇頁）
1170 ときははるはなはさつきの花がかをとりのこゑにやけさはわくらむ（三九）（同二二〇頁）
1171 ほととぎすなくべきえだとみゆれどもまたるるものはうぐひすのこゑ（四〇）（同二二〇頁）
1172 もみぢばのいろどるつゆはここのへにうつる月日やちかくなるらむ（四一）（同二二〇頁）
1173 あきののにしめゆふはぎのつゆしげきたづねぞいづるさをしかのあと（四二）（同二二〇頁）

1174 ◎つねならぬよをみるだにもかなしきにゆめさめてのちおもひやるかな（四三）
1175 ◎たなばたのけさのわかれにくらぶればこはなほまさるここちこそすれ（四四）
1176 ◎うたたねのこのよのゆめのはかなきにさめぬやがてのうつつともがな（四五）
1177 ◎おやもこもつねのわかれのかなしきはながらへゆけどわすれやはする（四六）
1178 ◎はるくりのしばつみぐるまうしよわみたがふるさとのかきねしめしぞ（四七）
1179 ◎いつとなくしぐれふりぬるたもとにはめづらしげなきかみなつきかな（四八）
1180 ◎おほぞらのしぐるるだにもかなしきにいかにながめてふるたもとぞは（四九）
1181 ◎いでたちてともまつほどのひさしきはまさきのかづらちりやしぬらむ（五〇）
1182 ◎いそがずはちりもこそすれもみぢするまさきのかづらおそくくるとて（五一）
1183 ◎いにしへのやまゐのみづにかげみえてなほそのかみのたもとこひしも（五二）

1174 つねならぬよをみるだにもかなしきにゆめさめてのちおもひやるかな（四三）（同二二〇頁）
1175 たなばたのけさのわかれにくらぶればこはなほまさる心ちこそすれ（四四）（同二二〇頁）
1176 うたたねのこのよのゆめのはかなきにさめぬやがてのうつつともがな（四五）（同二二〇頁）
1177 おやもこもつねのわかれのかなしきはながらへゆけどわすれやはする（四六）（同二二〇頁）
1178 はるくりのしばつみぐるまうしよわみたがふるさとのかきねしめしぞ（四七）（同二二〇頁）
1179 いつとなくしぐれふりぬるたもとにはめづらしげなき神無月かな（四八）（同二二〇頁）
1180 おほぞらのしぐるるだにもかなしきにいかにながめてふるたもとぞは（四九）（同二二〇頁）
1181 いでたちてともまつほどのひさしきはまさきのかづらちりやしぬらむ（五〇）（同二二〇頁）
1182 いそがずはちりもこそすれもみぢするまさきのかづらおそくくるとて（五一）（同二二〇頁）
1183 いにしへのやまゐのみづにかげみえてなほそのかみのたもとこひしも（五二）（同二二〇頁）

1184 ◎いにしへのころものいろのなかりせばわすらるるみとなりやしなまし（五三）

1185 ◎あめにますかさまのかみのなかりせばふりにしなかをなにたのままし（五四）

1186 ◎いさやまだちぢのやしろもしらねどもこやそなるらんすくなみのかみ（五五）

1187 ◎ひろまへにまさぬこころのほどよりはおほなほみなるかみとこそみれ（五六）

1188 ◎うぢがはのなみのまくらのゆめさめてよるははしひめやいもねざるらむ（五七）

1189 ◎いかなるひものよはにとくらむあしひきのやまゐのみづはさえながら（五八）

1190 ◎あしのかみひざよりしものさゆるかなこしのわたりにゆきやふるらむ（五九）

1191 ◎まへかたのまだらまくなるゆきみればしりへのやまぞおもひやらるる（六〇）

1192 ◎かきくもりなどかおとせぬほととぎすかまくらやまにみちやまどへる（六一）

1193 ◎かぞふればいまいつつきになりにけりむつきにならばとふひともあらじ（六二）

1184 いにしへのころものいろのなかりせばわすらるるみとなりやしなまし（五三）（同二二〇頁）

1185 あめにますかさまのかみのなかりせばふりにしなかをなにたのままし（五四）（同二二〇頁）

1186 いさやまだちぢのやしろもしらねどもこやそなるらんすくなみのかみ（五五）（同二二〇頁）

1187 ひろまへにまさぬ心のほどよりはおほなほみなるかみとこそみれ（五六）（同二二〇頁）

1188 うぢがはのなみのまくらのゆめさめてよるははしひめやいもねざるらむ（五七）（同二二〇頁）

1189 いかなるひものよはにとくらむあしひきのやまゐの水はさえながら（五八）（同二二〇頁）

1190 あしのかみひざよりしものさゆるかなこしのわたりにゆきやふるらむ（五九）（二二一頁）

1191 まへかたのまだらまくなるゆきみればしりへのやまぞおもひやらるる（六〇）（二二一頁）

1192 かきくもりなどかおとせぬほととぎすかまくらやまにみちやまどへる（六一）（同二二一頁）

1193 かぞふればいまいつつきになりにけりむつきにならばとふ人もあらじ（六二）（同二二一頁）

◎こひとさほしきかげやみゆらむやつはしにあらぬみかはのをちにゐて（六三） 1194
◎さをしかのみみふりたててかみもきけおもとをかせるつみはあらじな（六四） 1195
◎くものうへをつきよりさきにいでつるはふしみのさとにひとやまつとて（六五） 1196
◎かたずまけずのはなのうへのつゆすまひぐさあはするひとのなければや（六六） 1197
◎たがためにをしきあふぎのつまならんとれかしとらのふせるのべかは（六七） 1198
◎あきのよにやまほととぎすなかませばかきねのつきやはなとみえまし（六八） 1199
◎かのひつはなにぞのひつぞおぼつかなかたゐのまへのほかゐなりけり（六九） 1200
◎たがさとにいかにしのぶぞほととぎすおのがかきねははなやちりにし（七〇） 1201
◎たつきじのうはのそらなるここちにものがれがたきはよにこそありけれ（七一） 1202
◎むらさきのくものたなびくまつなればみどりのいろもことにみえけり（七二） 1203

1194 こひとさほしきかけや見ゆらむやつはしにあらぬみかはのをちにゐて（六三）（同二二一頁）
1195 さをしかのみみふりたてて神もきけおもとをかせるつみはあらじな（六四）（同二二一頁）
1196 くものうへを月よりさきにいでつるはふしみのさとに人やまつとて（六五）（同二二一頁）
1197 かたずまけずのはなのうへのつゆすまひぐさあはするひとのなければや（六六）（同二二一頁）
1198 たがためにをしきあふぎのつまならんとれかしとらのふせるのべかは（六七）（同二二一頁）
1199 秋のよにやまほととぎすなかませばかきねの月やはなと見えまし（六八）（同二二一頁）
1200 かのひつはなにぞのひつぞおぼつかなかたゐのまへのほかゐなりけり（六九）（同二二一頁）
1201 たがさとにいかにしのぶぞほととぎすおのがかきねははなやちりにし（七〇）（同二二一頁）
1202 たつきじのうはのそらなるここちにものがれがたきはよにこそありけれ（七一）（同二二一頁）
1203 むらさきのくものたなびくまつなればみどりのいろもことにみえけり（七二）（同二二一頁）

◎きぎすすむをしほのはらのこまつばらとりはじめたるちよのかずかも（七三） 1204
◎をしほやましらざりつるをすむとりのとふにつけてもおどろかれぬる（七四） 1205
◎のどかにもたのまるるかなちりたたぬはなのみやこのさくらとおもへば（七五） 1206
◎つきかげをやどにしとむるものならばおもはぬやまはおもはざらまし（七六） 1207
◎みむといひしひとははかなくきえにしをひとりつゆけきあきのはなかな（七七） 1208
◎うきよにもやまのあなたのゆかしきにしかのねながらいやはねらるる（七八） 1209
◎たれならむいかでのもりにこととはむしめのほかにてわがなかりけむ（七九） 1210
◎あきはててかみのしぐれはふりぬらむわがかたをかももみぢしにけり（八〇） 1211
◎あだなみのたつやおそきとさわぐなりみしまのかみはいかがこたへむ（八一） 1212
◎こまにやはまづしらすべきまこもぐさまことおもふひともこそあれ（八二） 1213

1204 きぎすすむをしほのはらのこまつばらとりはじめたるちよのかずかも（七三）（同二二一頁）
1205 をしほやましらざりつるをすむとりのとふにつけてもおどろかれぬる（七四）（同二二一頁）
1206 のどかにもたのまるるかなちりたたぬはなのみやこのさくらとおもへば（七五）（同二二一頁）
1207 月かげをやどにしとむるものならばおもはぬやまはおもはざらまし（七六）（同二二一頁）
1208 見むといひし人ははかなくきえにしをひとりつゆけき秋のはなかな（七七）（同二二一頁）
1209 うきよにも山のあなたのゆかしきにしかのねながらいやはねらるる（七八）（同二二一頁）
1210 たれならむいかでのもりにこととはむしめのほかにてわがなかりけむ（七九）（同二二一頁）
1211 秋はててかみのしぐれはふりぬらむわがかたをかももみぢしにけり（八〇）（同二二一頁）
1212 あだなみのたつやおそきとさわぐなりみしまのかみはいかがこたへむ（八一）（同二二一頁）
1213 こまにやはまづしらすべきまこもぐさまことおもふ人もこそあれ（八二）（同二二一頁）

1214 ◎みかのよのもちひはくはじわづらはしきけばよどのにははこつむなり（八三）
1215 ◎かみまひしをとめにいかでさかきばのかはらぬいろをしらせてしかな（八四）
1216 ◎あまのとをわがためにとはささねどもあやしくあかぬここちのみして（八五）
1217 ◎あまのとをさしてここにとおもひせばあくるもまたずかへらましやは（八六）
1218 ◎あまのとをあくといふことをいみしまにとばかりまたぬつみはつみかは（八七）
1219 ◎いかなればわがしめしのとおもへどもはるのはらをばひとのやくらむ（八八）
1220 ◎なにせむにいのちをかけてちかひけむいかばやとおもふをりもありけり（八九）
1221 ◎いかでかはおもひありとはしらすべきむろのやしまのけぶりならぞは（九〇）
1222 ◎このごろはむろのやしまもぬすまれておもひありともえこそしらせね（九一）
1223 ◎たなばたにちぎるそのよはとほくともふみみきといへかささぎのはし（九二）

1214 みかのよのもちひはくはじわづらはしきけばよどのにははこつむなり（八三）（同二二一頁）
1215 かみまひしをとめにいかでさかきばのかはらぬいろをしらせてしかな（八四）（同二二一頁）
1216 あまのとをわがためにとはささねどもあやしくあかぬここちのみして（八五）（同二二一頁）
1217 あまのとをさしてここにとおもひせばあくるもまたずかへらましやは（八六）（同二二一頁）
1218 あまのとをあくといふことをいみしまにとばかりまたぬつみはつみかは（八七）（同二二一頁）
1219 いかなれば我がしめし野とおもへどもはるのはらをば人のやくらむ（八八）（同二二一頁）
1220 なにせむにいのちをかけてちかひけむいかばやとおもふをりもありけり（八九）（同二二一頁）
1221 いかでかはおもひありとはしらすべきむろのやしまのけぶりならぞは（九〇）（同二二一頁）
1222 このごろはむろのやしまもぬすまれておもひありともえこそしらせね（九一）（同二二一頁）
1223 たなばたにちぎるそのよはとほくともふみみきといへかささぎのはし（九二）（同二二一頁）

◎ただちにはたれかふみみむあまのがはうききにのれるよはかはるとも（九三） 1224
◎むすぶてふやまゐのみづもあるものをなににいなばのみねをかくらむ（九四） 1225
◎よそにかくきえみきえずみあはゆきのふるのやしろのかみをこそおもふ（九五） 1226
◎わりなしやみはここのへにありながらとへとはひとのうらむへしやは（九六） 1227
◎われながらわれならずこそいひなさめひとにもあらぬひとにとはれば（九七） 1228
◎きぎすなくおほはらやまのさくらばなかりにはあらでしばしみしかな（九八） 1229
◎かりならでわれやゆかましおほはらのやまのさくらにとりもこそたて（九九） 1230
◎ものをだにいはまのみづのつぶつぶといはばやゆかむおもふこころの（一〇〇） 1231
◎おぼつかなわがことづけしほととぎすはやみのさとをいかでなくらむ（一〇一） 1232

1224 ただちにはたれかふみみむあまのがはうききにのれるよはかはるとも（九三）（同二二二頁）
1225 むすぶてふやまゐの水もあるものをなににいなばのみねをかくらむ（九四）（同二二二頁）
1226 よそにかくきえみきえずみあはゆきのふるのやしろの神をこそおもふ（九五）（同二二二頁）国際日本文化研究センターの和歌データーベースによりしぞはこそに直した。こそおもふのほうが多数で、しそおもふはこの一首。
1227 わりなしや身はここのへにありながらとへとは人のうらむへしやは（九六）（同二二二頁）
1228 われながらわれならずこそいひなさめ人にもあらぬひとにとはれば（九七）（同二二二頁）
1229 きぎすなくおほはらやまのさくら花かりにはあらでしばし見しかな（九八）（同二二二頁）
1230 かりならでわれやゆかましおほはらのやまのさくらにとりもこそたて（九九）（同二二二頁）
1231 ものをだにいはまの水のつぶつぶといはばやゆかむおもふこころの（一〇〇）（同二二二頁）
1232 おぼつかな我がことづけしほととぎすはやみのさとをいかでなくらむ（一〇一）（同二二二頁）

◎いにしふゆいとしもなににまたれけむはるくるものとおもはましかば（一〇二） 1233
◎たなばたのをにぬくたまもわがごとやよはにおきゐてころもかすらむ（一〇三） 1234
◎ゆきやらでひもくれぬべしふねのうちにかきはなれぬるひとをこふとて（一〇四） 1235
◎なにをしてとよをかひとのいのらましゆふしてかたきかみなつきかな（一〇五） 1236
◎ふたばよりみしまのまつをむすばむとなみうちいでてえこそいはれね（一〇六） 1237
◎わがごとやくめぢのはしもなかたえてわたしわぶらむかづらきのかみ（一〇七） 1238
◎いまはとてふるすをいづるうぐひすのあとみるからにねぞなかれける（一〇八） 1239
◎うぐひすのふるすをいはばかりがねのかへるつらさにやおもひなさまし（一〇九） 1240
◎おほかたはたがなかをしきそでしみてゆきもとけずとひとにかたらむ（一一〇） 1241
◎おぼつかなゆめぢのをのたよりにやなほざりなりしよひのいなづま（一一一） 1242

1233 いにしふゆいとしもなににまたれけむはるくるものとおもはましかば（一〇二）（同二三二頁）
1234 たなばたのをにぬくたまもわがごとやよはにおきゐてころもかすらむ（一〇三）（同二三二頁）
1235 ゆきやらでひもくれぬべしふねのうちにかきはなれぬる人をこふとて（一〇四）（同二三二頁）
1236 なにをしてとよをか人のいのらましゆふしでかたき神無月かな（一〇五）（同二三二頁）
1237 ふたばよりみしまのまつをむすばむとなみうちいでてえこそいはれね（一〇六）（同二三二頁）
1238 わがごとやくめぢのはしもなかたえてわたしわぶらむかづらきのかみ（一〇七）（同二三二頁）
1239 いまはとてふるすをいづるうぐひすのあとみるからにねぞなかれける（一〇八）（同二三二頁）
1240 うぐひすのふるすをいはばかりがねのかへるつらさにやおもひなさまし（一〇九）（同二三二頁）
1241 おほかたはたがなかをしきそでしみてゆきもとけずと人にかたらむ（一一〇）（同二三二頁）
1242 おぼつかなゆめぢのをのたよりにやなほざりなりしよひのいなづま（一一一）（同二三二頁）

◎やまざとのをののたよりとおもふともこりしもせじなみねのつまぎに（一一二）1243
◎これをみよちぎらぬのべのをばなだにことこそいはねなびくものかな（一一三）1244
◎をみごろもめづらしげなきはるさめにやまゐのみづもみぎはまさりて（一一四）1245
◎ささがにのくものいがきのたえしよりくべきよひともきみはしらじな（一一五）1246
◎たけのはにたまぬくつゆにあらねどもまだよをこめておきにけるかな（一一六）1247
◎みにちかきなをたのむともなつごろもきのふきかへてきたらましかば（一一七）1248
◎しまのこはこころゆるさぬあまのとはあくれどあけぬものにぞありける（一一八）1249

▼為故　一～一一八まで欠かすことなく解き続け、総て解くのが要諦。実方に寄添う源重之・その女（むすめ）。既出　三四頁。

ここのへにあらでやへさくやまぶきのいはぬいろをばしるひともなし（一二）**射矢**射矢（しゃならべぬ）
しらかはにさそふみづだになかりせばこころもゆかずおもはましやは（九）**白立柞原生**白立柞原生（もふすおこしははそかさはやせり）
うぢがはのあじろのひをもこのあきはあみだぼとけによるとこそきけ（三四）**日精潔**日精潔（にち・かもののけきよし）
いにしへのやまゐのみづにかげみえてなほそのかみのたもとこひしも（五二）**会君事**会君事（かひかみじ）

1243 やまざとのをののたよりとおもふともこりしもせじなみねのつまぎに（一一二）（同二二二頁）
1244 これをみよちぎらぬのべのをばなだにことこそいはねなびくものかな（一一三）（同二二二頁）
1245 をみごろもめづらしげなきはるさめにやまゐのみづもみぎはまさりて（一一四）（同二二二頁）
1246 ささがにのくものいがきのたえしよりくべきよひともきみはしらじな（一一五）（同二二二頁）
1247 たけのはにたまぬくつゆにあらねどもまだよをこめておきにけるかな（一一六）（同二二二頁）
1248 身にちかきなをたのむとも夏ごろもきのふきかへてきたらましかば（一一七）（同二二二頁）
1249 しまのこはこころゆるさぬあまのとはあくれどあけぬものにぞ有りける（一一八）（同二二二頁）

やどのうへにやまほととぎすきなくなりけふはあやめのねのみとおもふに（八）**船生之**船生之（ふねうめりと）

あくまでもみるべきものをたまくしげうらしまのこやいかがおもはむ（三〇）**畑**畑（ものをうむ・産む）

なにをしてとよをかひめをいのらましゆふしてかたきかみなつきかな（一〇五）**月**月（よのかがみ）

うゑてみるひとのこころにくらぶればおそくうつろふはなのいろかな（一四）**柱丸**柱丸（ふとひころ）

あきはててかみのしぐれはふりぬらむわがかたをかももみぢしにけり（八〇）**初建**初建（はじけむ）（欠のと）

たれならむいかでのもりにこととはむしめのほかにてわがなかりけむ（七九）**乙**乙（かはりごと）（補のと）

のどかにもたのまるるかなちりたたぬはなのみやこのさくらとおもへば（七五）**酉**酉（みのる）

あさひやまふもとをかけてゆふだすきあけくれかみをいのるべきかな（一九）**酉金**酉金（ゆふかな・あく）

むかしみしこころばかりをしるべにておもひぞおくるいきのまつばら（一）**羅九矢**羅九矢（そろひここのつし）

あまのとをさしてここにとおもひせばあくるもまたずかへらましやは（八六）**丸**丸（すべて）

わりなしやみはここのへにありながらとへとはひとのうらむへしやは（九六）**日精潔**日精潔（かととのへりあしなし）

かへさむとおもひもかけじからころもわれだにこふるをりしなければ（三三）**相無**相無（たがひにむ）

たなばたのをにぬくたまもわがごとやよはにおきゐてこころもかすらむ（一〇三）**生**生（き）

くものうへをつきよりさきにいでつるはふしみのさとにひとやまつとて（六五）**去**去（いきし）

かきくもりなどかおとせぬほととぎすかまくらやまにみちやまどへる（六一）**宮擦**宮擦（くする）

なにせむにいのちをかけてちかひけむいかばやとおもふをりもありけり（八九）**尾掟止**尾掟止（ふもとてひせむ）

きぎすすむをしほのはらのこまつばらとりはじめたるちよのかずかも（七三）**克男**克男（よしだむ）

さをしかのみみふりたててかみもきけおもとをかせるつみはあらじな（六四）**立顛**立顛（りふもと）

あだなみのたつやおそきとさわぐなりみしまのかみはいかがこたへむ（八一）**好山**好山（のぞみはか）

わがごとやくめぢのはしもなかたえてわたしわぶらむかづらきのかみ（一〇七）**為民**為民（つくじむ）

みにちかきなをたのむともなつごろもきのふきかへてきたらましかば（一一七）**女無路**女無路（つまむぢ）

はしひめによはのさむさもとふべきにさそはですぐるかりひとやたれ（二二二）**母明**母明（もめひ）

ときはなはさつきのはながかをとりのこゑにやけさはわくらむ（三九）**募聲大好**募聲大好（むなくはなはやり）

はをしげみみやまのかげやまがふらむあくるもしらぬひぐらしのこゑ（六）**聲**聲（しゃふ）

よそにかくきえみきえずみあはゆきのふるのやしろのかみをこぞおもふ（九五）**聞**聞（かぐ）

いかでかはおもひありとはしらすべきむろのやしまのけぶりならぞは（九〇）**相之**相之（しゃふし）

いまはとてふるすをいづるうぐひすのあとみるからにねぞなかれける（一〇八）**栄**栄（かかげられる）

いにしへのたねとしみればいはのうへのねのひのまつもおいにけるかな（三）**畝**畝（はたけ）

やへながらいろもかはらぬやまぶきのここのへになどさかずなりにし（一〇）**籠**籠（かご）

たつきじのうはのそらなるここちにものがれがたきはよにこそありけれ（七二）**代高羽**代高羽（つぎたかしは）

おほぞらのしぐるるだにもかなしきにいかにながめてふるたもとぞは（四九）**目**目（もく）

はなのかにそでをつゆけみをのやまのやまのうへこそおもひやらるれ（二九）**露**露（やや）

こまにやはまづしらすべきまこもぐさまこととおもふひともこそあれ（八二）**総**総（す）

いさやまだちぢのやしろもしらねどもこやそなるらんすくなみのかみ（五五）**根**根（もと）

ふくかぜのこころもしらではなすすきそらにむすべるひとやたれぞも（一七）**尊生**尊生（たかひくらし）

ふねながらこよひばかりはたびねせむしきつのなみにゆめはさむとも（七）**言米栗喪**言米栗喪（ゆふよねりつし）

このはるはいざやまざとにすぐしてむはなのみやこはをるにつゆけし（二八）**矢馬初国**矢馬初国（しばはつみやこ）

むらさきのくものかけてもおもひきやはるのかすみにならむものとは（二五）**柞原**柞原（さくもと）

あしのかみひざよりしものさゆるかなこしのわたりにゆきやふるらむ（五九）**日精潔**日精潔（かしゃふきよし）

▼譜　既出　四九頁。

みかのよのもちひはくはじわづらはしきけばよどのにははこつむなり（八三）**日精潔**日精（かくはしきよし）潔（けつ）

たなばたにちぎるそのよはとほくともふみみきといへかささぎのはし（九二）**初余定**初余定（はじのちさだ）

おぼつかなわがことづけしほととぎすはやみのさとをいかでなくらむ（一〇一）**里大好**里大好（さとおほしこのみ）

かりならでわれやゆかましおほはらのやまのさくらにとりもこそたて（九九）**揺**揺（てのしにやま）（手偏ノシ二山）

ゆきやらでひもくれぬべしふねのうちにかきはなれぬるひとをこふとて（一〇四）**言**言（ことば）

たなばたのけさのわかれにくらぶればこはなほまさるここちこそすれ（四四）**生波也**生波也（さふはのは）

つねならぬよをみるだにもかなしきにゆめさめてのちおもひやるかな（四三）**夢祇主**夢（さめるもの）祇主（かみおもに）

いひてなぞかひあるべくもあらなくにつねなきよをもつねになげかじ（二四）**無木**無木（なしもく）

あまのがはかよふうききにこととはむもみぢのはしはちるやちらずや（二二）**比**比（あはす）

つきかげをやどにしとむるものならばおもはぬやまはおもはざらまし（七六）**積**積（かけざむ）

かみまひしをとめにいかでさかきばのかはらぬいろをしらせてしかな（八四）**矢柞原**矢柞（いとめきにさ）（木に乍）（さ）原（の）

かぜのまにたれむすびけむはなすすきうはばのつゆもこころおくらし（一八）**覲然**覲（こむにしれ）（菫（こむ）に見（しれ））然（はひ）

はるくりのしばつみぐるまうしよわみたかぶるさとのかきねしめしぞ（四七）**離**離（り）

おやもこもつねのわかれのかなしきはながらへゆけどわすれやはする（四六）**柄也露**柄也（もとや）露（やねのなきば）

いそがずはちりもこそすれもみぢするまさきのかづらおそくくるとて（五一）**懲**懲（ももぐる）（ももぐるは広島方言）

いつとなくしぐれふりぬるたもとにはめづらしげなきかみなつきかな（四八）**絡**絡（つなぐ）

うぐひすのふるすをいはばかりがねのかへるつらさにやおもひなさまし（一〇九）**母加羅槌**母加羅槌（おやふへるうすものずい・ひ）

あきかぜのふくにちりかふもみぢばをはなとやおもふさくらゐのさと（二〇）**国**国（さと）

いにしふゆいとしもなにまたれけむはるくるものとおもはましかば（一〇二）**等閔国**等閔国（なかまいたむど）

すみぞめのころもうきよのはなざかりをりわすれてもをりてけるかな（二六）露　露(はかなき)
みかきよりほかのひたきのはななればこころとどめてをるひともなし（一三）逝　逝(ここ)
たがためにをしきあふぎのつまならんとれかしとらのふせるのべかは（六七）新羅為　新羅為(したあとならべきせる)
たまくしげなにいにしへのうらしまにわれならひつつおそくあけけん（三一）浮吾　浮吾(まへにいくあ)
わがためにむらいしたまふことなくはおもふこころもならざらめやは（三七）鹵也　鹵(しおふくむど)（塩含む土）也(や)
ふたばよりみしまのまつをむすばむとなみうちいでてえこそいはれね（一〇六）上媛　上媛(うはまなこみはれり)
をみごろもめづらしげなきはるさめにやまゐのみづもみぎはまさりて（一一四）矢乍　矢乍(しさ)
えだかはすかすがののべのひめこまついのるこころはかみぞしるらむ（三八）耐　耐(しのべる)
あまのとをあくといふことをいみしまにとばかりまたぬつみはつみかは（八七）君事　君事(みかどじ)
みやこびとまつほどしるくほととぎすつきのこなたにけふはなかなむ（四）建炎　建炎(こむやく)（欠の）
うたたねのこのよのゆめのはかなきにさめぬやがてのうつつともがな（四五）絡母　絡母(きづなも)（補の）
おもふことなりもやするとうちむきてそなたざまにぞらいしたてまつる（三六）落　落(うしなふ)
かげにだにたちよりがたきはなのいろをならしがほにもくらべけるかな（一一五）也喪還谷　也喪還谷(なりしなほたに)
ただちにはたれかふみみむあまのがはうききにのれるよはかはるとも（九三）辛　辛(きむ)
かつらがはかざしのはなのかげみえしきのふのふちぞけふはこひしき（二）未会　未会(みかなふ)
あまのとをわがためにとはささねどもあやしくあかぬここちのみして（八五）絡母　絡母(あみも)
ほととぎすなくべききえだとみゆれどもまたるるものはうぐひすのこゑ（四〇）会言祇　会言祇(ときくただ)
むらさきのくものたなびくまつなればみどりのいろもことにみえけり（七二）癸酉　癸酉(きたみのれり)
ささがにのくものいがきのたえしよりくべきよひともきみはしらじな（一一五）丙　丙(へい)
いでたちてともまつほどのひさしきはまさきのかづらちりやしぬらむ（五〇）梼枝定里　梼(とも（相）てら（寺）)枝定里(きのりさと)

▼安麻の手引

うきよにもやまのあなたのゆかしきにしかのねながらいやはねらるる（七八）　海原

かのひつはなにぞのひつぞおぼつかなかたゐのまへのほかゐなりけり（六九）　多末　比利比

はしひめにそでかたしかむほどもなしかりにとまらむひとにたぐひて（二三）　葉我多　可奈師

あきのよにやまほととぎすなかませばかきねのつきやはなとみえまし（六八）　刀祢河泊乃　可波世

をしほやましらざりつるをすむとりのとふにつけてもおどろかれぬる（七四）　大伴乃

いかなるひものよはにとくらむあしひきのやまゐのみづはさえながら（五八）　安之比奇能　夜麻

ゐじかゐしひたきにみゆるはななればこころのうちにいはでおもふかも（一二）　宇恵太

あかざりしはなをやはるのこひつらむありしむかしをおもひいでつつ（二七）　古非都追母　乎良牟

これをみよちぎらぬのべのをばなだにことこそいはねなびくものかな（一一三）　伊能知能己

けふよりはつゆのいのちもをしからずはちすにうかぶたまとちぎれば（五）　多　由加麻之毛能乎

ものをだにいはまのみづのつぶつぶといはばやゆかむおもふこころの（一〇〇）　乃許能己呂

むすぶてふやまゐのみづもあるものをなにいなばのみねをかくらむ（九四）　尓　伊波流毛能可良安乎祢

たがさとにいかにしのぶぞほととぎすおのがかきねははなやちりにし（七〇）　尓　也杼里可

ささがにのくものいがきのたえしよりくべきよひともきみはしらじな（一一五）　之可母　見

しまのこはこころゆるさぬあまのとはあくれどあけぬものにぞありける（一一八）　安波之麻

みむといひしひとははかなくきえにしをひとりつゆけきあきのはなかな（七七）　水都登利能

あきののにしめゆふはぎのつゆしげきたづねぞいづるさをしかのあと（四二）　乃野尓　乎佐藝祢

きぎすなくおほはらやまのさくらばなかりにはあらでしばしみしかな（九八）　伎美我麻尓

われながらわれならずこそいひなさめひとにもあらぬひとにとはれば（九七）　良　比可婆奴

おそくてもあくこそうけれたまくしげあなうらめしのうらしまのこや（三三）　**家野　安蘇夜麻**

おほかたはたがなかをしきそでしみてゆきもとけずとひとにかたらむ（一一〇）**登於毛**

海原乎　夜蘇之麻我久里　伎奴礼杼母　奈良能美也故波　和須礼可祢都母

可敝流散尓　伊母尓見勢武尓　和多都美乃　於幾都志良**多末**　**比利比**弖由賀奈

賀美都家野　久路保乃祢呂乃　久受**葉我多**　**可奈師**家兒良尓　伊夜射可里久母

刀祢河泊乃　**可波世**毛思良受　多太和多里　奈美尓安布能須　安敝流伎美可母

大伴乃　美津野等麻里尓　布祢波弖々　多都多能山乎　伊都可故延伊加武

安之比奇能　**夜麻**治古延牟等　須流君乎　許々呂尓毛知弖　夜須家久母奈之

宇恵太気能　毛登左倍登与美　伊呂弖伊奈婆　伊豆思牟伎弖可　伊毛我奈気可牟

古非都追母　**乎良牟**等須礼杼　遊布麻夜万　可久礼之伎美乎　於母比可祢都母

和我世古我　可反里吉麻佐武　等伎能多米　**伊能知能己**佐牟　和須礼多麻布奈

君我牟**多**　**由加麻之毛能乎**　於奈自許等　於久礼弖乎礼杼　与伎許等毛奈之

安乎祢呂尓　多奈婢久君母能　伊佐欲比尓　物能乎曽於毛布　等思**乃許能己呂**

比登祢呂**尓**　**伊波流毛能可良**　**安乎祢呂**尓　伊佐欲布久母能　余曽里都麻波母

大船尓　可之布里多弖天　波麻藝欲伎　麻里布能宇良**尓**　**也杼里可**世麻之

伊都**之可母**　**見**牟等於毛比師　**安波之麻**乎　与曽尓也故非無　由久与思乎奈美

水都登利能　多々武与曽比尓　伊母能良尓　毛乃伊波受伎尓弖　於毛比可祢都毛

等夜**乃野尓**　**乎佐藝祢**良波里　乎佐乎左毛　祢奈敝古由恵尓　波伴尓許呂波要

武蔵野乃　久佐波母呂武吉　可毛可久母　**伎美我麻尓**末尓　吾者余利尓思乎

伊利麻治野　於保屋我波良能　伊波為都**良**　**比可婆奴**流々々　和尓奈多要曽祢

可美都家野　安蘇夜麻都豆良　野乎比呂美　波比尓思物能乎　安是加多延世武
伊可保呂乃　蘇比乃波里波良　和我吉奴尓　都伎与良之母与　比多敝登於毛敝婆

▼王統

なみのよるうぢならずともにしかはのあみだにあらばいをもすくはん（三五）相食相食（ともにくはん）
こひとさほしきかけやみゆらむやつはしにあらぬみかはのをちにゐて（六三）月月（がち）
もみぢばのいろどるつゆはここのへにうつるつきひやちかくなるらむ（四一）日日（ひ）
あめにますかさまのかみのなかりせはふりにしなかをなにたのままし（五四）象象（すがた）
ひろまへにまさぬこころのほどよりはおほなほみなるかみとこそみれ（五六）光光（ほまれ）
うぢがはのゆめのまくらのゆめさめてよるははしひめいもねざるらむ（五七）明明（から）
たけのはにたまぬくつゆにあらねどもまだよをこめておきにけるかな（一一六）槙竹槙竹（まきたけ）
いかなれはわがしめしのとおもへどもはるのはらをばひとのやくらむ（八八）麻等麻等（めひとし）
このごろはむろのやしまもぬすまれておもひありともえこそしらせね（九一）青青（そら）
おぼつかなゆめぢのをのたよりにやなほざりなりしよひのいなづま（一一一）隼響隼響（たかよひおよぼし）
かたずまけずのはなのうへのつゆすまひぐさあはするひとのなければや（六六）明昭明昭（あくひかる）
かぞふればいまいつつきになりにけりむつきにならばとふひともあらじ（六二）朋朋（なかま）
まへかたのまだらまくなるゆきみればしりへのやまぞおもひやらるる（六〇）真曽真曽（まそ）
たちよらむことやはかたきはるがすみならしのをかのはなならずとも（一一六）君事君事（とのじ）
やまざとのをののたよりとおもふともこりしもせじなみねのつまぎに（一一二）矢也矢也（しなり）
いにしへのころものいろのなかりせばわすらるるみとなりやしなまし（五三）絡路絡路（いとろ）

実方集は全及び異同歌がある。全のほうが数は少ない。検討したが、取上げた和歌は検索後に隠題があった。連続が要諦であれば、数の多い異同歌に焦点を当て、重複を避けながら解読する。隠題の所在を探すことが最も困難であったということは、その確かさを最も如実に物語るものである。一二一一番は、藤原定家撰の百人一首にあり、その歌は藤原定家の氏名を含む（かくと**だにえ**（へ）や**はいぶ**きの**さし**もぐさしも**しら**じなもゆるおもひを）。隠題の解。かくとだにえやはい**ぶ**きの**さ**しもぐさしもしらじなもゆるおもひを　**総ふさ**。ここに定家の正にすべて解けとの隠題を示す、定家　面目躍如と言うべきである。

一一九～三四八まで、為故、譜、王統、手引全部の解読に充分な歌数である。

◎みづがきのかきのみたゆるたまづさはみののをやまのかみやいさむる（一一九） 1250
◎おぼつかなかからぬたびもなきものをたむけのかみのこころづくしに（一二〇） 1251
◎かくとだにえやはいぶきのさしもぐささしもしらじなもゆるおもひを（一二一） 1252
◎あけがたきふたみのうらによるなみのそでのみぬれつおきつしまひと（一二二） 1253
◎またずこそあるべかりけれほととぎすねにねられでもあかしつるかな（一二三） 1254
◎たなばたのここちこそすれあやめぐさとしにひとたびつまとみゆれば（一二四） 1255

1250 みづがきのかきのみたゆるたまづさはみののをやまのかみやいさむる（一一九）（前掲『新編国歌大観』第三巻 私家集編Ⅰ　歌集　二二二頁）
1251 おぼつかなかからぬたびもなきものをたむけのかみのこころづくしに（一二〇）（同二二二頁）
1252 かくとだにえやはいぶきのさしもぐさしもしらじなもゆるおもひを（一二一）（同二二二頁）
1253 あけがたきふたみのうらによるなみのそでのみぬれつおきつしま人（一二二）（同二二二頁）
1254 またずこそあるべかりけれほととぎすねにねられでもあかしつるかな（一二三）（同二二二頁）
1255 たなばたのここちこそすれあやめ草としにひとたびつまとみゆれば（一二四）（同二二二頁）

1256 ◎あけぬよのここちながらにあけにしはあさくらとひしひとにきこゆや（一二二五）

1257 ◎ひとりのみきのまろどのにあらませばなのらでやみにかへらましやは（一二二六）

1258 ◎まどろまぬひともありけるなつのよにものおもふことはわれならねども（一二二七）

1259 ◎かぜふかぬうらみやすらむうしろめたのどかにおもふをぎのはのおと（一二二八）

1260 ◎もろともにおきふしものをおもふともいざとこなつのつゆとなりなむ（一二二九）

1261 ◎ちかひてしことぞともなくわすれなばひとのうへさへなげくべきかな（一二三〇）

1262 ◎いはばいへおやのかふこもとしをへてくるひとあれどいとふものかは（一二三一）

1263 ◎まゆごもりおやのかふこのいとよわみくるもくるしきものとしらずや（一二三二）

1264 ◎いにしへのあふひとびとはとがむともなほそのかみのことぞわすれぬ（一二三三）

1265 ◎かれにけるあふひのみこそかなしけれあはれともみずかものみづがき（一二三四）

1256 あけぬよのここちながらにあけにしはあさくらとひし人にきこゆや（一二二五）（同一二二頁）

1257 ひとりのみきのまろどのにあらませばなのらでやみにかへらましやは（一二二六）（同一二二頁）

1258 まどろまぬ人もありけるなつのよにものおもふことはわれならねども（一二二七）（同一二二頁）

1259 風ふかぬうらみやすらむうしろめたのどかにおもふをぎのはのおと（一二二八）（同一二二頁）

1260 もろともにおきふしものをおもふともいざとこなつのつゆとなりなむ（一二二九）（同一二二頁）

1261 ちかひてし事ぞともなくわすれなば人のうへさへなげくべきかな（一二三〇）（同一二二頁）

1262 いはばいへおやのかふこもとしをへてくる人あれどいとふものかは（一二三一）（同一二二頁）

1263 まゆごもりおやのかふこのいとよわみくるもくるしきものとしらずや（一二三二）（同一二二頁）

1264 いにしへのあふひと人はとがむともなほそのかみのことぞわすれぬ（一二三三）（同一二二頁）

1265 かれにけるあふひのみこそかなしけれあはれともみずかものみづがき（一二三四）（同一二二頁）

1266 ◎やまざとにほのかたらひしほととぎすなくねききつとつたへざらめや（一二三五）
1267 ◎こころうさのみやこながらもありけるをあはでわかるるたびとおもへは（一二三六）
1268 ◎わかるともわかれもはてじひとこころうさはしはしのことにやはあらぬ（一二三七）
1269 ◎こしみちにけづるともなきたびびとのたむけのかみにつくしはててき（一二三八）
1270 ◎かくしこそかくしおきけれたびびとのつゆはらひけるつけのをくしを（一二三九）
1271 ◎おきてみばそでのみぬれていたづらにくさばのたまのかずやまさらむ（一二四〇）
1272 ◎たなばたのもろてにいそぐささがにのくものころもはかぜやたつらむ（一二四一）
1273 ◎いづれをかのどけきかたにたのましはちすのはなとうつせみのよと（一二四三）
1274 ◎はちすばにうかぶつゆこそたのまるれなにうつせみのよをなげくらむ（一二四四）
1275 ◎ひろばかりさかりてまろとまろねせむそのあげまきのしるしありやと（一二四五）

1266 やまざとにほのかたらひしほととぎすなくねききつとつたへざらめや（一二三五）（同二二二頁）
1267 心うさのみやこながらもありけるをあはでわかるるたびとおもへは（一二三六）（同二二二頁）
1268 わかるともわかれもはてじひとこころうさはしはしのことにやはあらぬ（一二三七）（同二二二頁）
1269 こしみちにけづるともなきたびびとのたむけのかみにつくしはててき（一二三八）（同二二三頁）
1270 かくしこそかくしおきけれたびびとのつゆはらひけるつけのをくしを（一二三九）（同二二三頁）
1271 おきてみばそでのみぬれていたづらにくさばのたまのかずやまさらむ（一二四〇）（同二二三頁）
1272 たなばたのもろてにいそぐささがにのくものころもはかぜやたつらむ（一二四一）（同二二三頁）
1273 いづれをかのどけきかたにたのましはちすのはなとうつせみのよと（一二四三）（同二二三頁）
1274 はちすばにうかぶつゆこそたのまるれなにうつせみのよをなげくらむ（一二四四）（同二二三頁）
1275 ひろばかりさかりてまろとまろねせむそのあげまきのしるしありやと（一二四五）（同二二三頁）

◎かくなむとつげのまくらにあらずともしらざらめやはこひのかずをも（一四七） 1276
◎ちぎりありてまたはこのよにうまるともおもがはりしてみもやわすれむ（一四九） 1277
◎みつとのみさわがぬぬまのしげきにもいつかとのみぞなほまたれける（一五〇） 1278
◎うきことにゆめのみさむるよのなかにうらやましくもねられたるかな（一五二） 1279
◎とめてだにいまはみじとてなげきつつたがたまづさをいづちやるらむ（一五三） 1280
◎ほととぎすはなたちばなのかをうらみことかたらふときくはまことか（一五四） 1281
◎しのびねのころはすぎにきほととぎすなににつけてかねをばなかまし（一五五） 1282
◎かぜはやみあらしのやまのもみぢばもしもにはとまるものとこそきけ（一五八） 1283
◎しらずしてなぬかゆくまでなりにけるかずまさるなるはまのまさごを（一六四） 1284
◎これやこのあまのすむてふはまびさしなぬかゆくまのなにこそありけれ（一六五） 1285

1276 かくなむとつげのまくらにあらずともしらざらめやはこひのかずをも（一四七）（同一二一三頁）
1277 ちぎりありてまたはこのよにうまるともおもがはりしてみもやわすれむ（一四九）（同一二一三頁）
1278 みつとのみさわがぬぬまのしげきにもいつかとのみぞなほまたれける（一五〇）（同一二一三頁）
1279 うき事にゆめのみさむるよの中にうらやましくもねられたるかな（一五二）（同一二一三頁）
1280 とめてだにいまは見じとてなげきつつたがたまづさをいづちやるらむ（一五三）（同一二一三頁）
1281 ほととぎす花たちばなのかをうらみことかたらふときくはまことか（一五四）（同一二一三頁）
1282 しのびねのころはすぎにきほととぎすなににつけてかねをばなかまし（一五五）（同一二一三頁）
1283 かぜはやみあらしのやまのもみぢばもしもにはとまるものとこそきけ（一五八）（同一二一三頁）
1284 しらずしてなぬかゆくまでなりにけるかずまさるなるはまのまさごを（一六四）（同一二一三頁）
1285 これやこのあまのすむてふはまびさしなぬかゆくまのなにこそありけれ（一六五）（同一二一三頁）

◎ゆふなぎにいそなかりにといそぎつるあまのあまたもみゆるうらかな（一六六）1286
◎けぶりたつひのもとながらゆゆしさにこはもろこしのところとぞみる（一六八）1287
◎かこつべきひともなきよにむさしののわかむらさきをなににみすらむ（一六九）1288
◎したにのみなげくをしらでむらさきのねずりのころもむつましきゆゑ（一七〇）1289
◎しらつゆのむすぶばかりにはなをみてこはたがかこつむらさきのゆゑ（一七二）1290
◎おぼつかないかにわれせむすべらきのとよのあかりのいづこともなく（一七三）1291
◎ひかげさすとよのあかりにみしかどもかみよのことははやわすれにき（一七四）1292
◎ここのへはせきのこなたにあるものをせきのあなたのここのへやなぞ（一七六）1293
◎そのはらやいかにかましくおもふぞもふせやといはむところやはなき（一七八）1294
◎ほのぼのにひぐらしのねぞきこゆなるこやまつむしのこゑにはあるらむ（一七九）1295

1286 ゆふなぎにいそなかりにといそぎつるあまのあまたも見ゆるうらかな（一六六）（同二二三頁）
1287 けぶりたつひのもとながらゆゆしさにこはもろこしのところとぞみる（一六八）（同二二三頁）
1288 かこつべき人もなきよにむさしののわかむらさきをなににみすらむ（一六九）（同二二三頁）
1289 したにのみなげくをしらでむらさきのねずりのころもむつましきゆゑ（一七〇）（同二二三頁）
1290 しらつゆのむすぶばかりにはなをみてこはたがかこつむらさきのゆゑ（一七二）（同二二三頁）
1291 おぼつかないかにわれせむすべらきのとよのあかりのいづこともなく（一七三）（同二二三頁）
1292 ひかげさすとよのあかりにみしかどもかみよのことははやわすれにき（一七四）（同二二三頁）
1293 ここのへはせきのこなたにあるものをせきのあなたのここのへやなぞ（一七六）（同二二三頁）
1294 そのはらやいかにかましくおもふぞもふせやといはむところやはなき（一七八）（同二二三頁）
1295 ほのぼのにひぐらしのねぞきこゆなるこやまつむしのこゑにはあるらむ（一七九）（同二二三頁）

◎あしのやのしたたくけぶりつれなくてたえざりけるもなにによりてぞ（一八二） 1296
◎なかがはにすぐたせりのねたきことあらはれてこそあるべかりけれ（一八三） 1297
◎たえねとやいかにせよとぞささがにのいとかくまではおもはざりしを（一八四） 1298
◎みちのくにころものせきはたちぬれどまたあふさかはたのもしきかな（一八五） 1299
◎すのうちにつつめくひなのこゑすなりかへすほどこそひさしかりけれ（一八六） 1300
◎かずかずにこのまけものをえてしかなこふにはあらずてうちならはむ（一八七） 1301
◎きみがやどはりまがたにもあらなくにあかしもはてでかへりぬるかな（一八八） 1302
◎さつきやみくらはしやまのほととぎすおぼつかなくもなきわたるかな（一八九） 1303
◎このはるはいかでむつれんとしをへてあひみでこひんほどのかたみに（一九〇） 1304
◎なにかはきみにむつれてとしをへばころものせきをおもひたえまし（一九一） 1305

1296 あしのやのしたたくけぶりつれなくてたえざりけるもなにによりてぞ（一八二）（同二二三頁）
1297 なかがはにすぐたせりのねたき事あらはれてこそあるべかりけれ（一八三）（同二二四頁）
1298 たえねとやいかにせよとぞささがにのいとかくまではおもはざりしを（一八四）（同二二四頁）
1299 みちのくにころものせきはたちぬれどまたあふさかはたのもしきかな（一八五）（同二二四頁）
1300 すのうちにつつめくひなのこゑすなりかへすほどこそひさしかりけれ（一八六）（同二二四頁）
1301 かずかずにこのまけものをえてしかなこふにはあらずてうちならはむ（一八七）（同二二四頁）
1302 きみがやどはりまがたにもあらなくにあかしもはてでかへりぬるかな（一八八）（同二二四頁）
1303 さつきやみくらはしやまのほととぎすおぼつかなくもなきわたるかな（一八九）（同二二四頁）
1304 このはるはいかでむつれんとしをへてあひみでこひんほどのかたみに（一九〇）（同二二四頁）
1305 なにかはきみにむつれてとしをへばころものせきをおもひたえまし（一九一）（同二二四頁）

◎めのまへにまづもわするるあふぎかなわかれはえこそうしろめたけれ（一九二） 1306
◎みのならむかたもしられぬわかれにはましてあふぎのゆくへまでには（一九三） 1307
◎めのまへにたえせずみゆるつらさかなうきをむかしとおもふべきよに（一九四） 1308
◎あきはてぬいまはあふぎもかへしてむなほたのむかとひともこそみれ（一九五） 1309
◎あきはててあふぎかへすはうけれどもさすがにいむとみるぞうれしき（一九六） 1310
◎いのちだにあらばたのまむあふことのいといきがたきここちこそすれ（一九七） 1311
◎はしひめにかたしくそでもかたしかておもはざりつるものをこそおもへ（一九八） 1312
◎たなばたはけふをやきのふまちわびしわれはきのふぞけふはこふらし（一九九） 1313
◎ひこほしのこころもしらぬたなばたはきのふもけふもものそくやしき（二〇〇） 1314
◎あまたたびたちなれにけるかりころもたむけのかみもこころはづかし（二〇一） 1315

1306 めのまへにまづもわするるあふぎかなわかれはえこそうしろめたけれ（一九二）（同二二四頁）
1307 身のならむかたもしられぬわかれにはましてあふぎのゆくへまでには（一九三）（同二二四頁）
1308 めのまへにたえせずみゆるつらさかなうきをむかしとおもふべきよに（一九四）（同二二四頁）
1309 秋はてぬいまはあふぎもかへしてむなほたのむかと人もこそみれ（一九五）（同二二四頁）
1310 秋はててあふぎかへすはうけれどもさすがにいむとみるぞうれしき（一九六）（同二二四頁）
1311 いのちだにあらばたのまむあふことのいといきがたきここちこそすれ（一九七）（同二二四頁）
1312 はしひめにかたしくそでもかたしかておもはざりつるものをこそおもへ（一九八）（同二二四頁）
1313 たなばたはけふをやきのふまちわびしわれはきのふぞけふはこふらし（一九九）（同二二四頁）
1314 ひこほしの心もしらぬたなばたはきのふもけふもものそくやしき（二〇〇）（同二二四頁）
1315 あまたたびたちなれにけるかりころもたむけのかみも心はづかし（二〇一）（同二二四頁）

1316 ◎うきにかくこひしきこともありけるをいさつらからむいかがおもふと（二〇二）
1317 ◎みづからはおもひわづらふともなきにあはぬばかりやくるしかるらむ（二〇三）
1318 ◎そへてまたあはぬめをさへなげくかなものおもふときはまことなりけり（二〇四）
1319 ◎ひとしれずぬれしたもとはすみぞめにそめてもそへてものをこそおもへ（二〇五）
1320 ◎くもゐにてなきわたるなるかりがねはあきこしみちやおもひいづらむ（二〇六）
1321 ◎かへるかりいづちかゆかむすみなれしきみかとこよのくにならずして（二〇七）
1322 ◎うすしとやひとのみるとてすみぞめのころもはなつもしられざりけり（二〇八）
1323 ◎いにしへのかたみにこれややまがつのなでておほせるとこなつのはな（二〇九）
1324 ◎あづまぢのこのしたくらくなりゆかばみやこのつきをこひざらめやは（二一〇）
1325 ◎ことづてむみやこのかたへゆくひとにこのしたくらにいとどまどふと（二一一）

1316 うきにかくこひしきこともありけるをいさつらからむいかがおもふと（二〇二）（同二二四頁）
1317 みづからはおもひわづらふともなきにあはぬばかりやくるしかるらむ（二〇三）（同二二四頁）
1318 そへてまたあはぬめをさへなげくかなものおもふときはまことなりけり（二〇四）（同二二四頁）
1319 人しれずぬれしたもとはすみぞめにそめてもそへてものをこそ思へ（二〇五）（同二二四頁）
1320 くもゐにてなきわたるなるかりがねは秋こしみちやおもひいづらむ（二〇六）（同二二四頁）
1321 かへるかりいづちかゆかむすみなれしきみかとこよのくにならずして（二〇七）（同二二四頁）
1322 うすしとやひとのみるとてすみぞめのころもはなつもしられざりけり（二〇八）（同二二四頁）
1323 いにしへのかたみにこれや山がつのなでておほせるとこ夏のはな（二〇九）（同二二四頁）
1324 あづまぢのこのしたくらくなりゆかばみやこの月をこひざらめやは（二一〇）（同二二四頁）
1325 ことづてむみやこのかたへゆく人にこのしたくらにいとどまどふと（二一一）（同二二四頁）

◎わかれぢはいつもなげきのつきせぬにいとどわびしきあきのゆふぐれ（二一一二） 1326
◎しらくものたなびくかたはくゆれどもわかれのそらにまどふころかな（二一一三） 1327
◎みぬほどのかたみにそふるこころあるをあくなとぞおもふはこがたのいそ（二一一四） 1328
◎こころにもあらぬわかれをはこがたのいそぐをかつはうらみつるかな（二一一五） 1329
◎わかれぢのなみだにそでもさそはれていかなるみちにとまらざるらむ（二一一六） 1330
◎つきかげもたびのそらとやおもふらんみとしのかはのそこにやどれる（二一一七） 1331
◎やすらはずおもひたちにしあづまぢにありけるものをはことりのせき（二一一八） 1332
◎みやこにはたれをかきみはおもふらむみやこにはみなきみをこふめり（二一一九） 1333
◎わすられぬひとのうちにはわすれぬをこふらんひとのうちにまつやは（二一二〇） 1334
◎いにしへをけふにあはするものならばひとりはちよをいのらざらまし（二一二一） 1335

1326 わかれぢはいつもなげきのつきせぬにいとどわびしきあきの夕ぐれ（二一一二）（同二二四頁）
1327 しら雲のたなびくかたはくゆれどもわかれのそらにまどふころかな（二一一三）（同二二四頁）
1328 見ぬほどのかたみにそふるこころあるをあくなとぞおもふはこがたのいそ（二一一四）（同二二四頁）
1329 心にもあらぬわかれをはこがたのいそぐをかつはうらみつるかな（二一一五）（同二二四頁）
1330 わかれぢのなみだにそでもさそはれていかなるみちにとまらざるらむ（二一一六）（同二二四頁）
1331 月かげもたびのそらとやおもふらんみとしのかはのそこにやどれる（二一一七）（同二二四頁）
1332 やすらはずおもひたちにしあづまぢにありけるものをはことりのせき（二一一八）（同二二四頁）
1333 みやこにはたれをかきみはおもふらむみやこにはみなきみをこふめり（二一一九）（同二二四頁）
1334 わすられぬ人のうちにはわすれぬをこふらん人のうちにまつやは（二一二〇）（同二二四頁）
1335 いにしへをけふにあはするものならばひとりはちよをいのらざらまし（二一二一）（同二二四頁）

◎ふくかぜになみのこころやかよふらむはるたつけふのしらかはのみづ（一二二三） 1336
◎とまるやとをしみしはなをきみかとてなごりをのみぞけふはながむる（一二二四） 1337
◎むべしこそかへりしそらもかすみつつはなのあたりはたちうかりしか（一二二五） 1338
◎かぜをいたみもとあらのはぎのつゆだにもあはれいかなるひとをまつらむ（一二二六） 1339
◎とこなつのはなのつゆにはむつれねどぬるともなくてぬれしそでかな（一二二七） 1340
◎むすぶてのわかれとおもふにいとどしくこのみつつのにそでぞぬれける（一二二八） 1341
◎はまちどりいづこになくぞつきまつとあかしのうらとおもふなるべし（一二二九） 1342
◎おもへきみちぎらぬよひのつきだにもひとにしられでいづるものかは（一二三〇） 1343
◎けふけふとひとをたのめぬやまのはもかくやつきひをすぐしきぬらむ（一二三一） 1344
◎こはさらにいるやまみづのをしどりにをしとやあとをみせずなりぬる（一二三二） 1345

1336 吹く風になみの心やかよふらむはるたつけふのしらかはのみづ（一二二三）（同一二二四頁）
1337 とまるやとをしみしはなをきみかとてなごりをのみぞけふはながむる（一二二四）（同一二二四頁）
1338 むべしこそかへりしそらもかすみつつはなのあたりはたちうかりしか（一二二五）（同一二二四頁）
1339 かぜをいたみもとあらのはぎのつゆだにもあはれいかなる人をまつらむ（一二二六）（同一二二四頁）
1340 とこなつのはなのつゆにはむつれねどぬるともなくてぬれし袖かな（一二二七）（同一二二四頁）
1341 むすぶてのわかれとおもふにいとどしくこのみつつのにそでぞぬれける（一二二八）（同一二二五頁）
1342 はまちどりいづこになくぞつきまつとあかしのうらとおもふなるべし（一二二九）（同一二二五頁）
1343 おもへきみちぎらぬよひの月だにも人にしられでいづるものかは（一二三〇）（同一二二五頁）
1344 けふけふとひとをたのめぬやまのはもかくや月日をすぐしきぬらむ（一二三一）（同一二二五頁）
1345 こはさらにいる山みづのをしどりにをしとやあとを見せずなりぬる（一二三二）（同一二二五頁）

◎いそのかみふるきみちとはしりながらまどふばかりぞけふはこひしき（一三三三） 1346

◎かきくらしふるあはゆきのそでふかみけふくものあとのみえじとすらむ（一三三四） 1347

◎いそのかみふるのせがはのみづたえていもにあはずてほどぞへにける（一三三五） 1348

◎いかなりしときのみづくきかかりけむとみればたえてものぞかなしき（一三三六） 1349

◎あきかぜのさよふけがたにおとのせばかならずとへよわれとこたへん（一三三七） 1350

◎いせをのやあまとわがみはなりぬらんそでのうらなるなみだかこへば（一三三八） 1351

◎ひとしれずかへれることをきくからにひとのうへともおもほえぬかな（一三三九） 1352

◎なつころもうすきたのみにたのませであつきこころもをかへやしてまし（一四〇） 1353

◎たそやこのなるとのもとにおとするはとまりもとむるあまのつりぶね（一四一） 1354

◎さごろもにかたしくそでのつゆけきをいかにしてかはきみにかすべき（一四二） 1355

1346 いそのかみふるきみちとはしりながらまどふばかりぞけふはこひしき（一三三三）（同一二一五頁）

1347 かきくらしふるあはゆきの袖ふかみけふくものあとの見えじとすらむ（一三三四）（同一二一五頁）

1348 いそのかみふるのせがはのみづたえていもにあはずてほどぞへにける（一三三五）（同一二一五頁）

1349 いかなりしときのみづくきかかりけむとみればたえてものぞかなしき（一三三六）（同一二一五頁）

1350 あきかぜのさよふけがたにおとのせばかならずとへよわれとこたへん（一三三七）（同一二一五頁）

1351 いせをのやあまと我が身はなりぬらんそでのうらなるなみだかこへば（一三三八）（同一二一五頁）

1352 人しれずかへれることをきくからにひとのうへともおもほえぬかな（一三三九）（同一二一五頁）

1353 夏ころもうすきたのみにたのませであつきこころもをかへやしてまし（一四〇）（同一二一五頁）

1354 たそやこのなるとのもとにおとするはとまりもとむるあまのつりぶね（一四一）（同一二一五頁）

1355 さごろもにかたしくそでのつゆけきをいかにしてかはきみにかすべき（一四二）（同一二一五頁）

1356 ◎あひおもはぬひとのこころをあはゆきのとけでしのぶるわれやなになり（二四三）
1357 ◎むすぶてのしづくににごるきみよりもあかずもききしきみがこゑかな（二四四）
1358 ◎としをへていのるしるしはちはやぶるかみもあはれときかざらめやは（二四五）
1359 ◎あはれてふことのはいかでみてしかなわびはつるみのなぐさめにせむ（二四六）
1360 ◎けふよりはひとへにたのむわぎもこがみをむつまじみこころもたつとて（二四七）
1361 ◎いにしへもちぎるこころにむすびけむころものつまはとくやとけずや（二四八）
1362 ◎うしろめたひとことぬしやいかならむたえまにわぶるくめのいはばし（二四九）
1363 ◎しのびねもくるしきものをほととぎすいざなうのはなのかげにかくれむ（二五〇）
1364 ◎かぜをいたみふなでしのだのあまよりもしづこころなきめをもみるかな（二五一）
1365 ◎こひしともえやはいぶきのさしもぐさよそにもゆれどかひなかりけり（二五二）

1356 あひおもはぬ人の心をあはゆきのとけでしのぶるわれやなになり（二四三）（同二二五頁）
1357 むすぶてのしづくににごるきみよりもあかずもききしきみがこゑかな（二四四）（同二二五頁）
1358 としをへていのるしるしはちはやぶるかみもあはれときかざらめやは（二四五）（同二二五頁）
1359 あはれてふことのはいかで見てしかなわびはつる身のなぐさめにせむ（二四六）（同二二五頁）
1360 けふよりはひとへにたのむわぎもこがみをむつまじみころもたつとて（二四七）（同二二五頁）
1361 いにしへもちぎるこころにむすびけむころものつまはとくやとけずや（二四八）（同二二五頁）
1362 うしろめたひとことぬしやいかならむたえまにわぶるくめのいはばし（二四九）（同二二五頁）
1363 しのびねもくるしきものをほととぎすいざなうのはなのかげにかくれむ（二五〇）（同二二五頁）
1364 風をいたみふなでしのだのあまよりもしづ心なきめをもみるかな（二五一）（同二二五頁）
1365 こひしともえやはいぶきのさしもぐさよそにもゆれどかひなかりけり（二五二）（同二二五頁）

◎くれにもといふべきものをおほゐがはゐせきのみづはもるやもらずや（二五三） 1366

◎ながむるをたのむものにてあかしきてただかたぶきしつきのかげみて（二五四） 1367

◎あふことをひとにかすともおもはぬにそらにきこゆるいづれなるらむ（二五五） 1368

◎かぜはやみふきあげのはまのかたさらにおもふこころにくらべてもみむ（二五六） 1369

◎ここながらそでぞつゆけきくさまくらとをちのさとのたびねとおもへば（二五七） 1370

◎あはぬまのみぎはにおふるあやめぐさねのみなかるるきのふけふかな（二五八） 1371

◎つゆはらふひとしなければふゆのよにおきあかしつるほどをしらなむ（二五九） 1372

◎いそがなむちりもこそすれもみぢするまさきのかづらおそくくるとて（二六〇） 1373

◎ひさかたのあまのとながらみしつきのあかでいりにしそらぞこひしき（二六一） 1374

◎おほぶねののぼりのつなのつなゆゑにたゆとはなくてただにやみにし（二六二） 1375

1366 くれにもといふべきものをおほゐがはゐせきのみづはもるやもらずや（二五三）（同二二五頁）

1367 ながむるをたのむものにてあかしきてただかたぶきしつきのかげみて（二五四）（同二二五頁）

1368 あふことを人にかすともおもはぬにそらにきこゆるいづれなるらむ（二五五）（同二二五頁）

1369 風はやみふきあげのはまのかたさらに思ふこころにくらべても見む（二五六）（同二二五頁）

1370 ここながらそでぞつゆけきくさまくらとをちのさとのたびねとおもへば（二五七）（同二二五頁）

1371 あはぬまのみぎはにおふるあやめぐさねのみなかるるきのふけふかな（二五八）（同二二五頁）

1372 つゆはらふ人しなければふゆのよにおきあかしつるほどをしらなむ（二五九）（同二二五頁）

1373 いそがなむちりもこそすれもみぢするまさきのかづらおそくくるとて（二六〇）（同二二五頁）

1374 久かたのあまのとながらみしつきのあかでいりにしそらぞこひしき（二六一）（同二二五頁）

1375 おほぶねののぼりのつなのつなゆゑにたゆとはなくてただにやみにし（二六二）（同二二五頁）

◎うちかへしおもへばあやしさよごろもここのへきつたれをこふらむ（二六三） 1376
◎かしかましひとよばかりのふしによりなにかはひとのたけくうらむる（二六四） 1377
◎いかにせむうさのつかひはゆるされずこひしきひとはいでのたまみづ（二六五） 1378
◎たきみれどけぶりもたたずみづしあれはいかなるおきにみづつかるらむ（二六六） 1379
◎ゆきずりにみつるやまゐのころもでをめづらしとこそかみはみるらし（二六七） 1380
◎はちすのみおもふをいとどうきはにはつゆにてもなほこころおくべし（二六八） 1381
◎おとにきくこやすべらぎのみかきもりいとしもこひによるはもえねど（二六九） 1382
◎つのくにのたれとふしやのふしかへりそのはらさへはたかくなりしぞ（二七〇） 1383
◎よそにてもほしとぞきみはおもふらむなにおほぞらのつきによそへて（二七一） 1384

▼為故
みづがきのかきのみたゆるたまづさはみののをやまのかみやいさむる（二一九）**射矢**射矢（さや）

1376 うちかへしおもへばあやしさよごろもここのへきつたれをこふらむ（二六三）（同二二五頁）
1377 かしかましひとよばかりのふしによりなにかは人のたけくうらむる（二六四）（同二二五頁）
1378 いかにせむうさのつかひはゆるされずこひしき人はいでのたまみづ（二六五）（同二二五頁）
1379 たきみれどけぶりもたたずみづしあれはいかなるおきに水つかるらむ（二六六）（同二二五頁）
1380 ゆきずりにみつる山井のころもでをめづらしとこそ神はみるらし（二六七）（同二二五頁）
1381 はちすのみおもふをいとどうきはにはつゆにてもなほ心おくべし（二六八）（同二二五頁）
1382 おとにきくこやすべらぎのみかきもりいとしもこひによるはもえねど（二六九）（同二二六頁）
1383 つのくにのたれとふしやのふしかへりそのはらさへはたかくなりしぞ（二七〇）（同二二六頁）
1384 よそにてもほしとぞきみはおもふらむなにおほぞらの月によそへて（二七一）（同二二六頁）

おぼつかなかからぬたびもなきものをたむけのかみのこころづくしに（一二〇）**白立**　白立（なにもなひおきぬ）

ひとりのみきのまろどのにあらませばなのらでやみにかへらましやは（一二六）**柞原生**　柞原生（せまひはらき）

いにしへのあふひとびとはとがむともなほそのかみのことぞわすれぬ（一三三）**日精潔**　日精潔（かなれぬすむ）

かくとだにえやはいぶきのさしもぐささしもしらじなもゆるおもひを（一二一）**会**　会（かひ）

かれにけるあふひのみこそかなしけれあはれともみずかものみづがき（一三四）**君事**　君事（かみじ）

ほととぎすはなたちばなのかをうらみことかたらふときくはまことか（一五四）

船生之畑　船生之畑（みなうくきとかとた／ひにきがねし）（火（か）と田）（欠け）

しのびねのころはすぎにきほととぎすなになにつけてかねをばなかまし（一五五）**月**　月（補け）

めのまへにまづもわするるあふぎかなわかれはえこそうしろめたけれ（一九二）**柱丸**　柱丸（じまる）

みのならむかたもしられぬわかれにはましてあふぎのゆくへまでには（一九三）**初建**　初建（まへのぶ）

そへてまたあはぬめをさへなげくかなものおもふときはまことなりけり（二〇四）**乙酉**　乙酉（はてあく）

ひとしれずぬれしたもとはすみぞめにそめてもそへてものをこそおもへ（二〇五）**酉金**　酉金（ひしずめぬにし）

くもゐにてなきわたるなるかりがねはあきこしみちやおもひいづらむ（二〇六）**羅九矢**　羅九（あみたなる）（多なる）矢（や）

いにしへのかたみにこれややまがつのなでておほせるとこなつのはな（二〇九）**丸**　丸（なにみれや）（名に見れや）

あづまぢのこのしたくらくなりゆかばみやこのつきをこひざらめやは（二一〇）**日精潔**　日精潔（かしらぐはく）

いにしへをけふにあはするものならばひとりはちよをいのらざらまし（二二一）**相無**　相無（あひぶ）

みつとのみさわがぬまのしげきにもいつかとのみぞなほまたれける（一五〇）**生去**　生去（いきにげぬ）

さつきやみくらはしやまのほととぎすおぼつかなくもなきわたるかな（一八九）**宮擦**　宮擦（くさつ）

たなばたはけふをやきのふまちわびしわれはきのふぞけふはこふらし（一九九）**尾掟**　尾掟（びじゃふ）（欠り）

みづからはおもひわづらふともなきにあはぬばかりやくるしかるらむ（二〇三）**止克**　止克（しとる）（補り）

とまるやとをしみしはなをきみかとてなごりをのみぞけふはながむる（二二四）**男**　男（なむ）

おきてみばそでのみぬれていたづらにくさばのたまのかずやまさらむ（一四〇）**立顚**　立顚（すぐさまおつ）

かくなむとつげのまくらにあらずともしらざらめやはこひのかずをも（一四七）好山 好山（すくとつ）
とめてだにいまはみじとてなげきつつたがたまづさをいづちやるらむ（一五三）為民 為民（いじむ）
かこつべきひともなきよにむさしののわかむらさきをなににみすらむ（一六九）女無 女無（じょむ）
そのはらやいかにかましくおもふぞもふせやといはむところやはなき（一七八）路 路（じ）
なかがはにすすぐたせりのねたきことあらはれてこそあるべかりけれ（一八三）母明 母明（かかあけ）
ほのぼのにひぐらしのねぞきこゆなるこやまつむしのこゑにはあるらむ（一七九）募聲 募聲（ぼなく）
たえねとやいかにせよとぞささがにのいとかくまではおもはざりしを（一八四）大好 大好（もとよし）
すのうちにつつめくひなのこゑすなりかへすほどこそひさしかりけれ（一八六）聲 聲（ひびく）
なににかはきみにむつれてとしをへばころものせきをおもひたえまし（一九一）聞 聞（きかせし）（欠る）
あまたたびたちなれにけるかりころもたむけのかみもこころはづかし（二〇一）相之 相之（たちこれ）（補る）（欠ひふ）
うきにかくこひしきこともありけるをいさつらからむいかがおもふと（二〇二）栄 栄（さかむ）（補ひふ）
あけがたきふたみのうらによるなみのそでのみぬれつおきつしまひと（二一二）畝 畝（ぶ）（欠ねの）
またずこそあるべかりけれほととぎすねにねられでもあかしつるかな（二一三）（補ね欠の）
もろともにおきふしものをおもふともいざとこなつのつゆとなりなむ（一二九）籠 籠（つつむ）（補の）
いづれをかのどけきかたにたのままましはちすのはなとうつせみのよと（一四三）代高羽 代高羽（としたかきは）
したにのみなげくをしらでむらさきのねずりのころもむつましきゆゑ（一七〇）目露 目露（もくろ）（欠かれる）
むすぶてのわかれとおもふにいとどしくこのみつつのにそでぞぬれける（二二八）総 総（そふす）（補かれる）（欠さ）
ひろばかりさかりてまろとまろねせむそのあげまきのしるしありやと（一四五）根尊生 根 尊生（はじまりかかげるせひ）（補さ）（欠き）
ゆふなぎにいそなかりにといそぎつるあまのあまたもみゆるうらかな（一六六）言米栗喪 言米栗喪（ゆふままかたきい）（補き）
ことづてむみやこのかたへゆくひとにこのしたくらにいとどまどふと（二一一）矢馬初国 矢 馬 初国（しひとがのってとふこく）
わかれぢのなみだにそでもさそはれていかなるみちにとまらざるらむ（二一六）柞原 柞原（ならもと）

つきかげもたびのそらとやおもふらんみとしのかはのそこにやどれる（二一七）日精潔日精潔(かしらぎけつ)

▼譜

たなばたのここちこそすれあやめぐさとしにひとたびつまとみゆれば（一二四）日精日精(ひ・にちくはし)
あけぬよのここちながらにあけにしはあさくらとひしひとにきこゆや（一二五）潔潔(けち)
まゆごもりおやのかふこのいとよわみくるもくるしきものとしらずや（一三二）初余初余(もとのこり)
やまざとにほのかたらひしほととぎすなくねききつとつたへざらめや（一三五）定里定里(きめしさと)
かくしこそかくしおきけれたびびとのつゆはらひけるつけのをくしを（一三九）大好揺大好揺(だひひきつけるひしぐ)
はちすばにうかぶつゆこそたのまるれなにうつせみのよをなげくらむ（一四四）言生波也言生波也(ごむうまれるはぞ)
うきことにゆめのみさむるよのなかにうらやましくもねられたるかな（一五二）夢祇夢祇(むかみ)
これやこのあまのすむてふはまびさしなぬかゆくまのなにこそありけれ（一六五）主無主無(すむ)
けぶりたつひのもとながらゆゆしさにこはもろこしのところとぞみる（一六八）（欠き）
ここのへはせきのこなたにあるものをせきのあなたのここのへやなぞ（一七六）木木(き)（補き）
かずかずにこのまけものをえてしかなこふにはあらずてうちならはむ（一八七）比比(てらしあはす)
めのまへにたえせずみゆるつらさかなうきをむかしとおもふべきよに（一九四）積積(せき)
うすしとやひとのみるとてすみぞめのころもはなつもしられざりけり（二〇八）矢柞原矢柞原(やのぞけりもと)
かぜをいたみもとあらのはぎのつゆだにもあはれいかなるひとをまつらむ（二二六）観観(まみゆ)
とこなつのはなのつゆにはむつれねどぬるともなくてぬれしそでかな（二二七）然然(しかるに)
ちかひてしことぞともなくわすれなばひとのうへさへなげくべきかな（二三〇）離離(はなれ)
こころうさのみやこながらもありけるをあはでわかるるたびとおもへは（一三六）柄也柄也(へや)
あしのやのしたたくけぶりつれなくてたえざりけるもなににによりてぞ（一八二）露露(よでりけり)（夜出りけり）
いのちだにあらばたのまむあふことのいといきがたきここちこそすれ（一九七）懲懲(とどむ)

はしめにかたしくそでもかたしかておもはざりつるものをこそおもへ（一九八）絡絡(しばる)（欠ね）
まどろまぬひとともありけるなつのよにものおもふことはわれならねども（一二七）母母(も)（補ね）
わかるともわかれもはてじひとこころうさはしはしのことにやはあらぬ（一三七）加羅加羅(あがるのこさじ)
こしみちにけづるともなきたびびとのたむけのかみにつくしはててき（一三八）槌槌(つち)
たなばたのもろてにいそぐささがにのくものころもはかぜやたつらむ（一四一）国国(こく)
かぜはやみあらしのやまのもみぢばもしもにはとまるものとこそきけ（一五八）等閑等閑(らも)
しらずしてなぬかゆくまでなりにけるかずまさるなるはまのまさごを（一六四）国国(しゅしらす)（主知らす）
あきはてぬいまはあふぎもかへしてむなほたのむかとひともこそみれ（一九五）露露(はかなひ)（欠けぞれむ）
あきはててあふぎかへすはうけれどもさすがにいむとみるぞうれしき（一九六）（補けぞれむ）
ひこほしのこころもしらぬたなばたはきのふもけふもものそくやしき（二〇〇）逝逝(し)
かへるかりいづちかゆかむすみなれしきみかとこよのくにならずして（二〇七）新羅新羅(いきかへるつなれし)
かぜふかぬうらみやすらむうしろめたのどかにおもふをぎのはのおと（二一八）為為(おもふ)（欠かぶ）
いはばいへおやのかふこもとしをへてくるひとあれどいとふものかは（一三一）浮浮(ふ)（補かぶ）
しらくものたなびくかたはくゆれどもわかれのそらにまどふころかな（二一三）吾鹵也吾鹵也(ごかたひどかな)
ふくかぜになみのこころやかよふらむはるたつけふのしらかはのみづ（二二二）上上(かみ)
かきくらしふるあはゆきのそでふかみけふくものあとのみえじとすらむ（二三四）媛媛(しらゆきのかみとみし)
ひかげさすとよのあかりにみしかどもかみよのことははやわすれにき（一七四）矢乍矢乍(かずとりにはかに)
いそのかみふるのせがはのみづたえていもにあはずてほどぞへにける（二三五）耐耐(もののふ)
みぬほどのかたみにそふるこころあるをあくなとぞおもふはこがたのいそ（二一四）君事君事(かみこと)
やすらはずおもひたちにしあづまぢにありけるものをはことりのせき（二一八）建建(隼響の子)
おぼつかないかにわれせむすべらきのとよのあかりのいづこともなく（一七三）炎炎(あつき)（欠ほの）
このはるはいかでむつれんとしをへてあひみでこひんほどのかたみに（一九〇）（補ほの）

みやこにはたれをかきみはおもふらむみやこにはみなきみをこふめり（二一九）**絡**絡(からむ)
あきかぜのさよふけがたにおとのせばかならずとへよわれとこたへん（二三七）（欠ね）
たそやこのなるとのもとにおとするはとまりもとむるあまのつりぶね（二四一）**母**母(もと)（補ね）
おもへきみちぎらぬよひのつきだにもひとにしられでいづるものかは（二三〇）**落也**落也(しぬとは)（欠な）
はまちどりいづこになくぞつきまつとあかしのうらとおもふなるべし（二二九）**喪還**喪(し)還(しりぞく)（補な）
ちぎりありてまたはこのよにうまるともおもがはりしてみもやわすれむ（一四九）**谷辛**谷辛(やしむ)
わかれぢはいつもなげきのつきせぬにいとどわびしきあきのゆふぐれ（二一二）**末**末(いな)
うしろめたひとことぬしやいかならむたえまにわぶるくめのいはばし（二四九）**会絡**会絡(かひらく)
しのびねもくるしきものをほととぎすいざなうのはなのかげにかくれむ（二五〇）**母**母(ぼ)
ひとしれずかへることをきくからにひとのうへともおもほえぬかな（二三九）**会言祇**会言祇(かひのべるし)
いかなりしときのみづくきかかりけむとみればたえてものぞかなしき（二三六）**癸酉**癸酉(きたみのり)
こひしともえやはいぶきのさしもぐさよそにもゆれどかひなかりけり（二五二）**丙**丙(ひやふ)
なつころもうすきたのみにたのませであつきころもをかへやしてまし（二四〇）**榯枝**榯(きにころ)（木に時(ころ)）枝(つつかへ)
さごろもにかたしくそでのつゆけきをいかにしてかはきみにかすべき（二四二）**定里**定里(いへ家にしゅ・かみ正)

▼王統
むべしこそかへりしそらもかすみつつはなのあたりはたちうかりしか（二二五）**相食**相食(たちかじらす)
けふけふとひとをたのめぬやまのはもかくやつきひをすぐしきぬらむ（二三一）**月**月(じく)
いにしへもちぎるこころにむすびけむころものつまはとくやとけずや（二四八）**日**日(ひ)
しらつゆのむすぶばかりにはなをみてこはたがかこつむらさきのゆゑ（一七二）**象**象(きば)
はちすのみおもふをいとどうきはにはつゆにてもなほこころおくべし（二六八）**光**光(みつ)
あはれてふことのはいかでみてしかなわびはつるみのなぐさめにせむ（二四六）**明**明(あかるく)

むすぶてのしづくににごるきみよりもあかずもききしきみがこゑかな（二四四）挑者 挑者（かかぐじむ）
こはさらにいるやまみづのをしどりにをしとやあとをみせずなりぬる（二三二）麻等 麻等（あさら）
こころにもあらぬわかれをはこがたのいそぐをかつはうらみつるかな（二一五）杜尾 杜尾（みつばここからくそ（糞）たれる）
わすられぬひとのうちにはわすれぬをこふらんひとのうちにまつやは（二二〇）内 内（うち）
あひおもはぬひとのこころをあはゆきのとけでしのぶるわれやなになり（二四三）明昭 明昭（あけるあき）
みちのくにころものせきはたちぬれどまたあふさかはたのもしきかな（一八五）朋 朋（なかま）
としをへていのるしるしはちはやぶるかみもあはれときかざらめやは（二四五）顚 顚（もと）
いせをのやあまとわがみはなりぬらんそでのうらなるなみだかこへば（二三八）君事 君事（かみへん）
きみがやどはりまがたにもあらなくにあかしもはてでかへりぬるかな（一八八）矢也 矢也（ならべるかな）
けふよりはひとへにたのむわぎもこがみをむつまじみころもたつとて（二四七）七得 七得（しってにもつ）

▼安麻の手引

ゆきずりにみつるやまゐのころもでをめづらしとこそかみはみるらし（二六七）原乎 夜蘇之麻我
おとにきくこやすべらぎのみかきもりいとしもこひによるはもえねど（二六九）尓 伊母尓見
かしかましひとよばかりのふしによりなにかはひとのたけくうらむる（二六四）葉我多 可奈師家
ここながらそでぞつゆけきくさまくらとをちのさとのたびねとおもへば（二五七）刀祢河泊乃
くれにもといふべきものをおほゐがはゐせきのみづはもるやもらずや（二五三）大伴乃 美津野
ひさかたのあまのとながらみしつきのあかでいりにしそらぞこひしき（二六一）安之比奇能
あはぬまのみぎはにおふるあやめぐさねのみなかるるきのふけふかな（二五八）我奈気可
いかにせむうさのつかひはゆるされずこひしきひとはいでのたまみづ（二六五）古非都追
かぜはやみふきあげのはまのかたさらにおもふこころにくらべてもみむ（二五六）我世古我
ながむるをたのむものにてあかしきてただかたぶきしつきのかげみて（二五四）君我牟多

かぜをいたみふなでしのだのあまよりもしづこころなきめをもみるかな（二五一）**思乃許能己呂**
つゆはらふひとしなければふゆのよにおきあかしつるほどをしらなむ（二五九）**能可良　安乎**
おほぶねのぼりのつなのつなゆゑにたゆとはなくてただにやみにし（二六二）**大船尓**
よそにてもほしとぞきみはおもふらむなにおほぞらのつきによそへて（二七一）**母　見牟等於毛**
いそがなむちりもこそすれもみぢするまさきのかづらおそくくるとて（二六〇）**水都登利能**
つのくにのたれとふしやのふしかへりそのはらさへはたかくなりしぞ（二七〇）**等夜乃野尓**
うちかへしおもへばあやしさよごろもここのへきつつたれをこふらむ（二六三）**武蔵野**
いそのかみふるきみちとはしりながらまどふばかりぞけふはこひしき（二三三）**伊利麻治野**
たきみれどけぶりもたたずみづしあれはいかなるおきにみづつかるらむ（二六六）**可美都家**
あふことをひとにかすともおもはぬにそらにきこゆるいづれなるらむ（二五五）**我吉奴尓**
都

海**原乎**　**夜蘇之麻我**久里　伎奴礼杼母　奈良能美也故波　和須礼可祢都母
可敝流散**尓**　**伊母尓見**勢武尓　和多都美乃　於幾都志良多末　比利比弖由賀奈
賀美都家野　久路保乃祢呂乃　久受**葉我多**　**可奈師家**兒良尓　伊夜射可里久母
刀祢河泊乃　可波世毛思良受　多太和多里　奈美尓安布能須　安敝流伎美可母
大伴乃　**美津野**等麻里尓　布祢波弖々　多都多能山乎　伊都可故延伊加武
安之比奇能　夜麻治古延牟等　須流君乎　許々呂尓毛知弖　夜須家久母奈之
宇恵太気能　毛登左倍登与美　伊侶弖伊奈婆　伊豆思牟伎弖可　伊毛**我奈気可**牟
古非都追母　乎良牟等須礼杼　遊布麻夜万　可久礼之伎美乎　於母比可祢都母
和**我世古我**　可反里吉麻佐武　等伎能多米　伊能知能己佐牟　和須礼多麻布奈
君我牟多　由加麻之毛能乎　於奈自許等　於久礼弖乎礼杼　与伎許等毛奈之

安乎祢呂尔　多奈婢久君母能　伊佐欲比尔　物能乎曽於毛布　等**思乃許能己呂**
比登祢呂尔　伊波流毛**能可良**　**安乎**祢呂尔　伊佐欲布久母能　余曽里都麻波母
大船尔　可之布里多弖天　波麻藝欲伎　麻里布能宇良尔　也杼里可世麻之
伊都之可**母**　**見牟等於毛**比師　安波之麻乎　与曽尔也故非無　由久与思乎奈美
水都登利能　多々武与曽比尔　伊母能良尔　毛乃伊波受伎尔弖　於毛比可祢都毛
等夜乃野尔　乎佐藝祢良波里　乎佐乎左毛　祢奈敝古由恵尔　波伴尔許呂波要
武蔵野乃　久佐波母呂武吉　可毛可久母　伎美我麻尓末尔　吾者余利尔思乎
伊利麻治野　於保屋我波良能　伊波為都良　比可婆奴流々々　和尓奈多要曽祢
可美都家野　安蘇夜麻都豆良　野乎比呂美　波比尔思物能乎　安是加多延世武
伊可保呂乃　蘇比乃波里波良　和**我吉奴尔**　**都**伎与良之母与　比多敝登於毛敝婆

二七二～三八四。残り少ない。二七二が手引のひとつ、三四八が為故の末尾の日精潔である。為故及び手引が解読の対象である。

◎かげはさぞおぼろげにてはみえざらむねぬよのつきはくもがくれつつ（二七二）1385
◎わかきこがはかまのまたのたえしよりそのひざかたのみえぬひぞなき（二七三）1386

1385 かげはさぞおぼろげにてはみえざらむねぬよの月はくもがくれつつ（二七二）（前掲『新編国歌大観』第三巻 私家集編Ⅰ 歌集 二二六頁）
1386 わかきこがはかまのまたのたえしよりそのひざかたのみえぬひぞなき（二七三）（二二六頁）

◎よるもゆるあまのはらをもみてしかばただありあけのここちこそすれ（二七四） 1387

◎たれかいはむたれかのこらむあふことのひとよりほかにとまるものかは（二七五） 1388

◎ひたすらにおもひたにしあづまぢにありけるものかはばかりのせき（二七六） 1389

◎あやしくもわがぬれぎぬをきたるかなみかさのやまをひとにかられて（二七七） 1390

◎ふゆさむみたつかはぎりもあるものをなくなくきゐるちどりかなしな（二七八） 1391

◎まつまつほとぞひさしかりけるみちのくにほとどほければたけくまの（二七九） 1392

◎にほひさへにほはざりせばむめのはなをるにもいかにものうからまし（二八〇） 1393

◎みづふかみなにかふせりとおもふらむあらはれやすきせりにぞありける（二八一） 1394

◎かづらきやひとことぬしもたけからずくめのいはばしわたしはてねば（二八二） 1395

◎いはのうへのあやめやちよをかさぬらむけふもさつきのいつかとおもへば（二八三） 1396

1387 よるもゆるあまのはらをもみてしかばただありあけの心ちこそすれ（二七四）（二二六頁）

1388 たれかいはむたれかのこらむあふ事の人よりほかにとまるものかは（二七五）（二二六頁）

1389 ひたすらにおもひたにし東ぢにありけるものかはばかりのせき（二七六）（二二六頁）

1390 あやしくもわがぬれぎぬをきたるかなみかさの山を人にかられて（二七七）（同二二六頁）

1391 ふゆさむみたつかはぎりもあるものをなくなくきゐるちどりかなしな（二七八）（同二二六頁）

1392 まつまつほとぞ久しかりけるみちのくにほとどほければたけくまの（二七九）（同二二六頁）

1393 にほひさへにほはざりせばむめのはなをるにもいかにものうからまし（二八〇）（同二二六頁）

1394 みづふかみなにかふせりとおもふらむあらはれやすきせりにぞありける（二八一）（同二二六頁）

1395 かづらきやひとことぬしもたけからずくめのいはばしわたしはてねば（二八二）（同二二六頁）

1396 いはのうへのあやめやちよをかさぬらむけふもさつきのいつかとおもへば（二八三）（同二二六頁）

1397 ◎いはふなるいはのあやめもけふよりはちよのはじめにひきはじむべき（二八四）

1398 ◎よのほどのつまとのみなるあやめをもまだみぬほどはいつかとぞおもふ（二八五）

1399 ◎あやめぐさねぬよのそらのほととぎすまづあけぼののこゑをきかばや（二八六）

1400 ◎しもかとておきてみつればつきかげにみてまがはせるあさぼらけかな（二八七）

1401 ◎うぶねさすうぢのかはをさかずかずにわれのみなげくなみのうへかな（二八八）

1402 ◎なかなかにものおもひそめてねぬるよははかなきゆめもえやはみえける（二八九）

1403 ◎むつまじきなつのころもをぬぎすてていとされがたきあせはじきかな（二九〇）

1404 ◎いにしへのあまのてこらがおりぬのもさらせばさるるものにやはあらぬ（二九一）

1405 ◎きみがためやほよのかみをかけつつもなほすぢごとにいのらるるかな（二九二）

1406 ◎はるかぜによのふけゆけばさくらばなちりもやするとうしろめたさに（二九三）

1397 いはふなるいはのあやめもけふよりはちよのはじめにひきはじむべき（二八四）（同二二六頁）

1398 よのほどのつまとのみなるあやめをもまだみぬほどはいつかとぞおもふ（二八五）（同二二六頁）

1399 あやめぐさねぬよのそらのほととぎすまづあけぼののこゑをきかばや（二八六）（同二二六頁）

1400 しもかとておきてみつれば月かげにみてまがはせるあさぼらけかな（二八七）（同二二六頁）

1401 うぶねさすうぢのかはをさかずかずにわれのみなげくなみのうへかな（二八八）（同二二六頁）

1402 なかなかにものおもひそめてねぬるよははかなきゆめもえやはみえける（二八九）（同二二六頁）

1403 むつまじきなつのころもをぬぎすてていとされがたきあせはじきかな（二九〇）（同二二六頁）

1404 いにしへのあまのてこらがおりぬのもさらせばさるるものにやはあらぬ（二九一）（同二二六頁）

1405 君がためやほよのかみをかけつつもなほすぢごとにいのらるるかな（二九二）（同二二六頁）

1406 はるかぜによのふけゆけばさくらばなちりもやするとうしろめたさに（二九三）（同二二六頁）

◎ちらすまつはなのこころもみえぬらしけふよりのちはふかばふけかぜ（二九四）1407

◎ちぎりてしことのたがふぞたのもしきつらさもかくやかはるとおもへば（二九五）1408

◎おぼつかなくろどにみゆるきくのはなあけてののちぞくやしかりける（二九六）1409

◎こひしさのさむるよもなきなかなればゆめとぞおもふうつつならねば（二九七）1410

◎ゆきふりのすずのおとにやむらどりのよをうづらとてなきかくれなむ（二九八）1411

◎うのはなのかきねがくれにほととぎすわかしのひねといつれほとへぬ（二九九）1412

◎ひとしれずかきねがくれのほととぎすことかたらはでなかぬよぞなき（三〇〇）1413

◎をちへゆきこちこせがはをたれしかもいろさりがたきみどりそめけむ（三〇一）1414

◎そへてわがあはぬめをさへなげくかなものおもふときはまことなりけり（三〇二）1415

◎いもとねばいはとのそらもさしくもりそのよばかりはあけずもあらなむ（三〇三）1416

1407 ちらすまつはなの心もみえぬらしけふよりのちはふかばふけ風（二九四）（同二二一六頁）

1408 ちぎりてしことのたがふぞたのもしきつらさもかくやかはるとおもへば（二九五）（同二二一六頁）

1409 おぼつかなくろどに見ゆるきくのはなあけてののちぞくやしかりける（二九六）（同二二一六頁）

1410 こひしさのさむるよもなきなかなればゆめとぞおもふうつつならねば（二九七）（同二二一六頁）

1411 ゆきふりのすずのおとにやむらどりのよをうづらとてなきかくれなむ（二九八）（同二二一六頁）

1412 卯花のかきねがくれにほととぎすわかしのひねといつれほとへぬ（二九九）（同二二一六頁）

1413 ひとしれずかきねがくれのほととぎすことかたらはでなかぬよぞなき（三〇〇）（同二二一六頁）

1414 をちへゆきこちこせがはをたれしかもいろさりがたきみどりそめけむ（三〇一）（同二二一六頁）

1415 そへてわがあはぬめをさへなげくかなものおもふときはまことなりけり（三〇二）（同二二一六頁）

1416 いもとねばいはとのそらもさしくもりそのよばかりはあけずもあらなむ（三〇三）（同二二一六頁）

◎あきのよのよかぜをさむみわぎもこがころもをうつにめをさましつつ（三〇四） 1417
◎かへさずはほどもこそふれあふことをいかにかすべきけふのくれをば（三〇五） 1418
◎いにしへのいろしかはらぬものならばはなそむかしのかたみならまし（三〇七） 1419
◎ことのねにあやなくこよひかされてつきみてあかすなけきをやせむ（三〇八） 1420
◎かみのもりいがきのそまにあらねどもいたづらになるくれをいかにせん（三〇九） 1421
◎もみぢはのいろをたづねているひともおもはぬやまをおもふらむやぞ（三一〇） 1422
◎もみぢみてやまべにけふはくらしてむあはれあそぎいもとぬるとこ（三一一） 1423
◎おぼつかなまがきのきくやいかならむつゆにおかせてものをこそおもへ（三一二） 1424
◎もろともにまつべきつきをまたずしてひとりもそらをながめけるかな（三一三） 1425
◎なつびきのいとにはあらずひとひよりくるしかるともしらぬなるべし（三一四） 1426

1417 あきのよのよかぜをさむみわぎもこがころもをうつにめをさましつつ（三〇四）（同二二六頁）
1418 かへさずはほどもこそふれあふ事をいかにかすべきけふのくれをば（三〇五）（同二二六頁）
1419 いにしへのいろしかはらぬものならばはなそむかしのかたみならまし（三〇七）（同二二六頁）
1420 ことのねにあやなくこよひかされて月みてあかすなけきをやせむ（三〇八）（同二二六頁）
1421 かみのもりいがきのそまにあらねどもいたづらになるくれをいかにせん（三〇九）（同二二六頁）
1422 もみぢはのいろをたづねているひともおもはぬやまをおもふらむやぞ（三一〇）（同二二六頁）
1423 もみぢみてやまべにけふはくらしてむあはれあそぎいもとぬるとこ（三一一）（同二二六頁）
1424 おぼつかなまがきのきくやいかならむつゆにおかせてものをこそ思へ（三一二）（同二二六頁）
1425 もろともにまつべき月をまたずしてひとりもそらをながめけるかな（三一三）（同二二六頁）
1426 なつびきのいとにはあらず一日よりくるしかるともしらぬなるべし（三一四）（同二二六頁）

◎まゆごもりふしわづらはばなつびきのてびきのいとはたえずぞあらまし（三一五） 1427
◎はるのよのやみにこころのまどへどものこれるはなをいかがおもはぬ（三一六） 1428
◎ももしきのみかぎのうちにはるとめていくちよまでのはなをみてしか（三一七） 1429
◎はこどりのあけてののちはなげくともねぐらながらのこゑをきかばや（三一八） 1430
◎しるらむとつつむまくらのほどみればいかにいひてかちりはらふらむ（三一九） 1431
◎いづといるとあまつそらなるここちしてものおもはするあきのよのつき（三二〇） 1432
◎うたたねのはしともこよひみゆるかなゆめぢにわたすなにこそありけれ（三二一） 1433
◎おしはりてゆみのふくろとしるしるやおもはぬやまのものをいるらむ（三二二） 1434
◎きくひとやいかがおもはむきみによりただけふばかりすくすとおもへど（三二三） 1435
◎くもかかるみねだにとほきものならばいるよのつきはのどけからまし（三二四） 1436

1427 まゆごもりふしわづらはばなつびきのてびきのいとはたえずぞあらまし（三一五）（同二二六頁）
1428 はるのよのやみに心のまどへどものこれるはなをいかがおもはぬ（三一六）（同二二六頁）
1429 ももしきのみかぎのうちにはるとめていくちよまでのはなをみてしか（三一七）（同二二六頁）
1430 はこどりのあけてののちはなげくともねぐらながらのこゑをきかばや（三一八）（同二二七頁）
1431 しるらむとつつむまくらのほどみればいかにいひてかちりはらふらむ（三一九）（同二二七頁）
1432 いづといるとあまつそらなるここちしてものおもはする秋のよの月（三二〇）（同二二七頁）
1433 うたたねのはしともこよひ見ゆるかなゆめぢにわたすなにこそありけれ（三二一）（同二二七頁）
1434 おしはりてゆみのふくろとしるしるやおもはぬやまのものをいるらむ（三二二）（同二二七頁）
1435 きく人やいかがおもはむきみによりただけふばかりすくすとおもへど（三二三）（同二二七頁）
1436 くもかかるみねだにとほきものならばいるよのつきはのどけからまし（三二四）（同二二七頁）

1437 ◎ひとしれぬなかはうつつぞなからましゆめさめてのちわびしかりけり（三三一六）
1438 ◎ゆめならばあはするひともありなましなになかなかのうつつなるらむ（三三一七）
1439 ◎わかれてもたちかへるべきなかなれどいなばこひしとおもふべきかな（三三一八）
1440 ◎こまほしとおもふこころはありながらなこそのせきをつつまるるかな（三三一九）
1441 ◎おぼつかなよをそむきにしやまぶしもいかがあるらむあきのつきをば（三三二〇）
1442 ◎あふことのとどこほるこそわびしけれさゆるたもとはとけばとけなむ（三三二一）
1443 ◎はらふべきともまどはせるをしどりもよはにやなげくけさのあさじも（三三二二）
1444 ◎ちぎりあらばたびのそらなるほどばかりすぐるつきひもこころあらなむ（三三二三）
1445 ◎あはゆきのふるほどもなくきえぬるはあすのひかげやかねてさすらむ（三三二四）
1446 ◎いかにせむくめぢのはしのなかぞらにわたしもはてぬみとやなりなむ（三三二五）

1437 ひとしれぬなかはうつつぞなからましゆめさめてのちわびしかりけり（三三一六）（同二二七頁）
1438 ゆめならばあはする人もありなましなになかなかのうつつなるらむ（三三一七）（同二二七頁）
1439 わかれてもたちかへるべきなかなれどいなばこひしとおもふべきかな（三三一八）（同二二七頁）
1440 こまほしとおもふこころはありながらなこそのせきをつつまるるかな（三三一九）（同二二七頁）
1441 おぼつかなよをそむきにしやまぶしもいかがあるらむあきの月をば（三三二〇）（同二二七頁）
1442 あふ事のとどこほるこそわびしけれさゆるたもとはとけばとけなむ（三三二一）（同二二七頁）
1443 はらふべきともまどはせるをしどりもよはにやなげくけさのあさじも（三三二二）（同二二七頁）
1444 ちぎりあらばたびのそらなるほどばかりすぐる月日も心あらなむ（三三二三）（同二二七頁）
1445 あはゆきのふるほどもなくきえぬるはあすのひかげやかねてさすらむ（三三二四）（同二二七頁）
1446 いかにせむくめぢのはしのなかぞらにわたしもはてぬ身とやなりなむ（三三二五）（同二二七頁）

◎わかるともころものせきのなかりせばそでぬれましやみやこながらも（三三六） 1447
◎いへばありいはねばくるしわかれぢをそのほどとだにいかできこえし（三三七） 1448
◎ひかげかくししそでそわすれぬおほぞらのくものうきたるみなれとも（三三八） 1449
◎あやなわがおもひわづらふこともなしあはぬばかりやくるしかるらむ（三三九） 1450
◎はるくれどはなにしられぬうもれぎははなみるひとをよそにこそきけ（三四〇） 1451
◎はるかなるみやまがくれのほととぎすきくひとなしにねをやなくらむ（三四一） 1452
◎つづきにしひとのいのちのながらへばうらみられてもよをやつくさむ（三四二） 1453
◎みやこにはききふりぬらむほととぎすせきのこなたのみこそつらけれ（三四三） 1454
◎ほととぎすなこそのせきのなかりせばきみがねざめにまづぞきかまし（三四四） 1455
◎きみこずはしでのやまにぞほととぎすしばしなこそのせきをすゑまし（三四五） 1456

1447 わかるともころものせきのなかりせばそでぬれましやみやこながらも（三三六）（同二二七頁）
1448 いへばありいはねばくるしわかれぢをそのほどとだにいかできこえし（三三七）（同二二七頁）
1449 ひかげかくししそでそわすれぬおほぞらのくものうきたるみなれとも（三三八）（同二二七頁）
1450 あやなわがおもひわづらふこともなしあはぬばかりやくるしかるらむ（三三九）（同二二七頁）
1451 はるくれどはなにしられぬうもれ木ははなみる人をよそにこそきけ（三四〇）（同二二七頁）
1452 はるかなるみやまがくれのほととぎすきく人なしにねをやなくらむ（三四一）（同二二七頁）
1453 つづきにし人のいのちのながらへばうらみられてもよをやつくさむ（三四二）（同二二七頁）
1454 みやこにはききふりぬらむほととぎすせきのこなたの身こそつらけれ（三四三）（同二二七頁）
1455 ほととぎすなこそのせきのなかりせばきみがねざめにまづぞきかまし（三四四）（同二二七頁）
1456 きみこずはしでの山にぞほととぎすしばしなこそのせきをすゑまし（三四五）（同二二七頁）

◎わかるれどまてばたのもしたなばたのこのよにあはぬなかをいかにせむ（三四六） 1457

◎わぎもこがかつけしわたをとらぬかとみるまでてらすきくのうへのつゆ（三四七） 1458

◎きみこふるなみだやきりてかくしけむひとりぬるよのつきなかりしは（三四八） 1459

▼為故

いはふなるいはのあやめもけふよりはちよのはじめにひきはじむべき（二八四） 射矢 射矢（あきむし）

むつまじきなつのころもをぬぎすてていとされがたきあせはじきかな（二九〇） 白立 白立（あきはじむ）

ちらすまつはなのこころもみえぬらしけふよりのちはふかばふけかぜ（二九四） 柞原 柞原（ならの）

そへてわがあはぬめをさへなげくかなものおもふときはまことなりけり（三〇二） 生 生（をふき）

ことのねにあやなくこよひひかされてつきみてあかすなけきをやせむ（三〇八） 日精潔 日精潔（かせひきよき）

まゆごもりふしわづらはばなつびきのてびきのいとはたえずぞあらまし（三一五） 会 会（あふ）

はるのよのやみにこころのまどへどものこれるはなをいかがおもはぬ（三一六） 君 君（をかかのと）

いづといるとあまつそらなるここちしてものおもはするあきのよのつき（三二〇） 事 事（じ）

わかれてもたちかへるべきなかなれどいなばこひしとおもふべきかな（三二八） 船生 船（お）生 尾＝船の後部

あふことのとどこほるこそわびしけれさゆるたもとはとけばとけなむ（三三一） 之畑 之畑（しとこ）

ちぎりあらばたびのそらなるほどばかりすぐるつきひもこころあらなむ（三三三） 月 月（あらはるところはそら）

ちぎりてしことのたがふぞたのもしきつらさもかくやかはるとおもへば（二九五） 柱丸 柱丸（はしらくしのそへもの・九矢丸）

ひとしれずかきねがくれのほととぎすことかたらはでなかぬよぞなき（三〇〇） 初建 初建（そかぎ）

1457 わかるれどまてばたのもしたなばたのこのよにあはぬなかをいかにせむ（三四六）（同二一七頁）

1458 わぎもこがかつけしわたをとらぬかとみるまでてらすきくのうへのつゆ（三四七）（同二一七頁）

1459 きみこふるなみだやきりてかくしけむひとりぬるよの月なかりしは（三四八）（同二一七頁）

かみのもりいがきのそまにあらねどもいたづらになるくれをいかにせん（三〇九）　乙　乙（いつ）

もろともにまつべきつきをまたずしてひとりもそらをながめけるかな（三一三）　酉　酉（にし）

ひかげかくししそでそわすれぬおほぞらのくものうきたるみなれとも（三三八）　酉金　酉金（なるかかげぬ）

あやなわがおもひわづらふこともなしあはぬばかりやくるしかるらむ（三三九）　羅九矢　羅九矢（つらぬおはりなしや）

はるかなるみやまがくれのほととぎすきくひとなしにねをやなくらむ（三四一）　丸　丸（がむ）

うたたねのはしともこよひみゆるかなゆめぢにわたすなにこそありけれ（三二一）　日精潔　日精潔（かなれるけち）

わかきこがはかまのまたのたえしよりそのひざかたのみえぬひぞなき（二七三）　相無　相無（たがひきょ）

にほひさへにほはざりせばむめのはなをるにもいかにものうからまし（二八〇）　生去　生去（せひさりし）

みづふかみなにかふせりとおもふらむあらはれやすきせりにぞありける（二八一）　宮　宮（みかどがすむ）（欠き）

いはのうへのあやめやちよをかさぬらむけふもさつきのいつかとおもへば（二八三）　擦尾　擦尾（さつふもと）（補き）

おぼつかなくろどにみゆるきくのはなあけてのちぞくやしかりける（二九六）　掟　掟（おきて）（欠む）

こひしさのさむるよもなきなかなればゆめとぞおもふうつつならねば（二九七）　止克　止克（とめしのぶ）（補む）

をちへゆきこちこせがはをたれしかもいろさりがたきみどりそめけむ（三〇一）　男　男（だむ）

もみぢはのいろをたづねているひともおもはぬやまをおもふらむやぞ（三一〇）　立　立（おもひを（立てむ））

ひとしれぬなかはうつつぞなからましゆめさめてのちわびしかりけり（三二六）　顛　顛（のちまつとかけり）（顛末（てんまつ））

みやこにはききふりぬらむほととぎすせきのこなたのみこそつらけれ（三四三）　好　好（こふ）（欠ま）

ほととぎすなこそのせきのなかりせばきみがねざめにまづぞきかまし（三四四）　山　山（みね）（補ま）

かづらきやひとことぬしもたけからずくめのいはばしわたしはてねば（二八二）　為　為（い）（欠み）

きみがためやほよのかみをかけつつもなほすぢごとにいのらるるかな（二九二）　民　民（たから）（補み）

きみこずはしでのやまにぞほととぎすしばしなこそのせきをすゑまし（三四五）　女　女（じ）

わかるれどまてばたのもしたなばたのこのよにあはぬなかをいかにせむ（三四六）　無　無（む）（欠き）

かげはさぞおぼろげにてはみえざらむねぬよのつきはくもがくれつつ（二七二）　路母　路母（つかれぬも）（補き）

きくひとやいかがおもはむきみによりただけふばかりすくすとおもへど（三二三）
くもかかるみねだにとほきものならばいるよのつきはのどけからまし（三二四）
あやめぐさねぬよのそらのほととぎすまづあけぼののこゑをきかばや（二八六）
はこどりのあけてののちはなげくともねぐらながらのこゑをきかばや（三一八）

あはゆきのふるほどもなくきえぬるはあすのひかげやかねてさすらむ（三三四）

たれかいはむたれかのこらむあふことのひとよりほかにとまるものかは（二七五）
うぶねさすうぢのかはをさかずかずにわれのみなげくなみのうへかな（二八八）
はるかぜによのふけゆけばさくらばなちりもやするとうしろめたさに（二九三）
よのほどのつまとのみなるあやめをもまだみぬほどはいつかとぞおもふ（二八五）
しもかとておきてみつればつきかげにみてまがはせるあさぼらけかな（二八七）
ゆきふりのすずのおとにやむらどりのよをうづらとてなきかくれなむ（二九八）
いもとねばいはとのそらもさしくもりそのよばかりはあけずもあらなむ（三〇三）
あきのよのよかぜをさむみわぎもこがころもをうつにめをさましつつ（三〇四）
いにしへのいろしかはらぬものならばはなそむかしのかたみならまし（三〇七）
もみぢみてやまべにけふはくらしてむあはれあそぎいもとぬるとこ（三一一）
なつびきのいとにはあらずひとひよりくるしかるともしらぬなるべし（三一四）
しるらむとつつむまくらのほどみればいかにいひてかちりはらふらむ（三一九）
きみこふるなみだやきりてかくしけむひとりぬるよのつきなかりしは（三四八）

明 明《みよふ》（欠る）
募 募《ぼ》（補る）
聲大好 聲《ほめぬら＝等》　大　好《ほめぬすき》（欠か）
聲聞 聲聞《ねかぐ》（補か）（欠える）
相之 相之《さふの》（補える）（欠ひふ）
栄 栄《ほまれ》（補ひふ）
畝 畝《ぶ》
籠代高羽 籠代高羽《るとしすぐるは》
目 目《みる》
露 露《あらは》
総 総《す》（欠さ）
根尊 根尊《もととの》（補さ）
生言 生言《うみごむ》
米栗喪 米《み》栗《かたし》喪《し》
矢馬初 矢《し》馬《ば》初《もと》
国 国《ひと人ど土しらする》
柞原 柞原《はらふがむ》
日精潔 日《か》精潔《くはしけつ》

▼安麻の手引

はるくれどはなにしられぬうもれぎははなみるひとをよそにこそきけ（三四〇）海原平

ももしきのみかぎのうちにはるとめていくちよまでのはなをみてしか（三一七）伊母尓見

まつまつほとぞひさしかりけるみちのくにほとどほければたけくまの（二七九）賀美都家野　久

うのはなのかきねがくれにほととぎすわかしのひねといつれほとへぬ（二九九）刀祢河泊乃　可

ゆめならばあはするひともありなましなになかなかのうつつなるらむ（三二七）津野等麻里尓

ひたすらにおもひたにしあづまぢにありけるもののかはばかりのせき（二七六）安之比奇能

よるもゆるあまのはらをもみてしかばただありあけのここちこそすれ（二七四）太氣能　毛

なかなかにものおもひそめてねぬるよははかなきゆめもえやはみえける（二八九）於母比可祢

わかるともこころものせきのなかりせばそでぬれましやみやこながらも（三三六）和我世古我　可反里吉麻

つづきにしひとのいのちのながらへばうらみられてもよをやつくさむ（三四二）君我牟

こまほしとおもふこころはありながらなこそのせきをつつまるるかな（三二九）乎曽於毛布　等思乃許

いへばありいはねばくるしわかれぢをそのほどとだにいかできこえし（三三七）尓　伊波流

はらふべきともまどはせるをしどりもよはにやなげくけさのあさじも（三三二）佐欲布久母能

おぼつかなよをそむきにしやまぶしもいかがあるらむあきのつきをば（三三〇）大船尓　可之

いかにせむくめぢのはしのなかぞらにわたしもはてぬみとやなりなむ（三三五）之可母　見牟等

ふゆさむみたつかはぎりもあるものをなくなくきゐるちどりかなしな（二七八）水都登利能　多

あやしくもわがぬれぎぬをきたるかなみかさのやまをひとにかられて（二七七）等夜乃

かへさずはほどもこそふれあふことをいかにかすべきけふのくれをば（三〇五）吉　可毛可久

いにしへのあまのてこらがおりぬのもさらせばさるるものにやはあらぬ（二九一）伊利麻治野　於

わぎもこがかつけしわたをとらぬかとみるまでてらすきくのうへのつゆ（三四七）可美都家野

おぼつかなまがきのきくやいかならむつゆにおかせてものをこそおもへ（三一二）伊可保

おしはりてゆみのふくろとしるしるやおもはぬやまのものをいるらむ（三二一）乃波里波良

海原乎 夜蘇之麻我久里 伎奴礼杼母 奈良能美也故波 和須礼可祢都母

可敝流散尓 **伊母尓見**勢武尓 和多都美乃 於幾都志良多末 比利比弖由賀奈

賀美都家野 **久**路保乃祢呂乃 久受葉我多 可奈師家兒良尓 伊夜射可里久母

刀祢河泊乃 **可**波世毛思良受 多太和多里 奈美尓安布能須 安敝流伎美可母

大伴乃 美**津野等麻里尓** 布祢波弖々 多都多能山乎 伊都可故延伊加武

安之比奇能 夜麻治古延牟等 須流君乎 許々呂尓毛知弖 夜須家久母奈之

宇恵**太気能** **毛**登左倍登与美 伊[亻弖]弖伊奈婆 伊豆思牟伎弖可 伊毛我奈気可牟

古非都追母 乎良牟等須礼杼 遊布麻夜万 可久礼之伎美乎 **於母比可祢**都母

和我世古我 **可反里吉麻**佐武 等伎能多米 伊能知能己佐牟 和須礼多麻布奈

君我牟多 由加麻之毛能乎 於奈自許等 於久礼弖乎礼杼 与伎許等毛奈之

安乎祢呂尓 多奈婢久君母能 伊佐欲比尓 物能**乎曽於毛布** **等思乃許**能己呂

比登祢呂**尓** **伊波流**毛能可良 安乎祢呂尓 伊**佐欲布久母能** 余曽里都麻波母

大船尓 **可之**布里多弖天 波麻藝欲伎 麻里布能宇良尓 也杼里可世麻之

伊都**之可母** **見牟等**於毛比師 安波之麻乎 与曽尓也故非無 由久与思乎奈美

水都登利能 **多**々武与曽比尓 伊母能良尓 毛乃伊波受伎尓弖 於毛比可祢都毛

等夜乃野尓 乎佐藝祢良波里 乎佐乎左毛 祢奈敝古由恵尓 波伴尓許呂波要

武蔵野乃 久佐波母呂武**吉** **可毛可久**母 伎美我麻尓末尓 吾者余利尓思乎

伊利麻治野 **於**保屋我波良能 伊波為都良 比可婆奴流々々 和尓奈多要曽祢

可美都家野 安蘇夜麻都豆良 野乎比呂美 波比尓思物能乎 安是加多延世武

伊可保呂乃 蘇比**乃波里波良** 和我吉奴尓 都伎与良之母与 比多敝登於毛敝婆

◇能宣集

○**こ**もりえの**み**きはの**した**にけ**ふ**まつ**と**ねざしつもれるあやめくさか**な** 1460
○かりにて**もた**のむべ**し**やはを**みな**へし**ふ**くかぜ**ごと**になびくこころは 1461
○ひ**と**めの**みも**るやまに**な**くよ**ぶこ**どり**し**のびに**た**れかあひこたふらむ 1462
○**した**ひ**も**の**こ**ころ**と**けたるよは**な**くてたのむるにの**み**あ**ふ**ことにする 1463
○か**なし**て**ふこと**はよのつね**み**になればいはむか**た**なき**もの**にやはあらぬ 1464
◎あらいその**なみ**まにお**ふ**る**たま**も**た**にわが**こと**ものはおもひみだれ**し** 1465
○**し**ぐれする**こ**のし**た**つゆをはら**ふ**まに**もみ**ぢい**と**ふとみえぬべきか**な** 1466
○あ**ふ**さかのせきは**こと**にもお**も**ほえずき**み**にこえ**た**るもの**しな**ければ 1467

◎は次の通り解ける。

1460 ○○二一四　こもり江の汀の下に今日まつとねざしつもれるあやめ草かな（前掲『新編国歌大観』第三巻　私家集　一二五頁）（夫木和歌集　一〇六九七）
1461 ○○二二六　かりにてもたのむべしやはをみなへしふくかぜごとになびくこころは（同一二五頁）
1462 ○○二五四　ひとめのみもる山になくよぶこどりしのびにたれかあひこたふらん（同一二六頁）
1463 ○○二九四　したひものこころとけたるよはなくてたのむるにのみあふごとにする（同一二六頁）
1464 ○○三〇四　かなしてふことはよのつねみになればいはむかたなきものにやはあらぬ（同一二七頁）
1465 ○○二九六　あらいそのなみまにおふるたまもだにわがことものはおもひみだれじ（同一二七頁）
1466 ○○三八六　しぐれするこのしたつゆをはらふまにもみぢいとふとみえぬべきかな（同一二九頁）
1467 ○○四四〇　あふさかのせきはことにもおもほえずきみにこえたるものしなければ（同一三〇頁）

あらいそのなみまにおふるたまもだにわがことものはおもひみだれじ
おおひみこもとそのなあいがみはらにわまもるものにたたれしたまふ
王日精潔元その名吾初が柞原に倭護る者に立たれし給う

◇恵慶法師集

○か**み**まつる**し**るしありて**も**ほ**と**とぎすけ**ふ**はつ**こ**ゑをまちで**た**るか**な** 1468
◎**ふた**ばよりあひおほ**し**て**もみ**てしか**な**けふちぎりつるのべの**こ**まつ**と** 1469
○**ふ**るさ**と**を**こ**ふる**たも**とはき**し**ちか**み**おつるやまみづいづれとも**な**し 1470
○いそ**ふ**りにさわぐ**なみだ**にたかければみねの**こ**のは**も**けふは**と**まら**じ** 1471

◎は次の通り解ける。

ふたばよりあひおほしてもみてしかなけふちぎりつるのべのこまつと
ひみこまつるちふなきのほとへばつかおもてあけてふのたよりしりし
日精潔祀る地船生の穂訪へば冢おもて開けて譜の便り知りし

1468 ○○○○七　神まつるしるしありても郭公けふはつこゑをまちでたるかな（同『新編国歌大観』第三巻　私家集　一八○頁）
1469 ○○○二七　ふた葉よりあひおほしても見てしかなけふちぎりつるのべのこまつと（同一八○頁）
1470 ○○○五二　ふるさとをこふるた本はきしちかみおつる山水いづれともなし（同一八一頁）
1471 ○○一二四　いそふりにさわぐなみだにたかければみねのこのはもけふはとまらじ（同一八二頁）

◇好忠集

◎さむ**しと**て**み**ちをやすら**ふ**ほど**こ**そあれい**も**がりと**だ**におもひたち**な**ば 1472

◎うづ**み**びの**した**にうきみ**とな**げきつつはかなくきえむ**こ**とをしぞお**もふ** 1473

◎は次の通り解ける。

さむしとてみちをやすらふほどこそあれいもがりとだにおもひたちなば

したごふとなをかりいれてちぢおもひあすにみはらほさたもとむぞとや

順と名を借りいれて千々思ひ明日に柞原穂為故求むとぞや

うづみびのしたにうきみとなげきつつはかなくきえむことをしぞおもふ

ひみこのくにきえむなげきなをうつしつたふときおそしもうつはみかど

日精潔の国消えむ歎き名を写し伝ふ　時遅しも討つは帝

併せて、こぞ　みはら　ふなきにうもれし　をかか　さた　くなうち　もじ　やそ　ひみこのふ　と

はたと　えりし　てびき　ととむっつ　たつ　おお　すぢ　あいをともに　み　きけなむ

過去　三原船木に埋もれし大好　為故　槌討ち　文字八十　日精潔の譜と　二十選りし手引　十と六つ

立つ王筋　吾初を共に見　聞けなむ

一〇〇〇年代の歌合歌・私家集の総数と源順の八文字を含む歌の数をみる。拾遺集、後拾遺集の時代である。

1472 〇〇三〇五　寒しとて道をやすらふほどこそあれ妹がりとだに思ひたちなば（同『新編国歌大観』第三巻　私家集　五四頁）

1473 〇〇三四五　埋づみ火の下に憂きみとなげきつつはかなく消むことをしぞ思ふ（同六〇頁）

左大臣家歌合（四二首中〇）、金玉和歌集（七八首中一首[1474]）、重之集（四四六首中七首）、寛弘四年一月～五年二月公任前十五番歌合（三〇首中一首[1475]）、後十五番歌合（三〇首中〇）、三十六人撰（一五〇首中二首[1476]）、和歌九品（一八首中〇）、紫式部集（一五三首中三首[1477]）、万寿元年高陽院行幸和歌（一七首中〇）、東宮学士義忠歌合（三九首中〇）、上東門院菊合（二〇首中一首[1478]）、源大納言家歌合（二〇首中〇）、源大納言家歌合（一九首中〇）、斎宮貝合（四〇首中一首[1479]）、公任集（七二五首中八首[1480]）、赤染衛門集（七二五首中一四首）、弘徽殿女御歌合（二一首中一首[1481]）、源大納言家歌合（二〇首中〇）、源大納言家歌合（一二首中〇）、左京大夫八条山庄障子絵合（三四首中一首[1482]）、関白蔵人所歌合（二七首中〇）、六条斎院歌合（一二首中〇）、内裏歌合（三〇首中一首[1483]）、六条斎院歌合（二五首中〇）、能因法師集（二五六首中五首[1484]）、六条斎院歌合（二四首中〇）、前麗景殿女御歌合（六首中〇）、

1474 〇〇〇四五
1475 〇〇〇一二
1476 〇〇〇七〇、〇〇〇八六
1477 〇〇〇一〇、〇〇〇五五（既に紹介した）、〇〇一一二
1478 〇〇〇〇四
1479 〇〇〇三七
1480 〇〇〇二六、〇〇二一三、〇〇二六六、〇〇〇六八、〇〇四四一、〇〇四五三、〇〇五五二、〇〇〇八二
1481 〇〇〇〇二
1482 〇〇〇一三
1483 〇〇〇〇九
1484 〇〇〇〇五、〇〇〇四三、〇〇一三七、〇〇一六一、〇〇二一二

六条斎院歌合（六首中〇）、祐子内親王家歌合（五六首中〇）、六条斎院歌合（四二首中〇）、内裏根合（一〇首中〇）、越中守頼家歌合（二〇首中〇）、太宰大弐資通卿家歌合（三〇首中一首[1485]）、播磨守兼房朝臣歌合（二四首中〇）、天喜三年五月三日六条斎院禖子内親王物語歌合（二二首中〇）、六条斎院歌合（二四首中〇）、或所歌合（二八首中〇）、皇后宮春秋歌合（二〇首中〇）、六条右大臣家歌合（三〇首中〇）、六条斎院歌合（一二首中〇）、天喜四年四月三十日皇后宮寛子春秋歌合（一四首中〇）、或所紅葉歌合（一二首中〇）、六条斎院歌合（二四首中〇）、六条斎院歌合（三〇首中〇）、六条斎院歌合（一〇首中〇）、六条斎院歌合（一〇首中〇）、伊勢大輔集（二八九首中四首[1486]）、丹後守公基朝臣歌合（二〇首中〇）、皇后宮歌合（一七首中〇）、滝口本所歌合（二〇首中〇）、前斎院家歌合（二四首中〇）、前斎院家歌合（二〇首中一首[1487]）、西国受領歌合（二〇首中一首[1488]）、前斎院家歌合（二〇首中〇）、気多宮歌合（一〇首中一首[1489]）、摂津守有綱家歌合（一四首中〇）、殿上歌合（一四首中一首[1490]）、前右衛門佐経仲歌合（一四首中〇）、讃岐守顕季家歌合（二〇首中一首[1491]）、承暦二年四月二十八日内裏歌合

1485 〇〇〇二四
1486 〇〇一六一、〇〇〇九五、〇〇一〇六、異同歌　〇〇〇〇五
1487 〇〇〇〇九
1488 〇〇〇一〇
1489 〇〇〇〇六
1490 〇〇〇一〇
1491 〇〇〇〇二

（三六首中一首[1492]）、内裏後番合（三〇首中〇）、前斎院家歌合（二〇首中一首[1493]）、庚申夜歌合（二〇首中一首[1494]）、出雲守経仲歌合（一四首中〇）、多武峰往生院千世君歌合（一二首中〇）、後三条院四宮侍所歌合（一二首中〇）、是子内親王家歌合（二〇首中〇）、若狭守通宗朝臣女子達歌合（二〇首中一首[1495]）、四条宮扇合（二四首中〇）、左近権中将藤原宗通朝臣歌合（三〇首中〇）、従二位親子歌合（三一首中〇）、寛治七年五月五日郁芳門院媞子内親王根合（七七首中〇）、高陽院七番歌合（二四首中〇）、権大納言家歌合（二〇首中〇）、中宮権大夫家歌合（三二首中〇）、左兵衛佐師時家歌合（三二首中〇）、経信集（二七七首中一首[1496]）、東塔東谷歌合（二四首中一首[1497]）。以上四六九〇首中六二首　一・三二％。

◘重之集

○**な**を**た**の**み**ちかの**し**まへ**とこ**ぎくればけ**ふも**ふなぢいにくれぬべきかな[1498]

○あまぐ**もの**の**した**にの**みふ**るわれ**な**ればおもふ**こと**なきをりもぬれけり[1499]

1492 ○○○二六
1493 ○○○四
1494 ○○○一八
1495 ○○○○五
1496 ○○一九二
1497 ○○○一四
1498 ○○○九　名を頼みちかの島へとこぎくればけふもふなぢにくれぬべきかな（『和歌文学大系五二　三十六歌仙集二』　二〇一二年三月一〇日　明治書院発行　二三一頁）
1499 ○○○一二　天雲の下にのみふる我なれば思ふことなき折も濡れけり（同二三一頁）

○お**も**ひいづる**こ**ころにか**なふ**な**みだ**もている**と**くやまはふかから**じ**やは 1500
◎ひ**とな**れぬ**み**づのみまきの**こ**まなれや**た**つな**も**さらにあら**じ**とぞおも**ふ** 1501
○**ふ**ゆくればつららに**み**ゆるい**し**やまの**こ**ほりはか**た**き**もの****と**しら**な**ん 1502
○きさが**た**や**な**ぎさにたちて**み**わたせばつら**しと**お**もふこ**ころやはゆく 1503

◎は次の通り解ける。

ひとなれぬみづのみまきのこまなれやたつなもさらにあらじとぞおもふ
ひみこのさたつづられぬ　ふなきやままとのおもしあなにもなみられとぞ
日精潔の為故綴られぬ　船木山の的重し穴にも名見られとぞ

さて一度何故和歌に源順の名を入れて暗号としたか疑問を出したことがある。毎月集に参加した源順、大中臣能宣、恵慶、曾禰好忠、源重之の五人の歌人が発案したものである。源重之と夫々暗号を残した歌人が揃ったここで解明する。無差別に一〇〇首中一首　源順の名前を含む家集を三つ選択する。仙洞十人集、年中行事歌合、万葉百首聞書である。個別のあまり出て来ないと考える字を各歌集毎に見る。

	おお	ゆ	よ	う	ね	え	たた
仙洞十人集	**一一**首	三〇	三九	二六	二二	**一六**	**一五**

1500 ○○一六八　思ひ出づる心にかなふ涙もて入るとく山は深からじやは（同二五八頁）
1501 ○○二一六　人馴れぬ美豆の御牧の駒なれや立名もさらにあらじとぞ思ふ（同二六九頁）
1502 ○○二九〇　冬来ればつららに見ゆる石山の氷はかたきものと知らなん（同二八一頁）
1503 ○○三一六　象潟やなぎさに立ちて見渡せばつらしとおもふ心やはゆく（同二八五頁）

年中行事歌合	**一九**	二〇	三六	**一九**	**一三**	**一四**	二五
万葉百首聞書	二六	三三	三三	二六	二〇	**一〇**・	二八

ゴシックは二〇首未満で暗号として選択可能か。

おおを含む大中臣能宣は、ゴシックが二つある。年中行事歌合ではなかとみよしので止まる。年中行事歌合では一首ある。万葉百首聞書おおなかとみのよで止まる。一〇字であることもその原因で、暗号作成が困難である。除外。

恵慶はえ・うが問題で、四字であることから仙洞十人集で一首、年中行事歌合でも一首、万葉百首聞書では四首もある。バランスが悪い。暗号を作るには良いが、暗号を解くには不適切である。

曾禰好忠はね・ただが問題で、六字に拘らず、仙洞十人集ではそねよしたで止まり、年中行事歌合、万葉百首聞書でも同じ。除外。

源重之はみなもとしまでは源順と同じで、仙洞十人集、年中行事歌合共一首、万葉百首聞書では二首と安定している。

従って源順か源重之かという選択であるが、涙を源順が含み、既に見たように、暗号作成の実績、その技巧の力、歌人としても歌合での判者、後に勅撰和歌集の撰者、その門弟達の継承の可能性、その交友関係等、源順の選択は多くの議論を要しなかったであろう。なお、隠題の韜晦は六九頁に記述した。

◆赤染衛門集

一〇五〇年前後に成立。

◎お**もふことな**きにもあらず**た**まかづらか**み**をばかけ**じ**いなわづらはし 1504
◎ゆきちが**ふ**せきの**こなた**ぞなげか**し**きいかになる**み**のうらぞ**と**お**も**へば 1505
◎**た**れ**と**また**ふみ**かよふらんうきは**し**のうかりしよい**も**うき**こ**ころか**な** 1506
◎**た**だ**な**らずよき**み**ち**し**つる**こと**こそあれお**も**てなら**ぶ**るけふはうれしな 1507
◎ゆきかへるひ**と**に**こ**ころをそへ**た**らばわが**ふ**るさとは**み**て**も**きな**まし** 1508
◎はる**ごと**にきて**も**みよとい**ふ**け**し**きあらばかすみをわけては**な**も**た**づねん 1509
◎うせぬ**ともみ**は**な**きなら**しふた**ついみはきみがとりつるな**こ**そをしけれ 1510
◎**た**よりに**もこ**ずはいかがはまたれま**し**は**なみ**つる**と**もい**ふ**ぞうれしき 1511
◎を**し**むにしは**な**のちらずはけ**ふもた**だはるゆく**とこ**そよそに**み**ましか 1512

1504 ○○一六二　思ふ事なきにもあらず玉かづらかみをばかけじいな煩はし（『和歌文学大系二〇　加茂保憲女集・赤染衛門集・清少納言集・紫式部集・藤三位集』二〇〇〇年三月一五日　明治書院発行　九八頁）
1505 ○○一九九　行ちがふ関のこなたぞなげかしきいかになるみの浦ぞと思へば（同一〇六頁）
1506 ○○二三二　誰とまたふみ通ふらんうき橋のうかりしよいもうき心哉（同一一三頁）
1507 ○○二三三　ただならずよきみちしつることこそあれおもて並ぶる今日は嬉しな（同一一三頁）
1508 ○○二四五　行帰る人に心を添へたらば我ふる里は見ても来なまし（同一一六頁）
1509 ○○二五六　春ごとに来ても見よといふけしきあらば霞を分けて花も尋ねん（同一一九頁）
1510 ○○二五九　失せぬともみはなきならしふたついみは君が取りつるなこそ惜しけれ（同一二〇頁）
1511 ○○三五五　便りにも来ずはいかがは待たれまし花見つるともいふぞ嬉しき（同一三九頁）
1512 ○○四七三　惜しむにし花の散らずは今日もただ春行くとこそよそに見ましか（同一六一頁）

◎こころぼそたれかけぶりとなるならむはるかにみゆるのべのともしび 1513
◎わがためにきよとおもひしふぢごろもみにかへてそこかなしかりけれ 1514
◎かひろふうらはなにともみえねどもみやこのかたみうれしかりけり 1515
◎なげきこしみちのつゆにもまさりけりなれにしさとをこふるなみだは 1516
◎まことにやをばすてやまのつきはみなよにさらしなのあたりとおもふに 1517

◎は次の通り解ける。

▼王統　既出　一九頁。

おもふことなきにもあらずたまかづらかみをばかけじいなわづらはし月　月(がつ)
ゆきちがふせきのこなたぞなげかしきいかになるみのうらぞとおもへば内　内(なか)（以(い)の子）
たれとまたふみかよふらんうきはしのうかりしよひもうきこころかな七得　七得(なのう)
ただならずよきみちしつることこそあれおもてならぶるけふはうれしな闕　闕(おちる)（＝以）
ゆきかへるひとにこころをそへたらばわがふるさとはみてもきなまし顚　顚(たふる)
はることにきてもみよといふけしきあらばかすみをわけてはなもたづねむ挑者　挑者(いどむこと)
うせぬともみはなきならしふたつゐみはきみがとりつるなこそをしれ泄・君事　泄(もれる)・君事(きみじ)
たよりにもこずはいかがはまたれましはなみつるともいふぞうれしき相食・朋　相食(そふじき)・朋(なかま)

1513 〇〇五〇一　心細誰か煙となるならん遥かに見ゆる野辺のともし火（同一六七頁）
1514 〇〇五一八　我ために着よと思ひし藤衣身にかへてそこ悲しかりけれ（同一七一頁）
1515 〇〇五四〇　貝拾ふ浦は何とも見えねども都のかたみ嬉しかりけり（同一七五頁）
1516 〇〇五四九　歎きこし道の露にもまさりけりなれにし里を恋ふる涙は（同一七七頁）
1517 〇〇五七一　まことにやをば捨山の月はみなよにさらしなのあたりと思ふに（同一八二頁）

をしむにしはなのちらずはけふもただはるゆくとこそよそにみましか杜尾杜尾

こころぼそたれかけぶりとなるならんはるかにみゆるのべのともしび光光（象の子）

わがためにきよとおもひしふぢごろもみにかへてそこかなしかりけれ明明

かひひろふうらはなにともみえねどもみやこのかたみうれしかりけり七兆七兆（＝象）

なげきこしみちのつゆにもまさりけりなれにしさとをこふるなみだは日日

まことにやをばすてやまのつきはみなよにさらしなのあたりとおもふに矢也矢也

杜尾（旧著一七八頁）

一一〇〇年代の歌合歌・私家集の総数と源順の八文字を含む歌の数をみる。金葉集、詞花集、千載集の時代である。

康和二年四月二十八日宰相中将国信歌合（四五首中〇）、備中守仲実朝臣女子根合（一〇首中二首[1518]）、康和四年閏五月二日・同七日内裏艶書歌合（四八首中三首[1519]）、源広綱朝臣歌合（三二首中一首[1520]）、源広綱朝臣歌合（二四首中〇）、左近権中将俊忠朝臣家歌合（六二首中三首[1521]）、堀河百首（堀河院御時百首和歌）

1518 〇〇〇〇五、〇〇〇〇八
1519 〇〇〇〇四、〇〇〇一〇、〇〇〇一九
1520 〇〇〇三〇
1521 〇〇〇一一、〇〇〇二一、〇〇〇二五

（二一九一首中三四首[1522]）、俊頼朝臣女子達歌合（二〇首中一首[1523]）、山家五番歌合（五〇首中〇）、祐子内親王家紀伊集（八五首中二首[1524]）、元永元年十月二日内大臣忠通家歌合（一二首中〇）、内大臣家後度歌合（一二首中〇）、鳥羽殿北面歌合（五〇首中〇）、六条宰相家歌合（三〇首中〇）、雲居寺結縁経後宴歌合（三〇首中〇）、永久百首（永久四年百首）（一三四三首中一二首[1525]）、新中将家歌合（三六首中一首[1526]）、右兵衛督家歌合（三〇首中一首[1527]）、内大臣家歌合（七二首中〇）、内大臣家歌合（四二首中一首[1528]）、内大臣家歌合（六六首中一首[1529]）、内蔵頭長実白河家歌合（一六首中一首[1530]）、

1522　〇〇〇六一、〇〇一六五、〇〇二一一、〇〇二一三、〇〇二六八、〇〇二七〇、〇〇三二五、〇〇三二八、〇〇三二九、〇〇五三二、〇〇五三六、〇〇五五四、〇〇五八三、〇〇六四三、〇〇六五七、〇〇七〇五、〇〇八三二、〇一〇〇七、〇一一二〇、〇一一三四、〇一一三九、〇一二二三、〇一二二四、〇一二四一、〇一三九〇、〇一四七九、〇一四八五、〇一五二九、〇一五七二、異同歌〇〇三三五、〇〇五二〇、〇一一二五、〇一五〇八　棒線為故暗号

1523　〇〇〇〇四

1524　〇〇〇一九、〇〇〇五三

1525　〇〇一三八、〇〇三五七、〇〇三八三、〇〇四〇六、〇〇四一七、〇〇四二六、〇〇四四七、〇〇四六二、〇〇六二〇、〇〇六四〇、〇〇六五三、〇〇六九〇

1526　〇〇〇一九

1527　〇〇〇二三

1528　〇〇〇三一

1529　〇〇〇五五

1530　〇〇〇一四

内蔵頭長実家歌合（三六首中一首[1531]）、関白内大臣家歌合（七〇首中〇）、六条修理大夫集・藤原顕季（四四六首中一〇首[1532]）、永縁奈良房歌合（七〇首中〇）、摂政左大臣家歌合（二〇首中一首[1533]）、散木奇歌集・俊頼（一九一四首中四六首）、殿上蔵人歌合（二九首中〇）、西宮歌合（四〇首中〇）、南宮歌合（三七首中一首[1534]）、住吉歌合（二〇首中〇）、相撲立詩歌合（二〇首中〇）、為忠家初度百首（八五一首中一五首）、中宮亮顕輔家歌合（七二首中一首[1535]）、為忠家後度百首（九二六首中一三首[1536]）、基俊集（二二五首中一首[1537]）、右衛門督家歌合（六首中〇）、久安百首（久安六年御百首）（一五六〇首中二五首[1538]）、顕輔集（二〇七首中〇）、太皇太后宮大進清輔朝臣家歌合（七〇首中一首[1539]）、中宮亮重家朝臣家歌合（一四〇首中

1531 〇〇〇三六
1532 〇〇〇〇六、〇〇〇三五、〇〇一四三、〇〇一五九、〇〇一九一、〇〇一九四、〇〇二〇一、〇〇二五一、〇〇二六七、〇〇二八二
1533 〇〇〇一一
1534 〇〇〇二三
1535 〇〇〇五二
1536 〇〇二六一、〇〇三四七、〇〇四四三、〇〇四五〇、〇〇四五六、〇〇五六一、〇〇五六六、〇〇五七二、〇〇五八四、〇〇六二四、〇〇六六三、〇〇六六七、〇〇六七二
1537 〇〇〇六二
1538 〇〇一五八、〇〇一七六、〇〇一八三、〇〇三六七、〇〇三七五、〇〇四〇〇、〇〇四〇二、〇〇四八六、〇〇五五二、〇〇五七三、〇〇六六二、〇〇六七六、〇〇八八〇、〇〇九七三、〇一〇八四、〇一〇九六、〇一一五九、〇一二八一、〇一二九三、〇一三六六、〇一二三一、〇〇〇四〇、〇〇一〇九、〇〇一一〇、〇〇一五八　棒線安麻の手引暗号
1539 〇〇〇四九

〇)、仁安二年八月太皇太后宮亮平経盛家歌合(一二〇首中一首[1540])、嘉応元年宇治別業和歌(二四首中一首[1541])、実国家歌合(左衛門督実国卿家歌合)(一一七首中三首[1542])、住吉社歌合(一五〇首中四首[1543])、建春門院北面歌合(六〇首中〇)、三井寺山家歌合(八〇首中一首[1544])、広田社歌合(一七五首中五首[1545])、暮春白河尚歯会和歌(二三首中〇)、三井寺新羅社歌合(八一首中〇)、右大臣家歌合(六〇首中一首[1546])、清輔集(清輔朝臣集)(五二〇首中六首[1547])、林葉和歌集・俊恵(一一二八首中一六首)、別雷社歌合(一八〇首中四首[1548])、廿二番歌合(四四首中〇)、治承三十六人歌合(三五八首中〇)、治承三年十月十八日右大臣兼実家歌合(六二首中〇)、頼政集(九〇〇首中一五首)、一品経和歌懐紙(三二首中〇)、文治二年歌合(一七〇首中〇)、御裳濯河歌合(七七首中〇)、宮河歌合(七四首中〇)、俊成五社百首(五一二首中〇)、山家集・

1540 〇〇一〇八
1541 〇〇〇一六
1542 〇〇〇一三、〇〇〇二七、〇〇〇七一
1543 〇〇〇六九、〇〇〇七六、〇〇一四六、〇〇一四九
1544 〇〇〇六四
1545 〇〇〇二〇、〇〇〇七〇、〇〇一〇四、〇〇一三〇、〇〇一六七
1546 〇〇〇〇一
1547 〇〇一七七、〇〇二三六、〇〇三七九、〇〇三九三、〇〇四一三、〇〇四二五
1548 〇〇一二九、〇〇一三三、〇〇一六〇、〇〇一六九

西行（一五五二首中一五首）、西行法師家集（七八七首中一二首[1549]）、聞書集・西行（二六三首中四首[1550]）、文治六年女御入内和歌（三〇四首中三首[1551]）、若宮社歌合（九六首中〇）、建久四年六百番歌合（一二〇〇首中二二首[1552]）、民部卿家歌合（二三首中〇）、民部卿家歌合（二三一首中一首[1553]）、熊野懐紙（一一〇首中〇）、御室五十首（五五五首中六首[1554]）。以上二二一三三首中二九九首　一・四一％。

◇散木奇歌集

〇おいらくの**こし**ふた**へなるみ**なれ**ども**うづゑをつきてわかなをぞつむ[1555]
〇**しら**く**もの**み**ね**こ**す**かぜに**た**だよ**ふと**おもへばたに**に**は**な**ぞちりける[1556]

1549 〇〇一七一、〇〇二六〇、〇〇二九五、〇〇二九七、〇〇三八三、〇〇四四四、〇〇四四七、〇〇五三一、〇〇六〇〇、〇〇六四二、〇〇七四二、〇〇七八四
1550 〇〇〇二六、〇〇〇九五、〇〇一五七、〇〇一七七
1551 〇〇〇七七、〇〇二五四、〇〇二九五
1552 〇〇〇七三、〇〇二八二、〇〇二八五、〇〇三一六、〇〇三八三、〇〇四八〇、〇〇六二三、〇〇七〇一、〇〇七二〇、〇〇七七四、〇〇八二七、〇〇八四三、〇〇九五二、〇〇九五三、〇〇九八六、〇〇九八九、〇一〇一〇、〇一〇二八、〇一〇九〇、〇一一〇一、〇一一四六、〇一一八一　棒線安麻の手引暗号
1553 〇〇〇一七
1554 〇〇〇二九、〇〇五二三、〇〇五六七、〇〇六三九、〇〇六八一、〇〇八五五
1555 〇〇〇三〇　老いらくの腰ふたへなる身なれども卯杖をつきて若菜をぞ摘む（『散木奇歌集　集注篇　上巻』関根慶子著　一九九二年九月二五日　風間書房発行　三二頁）（夫木抄　一五一六三　五六七頁　重要）
1556 〇〇〇七二　白雲の峯こす風にただよふとおもへば谷に花ぞ散りける（同六七頁）

◎もぎたつるこずゑをみればいとどしくあたりをはらふやへざくらかな 1557
◎みなそこにしづめるえだのしづくにはぬるともをらむやまぶきのはな 1558
◎さらしゐのこのしたかげにゆきふればころもでさむしせみはなけども 1559
◎すべらきのみことのすゑしきえせねばけふもひむろにおものたつなり 1560
◎さよふけてやまだのひたにこゑきけばしかならぬみもおどろかれけり 1561（夫木抄〇四六三二）
◎とへかしなみやこひしきたびのいほにしぐれもりそふくさのまくらを 1562
○なごりなくしぐれのそらははれぬれどまたふるものはもみぢなりけり 1563
○ふきまよふあらしとともにたびねするなみだのとこにこのはもるなり 1564
◎こぎもどれみてもしのばんゆふさればいくたのもりにこのはちるなり 1565
○すみがまのけぶりたえたるときにしもやくとこふこそわりなかりけれ 1566

1557 ○○○九○ もぎたつる梢を見ればいとどしく辺りを払ふ八重桜かな（同八〇頁）
1558 ○○一六九 みなそこにしづめる枝のしづくにはぬるともをらむ山ぶきの花（同一四九頁）
1559 ○○三三四 さらし井のこの下かげに行きふれば衣手さむし蝉はなけども（同二六八頁）
1560 ○○三三五 すべ（め）らきのみことの末しきえせねばけふもひむろにおものたつなり（同二六九頁）
1561 ○○四四一 さよふけて山田のひたにこゑ聞けば鹿ならぬ身もおどろかれけり（同三三五頁）
1562 ○○五七二 とへかしな都こひしき旅の庵に時雨もりそふ草の枕を（同四一〇頁）
1563 ○○五七九 名残なくしぐれの空は晴れぬれどまた降るものは紅葉なりけり（同四一四頁）
1564 ○○五八八 吹きまよふ嵐とともに旅ねする涙の床に木の葉もるなり（同四一八頁）
1565 ○○五九六 こぎもどれみても忍ばん夕さればいく田の森にこの葉散るなり（同四二二頁）
1566 ○○六四○ 炭がまの煙たえたる時にしもやくとこふこそわりなかりけれ（同四四五頁）

◎あはゆき**も**ま**だふ**る**とし**にた**な**びけば**こ**ろまどはせるかす**み**とぞみる 1567
◎**た**づねて**もみ**やま**し**りをぞさそ**ふ**べき**な**げき**こ**るにはみちま**ど**ふなり 1568
○**ふ**ぢ**ご**ろ**も**そではあか**し**のうら**な**れやかへるな**みだ**ぞ**と**きぞともなき 1569
◎**たち**かへる**み**や**こ**にだに**も**ひきかへてう**しと**おも**ふこ**と**な**からましかば 1570
◎あまく**だ**るか**みもし**るらむおも**ふこと**む**な**しきもりにゆきていのらば 1571
◎そのくにを**し**の**ぶも**ちすり**と**にかくにねがふ**こ**ころの**みだ**れずもが**な** 1572
◎ほのかに**も**つき**み**るほ**ど**は**な**ぐさまで**こ**ころはなほぞに**し**へか**たぶ**く 1573
◎ぬ**しも**ぬし**とこ**ろもところ**た**と**ふ**べきかたも**な**ぎさによするしらな**み** 1574
○よ**も**のう**みたと**ふるくにのかた**な**ればこころもに**し**へなみよりにけり 1575

1567 ○○六八○　あは雪もまだふる年にたなびけばころまどはせる霞とぞ見る（同四六三頁）
1568 ○○八○二　尋ねてもみやましりをぞさそふべきなげきこるには道まどふなり（『散木奇歌集　集注篇　下巻』関根慶子・古屋孝子著　一九九九年二月二八日　風間書房発行　一四頁）
1569 ○○八一三　藤ごろも袖はあかしの浦なれやかへる涙ぞ時ぞともなき（同一九頁）
1570 ○○八三二　たちかへる都にだにも引きかへてうしと思ふことなからましかば（同三一頁）
1571 ○○八六一　あまくだる神も知るらむ思ふことむなしき森にゆきて祈らば（同四七頁）
1572 ○○九○二　その国をしのぶもちすりとにかくに願ふ心のみだれすもがな（同六六頁）
1573 ○○九一○　ほのかにも月みるほどはなぐさまで心はなほぞ西へかたぶく（同七○頁）
1574 ○○九四四　ぬしもぬしところもところたとふべきかたもなぎさによするしら波（同八五頁）
1575 ○○九五五　よもの海たとふる国のかたなれば心も西へなみよりにけり（同八九頁）

○しかはあれどおもひたたれぬこころこそつみふかきみのほだしなりけれ 1576
◎たがためのなほざりごとにあみだふとものうかるねにとなへしもする 1577
◎はしけやしなれこそさかえいなわれはみだのみくにをこのもしとおもふ 1578
◎したひくるこひのやつこのたびにてもみのくせなれやゆふとどろきは 1579
◎すみれつむしづのたぶさにしなへたるかたみにだにもこふときかばや 1580（夫木抄〇一九四六）
◎としへたるひさのうゐきのこちたさをしらでもひとにみをかふるかな 1581
○かきたえしほどふるかはのそこみればなかれしみをぞおもかげにたつ 1582
◎こがたなのつかのまにだにあはばやとおもふみをしもたやはさくべき 1583
○せたのさとはしのうまふみくちめおほみそこのなみだぞおもかげにたつ 1584
◎あけくれはものおもふことをたくみにてわりなくむねをしるひとぞなき 1585

1576 〇〇九七二 しかはあれど思ひたたれぬ心こそ罪深き身のほだしなりけれ（同九六頁）
1577 〇〇九八四 たがためのなほざりごとにあみだ仏とものうかるねにとなへしもする（同一〇〇頁）
1578 〇〇九九三 はしけやしなれこそさかえいなわれは弥陀のみ国をこのもしと思ふ（同一〇五頁）
1579 〇〇九九九 慕ひくる恋のやつこの旅にても身のくせなれや夕とどろきは（同一一一頁）
1580 〇一〇一三 すみれつむしづのたぶさにしなへたるかたみにだにも恋ふと聞かばや（同一二一頁）
1581 〇一〇二〇 としへたるひさのうゐきのこちたさをしらでも人に身をかふるかな（同一二五頁）
1582 〇一〇八一 かきたえしほどふる河の底見ればなかれしみをぞおもかげにたつ（同一六四頁）
1583 〇一〇八三 小刀のつかのまにだにあはばやと思ふ身をしもたやはさくべき（同一六五頁）
1584 〇一〇八八 瀬田の里橋の馬ふみくちめおほみそこの涙ぞおもかげにたつ（同一六八頁）
1585 〇一〇九五 あけくれは物思ふことをたくみにてわりなくむねを知る人ぞなき（同一七一頁）

◎あ**ふこと**はさゆるあ**した**の**み**づ**な**れやとどこほりつつとくるよ**も**なし 1586
◎**た**まゆかのおま**し**のはしにはだ**ふ**れて**こ**ころはゆきぬき**みな**けれ**ども** 1587
○あ**ふこと**のか**た**こと**し**ける**み**どりこは**な**こそ**も**いふもことぞきこゆる 1588
◎**とし**ふれど**こ**すのきけきの**た**えまより**み**えつつ**な**みはお**も**かげにたつ 1589
○すずかやませきの**こなた**に**とし**ふりてあやしく**もみ**のなりまさるかな 1590
◎ささがには**こ**けの**たもと**に**ふ**るまへど**なみ**だならではくるひとな**し** 1591
◎**こと**わりやいかでかこひ**もしな**ざらむあ**ぶ**くまかはに**みづ**の**た**えなば 1592
◎さくら**だ**にま**こと**ににほ**ふ**ころ**なら**ば**み**ちをあきとはお**も**はざらま**し** 1593
◎**み**ながら**も**ならぬ**こ**ころはほ**ど**もなくいと**ふ**みやこのか**た**ぞこひ**し**き 1594
◎**しみこ**ほるすはの**とな**かのかちわ**た**りうちとけられぬよに**もふ**るかな 1595

1586 ○一〇九七　あふことは冴ゆるあしたの水なれやとどこほりつつとくる夜もなし（同一七二頁）
1587 ○一一〇二　玉床のおましの端にはだふれて心はゆきぬ君なけれども（同一七五頁）
1588 ○一一五五　会ふことのかたことしけるみどり子はなこそもいふもことぞきこゆる（同二〇八頁）
1589 ○一一七五　としふれどこすのきけきのたえまよりみえつつなみはおもかげにたつ（同二一七頁）
1590 ○一二四八　鈴鹿山関のこなたに年ふりてあやしくも身のなりまさるかな（同二五九頁）
1591 ○一二七三　ささがにはこけのたもとにふるまへど涙ならではくる人もなし（同二七三頁）
1592 ○一三一一　ことわりやいかでか恋もしなざらむあぶくま川に水のたえなば（同二九一頁）
1593 ○一三三六　さくらだにまことに匂ふころならば道をあきとは思はざらまし（同三〇一頁）
1594 ○一三四〇　身ながらもならぬ心はほどもなくいとふみやこのかたぞこひしき（同三〇三頁）
1595 ○一四五二　しみこほるすはのとなかのかちわたりうちとけられぬ世にもふるかな（同三五四頁）

◎あはれてふみのことぐさはしもがれてこもろきものはなみだなりけり 1596
◎みはかへてひくひとあらばひざにふすたまのをごともならましものを 1597
○さきのよもまたもこんよのみのほどもけふのさまにておもひしるかな 1598
○あめにまたみづそひぬなりよもすがらものおもふやどにぬえのこゑしつ 1599
◎おもへどもけふぞくやしきひとこころみぬよりさきになにたのみけん 1600
◎いかにしてこころみたらしかはづなくゐでのやまぶきちりまがふとも 1601

◎は次の通り解ける。既出　三六頁。

▼為故（源順を含んでの再現である。同四七四頁。最短三一首。正に　奇歌(すぐれているうた)である。）

もぎたつるこずゑをみればいとどしくあたりをはらふやへざくらかな射矢射矢(とくし)一
もぎたつるこずゑをみればいとどしくあたりをはらふやへざくらかな顛顛(いただき)二六
みなそこにしづめるえだのしづくにはぬるともをらむやまぶきのはな好山好山(したしみそ)(岨)二七
さらしゐのこのしたかげにゆきふればころもでさむしせみはなけども白白(しらむ)二
すめらきのみことのすゑしきえせねばけふもひむろにおものたつなり立柞原立柞(りふきにせ)(木(き)に乍(せ))原(げむ)三
すべ（め）らきのみことのすゑしきえせねはけふもひむろにおものたつなり為為(なす)二八

1596 ○一四九〇　あはれてふ身のことぐさはしもがれてこもろきものは涙なりけり（同三六五頁）
1597 ○一四九一　身はかへてひく人あらばひざにふすたまのをごともならましものを（同三六五頁）
1598 ○一四九二　さきの世も又もこん世の身のほどもけふのさまにて思ひ知るかな（同三四六頁）
1599 ○一五〇五　雨にまた水そひぬなりよもすがら物思ふやどにぬえの声しつ（同三六九頁）
1600 ○一五五二　思へどもけふぞくやしき人心みぬよりさきになにたのみけん（む）（同四〇五頁）
1601 ○一五五七　いかにして心みたらしかはづなくゐでの山吹散りまがふとも（同四〇八頁）

さよふけてやまだのひたにこゑきけばしかならぬみもおどろかれけり生日精潔会生日精 潔 会四
さよふけてやまだのひたにこゑきけばしかならぬみもおどろかれけり民民二九（夫木抄〇四六三一右同）
とへかしなみやここひしきたびのいほにしぐれもりそふくさのまくらを君事君事五
とへかしなみやここひしきたびのいほにしぐれもりそふくさのまくらを女女三〇
こぎもどれみてもしのばんゆふさればいくたのもりにこのはちるなり船生之 船 生之六
あはゆきもまだふるとしにたなびけばころまどはせるかすみとぞみる畑畑（火に田）七
あはゆきもまだふるとしにたなびけばころまどはせるかすみとぞみる無路無路三一
たづねてもみやましりをぞさそふべきなげきこるにはみちまどふなり月 月八
たちかへるみやこにだにもひきかへてうしとおもふことなからましかば（欠は）三二
あまくだるかみもしるらむおもふことむなしきもりにゆきていのらば母（補は）母三三
そのくにをしのぶもちすりとにかくにねがふこころのみだれすもがな（欠る）三四
ほのかにもつきみるほどはなぐさまでこころはなほぞにしへかたぶく明（補る）明（日に月）三五
ほのかにもつきみるほどはなぐさまでこころはなほぞにしへかたぶく柱丸柱（木に主）丸（欠る）九
ぬしもぬしところもところたとふべきかたもなぎさによするしらなみ柱柱（木に主）（補る）一〇
たがためのなほざりごとにあみだふとものうかるねにとなへしもする目露総根目露総根四三
はしけやしなれこそさかえいなわれはみだのみくにをこのもしとおもふ初初一一
したひくるこひのやつこのたびにてもみのくせなれやゆふとどろきは建建（欠む）一二
すみれつむしづのたぶさにしなへたるかたみにだにもこふときかばや乙乙（補む）一三（夫木抄左同）
すみれつむしづのたぶさにしなへたるかたみにだにもこふときかばや募声（二つ）募声（欠ゑ）三六
としへたるひさのうゑきのこちたさをしらでもひとにみをかふるかな大好声大好声（補ゑ）三七

こがたなのつかのまにだにあはばやとおもふみをしもたやはさくべき乙乙一四

こがたなのつかのまにだにあはばやとおもふみをしもたやはさくべき克克二四

あけくれはものおもふことをたくみにてわりなくむねをしるひとぞなき男立男立二五

あふことはさゆるあしたのみづなれやとどこほりつつとくるよもなし酉酉一五

たまゆかのおましのはしにはだふれてこころはゆきぬきみなけれども酉金酉金一六

としふれどこすのきけきのたえまよりみえつつなみはおもかげにたつ聞聞（欠る）三八

すずかやませきのこなたにとしふりてあやしくもみのなりまさるかな羅九矢丸羅九（八過）矢丸一七

ささがにはこけのたもとにふるまへどなみだならではくるひともなし
日精潔相無生日精潔相無生一八

ささがにはこけのたもとにふるまへどなみだならではくるひともなし相之相之（補る）三九

ことわりやいかでかこひもしなざらむあぶくまかはにみづのたえなば栄栄四〇

ことわりやいかでかこひもしなざらむあぶくまかはにみづのたえなば国国四六

さくらだにまことににほふころならばみちをあきとはおもはざらまし去（欠ぬ）去一九

さくらだにまことににほふころならばみちをあきとはおもはざらまし柞原柞原四七

みながらもならぬこころはほどもなくいとふみやこのかたぞこひしき宮宮（補ぬ）（欠き）二〇

みながらもならぬこころはほどもなくいとふみやこのかたぞこひしき日精潔日精潔四八

みながらもならぬこころはほどもなくいとふみやこのかたぞこひしき畝籠畝籠四一

しみこほるすはのとなかのかちわたりうちとけられぬよにもふるかな代高羽代高羽四二

あはれてふみのことぐさはしもがれてこもろきものはなみだなりけり擦擦（補き）二一

みはかへてひくひとあらばひざにふすたまのをごともならましものを尾尾二三

おもへどもけふぞくやしきひとこころみぬよりさきになにたのみけん（む）掟止掟止（さだし）二三

おもへどもけふぞくやしきひとこころみぬよりさきになにたのみけん尊生言米 尊生言米（とふとしたみくべひ）（欠な）四四

いかにしてこころみたらしかはづなくゐでのやまぶきちりまがふとも栗喪矢馬初栗喪矢馬初（りちししまはつ）（補な）四五

更に日精潔（即ち源順＋ひ）を含む歌を抽出する。

▼為故

すべらきのみことのすゑしきえせねばけふもひむろにおものたつなり露露（すこし）（欠かれぬ）

さよふけてやまだのひたにこゑきけばしかならぬみもおどろかれけり総総（みな）（補かれぬ）

とへかしなみやここひしきたびのいほにしぐれもりそふくさのまくらを矢馬初国矢馬初国（しくらをふそこく）

たちかへるみやこにだにもひきかへてうしとおもふことなからましかば栄栄（はへる）

しかはあれどおもひたたれぬこころこそつみふかきみのほだしなりけれ日精潔日精潔（かこころけつ）

したひくるこひのやつこのたびにてもみのくせなれやゆふとどろきは畝畝（せのぶ）

としへたるひさのうゑきのこちたさをしらでもひとにみをかふるかな高羽高羽（こふとびさる）

あけくれはものおもふことをたくみにてわりなくむねをしるひとぞなき根根（もと）

ささがにはこけのたもとにふるまへどなみだならではくるひともなし米栗喪米栗喪（まひこへるし）

ことわりやいかでかこひもしなざらむあぶくまかはにみづのたえなば柞原柞原（さくの）

みながらもならぬこころはほどもなくいとふみやこのかたぞこひしき籠籠（かご）

さきのよもまたもこんよのみのほどもけふのさまにておもひしるかな代代（だひ）

あめにまたみづそひぬなりよもすがらものおもふやどにぬえのこゑしつ目目（まなこ）

おもへどもけふぞくやしきひとこころみぬよりさきになにたのみけん尊生言尊生言（みことおふこと）

射矢白立柞原生日精潔会君事船生之畑月柱丸初建乙酉酉金羅九矢丸日精潔相無生去宮擦尾掟止

克男立顛好山為民女無路母明募聲大好聲聞相之**栄畝籠代高羽目露総根尊生言米栗喪矢馬初国**
作原日精潔

◆為忠家初度百首

一一三四年成立。

◎をひかぜには**し**る**ふなども**ほの**み**えてむろつるおきはかすみ**こ**め**たり** 1602 藤原為盛
◎きくひ**ともな**きものゆゑによ**ぶこ**どり**み**みなしやまの**た**にになくなり 1603 藤原為忠
◎ますげお**ふ**るのべのぬま**み**づ**も**らさ**じと**さき**こ**めてけるかきつば**た**か**な** 1604 藤原為盛
◎あかほ**し**のあま**たみ**ゆるは**こ**のまより**とも**しのかげのまが**ふな**りけり 1605 藤原為忠
◎さ**みだ**れの**な**を**ふ**る**と**のみよるふねはふくとま**ごもし**くちはてぬべし 1606 藤原為盛
◎**な**がさはのひむろは**み**ちの**と**ほければけ**た**てそなへむ**こ**とを**し**ぞお**もふ** 1607 源頼政
◎あ**だ**び**と**のて**も**やをよ**ふ**とを**みな**へ**し**ませをばとをくのけて**こ**そゆへ 1608 源仲正

1602 ○○○一四　をひ風にはしるふなどもほのみえてむろつるおきはかすみこめたり（『歌合・定数歌全釈叢書九　為忠家初度百首全釈』　家永香織著　二〇〇七年五月一五日　風間書房発行　二〇頁）
1603 ○○○九七　きく人もなき物ゆゑによぶこどりみみなし山のたにになくなり（同七一頁）
1604 ○○一四四　ますげおふる野辺のぬま水もらさじとさきこめてけるかきつばた哉（同一〇一頁）
1605 ○○二〇三　あかほしのあまたみゆるはこのまよりともしのかげのまがふなりけり（同一三八頁）
1606 ○○二一六　さみだれのなをふるとのみよるふねはふくとまごもしくちはてぬべし（同一四六頁）
1607 ○○二五〇　ながさはのひむろはみちのとほければけたてそなへむことをしぞおもふ（同一六五頁）
1608 ○○三一〇　あだびとのてもやをよふとをみなへしませをばとをくのけてこそゆへ（同二〇二頁）

◎**み**をつめば**た**びのそら**な**るかりがねのなくたび**ごと**にかな**し**とぞお**もふ**[1609]源頼政
◎か**みな**づき**た**つたのやまをすぎゆけば**し**ぐれ**と**ともに**こ**のはちりか**ふ**[1610]忠成
◎やま**ぶし**の**た**のむ**こ**の**もと**しぐれして**なみ**だとまらぬふゆはきにけり[1611]源仲正
◎**ふ**ゆくれば**こ**ゑ**も**つららに**と**ぢられておぼつか**なし**や**た**にがはの**み**づ[1612]藤原為盛
◎ひ**と**り**し**て**も**のおも**ふ**やどのうづ**み**びやし**た**に**こ**がるるたぐひ**な**るらん[1613]藤原為盛
◎あ**ふこと**は**な**にと**もし**らずわ**た**つう**み**のかめのますらにやくととふとも[1614]藤原為忠
◎**た**のむ**と**は**な**げの**こ**とばにいひながらお**もふ**け**し**きの**み**えばこそあらめ[1615]為業
◎**ふ**るさ**と**の**みし**よに**だ**に**も**かはらずは**こ**ひしさのみぞ**な**げきならまし[1616]顕広

◎は次の通り解ける。

▼王統　既出　二〇頁。

をひかぜには**しるふ**◉**な**どもほ**の**みえてむろ◉つるおきはかすみこめた◉り**七得**七得（なのしる）
きくひともなきもの◉のゆゑに**よぶ**こどり◉みみな**し**やまのたにになくなり**象**象（じょふ）

1609　○○三五四　みをつめばたびのそらなるかりがねのなくたびごとにかなしとぞおもふ（同二三九頁）
1610　○○四四三　かみなづきたつたの山をすぎゆけばしぐれとともにこのはちりかふ（同二八二頁）
1611　○○四四五　やまぶしのたのむこのもとしぐれしてなみだとまらぬふゆはきにけり（同二八三頁）
1612　○○五〇四　冬くればこゑもつららにとぢられておぼつかなしやたにかはのみづ（同三一八頁）
1613　○○五五一　ひとりしてものおもふやどのうづみびやしたにこがるるたぐひなるらん（む）（同三五〇頁）
1614　○○五九七　あふことはなにともしらずわたつうみのかめのますらにやくととふとも（同三七九頁）
1615　○○六〇八　たのむとはなげのことばにいひながらおもふけしきのみえばこそあらめ（同三八六頁）
1616　○○七四七　ふるさとのみしよにだにもかはらずはこひしさのみぞなげきならまし（同四八三頁）

ますげおふるのべのぬまみづもらさじとさきこめてけるかきつばたかな**月**月（つき）〔畑羽（しの）の子〕

あかほしのあまたみゆるはこのまよりともしのかげのまがふなりけり**光**光（あかり）

さみだれのなをふるとのみよるふねはふくとまごもしくちはてぬべし**君事**君事（ぬしじ）

ながさはのひむろはみちのとほければけたてそなへむことをしぞおもふ**隼響**隼響（たかこふ）

あだびとのてもやおよふとをみなへしませをばとをくのけてこそゆへ**青**青（あを）〔麻等（とと）の子〕

みをつめばたびのそらなるかりがねのなくたびごとにかなしとぞおもふ**泄**泄（もる）

かみなづきたつたのやまをすぎゆけばしぐれとともにこのはちりかふ**日**日（じつ）

やまぶしのたのむこのもとしぐれしてなみだとまらぬふゆはきにけり**矢也**矢也（ふむなり）

ふゆくればこゑもつららにとぢられておぼつかなしやたにかはのみづ**挑者**挑者（かかぐもの）

ひとりしてものおもふやどのうづみびやしたにこがるるたぐひなるらむ**八神**八神（やがみ）〔畑羽（しの）の夫〕

あふことはなにともしらずわたつうみのかめのますらにやくとふとも**麻等・朋**麻等（めとふ）〔挑者の子〕・朋（なかま）

たのむとはなげのことばにいひながらおもふけしきのみえばこそあらめ**明**明（あけ）

ふるさとのみしよにだにもかはらずばこひしさのみぞなげきならまし**顚**顚（もと）〔江白（すし）の夫〕

◇林葉和歌集

源俊頼、俊恵父子の倭人の心の継承であることを特記する。

◎をしみかねくれぬるはるをなつころもひとへにけふぞたちへだてつる 1617

1617 ○○一九○ をしみかね暮れぬる春を夏衣ひとへにけふぞ立ちへだてつる（『碧冲洞叢書』第一巻 林葉集 簗瀬一雄編 一九九六年一二月二〇日 臨川書店（復刻初版）発行 一七八頁）

◎け**ふだ**に**もこ**ゑ**な**を**しみ**そほ**と**とぎすおのがねやまをすぐとしらずや 1618

◎さ**みだ**れは**ふ**る**とも**いでむすまのあまの**し**ほたれ**こ**ろもわれにかさ**な**む 1619

◎あ**ふ**せ**こ**そま**たもな**からめ**とし**のうちに**ふみ**だにかよへかささぎのはし 1620

◎まきのい**た**にいつ**も**さ**こ**そは**ふ**るあめの**など**や**し**ぐれはおとの**み**にしむ 1621

◎おほか**た**はうきにたへたる**みな**れ**ども**こひて**ふ**ものぞ**し**のびかねぬる 1622

◎**こ**ひ**しとも**うしともおも**ふ**わが**なみだ**などやたもとにいろのかはらぬ 1623

◎あ**ふとみ**てさめぬると**こ**のわり**な**さにう**た**たある**もの**はゆめに**し**りにき 1624

◎**と**りのあとをわれはつつむとい**ふな**らば**た**が**こ**とのは**も**ふ**み**なちら**し**そ 1625

◎むつれくるひ**と**には**み**せ**じこ**ひころ**も**た**ち**そ**ふ**おいの**な**みもはづかし 1626

◎さ**しもな**ぞい**とふ**なるらむせりつ**み**しひと**だ**によにはありと**こ**そきけ 1627

軻（か）　これをうたと読む。国歌大観も同。大辞典にない。加羅・多々羅。温羅（うら）＝吉備＝槌。うらは異国の鬼神。軻はうまくいかない。予言・呪詛の一字暗号。

1618 〇〇二五七　けふだにも声な惜しみそ霍公おのがね山をすぐとしらずや（同一八一頁）

1619 〇〇二七四　五月雨はふるともいでむ須磨の蜑の塩たれ衣我にかさなむ（同一八三頁）

1620 〇〇三五七　逢瀬こそ又もなからめ年の内にふみだにかよへ鵲のはし（同一九二頁）

1621 〇〇五二五　槙の板にいつもさこそは降る雨のなどや時雨は音の身にしむ（同二〇九頁）

1622 〇〇六〇一　大方はうきにたへたる身なれども恋ひてふ物ぞ忍びかねぬる（同二一七頁）

1623 〇〇六二五　恋ひしともうしとも思ふ我涙などや袂に色のかはらぬ（同二一九頁）

1624 〇〇七三五　あふとみて覚めぬる床のわりなさに軻ある物は夢にしりにき（同二三〇頁）

1625 〇〇七六二　鳥の跡を我は包むといふならば誰言の葉もふみなちらしそ（同二三三頁）

1626 〇〇七七一　むつれくる人にはみせじ恋衣立ちそふ老の波もはづかし（同二三四頁）

1627 〇〇八〇八　さしもなぞ厭ふなるらむ芹つみし人だによにはありとこそきけ（同二三八頁）

◎しをれあしのなみにしたがふほどよりもなどやしたねのこころつよさは 1628
◎いざやさはみだれあはむといひしかどまたなにごとにしのぶもぢすり 1629
◎となせにはあらしふくらしいかだしのさをにこがれてみゆるもみぢば 1630

◎は次の通り解ける。

▼安麻の手引

をしみかねくれぬるはるをなつころもひとへにけふぞたちへだてつる
けふだにもこゑなをしみそほととぎすおのがねやまをすぐとしらずや
さみだれはふるともいでむすまのあまのしほたれころもわれにかさなむ
あふせこそまたもなからめとしのうちにふみだにかよへかささぎのはし
まきのいたにいつもさこそはふるあめのなどやしぐれはおとのみにしむ
おほかたはうきにたへたるみなれどもこひてふものぞしのびかねぬる
こひしともうしともおもふわがなみだなどやたもとにいろのかはらぬ
あふとみてさめぬるとこのわりなさにうたたあるものはゆめにしりにき
とりのあとをわれはつつむといふならばたがことのはもふみなちらしそ

波伴尓許呂
礼可祢都母
大伴乃　美
恵太気
武蔵野乃
伊可保呂
我世古我　可反
野　安蘇夜麻都
大船尓　可之
伊母尓見
太和多里　奈美尓安布能
水都登利能　多

1628 〇〇八三〇　しをれ葦の浪にしたがふほどよりもなどや下ねの心つよさは（同二四〇頁）
1629 〇〇八五一　いざやさは乱れあはむといひしかどまた何事に忍ぶもぢすり（同二四二頁）
1630 〇〇九六六　となせには嵐吹くらし筏士のさをにこがれて見ゆる紅葉ば（同二五六頁）

むつれくるひとにはみせじこひころもたちそふおいのなみもはづかし
さしもなぞいとふなるらむせりつみしひとだによにはありとこそきけ
しをれあしのなみにしたがふほどよりもなどやしたねのこころつよさは
いざやさはみだれあはむといひしかどまたなにごとにしのぶもぢずり
となせにはあらしふくらしいかだしのさをにこがれてみゆるもみぢば

伊都之可母
於奈自許等
古非都追母
奈師家兒良尓　伊
安之比奇
安乎祢呂尓　多奈
伊利麻治野
尓　伊波流毛能可良　安乎

海原乎　夜蘇之麻我久里　伎奴礼杼母　奈良能美也故波　和須**礼可祢都母**
可敝流散尓　**伊母尓見**勢武尓　和多都美乃　於幾都志良多末　比利比弓由賀奈
賀美都家野　久路保乃祢呂乃　久受葉我多　可**奈師家兒良尓**　**伊**夜射可里久母
刀祢河泊乃　可波世毛思良受　多**太和多里**　**奈美尓安布能**須　安敝流伎美可母
大伴乃　**美**津野等麻里尓　布祢波弖々　多都多能山乎　伊都可故延伊加武
安之比奇能　夜麻治古延牟等　須流君乎　許々呂尓毛知弖　夜須家久母奈之
宇**恵太気**能　毛登左倍登与美　伊弖伊奈婆　伊豆思牟伎弖可　伊毛我奈気可牟
古非都追母　乎良牟等須礼杼　遊布麻夜万　可久礼之伎美乎　於母比可祢都母
和**我世古我**　**可反**里吉麻佐武　等伎能多米　伊能知能己佐牟　和須礼多麻布奈
君我牟多　由加麻之毛能乎　**於奈自許等**　於久礼弖乎礼杼　与伎許等毛奈之
安乎祢呂尓　**多奈**婢久君母能　伊佐欲比尓　物能乎曽於毛布　等思乃許能己呂
比登祢呂**尓**　**伊波流毛能可良**　**安乎**祢呂尓　伊佐欲布久母能　余曽里都麻波母

大船尓　**可之**布里多弖天　波麻藝欲伎　麻里布能宇良尓　也杼里可世麻之
伊都之可母　見牟等於毛比師　安波之麻乎　与曽尓也故非無　由久与思乎奈美
水都登利能　**多**々武与曽比尓　伊母能良尓　毛乃伊波受伎尓弖　於毛比可祢都毛
等夜乃野尓　乎佐藝祢良波里　乎佐乎左毛　祢奈敝古由恵尓　**波伴尓許呂**波要
武蔵野乃　久佐波母呂武吉　可毛可久母　伎美我麻尓末尓　吾者余利尓思乎
伊利麻治野　於保屋我波良能　伊波為都良　比可婆奴流々々　和尓奈多要曽祢
可美都家**野**　**安蘇夜麻都**豆良　野乎比呂美　波比尓思物能乎　安是加多延世武
伊可保呂乃　蘇比乃波里波良　和我吉奴尓　都伎与良之母与　比多敝登於毛敝婆

◇頼政集

一一〇〇後半成立。

◎**な**きく**だれふじ**のたかねのほ**と**とぎすそのの**み**ちは**こ**ゑ**も**およばず 1631
◎ま**た**も**な**きあきを**こ**よひはを**し**め**と**や**み**にそ**ふ**こひのかたさりにけん 1632
◎わかれに**し**く**も**ゐを**こふ**るあし**た**づはさはべにひ**と**りねをの**み**ぞ**な**く 1633
◎**こ**のよには**こと**は**もふみ**もかき**た**えてかねにつてあることぞか**なし**き 1634

1631 〇〇一四二　なきくだれ富士の高根のほととぎすそ野の道はこゑもおよばず（前掲『新編国歌大観』第三巻 私家集編Ⅰ 歌集　五一八頁）
1632 〇〇二五二　又もなき秋を今夜はをしめとや身にそふ恋のかたさりにけん（同五二〇頁）
1633 〇〇三二九　別れにし雲ゐを恋ふるあしたづは沢べにひとり音をのみぞなく（同五二一頁）
1634 〇〇三三五　此世にはこと葉も文もかきたえてかねにつてあることぞかなしき（同五二一頁）

◎おもへ**ど**もいはで**し**の**ぶ**のすり**こ**ろもこころのうちに**みだ**れぬるか**な** 1635
◎**し**の**ぶと**はき**みも**かつしる**こ**と**な**れどいかにかおもふとはぬ**た**えまを 1636
◎ま**こと**にやうら**み**のは**し**をつくりいでてこひわ**た**ると**も**あはじて**ふなり** 1637
◎いまは**ただみ**をうらみつつ**な**くものを**し**ひて**こふと**やいもはきくらん 1638
◎よ**と**と**も**におつる**なみだ**や**こ**ひ**し**て**ふ**わがことくさのつゆとなるらん 1639
◎**こ**ひ**し**さは**と**まり**も**しらでゆく**ふ**ねのゆにかくものは**なみだ**なりけり 1640
◎あや**なし**やひ**と**を**こふ**らむな**みだ**ゆゑよそのた**も**とをけさしぼりつつ 1641
◎**な**にかそのき**み**が**した**ひ**も**むす**ぶ**らん**こ**ころし**と**けばそれもとけなん 1642
◎**も**ろ**こし**のは**な**をわ**た**しの**ふ**ねよりもあやふき**み**ちはゆかし**と**ぞおもふ 1643
◎**こ**ひ**しな**むのちはけ**ぶ**り**と**のぼりなばな**みだ**しぐるるく**も**とやならん 1644

1635 ○○三三七　おもへどもいはで忍ぶのすり衣心のうちにみだれぬるかな（同五二一頁）
1636 ○○三四三　しのぶとは君もかつしることなれどいかにかおもふとはぬたえまを（同五二二頁）
1637 ○○三五四　まことにや浦見の橋をつくり出でて恋わたるともあはじてふなり（同五二二頁）
1638 ○○三八九　今はただみを恨みつつなくものをしひてこふとやいもはきくらん（同五二二頁）
1639 ○○四一八　世とともにおつる涙や恋してふ我がことくさの露となるらん（同五二三頁）
1640 ○○四五六　恋しさはとまりもしらで行く舟のゆにかく物は涙なりけり（同五二四頁）
1641 ○○四六二　あやなしや人をこふらむ涙故よそのたもとをけさしぼりつつ（同五二四頁）
1642 ○○五〇九　何かその君が下ひも結ぶらん心しとけばそれもとけなん（同五二五頁）
1643 ○○五二七　もろこしの花をわたしの舟よりもあやふきみちはゆかしとぞおもふ（同五二五頁）
1644 ○○五五六　恋しなむ後はけぶりとのぼりなばなみだ時雨るる雲とやならん（同五二六頁）

◎みなもとはおなじこずゑのはななればにほふあたりのなつかしきかな 1645

◎は次の通り解ける。

▼王統　既出　二二頁。

なきくだれふじのたかねのほととぎすすそののみちはこゑもおよばず
またもなきあきをこよひはをしめとやみにそふこひのかたさりにけん
わかれにしくもゐをこふるあしたづはさはべにひとりねをのみぞなく
このよにはことはもふみもかきたえてかねにつてあることぞかなしき
おもへどもいはてしのぶのすりころもこころのうちにみだれぬるかな
しのぶとはきみもかつしることなれどいかにかおもふとはぬたえまを
まことにやうらみのはしをつくりいでてこひわたるともあはじてふなり
いまはただみをうらみつつなくものをしひてこふとやいもはきくらん
よとともにおつるなみだやこひしてふわがことくさのつゆとなるらん
こひしさはとまりもしらでゆくふねのゆにかくものはなみだなりけり
あやなしやひとをこふらむなみだゆゑよそのたもとをけさしぼりつつ
なにかそのきみがしたひもむすぶらんこころしとけばそれもとけなん
もろこしのはなをわたしのふねよりもあやふきみちはゆかしとぞおもふ
こひしなむのちはけぶりとのぼりなばなみだしぐるるくもとやならん
みなもとはおなじこずゑのはななればにほふあたりのなつかしきかな

君事君事(すじ)
明明(あけ)
定里定里(なるり)〔日精潔の弟(ひみこと)〕
擦擦(てにみる)（手に察(みる)）＝泄
日・杜尾日・杜尾(かもりみ)
朋朋(なかま)〔泄(しつ)の子〕
麻等麻等(まら)〔挑者(ふみつ)の子〕
挑者挑者(いどまんもの)
柱丸柱丸(じゅがん)＝八神(やしん)
顛顛(もと)
月月(としふ)〔八神(やしむ)の子〕
七得七得(ななとけむ)〔君事(みこと)の子〕
隼響隼(しゃふ)（隹十(とりじゅふ)）響(きょふ)
象象(しゃふ)
光光(あかり)

1645 ○○六八一　みなもとはおなじ木末の花なればにほふあたりのなつかしきかな（同五二一九頁）

◆俊成祇園百首

日精潔の為故　さた　を含む和歌である。

いはそく**た**るひのうへにおふるよりをりもはるなる**さ**わらびのころ 1646
おしかへしあはれともおもへかきつば**た**むら**さ**きながらへだてけるいろ 1647
なつになほ**さ**きかかるてふふぢのはなあまねくめぐみ**た**のむこずゑは 1648
やはらぐるひかりのうちのはるならばゆくらんか**た**もしらせ**ざ**らめや 1649
ひ**さ**か**た**のひかげになびくあふひくさあまてるかみはわかじとぞおもふ 1650
さみ**だ**れはいかにちぎれるをりなれやあやめのまくらのきのたちばな 1651
いづくにもかみ**た**の**さ**なへとるたみはあきのたのみもかねてみえけり 1652
ながむればそのこととなき**さ**み**だ**れのそらさへもののあはれなるらん 1653

1646 〇〇〇〇九　岩そそくたるひのうへに生ふるよりをりもはるなるさわらびのころ（『藤原俊成全歌集』　松野陽一、吉田薫編　二〇〇七年一月三〇日　笠間書院発行　四七七頁）
1647 〇〇〇一七　おし返しあはれともおもへかきつばたむらさきながらへだてける色（同四七九頁）
1648 〇〇〇一八　夏になほ咲きかかるてふふぢの花あまねくめぐみたのむ梢は（同四七九頁）
1649 〇〇〇二〇　やはらぐるひかりのうちの春ならば行くらんかたもしらせざらめや（同四七九頁）
1650 〇〇〇二三　久かたの日かげになびくあふひ草天てる神はわかじとぞおもふ（同四八〇頁）
1651 〇〇〇二五　五月雨はいかに契れるをりなれや菖蒲のまくら軒のたちばな（同四八〇頁）
1652 〇〇〇二六　いづくにも神田の早苗とる民は秋のたのみもかねてみえけり（同四八〇頁）
1653 〇〇〇二八　ながむればそのこととなき五月雨のそらさへもののあはれなるらん（同四八〇頁）

やま**ざ**とはかやりび**た**てしすまひまでよしなくむねにくゆりぬるかな 1654
みづすめるいけのはちすをみるときはしづむべしともえこそ**さだ**めね 1655
きりのうちにまづおもかげに**た**つるかなにしのみかどのいしのき**ざ**はし 1656
つゆのまも**さ**くとはみれどあさがほはかみの**た**のまぬはなにやあるらん 1657
このよにはあきのつきこそひかりなれしばしもくもはへ**だ**て**ざ**らなむ 1658
あさひ**さ**すやまのをのへをみわ**た**せばもみぢのいろもあきくれにけり 1659
うらやまし**た**れかすむらむこのころのあられふるらんふゆのやま**ざ**と 1660
かれ**た**てるなにはのあしのしげきをもを**さ**まれるよのしるしとぞきく 1661
あけが**た**きね**ざ**めのとこにしられけりよものやまべのたにのこほりも 1662
みやまにはあられふるらしきくひとのそで**さ**へやがてさえわ**た**りけり 1663

1654 〇〇〇三一 山里はかやり火立てしすまひまでよしなくむねにくゆりぬるかな（同四八一頁）
1655 〇〇〇三二 水すめる池のはちすを見る時はしづむべしともえこそ定めね（同四八一頁）
1656 〇〇〇四七 霧のうちにまづおもかげにたつるかなにしの御かどの石のきざはし（同四八三頁）
1657 〇〇〇四八 露のまもさくとはみれどあさがほは神のたのまぬ花にやあるらん（同四八四頁）
1658 〇〇〇五〇 此世にはあきの月こそひかりなれしばしも雲はへだてざらなむ（同四八四頁）
1659 〇〇〇五四 朝日さす山のをのへを見渡せばもみぢの色も秋くれにけり（同四八五頁）
1660 〇〇〇六〇 うらやましたれかすむらむ此比の霰ふるらん冬のやまざと（同四八六頁）
1661 〇〇〇六一 枯れたてる難波のあしのしげきをもをさまれるよのしるしとぞきく（同四八六頁）
1662 〇〇〇六三 明けがたきね覚の床にしられけり四方のやまべの谷の氷も（同四八六頁）
1663 〇〇〇六六 深山には霰ふるらしきく人の袖さへやがてさえ渡りけり（同四八六頁）

うづみびのなからましかばふゆのよのおいのね**ざ**めは**た**れかとはまし 1664
おもふことま**た**なきだにもく**さ**まくらたびはつゆけきものとこそきけ 1665
たか**さ**ごのをのへのまつやきみがへんちよのともとはならむとすらん 1666
きみが**た**めなみぢ**さ**だめしもののふのつひにさながらしづみにしやは 1667
たらちねのことはのすゑはあとなくてつくりかへたるやま**ざ**とぞうき 1668
よのなかはつねなきにこそおのづからなぐ**さ**むか**た**はうきにつけても 1669

◎は次の通り解ける。

いはそくたるひのうへにおふるよりをりもはるなるさわらびのころ　海原乎
おしかへしあはれともおもへかきつばたむらさきながらへだてけるいろ　可敝流散
なつになほさきかかるてふふぢのはなあまねくめぐみたのむこずゑは　乃　久受葉我多　可奈
やはらぐるひかりのうちのはるならばゆくらんかたもしらせざらめや　比乃波里波良
ひさかたのひかげになびくあふひくさあまてるかみはわかじとぞおもふ　等於毛比師　安波
さみだれはいかにちぎれるをりなれやあやめのまくらのきのたちばな　夜乃野尓　乎佐藝
いづくにもかみたのさなへとるたみはあきのたのみもかねてみえけり　可美都家野　安

1664 〇〇〇六九　うづみ火のなからましかば冬のよの老いのねざめは誰かとはまし（同四八七頁）
1665 〇〇〇七七　思ふ事またなきだにも草まくらたびは露けきものとこそきけ（同四八八頁）
1666 〇〇〇八二　高砂のをのへの松や君がへん千代のともとはならむとすらん（同四八九頁）
1667 〇〇〇九一　君がため浪路さだめしもののふのつひにさながらしづみにしやは（同四九〇頁）
1668 〇〇〇九四　たらちねのこと葉のすゑは跡なくてつくりかへたるやまざとぞうき（同四九一頁）
1669 〇〇〇九八　世の中はつねなきにこそおのづからなぐさむかたはうきにつけても（同四九二頁）

ながむればそのことゝなきさみだれのそらさへもののあはれなるらん
やまざとはかやりびたてしすまひまでよしなくむねにくゆりぬるかな
みづすめるいけのはちすをみるときはしづむべしともえこそさだめね
きりのうちにまづおもかげにたつるかなにしのみかどのいしのきざはし
つゆのまもさくとはみれどあさがほはかみのたのまぬはなにやあるらん
このよにはあきのつきこそひかりなれしばしもくもはへだてざらなむ
あさひさすやまのをのへをみわたせばもみぢのいろもあきくれにけり
うらやましたれかすむらむこのころのあられふるらんふゆのやまざと
かれたてるなにはのあしのしげきをもをさまれるよのしるしとぞきく
あけがたきねざめのとこにしられけりよものやまべのたにのこほりも
みやまにはあられふるらしきくひとのそでさへやがてさえわたりけり
うづみびのなからましかばふゆのよのおいのねざめはたれかとはまし
おもふことまたなきだにもくさまくらたびはつゆけきものとこそきけ
たかさごのをのへのまつやきみがへんちよのともとはならむとすらん
きみがためなみぢさだめしもののふのつひにさなからしづみにしやは
たらちねのことはのすゑはあとなくてつくりかへたるやまざとぞうき
よのなかはつねなきにこそおのづからなぐさむかたはうきにつけても

海原乎　夜蘇之麻我久里　伎奴礼杼母　奈良能美也故波　和須礼可祢都母
可敝流散尓　伊母尓見勢武尓　和多都美乃　於幾都志良**多末**　**比利比弓由賀奈**
賀美都家野　久路保乃祢呂**乃**　**久受葉我多**　**可奈**師家兒良尓　伊夜射可里久母

君我牟多
多末　比利比弓由賀奈
毛乃伊波受伎
尓　伊波流毛能可
大伴乃　美津野等麻
安之比奇能
野乃　久佐波母呂
須礼杼　遊布麻夜万　可
師　安波之麻乎　与曽尓
里吉麻佐
良尓　也杼里可
刀祢河泊乃　可波
尓　多奈婢久君母能
能　毛登左倍登与美
屋我波良能
宇恵太
海原

刀祢河泊乃　**可波**世毛思良受　多太和多里　奈美尓安布能須　安敝流伎美可母

大伴乃　**美津野等麻**里尓　布祢波弖々　多都多能山乎　伊都可故延伊加武

安之比奇能　夜麻治古延牟等　須流君乎　許々呂尓毛知弖　夜須家久母奈之

宇恵太気能　**毛登左倍登与美**　伊侶弖伊奈婆　伊豆思牟伎弖可　伊毛我奈気可牟

古非都追母　乎良牟等**須礼杼**　**遊布麻夜万**　**可**久礼之伎美乎　於母比可祢都母

和我世古我　可反**里吉麻佐**武　等伎能多米　伊能知能己佐牟　和須礼多麻布奈

君我牟多　由加麻之毛能乎　於奈自許等　於久礼弖乎礼杼　与伎許等毛奈之

安乎祢呂**尓**　**多奈婢久君母能**　伊佐欲比尓　物能乎曽於毛布　等思乃許能己呂

比登祢呂**尓**　**伊波流毛能可**良　安乎祢呂尓　伊佐欲布久母能　余曽里都麻波母

大船尓　可之布里多弖天　波麻藝欲伎　麻里布能宇**良尓**　**也杼里可**世麻之

伊都之可母　見牟**等於毛比師**　**安波之麻乎**　**与曽尓**也故非無　由久与思乎奈美

水都登利能　多々武与曽比尓　伊母能良尓　**毛乃伊波受伎**尓弖　於毛比可祢都毛

等**夜乃野尓**　**乎佐藝**祢良波里　乎佐乎左毛　祢奈敝古由恵尓　波伴尓許呂波要

武蔵野乃　**久佐波母呂**武吉　可毛可久母　伎美我麻尓末尓　吾者余利尓思乎

伊利麻治野　於保**屋我波良能**　伊波為都良　比可婆奴流々々　和尓奈多要曽祢

可美都家野　**安**蘇夜麻都豆良　野乎比呂美　波比尓思物能乎　安是加多延世武

伊可保呂乃　蘇**比乃波里波良**　和我吉奴尓　都伎与良之母与　比多敝登於毛敝婆

◇俊成三十六人歌合

日精潔の為故　さた　を含む和歌である。

か**さ**さぎのわ**た**せるはしにおくしものしろきをみれはよぞふけにける 1670 大伴家持
わかのうらにしほみちくればか**た**をなみあしべを**さ**してたづなきわたる 1671 山部赤人
すゑのつゆもとのしづくやよのなかのおくれ**さ**き**だ**つためしなるらん 1672 遍昭
ゆふ**さ**ればほ**た**るよりけにもゆれどもひかりみねばやひとのつれなき 1673 紀友則
みじかよのふけゆくままに**た**か**さ**ごのみねのまつかぜふくかとぞきく 1674 藤原兼輔
あふ**さ**かのこのし**た**つゆにぬれしよりわがころもではいまはかわかず 1675 藤原兼輔
あふことの**た**えてしなくはなかなかにひとをもみをもうらみ**ざ**らまし 1676 藤原朝忠
みてもま**た**またもみまくのほしかりしはなの**さ**かりはすぎやしぬらむ 1677 藤原高光

1670 ○○○一四　かささぎのわたせる橋に置く霜の白きをみれは夜ぞ更けにける（『新編国歌大観』十巻　一九九二年四月一〇日　角川書店発行　定家八代抄○○五一八　五三九頁）

1671 ○○○一八　わかのうらにしほみちくればかたをなみあしべをさしてたづなきわたる（五代集歌枕○一〇五五　五八八頁）

1672 ○○○二四　末の露本の雫や世の中のおくれさきだつためしなるらん（定家八代抄○○六二五　五四一頁）

1673 ○○○二八　夕さればほたるよりけにもゆれどもひかり見ねばや人のつれなき（定家八代抄○○九九六　五四八頁）

1674 ○○○三七　みじか夜の更ゆくままに高砂の峰の松かぜふくかとぞきく（定家八代抄○○二五八　五三四頁）

1675 ○○○三八　相坂の木のした露にぬれしよりわが衣手はいまはかわかず（五代集歌枕○○六二七　五七九頁）

1676 ○○○四一　あふ事のたえてしなくは中中に人をも身をも恨みざらまし（定家八代抄○一一一六　五五〇頁）

1677 ○○○四八　見ても又またも見まくのほしかりしはなのさかりは過ぎやしぬらむ（定家八代抄○一一七六　五五一頁）

はる**た**つといふばかりにやみよしののやまもかすみてけ**さ**はみゆらん 1678 壬生忠岑
あきはぎのはな**さ**きにけり**た**かさごのをのへのしかはいまやなくらむ 1679 藤原敏行
ひ**さ**か**た**のくものうへにてみるきくはあまつほしとぞあやまたれける 1680 藤原敏行
ものをのみおもひね**ざ**めのまくらにはなみ**だ**かからぬあかつきぞなき 1681 源信明
あまつかぜふけひのうらにゐる**た**づのなどかくもゐにかへら**ざ**るべき 1682 藤原清正
むらむらのにしきとぞみる**さ**ほやまのははそのもみぢきり**た**たぬまは 1683 藤原清正
たれをかもしるひとにせむたか**さ**ごのまつもむかしのともならなくに 1684 藤原興風
ちぎりきなか**た**みにそでをしぼりつつすゑのまつやまなみこ**さ**じとは 1685 清原元輔

1678 〇〇〇五二　春たつといふばかりにやみよしのの山もかすみてけさはみゆらん（定家八代抄〇〇〇〇二　五二九頁）

1679 〇〇〇六二　秋はぎの花さきにけりたかさごのをのへの鹿は今や鳴くらむ（五代集歌枕〇〇五三四　五七七頁）

1680 〇〇〇六三　久かたの雲の上にてみる菊は天つ星とぞあやまたれける（定家八代抄〇〇四二九　五三七頁）

1681 〇〇〇七二　ものをのみ思ひねざめのまくらには涙かからぬ暁ぞなき（新古今和歌集〇〇八一〇　前掲『新古今和歌集』二四二頁）

1682 〇〇〇七四　天つ風ふけひの浦にゐるたづのなどか雲ゐに帰らざるべき（定家八代抄〇一四七六　五五七頁）

1683 〇〇〇七五　むらむらの錦とぞ見る佐保山の柞のもみぢ霧絶たぬまは（和漢朗詠集〇〇八〇六　前掲『和漢朗詠集』一〇〇頁）

1684 〇〇〇八〇　誰をかも知る人にせむ高砂の松もむかしの友ならなくに（定家八代抄〇一六九四　五六一頁）

1685 〇〇〇八二　契りきなかたみに袖をしぼりつつ末の松山なみこさじとは（定家八代抄〇一三一五　五五四頁）

やかずともくさはもえなんかすがのをたたはるのひにまかせたらなん[1686]　壬生忠見
ありしだにうかりしものをあはずしていづこにぞふるつらさなるらん[1687]　中務

◎は次の通り解ける。

かささぎのわたせるはしにおくしものしろきをみればよぞふけにける　泊乃　可波世毛思
わかのうらにしほみちくればかたをなみあしべをさしてたづなきわたる　海原乎
すゑのつゆもとのしづくやよのなかのおくれさきだつためしなるらむ　能　多々武与
ゆふされぱほたるよりけにもゆれどもひかりみねばやひとのつれなき　可美都家野
みじかよのふけゆくままにたかさごのみねのまつかぜふくかとぞきく　賀美都家野　久
我世古我　可反
あふさかのこのしたつゆにぬれしよりわがころもではいまはかわかず　伊利麻治野
あふことのたえてしなくはなかなかにひとをもみをもうらみざらまし　毛比師　安波之麻乎
みてもまたまたもみまくのほしかりしはなのさかりはすぎやしぬらむ　君我牟多
はるたつといふばかりにやみよしののやまもかすみてけさはみゆらん　母能　伊佐欲　**乃波里波良**
あきはぎのはなさきにけりたかさごのをのへのしかはいまやなくらむ　我奈気可牟
ひさかたのくものうへにてみるきくはあまつほしとぞあやまたれける　安之比奇能　夜麻
ものをのみおもひねざめのまくらにはなみだかからぬあかつきぞなき　多都美乃　於幾

1686　○○一○一　焼かずとも草はもえなん春日野をたたはるの日にまかせたらなん（和漢朗詠集○○四四二　前掲『和漢朗詠集』一四五頁）

1687　○○一○七　ありしだにうかりしものをあはずしていづこにぞふるつらさなるらん（前掲『新編国歌大観』五巻　歌合　二三六頁）

あまつかぜふけひのうらにゐるたづのなどかくもゐにかへらざるべき
むらむらのにしきとぞみるさほやまのははそのもみぢきりたたぬまは
たれをかもしるひとにせむたかさごのまつもむかしのともならなくに
ちぎりきなかたみにそでをしぼりつつすゑのまつやまなみこさじとは
やかずともくさはもえなんかすがのをたたはるのひにまかせたらなん
ありしだにうかりしものをあはずしていづこにぞふるつらさなるらん

非都追母
等夜乃野尓
武蔵野乃　久
美津野等麻里尓
波流毛能可良
尓　可之布里多弖

海原乎　夜蘇之麻我久里　伎奴礼杼母　奈良能美也故波　和須礼可祢都母
可敝流散尓　伊母尓見勢武尓　和**多都美乃**　**於幾**都志良多末　比利比弖由賀奈
賀美都家野　**久**路保乃祢呂乃　久受葉我多　可奈師家兒良尓　伊夜射可里久母
刀祢河**泊乃**　**可波世毛思**良受　多太和多里　奈美尓安布能須　安敝流伎美可母
大伴乃　**美津野等麻里尓**　布祢波弖々　多都多能山乎　伊都可故延伊加武
安之比奇能　**夜麻**治古延牟等　須流君乎　許々呂尓毛知弖　夜須家久母奈之
宇恵太気能　毛登左倍登与美　伊弖伊奈婆　伊豆思牟伎弖可　伊毛**我奈気可牟**
古**非都追母**　乎良牟等須礼杼　遊布麻夜万　可久礼之伎美乎　於母比可祢都母
和**我世古我**　**可反**里吉麻佐武　等伎能多米　伊能知能己佐牟　和須礼多麻布奈
君我牟多　由加麻之毛能乎　於奈自許等　於久礼弖乎礼杼　与伎許等毛奈之
安乎祢呂尓　多奈婢久君**母能**　**伊佐欲**比尓　物能乎曽於毛布　等思乃許能己呂
比登祢呂尓　伊**波流毛能可良**　安乎祢呂尓　伊佐欲布久母能　余曽里都麻波母
大**船尓**　**可之布里多弖**天　波麻藝欲伎　麻里布能宇良尓　也杼里可世麻之
伊都之可母　見牟等於**毛比師**　**安波之麻乎**　与曽尓也故非無　由久与思乎奈美

水都登利**能**　**多々武与**曽比尓　伊母能良尓　毛乃伊波受伎尓弖　於毛比可祢都毛
等夜乃野尓　乎佐藝祢良波里　乎佐乎左毛　祢奈敝古由恵尓　波伴尓許呂波要
武蔵野乃　**久**佐波母呂武吉　可毛可久母　伎美我麻尓末尓　吾者余利尓思乎
伊利麻治野　於保屋我波良能　伊波為都良　比可婆奴流々々　和尓奈多要曽祢
可美都家野　安蘇夜麻都豆良　野乎比呂美　波比尓思物能乎　安是加多延世武
伊可保呂乃　蘇比乃**波里波良**　和我吉奴尓　都伎与良之母与　比多敝登於毛敝婆

◘俊成五社百首　検索　為故

▼五社百首　伊勢

け**さ**みればかすみのころも**た**ちかけてみもすそかはもこほりとけゆく 1688
ひとき**だ**ににほひはとほしもろこしのむ（う）め**さ**くみねをおもひこそやれ 1689
こなぎつむあが**た**のゐどのかきつばたはなのいろこそへだて**ざ**りけれ 1690
おくやまの**た**にのうきぬのあやめく**さ**ひくひとなしにねやなかるらむ 1691
ふしみづやうき**た**の**さ**なへとるたごはそでもひたすらみしぶつくらむ 1692（夫木抄〇二五三〇）

1688 〇〇〇〇一　今朝見れば霞の衣たちかけてみもすそ川も氷とけ行く（『藤原俊成全歌集』　松野陽一、吉田薫編　二〇〇七年一月三〇日　笠間書院発行　三二四頁）
1689 〇〇〇〇七　一木だに匂ひはとほしもろこしのうめさく峯をおもひこそやれ（同三二四頁）
1690 〇〇〇一七　こなぎつむあがたのゐどの杜若花の色こそ隔てざりけれ（同三二六頁）
1691 〇〇〇二五　奥山の谷のうきぬのあやめ草ひく人なしにねやなかるらむ（同三二六頁）
1692 〇〇〇二六　伏見づやうき田の早苗とる田子は袖もひたすらみしぶ付くらむ（同三二七頁）

さみ**だ**れはおふのうらなしなみこえてなりもならずもしらぬころかな 1693

あめののちはな**た**ちばなをふくかぜにそで**さ**へにほふゆふぐれのそら 1694

いつしかとけ**さ**は**た**もとのかろきかなあきはころもにたつにぞありける 1695

やまふかみまつのあらしのほかにま**た**やどとふものは**さ**をしかのこゑ 1696

あ**さ**ぎりはせ**た**のながはしこめてけりゆききのこまのおとばかりして 1697

かげぶちぞあま**た**みえけるあふ**さ**かのすぎまをいづるもちづきのこま 1698

かみかぜや**た**けのまがきのまつむしはちよにちとせのあきやか**さ**ねん 1699

たつたひめよものやまべをそめ**ざ**らばみにしむあきもいろにみましや 1700

いせのうみきよきなぎ**さ**もなくちどりこゑもさえ**た**るありあけのそら 1701

かごやま**や**さかきのえ**だ**ににぎてかけそのかみあそびおもひこそやれ 1702

1693 ○○○二八　五月雨はおふのうらなし浪こえてなりもならずもしらぬ比かな（同三一八頁）

1694 ○○○二九　雨の後はなたちばなを吹く風に袖さへにほふ夕ぐれの空（同三一八頁）

1695 ○○○三六　いつしかと今朝は袂のかろきかな秋はころもに立つにぞありける（同三一九頁）

1696 ○○○四五　山ふかみ松のあらしの外に又宿とふ物はさをしかのこゑ（同三二〇頁）

1697 ○○○四七　朝ぎりはせたのながはしこめてけり往来の駒のおとばかりして（同三二一頁）

1698 ○○○四九　かげぶちぞあまたみえける相坂の杉まをいづる望月のこま（同三二一頁）

1699 ○○○五二　神かぜや竹のまがきの松虫は千世に千とせの秋やかさねん（同三二二頁）

1700 ○○○五四　龍田姫よもの山べを染めざらば身にしむ秋も色にみましや（同三二二頁）

1701 ○○○六二　いせの海きよき渚も鳴く千どりこゑもさえたるありあけの空（同三二三頁）

1702 ○○○六六　かご山や榊の枝ににぎてかけその神あそび思ひこそやれ（同三二四頁）

かぜ**さ**むみかりばのをのにあさ**た**てばしのぶもぢずりあられちりかふ 1703
ふかからぬ**さ**はのほ**た**るのおもひだにみよりあまるはあはれならずや 1704
おきつなみあはれをかけよわかのうらのかぜに**た**づ**さ**ふたづのゆくすゑ 1705
はるははなあきはもみぢぞちりまがふ**た**れやま**ざ**とにさびしといふらむ 1706
おもひいではむかしも**さ**らになけれどもま**た**かへらぬぞあはれなりける 1707

▼五社百首　加茂

かみやまやおは**た**の**さ**はのかきつばたふかき（ながき）たのみはいろにみゆらむ 1708
なかがはやわ**た**りに**さ**けるうのはなはかきねつづきになみぞこえける 1709
おほあらきのうき**た**の**さ**なへおひにけりもりのしたくさとりなまがへそ 1710
よをか**さ**ねともしになづむますらをはしかをまつにや**た**きつくすらん 1711

1703 ○○○六七　風さむみかりばのをのに朝たてば忍ぶもぢずり霰ちりかふ（同三三四頁）
1704 ○○○七八　ふかからぬ沢の蛍のおもひだに身よりあまるは哀れならずや（同三三六頁）
1705 ○○○八四　興津なみあはれをかけよ和歌のうらの風にたづさふたづの行く末（同三三七頁）
1706 ○○○九四　春は花秋はもみぢぞちりまがふ誰山ざとにさびしといふらむ（同三三八頁）
1707 ○○○九六　おもひ出ではむかしもさらになけれども又かへらぬぞあはれなりける（同三三九頁）
1708 ○○一一七　神山やおはたの沢の杜若ふかきたのみは色にみゆらむ（同三四二頁）
1709 ○○一二一　なか川やわたりにさける卯花はかきねつづきに浪ぞこえける（同三四三頁）
1710 ○○一二六　おほあらきのうき田のさなへ生ひにけり森の下草とりなまがへそ（同三四三頁）
1711 ○○一二七　夜を重ね照射になづむますらをは鹿を待つにやたき尽くすらん（同三四四頁）

さみ**だ**れはいはなみあらふきぶねがはかはやしろとはこれにぞありける 1712
あはれとをひとみよとても**たてざ**らむけぶりさびしきしづかかやりび 1713
いはかげやまつが**さ**おとのひむろやまいづれひさしき**た**めしなるらむ 1714
やま**た**もるかりほにまはぎ**さ**きぬればはなにぞうつるたつるなりけり 1715
つきく**さ**はうつしのいろもあるものをつゆ**だ**にのこせあさがほのはな 1716
ひ**さ**か**た**のつきのみやこもかくやあらんかものかはらのありあけのそら 1717
つききよきち**さ**とのほかにくもつきてみやこのか**た**にころもうつなり 1718
みづかきのあ**た**りに**さ**けるきくよりやひさしきあきのはなとなりけむ 1719
すみがまのおのがけぶりのくも**さ**えてゆきふればま**た**まよふやまびと 1720
つゆふかきのはらのく**さ**のまくらよりこひのなみ**だ**もしのばざりけれ 1721

1712 ○○一二八　五月雨は岩浪あらふきぶね川川社とはこれにぞありける（同三四四頁）
1713 ○○一三一　あはれとを人みよとてもたてざらむ煙さびしき賤がかやり火（同三四四頁）
1714 ○○一三三　岩かげや松がさおとの氷室山いづれ久しきためしなるらむ（同三四五頁）
1715 ○○一三八　山田守るかりほにま萩さきぬれば花にぞうつる立名りけり（同三四五頁）
1716 ○○一四八　月草はうつしの色もあるものを露だにのこせあさがほの花（同三四七頁）
1717 ○○一五○　久かたの月の都もかくやあらんかものかはらのありあけのそら（同三四七頁）
1718 ○○一五一　月きよき千さとの外に雲つきて都のかたに衣うつなり（同三四七頁）
1719 ○○一五三　みづかきのあたりにさける菊よりや久しき秋の花と成りけむ（同三四八頁）
1720 ○○一六八　炭竈のおのが煙の雲さえて雪ふれば又まよふ山人（同三五○頁）
1721 ○○一七七　露ふかき野原の草の枕より恋の涙もしのばざりけれ（同三五二頁）

つきみればなぐ**さ**めが**た**しおなじくはをばすてやまのみやこなりせば 1722
ひ**さ**しくもききわ**た**るかなかつしかやままのつぎはしこけおひにけり 1723
すみ**だ**かはふる**さ**とおもふゆふぐれになくねもそふるみやこどりかな 1724
やま**ざ**とはぬしをばおきて**た**きのおともこころぼそさのすむにぞありける 1725
ながをかやおちばひろひしやま**ざ**とにむかしをかけて**た**づねにぞゆく 1726

▼五社百首　春日

ふる**さ**とのま**だ**ふるとしにはるたちてかすがのやまもまづかすみける 1727
かづらきやつくり**さ**しけるいははしもはるのかすみは**た**ちわたりけり 1728
まどのうちにのきばのうめのかをみてまきのい**た**ども**さ**さぬころかな 1729
あ**さ**みどりさほのかはべの**た**まやなぎつりをたれけむいとかとぞみる 1730

1722 ○○一八六　月みればなぐさめがたしおなじくはをば捨て山の都なりせば（同三五三頁）
1723 ○○一九○　久しくもききわたる哉かつしかやままのつぎはし苔生ひにけり（同三五四頁）
1724 ○○一九三　角太川古郷おもふ夕ぐれに鳴くねもそふる宮古鳥かな（同三五四頁）
1725 ○○一九四　山ざとは主をばおきて瀧の音も心ぼそさのすむにぞ有りける（同三五四頁）
1726 ○○一九五　ながをかやおちばひろひし山里に昔をかけて尋ねにぞ行く（同三五四頁）
1727 ○○二○一　古郷のまだふる年に春たちてかすがの山もまづ霞ける（同三五六頁）
1728 ○○二○三　かづらきや造りさしける岩はしも春の霞はたちわたりけり（同三五六頁）
1729 ○○二○七　窓のうちに軒ばのうめのかをみてまきの板戸もささぬ比かな（同三五七頁）
1730 ○○二○八　あさみどりさほの川べの玉柳釣をたれけむ糸かとぞみる（同三五七頁）

いにしへをおもひこそやれやまふかみふ**た**りをりけるはるの**さ**わらび 1731
はる**さ**めはとひくるひともあと**た**えぬやなぎのかどのきのいとみづ 1732
むら**さ**きのいろはふかきをかきつば**た**あさざはをのにいかでさくらん 1733
さなへとるとば**た**のおもをみわたせばいくなみやらむたごのをがさよ 1734
さみ**だ**れはみなかみまさるいづみがはかさぎのやまもくもがくれつつ 1735
ふる**さ**とにいかにむかしをしのべとてはな**た**ちばなのかぜにちるらむ 1736
かはづなくかひやに**た**つるゆふけぶりしづがしわ**ざ**もこころすみけり 1737
みそぎするあ**さ**の**た**ちはのあをにぎてさばへのかみもなびけとぞおもふ 1738
あきははや**た**つたのやまのやまおろしのふもとの**さ**とにつぐるなりけり 1739
つゆしげきみやぎがはらのはぎ**ざ**かりにしきのうへに**た**まぞちりける 1740

1731 〇〇二〇九 いにしへをおもひこそやれ山ふかみふたりをりける春のさわらび（同三五七頁）
1732 〇〇二一一 春雨はとひくる人も跡たえぬ柳の門の軒のいと水（同三五七頁）
1733 〇〇二一七 紫の色はふかきをかきつばたあさざはをのにいかでさくらん（同三五八頁）
1734 〇〇二二六 早苗とるとばたの面を見わたせばいくなみやらむ田子のをがさよ（同三六〇頁）
1735 〇〇二二八 五月雨は水かみまさるいづみ川かさぎの山も雲がくれつつ（同三六〇頁）
1736 〇〇二二九 古さとにいかにむかしをしのべとて花たちばなのかぜにちるらむ（同三六〇頁）
1737 〇〇二三一 蛙鳴くかひ屋にたつるゆふけぶりしづがしわざもこころすみけり（同三六〇頁）
1738 〇〇二三五 御祓する麻の立枝の青にぎてさばへの神もなびけとぞ思ふ（同三六一頁）
1739 〇〇二三六 秋ははや龍田の山のやまおろしの麓のさとにつぐる也けり（同三六二頁）
1740 〇〇二三八 露しげきみや城が原の萩盛かりにしきのうへに玉ぞ散りける（同三六二頁）

1741 すがはらやふしみののべのをみなへし**た**れになれてかけ**さ**はつゆけき
1742 あきくれてひとり**さ**く**だ**にあるものをふたたびきくのいろをかふらん
1743 みやここそむかしうつらめふる**さ**とはあき**だ**にしばしとまらましかば
1744 ふき**た**つるにはびのかげのふえのねはあまのいはとも**さ**こそあけけめ
1745 あ**さ**ましやそでぬれてこそむすびしかま**た**かげみえぬやまのしたみづ
1746 みづどりのうけるこころかあ**さ**き**だ**にしたのおもひはありとこそきけ
1747 **さ**きのよのわがみぞつらききみが**た**めかくありければむくひなるらむ
1748 まつのかげ**た**けのはしらのやま**ざ**とはちよもへぬべきここちこそすれ
1749 をじかなくやま**だ**のいほはつきももるおどろか**さ**でそみるべかりける
1750 くれをまつあし**た**のつゆもかたきよになほ**さ**だめなしのべのあきかぜ

1741 ○○二三九 菅原やふしみの野べの女郎花誰になれてかけさは露けき（同三六二頁）
1742 ○○二五三 秋くれて独りさくだにある物を二たび菊の色をかふらん（同三六四頁）
1743 ○○二五五 都こそ昔うつらめふる郷は秋だにしばしとまらましかば（同三六四頁）
1744 ○○二六六 ふき立つる庭火のかげの笛のねは天の岩戸もさこそあけけめ（同三六六頁）
1745 ○○二七六 あさましや袖ぬれてこそ結びしか又かげみえぬ山の下水（同三六八頁）
1746 ○○二七八 水鳥のうける心かあさきだに下の思ひはありとこそきけ（同三六八頁）
1747 ○○二七九 さきの世のわが身ぞつらき君がためかくありければむくひなるらむ（同三六八頁）
1748 ○○二九四 松の陰竹のはしらの山里は千世もへぬべき心ちこそすれ（同三七一頁）
1749 ○○二九五 をじか鳴く山田の庵は月ももる驚かさでそみるべかりける（同三七一頁）
1750 ○○二九八 暮をまつ朝の露もかたき世に猶さだめなし野べの秋かぜ（同三七二頁）

あめがし**た**のどけかるべききみがよはみか**さ**のやまのよろづよのこゑ 1751

▼五社百首　住吉

まつかげにひ**さ**しくきえぬしらゆきはこぞのか**た**みにかみやのこせる 1752

あ**さ**みどりおのがいろとやおもふらむやなぎのえ**だ**にうぐひすのなく 1753

つららゐし**た**るみのもりの**さ**わらびのをりにだにやはひとのこざらむ 1754

すみれ**さ**くとほざとをののあさつゆにぬるともつまむ**た**びのかたみに 1755

こやのいけのみぎはに**さ**けるかきつば**た**あしのかこひをまばらなりとや 1756

ゆくはるをいづか**た**へともいはじとやくちなしに**さ**くやまぶきのはな 1757

うのはなのかきねはゆきのあし**た**にてよそのこずゑはなつのやま**ざ**と 1758

いかなればひかげにむかふあふひく**さ**つきのかつらのえ**だ**をそふらむ 1759

1751 ○○三○○ 天が下のどけかるべき君が代はみかさの山の万代のこゑ（同三七二頁）

1752 ○○三○六 松かげに久しくきえぬしら雪は去年のかたみに神やのこせる（同三七三頁）

1753 ○○三○八 あさみどりおのが色とや思ふらむ柳のえだにうぐひすのなく（同三七三頁）

1754 ○○三○九 つららゐしたるみのもりのさ蕨のをりにだにやは人のこざらむ（同三七三頁）

1755 ○○三一六 菫さくとほ里を野の朝露にぬるともつまむ旅のかたみに（同三七四頁）

1756 ○○三一七 こやの池の汀にさけるかきつばたあしのかこひをまばらなりとや（同三七五頁）

1757 ○○三一九 行く春をいづかたへともいはじとやくちなしにさく山吹の花（同三七五頁）

1758 ○○三二二 卯花の垣ねはゆきの朝にてよそのこずゑは夏の山ざと（同三七五頁）

1759 ○○三二三 いかなれば日かげにむかふ葵草月のかつらの枝をそふらむ（同三七六頁）

ほととぎすはな**た**ちばなになくときはこゑ**さ**へにほふここちこそすれ 1760
たねまきしわ**さ**だのさなへうゑてけるいつあきかぜのふかんとすらむ 1761
ありまやまくもまもみえね**さ**み**だ**れにいでゆのすゑもみづまさりけり 1762
やまがつのしわ**ざ**にもなほいらむとやはにぶのこやもかび**た**ててけり 1763
はるもすぎなつ**た**けぬれどひむろやまふゆを**さ**めておけるなりけり 1764
たなばたのとわたるふねのかぢのはにいくあきかきつつゆのたまづ**さ** 1765
むかしより**た**がみまく**さ**にしなふとてかるかやとしもなづけそめけむ 1766
はつかりはみどりのかみの**た**まづ**さ**をかきつらねたるあきのそらかな 1767
たのめおきてまやこ**さ**らんさをしかのまちかねやまのあかつきのこゑ 1768
あ**さ**ぎりにむこのなみぢをみわ**た**せばほのかになりぬあはのしまやま 1769

1760 ○○三二四 郭公花たちばなになく時はこゑさへにほふ心ちこそすれ（同三七六頁）
1761 ○○三二六 たねまきしわさだの早苗うゑてけるいつ秋風のふかんとすらむ（同三七六頁）
1762 ○○三二八 有馬山雲まもみえね五月雨にいで湯のすゑも水まさりけり（同三七六頁）
1763 ○○三三一 山がつのしわざにも猶いらむとやはにぶのこやも蚊火立ててけり（同三七七頁）
1764 ○○三三三 春も過ぎ夏たけぬれど氷室やま冬をさめておけるなりけり（同三七七頁）
1765 ○○三三七 七夕の天津御舟のかぢのはにいくあきかきつ露の玉づさ（同三七八頁）
1766 ○○三四一 昔よりたがみま草にしなふとてかるかやとしもなづけそめけむ（同三七八頁）
1767 ○○三四四 初かりはみどりのかみの玉づさをかきつらねたる秋のそらかな（同三七八頁）
1768 ○○三四五 たのめ置きてまやこさらんさをしかのまちかね山のあかつきのこゑ（同三七九頁）
1769 ○○三四七 あさぎりにむこの舟路をみわたせばほのかに成りぬあはのしま山（同三七九頁）

ひかげ**さ**すかげをもま**た**ぬあさがほはただおもかげのはなにやあるらむ 1770
ゆふぎりの**た**ちののこまをひくときは**さ**やかにみえずせきのすぎむら 1771
か**た**そぎのたまのみどののはつしもにまがひて**さ**けるしらぎくのはな 1772
そら**さ**むみくもさえさえてふるゆきはふゆのすが**た**をみするなりけり 1773
みかりするか**た**ののをのにひはくれぬく**さ**のまくらをたれにからまし 1774
やまがつのまろき**さ**しあはせうづむひのよにあるものと**た**れかしるべき 1775
あはれなりながらはあともくちにしをおほえのはしの**た**えせ**ざ**るらむ 1776
いなばふくかぜもことにぞみに**さ**むきいく**た**のさとのあきのゆふぐれ 1777

▼五社百首　日吉

さざなみやしがのはままつふりにけり**た**がよにひけるねのひなるらむ 1778

1770 〇〇三四八　ひかげさすかげをもまたぬ槿はただおもかげの花にやあるらむ（同三八〇頁）
1771 〇〇三四九　夕霧のたちの駒を引く程はさやかにみえず関の杉むら（同三八〇頁）
1772 〇〇三五三　かたそぎのたまのみどのの初霜にまがひてさけるしら菊の花（同三八〇頁）
1773 〇〇三六〇　空さむみ雲さえさえてふる雪は冬のすがたをみするなりけり（同三八一頁）
1774 〇〇三六七　御狩するかたのの小野に日はくれぬ草のまくらを誰にからまし（同三八三頁）
1775 〇〇三六九　山がつのまろ木さしあはせうづむ火のよにあるものとたれかしるべき（同三八三頁）
1776 〇〇三九〇　あはれなりながらは跡も朽ちにしをおほえのはしの絶えせざるらむ（同三八六頁）
1777 〇〇三九五　いなば吹く風もことにぞ身にさむきいくたの里の秋の夕ぐれ（同三八七頁）
1778 〇〇四〇二　さざ浪やしがの浜松ふりにけりたが世にひける子日なるらむ（同三八八頁）

あ**さ**みどりよものやまべにうちなびくかすみぞはるのすが**た**なりける 1779

つゆぬけるはるのやなぎは**さ**ほひめの**た**まのすがたをみするなりけり 1780

うのはなのなみのしがらみかけそへてなにもこえ**た**るたまがはの**さ**と 1781

なぐ**さ**むるか**た**なからましなつのよをあはれにもとふほととぎすかな 1782

かるもかくぬ**た**のこひぢにたつたごは**さ**なへよりこそそぼつなりけれ 1783

さみ**だ**れはながらのやまもくもとぢてしがのうらふねとまくちぬらむ 1784

さつきこそはな**た**ちばなもにほひけれはるをくれぬとなにをしみけん 1785

なほしとてあ**さ**のよもぎはなにならずみ**だ**れてもあれのべのかるかや 1786

はなのえもあ**さ**ぢかすゑもおくつゆのちればこころのまづく**だ**くらん 1787

なぞやかくながむるか**た**もきりこむるみやまの**さ**とにこころすむらむ 1788

1779 ○○四○三　あさ緑よもの山辺にうちなびく霞ぞ春のすがたなりける（同三八九頁）

1780 ○○四○八　露ぬける春の柳はさほひめの玉のすがたをみするなりけり（同三八九頁）

1781 ○○四二二　卯花のなみのしがらみかけそへて名にもこえたる玉川の里（同三九二頁）

1782 ○○四二四　なぐさむるかたなからまし夏のよをあはれにもとふほととぎす哉（同三九二頁）

1783 ○○四二六　かるもかくぬたの恋ぢに立つ田子は早苗よりこそそぼつなりけれ（同三九二頁）

1784 ○○四二八　五月雨は長等のやまも雲とぢてしがのうら舟とまくちぬらむ（同三九三頁）（注三七　一二〇頁）

1785 ○○四二九　五月こそ花たちばなも匂ひけれ春をくれぬとなに惜しみけん（同三九三頁）

1786 ○○四四一　なほしとて麻の蓬は何ならず乱れてもあれ野べのかるかや（同三九五頁）

1787 ○○四四六　花の枝もあさぢか末もおくつゆのちればこころのまづくだくらん（同三九五頁）

1788 ○○四四七　なぞやかくながむるかたも霧こむる深山のさとに心すむらむ（同三九六頁）

あ**さ**がほを**た**れかはかなくいひおきしあくればさきぬあきごとにさく 1789
このよにはま**た**なぐ**さ**めもなきものをわれをばしるやあきのよのつき 1790
しも**さ**ゆるかれののをばなあはれなりそのすが**た**までしをりすぎけん 1791
ふもとにはま**だ**しぐれとやおもふらむみやまの**さ**とはあられふるなり 1792
なにはか**た**あしのかれはにかぜ**さ**えてみぎはのたづもしもになくなり 1793
けふごとにつもるとしなみか**さ**なりてへ**だ**たりゆけばむかしなりけり 1794
みちのくのしのぶの**さ**とのちかからば**た**ちかくれてもすましものを 1795
あふ**さ**かのせきもるかみに**た**むけせしぬさのしるしはこよひなりけり 1796
たびのそらのこりのつきにゆくひともいまやこゆらんあふ**さ**かのせき 1797
しもののちひとりのこれる**た**にのまつはるのひかりの**さ**すときもがな 1798

1789 〇〇四四八 あさがほを誰かはかなくいひ置きし明くればさきぬ秋毎にさく（同三九六頁）
1790 〇〇四五〇 この世には又なぐさめもなき物を我をば知るや秋のよの月（同三九六頁）
1791 〇〇四五八 霜さゆるかれのの尾花哀れなりそのすがたまでしをりすぎけん（同三九七頁）
1792 〇〇四五九 麓にはまだ時雨とや思ふらむみ山のさとはあられふるなり（同三九七頁）
1793 〇〇四六一 難波かた蘆のかれはに風さえて汀のたづも霜に鳴くなり（同三九八頁）
1794 〇〇四七〇 けふ毎につもる年なみかさなりてへだたり行けばむかし成りけり（同三九九頁）
1795 〇〇四七二 みちのくの忍ぶの里のちかからば立ち隠れてもすまし物を（同四〇〇頁）
1796 〇〇四七四 相坂のせきもる神に手向けせしぬさのしるしは今夜なりけり（同四〇〇頁）
1797 〇〇四八一 旅の空のこりの月に行く人もいまやこゆらん相坂の関（同四〇一頁）
1798 〇〇四八二 霜ののちひとりのこれる谷の松はるのひかりのさす時もがな（同四〇一頁）

ももしきやながれひさしきかはたけのちよのみどりはきみぞみるへき 1799
やまざとはたへてもいかがすぐすべきまつのあらしにしかもなくなり 1800
ゆめとのみすぎにしかたはおもほえてさめてもさめぬここちこそすれ 1801
よをてらすひよしとあとをたれてけりこころのやみをはるけざらめや 1802
きみがよははこやのやまにちよをつみてふじのたかねにたちまさるまで 1803

◎は次の通り解ける。ゴシック及び圏点◉ 為故（既出三八頁）、圏点▲ 譜（既出五一頁）

けさみればかすみのころもたちかけてみもすそかはもこほりとけゆく露露（欠ぬ）二九
ひときだににほひはとほしもろこしのうめさくみねをおもひこそやれ日精潔日精潔一
こなぎつむあがたのゐどのかきつばたはなのいろこそへだてざりけれ吾吾（補れ）三七
おくやまのたにのうきぬのあやめくさひくひとなしにねやなからむ絡母絡母五七
ふしみづやうきたのさなへとるたごはそでもひたすらみしぶつくらむ癸癸六〇（夫木抄）
さみだれはおふのうらなしなみこえてなりもならずもしらぬころかな逝逝（補ぬ欠ぽりけりき）三〇
あめのちはなたちばなをふくかぜにそでさへにほふゆふぐれのそら然然（補ゆ）一七
いつしかとけさはたもとのかろきかなあきはころもにたつにぞありける鹵也鹵也三八
やまふかみまつのあらしのほかにまたやどとふものはさをしかのこゑ声声三四

1799 ○○四八三　百敷やながれ久しき河竹の千世のみどりは君ぞみるへき（同四〇一頁）
1800 ○○四九四　山里はたへてもいかがすぐすべき松の嵐にしかもなくなり（同四〇三頁）
1801 ○○四九七　夢とのみ過ぎにしかたはおもほえて覚めてもさめぬ心ちこそすれ（同四〇三頁）
1802 ○○四九九　世をてらす日吉と跡をたれてけり心のやみをはるけざらめや（同四〇四頁）
1803 ○○五〇〇　君が代ははこやの山に千世をつみて富士の高ねにたちまさるまで（同四〇四頁）

あさぎりはせたのながはしこめてけりゆききのこまのおとばかりして　辛　辛（あき）五四

かげぶちぞあまたみえけるあふさかのすぎまをいづるもちづきのこま　聞　聞（つたふ）三五

かみかぜやたけのまがきのまつむしはちよにちとせのあきやかさねん　上　上（かみ）（欠ふ）三九

たつたひめよものやまべをそめざらばみにしむあきもいろにみましや　相之　相之（みむし）三六

いせのうみきよきなぎさもなくちどりこゑもさえたるありあけのそら　初余定　初余定（もとのこりなる）二

かごやまやさかきのえだににぎてかけそのかみあそびおもひこそやれ　丙　丙（ひ）六三

かぜさむみかりばのをのにあさたてばしのぶもぢずりあられちりかふ（欠る）二〇

ふかからぬさはのほたるのおもひだにみよりあまるはあはれならずや　栄　栄（あらはれる）三七

おきつなみあはれをかけよわかのうらのかぜにたづさふたづのゆくすゑ　里大好搖　里大好搖（あはれみたたすきよふ）三

はるははなあきはもみぢぞちりまがふたれやまざとにさびしといふらむ　無　無（む）九

おもひいではむかしもさらになけれどもまたかへらぬぞあはれなりける　還谷　還谷（かむあはれ）五三

かみやまやおはたのさはのかきつばたふかきたのみはいろにみゆらむ　言　言（ぎむ）四

なかがはやわたりにさけるうのはなはかきねつづきになみぞこえける　畝　畝（たがやさる）三八

おほあらきのうきたのさなへおひにけりもりのしたくさとりなまがへそ　離柄　離柄（たぐひへ）一八

よをかさねともしになづむますらをはしかをまつにやたきつくすらん　生波也　生波也（くらしまさつや）（欠な）五

さみだれはいはなみあらふきぶねがはかはやしろとはこれにぞありける　射矢白（欠つ）射矢白（さらふねがふあけり）一

あはれとをひとみよとてもたてざらむけぶりさびしきしづかかやりび　立柞原（補つ）立柞（りふあしひびき）（悪し響）原（もと）二

いはかげやまつがさおとのひむろやまいづれひさしきためしなるらむ　生　生（いきる）三

やまたもるかりほにまはぎさきぬればはなにぞうつるたつるなりけり（補ぼりけりりき）三一

つきくさはうつしのいろもあるものをつゆだにのこせあさがほのはな（補な欠め）六

ひさかたのつきのみやこもかくやあらんかものかはらのありあけのそら日精潔日精潔（かあきらかけつ）四

つききよきちさとのほかにくもつきてみやこのかたにころもうつなり籠籠（かご）（欠ふ）三九

みづかきのあたりにさけるきくよりやひさしきあきのはなとなりけむ也也（なり）一九

すみがまのおのがけぶりのくもさえてゆきふればまたまよふやまびと会会（かひ）五

つゆふかきのはらのくさのまくらよりこひのなみだもしのばざりけれ酉（ゆふ）六二

つきみればなぐさめがたしおなじくはをばすてやまのみやこなりせば夢夢（やみ）（補め）七

ひさしくもききわたるかなかつしかやままのつぎはしこけおひにけり新新（にひ）（欠ん）三二

すみだかはふるさとおもふゆふぐれになくねもそふるみやこどりかな君事船君事船（かみずふね）六

やまざとはぬしをばおきてたきのおともこころぼそさのすむにぞありける生之畑生之畑（きしほりおこすところ）七

ながをかやおちばひろひしやまざとにむかしをかけてたづねにぞゆく落落（さと）（補ね欠る）四九

ふるさとのまだふるとしにはるたちてかすがのやまもまづかすみける露露（ふる）（補る）二一

かづらきやつくりさしけるいははしもはるのかすみはたちわたりけり月月（げつ）八

まどのうちにのきばのうめのかをみてまきのいたどもささぬころかな絡母絡母（いとも）（欠ね）二四

あさみどりさほのかはべのたまやなぎつりをたれけむいとかとぞみる（補む）二四

いにしへをおもひこそやれやまふかみふたりをりけるはるのさわらび柱柱（はしら）九

はるさめはとひくるひともあとたえぬやなぎのかどのきのいとみづ丸丸（くるひなき）一〇

むらさきのいろはふかきをかきつばたあさざはをのにいかでさくらん羅羅（あむ）（補ん）三三

さなへとるとばたのおもをみわたせばいくなみやらむたごのをがさよ代代（かはる）四一

さみだれはみなかみまさるいづみがはかさぎのやまもくもがくれつつ（補る）五〇

ふるさとにいかにむかしをしのべとてはなたちばなのかぜにちるらむ初建初建（ふのべる）一一

かはづなくかひやにたつるゆふけぶりしづがしわざもこころすみけり懲 懲（つみつぐなはす）（欠らす）二三
みそぎするあさのたちはのあをにぎてさばへのかみもなびけとぞおもふ乙 乙（みなみ）一二
あきはやたつたのやまのやまおろしのふもとのさとにつぐるなりけり酉 酉（なる）一三
つゆしげきみやぎがはらのはぎざかりにしきのうへにたまぞちりける高羽 高羽（まさるは）四二
すがはらやふしみののべのをみなへしたれになれてかけさはつゆけき酉金 酉金（ゆふかな）一四
あきくれてひとりさくだにあるものをふたたびきくのいろをかふらん羅九 羅九（とるたびたび）一五
みやここそむかしうつらめふるさとはあきだにしばしとまらましかば矢丸 矢丸（やがむ）一六
ふきたつるにはびのかげのふえのねはあまのいはともさこそあけめ為 為（い）三四
あさましやそでぬれてこそむすびしかまたかげみえぬやまのしたみづ日精潔 日精潔（かたまけつ）一七
みづどりのうけるこころかあさきだにしたのおもひはありとこそきけ（欠く）三五
さきのよのわがみぞつらききみがためかくありければむくひなるらむ浮 浮（かるひ）（補く欠れ）三六
まつのかげたけのはしらのやまざとはちよもへぬべきここちこそすれ衹主 衹主（だけつかさ）八
をじかなくやまだのいほはつきもるおどろかさでそみるべかりける相無 相無（みるかく）一八
くれをまつあしたのつゆもかたきよになほさだめなしのべのあきかぜ生 生（きよし・き）一九
あめがしたのどけかるべききみがよはみかさのやまのよろづよのこゑ去宮擦 去宮擦（へだつみかどこし）二〇
まつかげにひさしくきえぬしらゆきはこぞのかたみにかみやのこせる媛 媛（ひきつけるかみさま）（欠む）四一
あさみどりおのがいろとやおもふらむやなぎのえだにうぐひすのなく酉 六一
つららゐしたるみのもりのさわらびのをりにだにやはひとのこざらむ尾掟止 尾掟止（びさだし）二一
すみれさくとほざとをののあさつゆにぬるともつまむたびのかたみに克男 克男（つとぬるだむ）（欠こ）二二
こやのいけのみぎはにさけるかきつばたあしのかこひをまばらなりとや木 木（はる・き）一〇

ゆくはるをいづかたへともいはじとやくちなしにさくやまぶきのはな（補ふ）四〇

うのはなのかきねはゆきのあしたにてよそのこずゑはなつのやまざと立立（なす）（補こ・欠む）二三

いかなればひかげにむかふあふひくさつきのかつらのえだをそふらむ会会（あふ）五八

ほととぎすはなたちばなになくときはこゑさへにほふここちこそすれ（補ふ）四〇

たねまきしわさだのさなへうゑてけるいつあきかぜのふかんとすらむ（補ね）二五

ありまやまくもまもみえねさみだれにいでゆのすゑもみづまさりけり目目（もく）（欠かれぬ）四三

やまがつのしわざにもなほいらむとやはにぶのこやもかびたててけり顚好山顚好山（ひたいかふほ）二五

はるもすぎなつたけぬれどひむろやまふゆをさめておけるなりけり為為（なす）二六

たなばたのとわたるふねのかぢのはにいくあきかきつつゆのたまづさ也也（のは）五一

むかしよりたがみまくさにしなふとてかるかやとしもなづけそめけむ昔より神と名付けそ（補む）四二

はつかりはみどりのかみのたまづさをかきつらねたるあきのそらかな民女民女（たからつま）（欠こ）二七

たのめおきてまやこさらんさをしかのまちかねやまのあかつきのこゑ矢乍矢乍（したちま（ち））四三

あさぎりにむこのなみぢをみわたせばほのかになりぬあはのしまやま無無（む）（補こ）二八

ひかげさすかげをもまたぬあさがほはただおもかげのはなにやあるらむ（補らす）二三

ゆふぎりのたちののこまをひくときはさやかにみえずせきのすぎむら会会（かひ）五六

かたそぎのたまのみどののはつしもにまがひてさけるしらぎくのはな未未（まだ・み）五五

そらさむみくもさえさえてふるゆきはふゆのすがたをみするなりけり耐君耐君（ささえるきみ）四四

みかりするかたののをのにひはくれぬくさのまくらをたれにからまし露露（さらす）（補かれぬ）四四

やまがつのまろきさしあはせうづむひのよにあるものとたれかしるべき路路（つかれる）（欠は）二九

あはれなりながらはあともくちにしをおほえのはしのたえせざるらむ加羅加羅（くはえるあむ）二六

いなばふくかぜもことにぞみにさむきいくたのさとのあきのゆふぐれ槌国 槌（木と追）国二七
さざなみやしがのはままつふりにけりたがよにひけるねのひなるらむ総根総根四五
あさみどりよものやまべにうちなびくかすみぞはるのすがたなりける母明（補は）母明三〇
つゆぬけるはるのやなぎはさほひめのたまのすがたをみするなりけり募募三一
うのはなのなみのしがらみかけそへてなにもこえたるたまがはのさと尊尊（欠む）四六
なぐさむるかたなからましなつのよをあはれにもとふほととぎすかな生言生言（補む欠き）四七
かるもかくぬたのこひぢにたつたごはさなへよりこそそぼつなりけれ炎炎（欠ほの）四六
さみだれはながらのやまもくもとぢてしがのうらふねとまくちぬらむ比比一二
さつきこそはなたちばなもにほひけれはるをくれぬとなにをしみけん喪喪五二
なほしとてあさのよもぎはなにならずみだれてもあれのべのかるかや（補ほの）四七
はなのえもあさぢかすゑもおくつゆのちればこころのまづくだくらん声 声三一
なぞやかくながむるかたもきりこむるみやまのさとにこころすむらむ米栗喪矢米栗喪矢（補き）四八
このよにはまたなぐさめもなきものをわれをばしるやあきのよのつき言祇言祇五九
しもさゆるかれののをばなあはれなりそのすがたまでしをりすぎけん観 観（欠ゆ）一六
ふもとにはまだしぐれとやおもふらむみやまのさとはあられふるなり等閦国等 閦 国二八
なにはかたあしのかれはにかぜさえてみぎはのたづもしもになくなり積積（欠るぬ）一二
けふごとにつもるとしなみかさなりてへだたりゆけばむかしなりけり事建事建四五
みちのくのしのぶのさとのちかからばたちかくれてもすままましものを榯枝 榯（相と寺）枝六四
あふさかのせきもるかみにたむけせしぬさのしるしはこよひなりけり（補るぬ）一三

たびのそらのこりのつきにゆくひともいまやこゆらんあふさかのせき馬初国馬初国（だひひさと）四九
しものちひとりのこれるたにのまつはるのひかりのさすときもがな定里定里（ととのひり）六五
ももしきやながれひさしきかはたけのちよのみどりはきみぞみるへき矢作矢作（やははそ）一四
やまざとはたへてもいかがすぐすべきまつのあらしにしかもなくなり原原（もと）一五
ゆめとのみすぎにしかたはおもほえてさめてもさめぬここちこそすれ絡母絡母（すぢも）（欠ね）四八
よをてらすひよしとあとをたれてけりこころのやみをはるけざらめや柞原日柞原日（のけるやてらす）五〇
きみがよははこやのやまにちよをつみてふじのたかねにたちまさるまで精潔精潔（まさるきよし）五一

◆山家集　検索　源順

一一〇〇年代末成立。西行法師

◎ほととぎすしのぶうづきもすぎにしをなほこゑをしむさみだれのころ 1804
◎をみなへしいろめくのべにふれればはんたもとにつゆやこぼれかかると 1805
◎あはれしるひとみたらばとおもふかなたびねのとこにやどるつきかげ 1806
◎みちもなしやどはこのはにうづもれぬまだきせさするふゆごもりかな 1807

1804 ○○一九七　時鳥しのぶ卯月も過ぎにしをなほ声惜しむ五月雨の頃（『和歌文学大系二一　山家集・聞書集・残集』二〇〇三年七月一日　明治書院発行　三八頁）
1805 ○○二七七　女郎花色めく野辺に触ればはん袂に露やこぼれかかると（同五二頁）
1806 ○○四一六　あはれしる人見たらばと思ふ哉旅寝の床に宿る月影（同七六頁）
1807 ○○四九四　道もなし宿は木葉に埋もれぬまだきせさする冬ごもり哉（同九〇頁）

◎**こ**のま**も**るつきのかげ**と**も**み**ゆるか**な**は**だ**らに**ふ**れるにはの**し**らゆき 1808
◎つれ**もな**きひ**と**に**み**せばやさくらばなかぜに**した**が**ふこ**ころよはさを 1809
◎いに**し**へを**こふ**る**なみだ**のいろににてた**もと**にちるはもみぢなりけり 1810
◎よ**しな**しなあらそ**ふこと**を**た**てにしていかりをの**みも**むすぶこころは 1811
◎は**な**を**みし**むかしの**こ**ころあら**ため**てよしのさ**と**にすまんとぞお**もふ** 1812
◎**したふ**あきはつゆ**もと**まらぬ**み**や**こ**へと**な**どていそぎしふなでなるらん 1813
◎**こととなく**き**みこ**ひわ**た**るは**し**のうへにあらそ**ふも**のはつきのかげのみ 1814
◎**こ**ころには**し**の**ぶと**お**も**ふかひも**な**くしるきはこひのな**みだ**なりけり 1815
◎あやにくにひ**と**め**もし**らぬ**なみだ**かなたへぬ**こ**ころにしの**ぶ**かひなく 1816
◎にはに**な**がす**しみ**づのすゑをせき**と**めてかど**た**やしな**ふこ**ろに**も**あるかな 1817

1808 ○○五二六 木の間漏る月の影とも見ゆる哉斑に降れる庭の白雪（同九六頁）
1809 ○○五九七 つれもなき人に見せばや桜花風に従ふ心弱さを（同一〇九頁）
1810 ○○七九五 いにしへを恋ふる涙の色に似て袂に散るは紅葉成りけり（同一四八頁）
1811 ○○九〇〇 よしなしな争ふことを楯にして怒りをのみも結ぶ心は（同一六九頁）
1812 ○一〇七〇 花を見し昔の心あらためて吉野の里にすまんとぞ思ふ（同二〇〇頁）
1813 ○一一二五 慕ふ秋は露も留まらぬ都へとなどて急ぎし舟出成らん（同二一三頁）
1814 ○一一五七 こととなく君恋ひ渡る橋の上に争ふものは月の影のみ（同二二一頁）
1815 ○一二四七 心には忍ぶと思ふ効もなく著きは恋の涙なりけり（同二三八頁）
1816 ○一二七三 あやにくに人目も知らぬ涙かな堪へぬ心に忍ぶ効なく（同二四三頁）
1817 ○一四三七 庭に流す清水の末を堰とめて門田やしなふ頃にも有哉（同二七五頁）

◎なみたかきあしやのおきをかへるふねのことなくてよをすぎんとぞおもふ 1818

◎は次の通り解ける。既出　二三頁。

ほととぎすしのぶつきもすぎにしをなほこゑをしむさみだれのころ挑者 挑者(うすしもの)（梢口 梢口(こずゑをむな)に届きし）
をみなへしいろめくのべにふればはんたもとにつゆやこぼれかかると光光(みつ)
あはれしるひとみたらばとおもふかなたびねのとこにやどるつきかげ柱丸柱丸(はしらかけなひ)＝夫
みちもなしやどはこのはにうづもれぬまだきせさするふゆごもりかな内・泄内(なか)・泄(もれぬ)
このまもるつきのかげともみゆるかなはだらにふれるにはのしらゆき朋朋(なかま)
つれもなきひとにみせばやさくらばなかぜにしたがふこころよはさを定里定里(じょふさと)
いにしへをこふるなみだのいろににてたもとにちるはもみぢなりけり日日(いにしへ)
よしなしなあらそふことをたてにしていかりをのみもむすぶこころは象象(ぞふ)
はなをみしむかしのこころあらためてよしのさとにすまむとぞおもふ顛顛(あたま)（麻等(とと)の子）
したふあきはつゆもとまらぬみやこへとなどていそぎしふなでなるらん麻等麻等(まとふ)（妹矢雨(つる)）
こととなくきみこひわたるはしのうへにあらそふものはつきのかげのみ月月(じく)（夫の子(そ)）
こころにはしのぶとおもふかひもなくしるきはこひのなみだなりけり七得七得(ななしる)（君事の子(みこと)）
あやにくにひとめもしらぬなみだかなたへぬこころにしのぶかひなく明明(あく)
にはになかすしみづのすゑをせきとめてかどたやしなふころにもあるかな優露優露(しなたかしろ)（麻等(とと)の子）
なみたかきあしやのおきをかへるふねのことなくてよをすぎんとぞおもふ君事君事(くんじ)

一二〇〇年代の歌合歌・私家集の総数と源順の八文字を含む歌の数をみる。新古今集、新勅撰集、続

1818 ○一五五一　浪高き蘆屋の沖を帰るふねのことなくて世を過ぎんとぞ思ふ（同二九五頁）

後撰集、続古今集、続拾遺集の時代である。

正治初度百首（二五三八首中三五首[1819]）、正治後度百首（一五二五首中一〇首[1820]）、三百六十番歌合（七二〇首中一〇首[1821]）、院当座歌合（四八首中〇）、院当座歌合（三六首中〇）、仙洞十人歌合（一〇〇首中一首[1822]）、石清水若宮歌合（三三〇首中一首[1823]）、建仁元年十首和歌（二〇〇首中二首[1824]）、仙洞句題五十首（二九九首中四首[1825]）、式子内親王集（三七四首中五首[1826]）、老若五十首歌合（五〇〇首中五首[1827]）、

1819 〇〇一二三、〇〇一七五、〇〇二二七、〇〇二三五、〇〇三二一、〇〇三二六、〇〇三七二、〇〇四一〇、〇〇五七二、〇〇五九一、〇〇六七七、〇〇九八七、〇〇九九四、〇一〇六〇、〇一一四三、〇一一六一、〇一一八六、〇一二一〇、〇一二八六、〇一三八八、〇一四五六、〇一四七四、〇一五七四、〇一五八〇、〇一六二二、〇一六二三、〇一七三二、〇一七三四、〇一七四〇、〇一八八〇、〇二〇二二、〇二〇三四、〇二〇六五、〇二〇九一、〇二一七二　棒線為故暗号

1820 〇〇〇五〇、〇〇一五七、〇〇一五九、〇〇一六〇、〇〇一八五、〇〇四二五、〇〇四四七、〇〇六一五、〇〇八八六、〇一〇二一

1821 〇〇一五〇、〇〇二一〇、〇〇二二二、〇〇二二四、〇〇二三三、〇〇二七五、〇〇五七一、〇〇六〇〇、〇〇六五〇、〇〇六八〇

1822 〇〇〇九三

1823 〇〇二二三

1824 〇〇〇六〇、〇〇一二七

1825 〇〇〇〇二、〇〇〇一一、〇〇〇五二、〇〇二八九

1826 〇〇一〇五、〇〇二二五、〇〇二三三、〇〇三五五、〇〇三六九

1827 〇〇四一六、〇〇四二五、〇〇四六三、〇〇四七〇、〇〇四八一

通親亭影供歌合（一二〇首中二首[1828]）、新宮撰歌合（七二首中〇）、鳥羽殿影供歌合（六六首中三首[1829]）、和歌所影供歌合（二一五首中一首[1830]）、撰歌合（一〇〇首中〇）、和歌所影供歌合（五四首中〇）、寂蓮法師集（四三七首中八首[1831]）、建仁元年千五百番歌合（三〇〇一首中五一首[1832]）、石清水社歌合（三〇首中一首[1833]）、仙洞影供歌合（七八首中一首[1834]）、水無瀬釣殿当座六首歌合（一二首中〇）、水無瀬恋十五首歌合（一五〇首中二首[1835]）、若宮撰歌合（三〇首中〇）、三体和歌（四二首中〇）、影供歌合（一〇八首中〇）、八幡若宮撰歌合（三〇首中〇）、長秋詠藻・藤原俊成（九〇八首中八首[1836]）、石清水若宮歌合（三〇

1828 〇〇〇三九、〇〇〇九三

1829 〇〇〇五三、〇〇〇六三、〇〇〇六六

1830 〇〇〇四〇

1831 〇〇〇一五、〇〇〇二六、〇〇一一三、〇〇一四七、〇〇二三七、〇〇二四四、〇〇二五二、〇〇一五七

1832 〇〇〇六九、〇〇五三一、〇〇六一二、〇〇六三六、〇〇六七一、〇〇六七六、〇〇八二五、〇〇八二六、〇〇八六七、〇〇九一八、〇一〇一七、〇一〇二二、〇一〇三六、〇一一二一、〇一一九八、〇一二五八、〇一三三八、〇一三八二、〇一四三七、〇一六六八、〇一七〇四、〇一七四九、〇一七五二、〇一七五九、〇一八七九、〇一九四七、〇一九七六、〇二二〇八、〇二二三四、〇二二七七、〇二二八五、〇二三〇七、〇二三〇八、〇二三一三、〇二三二六、〇二三四一、〇二三二六、〇二三四一、〇二三七六、〇二四五五、〇二五一〇、〇二五八七、〇二五九七、〇二六三七、〇二六五一、〇二七九五、〇二八五一、〇二八五五、〇二八六五、〇二八六六、〇二八七四、〇二九四三　棒線為故暗号

1833 〇〇〇一三

1834 〇〇〇七二

1835 〇〇〇六〇、〇〇一三三

1836 〇〇〇七九、〇〇一一八、〇〇一七四、〇〇一八〇、〇〇二五七、〇〇三四二、〇〇四七二、〇〇五九一

首中〇）、春日社歌合（九〇首中三首[1837]）、北野宮歌合（三〇首中〇）、元久詩歌合（七六首中〇）、新古今集竟宴和歌（二〇首中〇）、秋篠月清集・九条良経（一九四七首中二四首[1838]）、卿相侍臣歌合（六〇首中一首[1839]）、鴨御祖社歌合（二八首中二首[1840]）、賀茂別雷社歌合（三六首中〇）、最勝四天王院和歌（四六〇首中三首[1841]）、内裏詩歌合（五二首中一首[1842]）、内裏歌合（三六首中〇）、内裏歌合（四八首中〇）、歌合（二二首中一首[1843]）、歌合（三〇首中〇）、内裏歌合（三六首中〇）、内裏歌合（一五〇首中〇）、禁裏歌合（四七首中〇）、月卿雲客妬歌合（五九首中三首[1844]）、建保名所百首（二三五六首中一四首）、院四十五番歌合（九〇首中〇）、月卿雲客妬歌合（三〇首中〇）、長明集（鴨長明集）（一〇五首中〇）、内裏百番歌合（二〇〇首中二首[1845]）、歌合（九〇首中二首[1846]）、歌合（八四首中二首[1847]）、歌合

1837 〇〇〇二一、〇〇〇三〇、〇〇〇六九
1838 〇〇〇一七、〇〇〇九〇、〇〇〇九一、〇〇一四九、〇〇二〇二、〇〇三九一、〇〇五四八、〇〇五八三、〇〇六九〇、〇〇七〇六、〇〇八三四、〇〇八四六、〇〇九五〇、〇〇九九八、〇一一五四、〇一三〇〇、〇一四〇四、〇一四〇六、〇一四〇九、〇一四一三、〇一五〇三、〇一五五八、〇一五七六、〇〇二二七　棒線安麻の手引暗号
1839 〇〇〇二九
1840 〇〇〇〇八、〇〇〇一二
1841 〇〇〇七二、〇〇〇八四、〇〇二〇七
1842 〇〇〇〇八
1843 〇〇〇一三
1844 〇〇〇〇九、〇〇〇一三、〇〇〇三八
1845 〇〇一六二、〇〇一九三
1846 〇〇〇七〇、〇〇〇八七
1847 〇〇〇五九、〇〇〇七八

（三〇首中〇）、右大将家歌合（一六首中〇）、右大臣家歌合（六〇首中二首[1848]）、四十番歌合（八〇首中〇）、冬題歌合（一二〇首中二首[1849]）、道助法親王家五十首（一一〇〇首中一一首[1850]）、建保六年八月中殿御会（二七首中〇）、金槐集・実朝（六〇一首中一八首[1851]）、歌合（六〇首中〇）、歌合（八四首中〇）、内裏百番歌合（一九四首中六首[1852]）、日吉社大宮歌合（三〇首中〇）、日吉社十禅師歌合（三〇首中〇）、明日香井集・飛鳥井雅経（一六七二首中一四首[1853]）、為家千首（九九八首中一九首）、詠十首和歌（一三〇首中三首[1854]）、寛喜元年女御入内和歌（八八首中一首[1855]）、洞院摂政家百首（一九八二首中

1848 〇〇〇四〇、〇〇〇四二

1849 〇〇〇六四、〇〇〇一〇四

1850 〇〇〇六七、〇〇〇八七、〇〇一八五、〇〇四〇七、〇〇五九一、〇〇六九三、〇〇八三〇、〇〇八九六、〇〇九二一、〇一〇三七、〇一〇五二

1851 〇〇〇四〇、〇〇〇一〇三、〇〇一〇七、〇〇一七七、〇〇三四〇、〇〇三九三、〇〇四五六、〇〇四七四、〇〇四八八、〇〇五二四、〇〇五九六、〇〇六一六、〇〇六八九、〇〇三九七

1852 〇〇〇三四、〇〇〇五三、〇〇一〇三、〇〇一二五、〇〇一三二、〇〇一九〇

1853 〇〇二一一、〇〇二一六、〇〇二三一、〇〇五二九、〇〇六一八、〇〇六六七、〇〇七二〇、〇〇七六九、〇一〇九三、〇一一六四、〇一三〇二、〇一三一七、〇一四三四、〇一六三二

1854 〇〇〇一五、〇〇〇三四、〇〇〇七八

1855 〇〇〇二八

三三首[1856]）、日吉社撰歌合（一〇〇首中四首[1857]）、石清水若宮歌合（一〇二首中一首[1858]）、光明峰寺摂政家歌合（二二一九首中五首[1859]）、名所月歌合（六六首中〇）、日吉社知家自歌合（二一六首中〇）、遠島歌合（一六一首中二首[1860]）、壬二集・家隆（三一八五首中三九首[1861]）、藤河五百首（五〇〇首中六首[1862]）、後鳥羽院遠島百首（一〇〇首中八首[1863]）、後鳥羽院御集（一七六八首中一九首[1864]）、拾遺愚草・藤原定家（三二三四

1856 〇〇〇五五、〇〇二〇〇、〇〇二七五、〇〇三五三、〇〇三八九、〇〇四二三、〇〇四七四、〇〇七一一、〇〇八〇三、〇〇八一二、〇〇八三六、〇〇八九五、〇〇九七一、〇〇九九六、〇一〇二一、〇一〇九九、〇一一二五、〇一二八八、〇一三二四、〇一三六二、〇一三九〇、〇一四一一、〇一四七一、〇一五九八、〇一六一三、〇一六四七、〇一六九六、〇一七三一、〇一七六五、〇一七九八、〇一八二一、〇一八六二、〇一八七四

1857 〇〇〇三九、〇〇〇六一、〇〇〇七三、〇〇〇九二

1858 〇〇〇九三

1859 〇〇〇二二、〇〇〇九七、〇〇一二二、〇〇一四九、〇〇一九七

1860 〇〇〇一三九、〇〇一四三

1861 〇〇〇〇三、〇〇一五一、〇〇二三一、〇〇三六〇、〇〇三六五、〇〇四五三、〇〇四七一、〇〇五二九、〇〇五六三、〇〇五八六、〇〇五九六、〇〇六二五、〇〇六五〇、〇〇七七三、〇一〇八五、〇一二七〇、〇一三二五、〇一三三八、〇一四九七、〇一五〇八、〇一五三二、〇一六五九、〇一八三六、〇一八六一、〇二二七五、〇二三〇二、〇二六〇七、〇二六一四、〇二六六二、〇二七六三、〇二七六四、〇二八四二、〇二九〇四、〇二九〇八、〇二九四三、〇三〇八〇、〇三〇九八、〇三一三六、〇三一六五

1862 〇〇一三九、〇〇二一一、〇〇二一二、〇〇二九七、〇〇三八三、〇〇四五六

1863 〇〇〇一七、〇〇〇二一、〇〇〇三五、〇〇〇五三、〇〇〇六一、〇〇〇六四、〇〇〇七七、〇〇〇九六

1864 〇〇〇一一、〇〇一五〇、〇〇二一四、〇〇五六三、〇〇六七八、〇〇八二七、〇〇九三八、〇〇九五三、〇〇九七四、〇〇九八四、〇一〇二五、〇一一四五、〇一二二一、〇一三四二、〇一五〇八、〇一五二九、〇一六五二、〇一六五六、〇一七六四

首中四六首）、拾遺愚草員外・藤原定家（一〇〇八首中一一首）、新撰和歌六帖（新撰六帖題和歌）（二六三五首中四八首[1865]）、河合社歌合（六一首中二首[1866]）、春日若宮社歌合（七八首中二首[1867]）、院御歌合（二六〇首中四首[1868]）、後嵯峨院詠翫花和歌（一三首中〇）、宝治百首（宝治御百首）（四〇〇〇首中

1865 〇〇〇二〇、〇〇一〇二、〇〇二二一、〇〇二八〇、〇〇三六五、〇〇四一〇、〇〇四三九、〇〇五五六、〇〇七八四、〇〇七九二、〇〇八〇二、〇〇八七六、〇〇九〇五、〇〇九一五、〇〇九二三、〇〇九六六、〇〇九九五、〇一〇九〇、〇一〇九六、〇一一二六、〇一一六四、〇一一八八、〇一二〇五、〇一二二〇、〇一二二二、〇一二三二、〇一三六四、〇一四〇〇、〇一五五七、〇一五六七、〇一六三四、〇一七三四、〇一七四二、〇一七五四、〇一八〇八、〇一八一四、〇一八七一、〇一九一七、〇一九八六、〇二〇七五、〇二一二八、〇二一八七、〇二二五四、〇二二五七、〇二四五二、〇二五〇九、〇二五三七、〇二五六八

1866 〇〇〇四一、〇〇〇四七

1867 〇〇〇〇八、〇〇〇二三

1868 〇〇〇七二、〇〇一六三、〇〇二〇三、〇〇二一三

五九首[1869]）、万代集（万代和歌集）（三八二七首中六七首[1870]）、影供歌合（四二〇首中三首[1871]）、閑窓撰歌合（九九首中一首[1872]）、二十八品並九品詩歌（三三首中〇）、百首歌合（一五一九首中二二[1873]）、

1869 〇〇〇六八、〇〇四七六、〇〇六三三、〇〇六四九、〇〇六五二、〇〇七三三、〇〇七四〇、〇〇八〇七、〇〇九三一、〇〇九四〇、〇〇九九七、〇一一八一、〇一四七一、〇一七〇四、〇一八一二、〇二〇七六、〇二三一一、〇二三六二、〇二三九一、〇二三九三、〇二四四六、〇二五三二、〇二五八一、〇二五九一、〇二六二二、〇二六三二、〇二六三六、〇二七二四、〇二七四一、〇二七六二、〇二七六五、〇二七八〇、〇二七九〇、〇二七九七、〇二八八七、〇二九一五、〇二九三三、〇二九六一、〇三〇五四、〇三〇八一、〇三一一三、〇三一三二、〇三一三七、〇三一八〇、〇三二〇一、〇三三八八、〇三四二〇、〇三四二二、〇三五九八、〇三六〇三、〇三七三六、〇三七三九、〇三七九〇、〇三八七一、〇三九一七、〇三九三七

1870 〇〇一九三、〇〇二九四、〇〇四九一、〇〇五〇八、〇〇五一二、〇〇六五二、〇〇六八五、〇〇七八一、〇〇八八五、〇一〇一八、〇一〇九五、〇一一七七、〇一三三六、〇一三五九、〇一六〇四、〇一六四三、〇一六五四、〇一七二五、〇一七五三、〇一七八八、〇一八一〇、〇一八五二、〇一八五三、〇一八七一、〇一九一四、〇一九二六、〇一九二七、〇一九四八、〇一九七七、〇一九八六、〇二〇三〇、〇二〇八六、〇二一四三、〇二三〇六、〇二三四七、〇二三六一、〇二四〇五、〇二四二〇、〇二四四七、〇二五八〇、〇二六〇三、〇二六四三、〇二六九九、〇二七〇八、〇二八〇四、〇二九二五、〇二九四四、〇二九六九、〇三〇一四、〇三〇七〇、〇三一〇七、〇三一一一、〇三一六一、〇三二三六、〇三二五四、〇三四一四、〇三四五四、〇三四五五、〇三四八六、〇三五一一、〇三五五四、〇三七一一、〇三七一五、〇三七二二、〇三七三五、〇三八二四

1871 〇〇二一八、〇〇三三九、〇〇三六五

1872 〇〇〇三九

1873 〇〇一八四、〇〇四三一、〇〇四九三、〇〇五〇一、〇〇六三〇、〇〇六七三、〇〇七五〇、〇〇七七三、〇〇七八一、〇〇八〇四、〇一〇三一、〇一一五〇、〇一一五五、〇一二一〇、〇一二五〇、〇一二七七、〇一三〇〇、〇一三九六、〇一四一二、〇一四二五、〇一四七八、〇一四八六

北山行幸和歌（三六首中〇）、為家五社百首（二〇四首中一一首[1874]）、弘長百首（六九九首中六首[1875]）、宗尊親王百五十番歌合（二九八首中八首[1876]）、三十六人歌合（二一〇首中五首[1877]）、住吉社歌合（六六首中〇）、玉津島社歌合（六六首中一首[1878]）、亀山殿御会（四三首中〇）、白河殿七百首（七〇〇首中一五首）、歌合（二二〇首中二首[1879]）、歌合（一六〇首中〇）、亀山殿五首歌合（九三首中二首[1880]）、続古今集竟宴和歌（二五首中〇）、和漢名所詩歌合（七〇首中〇）、摂政家月十首歌合（一四〇首中一首[1881]）、住吉社三十五番歌合（七〇首中〇）、十五番歌合（二九首中二首[1882]）、安嘉門院四条五百首（五〇六首中五首[1883]）、歌合（四〇首中一首[1884]）、正応二年三月和歌御会（二一首中一首[1885]）、正応三年九月十三夜歌会歌

1874 〇〇〇九四、〇〇一一七、〇〇一四九、〇〇三五〇、〇〇三五九、〇〇三九三、〇〇四九四、〇〇四九六、〇〇五五六、〇〇五八〇、〇〇六九三

1875 〇〇一六三、〇〇三六八、〇〇三六九、〇〇四〇四、〇〇五七四、〇〇六二〇

1876 〇〇〇九六、〇〇一三六、〇〇一七一、〇〇一七五、〇〇二四四、〇〇二四五、〇〇二六五、〇〇二九九

1877 〇〇〇三五、〇〇〇七八、〇〇〇八〇、〇〇〇九八、〇〇一六一

1878 〇〇〇五七

1879 〇〇〇五六、〇〇〇五八

1880 〇〇〇七八、〇〇〇八六

1881 〇〇〇八五

1882 〇〇〇二三、〇〇〇二七

1883 〇〇二一八、〇〇二八六、〇〇四一四、〇〇四一九、〇〇四二七

1884 〇〇〇三四

1885 〇〇〇一二

（五四首中〇）、厳島社頭和歌（三三首中〇）、内裏御会（一〇四首中一首[1886]）、歌合（四八首中〇）、歌合（六〇首中二首[1887]）、五首歌合（七〇首中三首[1888]）、歌合（三六首中〇）。以上五三三四二首中七三二首　一・三七％。

◇建保名所百首　検索　源順

一二一五年成立。

◎**み**ちのく の**し**の**ぶ**のやまのおく**と**て（より）**も**お**な**じけふ**こ**そはるは**た**つらめ[1889]

◎ちえにお**もふこと**のは**し**げ**み**ほととぎす**な**くやしの**だ**のもりのしたつゆ[1890]

◎さ**みだ**れにゐ**な**ののをざさつゆなれて**こ**ころ**もと**なくあきをこ**ふ**ら**し**[1891]

◎**とし**くるる**ふ**ゆ**も**い**な**ばの**み**ねのゆきまつとはしるやま**た**かへり**こ**ん[1892]順徳院兵衛内侍

◎さ**と**の**なも**ひとの**こ**ころもあれまく**やふしみ**のよそにゆめぢ**た**えつつ[1893]藤原範宗

1886 〇〇〇七八

1887 〇〇〇五三、〇〇〇五五

1888 〇〇〇四三、〇〇〇四四、〇〇五六

1889 〇〇一八二　みちのくの忍の山のおくとてもおなじけふこそ春は立つらめ（前掲『新編国歌大観』第四巻三三八頁）、『新編国歌大観』には〇〇〇一三の後は作者不記載。

1890 〇〇二六〇　千えにおもふ事のはしげみ時鳥鳴くやしのだの杜の下露（同三三九頁）

1891 〇〇二六六　五月雨にゐなののをざさ露なれて心もとなく秋をこふらし（同三三九頁）

1892 〇〇七〇二　年くるる冬もいなばの嶺の雪まつとはしるや又かへりこん（同三四三頁）

1893 〇〇七三〇　さとの名も人の心もあれまくや伏見のよそに夢ぢたえつつ（同三四四頁）

◎よともにしのぶこころのあらはれてたえずぞかかるそでのうらなみ1894藤原範宗
◎かぜあらきなみやたかしのはまちどりふみかよひこしあともたえぬる1895藤原俊成女
◎おもふひとなみのをちかたたづぬべきさののふなばしえやはうごかん1896藤原家隆
◎あふさかをけふこえぬともみちのくのをだえのはしのすゑのしらなみ1897
◎こしかたもなほゆくすゑもふるゆきにあとこそみえねかへるやまひと1898
◎なにゆゑかそこのみるめもをふのうらにあふことなしのなにはたつらむ1899藤原定家
◎かりてほすあまのしわざもとことはにたえずみるめやをふのうらなみ1900藤原知家
◎わするねよなれのみここにすみだがはわかおもふかたのとりのなもうし1901世尊寺行能

◎は次の通り解ける。

▼王統　既出　二四頁。

みちのくのしのぶのやまのおくとてもおなじけふこそはるはたつらめ月月(じく)（夫(そ)の子）
ちえにおもふことのはしげみほととぎすなくやしのだのもりのしたつゆ日・矢也日(じつ)・矢也(しなり)（君事(みこと)の弟）

1894　〇〇七七八　夜とともにしのぶ心のあらはれてたえずぞかかる袖の浦なみ（同三四四頁）
1895　〇〇七九七　風あらき波やたかしの浜千鳥ふみかよひこし跡もたえぬる（同三四四頁）
1896　〇〇八七一　おもふ人波の遠方尋ぬべきさのの舟ばしえやはうごかん（同三四五頁）
1897　〇〇九〇二　相坂を今日こえぬともみちのくのをだえの橋の末の白波（同三四五頁）
1898　〇一〇〇八　こしかたも猶行く末もふる雪に跡こそみえねかへる山人（同三四六頁）
1899　〇一一〇七　何ゆゑかそこのみるめも生の浦にあふ事なしの名にはたつらむ（同三四八頁）
1900　〇一一一三　かりてほすあまのしわざもとことはにたえずみるめや生の浦なみ（同三四八頁）
1901　〇一一五一　わするねよなれのみここに角田川わかおもふ方の鳥のなもうし（同三四八頁）

さみだれにゐなののをささつゆなれてこころもとなくあきをこふらし七得　七得（ななとく）

としくるるふゆもいなばのみねのゆきまつとばしるやまたかへりこん泄・君事　泄（もる）・君事（くんじ）

さとのなもひとのこころもあれまくやふしみのよそにゆめぢたえつつ明　明（あく）

よとともにしのぶこころのあらはれてたえずぞかかるそでのうらなみ夫　夫（ふ）

かぜあらきなみやたかしのはまちどりふみかよひこしあともたえぬる青　青（みどり）

おもふひとなみのをちかたたづぬべきさののふなはしえやはうごかん隼響　隼響（はやぶさかふ）

あふさかをけふこえぬともみちのくのをだえのはしのすゑのしらなみ朋　朋（たから）

こしかたもなほゆくすゑもふるゆきにあとこそみえねかへるやまひと真曽　真曽（まそふ）

なにゆゑかそこのみるめもをふのうらにあふことなしのなにはたつらん挑者　挑者（たふもの）

かりてほすあまのしわざもとことはにたえずみるめやをふのうらなみ光・麻等　光（あかり）・麻等（めら）（栗女の夫（まさ））

わするねよなれのみここにすみだがはわかおもふかたのとりのなもうし象　象（すがた）

◇為家千首

一二二三年成立。藤原為家。源順で抽出する。

けふもまたみのしろごろもはるたつとなほうちきらしゆきはふりつつ　1902

いまさらにまつのみどりのいろもなしえだかすふぢのはなにさくころ　1903

1902　〇〇〇〇九　けふも又みのしろごろも春たつとなほうちきらしゆきはふりつつ（前掲『新編国歌大観』十巻 一五頁）

1903　〇〇一七九　いまさらにまつのみどりのいろもなしえだかすふぢの花にさくころ（同一六頁）

かたみとてそめしさくらのいろをだにけふぬぎかふるなつごろもかな 1904
みじかよはつきなまたれそやまのはのいざよふほどにあけもこそすれ 1905
あはれともたれにみせましやまざとのひもゆふかげのなでしこのはな 1906
こほれどもしたやすからぬふゆかはのうきねのかもはねのみなきつつ 1907
こひすてふあだのうきなはたつなみのあとなしとてもそではぬれつつ 1908
うらにたくあまのすくものしたにのみけぶりなたてそみはこがるとも 1909
しられじなうつすみなはのひとすぢによるかたもなくきみをこふとは 1910
いかにせむこころはさてもしのぶれどまぎれぬものはなみだなりけり 1911
わがこひはなにはをとめがこやにたくすくものけぶりしたもえにのみ 1912
たつなみもくれなゐふかきしきたへのそでこそあきのとまりなるらめ 1913

1904 ○○二○三 かたみとてそめしさくらの色をだにけふぬぎかふる夏ごろもかな（同一七頁）
1905 ○○二七七 みじかよは月なまたれそ山のはのいざよふ程にあけもこそすれ（同一七頁）
1906 ○○二九○ あはれともたれにみせまし山ざとの日もゆふかげのなでしこの花（同一七頁）
1907 ○○五七二 こほれどもしたやすからぬふゆかはのうきねのかもはねのみなきつつ（同二○頁）
1908 ○○六○一 こひすてふあだのうきなはたつなみのあとなしとてもそではぬれつつ（同二○頁）
1909 ○○六○六 うらにたくあまのすくものしたにのみけぶりなたてそ身はこがるとも（同二○頁）
1910 ○○六一八 しられじなうつすみなはのひとすぢによるかたもなく君をこふとは（同二○頁）
1911 ○○六二○ いかにせむこころはさてもしのぶれどまぎれぬものはなみだなりけり（同二○頁）
1912 ○○六六二 わが恋はなにはをとめがこやにたくすくものけぶりしたもえにのみ（同二一頁）
1913 ○○六六八 たつなみもくれなゐふかきしきたへの袖こそあきのとまりなるらめ（同二一頁）

あさぎりにぬれにきとおもふころもでのやがてなみだにしをれぬるかな 1914
みちのくのなこそのせきのなこそともおもはねどまたとふひともなし 1915
あとだにもながらのはしのふりはててなにをかたみにこひわたらまし 1916
いかばかりそでこすなみもしぼるらむよをうみわたるおきつふなひと 1917
ゆくすゑはさだめぬなみをしるべにてもろこしふねのあともはかなし 1918
かへりみるかたみにしのぶやまのはにみやこをとほみくもなかさねそ 1919
いまはみをこころにだにもいとふかなたれかはましてあはれともみむ 1920

◎は次の通り解ける。

けふもまたみのしろごろもはるたつとなほうちきらしゆきはふりつつ　**水都登利能　多々**
いまさらにまつのみどりのいろもなしえだかすふぢのはなにさくころ　**伴乃　美津野等麻里尓　布**
かたみとてそめしさくらのいろをだにけふぬぎかふるなつごろもかな　**賀美都家野　久路**
みじかよはつきなまたれそやまのはのいざよふほどにあけもこそすれ　**伊都之可母　見**
あはれともたれにみせましやまざとのひもゆふかげのなでしこのはな　**礼杼　遊布麻夜万　可**

1914 ○○六七五　あさぎりにぬれにきとおもふころもでのやがてなみだにしをれぬるかな（同二一一頁）
1915 ○○八八五　みちのくのなこそのせきのなこそともおもはねどまたとふ人もなし（同二一三頁）
1916 ○○八八七　あとだにもながらのはしのふりはててなにをかたみにこひわたらまし（同二一三頁）
1917 ○○八九七　いかばかりそでこすなみもしぼるらむよをうみわたるおきつふな人（同二一三頁）
1918 ○○九〇二　ゆくすゑはさだめぬなみをしるべにてもろこしふねのあともはかなし（同二一三頁）
1919 ○○九一一　かへりみるかたみにしのぶやまのはに宮こをとほみくもなかさねそ（同二一三頁）
1920 ○○九八七　いまは身を心にだにもいとふかなたれかはましてあはれとも見む（同二一四頁）

こほれどもしたやすからぬふゆかはのうきねのかもはねのみなきつつ　毛能可良
こひすてふあだのうきなはたつなみのあとなしとてもそではぬれつつ　安之比奇能
うらにたくあまのすくものしたにのみけぶりなたてそみはこがるとも　海原
しられじなうつすみなはのひとすぢによるかたもなくきみをこふとは　美 波比尓思　伎与良之母二つ
いかにせむこころはさてもしのぶれどまぎれぬものはなみだなりけり　武蔵野乃
わがこひはなにはをとめがこやにたくすくものけぶりしたもえにのみ　等夜乃野尓　乎
たつなみもくれなゐふかきしきたへのそでこそあきのとまりなるらめ　等伎能多米
あさぎりにぬれにきとおもふころもでのやがてなみだにしをれぬるかな　奴流々
みちのくのなこそのせきのなこそともおもはねどまたとふひともなし　多奈婢久
あとだにもながらのはしのふりはててなにをかたみにこひわたらまし　船尓　可之布里多弖天　波麻
いかばかりそでこすなみもしぼるらむよをうみわたるおきつふなひと　君我牟多
ゆくすゑはさだめぬなみをしるべにてもろこしふねのあともはかなし　奈美尓安布能須
かへりみるかたみにしのぶやまのはにみやこをとほみくもなかさねそ　可敝流散尓
いまはみをこころにだにもいとふかなたれかはましてあはれともみむ　弖伊奈婆　伊

海原乎　夜蘇之麻我久里　伎奴礼杼母　奈良能美也故波　和須礼可祢都母
可敝流散尓　伊母尓見勢武尓　和多都美乃　於幾都志良多末　比利比弖由賀奈
賀美都家野　久路保乃祢呂乃　久受葉我多　可奈師家兒良尓　伊夜射可里久母
刀祢河泊乃　可波世毛思良受　多太和多里　奈美尓安布能須　安敝流伎美可母
大伴乃　美津野等麻里尓　布祢波弖々　多都多能山乎　伊都可故延伊加武
安之比奇能　夜麻治古延牟等　須流君乎　許々呂尓毛知弖　夜須家久母奈之

宇恵太気能　毛登左倍登与美　伊伿**弖伊奈婆**　**伊**豆思牟伎弖可　伊毛我奈気可牟
古非都追母　乎良牟等須**礼杼**　**遊布麻夜万**　**可**久礼之伎美乎　於母比可祢都母
和我世古我　可反里吉麻佐武　**等伎能多米**　伊能知能己佐牟　和須礼多麻布奈
君我牟多　由加麻之毛能乎　於奈自許等　於久礼弖乎礼杼　与伎許等毛奈之
安乎祢呂尓　**多奈婢久**君母能　伊佐欲比尓　物能乎曽於毛布　等思乃許能己呂
比登祢呂尓　伊波流**毛能可良**　安乎祢呂尓　伊佐欲布久母能　余曽里都麻波母
大船尓　**可之布里多弖天**　**波麻**藝欲伎　麻里布能宇良尓　也杼里可世麻之
伊都之可母　**見**牟等於毛比師　安波之麻乎　与曽尓也故非無　由久与思乎奈美
水都登利能　**多々**武与曽比尓　伊母能良尓　毛乃伊波受伎尓弖　於毛比可祢都毛
等夜乃野尓　**乎**佐藝祢良波里　乎佐乎左毛　祢奈敝古由恵尓　波伴尓許呂波要
武蔵野乃　久佐波母呂武吉　可毛可久母　伎美我麻尓末尓　吾者余利尓思乎
伊利麻治野　於保屋我波良能　伊波為都良　比可婆**奴流々**々　和尓奈多要曽祢
可美都家野　安蘇夜麻都豆良　野乎比呂**美**　**波比尓思**物能乎　安是加多延世武
伊可保呂乃　蘇比乃波里波良　和我吉奴尓　都**伎与良之母**与　比多敝登於毛敝婆

◇拾遺愚草・拾遺愚草員外　一二四一年成立。藤原定家

源順で抽出する。藤原俊忠、藤原俊成、藤原定家、藤原為家、藤原（冷泉）為相五代に亘る倭人の心の継承であることをここに特記する。夫木和歌抄の撰者勝間田長清は冷泉為相に師事し、夫木和歌抄を撰、言わば六代に亘る祈願の持続である。

▼拾遺愚草

◎い**し**ばしる**た**き**こ**そけ**ふも**い**と**はるれちりてもしばしは**な**は**み**ましを 1921

◎**ふ**るさ**と**をへ**だ**てぬ**み**ねの**な**がめに**もこ**えに**し**くもぞせきはすゑける 1922

◎うくつらきひ**と**を**もみ**をもよ**し**しらじ**た**だときのまのあ**ふこ**ともが**な** 1923

◎いまぞ**し**るあかぬわかれの**なみだ**がはみをなげはつる**こ**ひの**ふ**ち**とも** 1924

◎**し**かばかりか**たきみ**のりのすゑにあひてあはれ**こ**のよ**と**まづお**もふ**か**な** 1925

◎お**も**ひ**たつみ**ちの**し**るべかよ**ぶこど**りふかきやまべにひとさそふ**な**り 1926

○く**も**りよのつきのかげの**み**ほのかにてゆくか**たし**らぬよ**ぶこど**りか**な** 1927

◎**と**けてね**ふしみ**のさとは**な**のみして**た**れふかきよに**こ**ろ**も**うつらむ 1928

◎お**もふと**はき**み**にへ**だ**ててさよ**こ**ろも**な**れぬなげきに**と**しぞかさなる 1929

1921 ○○一一五　いしばしる瀧こそけふも厭はるれちりてもしばし花は見ましを（『訳注藤原定家全歌集上巻』　久保田淳著　一九八五年三月一五日　河出書房新社発行　二五頁）

1922 ○○一九五　ふる郷をへだてぬ峯のながめにもこえにし雲ぞ関はすゑける（同三六頁）

1923 ○○三七五　うくつらき人をも身をもよし知らじただ時のまのあふこともがな（同六二頁）

1924 ○○三七七　今ぞしるあかぬ別のなみだ河身をなげはつる恋のふちとも（同六三頁）

1925 ○○三八八　しかばかりかたき御法のすゑにあひて哀このよとまづ思ふ哉（同六四頁）

1926 ○○四一四　おもひたつみちのしるべか喚ぶ子鳥ふかき山べに人さそふなり（同六八頁）

1927 ○○五一四　くもり夜の月のかげのみほのかにてゆく方しらぬよぶこどり哉（同八二頁）

1928 ○○五五一　とけてねぬ伏見の里はなのみして誰ふかき夜に衣うつらむ（同八七頁）

1929 ○○五七二　思ふとはきみにへだててさよ衣なれぬなげきに年ぞかさなる（同八九頁）

◎**な**れ**こし**はきの**ふと**お**も**ふひとのあともこけふ**み**わけてみち**た**どるなり 1930

◎**た**をり**も**てゆきか**ふ**ひ**と**のけ**し**きまでは**な**のにほひは**み**や**こ**なりけり 1931

◎**た**つき**じ**の**な**るるのはらもかす**み**つつ**こ**をお**も**ふみちやはるま**ど**ふらむ 1932

◎あきよ**た**だ**な**がめすてて**も**いでなま**しこ**のさ**と**をの**み**のゆ**ふ**べとおもはば 1933

○**こ**ひわびてわれ**とな**がめ**し**ゆ**ふ**ぐれ**も**なるればひとのか**たみ**がほなる 1934

◎**み**や**こ**お**もふな**み**だ**のつま**と**なるみがたつきにわれとふあきの**し**ほかぜ 1935

◎**し**られじ**な**かす**み**のし**た**に**こ**がれつつきみにい**ぶ**きのさし**も**しのぶ**と** 1936

◎**な**にゆゑかそ**こ**の**み**るめ**も**お**ふ**のうらにあふこ**と**な**し**のなには**た**つらん 1937

◎あき**た**たむい**な**ばのかぜをいそぐ**と**て**みしぶ**にまじるた**ご**のころ**も**で 1938

○おのれの**み**あまのさかてをうつ**た**へに**ふ**り**し**く**こ**のはあ**と**だに**もな**し 1939

1930 ○○五八四 なれこしはきのふとおもふ人のあともこけふみわけて道たどる也（同九一頁）

1931 ○○六一五 たをりもてゆきかふ人のけしきまで花の匂ひはみやこなりけり（同九六頁）

1932 ○○八〇七 たつきじのなるる野原もかすみつつ子を思ふ道や春まとふらむ（同一二三頁）

1933 ○○八三二 秋よただながめすててもいでなまし此里をのみゆふべとおもはば（同一二八頁）

1934 ○○八六九 こひわびてわれとながめし夕暮もなるれば人のかたみがほなる（同一三四頁）

1935 ○○九八五 宮こ思ふ涙のつまと鳴海潟月にわれとふ秋のしほ風（同一五一頁）

1936 ○一一五七 しられじな霞のしたにこがれつつ君に伊吹のさしもしのぶと（同一七八頁）

1937 ○一二九三 なにゆゑか底のみるめも葶生の浦に逢ふことなしの名にはたつらん（同二〇一頁）

1938 ○一三二八 秋たたむいなばの風をいそぐとてみしぶにまじる田子の衣手（同二〇六頁）

1939 ○一四七一 おのれのみあまの逆手をうつたへにふりしく木の葉あとだにもなし（同二二七頁）

◎**とこ**なるるやま**した**つゆのおき**ふ**しにそでのしづくは**み**やこに**も**にず 1940
◎はる**も**いぬは**な**も**ふ**りに**し**ひ**と**ににてま**たみ**ぬやどにまつぞの**こ**れる 1941
◎**こし**か**たも**ゆくさきも**み**ぬ**な**みのうへのかぜをたのみに**と**ばす**ふ**ねのほ 1942（夫木抄一五七九一）
○**としふ**れば**なみだ**のいたく**も**りつつつきさへすつる**こ**こちこそすれ 1943
◎あ**ふ**げ**どもこた**へぬそらのあを**み**どりむ**なし**くはてぬゆくすゑもがな 1944
◎すず**み**に**と**みちは**こ**のまに**ふ**み**な**れてなつをぞ**た**どる**も**りの**し**たかげ 1945
◎**し**られじ**な**いはのし**た**かげや**どふ**かき**こ**けの**み**だれて**も**のおもふとも 1946
◎**も**ろび**と**のそでもひとへにお**しな**べてなつ**こ**そ**み**ゆれけ**ふ**き**た**りとは 1947
◎あら**た**まの**ことしもな**かばいたづらにな**み**だかずそ**ふ**をぎのうはかぜ 1948
◎**なみだ**のみ**こ**のは**し**ぐれ**とふ**りはててうきみをあきのいふかひ**も**なし 1949

1940 ○一四八五　とこなるる山した露の起き臥しに袖のしづくは宮こにも似ず（同二二九頁）
1941 ○一五二〇　春もいぬ花もふりにし人に似て又みぬやどに松ぞ遺れる（同二三八頁）
1942 ○一六二八　こし方もゆくさきも見ぬ浪の上の風をたのみにとばす舟の帆（同二五二頁）
1943 ○一六五三　年ふれば涙のいたくもりつつ月さへすつる心地こそすれ（同二五六頁）
1944 ○一七二一　あふげどもこたへぬ空のあをみどりむなしくはてぬゆく末も哉（同二六六頁）
1945 ○一八一五　すずみにと道はこのまにふみなれて夏をぞたどる森の下かげ（同二八五頁）
1946 ○一九八四　しられじないはのしたかげ宿ふかき苔のみだれて物思ふとも（同三一七頁）
1947 ○一九九七　もろ人の袖もひとへにおしなべて夏こそ見ゆれけふきたりとは（同三二〇頁）
1948 ○二一三〇　あらたまのことしもなかばいたづらに涙かずそふ荻の上風（同三四八頁）
1949 ○二二一〇　なみだのみ木の葉しぐれとふりはててうき身を秋のいふかひもなし（同三六二頁）

◎か**こたじ**よ**ふ**ゆの**み**やまのゆふぐれはさぞ**な**あらしのこゑならず**とも** 1950
◎**ふ**ゆきて**も**ま**た**ひ**とし**ほのいろ**な**れやも**み**ぢにの**こ**るみねのまつばら 1951
◎うれ**し**さはむかしつつ**み**しそでより**もな**ほ**た**ちかへるけ**ふ**や**こと**なる 1952
○うれ**し**て**ふたれもな**べての**こと**のはをけふのわが**み**にいかがこたへむ 1953
◎むせ**ぶとも**しらじ**なこ**ころかはらやにわれの**み**け**た**ぬしたのけぶりは 1954
○あ**ふこと**は**し**のぶのころ**も**あはれ**な**どまれなるいろに**みだ**れそめけん 1955
○**みこ**そかくかけは**な**る**とも**ますかがみ**ふた**りみ**し**よのゆめはわすれず 1956
◎**なみだ**せくむな**し**き**とこ**のうきまくらくちはてぬまのあ**ふ**こと**も**がな 1957
◎**こ**ひ**し**さをお**も**ひしづめむか**た**ぞ**な**きあひ**み**しほ**ど**に**ふ**くるよごとは 1958
◎**こ**をお**もふ**ふかき**なみだ**のいろにいでてあけのころもの**ひとし**ほもかな 1959

1950 ○二三二一 かこたじよ冬のみ山のゆふぐれはさぞなあらしの聲ならずとも（同三七九頁）
1951 ○二三三〇 冬きても又ひとしほの色なれやもみぢにのこる峯のまつばら（同三八一頁）
1952 ○二三九八 うれしさは昔つつみしそでよりも猶たちかへるけふやことなる（同三九四頁）
1953 ○二四〇〇 うれしてふたれもなべての事のはをけふのわが身にいかがこたへむ（同三九五頁）
1954 ○二四四一 むせぶともしらじな心かはらやに我のみけたぬ下のけぶりは（同四〇三頁）
1955 ○二四四六 あふことはしのぶの衣あはれなどまれなる色にみだれそめけん（同四〇四頁）
1956 ○二四九二 身こそかくかけはなるともます鏡ふたり見しよの夢はわすれず（同四一二頁）
1957 ○二五二五 涙せくむなしきとこのうき枕くちはてぬまのあふこともがな（同四一九頁）
1958 ○二五二六 こひしさを思ひしづめむ方ぞなき逢見しほどにふくる夜ごとは（同四一九頁）
1959 ○二五八八 子を思ふふかき涙の色にいでてあけの衣の一入も哉（同四三〇頁） 再入（ふたしほ）＝一層

◎お**も**かげにおほくの**こ**よひ**し**の**ぶ**れ**と**つきとき**み**とぞか**た**み**な**りける 1960
◎あ**だ**に**みし**は**な**の**こと**やはつねならぬうきはるかぜはめぐりあ**ふ**と**も** 1961
◎けさはい**と**ど**なみだ**そでに**ふ**りまさるきのふもすぎぬ**こ**ぞ**も**むか**し**と 1962
◎**みし**ゆめのすゑ**た**の**も**しくあ**ふこと**にこころよわらぬものおもひか**な** 1963
◎てら**ふ**かき**もみ**ぢのいろにあ**とた**えてからくれ**な**ゐをはらふ**こ**がら**し** 1964
◎れき**こふ**のぐぜいのう**み**にふねわ**た**せ**し**やうしの**な**みはふゆあらく**とも** 1965
○わ**たしも**りいだす**ふな**ぢはほ**ど**もあらじ**み**は**こ**のきしにきりはれずとも 1966
▼拾遺愚草員外
◎**たち**かへるはるのわかれのけ**ふごと**にうら**み**てのみ**も**と**し**をふるか**な** 1967
○すゑのまつまつよはあけてかはる**ともこ**すて**ふなみ**のこゑ**した**たずは 1968

1960 ○二六〇五　おもかげにおほくの今夜しのぶれと月と君とぞかたみ成りける（同四三八頁）
1961 ○二六五八　あだに見し花のことやはつねならぬうき春風はめぐりあふとも（同四五一頁）
1962 ○二六六五　けさはいとど涙そ袖にふりまさるきのふもすぎぬこぞも昔と（同四五二頁）
1963 ○二七〇八　見し夢のすゑたのもしくあふ事に心よわらぬ物思ひ哉（同四六〇頁）
1964 ○二七二二　寺ふかきもみぢの色にあとたえてから紅をはらふこがらし（同四六三頁）
1965 ○二七六一　歴劫の弘誓の海に舟わたせ生死の波はふゆあらくとも（同四六九頁）
1966 ○二七六五　わたしもり出すふなぢはほどもあらじ身は此岸に霧はれずとも（同四七〇頁）
1967 ○二八一一　たちかへる春の別のけふごとにうらみてのみも年をふる哉（『訳注藤原定家全歌集下巻』　久保田淳
著　一九八六年六月二〇日　河出書房新社発行　一一頁）
1968 ○二八七六　末の松まつ夜はあけてかはるともこすてふ浪のこゑしたたずは（同二一〇頁）

◎**た**のめおき**し**ひ**と**まつかぜのさよす**み**てお**も**ひにかよ**ふ**よぶ**こ**とりか**な** 1969

○け**た**ず**と**もはか**な**くおけるつゆをさへあきのかた**み**はら**ふこ**がら**し** 1970

◎**も**りぬべ**しなみだ**せきあへぬ**とこ**のうへにたえずものおも**ふ**ひとのなげきは 1971

○**ふたりみし**そらゆくつきのわたるか**なと**お**も**へばおなじあきの**こ**ろもで 1972

◎**なにごと**をお**もふ**とも**し**らぬな**みだ**かなあきのねざめのあかつきのとこ 1973

○**な**く**し**か**も**よそのも**み**ぢも**た**づね**こ**ず**と**きはのもりのゆきのゆ**ふ**ぐれ 1974

◎かげ**み**ゆるひ**と**への**こ**ろ**も**うち**な**びくあ**ふ**ひもすず**し**しろきす**だ**れに 1975

◎ゆ**ふ**ぎりに**こと**とひわびぬす**みだ**がはわがと**も**ふねもありや**なし**やと 1976

◎**し**るらめや**た**ゆた**ふ**ふねの**なみ**まよりみゆる**こ**しまの**もと**のこころを 1977

◎は次の通り解ける。為故　既出　四三頁。

い**し**ばしる**たこ**そけ**ふ**もい**と**はるれち**りて**もしばしは**な**はみまし**を男立**男立（しなりふ）（欠ぬ）　**一九**

1969 ○二九〇六　たのめおきし人松風のさ夜すみておもひにかよふよぶこ鳥哉（同二四頁）

1970 ○三〇六九　けたずともはかなくおける露をさへ秋の形見ははらふ凩（同四七頁）

1971 ○三〇八三　もりぬべし泪せきあへぬ床の上にたえず物思人のなげきは（同四九頁）

1972 ○三一一二　ふたり見し空行月のわたるかなと思へばおなじ秋の衣手（同五三頁）

1973 ○三一四九　なにごとをおもふともしらぬ涙かな秋のねざめの暁の床（同五八頁）

1974 ○三三六五　鳴鹿もよその紅葉も尋こずときはの杜の雪の夕ぐれ（同九四頁）

1975 ○三四一九　影見ゆるひとへの衣うちなびくあふひもすずし白き簾に（同一〇三頁）

1976 ○三六〇四　夕霧にこととひ侘びぬ角田川我友舟も有やなしやと（同一三三頁）

1977 ○三六五三　知るらめやたゆたふ舟の波間よりみゆる小嶋の本の心を（同一四二頁）

ふるさとをへだてぬみねのながめにもこえにしくもぞせきはすゑける聞聞《とふ》（補ゑ）二七

うくつらきひとをもみをもよししらじただときのまのあふこともがな生日精潔 生日精潔《をふ・きかしらぐきよし》（補ら）四

いまぞしるあかぬわかれのなみだがはみをなげはつるこひのふちとも柞原 柞原《かいこもと》（補つ欠ら）三

しかばかりかたきみのりのすゑにあひてあはれこのよとまづおもふかな月柱 月 柱《よのひかりじ》六

おもひたつみちのしるべかよぶこどりふかきやまべにひとさそふなり丸丸《たま》七

とけてねぬふしみのさとはなのみしてたれふかきよにころもうつらむ顚好顚好《てむしたしみ》（補ぬ欠む）二〇

おもふとはきみにへだててさよころもなれぬなげきにとしぞかさなる籠代籠代《かごとし》三〇

なれこしはきのふとおもふひとのあともこけふみわけてみちたどるなり初初《もと》八

たをりもてゆきかふひとのけしきまではなのにほひはみやこなりけり建建《かぎ》（欠ぬ）九

たつきじのなるるのはらもかすみつつこをおもふみちやはるまどふらむ山山《はかば》（補む）二一

あきよただながめすててもいでなましこのさとをのみゆふべとおもはば為民女無為民女無《いしもべははぶ》二三

みやこおもふなみだのつまとなるみがたつきにわれとふあきのしほかぜ矢馬 矢 馬《ほどこしのるもの》三八

しられじなかすみのしたにこがれつつきみにいぶきのさしもしのぶと露露《すこし》（欠ぬ）三三

なにゆゑかそこのみるめもおふのうらにあふことなしのなにはたつらん高羽高羽《こふは》三一

あきたたむいなばのかぜをいそぐとてみしぶにまじるたごのころもで尊尊《みこと》三五

とこなるるやましたつゆのおきふしにそでのしづくはみやこにもにず明募明 募《みやふおこましし》二四

はるもいぬはなもふりにしひとににてまたみぬやどにまつぞのこれる射矢白射矢白《はなつのぶまま》（欠ろ）一

こしかたもゆくさきもみぬなみのうへのかぜをたのみにとばすふねのほ総根総根《みなもと》（補ぬ）三四（夫木抄）

あふげどもこたへぬそらのあをみどりむなしくはてぬゆくすゑもがな聲聲《なく》二五

しられじないはのしたかげやどふかきこけのみだれてものおもふとも柞原 柞 原《きといとなしの》四〇 いと＝暇《いとま》

もろびとのそでもひとへにおしなべてなつこそみゆれけふきたりとは　酉酉金酉酉金（ゆふにじきれひ）（補のと）一一

かこたじよふゆのみやまのゆふぐれはさぞなあらしのこゑならずとも目目（もく）三二

ふゆきてもまたひとしほのいろなれやもみぢにのこるみねのまつばら丸日精潔丸日精潔（たまにちしゃふゆきのいろ）一三

うれしさはむかしつつみしそでよりもなほたちかへるけふやことなる止克止克（しょし）（補り）一八

むせぶともしらじなこころかはらやにわれのみけたぬしたのけぶりは路母路母（とふりも）二三

こひしさをおもひしづめむかたぞなきあひみしほどにふくるよごとは相無相無（そふむ）一四

こをおもふふかきなみだのいろにいでてあけのころものひとしほもかな立立（もふけ）（補ろ欠つ）二

おもかげにおほくのこよひしのぶれとつきときみとぞかたみなりける日精潔日精潔（かしょふけつ）四一

あだにみしはなのことやはつねならぬうきはるかぜはめぐりあふとも米栗喪米栗喪（あはのみくりしぬ）三七

けさはいとどなみだぞそでにふりまさるきのふもすぎぬこぞもむかしと生言生言（いけることば）三六

みしゆめのすゑたのもしくあふことにこころよわらぬものおもひかな羅九矢羅九矢（あみここのおよぶ）一二

てらふかきもみぢのいろにあとたえてからくれなゐをはらふこがらし初国初国（はじたみ・とち）三九

れきこふのぐぜいのうみにふねわたせしやうしのなみはふゆあらくとも畝畝（ぶ）二九

たちかへるはるのわかれのけふごとにうらみてのみもとしをふるかな大好聲大好聲（もとかふとふ）（欠ゐ）二六

たのめおきしひとまつかぜのさよすみておもひにかよふよぶことりかな生去生去（せひきょ）（欠る）一五

もりぬべしなみだせきあへぬとこのうへにたえずものおもふひとのなげきは
会君事船生之畑会君事船生之畑（しおうへずのりものきとひにた）（火に田）五

なにごとをおもふともしらぬなみだかなあきのねざめのあかつきのとこ擦尾掟擦尾掟（さつみたふ）（欠り）一七

かげみゆるひとへのころもうちなびくあふひもすずししろきすだれに相之栄相之栄（かたちししげる）二八

ゆふぎりにこととひわびぬすみだがはわがともふねもありやなしやと乙乙（わたし）（補ぬ欠のと）一〇

しる◉らめや◉たゆたふふねのなみ◉まよりみゆるこしまのもとのこころを宮　宮（とりこめる）（補る）一六

◆白河殿七百首　一二六五年成立。検索　源順

◎ねのひとてけふひきそふるこまつばらこだかきまでをみるよしもがな 1978 重名朝臣重輔男
◎ときしあればさつきのせみのはごろものたもとににほふあやめくさかな 1979 藤原経任
◎けふのみといそぐやたごのてもたゆくちまちのなへのふしたたぬまを 1980 侍従三位
◎しほみたぬあふみのうみもさみだれにいりぬるいそとなれるころかな 1981 侍従三位
◎みてもまたおいとなるみのかなしさにこころにしたふやまのはのつき 1982 忠継朝臣
◎なみだのみなほもふるかなかみなつきしぐるるころもたゆむたもとに 1983 民部卿入道
◎さりともなしたにこころはかよふらむしのぶのやまのみちとほくとも 1984 賢阿
◎ことにいでぬこころのおくのみだれにもしのぶのさとはあるかひもなし 1985 右兵衛督

1978 ○○○○五　ねの日とてけふひきそふる小松原こだかきまでをみるよしもがな（『新編国歌大観』十巻　定数歌編Ⅱ、歌合編、補遺編　歌集　四二八頁）
1979 ○○一六四　時しあれば五月の蝉の羽衣のたもとに匂ふあやめ草かな（同四三一頁）
1980 ○○一六六　けふのみといそぐや田子の手もたゆく千町のなへのふしたたぬまを（同四三一頁）
1981 ○○一六九　しほみたぬあふみのうみも五月雨にいりぬる礒となれる比かな（同四三一頁）
1982 ○○三○一　見ても又老いとなる身のかなしさにこころにしたふ山のはの月（同四三四頁）
1983 ○○四一四　涙のみ猶もふるかな神無月しぐるるころもたゆむ袂に（同四三六頁）
1984 ○○四一六　さりともな下に心はかよふらむしのぶの山の道とほくとも（同四三六頁）
1985 ○○四二六　ことに出でぬ心のおくのみだれにもしのぶの里はあるかひもなし（同四三六頁）

◎あじろきにただよふなみのわればかりこころくだけてものおもへとや[1986]侍従中納言
◎ひとこころさもうきくさのねをたえてさそふなみだのしるべだになし[1987]新大納言
◎しらせてもかひやなからむおもふことつげのをぐしのなをたのみつつ[1988]忠継朝臣
◎いそぐともここにやけふもくらさましみてすぎがたきはなのしたかげ[1989]右兵衛督
◎わかひぢをまくらにしつつおもふかなげにたのしみはこれにすぎじと[1990]御製
◎こころやるかただにぞなきをくるまのわがみをうしとおもふばかりに[1991]侍従中納言
◎うきみよにたちこそめぐれすてふねのひくひともなしとなにうらみけむ[1992]藤原経任

◎は次の通り解ける。王統　既出　二六頁。
ねのひとてけふひきそふるこまつばらこだかきまでをみるよしもがな君事君事（こふじ）
ときしあればさつきのせみのはごろものたもとにほふあやめくさかな定里定里（じゃふさと）
けふのみといそぐやたごのてもたゆくちまちのなへのふしたたぬまを隼響隼響（しゅこふ）
しほみたぬあふみのうみもさみだれにいりぬるいそとなれるころかな相食相食（みるたふ）
みてもまたおいとなるみのかなしさにこころにしたふやまのはのつき挑者・朋挑者（いじるしゃ）・朋（なかま）

1986 ○○四四三　あじろ木にただよふ波のわればかりこころくだけて物おもへとや（同四三七頁）
1987 ○○四六三　人心さもうき草のねをたえてさそふ涙のしるべだになし（同四三七頁）
1988 ○○五一三　しらせてもかひやなからむおもふことつげのをぐしの名を憑みつつ（同四三八頁）
1989 ○○五九一　いそぐともここにやけふもくらさましみて過ぎがたき花の下かげ（同四三九頁）
1990 ○○六七九　わかひぢをまくらにしつつおもふかなげにたのしみはこれに過ぎじと（同四四一頁）
1991 ○○六八八　心やるかただにぞなき小車の我が身をうしとおもふばかりに（同四四一頁）
1992 ○○六八九　うき身よにたちこそめぐれすて舟の引く人もなしと何うらみけむ（同四四一頁）

なみだのみなほもふるかなかみなつきしぐるるころもたゆむたもとに光光(みつ)
さりともなしたにこころはかよふらむしのぶのやまのみちとほくとも日日(か)
ことにいてぬこころのおくのみだれにもしのぶのさとはあるかひもなし以以(もて)（＝闕）
あじろきにただよふなみのわればかりこころくだけてものおもへとや七得七得(なのとく)
ひとこころさもうきくさのねをたえてさそふなみだのしるべだになし真曽真曽(ただしそふ)
しらせてもかひやなからむおもふことつげのをぐしのなをたのみつつ青青(しやふ)（闕(けつ)の子）
いそぐともここにやけふもくらさましみてすぎがたきはなのしたかげ擦擦(こす)
わかひぢをまくらにしつつおもふかなげにたのしみはこれにすぎしと月月(つき)（日(にち)は子）
こころやるかただにぞなきをくるまのわがみをうしとおもふばかりに象象(きば)
うきみよにたちこそめぐれすてふねのひくひともなしとなにうらみけむ明明(みよふ)

一三〇〇年代の歌合歌・私家集の総数と源順の八文字を含む歌の数をみる。新後撰集、玉葉集、続千載集、続後拾遺集、風雅集、新千載集、新拾遺集、新後拾遺集の時代である。

歌合（二四首中〇）、嘉元百首（嘉元仙洞御百首）（二六九八首中四九首[1993]）、歌枕名寄（九七四三首

[1993] 〇〇〇八二、〇〇〇八三、〇〇二五一、〇〇二六五、〇〇二六七、〇〇二八四、〇〇二八七、〇〇三四二、〇〇三八四、〇〇四〇八、〇〇四四三、〇〇五八六、〇〇六二五、〇〇七二〇、〇〇七四一、〇〇七八六、〇〇八四九、〇一〇七四、〇一一三三、〇一一五三、〇一一七九、〇一二四九、〇一二五九、〇一二六一、〇一二七〇、〇一三一三、〇一三三〇、〇一三五八、〇一四〇四、〇一四二三、〇一四四八、〇一四七二、〇一四七八、〇一五一〇、〇一五二七、〇一五五八、〇一五六二、〇一六四八、〇一六五六、〇一六八〇、〇一七八一、〇一八三〇、〇一九九〇、〇二〇二四、〇二〇八九、〇二二七二、〇二二七六、〇二三五五、〇二四七二

中一六七首[1994])、仙洞五十番歌合（一〇〇首中〇）、為兼家歌合（五五首中一首[1995]）、歌合（六〇首中一

1994 ○○一三七、○○一四五、**○○一四八**、○○一五七、○○一七六、**○○二〇七**、○○二〇九、○○三**九**二、○○四六七、○**五**三**九**、○○**七九八**、○一〇三〇、○一〇九五、○一一〇五、○一一〇九、○一一一二、○一一一**九**、○一一三〇、○一二七八、○一四八二、**○一四九七**、○一五六六、**○一五九五**、**○一六三五**、○一七〇二、**○一七一七**、○一八三五、**○二〇三一**、○二一五五、○二一七五、○二一八六、○二一九七、○二二〇一、○二二四三、**○二三五二**、**○二三三二**、○二六一三、**○二六三四**、**○二六四四**、**○二七二二**、**○二九七一**、**○二九八一**、**○二九八三**、**○二九九〇**、○三二二**四**、**○三三一九**、**○三三四九**、**○三三五八**、**○三三六八**、**○三四〇三**、**○三四〇五**、○三六一七、○三六四四、**○三六六〇**、○三六八〇、○三七二〇、○三**七**二五、**○三七四九**、**○三八七〇**、**○三九三一**、○三九五二、**○三九八九**、○四二二〇、○四二七五、**○四三二六**、○**四**三**七四**、○四四三一、**○四四三六**、○四五八八、○四六〇四、○四七二三、○四七三九、**○四八七三**、**○四九三五**、○四九七九、○五〇二一、○五〇二四、**○五〇二七**、**○五〇二八**、**○五〇二九**、**○五〇四一**、**○五〇九四**、○五一一五、○五一二八、**○五一四六**、**○五二〇四**、○五二一二、**○五四五三**、○五五四三、○五六六三、**○五七一〇**、○**五七**三二、○**五七**三**四**、○**五七五五**、**○五七六九**、○五七九〇、**○五七九五**、**○五八六七**、○五九四七、○六〇**五**〇、**○六〇六一**、○六〇八一、○六一六五、**○六二五〇**、○六二七一、○六三六七、**○六三七五**、○六四二一、○六四五二、○**六六**三二、○**六七九九**、○六八二四、**○六八四一**、○六八六〇、○六九一一、○六九二五、○六九二九、○六九三四、○六九九七、**○七〇〇四**、**○七〇一九**、**○七〇二九**、○七一六五、○**七**二一三、○七二九三、○七四七八、○七五二三、○七五五〇、○七五七一、**○七六三五**、**○七六四〇**、○七七三一、○**七七六**〇、○七八四七、○八〇三九、○八一二七、○八一七五、○八一八七、○八二一二、**○八二一五**、○八二四九、○八四〇一、○八四四〇、○**八四四**一、○八四四八、**○八四九三**、○八六六七、○八六六八、○八六九八、**○八八五一**、○八八六三、○八九二四、○九〇八二、○九〇九二、○九一三六、○九一五九、○九二〇四、○九三二二、○九三四二、○九五〇八、○九五三六、○九五四〇、○九五七四、○九六二六、○**九七**二一　棒線為故・ゴシック譜、圏点▲王統一六、太字安麻の手引二〇暗号

1995 ○○○四○

首[1996]）、後二条院歌合（六〇首中〇）、二十番歌合（四〇首中〇）、永福門院歌合（四〇首中一首[1997]）、歌合
（三六首中三首[1998]）、十五番歌合（三〇首中〇）、歌合・伝後伏見院筆（一九首中〇）、夫木抄（夫木和歌
抄）（一七三八七首中二二七首）既出一五首除（為故・譜の暗号解読体験　答五二七頁）

〇〇〇一二、〇〇〇九〇、〇一〇六一、〇一七五〇、〇一八〇七、〇一八一五、〇一九四六、〇一九八六、〇
二一〇三、〇二二二八、〇二二九八、〇二三一五、〇二三三一、〇二四六三、〇二四八九、〇二五三〇、〇二
五九三、〇二七一五、〇二七六四、〇二九四九、〇三〇四〇、〇三〇四五、〇三四六四、〇三五五七、〇三五
六八、〇三五八九、〇三六〇二、〇三六三七、〇三八〇一、〇三八一二、〇三八四二、〇三八九三、〇三九九二
、〇四一九七、〇四二二六、〇四二八二、〇四二八七、〇四三一八、〇四五九七、〇四六〇五、〇四六三一、〇
四六六三、〇四七一一、〇四七一五、〇四八一二、〇四九八七、五〇五七、〇五一四二、〇五六五一、〇六〇
一四、〇六〇三八、〇六一〇六、〇六一八四、〇六二一四、〇六四四三、〇六四五三、〇六四七五、〇六八五四
、〇六八五九、〇七〇三三、〇七二三一、〇七二六八、〇七三一九、〇七四六五、〇七四八七、〇七六六三、〇
七七四二、〇七七四七、〇七七六八、〇七八三七、〇七九二六、〇八〇一二、〇八一〇七、〇八一二二、〇八一
三一、〇八三一六、〇八三六五、〇八四三五、〇八六四五、〇八六九一、〇八九六五、〇九〇六九、〇九一一九
、〇九二七五、〇九二九〇、〇九三五四、〇九四六七、〇九四六九、〇九四九〇、〇九六〇四、〇九六七五、〇
九八五八、〇九八六八、〇九九一二、〇九九八六、一〇一二六、一〇一六九、一〇二〇四、一〇二一二、一〇二
一六、一〇二三六、一〇二四三、一〇二六七、一〇三七二、一〇五二六、一〇五五一、一〇六二六、一〇六九七
、一〇七八三、一〇九七九、一一四一六、一一五五八、一一五八二、一一六六五、一一七五九、一一七九六、一

1996　〇〇〇二〇
1997　〇〇〇四〇
1998　〇〇〇〇六、〇〇〇一五、〇〇〇三五

一一八八三、一一八九〇、一一八九四、一一九二六、一一九三二、一一九八三、一二〇〇六、一二〇三二、一二〇四五、一二〇六〇、一二一八九、一二三八〇、一二四三四、一二四七四、一二六二一、一二六三〇、一二八一七、一二八四六、一二八五六、一三〇一五、一三一七四、一三二〇六、一三三一八、一四〇四六、一四〇五二、一四一八五、一四一八九、一四二〇二、一四二〇四、一四二一九、一四三一二、一四三三四、一四四一四、一四四四七、一四四九七、一四六二六、一四六七三、一四七六九、一四八一七、一五〇三九、一五一三七、一五一六三、一五二一九、一五二三三、一五二八六、一五二八八、一五三一八、一五四〇八、一五四一三、一五四一四、一五四七九、一五五一四、一五五三二、一五五五〇、一五五八四、一五六一三、一五六七七、一五七四八、一五七八一、一五七九一、一五八五八、一五九一〇、一五九六八、一六〇六七、一六二五二、一六三八六、一六三九四、一六四二五、一六五四七、一六五四八、一六五六六、一六六六二、一六六七一、一六六八八、一六七五〇、一六八四一、一六八六五、一六八八八、一六九〇一、一七〇二八、一七〇九三、一七一四二、一七二三五、一七二四〇、一七二四五、一七三一二　網掛　一四七三五と共に人の道でも検索。

詩歌合（八〇首中〇）、花十首寄書（一七〇首中二首[1999]）、詠法華経和歌（六六首中〇）、文保百首（文保御百首）（三三九六首中五五首[2000]）、元応二年八月十五夜月十首（一一〇首中〇）、亀山殿七百首（七〇〇

1999　〇〇〇五四、〇〇一二三

2000　〇〇〇七一、〇〇一二三、〇〇二五七、〇〇二八九、〇〇三七四、〇〇四三七、〇〇四五二、〇〇四九五、〇〇五六二、〇〇五七六、〇〇六〇三、〇〇六二〇、〇〇六七一、〇〇七九五、〇〇八〇〇、〇〇八二三、〇〇八四二、〇〇八六一、〇〇八七〇、〇一〇二六、〇一〇三四、〇一〇七五、〇一〇九〇、〇一二一一、〇一二二八、〇一二五八、〇一二五九、〇一二八五、〇一三一四、〇一三五四、〇一四〇八、〇一四五〇、〇一四七一、〇一五七〇、〇一五九一、〇一六六九、〇一九七二、〇二〇〇五、〇二〇三三、〇二〇八五、〇二二一一、〇二三八一、〇二三九二、〇二三九五、〇二五五八、〇二五七三、〇二五七四、〇二五八三、〇二六二〇、〇二六八二、

首中一〇首[2001]）、石清水社歌合（四八首中〇）、禁庭御会和歌（一一首中〇）、北野宝前和歌（五〇首中一首[2002]）、元徳二年七夕御会（七二首中〇）、元徳二年八月一日御会（一六首中〇）、住吉社法楽和歌（一二六首中一首[2003]）、北野社百首和歌（七四首中〇）、暦応二年春日奉納和歌（八四首中一首[2004]）、持明院殿御歌合（七二首中二首[2005]）、持明院殿御歌合（七二首中二首[2006]）、持明院殿御会和歌（二九首中〇）、院六首歌合（一六三首中一首[2007]）、光厳院三十六番歌合（七二首中〇）、三十番歌合・伝後伏見院筆（六〇首中二首[2008]）、玄恵追善詩歌（三二首中〇）、為世十三回忌和歌（一三六首中三首[2009]）、後普光園院百首・

2001 〇二七一五、〇二七三八、〇二七六八、〇二九六七、〇三一七七　棒線為故暗号
〇〇一一〇、〇〇一二三、〇〇一六七、〇〇三五四、〇〇四二五、〇〇四六八、〇〇五〇七、〇〇五五六、〇〇六二三、
〇〇六二九

2002 〇〇〇三三

2003 〇〇〇六〇

2004 〇〇〇一九

2005 〇〇〇六五、〇〇〇七〇

2006 〇〇〇〇三、〇〇〇五五

2007 〇〇〇六八

2008 〇〇〇二一、〇〇〇四一

2009 〇〇〇二六、〇〇〇九三、〇〇一三四

良基（一〇〇首中〇）、歌合（四六首中一首[2010]）、延文百首（三三〇〇首中五〇首[2011]）、宝篋院百首・義詮（一〇〇首中三首[2012]）、兼好法師集（二八五首中四首[2013]）、年中行事歌合（一〇〇首中一首[2014]）、新玉津島社歌合（一九八首中二首[2015]）、貞治六年二月廿一日和歌御会（一二首中〇）、貞治六年三月廿九日歌合（二一首中〇）、慶運法師集（二九六首中四首[2016]）、内裏和歌（五三首中〇）、仙洞歌合・崇光院（一三二首中二首[2017]）、百番歌合（九〇首中二首[2018]）、草庵集・頓阿（一四四六首中三四首[2019]）、続草庵集・頓阿（六五九

2010 〇〇〇三五

2011 〇〇一二七、〇〇二六二、〇〇二八一、〇〇四五八、〇〇四九三、〇〇五八〇、〇〇六一六、〇〇六五七、〇〇七一九、〇〇八七五、〇〇八九〇、〇一一〇三、〇一一〇七、〇一一一三、〇一一三三、〇一一八九、〇一二六二、〇一三八一、〇一四八〇、〇一五四七、〇一六七三、〇一八六六、〇一八七七、〇二一八四、〇二二五七、〇二二七八、〇二二八六、〇二三五七、〇二三七七、〇二三八〇、〇二三八一、〇二三八九、〇二五七三、〇二六〇三、〇二六五八、〇二六六〇、〇二七一九、〇二八三五、二八五四、〇二八七三、〇二九五七、〇三〇一六、〇三〇三四、〇三〇八六、〇三一五七、〇三一九一、〇三一九九、〇三二一五、〇三二四五、〇三二七五　棒線為故暗号

2012 〇〇〇一〇、〇〇〇三九、〇〇〇五二

2013 〇〇〇四三、〇〇〇七三、〇〇二三五、〇〇二五四

2014 〇〇一〇〇

2015 〇〇〇一一、〇〇一二七

2016 〇〇〇七六、〇〇〇八四、〇〇一七四、〇〇二二九

2017 〇〇〇四四

2018 〇〇〇〇七、〇〇〇三二

2019 〇〇〇二四、〇〇〇三七、〇〇一二四、〇〇一五二、〇〇二三五、〇〇二六三、〇〇三五五、〇〇三七六、〇〇三八〇、〇〇六三〇、〇〇六九八、〇〇七二六、〇〇七三四、〇〇八二一、〇〇八五二、〇〇八六〇、〇〇八七二、〇〇八九五、〇〇九一二、〇〇九三三、〇〇九三六、〇〇九八〇、〇〇九八九、〇一一二四、〇一一四八、〇一二四三、〇一二六五、〇

首中九首[2020]）、三十番歌合・頓阿判（六〇首中一首[2021]）、宗良親王千首（一〇三〇首中九首[2022]）、新葉集（一四二六首中二九首[2023]）、隠岐高田明神百首（一〇〇首中二首[2024]）、李花集・宗良親王（九一一首中二〇首）。以上四六二九六首中七〇二首　一・五二%。

◇**李花集**　一三八九年以前に成立。宗良親王。検索　源順

◎**た**づねばやそ**こともし**らぬは**な**のかのかす**み**ににほ**ふ**はるのやまもと[2025]

一二八七、〇一二八八、〇一三〇七、〇一三一三、〇一三二四、〇一三四〇、〇一三四七、〇一三五八、〇一三八七、〇一四四三　棒線為故暗号

2020 〇〇二四〇、〇〇三一四、〇〇四二一、〇〇四二九、〇〇四六九、〇〇四九四、〇〇五〇七、〇〇五六二、〇〇五七五
棒線為故暗号

2021 〇〇〇一一　棒線為故暗号

2022 〇〇一三八、〇〇二五三、〇〇三九二、〇〇四八六、〇〇五七六、〇〇六三一、〇〇七三五、〇〇七六一、〇一〇二四

2023 〇〇〇二五、〇〇一四四、〇〇一八五、〇〇二一〇、〇〇二四一、〇〇四五〇、〇〇五三三、〇〇五五五、〇〇五六三、〇〇五六四、〇〇六二七、〇〇六四四、〇〇六五五、〇〇六五六、〇〇七〇四、〇〇七六二、〇〇七八八、〇〇八一六、〇〇八五〇、〇〇八七七、〇〇八八一、〇〇八八八、〇〇九三八、〇〇九六〇、〇〇九七二、〇一〇一四、〇一〇五六、〇一一二九、〇一三〇八

2024 〇〇〇三〇、〇〇〇六二

2025 〇〇〇八〇　尋ばやそこともしらぬ花のかのかすみに匂ふはるのやまもと（『宗良親王全集』　黒河内谷右衛門著　一九八八年五月一八日　甲陽書房発行　三八頁）

◎**こと**か**た**れ**ふ**りに**し**しがの**み**やき**も**りは**な**こそせめてものいはずとも 2026

◎ちるは**な**におほ**ふたもと**はせばくともを**し**む**こ**ころはよもと**み**つらん 2027

◎**ふ**るゆきにをのへのまつ**も**うづもれてつき**み**るほ**ど**の**こ**のま**だ**に**なし** 2028

◎ゆ**ふ**ぐれはま**だみ**ぬひ**と**を**こ**ふるか**なくも**のはたてをおもかげに**し**て 2029

◎いま**だ**に**も**ひ**と**の**こ**ころは**し**らいとをへて**み**まほしく**な**におも**ふ**らむ 2030

◎いざやま**たこ**ゆ**とも**こえ**じ**あ**ふ**さかもうき**み**のためのせきぢ**な**りせば 2031

◎うねののの**た**づのひ**とこ**ゑ**な**きわかれまた**も**あ**ふみ**とたのめてぞこ**し** 2032

◎**こ**れやこのゆめて**ふもの**のゆきかよふ**なみだ**の**と**このうたたねのは**し** 2033

◎お**もふ**ひ**と**ありといはずす**みだ**かは**こ**ととふとりの**な**をもたのま**じ** 2034

◎いのち**だ**に**な**ほながら**ふ**る**も**のならばひ**と**の**こ**ころのはては**み**てま**し** 2035

2026 〇〇〇九四　ことかたれ古にししがの宮木守花こそせめて物いはずとも（同四〇頁）

2027 〇〇一四〇　ちる花におほふ袂はせばくともをしむ心はよもとみつらん（同四八頁）

2028 〇〇四二七　ふる雪に尾上の松もうづもれて月見る程の木の間だになし（同九二頁）

2029 〇〇四七〇　夕ぐれはまだ見ぬ人を恋るかな雲のはたてを俤にして（一〇一頁）

2030 〇〇五〇二　今だにも人の心はしら糸をへて見まほしくなに思ふらむ（一〇五頁）

2031 〇〇五三一　いざや又こゆともこえじ逢坂もうき身の為の関路なりせば（一〇八頁）

2032 〇〇五六〇　うねののたづのひと声鳴きわかれ又もあふみとたのめてぞこし（一一二頁）

2033 〇〇五六三　これや此夢てふものの行かよふ涙の床のうたたねのはし（一一三頁）

2034 〇〇五七六　思ふ人ありといはずば隅田川こととふ鳥の名をもたのまじ（一一四頁）

2035 〇〇六〇四　命だに猶ながらふる物ならば人の心のはては見てまし（同一一八頁）

◎うき**ふし**はしげからで**こ**そ**な**よ**た**けのよにながかれ**とみ**をお**も**ひしが 2036
◎いに**し**へは**たれもみ**や**こ**にすみだかはわれにこ**とふ**ともあら**な**む 2037
◎**たび**のそらうきたつく**も**やわれ**なら**む**み**ちもや**どり**もあら**しふ**く**こ**ろ 2038
◎**み**せばや**な**か**た**ればさらに**こと**のは**も**およばぬ**ふじ**のたかねなりけり 2039
◎いはでお**もふた**にの**こ**ころもくる**し**きは**み**をむもれぎ**と**すぐす**な**りけり 2040
◎す**み**ぞめのいろにやかへ**し**け**ふこと**には**な**の**たも**とはぬぎすてしかど 2041
◎か**みな**づき**し**ぐれ**とふ**りし**こ**とのはをなほこの**も**とに**た**づねてやみん（む） 2042
◎かぞ**ふ**れば**な**な**とせも**へぬ**た**の**みこし**なのやしろのかげをはなれて 2043
◎ちかひあればはや**こ**ぎよせよわ**たしぶ**ねうきよのきしに**なみ**たかく**とも** 2044

◎は次の通り解ける。

▼安麻の手引

2036 ○○六三五　うきふしはしげからでこそなよ竹のよにながかれと身を思ひしが（同一二二頁）
2037 ○○六五六　いにしへは誰も都に隅田川我にことゝふ友もあらなむ（同一二五頁）
2038 ○○六九二　旅の空うきたつ雲や我ならむ道もやどりも嵐吹くころ（同一三〇頁）
2039 ○○七二六　見せばやなかたればさらにことのはもおよばぬふじの高ねなりけり（同一三八頁）
2040 ○○七五三　いはで思ふ谷の心もくるしきは身を埋木とすぐすなりけり（同一四五頁）
2041 ○○八〇三　墨染の色にやかへしけふことに花の袂はぬぎ捨てしかど（同一五五頁）
2042 ○○八二一　神無月しぐれとふりし言の葉を猶木の下に尋てやみん（む）（同一五六頁）
2043 ○○八五四　かぞふればななとせもへぬ頼みこし七の社のかげをはなれて（同一五九頁）
2044 ○○八六三　誓あればはやこき寄せよ渡舟うき世の岸に波たかくとも（同一六〇頁）

たづねばやそこともしらぬはなのかのかすみににほふはるのやまもと　刀祢河泊乃　可波
ことかたれふりにししがのみやきもりはなこそせめてものいはずとも　尔　也杼里可世
ちるはなにおほふたもとはせばくともをしむこころはよもとみつらん　母　見牟等於毛
ふるゆきにをのへのまつもうづもれてつきみるほどのこのまだになし　伴乃　美津野等麻
ゆふぐれはまだみぬひとをこふるかなくものはたてをおもかげにして　可毛可久母
いまだにもひとのこころはしらいとをへてみまほしくなにおもふらむ　良野乎比呂美　波
いざやまたこゆともこえじあふさかもうきみのためのせきぢなりせば　伊利麻治野
うねののたづのひとこゑなきわかれまたもあふみとたのめてぞこし　安之比奇能
これやこのゆめてふもののゆきかよふなみだのとこのうたたねのはし　礼杼　遊布
おもふひとありといはずばすみだかはこととふとりのなをもたのまじ　於毛布　等思乃許能
いのちだになほながらふるものならばひとのこころのはてはみてまし　伊可保呂乃
うきふしはしげからでこそなよたけのよにながかれとみをおもひしが　海原乎
いにしへはたれもみやこにすみだかはわれにこととふともあらなむ　武尔　和多
たびのそらうきたつくもやわれならむみちもやどりもあらしふくころ　水都登利能　多々武
みせばやなかたればさらにことのはもおよばぬふじのたかねなりけり　等夜乃野尔
いはでおもふたにのこころもくるしきはみをむもれぎとすぐすなりけり　尔　伊波流毛能
すみぞめのいろにやかへしけふことにはなのたもとはぬぎすてしかど　伊毛我奈気可
かみなづきしぐれとふりしことのはをなほこのもとにたづねてやみむ　君我牟多
かぞふればななとせもへぬたのみこしななのやしろのかげをはなれて　葉我多　可奈師家兒
ちかひあればはやこぎよせよわたしぶねうきよのきしになみたかくとも　和我世古我

▼安麻の手引

海原乎　夜蘇之麻我久里　伎奴礼杼母　奈良能美也故波　和須礼可祢都母

可敝流散尓　伊母尓見勢**武尓**　**和多**都美乃　於幾都志良多末　比利比弖由賀奈

賀美都家野　久路保乃祢呂乃　久受**葉我多**　**可奈師家兒**良尓　伊夜射可里久母

刀祢河泊乃　**可波**世毛思良受　多太和多里　奈美尓安布能須　安敝流伎美可母

大**伴乃**　**美津野等麻**里尓　布祢波弖々　多都多能山乎　伊都可故延伊加武

安之比奇能　夜麻治古延牟等　須流君乎　許々呂尓毛知弖　夜須家久母奈之

宇恵太気能　毛登左倍登与美　伊伿弖伊奈婆　伊豆思牟伎弖可　**伊毛我奈気可**牟

古非都追母　乎良牟等須**礼杼**　**遊布**麻夜万　可久礼之伎美乎　於母比可祢都母

和我世古我　可反里吉麻佐武　等伎能多米　伊能知能己佐牟　和須礼多麻布奈

君我牟多　由加麻之毛能乎　於奈自許等　於久礼弖乎礼杼　与伎許等毛奈之

安乎祢呂尓　多奈婢久君母能　伊佐欲比尓　物能乎曽**於毛布**　**等思乃許能**己呂

比登祢呂**尓**　**伊波流毛能**可良　安乎祢呂尓　伊佐欲布久母能　余曽里都麻波母

大船尓　可之布里多弖天　波麻藝欲伎　麻里布能宇良**尓**　**也杼里可世**麻之

伊都之可**母**　**見牟等於毛**比師　安波之麻乎　与曽尓也故非無　由久与思乎奈美

水都登利能　**多々武**与曽比尓　伊母能良尓　毛乃伊波受伎弖　於毛比可祢都毛

等夜乃野尓　乎佐藝祢良波里　乎佐乎左毛　祢奈敝古由恵尓　波伴尓許呂波要

武蔵野乃　久佐波母呂武吉　**可毛可久母**　伎美我麻尓末尓　吾者余利尓思乎

伊利麻治野　於保屋我波良能　伊波為都良　比可婆奴流々々　和尓奈多要曽祢

可美都家野　安蘇夜麻都豆**良**　**野乎比呂美**　**波**比尓思物能乎　安是加多延世武

伊可保呂乃　蘇比乃波里波良　和我吉奴尓　都伎与良之母与　比多敝登於毛敝婆

手元の資料は限られているが、一四〇〇年代の歌合歌・私家集の総数と源順の八文字を含む歌の数をみる。新続古今集の時代である。

内裏九十番歌合（一八〇首中三首[2045]）、為尹千首（一一一三首中一一首[2046]）、永享百首（九七八首中一二首[2047]）、沙玉集・貞成親王（一〇九〇首中一四首[2048]）、武家歌合（五四首中〇）。以上三四一五首中四〇首一・一七％。

一四〇〇年代から一七〇〇年代も、継承の跡を検証すべきであるが、手元の資料で一五〇〇年代の歌合歌・私家集の総数と源順の八文字を含む歌の数をみる。

2045 〇〇〇四八、〇〇〇六三、〇〇〇八二

2046 〇〇〇七〇、〇〇一四四、〇〇一四七、〇〇一八一、〇〇四八三、〇〇五一六、〇〇五三五、〇〇六三〇、〇〇七五三、〇〇八五七、〇〇九八六

2047 〇〇三三九、〇〇三八一、〇〇六〇八、〇〇六六三、〇〇六八一、〇〇七一九、〇〇七五六、〇〇八七三、〇〇八七九、〇〇八八〇、〇〇八八六、〇〇九〇三

2048 〇〇〇三六、〇〇一二一、〇〇一八九、〇〇二三九、〇〇二六二、〇〇〇〇七、〇〇一一九、〇〇二五六、〇〇三三四、〇〇三四三、〇〇四五一、〇〇五二四、〇〇六七四、〇〇七九一

宗祇法師集（三〇二首中九首[2049]）、万葉百首聞書（一〇〇首中一首[2050]）、春夢草・肖柏（二一八七首中三三首[2051]）。以上二五八九首中四三首　一・六六％。

漢詩

『語文研究』（福岡・九州大学国語国文研究会）六四号（一九八七年一二月）二八頁に木戸裕子鹿児島県立短期大学教授の論文がある。『江吏部集』に見られる言語遊戯的表現についてという論文であるが、これまでの和歌の暗号探索は「単純に同音異義性を利用して品詞の異なる言葉までも掛詞として扱うのに対して、（待つ—松の例など）漢詩文の場合、あくまで同じ漢字の多義性を利用しているのだから、厳密には寓喩の一種と見るべきであろう」。普通名詞に固有名詞、官職名、薬名を入れる修辞で、管家文草、扶桑集、本朝麗藻、田氏家集、菅家後集、江吏部集が検討されている。ここにあるもの以外の懐風藻、凌雲集、文華秀麗集、経国集、本朝無題詩、都氏文集、法性寺関白御集を含めて検討する。

2049 〇〇〇四七、〇〇〇七五、〇〇一四八、〇〇一五三、〇〇一五五、〇〇二〇四、〇〇二四一、〇〇二五〇、〇〇二七五

2050 〇〇〇三五

2051 〇〇〇四二、〇〇〇五七、〇〇一七五、〇〇二二五、〇〇二八三、〇〇三八二、〇〇四〇五、〇〇四九四、〇〇五九二、〇〇八七七、〇〇九〇六、〇〇九一七、〇〇九四五、〇〇九五六、〇〇九八三、〇一三〇六、〇一四九八、〇一五〇〇、〇一五〇九、〇一五一九、〇一六〇三、〇一六〇七、〇一六一二、〇一六二一、〇一六五一、〇一七四二、〇一八二七、〇一八三五、〇一八九〇、〇二〇五六、〇二一〇八、〇二一二〇、〇二一四〇

◈江吏部集

建国君民者　国で鄭国（同論文では該当漢字の横に記載）
須令教学行　須で樊須
誨来予不倦　予で宰予
習処若寧軽　若で有若
稽古長鑽仰　長で公冶長
于今自化成　成で県成
有時歓受賜　賜で端木賜
何**日**忘研**精**　何で顔何　**日精**
照挙月清**潔**　潔で簾潔　**潔**
拾蛍火滅明　明で滅明
文求無墜地　求で冉求
賢愧不斎名　不斎で宓不斎
豈敢非来学　非で泰非
誰応得退耕　耕で冉耕
幸逢施徳世　施で施常
開帙楽心情　開で漆雕開

大江匡衡が孔子の弟子を読込んだもであり、当時は意味があったかも知れない。正に遊戯の類である。しかし日精潔を読込んだとしたら、命に関わることで遊戯ではない。

◇菅家後集

有名な「菅家後集」の「九月一〇日」の歌。一九が三原解放の年を示すことは言うまでもない。甑天満神社が本郷町下北方岸ヶ岡にある。道真は九〇一年九月一〇日卑弥呼の墓にお参りしている。翌年（辛亥の年）太宰府で詩う。大変乱暴な暗号である。暗号というにはあまりにも分かりやすい（『邪馬壹国讃歌』三三一頁）。ここでも又菅原道真の乱暴な管家後集を見る。正に「菅家後集」の「九月一〇日」の歌である。

生涯**無**定地運命在皇天職豈図西府
名何替左遷貶降軽自芥駈放急如絃
㥏赧顔愈厚章狂踵不旋牛涔皆陥穽
鳥**路捴**鷹鸇老僕長扶**杖**疲驂数費鞭
臨岐腸易断望**闕**眼将穿落涙欺朝**露**
啼**声**乱**杜**鵑街衢塵冪冪**原**野草芊芊
伝送蹄傷**馬**江迎**尾**損**船**郵亭餘五十
程**里**半三千税駕南楼下停車右郭辺
宛然開小閣覩**者**満遐阡嘔吐胸猶逆
虚労脚且恋肌膚争刻鏤**精**魄幾磨研
信宿常羇泊低迷即倒懸村翁談往**事**
客舘忘留連妖害何由避悪名遂欲蠲
未**曾邪**勝正或**以**実帰権移徙空官舎
修営朽采椽荒涼多失道広袤少盈廛

ゴシックは日精潔の為故に記載の字、圏点▲はその余り、
圏点△は関係する字。

杖（杖丸　第一〇代倭王）
闕（第八代倭王）　**露露**（優露　第九代倭王）
杜尾（第九代倭王）
里（定里　第一五代倭王）
者（挑者　第七代倭王）
日精潔
君事（第一四代倭王）
楨**曽**（第一三代倭王）　**邪馬国**（邪馬壹国）　**以**（第八代倭王）

井甃堆沙甃籬踈割**竹**△編陳**根**葵**一**△**畝**
班蘚石孤拳物色留仍旧人居就不悛
随時雖褊切恕已稍安便同病求**朋**△友
助憂問古先才能終蹇剥富貴本迍邅
傅築巌辺耦范**舟**▲湖上扁長沙沙**卑**△湿
湘水水齋漆爵我空崇品官誰只備員
故△人分食噉親族把衣湔既慰**生之**苦
何嫌死不溢嗇蠹由造化村度委陶甄
荏苒**青**△陽尽清和朱景妍土風須漸漬
習俗擬**相**沿苦味塩焼**木**▲**邪**△羸布当銭
殺傷軽下手群盗穏差肩魚袋出垂釣
箳篁換叩舩貪婪興販**米**行濫貢官綿
鮑肆方遺臭琴**声**未改絃与誰開口説
唯独曲肱眠欝蒸陰霖雨晨炊断絶煙
魚観**生**竈釜蛙咒聒階甎野竪供蔬菜
厨兒作薄饘痩同失雌鶴飢類赫雄鳶
壁堕防奔溜庭涅導濁涓紅輪晴後転
翠慕晩来褰遇境虚**生**▲**白**遊談暗入玄
老**君**垂迹淡荘叟処身偏性莫乖常道
宗当任自然慇懃斎物論洽恰寓**言**篇

竹△（槙竹　第七代倭王）　**一**△（邪馬壹＝一国）
朋△（第一二代倭王）
卑△**弥**△（卑弥呼）
為故△（為故）
青△（第九代倭王）
邪△（邪馬壹国）

景致幽於夢風情癖未痊文花何処落
感緒此間牽慰志憐馮衍銷憂羨仲宣
詞林触忌諱筆禿述麁**癲**草得誰**相**視
句**無**人共聯思将臨紙冩詠取着灯燃
反覆何遺恨辛酸是宿縁微微抛愛楽
漸漸謝葷膻合掌帰依仏廻心学習禅
厭離今罪網恭敬昔真筌皎**潔**空観**月**
開敷妙法蓮誓弘**無**▲誑語福亨不唐捐
熱悩煩纔滅涼気序罔愆灰飛推律候
斗**建**指星躔世**路**▲間**弥**△険家書絶不伝
帯寛泣紫毀鏡照歎華顛旅思排雲雁
寒吟抱樸蝉**一**△逢蘭気敗**九**見桂華円
帰室安懸磬扃門嬾脱鍵跛牂重有熟
瘡雀更加攣強望垣墻外偸行戸牖前
山看遥縹緑水憶遠潺湲俄頃羸身健
等△間残命延形馳魂悦悦**目**想涕漣漣
京**国**帰何**日故**△園来幾年郤尋**初**営仕
追計昔鑽堅**射**毎占正鵠烹寧壊小鮮
東堂**一**△枝折南海百城専祖業儒林聳
羽功吏部銓**光**△**栄**頻照耀組珮競縈纏

癲＝**顚**（第一三代倭王）

月（月　第三代倭王）

建（建　第一四代倭王）、**路**▲（絡路　第一六代倭王）

等△（麻等）

日（第二代倭王）、**馬初国**（矢馬初国）

光△（第四代倭王）

責重千鈞石臨深万仭淵具瞻兼将**相**▲
僉曰欠勲賢試製傷嫌錦操刀慎欠鉛
兢兢馴鳳扆懍懍撫龍泉脱屣黄埃俗
交襟紫府仙桜花通夜宴菊酒後朝筵
【禁中密宴**餘**▲每預**之】**　**餘**▲（初余）
器拙承豊沢**舟**△頑済巨川**国**▲家恩未報
溝壑恐先填潘岳非忘宅張衡豈廃田
風擁同木秀暗滅異膏煎苟可営営**止**
胡**為**脛脛全覆巣懐殻卵捜穴叱蜈蟓
法酷**金**科結功休石**柱**鐫悔忠成甲冑　**柱**（柱丸　初代倭王）
悲罰痛戈鋋璅璅黄茅屋茫茫碧海壖
吾△廬能足矣此地信終焉縦使魂思峴　**吾**△**初**（日精潔）
其如骨葬燕分知交糺纆命詎質筳篿
叙意千**言**▲裏何人一可憐

（国文学研究資料館　資料四六六—一　三二〇〜三二五
管家文草・管家後集　宮内庁書陵部）

射矢**白**立柞**原生日精潔**会**君事船生之**畑**月柱**丸**初建**乙酉酉**金**羅**九**矢丸**日**▲**精**▲**潔**▲**相無生**去宮擦**尾**掟**止**
克男立**顚**▲好**山為**民女**無路**母明募**聲**大好**聲**聞**相之栄畝**篭代高**羽目露総根**尊**生**▲**言米**栗喪矢**馬初国**
柞**原**▲**日**▲**精**▲**潔**▲
ゴシック字は管家後集から移記、圏点▲は重複部分、従って、四三＋九＝五二（九六分の五二五四％）であり、江吏部集より強く、暗号＝言語遊戯？的表現と言い得るのである。一六代の王を読込んだことも、様々の暗喩も見事である。ゴシックの割合が多いかどうかを見るために、凌雲集序文三七三字、都氏文集の都良香弁薫蕕論三六一字と比較的近い数の文を検討すると、前者には一五字、後者には一六字が、日精潔の為故に見出せる。字数が特に多くないということが暗号の暗号たる条件であるから、暗号性は単純なものではなく、正にここで技巧的工夫が必要である。

◆和漢朗詠集

『和歌文学大系四七　和漢朗詠集・新撰朗詠集』（二〇一一年七月二〇日　明治書院発行）、『日本古典文学大系六九　懐風藻・文華秀麗集・本朝文粋』（一九六四年六月五日　岩波書店発行）、『日本古典文学大系七二　菅家文草・菅家後集』（一九六六年一〇月五日　岩波書店発行）、『新編日本古典文学全集八六　日本漢詩集』（二〇〇二年一一月一〇日　小学館発行）に拠るも、和漢朗詠集に次の二首以外は、漢詩の中で日と精、日と潔の二文字を読込むものがあるだけで、日精潔の三文字を含む前記『江吏部集』・『九月十日の歌』は特別のものである。

ねぎ**ことも**きかであらぶるか**みだ**にもけ**ふ**は**な**ご**し**とひとはいふなり[2052]愛子
あまのがは**と**ほきわ**た**りにあらねど**もきみ**が**ふな**ではと**し**に**こ**そまて[2053]人丸

母に抱かれて見上げれば日精潔の冢のある新高山、それから六九年、奇しくも日精潔の享年と同じに

2052 〇〇一七〇　ねぎことも聞かで荒ぶる神だにもけふはなごしとひとはいふなり（前掲『和歌文学大系四七　和漢朗詠集・新撰朗詠集』五七頁）

2053 〇〇二一八　天の河とほきわたりにあらねども君が船出は年にこそ待て（同七三頁）

なった。日精潔との靭帯に、韜晦の中の先人達の祈りに、そうして辿りついた神と聖書に、私は深い感慨なきを得ない。（二〇一四年九月）

本居宣長への鎮魂歌

◆玉鉾百首

○○一　つきさかきはいづのみたまとあめつちにいてりとほらすひのおほみかみ 2054
○○三　たかみくらあまつひつぎとひのみこのうけつたへますみちはこのみち 2055
○○五　ふたばしらみおやのかみそたまぼこのよのなかのみちはしめたまへる 2056
○○七　ひのかみのもとつみくにとみくにはしももやそくにのほくにおやくに 2057
○○九　かしこきやすめらみくにはうましくにうらやすのくにくにのまほくに 2058
○一三　さひづるやとこよのからのやそくにはすくなびことぞつくらせりけむ 2059
○一六　あまてるやつきひのかげをしるくにはもとつみくににつかへざらめや 2060

2054 つきさかきはいづのみたまと天地にいてりとほらす日の大御神（『本居全集』第六　玉鉾百首解上巻　本居大平　片野東四郎　明治三六年一月五日発行　一九六頁）
2055 高みくら天つ日嗣と日の御子のうけつたへます道はこの道（同一九七頁）
2056 二柱御おやの神そ玉鉾の世の中の道はしめたまへる（同一九七頁）
2057 日の神のもとつ御国と御国はし百八十国のほくにおや国（同一九八頁）
2058 かしこきやすめら御国はうまし国うら安の国くにのまほくに（同一九九頁）
2059 さひづるや常世のからの八十国は少名毘古ぞ造らせりけむ（同二〇〇頁）
2060 天てるや月日のかげをしる国は本つ御国につかへざらめや（同二〇一頁）

○一七　もろもろのからくにひともひのかみのひかりしえずばいかにかもせむ 2061
○一八　さかしらにことあげはすれどからくにもひるめのかみのてらすくぬちを 2062
○二五　まつぶさにいかでしらましいにしへをやまとみふみのよになかりせば 2063
○二六　かみのよのことらことごとつたへきてしるせるみふみみればたふとし（一一六頁）
○二七　まそかがみみむとおもはばからことのちりゐくもれりとぎてしよけむ 2064
○二八　しるべすとしこのものしりなかなかによこさのみちにひとまとはすも 2065
○三〇　からごころなしとおもへどふみらよむひとのこころはなほぞからなる 2066
○三一　からごころなほしたまへとおほなおびかみのなほびをこひのみまつれ 2067
○三二　いづのめのいづのみたまをえてしあらばからのまがれることさとりてん 2068
○三三　ひさかたのあまつつきひのかげはみじからのこころのくもしはれずば 2069
○三四　からぶみのさぎりいぶせみしなとべのかみのいぶきのかぜまつわれは 2070

2061 もろもろのから国人も日の神のひかりしえずばいかにかもせむ（同二〇一頁）
2062 さかしらに言挙はすれどから国もひるめの神のてらす国内を（同二〇二頁）
2063 まつぶさにいかでしらましいにしへをやまと御書の世になかりせば（同二〇四頁）
2064 まそ鏡見むと思はばからことの塵ゐくもれり磨てしよけむ（同二〇四頁）
2065 しるべすと醜のものしりなかなかによこさのみちに人まとはすも（同二〇四頁）
2066 からごころなしと思へど書らよむ人のこころはなほぞからなる（同二〇五頁）
2067 からこころなほしたまへと大直毘神のなほびをこひのみまつれ（同二〇五頁）
2068 伊豆能売のめのいづのみたまを得てしあらばからのまがれる事さとりてん（同二〇六頁）
2069 久方の天つ月日の影はみじからのこころの雲し晴ずば（同二〇六頁）
2070 からぶみのさぎりいぶせみしなとべの神のいぶき風まつまつわれは（同二〇六頁）

〇三五　したにごるからふみかははとこなめのかしこきかはぞあしふむなゆめ 2071

〇三六　きもむかふこころさくじりなかなかにからのをしへぞひとあしくする 2072

〇三七　みくにはしひのかみくにとひとくさのこころもなほしおこなひもよし 2073

〇三八　からざまのさかしらこころうつりてぞよひとのこころあしくなりぬる 2074

〇三九　ひのもとのやまとをおきてとつくににむかるこころはなにのこころぞ 2075

〇四一　まがつひはよびとのみみかふたぐらむまことかたればきくひとのなき 2076

〇四二　あやしきはこれのてんちうべなうべなかみよはことにあやしくありけむ 2077

〇四七　さかしけどひとのさとりはかきりあるかみよのしわざいかではからむ 2078

〇四九　つたへなきことはしるべきよしもなししらえぬことはしらずてをあらん 2079

〇五〇　つたへはしなくともにたるたぐひあらばそとになぞへてしることもあらむ 2080

2071 下にごるから書川はとこなめのかしこき川ぞあしふむなゆめ（同二〇六頁）

2072 きもむかふ心さくじりなかなかにからの教ぞ人あしくする（同二〇七頁）

2073 みくにはし日の神国と人くさの心もなほしおこなひもよし（同二〇七頁）

2074 からざまのさかしら心うつりてぞ世人のこころあしくなりぬる（同二〇七頁）

2075 日の本のやまとをおきてとつ国にむかる心はなにのこころぞ（同二〇八頁）

2076 まがつひは世人の耳かふたぐらむ真事かたればきく人のなき（同二〇八頁）

2077 あやしきはこれの天地うべなうべな神代はことにあやしくありけむ（同二〇九頁）

2078 さかしけど人のさとりはかきりある神代のしわざいかではからむ（同二一〇頁）

2079 つたへなき事はしるべきよしもなししらえぬことは知ずてをあらん（同二一〇頁）

2080 つたへはしなくとも似たるたぐひあらば外になぞへてしることもあらむ（同二一一頁）

○五一　よのなかのあるおもぶきはなにごともかみよのあとをたづねてしらゆ　2081

○五二　もろもろのなりいづるもとはかみむすびたかみむすびのかみのむすびぞ　2082

○五三　あらはにのことはおおきみかみごとはおおくにぬしのかみのみこゝろ　2083

○六〇　よきひとをよにくるしむるまがつひのかみのこころのすべもすべなさ　2084

○六一　あまてらすおおみかみすらちはやぶるかみのすさびはかしこみましき　2085

○六三　あぢきなきなにのさかしらたまぢはふかみいつかずておほろかにして　2086

○六四　いざこどもさかしらせずてたまぢはふかみのみしわざたすけまつろへ　2087

○六五　をぢなきがまくるおもひてかみといへどひとにかたずといふがおろかさ　2088

○六七　いやしけどいかづちこだまきつねとらたつのたぐひもかみのかたはし　2089

○七〇　たなつもののもものきくさもあまてらすひのおおかみのめぐみえてこそ　2090

2081 世のなかのあるおもぶきは何事も神代のあとを尋ねてしらゆ（同二一一頁）

2082 もろもろのなりいづるもとは神むすびたかみむすびの神のむすびぞ（同二一一頁）

2083 あらはにの事は大きみかみごとは大国主のかみのみこゝろ（同二一一頁）

2084 よき人をよにくるしむる禍津日の神のこころのすべもすべなさ（同二一三頁）

2085 天てらす大御神すら千早ぶる神のすさびはかしこみましき（同二一三頁）

2086 あぢきなき何のさかしらたまぢはふ神いつかずておほろかにして（同二一四頁）

2087 いざ子どもさかしらせずて霊ぢはふ神の御しわざたすけまつろへ（同二一四頁）

2088 をぢなきがまくる思ひて神といへど人にかたずといふがおろかさ（同二一五頁）

2089 いやしけどいかづちこだまきつねとら龍のたぐひも神のかたはし（同二一五頁）

2090 たなつ物もものの木草も天てらす日の大神のめぐみえてこそ（同二一六頁）

○七二　あめつちのかみのめぐみしなかりせばひとよひとよもありえてましや 2091
○七四　いのちつぐくひものきものすむいへらきみのめぐみぞかみのめぐみぞ 2092
○七六　ものつくるたみはみたからつくらずばいかにせんとかたみくるしむる 2093
○七八　よよのおやのみかげわするなよよのおやはおのがうぢがみおのがいへのかみ 2094
○七九　ちちははわがいへのかみわがかみとこゝろつくしていつけひとのこ 2095
○八〇　ぬえくさのめこやつこらはすめかみのさづけしたからうつくしみせよ 2096
○八三　いまのよはいまのみのりをかしこみてけしきおこなひおこなふなゆめ 2097
○八五　かりこものみだれりしさまきくときしをさまれるよはたふとくありけり 2098
○八六　すめらぎにかみのよさせるみとしをしあくまでたべてあるがたぬしさ 2099
○八九　まごころをつゝみかくしてかざらひていつはりするはからのならはし 2100

2091 天地の神のめぐみしなかりせば一日一夜もありえてましや（同二一七頁）
2092 いのちつぐくひものき物すむ家ら君のめぐみぞ神のめぐみぞ（同二一七頁）
2093 物つくる民は御たからつくらずばいかにせんとか民くるしむる（同二一八頁）
2094 世々のおやの御かげわするな代々のおやは己が氏神己が家の神（同二一八頁）
2095 父母はわが家の神わが神とこゝろつくしていつけ人の子（同二一八頁）
2096 ぬえ草のめこやつこらは皇神のさづけし宝うつくしみせよ（同二一九頁）
2097 今の世は今のみのりをかしこみてけしき行ひおこなふなゆめ（同二一九頁）
2098 かりこものみだれりしさまきく時し治まれる代はたふとくありけり（同二二〇頁）
2099 すめらぎに神のよさせる御としをし飽くまでたべてあるが楽しさ（同二二〇頁）
2100 真ごころをつゝみかくしてかざらひていつはりするは漢のならはし（同二二一頁）

〇九〇　からひとのしわざならひてかざらひておもふまごころいつはるべしや 2101
〇九四　ちはやぶるかみのこころをなごめずはやそのまがことなにとのがれむ 2102
〇九六　かまのひのけがれゆゆしもいへぬちはひしけがるればまがおこるもの 2103
〇九八　あなかしこよもつへぐひのまがよりぞもろもろのまがおこりそめける 2104
〇九九　つみしあらばきよきかはせにみそぎしてはやあきつひめにはやあきらめよ 2105
一〇〇　まがごとをみそがせれこそよをてらすつきひのかみはなりいでませれ 2106
一〇二　おもふことうたへばなぎぬことたまのさきはふしるしまさしかりけり 2107
一〇五　ひむかしのくにことむけてみつるぎはあつたのみやにしづまりいます 2108
一〇六　ひさかたのあまつひつぎのみたからとみもとはなたぬやさかまがたま 2109
一〇七　みづがきのみやのおおみよはあめつちのかみをいはひてくにさかえけり 2110

2101 から人のしわざならひてかざらひて思ふ真心いつはるべしや（同二二一頁）
2102 ちはやぶる神の心をなごめずは八十のまがことなにとのがれむ（同二二三頁）
2103 竈の火のけがれゆゆしも家内は火しけがるれば禍おこるもの（同二二三頁）
2104 あなかしこよもつへぐひの禍よりぞもろもろの禍おこりそめける（同二二四頁）
2105 つみしあらば清き川瀬にみそぎして速秋津姫にはやあきらめよ（同二二四頁）
2106 まがごとをみそがせれこそ世をてらす月日の神はなりいでませれ（同二二五頁）
2107 思ふことうたへばなぎぬ言霊のさきはふしるしまさしかりけり（同二二五頁）
2108 ひむかしの国ことむけてみつるぎはあつ田の宮にしづまりいます（同二二六頁）
2109 久方の天つ日嗣の御たからと御もとはなたぬやさかまがたま（同二二六頁）
2110 みづ垣の宮の大御代は天地のかみをいはひて国さかえけり（同二二七頁）

一〇八　めかがやくたからのくにをことむけのかみのさとしはとふときろかも 2111

一〇九　ふることをいまにつばらにつたへきてもじもみくにのひとつみたから 2112

一一一　くなたぶれうまこがつみもきためずてさかしらひとのせしはなにわざ（一一五頁）

一一二　うまこらがくさむすかばねえてしがもきりてはふりてはぢみせましを 2113

一一三　わたのそこおきついくりにまじりけむきみのまもりのつるぎたちはや 2114

一一四　かまくらのたひらのあそがさかわざをうべおほきみのはからせりける 2115

一一六　おもほさぬおきのいでましきくときはしづのをわれもかみさかだつを 2116

一一八　おおきみをなやめまつりしたふれらがたみはぐくみてよをあざむきし 2117

一一九　まがつひのそのまがわざによのひともあひまじこりしときのかなしさ 2118

一二一　おふけなくみくにせめむともろこしのからのこきしがたはわざしける 2119

一二二　かしこきやすめらみくににいむかひてなやめまつりしたぶれあしかが 2120

2111 めかがやくたからの国をことむけの神のさとしはとふときろかも（同二一七頁）

2112 古ことを今につばらにつたへ来て文字も御国のひとつみたから（同二一八頁）

2113 馬子らが草むすかばね得てしがもきりてはふりて耻見せましを（同二一九頁）

2114 わたのそこおきついくりにまじりけむ君のまもりのつるぎたちはや（同二一九頁）

2115 鎌倉のたひらのあそがさかわざをうべ大君のはからせりける（同二三〇頁）

2116 おもほさぬ隠岐のいでましきく時はしづのをわれも髪さかだつを（同二三〇頁）

2117 大きみをなやめまつりし多夫礼らが民はぐくみて世をあざむきし（同二三一頁）

2118 まがつひのそのまがわざに世の人もあひまじこりし時のかなしさ（同二三一頁）

2119 おふけなく御くにせめむともろこしのからのこきしがたはわざしける（同二三二頁）

2120 かしこきやすめらみくににいむかひてなやめ奉りしたぶれあしかが（同二三三頁）

一二三　いかなるやかみのあらびぞまきのたつあらやまなかにきみがみよへし 2121

一二五　あまのしたとこよゆくなすあしかがのすゑのみだれのみだれよゆゆし 2122

一二六　いつまでかひかりかくらむひさかたのあめのいはとはただしばしこそ 2123

一二七　しづはたをおだのみことはみかどべをはらひしづめていそしきおほおみ 2124

一二九　とよくにのかみのみいづはもろこしのからのこきしもおぢまどふまで 2125

一三〇　あづまてるみかみたふとしすめらぎをいつきまつらすみいさをみれば 2126

一三二　あづまてるかみのみことのやすくにとしづめましけるみよはよろづよ 2127

▼為故　既出　三〇頁。

ふた**ばし**らみおやのかみ**そた**まぼこのよのなかのみちはし**め**たまへる**初**初(そめ)（欠てむ）**一四**

ひのかみの**も**とつみくにとみくにはし**し**ももやそくにのほくにおやくに**喪**喪(し)**六**

か**し**こき**や**すめらみくにはう**ま**しくにうらやすのくにくにの**ま**ほくに**矢馬**矢馬(しうま)**六七**

さひづる**や**と**こ**よ**の**からのやそくに**は**すくなびことぞつくらせ**り**け**む**・**好**好(はやり)**三七**

あ**ま**てる**やつ**きひのかげをしるくにはも**と**つみくににつかへざらめや**山**山(とつ)（凸）**三八**

もろもろのからくに**ひ**ともひのかみのひかりしえずば**い**かにかもせむ**初**初(ひ)**六八**

2121　いかなるや神のあらびぞ真木のたつあら山中に君が御代経し（同一二三頁）

2122　天のしたとこ夜ゆくなす足利のすゑのみだれのみだれ世ゆゆし（同一二四頁）

2123　いつまでか光かくらむ久かたの天のいは戸はただしばしこそ（同一二四頁）

2124　しづはたを織田のみことはみかどべをはらひしづめていそしき大臣（同一二五頁）

2125　とよ国の神の御いづはもろこしのからのこきしもおぢまどふまで（同一二五頁）

2126　あづまてる御神たふとし天皇をいつきまつらす御いさを見れば（同一二五頁）

2127　東照るかみのみことの安国としづめましける御世はよろづ代（同一二六頁）

さかしらにことあげはすれどからくにもひるめのかみのてらすくぬちを国柞原国柞原（くにするもと）六九

まつぶさにいかでしらましいにしへをやまとみふみのよになかりせば尾掟尾掟（みじょふ）三〇

かみのよのことらことごとつたへきてしるせるみふみみればたふとし（補て欠む）一五

まそかがみみむとおもはばからことのちりゐくもれりとぎてしよけむ建建（けん(む)）（補む）一六

からごころなしとおもへどふみらよむひとのこころはなほぞからなる栄栄（はへる）五三

からごころなほしたまへとおほなおびかみのなほびをこひのみまつれ日精潔日精潔（じつなまたかひ）七〇

いづのめのいづのみたまをえてしあらばからのまがれることさとりてん為為（い）三九

からぶみのさぎりいぶせみしなとべのかみのいぶきのかぜまつわれは乙乙（いつ）一七

したにごるからふみかははとこなめのかしこきかはぞあしふむなゆめ民民（じん(む)）四〇

きもむかふこころさくじりなかなかにからのをしへぞひとあしくする（送こ）四一

みくにはしひのかみくにとひとくさのこゝろもなほしおこなひもよし女女（じょ）（補こ）四二

からざまのさかしらこころうつりてぞよひとのこころあしくなりぬる酉酉（あく）一八

ひのもとのやまとをおきてとつくににむかるこころはなにのこころぞ止止（とまる）三一

まがつひはよびとのみみかふたぐらむまことかたればきくひとのなき克克（こく）三二

あやしきはこれのあめつちうべなうべなかみよはことにあやしくありけむ（欠ねの）五四

さかしけどひとのさとりはかきりあるかみよのしわざいかではからむ（欠たて）一九

つたへなきことはしるべきよしもなししらえぬことはしらずてをあらん無無（なし）四三

つたへはしなくともにたるたぐひあらばそとになぞへてしることもあらむ酉金羅酉金羅（あくこむならべる）（補たて）二〇

よのなかのあるおもぶきはなにごともかみよのあとをたずねてしらゆ畝畝（ぶ）（補ねの）五五

もろもろのなりいづるもとはかみむすびたかみむすびのかみのむすびぞ路路（ろ）四四

あらはにのことはおおきみかみごとはおおくにぬしのかみのみこゝろ母　母(おおき)四五

よきひとをよにくるしむるまがつひのかみのこころのすべもすべなさ九　九(ここのつ)二一

あまてらすおおみかみすらちはやぶるかみのすさびはかしこみましき矢丸　矢(や)丸(すみずみてらす)　二三

あぢきなきなにのさかしらたまぢはふかみいつかずておほろかにして籠　籠(いでず)五六

いやしけどいかづちこだまきつねとらたつのたぐひもかみのかたはし日精潔　日精潔(じっしらぐけつ)二三

をぢなきがまくるおもひてかみといへどひとにかたずといふがおろかさ明　明(おろかでなひ)　四六

たなつものももものきくさもあまてらすひのおおかみのめぐみえてこそ相　相(あひ)(欠し)二四

あめつちのかみのめぐみしなかりせばひとよひとよもありえてましや無　無(なし)(補し)二五

いのちつぐくひものきものすむいへらきみのめぐみぞかみのめぐみぞ尊　尊(かみ)六三

ものつくるたみはみたからつくらずばいかにせんとかたみくるしむ募　募(む)四七

よよのおやのみかげわするなよよのおやはおのがうぢがみおのがいへのかみ代　代(かはる)五七

ちちははわがいへのかみわがかみとこころつくしていつけひとのこ声　声(ことば)四八

ぬえくさのめこやつこらはすめかみのさづけしたからうつくしみせよ高羽　高羽(さえしつばさ)五八

いまのよはいまのみのりをかしこみてけしきおこなひおこなふなゆめ生　生(をふ・いき)六

かりこものみだれりしさまきくときしをさまれるよはたふとくありけり生言　生言(たみよぶ)六四

すめらぎにかみのよさせるみとしをしあくまでたべてあるがたぬしさ去　去(きょ)二七

まごころをつつみかくしてかざらひていつはりするはからのならはし大好　大好(ひろしこのみ)四九

からひとのしわざならひてかざらひておもふまごころいつはるべしや射　射(しゃ)一

ちはやぶるかみのこころをなごめずはやそのまがことなにとのがれむ矢　矢(ふん(む))二

かまのひのけがれゆゆしもいへぬちはひしけがるればまがおこるもの声　声(ひびける)五〇

あなかしこよもつへぐひのまがよりぞもろもろのまがおこりそめける白 白(よがあける) 三

つみしあらばきよきかはせにみそぎしてはやあきつひめにはやあきらめよ柞原 柞原(ははそはじめ)（補つ）五

まがごとをみそがせれこそよをてらすつきひのかみはなりいでませれ生 生(いかす) 二六

おもふことうたへばなぎぬことたまのさきはふしるしまさしかりけり聞 聞(うはさ) 五一

ひむかしのくにことむけてみつるぎはあつたのみやにしづまりいます日精潔 日(か)精潔(すぐるけつ) 七

ひさかたのあまつひつぎのみたからとみもとはなたぬやさかまがたま宮 宮(かき) 二八

みづがきのみやのおおみよはあめつちのかみをいはひてくにさかえけり会 会(かひ) 八

めかがやくたからのくにをことむけのかみのさとしはとふときろかも立 立(はじめむ)（欠つ）四

ふることをいまにつばらにつたへきてもじもみくにのひとつみたから君事 君事(かみじ) 九

くなたぶれうまこがつみもきためずてさかしらひとのせしはなにわざ船生之 船生之(しうせひこれ)（欠け）一〇

うまこらがくさむすかばねえてしがもきりてはふりてはぢみせましを総根 総根(すこむ) 六二

わたのそこおきついくりにまじりけむきみのまもりのつるぎたちはや畑月 畑月(はたじく)（補け）一一

おもほさぬおきのいでましきくときはしづのをわれもかみさかだつを擦 擦(さつ) 二九

おおきみをなやめまつりしたふれらがたみはぐくみてよをあざむきし（欠とこ）三三

まがつひのそのまがわざによのひともあひまじこりしときのかなしさ相之 相(（かお）つき) 之(し) 五二

おふけなくみくにせめむともろこしのからのこきしがたはわざしける男 男(なむ)（補とこ）三四

かしこきやすめらみくににいむかひてなやめまつりしたぶれあしかが立 立(りつ) 三五

いかなるやかみのあらびぞまきのたつあらやまなかにきみがみよへし米栗 米栗(まひみのる) 六五

あまのしたとこよゆくなすあしかがのすゑのみだれのみだれよゆゆし目 目(まなこ) 五九

いつまでかひかりかくらむひさかたのあめのいはとはただしばしこそ顚 顚(ひたい) 三六

しづはたをおだのみことはみかどべをはらひしづめていそしきおほおみ（欠るる）六〇

とよくにのかみのみいづはもろこしのからのこきしもおぢまどふまで**柱**柱（はしら）一二

あづまてるみかみたふとしすめらぎをいつきまつらすみいさをみれば**丸**丸（たま）一三

あづまてるかみのみことのやすくにとしづめましけるみよはよろづよ**露**露（ろ）六一

▼王統　既出　一七頁。

つきさかきはいづのみたまとあめつちにいてりとほらすひのおほみかみ**麻等**麻等（あさたひら）

いづのめのいつのみたまをえてしあらばからのまがれることさとりてん**泄**泄（えい）＝擦（きき）

ひさかたのあまつきひのかげはみじからのこころのくもしはれずば**月**月（つき）（畑羽の子（しの））

あぢきなきなにのさかしらたまちはふかみいつかずておほろかにして**日**日（じつ）

いざこどもさかしらせずてたまぢはふかみのみしわざたすけまつろへ**杜尾・君事**杜尾（ずみ）・君事（かしらじ）

をぢなきがまくるおもひてかみといへどひとにかたずといふがおろかさ**隼響・朋**隼響（たかかふ）・朋（なかま）

たなつもののもものくさきもあまてらすひのおかみのめぐみえてこそ**真曽**真曽（まそ）

すめらぎにかみのよさせるみとしをしあくまでたべてあるがたぬしさ**槇竹**槇竹（すぎとく）

おもふことうたへばなきぬことだまのさきはふしるしまさしかりけり**象・朋**象（ざふ）・朋（ききがこ）（擦（きき）が子）

ひさかたのあまつひつぎのみたからとみもとはなたぬやさかまがたま**定里**定　里（さだひなびたば）

めかがやくたからのくにをことむけのかみのさとしはとふときろかも**光**光（かがやく）

くなたぶれうまこがつみもきためずてさかしらひとのせしはなにわざ**明**明（から）

かまくらのたひらのあそがさかわざをうべおほきみのはからせりける**絡路**絡路（らくだひ）（相土（ほのそみ）から生べかり）

いつまでかひかりかくらむひさかたのあめのいはとはただしばしこそ**夫**夫（かの）

◇鈴屋歌集

一八〇〇年成立。為故を含む歌。

これやこのはる**た**つけふのとしのくれゆくもかへるもあふ**さ**かのやま 2128
たちかへりほのぼのあかるひかりよりかすむもけ**さ**をはつはるのそら 2129
あら**た**まるけ**さ**のひかりもふりまさるみははづかしきはつはるのそら 2130
はるのよのかすめるつきにかぜ**た**えてか**さ**へおぼろのにはのうめがえ 2131
たまだれにいろもすきまのうめのはなかは**さ**ながらののきのはるかぜ 2132
たちこめてはなうぐひすののどけ**さ**もおのがいろねのはるがすみかな 2133
さきぬらむはなの**た**よりのはるかぜもたえてつれなくかすむとほやま 2134
みやこびとわかなつみにといづるのはまつ**さ**きに**た**つあさかすみかな 2135

2128 これやこの春たつけふの年の暮ゆくもかへるもあふさかの山（『本居宣長全集』第十五巻　一九六九年六月一〇日　筑摩書房発行　五頁）
2129 立かへりほのぼの明るひかりよりかすむも今朝をはつ春の空（同五頁）
2130 あらたまる今朝の光もふりまさる身ははづかしき初春の空（同五頁）
2131 春の夜のかすめる月に風たえて香さへおぼろの庭の梅が枝（同八頁）
2132 玉だれに色もすきまのうめの花香はさながらの軒の春風（同八頁）
2133 立こめて花うぐひすののどけさもおのがいろねの春霞かな（同九頁）
2134 さきぬらむ花のたよりの春風も絶てつれなくかすむ遠山（同一〇頁）
2135 都人わかなつみにと出る野はまつさきにたつ朝霞かな（同一〇頁）

2136 かぜにほふうめづの**さ**とのしるへ**だ**にたえてつれなくかすむはるかな

2137 にほひ**だ**にふきもおよばずはるばるとかすむうめづの**さ**とのはるかぜ

2138 あふ**さ**かやせきをはこえてゆくそらもかすみへ**だ**つるはるのかりがね

2139 すみのえやきくのはな**さ**くあきと**だ**にちぎりもおかでかへるかりがね

2140 なきてゆくつば**さ**やいかにきくひともそでしほ**た**るるうらのかりがね

2141 みるほどもなきだにあるをかすみ**さ**へなにへ**だ**つらむはるのよのつき

2142 あかすみていぬる**た**まか**さ**さほひめのかすみのそでにありあけのつき

2143 のきくらきはるのあめよのあまそそぎあま**た**もおちぬおとの**さ**びしさ

2144 かきわらひもゆるばかりはをりしれとはるのひかりも**さ**さぬ**た**にのと

2145 **さ**きつきてうめとさくらのなか**た**えぬはるのにしきのもものはなぞの

2136 風にほふ梅津の里のしるへだにたえてつれなくかすむ春かな（同一〇頁）

2137 にほひだにふきもおよばずはるばるとかすむ梅津の里の春風（同一〇頁）

2138 逢坂や関をはこえてゆく空も霞へだつる春のかりがね（同一一頁）

2139 すみのえや菊の花さく秋とだに契りもおかでかへる雁がね（同一一頁）

2140 なきてゆくつばさやいかに聞人も袖しほたるる浦のかりがね（同一一頁）

2141 見るほどもなきだにあるを霞さへ何へだつらむ春のよの月（同一一頁）

2142 あかす見て入ぬるたまかささほ姫の霞の袖に有明の月（同一一頁）

2143 軒くらき春の雨夜のあまそそぎあまたも落ぬ音のさびしさ（同一一頁）

2144 かきわらひもゆるばかりはをりしれと春の光もささぬ谷の戸（同一二頁）

2145 咲つきて梅とさくらの中絶ぬ春のにしきのももの花園（同一二頁）

2146 うぐいすのこゑききそむるあし**た**よりまたるるものは**さ**くらなりけり
2147 **た**づねゆくむかひのやまは**さ**きぬやととはばやはなをのじのはるかぜ
2148 **さ**くらばな**た**づねてふかくいるやまのかひありけなるくものいろかな
2149 **さ**かぬまのおもひねにみしならひにはこれもゆめかと**た**どるはつはな
2150 かへらばや**た**かねの**さ**くらあかねともふもとのはなもくれはてぬまに
2151 く**さ**まくらいづれのかげとさ**だ**めましやとはあまたのはなのゆふぐれ
2152 なかなかにつきもなきよは**さ**くらばなさ**だ**かにぞみるおもひねのゆめ
2153 はなのいろは**た**かねのかすみふかきよのつきにもしるきやま**ざ**くらかな
2154 **さ**きそめしはなかあらぬかふもとまで**た**つたのやまのけさのしらくも
2155 なに**た**かきはなの**さ**かりかよしのやまくもにはあらぬみねのしらくも

2146 鶯のこゑ聞そむるあしたよりまたるる物はさくらなりけり（同一二頁）
2147 たづねゆくむかひの山はさきぬやととはばや花を野路の春風（同一三頁）
2148 さくら花尋ねて深くいる山のかひありけなる雲の色かな（同一三頁）
2149 さかぬまの思ひねに見しならひにはこれも夢かとたどる初花（同一三頁）
2150 かへらばや高根の桜あかねともふもとの花も暮はてぬ間に（同一三頁）
2151 草まくらいづれの陰とさだめましやとはあまたの花の夕ぐれ（同一三頁）
2152 中々に月もなき夜はさくら花さだかにぞ見る思ひねの夢（同一三頁）
2153 花の色はたかねの霞ふかきよの月にもしるき山桜哉（同一三頁）
2154 咲そめし花かあらぬかふもとまで立田の山の今朝の白雲（同一三頁）
2155 名に高き花のさかりかよしの山雲にはあらぬ峯のしら雲（同一三頁）

はなやいつ**さ**きぬとみしもけふは**た**だくものさかりのみよしののやま 2156
えだかはすまつのこずゑはむらきえて**さ**くや**た**かねのはなのしらゆき 2157
はなかとよまつのこずゑはそのままに**た**ちもかく**さ**ぬみねのしらくも 2158
やま**ざ**くらはなみるときはわがやどにあ**た**しきくさはうゑしとぞおもふ 2159
ひとならばうしとみましを**さ**くらばなあかぬこころに**た**をりつるかな 2160
みやこかはけ**さ**みしはなのおもかげも**た**ちそふあとのみねのしらくも 2161
つきかげにおぼろながらもはなみれば**た**びねのう**さ**ははるのきのもと 2162
あやにくにいとどかすみも**た**ちそひてゆふやま**さ**くらいろそくれゆく 2163
さきかかるはなのちるかとみるひともこころく**た**くるたきのしらたま 2164
たつたやまかぜまもるてふかみがきに**さ**くるさくらのはなはたのもし 2165

2156 花やいつさきぬと見しもけふはただ雲の盛の三吉野の山（同一四頁）
2157 枝かはす松の梢はむらきえてさくや高根の花のしら雪（同一四頁）
2158 花かとよ松のこずゑはそのままにたちもかくさぬ峯の白雲（同一四頁）
2159 山桜花見るときはわが屋戸にあたし木草はうゑしとぞ思ふ（同一四頁）
2160 人ならばうしと見ましをさくら花あかぬ心にたをりつるかな（同一四頁）
2161 みやこかは今朝見し花の面影も立そふ跡の峯の白雲（同一四頁）
2162 月影におぼろながらも花見れば旅寝のうさははるの木本（同一四頁）
2163 あやにくにいとど霞も立そひて夕山さくら色そ暮ゆく（同一五頁）
2164 咲かかる花のちるかと見る人も心くたくるたきのしら玉（同一五頁）
2165 竜田山風まもるてふ神垣に咲るさくらの花はたのもし（同一五頁）

ここのえのはなの**さ**かりをみわたせばくものし**た**ゆくくものうへひと 2166
さきしよりはなにうつろふやまざとのはるのこころはちるか**た**もなし 2167
かすむひは**さ**くるよそめもかくれかにはなを**た**づねてくるひともなし 2168
たとへける**さ**くらのはなのいろばかりならのみやこもいまさかりなり 2169
みわ**た**せばくももかすみも**さ**くらいろににほふやさくらみよしののやま 2170
よしのやまかはかりはなの**さ**くやひめかみよにいかに**た**ねをまきけむ 2171
みわ**た**せばはなよりほかのいろもなし**さ**くらにうつむみよしののやま 2172
みわ**た**せばただしらくもぞにほふなる**さ**くらはいづらみよしののやま 2173
おくふかく**た**づねいらすはよしのやまはなやこころをあ**さ**しとおもはむ 2174
さそはれしゆかりとおもへばうきながらはなのか**た**みのはるのやまかぜ 2175

2166 九重の花の盛を見わたせば雲の下ゆく雲のうへ人（同一五頁）
2167 咲しより花にうつろふ山里の春のこころはちるかたもなし（同一五頁）
2168 かすむ日は咲るよそめもかくれかに花を尋ねてくる人もなし（同一五頁）
2169 たとへける桜の花の色ばかりならのみやこもいま盛なり（同一五頁）
2170 見わたせば雲も霞も桜色ににほふや桜みよし野の山（同一五頁）
2171 よし野山かはかり花のさくや姫神世にいかにたねをまきけむ（同一五頁）
2172 見わたせば花より外の色もなし桜にうつむみよし野の山（同一五頁）
2173 みわたせばただ白雲そにほふなるさくらはいづら三吉野の山（同一五頁）
2174 おく深く尋ねいらすはよしの山花や心を浅しとおもはむ（同一五頁）
2175 さそはれしゆかりと思へばうきながら花のかたみの春の山かぜ（同一七頁）

2176 おくつゆをふくあ**さ**かぜにかはのなの**た**まぬきみたるきしのやまぶき
2177 なつころもはるはきのふのはなのかもなごり**た**づぬるそでのあ**さ**かぜ
2178 はなぞめのをしきわかれのつゆ**だ**にもかたみとどめぬそでのあ**さ**かぜ
2179 のこるやとわれこそけふも**た**づねつれこころなが**さ**はさくらのみかは
2180 やえかすみはれにしやまのおそ**ざ**くらはるをへ**だ**ててみるもめづらし
2181 あ**さ**ま**だ**きやまだのさなへひはながしつゆのひるまをまちてとらなむ
2182 **さだ**かなるむかしのゆめはさめしよのやみのうつつににほふたちばな
2183 にほひかはみるにつけてもふる**さ**とはむかしこひしきのきの**た**ちばな
2184 やま**ざ**とは**た**だあをばのみしげりあふをりにあふちのはなもめづらし
2185 みよしののみくまかすげをかりそめのはれまだになき**さ**み**だ**れのころ

2176 おく露をふく朝風に河の名の玉ぬきみたる岸の山ぶき（同一八頁）
2177 夏ころもはるは昨日の花の香もなごり尋ぬる袖の朝かぜ（同一八頁）
2178 花染のをしき別れの露だにも形見とどめぬそでの朝かぜ（同一八頁）
2179 のこるやと我こそけふも尋ねつれ心長さはさくらのみかは（同一八頁）
2180 八重霞はれにし山のおそ桜春をへだてて見るもめづらし（同一九頁）
2181 朝まだき山田のさなへ日は長し露のひるまを待てとらなむ（同二〇頁）
2182 さだかなる昔の夢はさめしよのやみのうつつににほふたちばな（同二一頁）
2183 にほひかは見るにつけてもふるさとは昔恋しき軒のたちばな（同二一頁）
2184 やまざとはただ青葉のみしげりあふをりにあふちの花もめづらし（同二一頁）
2185 みよし野のみくまか菅をかりそめの晴間だになき五月雨のころ（同二一頁）

なつく**さ**のつゆのはれまもなくてのみひかぞふるののさみ**だ**れのそら 2186
ものおもふ**た**かころもでのもりのつゆはらひもあへぬ**さ**みだれのころ 2187
おしなべてあ**さ**せもみをのそまかはやみやぎよとまぬさみ**だ**れのころ 2188
なにはが**た**みぎはのあしのすゑはまでなみにいりえの**さ**みだれのころ 2189
とふほ**た**るなれもの**ざ**わのみづからはもえてもうつるかげやすずしき 2190
すみのえのきしにおふてふく**さ**ばにももゆるほ**た**るのこひやわすれぬ 2191
かきくらすくももあつ**さ**もときのまによそにふきやるゆふ**だ**ちのかぜ 2192
すずし**さ**にさとのわらはの**た**はぶれもかはべはなれぬろくがつのころ 2193

▼譜　一之巻に暗号は集約されている。本居宣長のユーモアを感じる場面が多々。既出　四六頁。

これ**や**このはる**た**・つけ**ふ**のと**し**のくれゆくもかへるもあふ**さ**・かのやま**定**定（じゃふ）**三**
たち**か**・へ**り**ほのぼのあかるひかりよりかすむもけさをは**つ**・はるのそら**里**里（り）**四**
あら**たま**るけ**さ**・のひ**かり**もふ**り**まさるみはは**づ**・かし**き**はつはるのそら**定里**（きまり）定里（り）**六六**

2186 夏草の露のはれまもなくてのみ日数ふる野の五月雨の空（同二一二頁）
2187 ものおもふたか衣手の森の露はらひもあへぬ五月雨のころ（同二一一頁）
2188 おしなべて浅瀬もみをの杣川や宮木よとまぬ五月雨のころ（同二一一頁）
2189 難波がたみぎはのあしの末葉まで浪に入江の五月雨のころ（同二一一頁）
2190 とふほたるなれも野澤のみづからはもえてもうつる影や涼しき（同二一二頁）
2191 すみのえの岸におふてふ草葉にももゆる蛍の恋や忘れぬ（同二一三頁）
2192 かきくらす雲もあつさも時のまによそに吹やるゆふ立の風（同二一三頁）
2193 すずしさに里のわらはのたはぶれも川邊はなれぬ六月の比（同二一四頁）

はるのよのかすめるつきにかぜたえてかさへおぼろのにはのうめがえ絡 絡（つかめる）二四
たまだれにいろもすきまのうめのはなかはさながらののきのはるかぜ加羅 加羅（なかまにはいるうすもの）二六
たちこめてはなうぐひすののどけさもおのがいろねのはるがすみかな母 母（はは）二五
さきぬらむはなのたよりのはるかぜもたえてつれなくかすむとほやま矢乍 矢乍（かずとりながら）四四
みやこびとわかなつみにといづるのはまつさきにたつあさかすみかな君事 君事（きみず）四六
かぜにほふうめづのさとのしるへだにたえてつれなくかすむはるかな耐 耐（しのぶ）四五
にほひだにふきもおよばずはるばるとかすむうめづのさとのはるかぜ辛 辛（きむ）五四
あふさかやせきをはこえてゆくそらもかすみへだつるはるのかりがね言 言（く）七
すみのえやきくのはなさくあきとだにちぎりもおかでかへるかりがね国 国（さと）二八
なきてゆくつばさやいかにきくひともそでしほたるるうらのかりがね然 然（しかり）一九
みるほどもなきだにあるをかすみさへなにへだつらむはるのよのつき還谷 還谷（もどるたに）五三
あかすみていぬるたまかささほひめのかすみのそでにありあけのつき日精 日精（かたま）一
のきくらきはるのあめよのあまそそぎあまたもおちぬおとのさびしさ落 落（らく）五一
かきわらひもゆるばかりはをりしれとはるのひかりもささぬたにのと祇 祇（し）一〇
さきつきてうめとさくらのなかたえぬはるのにしきのもものはなぞの主 主（との）一一
うぐいすのこゑききそむるあしたよりまたるるものはさくらなりけり潔初余 潔初余（はくそあまり）二
たづねゆくむかひのやまはさきぬやととはばやはなをのじのはるかぜ生波也 生波也（きはや）（欠な）八
さくらばなたづねてふかくいるやまのかひありけなるくものいろかな槌 槌（もく・つひでなる）（木追（もくつひ）でなる）一七
さかぬまのおもひねにみしならひにはこれもゆめかとたどるはつはな絡母 絡母（つなひもはは）五〇
かへらばやたかねのさくらあかねともふもとのはなもくれはてぬまに等閑 等閑（とふあはれ）二九

くさまくらいづれのかげとさだめましやとはあまたのはなのゆふぐれ絡母絡母（らくはは）（欠ね）五七

なかなかにつきもなきよはさくらばなさだかにぞみるおもひねのゆめ（補ね）五八

はなのいろはたかねのかすみふかきよのつきにもしるきやまざくらかな積積（しゃく）一五

さきそめしはなかあらぬかふもとまでたつたのやまのけさのしらくも榯枝榯（さふ相とてら寺かく）枝（たたさぬ）六五

なにたかきはなのさかりかよしのやまくもにはあらぬみねのしらくも柞原柞原（さくの）一七

はなやいつさきぬとみしもけふはただくものさかりのみよしののやま上上（かみ）四二

えだかはすまつのこずゑはむらきえてさくやたかねのはなのしらゆき媛媛（たかねのはな）四三

はなかとよまつのこずゑはそのままにたちもかくさぬみねのしらくも（補ぬ）三三

やまざくらはなみるときはわがやどにあたしきくさはうゑしとぞおもふ離離（はなる）二〇

ひとならばうしとみましをさくらばなあかぬこころにたをりつるかな浮浮（かるひ）（欠ふ）三九

たつなるるにはのこかげにやとながらうきよわするるはなざかりかな酉酉（なる）六三

みやこかはけさみしはなのおもかげもたちそふあとのみねのしらくも露露（はかなし）（欠れぬ）三一

つきかげにおぼろながらもはなみればたびねのうさははるのきのもと（補れ欠ぬ）三二

あやにくにいとどかすみもたちそひてゆふやまさくらいろそくれゆく国国（さと）三〇

さきかかるはなのちるかとみるひともこころくたくるたきのしらたま鹵也鹵也（かたきとちとは）四一

ここのえのはなのさかりをみわたせばくものしたゆくくものうへひと丙丙（もゆ）六四

さきしよりはなにうつろふやまざとのはるのこころはちるかたもなし比比（このごろ）一四

かすむひはさくるよそめもかくれかにはなをたづねてくるひともなし無無（む・なし）一二

たとへけるさくらのはなのいろばかりならのみやこもいまさかりなり建建（のべり）四七

みわたせばくももかすみもさくらいろにほふやさくらみよしののやま炎炎（やく）（欠ほの）四八

よしのやまかはかりはなのさくやひめかみよにいかにたねをまきけむ観観(まみね)一八
みわたせばはなよりほかのいろもなしさくらにうつむみよしののやま矢矢(や)一六
みわたせばただしらくもぞにほふなるさくらはいづらみよしののやま（補ほの）四九
おくふかくたづねいらすはよしのやまはなやこころをあさしとおもはむ新羅新羅(なまやね)三七
さそはれしゆかりとおもへばうきながらはなのかたみのはるのやまかぜ柄也柄也(へとは)二二
おくつゆをふくあさかぜにかはのなのたまぬきみたるきしのやまぶき大好大好(はみださぬあな)五
なつころもはるはきのふのはなのかもなごりたづぬるそでのあさかぜ也喪也喪(なりも)五二
はなぞめのをしきわかれのつゆだにもかたみとどめぬそでのあさかぜ夢夢(さめぬもの)（補な）九
のこるやとわれこそけふもたづねつれこころながさはさくらのみかは吾吾(ご)（補ふ）四〇
やえかすみはれにしやまのおそざくらはるをへだててみるもめづらし為為(する)三八
あさまだきやまだのさなへひはながしつゆのひるまをまちてとらなむ未未(まだ)五五
さだかなるむかしのゆめはさめしよのやみのうつつににほふたちばな逝逝(さる)（欠りけりき）三四
にほひかはみるにつけてもふるさとはむかしこひしきのきのたちばな木木(き)一三
やまざとはただあをばのみしげりあふをりにあふちのはなもめづらし（補けり欠き）三五
みよしののみくまかすげをかりそめのはれまだになきさみだれのころ（補き）三六
なつくさのつゆのはれまもなくてのみひかぞふるののさみだれのそら揺揺(ふれる)六
ものおもふたかころもでのもりのつゆはらひもあへぬさみだれのころ言言(ゆふ)六〇
おしなべてあさせもみをのそまかはやみやぎよとまぬさみだれのころ袛袛(かみ)六一
なにはがたみぎはのあしのすゑはまでなみにいりえのさみだれのころ会会(ころ)五六
とふほたるなれものざわのみづからはもえてもうつるかげやすずしき癸癸(はつ)六二

すみのえのきしにおふてふくさばにももゆるほたるのこひやわすれぬ会会（でくはす）五九
かきくらすくももあつさもときのまによそにふきやるゆふだちのかぜ懲懲（ちょふ）（補らす）二三
すずしさにさとのわらはのたはぶれもかはべはなれぬろくがつのころ露露（ろ）（欠らす）二二

補足　ガウランド日本考古学の父

二〇一五年五月一五日に高校の友人　片山一道京都大学名誉教授から『骨が語る日本人の歴史』（二〇一五年五月一〇日　筑摩書房発行）が送られてきた。「奈良県やその周辺にある大型古墳の被葬者たちの身長が特異的に高いことである。たとえば、古墳時代後期の藤ノ木古墳の場合、男性被葬者二人の身長はいずれも一六五センチを超えると推定できる。終末期のマルコ山古墳や高松塚古墳の男性被葬者も一六五～一六七センチと推定できる。大阪府の阿武山古墳や兵庫県の新宮東山古墳の男性被葬者も一六七～一六八センチほどの背丈であったことが判明している。いずれにせよ、さほど例数が多くはないのが悩ましいところだが、これらの身長推定は刮目に値しよう。」（同書一二一頁）

この文章の前後を要約すると、巨大古墳の被葬者は、弥生時代に日本列島に住んでいる人々には、様々のルーツを持つ人々が住んでおり、渡来系の弥生人も少なからず存在していた。温血、生活の相違で人骨に継続と変化を見ることができる。特に閉ざされた婚姻関係を維持した部族はその形質を維持し、巨大古墳の被葬者はそれに当たる。片山教授は近畿地方の巨大古墳の被葬者と渡来人との関係を否定しない[2194]。そうして多数存在する北九州・中国地方西部瀬戸内海沿岸の人骨もまた渡来系とするので

2194 「縄文人が生まれたのと同様、倭人の日本人性も日本列島に固有な地勢、気候、風土などのたまものと言えよ

あるから、まさに渡来人も様々のルーツである。

日精潔の系譜で我々は夫（柱丸）の牛田早稲田神社古墳、顯の三雲南小路第一号墓、君事の三ツ城古墳、初余の向野田古墳を知るが、人骨については今まで触れていない。

三ツ城古墳の一号墳には三つの人骨があるが、破片の骨の太さで男性一人、女性二人と判明しているが身長を推定するに足りないと東広島市出土文化財管理センター。初余は完全な形で女性、成人、身長一五六センチメートルとされる。これは北条暉幸産業医科大学教授によるピアソン[2195]の式による計測で、「頭骨の形態は、西日本古墳人の特徴を示しており、畿内古墳人とは明らかに異なる。」[2196]とされる。

もし身長の高い被葬者を明治の古墳研究の第一人者で天皇陵も研究したウイリアム・ガウランドが調査していれば、前記の片山教授は漏らさず記載しているとは思ったが、念の為『ガウランド日本考古学の父』（責任編集　ヴィクター・ハリス・後藤和雄　二〇〇三年八月三〇日　朝日新聞社発行）を調査した。『ガウランド日本考古学の父』に人骨について二つの記載がある。亀岡市薭田野町にある鹿谷古墳群の「人骨や玉類の出土」（七五頁）及び東大阪市東石切町にあった芝山古墳（全長二六m　小型の前方後円墳　五世紀後半築造）の「頭蓋骨片」「歯一九個」である。明治政府の厳しい管理下に入る前に調査したガウランドが帝の人骨の特徴を記載したものはない。

次は長い引用であるが「時代を超えた史観」（一五二頁）は示唆すべきものがある。

ミサンザイ古墳（現神武天皇陵）・・「構造が古代の陵のどれとも全然違っており・・いかなる根拠に立っ

う。その一方、階層性については、むろん渡来人が存在したことと無関係ではないが、先住の縄文人と彼らとの混合の有無や多寡などとは無関係な身体現象であろう。」（同書一二九頁）

2195 カール・ピアソン（イギリスの統計学者）　身長推定式
2196 『熊本県宇土市所在の向野田前方後円墳出土の古墳時代女性人骨』一三七頁

てこのミササギの形が考えつかれたかは、想像すら困難である。しかし、ここに記述するだけの価値のあろうと思えるのは、時の政府が、何をもって、天皇家の初代の御陵にふさわしいと考えたかを示してくれるからである。・・明治政府の手によって古墳ともいえないような小さな墳丘が、周囲の広大な地域とともに堀や堤で囲まれ、天皇陵に仕立てあげられてゆくことに対する研究者としての痛烈な批判である。なお「墳丘は、二つとも見えない。隣接する畝傍の山腹からですら見えない。」

彼が双墳と呼び皇陵墓型とした前方後円墳の、コナベ古墳（奈良県）を始めとする一〇基にのぼる古墳の当時の写真を見ると、これらの大型古墳の観察と実測の累積が、以下に記すような彼の史観形成の基盤をなしていたことが推察できる。・・彼はコナベ古墳の実測図を例に引き、前方後円墳の特異な形から「細部まで同形の墳丘が、ドルメン群のある大和以外の他のセンター（ガウランドによれば九州・出雲・武蔵の三センター）でも発見されるからである。・・他のセンターを占領していた部族が、大和から独立した存在であったか、またはその支配者が大和の首長と同格だったとみなされない限り、こうした皇陵墓型の墳丘が他のセンターで見つかるはずがない」・「中央地域から遠く離れた出雲、伯耆、備前、上野、日向といった主要なドルメン地域でも皇陵墓型の墳丘を見つけている。ということは、これらの地域はかつては独立した文化の中心地であって、中央の支配氏族と同等位とみなされた豪族によって統治されていたことを示すように思われる。」・「結論として、中央の大和勢力は優位にあったものの初めからの統一的支配者ではなく、地方豪族への支配権を得たのは、古墳時代も後半になってからであるとの見解を示した。」

「前記の神武天皇陵に対する考説と同様に、これは戦前の日本の研究者にとっては、学問的生命と職を賭するほどの重大問題であった。ガウランドが一連の注目すべき論文を発表するのは、帰国後のことである。聡明な彼には、日本で発表することが不可能であることは察せられただろうし、仮に発表できたとしてもその内容からいかなる結果を招くかは、容易に推測できたはずである。」

「南方熊楠は滞英中にガウランドから聞いた話として、後年次のように記している。「（一八九七年五月一三日、学会が終わって陪膳の席上）その時予に話されしは、日本には薄弱なる文筆上の調査のみにて、諸帝の御陵を定め、その余をば一向に構わず、これは大なる間違いにて、実はただいままで御陵と定まらぬものの中には、はなはだ立派なる御陵らしきもの多しとなり」とある。これを読んで思い浮かぶのは、ガウランド論文の次の一節である。この墳丘（見瀬丸山古墳[2197]）を容積の上でしのぐのはたった二つ有名な仁徳陵と応神陵―だけで、中にあるドルメンは全国で最大のものである上に、巨石構造では並ぶものがないことなどを考えると、我々は次のような結論に達せざるを得ない。すなはち、それは疑いもなく天皇の墓である。」

「南方はさらに続けて「また今一つわが邦考古の学に取りて大必要なことを聞きしが、現時の無残滅法の官公吏等に話すは（中略）遺憾ながら口を緘ずるなり」と述べている。不羈をもってなる熊楠が筆にすることを憚ったことほどのことにさえ、外国人のガウランドが通暁していたのである。」

因みにガウランドの調査した古墳等は次の通りである。

（大和）コナベ古墳　奈良市法華寺町、文殊院西古墳、文殊院東古墳、ミサンザイ古墳（神武天皇陵）、四条塚根山古墳（綏靖天皇陵、艸墓古墳、梅山古墳（欽明天皇陵）、見瀬丸山古墳、檜隈墓（吉備姫王墓）、飛鳥の猿石、橘寺の二面石、鬼の俎・鬼の雪隠、小谷古墳、岩屋山古墳、平野塚穴山古墳

（河内）誉田山古墳（応神天皇陵）、道明寺天満宮拝殿、市野山古墳（允恭天皇陵）、長持山古墳、岡ミサンザイ古墳（仲哀天皇陵）、河内大塚山古墳、平尾山千塚古墳群、高安千塚古墳群、安福寺横穴墓

2197 現在は畝傍陵墓参考地（被葬候補者：第四〇代 天武天皇・第四一代　持統天皇）として陵墓参考地に治定

群、山田高塚古墳（推古天皇陵）、鹿谷寺跡の十三重石塔、岩屋
（和泉）百舌鳥陵山古墳（履中天皇陵）、大仙古墳（仁徳天皇陵）
（摂津）太田茶臼山古墳（継体天皇陵）、耳原古墳、将軍塚古墳、塚原古墳群、桜古墳、中山寺白鳥塚古墳
（山城・丹波）甲塚古墳、淳和天皇火葬塚、鹿谷古墳群
（伊予）野々瀬古墳群
（出雲・豊前）上塩冶築山古墳、綾塚古墳

（二〇〇一五年五月補足）

あとがき

本居宣長の言う御国は日本国ではなく、倭国である。神は日精潔[2198]である。従来の全ての説はこの観点から見直す必要がある。一人宣長の問題ではなく、異国人支配からの脱却が本旨であるから、平将門の乱と言う物言いは乱か、正当な異国人支配からの脱却と見ても乱か。少なくとも倭人が乱と呼ぶのは天に唾するものである。本書は意見を書くものではない。一割にも満たないであろう暗号歌を一応纏

2198 〇〇二八　吾生吾吾生生（あきあごうまるき）も当てつり吾言はなや（後）（大好　船生）（一四＋一六）
やまがつのかきほあるともをりをりにあはれはかけよなでしこのつゆ（一）六四
うちはらふそでもつゆけきとこなつにあらしふきそふあきもきにけり（一）六五
我君（あぎ）「阿岐は、山陽道なる安芸國なり、名義未思得ず【山城國相楽郡の和伎は、崇神紀に依ば、我君の義なり、是に准へば、此國名も若くは我君歟、さる由緒ありてや名付けけむ、】」『古事記傳』『邪馬壹国讃歌』一八八頁、さる由緒は日精潔、本居宣長の精一杯のメッセージ。これと同一のものが本居真良への改名（旧著八三頁）。

め、更に読者が残り九割を突き止めるための誘いである。検索の語は、日精潔、君事、為故、源順、干支である。更に追加すれば、自己の氏名を盛込んだ歌である。先に一割と書いた。一四〇〇年代以降の和歌はほとんど手付かずである。しかし、内容としては三割、四割に達していることは、解読された暗号の重複で理解できる。いずれにしても本書の内容を理解して暗号解読に努力されることを望む。一万年、一〇万年、一〇〇万年と嘘の上に築かれたものは、嘘である。嘘は嘘、嘘が真実に変わることは断じてない。煩雑であるが途中幾つか暗号解読過程をそのまま残した意図はそのように理解されることを切に望む。特に和歌の研究者は源順を読込まれたことに気付かなかったことを反省し、奮起せよ。なお国際日本文化研究センターの和歌データベース（濁点無）を利用し、他の一書で内容を確認した（濁点無はそのまま）。

冒頭で「日精潔の形容は上媛、白雪の人、目瞠れり、惹きつける神様、高根の花、見目良い姫神」と記載した。真見ゆ時気を奪う妃、白雪の神と見し、人の道諭すなる、とも形容されること、歌人達が既存の形容をなぞるのではなく、言葉を選んで形容を付加する、これこそ継承と神　日精潔への深い思いである、そうして、これが魏志倭人伝の鬼道、実は人道（人の道）の意味である。人民の思いを具現したものが、船木にある滝を女王滝[2199]と名付けたことであることを最後に記載して完。

備忘　高坂村誌掲載の神の付く地名
神田窪、岩神、大神、山ノ神（二カ所）、神子谷、荒神沖、猿神、神ケ鼻

2199　『邪馬壹国讃歌』一一七頁

夫木抄答え

▼為故

射矢白立柞原**生日精**　**潔**　**会君事**　**船**　**生之**　畑　月**柱丸**初建**乙**酉酉　金羅　**九**　**矢丸**日精潔相　無生去
宮擦尾掟止克男立顚好山為**民**女無路母明募聲大好**聲聞**相之栄　畝籠代高羽目露**総根**　尊　生言米栗
喪矢馬初国柞原日精潔

▼譜

日精潔初余定里大好揺言生波也夢祇主無木　比　積矢柞原覲然離柄也　露　徽　絡　母加　羅　槌国等
閔　国　露　逝　新羅　為　浮吾　鹵　也上　媛　矢乍耐　君　事建炎絡母落也喪還谷**辛未**会　絡　母会
言祇**癸**酉丙　**榯**　**枝定里**

ゴシック部分の解説　生日精潔会、民（源俊頼　四一二頁）、君事船生之（九条良経　三三〇頁）、柱丸（柿本人麿　二五三頁）、乙、募聲（源俊頼　四一二頁）、九矢丸（藤原公実　二一七頁）、総根（藤原定家　四七五頁）、辛未（読人不知　二四一頁）、癸（藤原俊成　四四五頁）、榯枝定里（三一二頁）をそのまま使用している。暗号解読の正しさと継承の事例を勝間田長清が示す重要な暗号である。断片的暗号も暗号であることの明示である。

人の道論すなる媛　検索　源順＋人の道　一五頁

人の道八言ふ（夫木抄一四七三五）

かち人のみちをぞおもふ山しなのこはたのさとの秋の夕霧（一五頁）

一　人の道　父母に手向かふな（夫木抄一六二二五二）
二　人の道　神を礼れ（同一一九二六）
三　人の道　大人を称えれ（同一五四七九）
四　人の道　譲り合へ（同〇九四六七）
五　人の道　明日待ち世渡れ（同〇九二九〇）
六　文を学び身に持て（同〇九四六九）
七　夫婦は諍いせじ（同一二一〇六〇）
八　子を殖やせ（同一三〇一五）

親魏倭王印の文字　汝擦質聲位之栄　検索　いむ　印　みなもとしたごふ　源順

◎つゆおもみまだをれふしてとこなつのおきぬやはなのあさいなるらん2200源仲正

◎おもふことしかだになくはいとどしくたかきみやまのかひよとおもはん2201和泉式部

◎おいらくのこしふたへなるみなれどもうづゑをつきてわかなをぞつむ2202源俊頼（夫木抄　身のみ漢字）

◎は次の通り解ける。

つゆおもみまだをれふしてとこなつのおきぬやはなのあさいなるらん

おもふことしかたになくはいとどしくたかきみやまのかひよとおもはん

おいらくのこしふたへなるみなれどもうづゑをつきてわかなをぞつむ

汝汝擦擦

之之栄栄

質質聲聲位位

大好大好もで得る印汝汝彫れめね我亦書けそ、大好大に好でなり印に擦擦質質を推さられねぞ我書くそよ、大好大に好で得る汝後に擦で書かなそよ、大好大に好も当てれむ聲聲位位得ぬ我も書けそ、大好大に好当てぬる質後聲彫るそ我割くそ、大好大に好もでなる之之栄栄も持つぬぞ、大好は大に好当てたり栄の先彫るものなく受け我言はね（旧著二三二頁）大好は大に好をで組みぬ汝汝から書き言はな、大好は大に好汝に擦擦端を穿つな我は聞きな、大好は大に好当てけむ擦に質質好きな鹵決めそ我言はな、大好は大好当てらん質に聲聲世に名乗らめきを言はな、大好大に好でなる聲に位位世の高き時言はぬ我書きね、大好大に好当てたる位に之之我唯言はね、大好は大好も当てむん之に栄　栄言はなや（旧著二八四頁）

2200 夫木抄〇三四六四　露おもみまだをれ臥して常夏のおきぬや花のあさいなるらん（『新編国歌大観』第二巻五四六頁）

2201 夫木抄〇四七一一　おもふことしかだになくはいとどしくたかきみ山のかひよとおもはん（同五七一頁）

2202 夫木抄一五一六三　老いらくの腰ふたへなる身なれども卯杖をつきて若菜をぞ摘む（同八〇八頁、参四〇六頁）

◇主として暗号を残した歌人（本稿は『日本古典全書　新訂歌合集』・『新潮日本文学辞典』・『図説百人一首』に拠る）。説明文の中の人名棒線は暗号を残した歌人を示す。表記分けは、倭人の心がゴシック及び圏点◉のグループから圏点▲のグループ、そうして圏点○のグループへと継承されたことを示す。

あかぞめえもん **赤染衛門**　生没年未詳。母は初め平兼盛妻。実父は兼盛。母は衛門尉。赤染時用と結婚。大江為兼と恋愛、後に為兼の従弟大江匡衡と結婚。挙周・江侍従母。清少納言、紫式部、和泉式部、伊勢大輔と交友。三六歌仙。赤染衛門集。一九、六九、一一八、二〇三、二〇四、二一四、二一五九、二六一、二六八、三〇六、三九五、三九九

あすかいまさつね飛鳥井雅経　一一七〇～一二二一。刑部卿難波頼経男。母は源顕雅女。妻鎌倉幕府別当大江広元女。源頼家、実朝と親交。源頼朝猶子。源実朝と藤原定家・鴨長明の間を取持つ。新古今和歌集・新続古今和歌集撰者。雅経卿記、明日香井集。六五、二二四、二二五、二二九、二六〇、二六一、二九五、四五七

あすかいまさよ飛鳥井雅世　一三九〇～一四五二。飛鳥井雅縁男。新続古今和歌集撰者。飛鳥井雅世歌集。三二五

あねこうじあきとも姉小路顕朝　一二一二～一二六六。姉小路宗房男。母は藤原清長女。妻二条定高女。二四九、三二八

ありわらしげはる在原滋春　生没年未詳。大和物語作者。一三二

ありわらもとかた在原元方　八四五（不詳）～九〇七。筑前守棟深男。大納言藤原国経養子。在原業平の孫。三六歌仙。元方集。一二一、一四六

あんかもんいんかい安嘉門院甲斐　生没年未詳。葉室光俊弟定継女。安嘉門院邦子内親王に出仕。河合社

歌合に藤原俊成と同席。四六一
いがしょうしょう伊賀少将　生没年未詳。藤原北家道隆流藤原顕長女。二〇一
いずみしきぶ**和泉式部**　九七八頃生、没年不詳。越前守大江雅致（まさむね）女。母は越中守平保衡女。和泉守橘道貞妻。子に小式部内侍（こしきぶのないし）。三六歌仙、女房三六歌仙。和泉式部日記、和泉式部集。一一八、一一九、二四四、二三七、二四九、二五七、二五九、二六一、二六七、二九四、五二八
いせ伊勢　生没年未詳。藤原継陰女。敦慶親王との間に後撰和歌集時代の代表的女性歌人となる中務を産む。藤原時平、仲平、平貞文と交渉。三六歌仙。伊勢集（藤原定家筆写）。六七、六九、一四九、一五〇、一五一、一五二、二二五、二二九、二三九、二五〇、二五九、二六〇、二六一、二六四、二九二、三三二、三三四
いせのたいふ**伊勢大輔**　生没年未詳。神祇伯（じんぎはく）祭主大中臣輔親（おおなかとみのすけちか）女。大中臣能宣（よしのぶ）孫。筑前守高階成順（たかしなのなりのぶ）妻。康資王（やすすけおう）母、筑前乳母（めのと）の母。藤原実資、藤原能信（よしのぶ）、源経信、藤原師実、紫式部、赤染衛門、相模と親交。三六歌仙。伊勢大輔集。一一八、二〇二、二五九、二六一、二六八、三九六
いちじょうかねふゆ一条兼冬　一五二九～一五四四。一條家当主。一条房通男。母は一条冬良女。歌・絵に巧み。小倉百人一首筆写。六七
いではのべん出羽弁（中宮出羽弁・斎院出羽弁）　生没年未詳。桓武平氏出羽守季信女。二四〇
いまがわりょうしゅん**今川了俊**（今川貞世）　生没年未詳。戦国大名今川氏の基礎を築いた今川範国男。冷泉為秀を師とする。二条良基は連歌の師。藤原定家を称える。道ゆきぶり、下草、鹿苑院殿厳島詣記、懐紙式、了俊大草子、今川了俊書札礼、二言抄、了俊一子伝、了俊歌学書、落書露顕言塵集、歌林、了俊日記。六五、一一六、一二三、二〇〇、三〇二、三〇三
えいふくもんいん永福門院　一二七一～一三四二。太政大臣西園寺実兼女。母は内大臣源通成女顕子。京

極為兼のもとで作歌。玉葉集代表歌人の一人。三〇四、四八一

えぎょうほうし恵慶法師　生没年未詳。出自経歴未詳。曾禰好忠、源順、源重之、大中臣能宣、紀時文、清原元輔と交流。三六歌仙。恵慶法師集（藤原定家筆写）。六七、二五九、二六一、二六六、三三四、三九三、三九八、三九九

えちぜん越前　伊勢の神官大中臣公親女。二五二、三三四

おおえまさひら大江匡衡　九五二〜一〇一二。左京大夫大江重光男。中納言大江維時孫。母は藤原時用女。赤染衛門と結婚。藤原道長、藤原行成、藤原公任と交流。三六歌仙。江吏部集。一一八、二〇三、四九二

おおえまさふさ大江匡房　一〇四一〜一一一一。従四位上大学頭成衡男。母は宮内大輔橘孝親女。大江匡衡・赤染衛門曽孫。江家次第、江談抄、続本朝往生伝著者。江帥集。二六〇、二六一、二六九、二九七、三〇六

おおぎまちいんうきょうのだいぶ正親町院右京大夫　生没年未詳。鎌倉時代の歌人。三一〇

おおぎまちきんかげ正親町公蔭　一二九七〜一三六〇。正親町実明男。母は藤原兼継女。妻北条久時女。京極為兼養子。三〇九

おおしこうちのみつね凡河内躬恒　八五九〜九二五。紀貫之と親交。古今和歌集撰者。三六歌仙。躬恒集。一一八、一四五、一四九、二二五、二四五、二五九、二六一、二六五、三二六

おおなかとみよしのぶ大中臣能宣　祭主頼基男。輔親父。三六歌仙。梨壺五人。曾禰好忠、源順、源重之、恵慶法師と交流。後撰和歌集撰者。能宣集。六八、一一九、一四八、一五五、二四八、二五九、二六一、二六七、三三四、三九二、三九八、三九九

おおのやすまろ太安萬侶　生年未詳。七二三年没。古事記。六五、一〇五、一二四、一九九

おののちふる小野の千古　小野道風（八九四〜九六七）の子（不詳）。
おののちふるのはは小野の千古の母　生没年未詳。小野道風の妻。一二一
かくじょ覚助　生年不詳。一〇七七没。仏師。三〇九
かざんいんもろのぶ花山院師信　一二七四〜一三二一。花山院師継男。母は毛利（大江）季光女。子に師賢。拾遺和歌集。三〇九
かすが春日（昭訓門院春日しょうくんもんいんのかすが）権大納言二条為世女。為道・為藤・為宗・為躬・為冬・為子（後醍醐天皇宮人）の姉妹。内大臣西園寺実衡妻。西園寺公宗母。
かつまたながきよ勝間田長清　生没年未詳。冷泉為相に師事。夫木和歌抄撰。一四、四六八
きい紀伊（祐子内親王家紀伊）伝未詳。母は祐子内親王家小弁。一宮紀伊集。二四五、二六〇、二六一、二六九
きのつらゆき**紀貫之**　八七二〜九四五。紀望行（もちゆき）男。紀友則の父紀有と兄弟。凡河内躬恒の親友。中納言藤原兼輔の知遇を得た。藤原忠平、藤原実頼、藤原師輔と接触。古今和歌集撰者。三六歌仙。土佐日記、新撰和歌集、貫之集。一一八、一一九、一二〇、一三三、一四五、一四六、一四七、一五四、一五五、二二五、二五九、二六一、二六五、二九一、二九四、二九九、三三二
きのときふむ**紀時文**　生没年未詳。木工権頭紀貫之男。後撰和歌集撰者。梨壺五人。六八、一四八
きのとものり**紀友則**　八四五〜九〇七。従五位下宮内少輔紀有朋男。清正、房則父。紀貫之従兄弟。古今和歌集撰者。三六歌仙。友則集。一四五、一四六、二五九、二六一、二六五、三三一、四二九
きょうごくためかね（ぬ）**京極為兼**　一二五四〜一三三二。藤原俊成、藤原定家以来歌学の家として続いた京極為教男。為世は従兄。祖父為家から和歌を学ぶ。二条為世と対立。玉葉和歌集撰者。為兼卿和歌集。二九一、四八〇

きょうごくためこ京極為子　生没年未詳。京極為教女。為兼姉。典侍為子集。三〇三

ぎょうそん行尊（大僧正）　一〇五五〜一一三五。三条源氏参議源基平男。母は道隆流権中納言藤原良頼女。天台座主。行尊大僧正集。二六〇、二六一、二六八、二八七

きよはらふかやぶ清原深養父　生没年不詳。豊前介清原房則男。清原元輔父。三六歌仙。深養父集。二五九、二六一、二六五、三一五

きよはらもとすけ清原元輔　従五位下内蔵允清原深養父男。枕草子著者清少納言父。梨壺五人。後撰和歌集撰者。元輔集。六八、一四八、二五九、二六一、二六六、三三四、四三〇

くじょうのりざね九条教実　一二一一〜一二三五。摂政関白太政大臣九条道家男。二三八

くじょうみちいえ九条道家（光明峰入道摂政左大臣道家）　一一九三〜一二五二。摂政九条良経男。母は一条能保女（源頼朝姪）。九条兼実孫。法名行恵。妻は太政大臣西園寺公経女綸子。鎌倉幕府四代将軍藤原頼経父。東福寺建立。二五九

くじょうよしつね九条良経（藤原良経）　一一六九〜一二〇六。後法性寺関白藤原兼実男。母は道綱流中宮亮藤原季行女。歌は藤原俊成に学ぶ。秋篠月清集。一五、二二四、二二七、二九九、三一四、三二六、四五六

けいうん慶運　一二九三〜一二九九。浄弁男。天台宗僧侶。和歌四天王。七毫源氏空蝉、夕顔、葵、梅枝、藤裏葉、横笛、御法、竹河、蜻蛉筆写。慶運法師集。六七、四八四

けんしょうほうし顕昭法師　生没年未詳。六条藤家左京大夫藤原顕輔猶子。実父母未詳。阿闍梨、法橋。藤原清輔、藤原重家、藤原季経兄弟らと共に六条家歌学を大成。覚性法親王、守覚法親王と親交、万葉集時代難事、古今秘注抄、拾遺抄注、後拾遺抄注、詞歌集注、散木集注（散木奇歌集筆写）、古今集注、袖中抄、六百番陳状（寂蓮と応酬）、日本紀歌注、今撰集。六七、二一五

げんしん源信（恵心僧都）　九四二〜一〇一七。天台宗僧侶。良源に師事。往生要集（法然、親鸞の教義の源流）。三一七
げんぴん玄賓　七三四〜八一八。法相宗僧。二五一
こうじゅう公什　一二三八〜一三一四。一条実有男。大僧正。一〇四代天台座主。二八七
こがみちてる久我通光　一一八七〜一二四八。村上源氏中流院久我家源通具男。母は藤原範兼女範子。三六歌仙。二二六、二二七、二三八
こじじゅう小侍従　八幡石清水別当法印紀光清女。母は小大進。小侍従集。二五〇
ごじょうためざね五条為実　一二六六〜一三三三。二条為氏男。一五、三〇〇
このえつねただ近衛経忠（後猪熊前関白左大臣）　一三〇二〜一三五二。藤原北家摂関流近衛家関白近衛家平男。母は家女房。関白近衛家基孫。三一七
このえもとひら近衛基平（関白太政大臣）　一二四六〜一二六八。近衛兼経男。母は九条仁子（九条道家女）。二五九、二八八
こべん小弁　伝未詳。二〇一
これあきしんのう惟明親王　一一八八〜一二二一。法名　聖円。高倉帝の皇子。後鳥羽院の異母兄。母は少将局（宮内大輔義範女）。二二五、二二九
さいおんじきんすけ西園寺公相（冷泉前太政大臣）　藤原北家閑院流西園寺家西園寺実氏男。母は家女房。妻は徳大寺教子（徳大寺実基女）。三一四、三一八
さいおんじこうけん西園寺公顕　入道前太政大臣（西園寺実兼）男。母は花山院師継女。二五九、二八六
さいおんじさねうじ西園寺実氏　一一九四〜一二九六。藤原北家閑院流西園寺家西園寺公経男。母は一条全子。妻藤原親雅女。二四四、二四五、二四六、二五〇、二五二

さいぎょう**西行**（佐藤義清）　一一一八～一一九〇。左衛門掾佐藤康清男。母は監物源清経女。藤原俊成は歌友、藤原定家、源俊頼を尊敬、徳大寺実能・公能と親交。寂蓮、藤原隆信、慈円と歌を交わす。法名　円位。御裳濯河歌合で藤原俊成、宮河歌合で藤原定家が判者。山家集、西行法師集（頓阿筆写）。二三、六七、二二五、二二六、二二八、二四〇、二四六、二六〇、二六一、二七〇、二九二、二九四、四〇五、四〇六、四五一

さいぐうのにょうご斎宮女御　九二八～九八五。式部卿茂明親王女徽子女王。母は太政大臣藤原忠平女寛子。村上女御。斎宮規子内親王母。三六歌仙。斎宮女御集。二二五、二二八、三三三

さかのうえもちき坂上望城　生没年未詳。加賀介是則男。梨壺五人。後撰和歌集撰者。六八、一四八

さぬき讃岐（二条院讃岐）　生没年未詳。清和源氏頼光流従三位源頼政女。母は清和源氏満政流東西四郎忠清女。顕隆流宮内権大輔藤原重頼に嫁して重光、有頼を産む。二条院讃岐集。二四〇、二六〇、二六一、二七一

さんじょうさねさだ三条実忠　一三〇四～一三四七。藤原北家閑院流三条家三条実重男。母は家女房。三条公重養子。妻は三条公茂女。三一〇

じえん**慈円**（慈鎮）　一一五五～一二二五。法性寺関白藤原忠通男。月輪関白九条兼実の同母弟。覚快法親王に就学。九条兼実を助けて政治活動、源頼朝と交渉。西行と親交。藤原俊成、藤原定家を自家に集め作歌活動。比叡山座主。拾玉集、愚管抄。一一九、一二〇、二二五、二二八、二三〇、二三一、二四〇、二五九、二六〇、二六一、二七一、二八八

しきかんもんいんのみくしげ式乾門院御匣　生没年未詳。女房三六歌仙。太政大臣久我通光女。藤原為信と歌の贈答。二四九、二五七、二五九、二八五

しじょうたかちか四条隆親（兵部卿）　一二〇二～一二七九。藤原北家魚名流大納言四条隆衡男。母は坊

門信清女。妻藤原範茂女。三三二
しじょうたかひら四条隆衡（按察使隆衡）一一七二〜一二五五。藤原北家魚名流大納言。二三八
しもつけ下野　生没年未詳。清和源氏従五位下下野守政隆女。小一条院瑠璃女御の姉妹。四条宮下野集。三三一
じゃくえん寂延（荒木田長延）内宮禰宜荒木田成長男。内宮祠官。藤原定家と交流。二四〇
じゃくせんほうし寂然法師（藤原頼業）生没年不詳。藤原北家長良流丹後守藤原為忠男。西行と親友。唯心房集、寂然法師集、法門百首。二三八、二四四
じゃくれん寂蓮（藤原定長）一一三九〜一二〇二。御子左流醍醐寺阿闍梨俊海（藤原俊成兄弟）男。藤原俊成養子。妻藤原永範女。平忠度（ただのり）と親交。御子左家中心歌人。『西行勧進二見浦百首』、九条兼実の歌合、藤原良経邸の『六百番合』に出席。寂蓮法師集。新古今和歌集撰者。二二四、二二五、二六〇、二六一、二七一、四五五
しゅかくほっしんのう守覚法親王　一一五〇〜一二〇二。後白河天皇男。母は藤原季成女。顕昭法師と親友。守覚法親王集。二二四、二二七、二四〇
じゅんとくいんひょうえないし順徳院兵衛内侍　生没年不詳。藤原隆信女。中山忠定妻。四六二
しゅんえ俊恵　一一一三〜一一九一。源俊頼男。母は橘敦隆女。藤原清輔、源頼政、殷富門院大輔など多くの歌人を集め歌会、歌合。歌苑抄、歌林抄、林葉和歌集。二六〇、二六一、二七〇、四〇五、四一七
じょうさいもんいんひょうえ上西門院兵衛（待賢門院兵衛・前斎院兵衛）生年不詳〜一一八三。神祇伯源顕仲女。堀河、大夫典侍妹。西行は上西門院兵衛の句に上句を付ける。二二五、二二七
じょうべん浄弁　生年、出自不詳。一三五六没。天台宗僧侶。慶運父。二条流。和歌四天王。七毫源氏

で花散里、紅梅、蓬生、橋姫、椎本（日精潔の為故の部分、他に総角が日精潔の為故の部分）筆写。六六、六七

しょくしないしんのう式子内親王　一一四九～一二〇一。賀茂斎院。三十六歌仙、女房三十六歌仙。後白河天皇の皇女。母は藤原成子（藤原季成女）で、守覚法親王・亮子内親王（殷富門院）・高倉宮以仁王は同母兄弟。高倉天皇は異母弟。藤原俊成に和歌を学び、古来風体抄の制作を依頼。藤原定家と親交。式子内親王集。二二四、二二五、二二七、二六〇、二六一、二七一、二九二、三一四、四五四

すおうのないじ周防内侍　生没年未詳。桓武平氏従五位上周防守棟仲女。周防内侍集。二〇一、二六〇、二六一、二六八、二九一

すがわらたかすえのむすめ菅原孝標女　一〇〇八～一〇五九。父は菅原道真玄孫菅原孝標。母は藤原倫寧娘。母の異母姉は蜻蛉日記の作者藤原道綱母。更級日記。六七

すがわらみちざね菅原道真（菅家）　八四五～九〇三。菅原是善男。祖父菅原清公。三代にわたり私塾。一〇〇人の秀才進士輩出。菅家文草、菅家後集。二五九、二六一、四九三

せそんじゆきよし世尊寺行能　一一七九～一二五五。太后太后宮亮藤原伊経男。母は法橋増宗女。法号寂然。藤原定家がその歌の才能を認める。三二八、四六三

せっつ摂津（斎院摂津・皇后宮摂津）　正四位下陸奥守藤原実宗女。祖父摂津守資宗。摂津集。二四四

ぜんくうしょうにん漸空上人　生没年未詳。深草派。三〇八

せんしないしんのう選子内親王　九六四～一〇三五。村上天皇第一〇皇女。長期の斎院。二四〇

ぞうきほうし増基法師　生没年未詳。三六歌仙。増基法師集。二一一、二九二、三一五

そせいほうし素性法師　生没年未詳。俗名良岑玄利。僧正遍昭宗貞男。三六歌仙。素性法師集。二三〇、二五九、二六一、二六四、三〇九、三三一

そせん素暹（東胤行）　生年未詳、一二六三没。東重胤男。祖父は胤頼。実朝、宗尊に仕える。三一六

そねよしただ曾禰好忠　生没年未詳。号曾丹。同時代の源順、源重之、恵慶などに影響。後の和泉式部、相模、源俊頼、西行らに受け継がれる。毎月集序歌「わが名は朽ちじ」「耳に聞き目に見ることを写しおきて行く末の世の人にいはせん」（『新潮日本文学辞典』曾禰好忠の項　七三七頁）。三六歌仙。曽丹（好忠）集。本項の圏点▲グループ・源俊頼、圏点○グループ・西行への継承の一例を理解できる。六五、六六、六七、一一九、一八四、一八五、一八六、二二五、二二九、二五九、二六〇、二六一、二六六、三三四、三九三、三九八、三九九

そんえん尊円（尊円法親王）　一二九八～一三五六。青蓮院第一七世門跡。伏見天皇第六皇子。母は三善俊衡女。三二一、三三七

そんかい尊海　一二五三～一三三二。天台宗僧。二五一

そんどう尊道（入道親王）　一三三二～一四〇三。後伏見天皇の皇子。母は正親町実明女。天台座主。三二二

だいなごんみちつなのはは大納言道綱母　生没年未詳。伝殿母上。伊勢守藤原倫寧女。母は刑部大輔源認女。藤原兼家妻。道綱を産む。蜻蛉日記著者。三六歌仙。道綱母集。二〇七、二二二、二五一、二五九、二六一、二六七

だいにのさんみ大弐三位　生没年未詳。藤原通宗女（宗子）。祖父　藤原経平。源師頼室。大弐集。二〇三、二二二、二五九、二六一

たいらこれつぐ平惟継　一二六六～一三四三。平高兼男。三一一

たいらのぶとき平宣時　生没年未詳。一二三八～一三二三。三一一

たいらまさなが平政長　生没年未詳。駿河守。二八八

たかしなためいえ高階為家　一〇三七～一一〇六。正三位太宰大弐成章男。妻小馬命婦源義子女。
たかしなむねなり高階宗成　生没年未詳。遺塵和歌集編集。二八八
たかまついんのうえもんのすけ高松院右衛門佐　生没年未詳。女御(にょうご)。二五〇
たちばなためなか橘為仲　一〇一四～一〇八五。筑前守橘義通男。橘為仲朝臣集。二〇三
たちばなとしつな橘俊綱　一〇二八～一〇九四。藤原頼通男。母は藤原祇子(藤原頼成女)。橘俊遠の養子。二〇四
たじま但馬　生没未詳、但馬守藤原能通女。藤原範永妻。藤原良綱(但馬守)、清家、永綱母。二四五
たちばなとしむねむすめ橘俊宗女　藤原為忠妻。橘俊宗は待賢門院安芸の父。二〇八
たんご丹後(宜秋門院)　生没年未詳。清和源氏蔵人大夫頼行女。二条院讃岐とは従姉妹。二九九
つもりくにすけ津守国助　一二四二～一二九九。摂津住吉神社神主。二九九
つもりくにふゆ津守国冬　一二六九～一三二〇。住吉神社神官津守国助男。二条為世の室は国冬妹。二八七、三二六
つもりくにもと津守国基　一〇二三～一一〇二。住吉神社神官。二〇七
てんじちかこ典侍親子　藤原北家高藤流右大弁藤原(葉室)光俊女。女房三六歌仙。二五六、二五七、二八六、二九四
どうい道意　一二九〇～一三五六。西園寺実兼男。西園寺公衡、公顕弟。東寺長者。三〇六、三一一
とういんさねお洞院実雄　一二一九～一二七三。西園寺公経男。母は平親宗女。妻は藤原栄子。二五〇
とくだいじきんつぐ徳大寺公継　一一七五～一二二七。徳大寺実定男。母は上西門院女房備後。一五
とくだいじさねよし徳大寺実能(左兵衛督実能)　一〇九六～一一五七。藤原公実男。母は但馬守藤原隆方女藤原光子(堀河・鳥羽両天皇の乳母)。待賢門院の同母兄。徳大寺家の祖。徳大寺を建立。二〇八

とんあ頓阿（二階堂貞宗）　一二八九～一三七二。二階堂光貞男。子に経賢。西行を慕って諸国行脚。二条為世に師事。二条派再興の祖。二条為藤、二条為定、二条為明、冷泉為秀と親交。本居宣長が尊敬（恩頼図に名を記載）。慶運、浄弁、吉田兼好と共に和歌四天王。二条良基が保護。七毫源氏末摘花、賢木、須磨、関屋、絵合、松風、幻、早蕨、夢浮橋筆写。新拾遺和歌集撰者。井蛙抄、愚問賢註。西行法師集筆写。六五、六七、三〇一、三〇三、三一四、三一六、三一七、四八四、四八五

なかつかさのすけ中務典侍　生没年未詳。敦慶親王女。母伊勢。源信明妻。三六歌仙。二〇三、四三〇

なかみかどのぶあき中御門宣明　一三〇二～一三六五。中御門経宣男。三一六

にじょうためあき二条為明　一二九五～一三六四。中納言二条為藤男。御子左流。七毫源氏帚木、紅葉賀、少女、手習筆写。六七、三一四、三一七

にじょうためうじ二条為氏　藤原北家御子左家権大納言藤原為家男。母は宇都宮頼綱女。妻飛鳥井教定女。子二条為世。歌壇二条派の祖。続拾遺和歌集撰者。二四八、二四九、二五五、二五六、二九五、二九七、三一一

にじょうためさだ二条為定　生年未詳。一三六〇没。御子左家二条為道（為通）男。母は飛鳥井雅有女。続後拾遺和歌集撰者、新千載和歌集撰者。二九八、三〇八、三〇九、三一五、三一六

にじょうためしげ二条為重（御子左家為重）　一三二五～一三八五。二条為冬男。新後拾遺和歌集撰者。為重卿集。三二〇

にじょうためとお二条為遠　一三四一～一三八一。二条為定男。新後拾遺和歌集撰者。三二〇

にじょうためふじ二条為藤　一二七五～一三二四。二条為世男。母は加茂氏久女。飛鳥井雅孝、九条隆教、冷泉為相と交流。続後拾遺和歌集撰者。二九八

にじょうためよ二条為世　一二五〇～一三三八。歌壇二条派。祖二条権大納言二条為氏男。二条為家孫。

母は飛鳥井教定女。子に為道、為冬、為子（後醍醐天皇妾、尊良親王、宗良親王母）。浄弁、頓阿、吉田兼好、慶運の師。法名　明融。新後撰和歌集撰者、続千載和歌集撰者。為世集。六六、二五九、二八五、三一〇、三一五、四八三

にじょうのりよし　**二条教良**　一二三四生。没年未詳。藤原北家摂関家二条家関白左大臣二条良実男。母は藤原隆保女。兄弟に道良、師忠、兼基、経道。二条教良女は京極派歌人。二五九、二八八

のういんほうし　**能因法師**　九八八～没年未詳。俗名　橘永愷（ながやす）。遠近守忠望（ただもち）男。法名　融因。藤原長能（ながとう）に和歌を学ぶ。旅の歌人。大江公資、関白藤原頼通と交友。三六歌仙。能因歌枕、玄々集、能因法師集。二〇一、二六〇、二六一、二六九、三九五

はふりべなりなか　**祝部成仲**　一〇九八～一一九一。祝部成実男。祝部成仲集。二一五、三一五

ばんしゅうもんいん　**万秋門院（一条頊子ぎょくし）**　一二六八～一三三八。摂政関白一条実経女。母平成俊女。二九七

ひえだのあれ　**稗田阿礼**　生没年未詳。古事記編纂。一〇五

ひご　**肥後**　生没年未詳。太政大臣師実家女房。肥後守源定成女。常陸介実宗妻。郁芳門院女房大進と姉妹。肥後集。二一四、二五七

ひのすけざね　**日野資実**　一一六二～一二二三。藤原北家真夏流藤原兼光男。母は源家時女。二五六

ひのすけな　**日野資名**　一二八七～一三三八。日野俊光男。日野資朝兄。三〇八

ふじわらあきすえ　**藤原顕季**　一〇五五～一一二三。春宮大進（とうぐうだいしん）藤原隆経男。母は白河天皇の乳母（めのと）親子。従って白河天皇と乳兄弟（めのとご）。藤原実兼猶子。世に六条修理大夫（しゅりだいぶ）。柿本人麻呂を慕って源俊頼らを招いて人麻呂影供。子孫に藤原顕輔、藤原清輔、顕昭、藤原有家その他多くの歌人歌学者を輩出。六条修理大夫集。二一五、二三八、三九六、四〇四

ふじわらあきすけ藤原顕輔　一〇九〇〜一一五五。六条家の祖藤原顕季男。顕輔野宮流太宰大弐藤原経平女。美福門院得子の叔父。藤原清輔父。詞花和歌集撰者。左京大夫顕輔集。一五、二二二五、二二二七、二二二八、二二三一、二二六〇、二二六一、二二七〇、三二一八、四〇四

ふじわらあきなか藤原顕仲　一〇五八〜一一二九。小野宮流太宰権帥藤原資仲男。母は宇多源氏参議経頼女。道綱流陸奥守藤原基家猶子。良玉集私撰。二二一六、二二三八、三三一七

ふじわらあさただ藤原朝忠　九一〇〜九六六。藤原定方男。三六歌仙。朝忠集（源道済筆写）。六七、一五五、二二三八、二二五九、二二六〇、二二六一、二二六六、三三三四、四二一九

ふじわらありいえ藤原有家　一一五四〜一二一六。六条顕季流太宰大弐藤原重家男。母は顕季流中納言藤原家成女。法名　寂印。新古今和歌集撰者。六五、二二二四、二二二五、三三一六、三三三二

ふじわらありのり藤原有範　一三〇二〜一三六四。三一一八

ふじわらいえたか藤原家隆（任生二品（みぶのにほん））　一一五八〜一二三七。良門流権中納言太宰帥藤原光隆男。母は太皇太后宮亮藤原実兼女。法名　仏性。歌は藤原俊成に学び、藤原定家と併称。任二集（みに）。新古今和歌集撰者。一五、二二二四、二二二五、二二二八、二二二九、二二三八、二二六〇、二二六一、二二七二、二二九二、三二一六、四四五八、四六三

ふじわらいえよし藤原（衣笠）家良　一一九二〜一二六四。粟田口忠良男。母は藤原定能女。妻藤原親能女。九条道家が信任。藤原定家門弟。続古今和歌集撰者。一五、二二四七、二二四九、二二五九、二二八六、二二九九、三三〇八

ふじわらおきかぜ藤原興風　生没年不詳。京家藤原氏相模掾道成男。号　院藤太。古今和歌集。興風集。一四五、一四七、二二五九、二二六一、二二六五、二二九九、四三三〇

ふじわらかげつな藤原影（景）綱　生没年不詳。藤原秀郷流藤原基信男。二二八六

ふじわらかねざね藤原兼実　一一四八〜一二〇七。法性寺関白藤原忠通男。母は家女房加賀（大宮大進仲光女）。号後法性寺、月輪、九条。日記玉葉。歌は清輔、藤原俊成に学ぶ。二二五、二二九、四〇五

ふじわらかねすけ藤原兼輔（中納言兼輔）八七七〜九三三。右近衛中将藤原利基男。母は伴氏。藤原実方と親交。紫式部は曽孫。三六歌仙。兼輔集。一四九、一五三、二四一、二四五、二五九、二六一、二六四、三三二、四二九

ふじわらかねむね藤原兼宗（按察使兼宗）一一六二〜一二四二。中山流内大臣藤原忠親男。母は勧修寺流右中弁藤原光房女（御子流俊成姪）。妻は六条藤家重家女。二三九、二五六

ふじわらきんざね藤原公実　一〇五三〜一一〇七。大納言実季男。母は藤原経平女。二一三

ふじわらきんつね藤原公経（西園寺入道前太政大臣）一一七〇〜一二四四。閑院流坊城内大臣藤原実宗男。母は持明院流権中納言藤原基家女。妻一条流権中納言藤原能保（源頼朝妹婿）女。藤原定家一族有力庇護者（藤原定家の妻＝藤原為家母は経姉）。西園寺家祖。法名覚勝。二二四、二二五、二二九、二九五、三〇八、三二八

ふじわらこれまさ藤原伊尹　九二四〜九七二。右大臣藤原師輔男。藤原義孝父。藤原道信祖父。一条摂政。姉は藤原定家の後妻。子に西園寺実氏。一五一、二四五、二九五、三〇八、三二八

ふじわらこれみち藤原伊通　一〇九三〜一一六五。中御門大納言藤原宗通男。

ふじわらさだいえ藤原定家（京極中納言）一一六二〜一二四一。御子左流皇太后宮大夫藤原俊成男。母は魚名流若狭守夫藤原親忠女。妻藤原実宗女。法名　明静。慈円、藤原良経に接近、西行と親交、源氏物語の写本「青表紙本」は藤原定家による。拾遺愚草、同員外。新古今和歌集撰者・新勅撰和歌集撰者。小倉百人一首を撰ぶ。一条兼冬が小倉百首註で筆写、『小椋山庄色紙和歌歌』。初学百首＊（＊は拾遺愚草に収録、以下同じ）、堀河院題百首＊＊（＊＊は拾遺愚草員外に収録、以下同じ）、二見浦

百首＊、殷富門院大輔百首＊、閑居百首＊、早卒露胆百首＊、一字百首＊＊、一句百首＊＊、花月百首＊、二夜百首、韻歌二十八首＊、仁和寺宮五十首＊、正治二年院初度百首、拾遺愚草、拾遺愚草員外、定家卿百番自歌合、定家卿独吟詩歌、秀歌大体、定家八代抄、八代抄、八代知顕抄、二四代集、二四代抄、黄点歌勅撰抄、八代集秀逸：定家単独撰、百人秀歌、物語二百番合、明月記。四一、四三、五五、六五、六六、六七、七〇、九〇、九三、二二四、二二五、二二六、二三〇、二三七、二四四、二四八、二五九、二六〇、二六一、二七二、三〇五、三五八、四二九、四三〇、四五九、四六三、四六八

ふじわらさだかた **藤原定方**（三条右大臣）　八七三～九三二。内大臣藤原高藤男。藤原朝忠父。三六歌仙。古今和歌集。三条右大臣集。一四五、一四六、二二五、二五九、二六一、三三二

ふじわらさだより 藤原定頼（中納言定頼）　九九五～一〇四五。権大納言藤原公任（きんとう）男。母は入道昭平親王女。小式部内侍の歌の相手。三六歌仙。定頼卿集。二〇一、二六〇、二六一、二六八

ふじわらさねかた **藤原実方**　生年不詳。九九九没。侍従藤原定時男。母は源雅信女。藤原済時養子。三四、四九、六五、二二五、二二六、二二八、二五九、二六一、二六七、三一七、三三四、三三八、三五八

ふじわらさねかね 藤原実兼　一〇八五～一一一二。藤原南家貞継流藤原季綱男。母は若狭守藤原通季女。信西（藤原通憲）父。帥中納言大江匡房の談話集「江談抄」筆録。二三四、二三七

ふじわらさねさだ **藤原実定**（後徳大寺実定）　一一三九～一一九一。右大臣藤原（徳大寺）公能（きんよし）男。母は藤原豪子（藤原俊忠女）。妻藤原顕長女。法名如円。藤原定家従兄弟。二一六、二二五、二二七、二三二

ふじわらすえみち 藤原季通　生没年未詳。権大納言藤原宗通男。母は六条修理大夫藤原顕季女。同母兄弟に伊通、成通、重通。季通朝臣集。二一二、二一六

ふじわらたかすけ藤原隆祐　生年不詳。一二五一没。藤原家隆男。母は藤原雅隆女。藤原定家が歌才を賞賛。隆祐朝臣集。後鳥羽院歌壇。二四八、二五二

ふじわらたかのぶ藤原隆信　一一四二～一二〇五。長良流皇后宮少進藤原為経男。母は魚名流若狭守藤原親忠女加賀。藤原定家の異父同母兄。隆信朝臣集。三三六

ふじわらたかより藤原隆頼　生没年未詳。藤原為親男。二〇六

ふじわらただたか藤原忠隆　生没年未詳。藤原基忠男。二〇八

ふじわらただみち藤原忠通　一〇九七～一一六四。知足院関白藤原忠実男。母は村上源氏右大臣顕房女師子。摂政左大臣、従一位関白。法名円観。慈円父。法性寺関白御集、田多民治集。一四、一二一、二〇八

ふじわらためいえ藤原為家（民部卿入道）　一一九八～一二七五。藤原定家男。母は藤原実宗女。祖父藤原実宗。西園寺公経猶子。妻宇都宮頼綱女。慈円に激励される。子二条為氏。後嵯峨院歌壇。藤原定家の門弟藤原知家、藤原光俊と対立。源氏物語に精通。晩年は側室安嘉門院四条（阿仏尼）、その子藤原（冷泉）為相（ためすけ）を愛し、為氏、為相の相続争い。続後撰和歌集撰者、続古今和歌集撰者。後撰和歌集聞書書註、為家千首、為家卿集。一四、二四三、二四七、二五一、二五九、二八七、二九一、二九四、二九六、三〇〇、三一〇、四五七、四六一、四六四、四六八

ふじわらためただ藤原為忠　一〇九四～一一三六。大原三寂・常磐三寂の称で知られる藤原為業（寂念）・為経（寂超）・頼業（寂然）兄弟の父。「丹後守為忠朝臣家百首」を企画、為忠・為盛・為業・為経（盛忠）父子、姻戚の藤原忠成・藤原俊成兄弟、友人の源仲政・頼政父子が出詠。二〇、四〇四、四一五、四一六

ふじわらためもり藤原為盛　生年不詳。一〇二九年没。藤原安親男。母は藤原清兼女。四一五、四一六

ふじわらためつぐ藤原為継　一二〇六～一二六五。藤原信実男。二八六

ふじわらためのぶ藤原為信　生没年未詳。藤原北家長良流藤原文範男。母は越前守藤原正成女。子に藤原為時室（紫式部母）。二五九、二八八、三三一

ふじわらためまさ藤原為理　生年未詳。一三一七没。藤原為信男。従三位為理家集。三一六

ふじわらためみち藤原為通　一一二二～一一五四。藤原北家中御門流太政大臣藤原伊通男。母は右京大夫藤原定実女。妻藤原師頼女。

ふじわらちかたか藤原親隆　一〇九八～一一六五。藤原為房男。異母兄重隆、同母兄朝隆。二二一

ふじわらつねいえ藤原経家　一一四八～一二〇九。六条兼季流太宰大弐藤原重家男。母は顕季流中納言藤原家成女。経家卿集。二五〇

ふじわらつねとう藤原経任　一〇〇〇～一〇六六。藤原北家小野宮流権大納言藤原懐平男。母は藤原佐理女。四七七、四七八

ふじわらとおつね藤原藤経　生年不詳。八八八没。北家藤原長良男。藤原基経異母兄。三三一

ふじわらとしただ**藤原俊忠**（大納言俊忠）　一〇七〇～一一二三。正二位大納言藤原忠家男。母は大納言藤原経輔女。藤原俊成の父。源俊頼と親交。俊忠卿集。二一一、二九七、四〇二、四六八

ふじわらとしなり（しゅんぜい）**藤原俊成**（皇太后宮大夫俊成・五条三位）　一一一四～一二〇四。法名釈阿。御子左流太宰権帥中納言藤原俊忠男。母は道綱流左馬頭藤原敦家女。藤原顕頼養子。藤原定家父。藤原基俊に和歌を学ぶ。源俊頼の影響が大きい。西行と親交。伊勢物語、源氏物語に親しむ。千載和歌集撰者。これには師藤原基俊より源俊頼の歌を多く撰んだ。古来風体抄、万葉集時代考、長秋詠藻、俊成家集、長秋草。二〇、二一、三八、五一、六五、六六、一二〇、二一三、二一五、二一六、二一七、二二四、二二五、二二八、二二九、二五九、二六〇、二六一、二七〇、二八六、四〇

五、四二四、四二八、四三三、四五六、四六八
ふじわらとしなりむすめ藤原俊成女　生没年未詳。藤原盛頼女。実母は藤原俊成女。堀川大納言源通具妻。俊成養女。新三六歌仙、女房三六歌仙。一四、二二五、四六三
ふじわらともいえ藤原知家　一一八二～一二五八。六条顕家男。藤原有家甥。子に行家。三二五、四五八、四六三
ふじわらながいえ藤原長家　一〇〇四～一〇六四。太政大臣道長男。母は明子女王。三一一
ふじわらなかざね藤原仲実　一〇六四～一一二一。大納言実季男。母は太宰大弐藤原経平女。一四、二一五、三一五、三三一
ふじわらながたか藤原長隆　生没年不詳。藤原為房男。母は藤原通憲女。
ふじわらながとう藤原長能　九四九～一〇〇九。藤原北家長良流伊勢守藤原倫寧男。母は源認女。姉藤原道綱母。子実正。姪菅原孝標女。能因法師が歌を学ぶ。二〇六、二一一
ふじわらのりむね藤原範宗　一一三一～一二三三。藤原俊憲孫。基明男。母は民部少輔源延俊女。妻贈左大臣範季女。四六二、四六三
ふじわらのりつな藤原範綱　藤原尹明男。藤原良清父。一一九
ふじわらひでなが藤原秀長　群馬・村上守護。三一〇
ふじわらひでよし藤原秀能（如願）　一一八四～一二四〇。藤原家隆と親交。二二四、二二七、二三〇、二五一、三三〇
ふじわらみちとし藤原通俊（礼部納言）　一〇四七～一〇九九。藤原北家小野宮流太宰大弐経平男。母は少納言藤原家業女。兄若狭守通宗に和歌を学ぶ。源経信と対立。後拾遺和歌集撰者。二〇一、二二四、二二八、二四五

ふじわらみちのぶ藤原道信　九七二～九九四。藤原北家九条流藤原為光男。母は藤原伊尹女。藤原公任、藤原実方、藤原信方と親交。三六歌仙。道信朝臣集。一一九、二三九、二五七、二五九、二六一、二六七

ふじわらみつとし藤原光俊　一二〇三～一二七六。藤原北家高藤流権中納言葉室光親男。母は順徳天皇乳母藤原経子。子に藤原親子。藤原定家に師事。三六歌仙。続古今和歌集撰者。藤原基家、藤原家良、藤原行家（知家男）を引入れ、藤原為家と対立。二四五、二四七、二四八

ふじわらもといえ藤原基家　生年不詳。没年一〇九三。藤原北家参議藤原兼経男。母は藤原隆家女。続古今和歌集撰者。二四七

ふじわらもとざね藤原元真　生没年未詳。南家藤原氏甲斐守清邦男。三六歌仙。元真集。二二五、二二七

ふじわらもとただ藤原基忠　一〇五六～一〇九八。藤原隆忠男。母は源通家女。二八六、三〇〇

ふじわらもととし藤原基俊　一〇六〇～一一四二。藤原俊家男。二一四、二六〇、二六一、二六九、四〇四

ふじわらもとよし藤原基良（粟田口基良）　一一八七～一二七七。藤原北家摂関家粟田口家忠良男。母は滋野井実国女。二五二、三一一

ふじわらゆきいえ藤原行家　一〇二八～一一〇六。文章博士家経男。母は中宮大進公業女。号　讃岐入道。続古今和歌集撰者。二四七

ふじわらよしきよ藤原（一条）能清　一二二六～一二九五。藤原頼氏男。母は北条時房女。二五一

ふじわらよしきよ藤原良清　生没年未詳。藤原範綱男。布引三六歌碑の六番。一一九

ふじわらよしちか藤原義懐（前中納言義懐）　九五七～一〇〇八。摂政太政大臣藤原伊尹男。母は恵子女王。二〇四

ふじわらよしのり藤原良教　一二三四〜一二八七。藤原基良男。母は藤原隆雅女。二五六

ほうげんぎょうさい法眼行済　性助法親王の歌壇。二五九、二八九

ぼうじょうさだすけ坊城定資　一二七五〜一三三〇。坊城俊定男。母は宮仕女房。妻四条隆氏女。三二八

ほりかわ堀河　生没年未詳。正二位右大臣藤原俊家女。二六〇、二六一、二九二

ほんいんのじじゅう本院侍従　伝未詳。藤原伊尹、兼通、朝忠と交渉。本院侍従集。二二五、二二八

みなもとあきちか源顕親　一〇八八〜一一六〇。村上源氏顕房流源雅俊男。母は備中守高階為家女。

みなもとあきもと源顕基　一〇〇〇〜一〇四七。醍醐源氏源俊賢男。母は藤原忠君女。妻は藤原実成女。

みなもとあさただ源朝忠　九〇九〜九六六。右大臣源定方男。母は中納言藤原山蔭女。

みなもとかねとも源兼朝　生没年未詳。源範綱男。三〇八

みなもとくにざね源国信　一〇六九〜一一一一。村上源氏右大臣源顕房男。母は美濃守藤原良任女。三〇四、四〇二

みなもとさねとも源実朝　一一九二〜一二一九。清和源氏源頼朝男。母は北条政子。幼名　千幡。鎌倉幕府第三代征夷大将軍。藤原定家に和歌を学び、和歌評依頼し、近代秀歌を贈られる。金槐和歌集。二三八、二六〇、二六一、二七一、四五七

みなもとしげゆき源重之　生没年未詳。清和源氏従五位下三河守兼信男。伯父兼忠の養子。能正の従兄弟、義兄弟。藤原実方に従って陸奥に下る。曾禰好忠、源順、恵慶法師と交流。重之集。二五九、二六一、二九九、三一八、三五〇、三九五、三九七、三九八、三九九

みなもとしげゆきむすめ源重之女　生没年未詳。陸奥に下る父に同行。二九九、三五〇

みなもとしたごう源順　九一一〜九八三。嵯峨源氏左馬頭挙男。言葉の遊戯・特殊技巧がある。三六歌仙。梨壺五人。源為憲が師と仰ぐ。曾禰好忠、源重之、恵慶法師と交流。後撰和歌集撰者。和名抄、

源順集、あめつちの歌、双六の歌。詩文は『本朝文粋（ほんちょうもんずい）』―歌合の菅原文時参照、『朝野群載』―特に暗号なし、『扶桑集』。九、一四、一八、一九、二〇、二二、二三、二四、二六、二七、二八、三六、三八、四三、四九、六一、六五、六六、六七、六八、六九、七〇、七一、七二、七四、七五、七六、七八、八一、八四、八七、一二一、一二四、一二七、一二八、一二九、一三〇、一三一、一三二、一三三、一三六、一四〇、一四五、一四八、一四九、一五三、一五五、一五六、一五七、一五八、一五九、一六〇、一六一、一六二、一七二、一七五、一七九、一八一、一八二、一八四、一八五、一八六、一八八、一九一、一九三、一九四、一九五、二〇〇、二〇一、二〇六、二〇七、二一一、二二三、二二四、二三二、二四三、二四八、二五五、二五九、二六〇、二六一、二八五、二九一、二九五、二九八、三〇一、三〇八、三一四、三二〇、三二五、三三〇、三九四、三九八、三九九、四〇二、四一四、四五一、四五四、四六二、四六四、四六八、四七七、四七九、四八五、四九〇、五二五、五二八

みなもとのすえひろ源季広　生没年不詳。源季兼男。源長俊父。三三一

みなもとのすけかた源相方　落窪物語作者。一二九、一四〇、一四一

みなもとのためのり**源為憲**　生年未詳。一〇一一没。光孝源氏筑前守源忠幹男。字は源澄。源順門人。紫式部の母方の叔父。三宝絵、世俗諺文、口遊。六五、六六、六七、一一〇、一一一、一一二、一一三、一一七、一一八、一二二、一二四、一二六、一二八、一二九、一八一、一九四、二〇〇

みなもととおる源融（権中納言源融）　八二二～八九五。嵯峨天皇皇子。母は大原全子。二三九

みなもととしより**源俊頼**　一〇五五～一一二九。宇多源氏敦実（あつみ）親王流源経信男。源俊忠父。藤原俊忠と親交。藤原俊成に影響を与える。源俊頼の清新で豊かな詩想は藤原俊成に継承された。堀河院歌壇の歌人達　源国信、藤原仲実、藤原基俊、藤原顕仲、藤原俊成のリーダー。金葉和歌集撰者。俊頼、基俊

の歌合は世人の注目を集めた。源為憲の『三宝絵』筆写。俊頼脳髄、散木奇歌集（顯昭法師筆写）。一四、一五、三六、六五、六六、六七、六九、七〇、一一一、一一七、一一八、一二〇、一二一、一二八、二一〇六、二一六、二六〇、二六一、二六九、四〇三、四〇四、四一七、五二八

みなもとなかまさ源仲正　生没年未詳。三河守源頼経男。母は中納言局（小一条院女房）。源頼政父。二一一、二一六、四一五、四一六、五二八

みなもとみちなり源道済　生年不詳。一〇一九没。三六歌仙。赤染衛門、能因法師、藤原高遠、和泉式部と親交。道済集、十体道済。六七、二三五、二二八

みなもとみちいえ源通家　一一三三〜一一六七。権大納言源資賢男。光明峰寺入道前摂政左大臣。母は賀茂神主賀茂保文女。子に雅賢・有通。二四九

みなもとみちとも源通具　一一七一〜一二二七。村上源氏顕房流内大臣右大将通親男。妻俊成卿女（孫女）。藤原定家と親交。新古今和歌集撰者。六五、二二四、二二五

みなもとみちなり源道成　生年未詳。没年一〇三六。盛明親王孫。醍醐源氏源則忠男。母は長門守藤原由忠女。入道内大臣。二五七

みなもとみちなり源道済　生年不詳〜一〇一九。源信明孫。源方国男。朝忠集筆写。六七、二二五、二二八、二三一

みなもともとひらむすめ源基平女　源俊房妻。子に源師仲。

みなもともろみつ源師光　村上源氏俊房流大納言藤原師頼男。母は師定流小野宮大納言藤原能実女。左大臣頼長猶子。法名　生蓮。花月集撰者。一四、二三〇

みなもともろとき源師時　一〇七六〜一一三六。村上源氏従一位左大臣俊房男。母は従三位参議源師忠女。二八七

みなもともろより源師頼（大納言師頼）　一〇六七～一一三九。村上源氏従一位左大臣俊房男。母は美濃守源実平女。号　小野宮大納言。二一二

みなもとよりまさ源頼政　清和源氏頼光流兵庫頭源仲正男。母は南家貞嗣流勘解由次官藤原友実女。頼政卿集（山科言継筆写）。二二、六七、二一五、四〇五、四一五、四一六、四二一

みぶのただみね壬生忠岑　八六〇頃～九二〇頃。従五位下安綱男。壬生忠見（三六歌仙　歌合参照）父。古今和歌集撰者。三六歌仙。忠岑集。一四五、一四七、二五九、二六一、二六六、二九三、四三〇

みよしながひら三善長衡　一一六八～一二四四。三善行衡男。三三一

むねたかしんのう宗尊親王　一二四二～一二七四。後嵯峨天皇皇子。母は平棟基女平棟子。征夷大将軍。藤原光俊、藤原為家に師事。二四九、二五〇、二五一、三〇六

むらさきしきぶ**紫式部**　生没年未詳。良門流藤原為時女。山城守藤原宣孝妻。賢子（大弐三位（だいにのさんみ））母。曽祖父藤原兼輔（堤大納言）は紀貫之と親交のある歌人。祖父雅正も歌人。歌合参加で勅撰歌人の藤原為頼は伯父（為頼集）。源氏物語、紫式部集（藤原定家筆写）。六五、六七、一〇六、一〇七、一一一、一二二、一二三、一二四、一二六、一二七、一三二、一三三、一三四、一三五、二〇〇、二三五、二五〇、二五九、二六一、二六七、三九五

もとおりのりなが**本居宣長**　小津三四右衛門定利男。母は勝。藤原定家、頓阿を称える。一七、三〇、四六、四八、五七、六五、六六、九六、一〇六、一〇七、一一三、一一五、一一六、一二三、一二八、一六三、一七五、二〇〇、二三五、二三六、三〇二、三二六、四九八、五一〇、五一六、五二四

もののべよしな物部吉名　生没年未詳。古今和歌集。一四五、一四七

やすすけおうのはは康資王母　生没年未詳。筑前守高階成順女。母は伊勢大輔。三六歌仙。高階氏歌人。康資王母家集。二三九、三二〇

やましなときつぐ山科言継　一五〇七〜一五七九。山科言綱男。藤原北家四条家分家。和歌の師は三条西公条(きみえだ)。六七

ようえん永縁　一〇四八〜一一二五。母は大江公資(きんより)女。二四六

よしだけんこう**吉田兼好**（卜部兼好(うらべかねよし)・兼好法師）　生年不詳。一三五二没。吉田神社神職卜部兼顕男。二条為世に和歌を学ぶ。門下の四天王。今川了俊、金沢貞顕、高師直と交流。七毫源氏薄雲、若菜下（日精潔の譜の部分、他に柏木が日精潔の譜の部分）筆写、兼好法師家集、徒然草。六七、三一五、三二七、四八四

りょうぜんほうし良暹法師　生没年、父母未詳。比叡山僧。友人に賀茂成助・津守国基・橘為仲・素意法師。二〇二、二六〇、二六一、二六九、三二七

りんけんほうし琳賢法師　一〇七四〜一一五〇。真言宗僧侶。二〇八

れいぜいためすけ**冷泉為相**　一二六三〜一三二八。藤原北家御子左流冷泉家藤原為家男。母は阿仏尼。曾禰好忠集筆写。六五、六六、六七、四六八

れいぜいためひで冷泉為秀　生年不詳。一三七二没。冷泉為相男。冷泉為成と兄弟。三一六

◎年号　延喜　九〇一—延長　九二三—承平　九三一—天慶　九三八—天暦　九四七—天徳
九五七—応和　九六一—康保　九六四—安和　九六八—天禄　九七〇—天延　九七四—貞元
九七六—天元　九七八—永観　九八三—寛和　九八五—永延　九八七—永祚　九八九—正暦
九九〇—長徳　九九五—長保　九九九—寛弘　一〇〇四—長和　一〇一三—寛仁　一〇一七—
治安　一〇二一—万寿　一〇二四—長元　一〇二八—長暦　一〇三七—長久　一〇四〇—永承
一〇四六—天喜　一〇五三—康平　一〇五八—治暦　一〇六五—延久　一〇六九—承保　一〇七四
—承暦　一〇七七—永保　一〇八一—応徳　一〇八四—寛治　一〇八七—嘉保　一〇九五—永長
一〇九七—承徳　一〇九七—康和　一〇九九—長治　一一〇四—嘉承　一一〇六—天仁　一一〇八
—天永　一一一〇—元永　一一一八—保安　一一二〇—天治　一一二四—大治　一一二六—天承
一一三一—長承　一一三二—保延　一一三五—永治　一一四一—康治　一一四二—天養　一一四四
—久安　一一四五—仁平　一一五一—久寿　一一五四—保元　一一五六—平治　一一五九—永暦
一一六〇—応保　一一六一—長寛　一一六三—永万　一一六五—仁安　一一六六—嘉応　一一六九
—承安　一一七一—安元　一一七五—治承　一一七七—養和　一一八一—寿永　一一八二—元暦
一一八四—文治　一一八五—建久　一一九〇—建仁　一二〇一

◘歌合の詠み人

＊＊は陽明叢書国書篇第四輯　平安歌合集（上　一九七五年三月三一日発行、下一九七五年六月三〇日発行）、＊は前掲『日本古典文学大系七四　歌合集』に、無印は『日本古典全書　新訂歌合集』（峯岸義秋著　一九六九年一二月一〇日　朝日新聞社発行）によった。

連綿と五〇〇～六〇〇年に及ぶ倭人の心、倭国の歴史の継承は。血縁、地縁、人間関係を通じて成し遂げられたものである。歌合における連絡、折衝もその一つの機会である。

○女院歌合＊＊
　伊勢大輔、弁乳母（大弐三位）
○延喜十一年三月京極御息所歌合
　躬恒、忠房、伊勢
○延喜十三年三月十三日亭子院歌合＊
　伊勢、是則、躬恒、紀貫之、季方、興風、頼基、兼覧王、
○延喜二十一年五月京極御息所褒子歌合
　躬恒、忠房、伊勢
○天暦二年九月陽成院一親王姫君達歌合
　是則
○天暦一〇年三月麗景殿女御歌合＊＊
　相模、伊勢大輔、加賀右衛門
○天暦一〇年五月宣耀殿御息所歌合＊＊

中務、兼盛
○天徳四年三月三十日内裏歌合＊
朝忠、兼盛、順、望城、元真、能宣、少弐命婦、中務、博古、忠見、本院侍従、
○天祿三年八月二十八日規子内親王前栽歌合＊
源助理、帥、有忠、兵部、橘望城、守文、弁、源為憲、日向、藤原もろふむ、佐兼、こもき、藤原孝忠、小隼人、菅原薫宣、但馬、橘正通、兵庫君、備後君、こはひと、正道
（判歌　源順、日記　源為憲）
○坊城右大臣家歌合＊＊
大輔君、蔵、宮内君、民部
○貞元二年八月十六日三条左大臣頼忠栽歌合＊
能宣、時文、元輔真人、修理進光舒、小一条中納言、坊城の左大弁、式部権大輔文時[2203]、左大弁すけまさ、左馬頭清遠、近江守恒平、太后宮亮能正、ともゆき、やすかね、讃岐権守高遠、木工頭まさすけ、前越前守永頼、佐時、東宮大進為光、右近少将まさすけ、少納言やすとほ、越後守すけなり、安藝守真正、但馬守さねまさ、左衛門佐沃、津の前司相規、少将、前侍従、常陸、靫負、少納言、大輔、中将、進、小侍従、右衛門、左衛門、右近、馬、ちごき、いまはた、備中介、左近少将まさのり、順
○寛和二年七月七日皇太后詮子瞿麥合＊

2203「上野太守盛明親王は、天元二年三月、自邸に文時・輔正・順等多くの人々を招き詩宴を催したのである。」（「源順の詩序一首」―『文選』受容の一例―後藤昭雄　成城國文學論集成城國文學論集三四号　一〇七頁）。文時・輔正は菅原氏の文章博士。

兼盛、能宣
○長保五年五月太政大臣家
輔親、兼澄、長能、輔尹、道済、好忠、為時、為憲
○寛弘四年一月~五年二月公任前十五番歌合＊
貫之、躬恒、素性、伊勢、左中将、遍昭僧正、忠峯、能宣、公忠、忠見、堤中納言、土御門中納言、友則、清正、小野小町、元輔、惟則、元正、仲文、輔昭、斎宮女御、小大君、重之、順、兼盛、中務、人麿、赤人
○長元八年五月十六日関白左大臣頼通歌合＊
衛門、相模、式部大輔藤原資業、四条中納言、輔親、公資、能因法師、春宮大夫、左中弁藤原経輔、尾張守実基、民舞大輔藤原良経、左近少将藤原行経、右近少将藤原経季、前甲斐守平範国、左少弁源経長、右近少将藤原良貞、丹後守藤原憲房、刑部少輔藤原経平、散位藤原実綱、右衛門尉藤原俊経
○長久八年五月関白左大臣家歌合＊＊
赤染衛門、相模、資業、定頼、輔親、能因
○治暦二年皇后歌合＊＊
典侍（藤三位）、大弐三位賢子(けんし)[2204]、下野、土佐典侍
○天喜三年五月三日六条斎院禖子内親王物語歌合＊
女別当、宣旨、大和、宮少将、中務、左門、少将、甲斐、出羽弁、讃岐、宮の小弁、武蔵、出雲、少納言、小式部、式部、小左門、小馬、中宮の出羽弁

2204　藤原宣孝女。

○天喜四年四月三十日皇后宮寛子春秋歌合＊
小式部命婦、伊勢大輔、範永、土左、内大臣、下野、春宮大夫、美作、顕房、相模、民部卿、少納言、大輔、内侍、範永妻
○天喜四年頭中将家歌合＊＊
伊勢大輔、源兼俊、大中大臣輔弘
○承歴二年四月二十八日内裏歌合＊
頭弁実政、中宮権亮公実、左中将家忠、蔵人弁伊家、刑部卿政長、美作守匡房、讃岐守顕季、右中弁通俊、中将家忠、丹後守仲実、大宮亮道長、大江匡房、通時、為家、蔵人少納言基綱、丹後守顕綱、権左中弁師賢、東宮学士匡房、左中弁正家、右近中将公実、蔵人頭定綱、越前守家道、頭弁
○永保三年三月女四宮侍所歌合＊＊
仲実、時房
○永保三年一〇月斎院宮歌合
時頼、房綱
○斎院歌合冬五題十番＊＊
小弁、宣旨、さぬき、やまと、出羽弁、加茂右衛門
○斎院歌合夏六題六番＊＊
相模、出羽弁
○斎院歌合仲春十二題十二番＊＊
宣旨、出羽弁、小馬、美作
○斎院歌合菖蒲一題三番＊＊

大和、右衛門、美作、小馬
○斎院歌合春三題廿一晩＊＊
宣旨、むさし、小馬、右衛門
○天喜四年閏三月斎院歌合暮春十二題十二番＊＊
下野、出羽弁、右衛門、宣旨、小馬
○斎院歌合夏一題六番＊＊
出羽弁、宣旨、小馬、右衛門
○斎院歌合夏二題十二番＊＊
右衛門、宣旨、小馬
○斎院歌合秋十五題十五番＊＊
出羽弁、宣旨、小馬、右衛門
○寛治四年八月太皇太后宮扇歌合＊＊
安芸、加賀右衛門、康資王母、匡房、俊頼、頼綱、経信
○寛治七年五月五日郁芳門院媞子内親王根合＊
左少将忠教、二位宰相中将経実、掌侍、堀河殿、右兵衛督雅俊、大弐、左大弁匡房、右大弁通俊、小別当、典侍、宰相典侍、頭中将、安藝、伊豫守顕季、内周防掌侍
○寛治八年八月前太政大臣家歌合＊＊
筑前、紀伊、讃岐、周防内侍、通俊、匡房、頼綱、俊頼
○嘉保元年八月十九日前関白師実歌合＊
中納言君、中納言通俊、筑前、中納言匡房、周防内侍、顕綱、讃岐君、正家、紀伊君、行家、信濃

君、頼綱、摂津君、俊頼、津君
○永長元年五月三日兵衛左家歌合＊＊
康資王母、郁芳門院安芸
○康和二年四月二十八日宰相中将国信歌合＊
宰相中将、顕仲、俊頼、基俊、桑門隆源、仲実、家職、兼昌
○康和四年閏五月二日・同七日内裏艶書歌合＊
大納言公実、周防内侍、筑前、源大納言国信、院の大進、左大弁、女御殿百合花、宰相中将忠教、前斎院の紀伊、殿の肥後、刑部卿俊実、四条宮の甲斐、俊頼、中宮上総、俊忠中将、一宮紀伊、四条中将師時、女院安藝君、中納言、左兵衛佐、美作守、前斎院の津の君、左京権大夫、小大進、為賢、蔵人家時、蔵人惟兼
○長治元年五月左近中将俊忠朝臣歌合
三条殿筑前君、和泉前司道経、一宮尾張君、中納言君、肥前権守仲正、前兵衛佐、権中将俊忠朝臣、信乃君、紀伊君、中宮上総君、治部卿、讃岐入道、女房、備中守仲実、前兵衛佐基俊
○元永元年五月新中将家歌合＊＊
顕季、長実、師時、顕輔、顕仲、道経、実行、雅定、俊頼、忠房
○元永元年六月右兵衛家歌合＊＊
俊頼、敦隆、琳賢、継定、顕仲、道経、行宗、永縁、顕輔、仲正、顕季
○元永元年十月二日内大臣忠通家歌合＊
皇后宮摂津公、俊頼、女房、顕国、少将公、雅兼、道綱、上総公、基俊、師俊、雅光、定信、宗国、盛家、忠隆、信濃公、信忠、忠房、兼昌、時昌、重基、顕仲、雅兼、為実

○元永二年七月十三日内大臣家歌合
摂津君、右中弁源雅兼、刑部太輔源定信、右馬権頭源盛家、散位忠隆、刑部少輔正時、式部少輔行盛、女房前中宮上総君、散位基俊、藤原為忠、藤原時雅、治部太輔雅光、散位源兼昌、散位顕仲、散位道経、宮内権少輔宗国、散位忠季、左近衛権少将顕国、右少弁師俊、典昌、季通、仲房
○保安二年閏五月内蔵家歌合＊＊
師頼、顕仲、雅定、顕季、長実、顕輔、俊頼、経兼、忠道、道経、兼昌、為忠
○大治三年九月二十八日神祇伯顕仲主催住吉社歌合＊
前和泉守道経、伯女、前淡路守仲房、帥大夫重道、親房、覚雅已講、兵衛君、大夫典侍、伯、大僧正、顕輔、伯卿、仲正、兼昌入道、基俊、伯卿女、宮内少輔定信
○久安五年六月二十八日右衛門督家成家歌合＊
右衛門督家成、前斎院兵衛、権中納言忠雅、摂津守重家、左京大夫顕輔、治部少輔能輔、左馬頭隆季、少将家明、散位隆長、散位頼保、前阿波守頼佐、散位範綱、散位遠明、忠兼入道、資基入道、散位頼政、僧隆縁、散位季時、藤原宣兼、女房、女房丹後、重家、左京大夫、兵衛、頼保、顕方、忠兼、土佐、右衛門督、顕方、家明
○仁安二年八月太皇太后宮亮平経盛家歌合＊
刑部卿藤原家重、前少納言藤原資隆、大宮亮平経盛、前少将藤原公重、右近少将源通能、小侍従、前中務少輔藤原季経、左少弁藤原為親、皇太后宮亮藤原頼輔、前兵庫頭源頼政、右京大夫源師光、日吉禰宜祝部成仲、右近少将源頼房、中務少輔定長、顕昭、登蓮、片岡禰宜加茂政平、宮内権少輔藤原伊行、阿闍梨心覚、右馬権頭入道、俊恵、参河、太皇太后宮大進藤原清輔、右京大夫入道、重家、清輔、実清入道、教長入道

○承安二年十二月八日廣田社歌合
藤原実定、源頼政、小侍従、藤原実成、源師光、入道観蓮、藤原実綱、三河内侍、藤原実盛、藤原俊成、藤原成範、盛方、僧登蓮、前斎宮大輔、平経盛、藤原実宗、隆信、藤原頼実、藤原季経、藤原修範、沙弥寂念、神祇伯顕廣王、沙弥道因、加茂縣主政平、憲盛、加茂縣主重保、通清、資隆、平経正、廣季、廣言、親重、朝宗、季廣、伊経、顕綱王、隆親、仲綱、季定、廣盛、邦輔、安心、懐綱、僧祐盛、懐能、憲綱、智経、経平、阿闍梨大法師姓阿、僧浄縁、前斎宮中納言、素覚、按察使公道、大弐重家卿、前大納言実定、実房、実国、三河内侍、宰相中将実守、僧俊恵、左兵衛督成範、三位中将実盛、左京大夫脩範
○治承三年十月十八日右大臣兼実家歌合＊
皇太后宮大夫入道、大弐入道、女房、源三位頼政、寂蓮、仲綱、隆信、道因法師、資隆、行頼、基輔、丹後、別当局、俊恵法師、良清、基輔、顕昭法師、季経、資忠、師光、右府
○天喜三年五月三日六条斎院物語合
女別当、大和、宮少将、中務、左門、甲斐、出羽弁、讃岐、宮の小弁、武蔵、出雲、少納言、小式部、式部、小左門、高麗
○天喜四年四月三十日皇后宮春秋
小式部命婦、伊勢大輔、範永、土佐相模、内大臣、下野政隆女、春宮大夫、美濃頼国女、相模、民部卿、淡路守頼政女、内侍定親姉、長家、但馬範永女
○建久四年六百番歌合＊
季経、中宮権大夫寂蓮、有家、経家、定家、家隆、信定、顕昭、兼家、隆信
○建久末年頃慈鎮和尚自歌合＊

釈阿（俊成）

○建仁元千五百番歌合＊

三宮、通具、俊成卿女、季能、雅経、寂蓮、有家、忠良、具親、釈阿（俊成）、顕昭、讃岐、保季、定家、公経、通光、隆信、良平、家長、兼宗、前権僧正、丹後、越前、左大臣

◇参考文献

・萬葉集
・古事記（岩波文庫）
・旧唐書倭国日本国伝（岩波文庫）
・太平御覧
・和名抄（源順）
・三宝絵（源為憲　東洋文庫五一三（平凡社　一九九〇年）
・口遊（源為憲）
・口遊注解（幼学の会　勉誠社　一九九七年）
・源氏物語
・紫式部日記（一九六四年　岩波書店）
・道行きぶり
・毛利家文書之二
・筑前国続風土記
・玉鉾百首（本居宣長）
・玉鉾百首解（本居大平『本居全集』第六　明治三六年）
・日本書紀（岩波文庫）
・無名抄（鴨長明）
・柳園古器略考（一八二四年）
・古事記傳一、二、三、四（本居宣長　岩波文庫）

・恩頼図（本居宣長・本居大平）
・玉の小櫛（本居宣長）、玉の小琴（本居宣長）、馭戎慨言（本居宣長）、玉勝間（本居宣長）、鈴屋集（本居宣長）、菅笠日記（本居宣長）
・本居宣長全集一巻（筑摩書房）、六巻（萬葉集問答、萬葉集問目、萬葉問聞抄）、十巻（筑摩書房）
・十一巻（筑摩書房）、十二巻（筑摩書房）、十五巻（筑摩書房）
・源氏物語湖月抄（北村季吟）
・柞原集（鶴屋句空編著）
・古鏡銘文集成（古代史研究要覧　新人物往来社　一九九八年）
・邪馬壹国讃歌（文芸社　二〇〇二年）
・卑弥呼の一生（新葉館出版　二〇一二年）
・角川日本地名大辞典三四　広島県（一九八七年）
・日本歴史地名体系第三五巻・広島県の地名（一九八二年）
・三原市史第一巻一　通史編（一九七七年）
・三原昔話（白松克太　みどり書店　一九七六年）
・高坂村誌（一九二四年）
・大本山仏通寺誌（一九四九年）
・平坂史（平坂歴史研究会　二〇〇〇年）
・本郷町史（一九九六年）
・安芸・備後の民話第一集（日本の民話二二　垣内稔編　未来社　一九五九年）
・知多半島郷土史往来三号（はんだ郷土史研究会　二〇一一年）

・よみがえる大王墓　今城塚古墳（森田克行　新泉社　二〇一一年）
・大王陵発掘！巨大はにわと継体天皇の謎（ＮＨＫ出版　二〇〇四年）
・甕と蜉蝣（埴谷雄高　未来社　一九六四年）
・新潮日本文学辞典（新潮社　一九八八年）
・新編国歌大観　第一巻　勅撰集編（角川書店　一九八三年）、第二巻　私家集編（角川書店　一九八四年）、第三巻　私家集編Ⅰ　歌集（角川書店　一九六五年）、第四巻　（角川書店　一九六六年）、第五巻　歌合編（角川書店　一九六七年）、第十巻　定数歌編Ⅱ、歌合編、補遺編　歌集（角川書店　一九九二年）
・古今和歌集（岩波書店　一九八一年）
・日本古典文学大系九　竹取物語　伊勢物語　大和物語（岩波書店　一九五七年）、一〇　宇津保物語　一（岩波書店　一九五九年）、一〇　宇津保物語　二（岩波書店　一九六一年）、一〇　宇津保物語　三（岩波書店　一九六二年）、六九　懐風藻・文華秀麗集・本朝文粋（岩波書店　一九六四年）、七二　菅家文草・菅家後集（岩波書店　一九六六年）、七四　歌合集（岩波書店　一九六五年）、七五　栄華物語（岩波書店　上　一九六四年・下　一九六五年）、七七　篁物語　平中物語　濱松中納言物語（岩波書店　一九六四年）、七八　夜の寝覚め（一九六四年　岩波書店）、七九　狭衣物語（岩波書店　一九六五年）
・日本古典全書　新訂歌合集（峯岸義秋　朝日新聞社　一九六九年）
・新日本古典文学大系六　後撰和歌集（岩波書店　一九九〇年）、七　拾遺和歌集（岩波書店　一九九〇年）、八　後拾遺和歌集（岩波書店　一九九四年）、九　金葉和歌集　詞花和歌集（岩波書店　一九八九年）、一〇　千載和歌集（岩波書店　一九九三年）、一一　新古今和歌集（岩波書店　一九九二年）、
・一八　落窪物語　住吉物語（岩波書店　一九八九年）、二四　土佐日記　蜻蛉日記　紫式部日記　更級

日記（岩波書店　一九八九年）、二六　堤中納言物語　とりかへばや物語（一九九二年　岩波書店）、四二　宇治拾遺物語　古本説話集（岩波書店　一九九〇年）、五〇　とはずがたり　たまきはる（岩波書店　一九九四年）

・和歌文学大系六　新勅撰和歌集（明治書院　二〇〇五年）、七　続拾遺和歌集（明治書院　二〇〇二年）、九　続後拾遺和歌集（明治書院　一九九八年）、一二　新続古今和歌集（明治書院　二〇〇一年）、一八　小町集・遍昭集・業平集・素性集・伊勢集・猿丸集（明治書院　一九九八年）、二〇　加茂保憲女集・赤染衛門集・清少納言集・紫式部集・藤三位集（明治書院　二〇〇〇年）、二一　山家集・聞書集・残集（明治書院　二〇〇三年）、四七　和漢朗詠集・新撰朗詠集（明治書院　二〇一一年）、五二　三十六歌仙集二（明治書院　二〇一二年）

・新編日本古典文学全集八六　日本漢詩集（小学館　二〇〇二年）、新編日本古典文学全集八七　歌論集　俊頼髄脳（小学館　二〇〇二年）

・玉葉和歌集全注釈上巻・下巻（岩佐美代子　笠間書院　一九九六年）

・風雅和歌集全注釈上巻（岩佐美代子　笠間書院　二〇〇二年）、中巻（岩佐美代子　笠間書院　二〇〇三年）、下巻（岩佐美代子　笠間書院　二〇〇四年）

・歌合・定数歌全釈叢書九　為忠家初度百首全釈（家永香織　風間書房　二〇〇七年）

・歌合・定数歌全釈叢書一八　順百首全釈（筑紫平安文学会　風間書房　二〇一三年）

・曾禰好忠集注解　川村晃生・金子英世編　三弥井書店　二〇一一年

・陽明叢書国書篇第四輯　平安歌合集上・下（一九七五年）

・完訳日本の古典二七　堤中納言物語　無名草子（小学館　一九八七年）

・散木奇歌集　集注篇　上巻（関根慶子　風間書房　一九九二年）、下巻（関根慶子・古屋孝子　風間書

房　一九九九年）
・平成新修古筆資料集　五巻（田中登　思文閣出版　二〇一〇年）
・宗良親王全集（黒河内谷右衛門　甲陽書房　一九八八年）
・骨が語る日本人の歴史（片山一道　筑摩書房　二〇一五年）
・西行（岩波新書）　高橋秀雄著　岩波書店　一九九三年
・藤原俊成全歌集　松野陽一、吉田薫編　笠間書院　二〇〇七年
・訳注藤原定家全歌集上巻　久保田淳　河出書房新社　一九八五年
・訳注藤原定家全歌集下巻　久保田淳　河出書房新社　一九八六年
・藤原定家の時代（岩波新書）　五味文彦著　岩波書店　一九九一年
・藤原定家（村山修一著　吉川弘文館　一九六二年）
・今川了俊（川添昭二著　吉川弘文館　一九六四年）
・図説百人一首（石井正己著　河出書房新社　二〇〇六年）
・碧沖洞叢書第一巻　林葉集　簗瀬一雄編　臨川書店　一九九六年
・ガウランド日本考古学の父（ヴィクター・ハリス・後藤和雄責任編集　朝日新聞社　二〇〇三年）
・論文　夏井高人　明治大学法学部・法科大学院教授　『艸―財産権としての植物⑴』（明治大学法律論叢第八七巻第二・三合併号）、日本人類遺伝学会　アイヌと琉球は縄文型、日本人の遺伝系統
源順百首の特質と初期百首の展開　金子英世　慶應義塾大学国文学研究室　三田国文第一九巻
『江吏部集』に見られる言語遊戯的表現について　木戸裕子鹿児島県立短期大学教授　語文研究（福岡・九州大学国語国文研究会）六四号、「源順の詩序一首」―『文選』受容の一例―後藤昭雄
成城國文學論集成城國文學論集三四号

初句索引

総数1975首

あかざりし　藤原実方　実方集……341
あかすみて　本居宣長　鈴屋集……511
あかほしの　為忠　為忠家初度百首……415
あかむすぶ　入道二品親王尊道　新後拾遺集……322
あきかぜに　橘正通　詞花集……211
あきかぜに　源順　順集……161
あきかぜに　左京大夫顕輔　百人一首　七九番……270
あきかぜに　小野小町　古今集……146
あきかぜの
　ふきにちりかふ　藤原実方　実方集……340
　さよふけがたに　藤原実方　実方集……368
あききぬと　今川了俊　新続古今集……303
あきくれて　藤原俊成　五社百首……439
あきたたむ　藤原定家　拾遺愚草……470
あきならで　藤原定方　古今集……146、147
あきのたの　天智天皇　百人一首一番……262
あきののに　藤原実方　実方集……342
あきのよに　紀貫之　拾遺集……154
あきのよに　藤原実方　実方集……345
あきのよの　参議雅経　続千載集……295
あきのよの　藤原実方　実方集……383
あきはぎの　藤原敏行　俊成三十六人歌合……430
あきはてて
　かみのしぐれは　藤原実方　実方集……346
　あふぎかへすは　藤原実方　実方集……364
あきはてぬ　藤原実方　実方集……364
あきはなほ　能因法師　後拾遺集……201
あきははや　藤原俊成　五社百首……438
あきよただ　前中納言藤原定家　続古今集……248
　拾遺愚草……470
あくといふ　琳賢法師　金葉集……208
あくまでも　藤原実方　実方集……341
あけがたき　藤原実方　実方集……358
あけがたき　藤原俊成　俊成祇園百首……425
あけぐれの　源順　拾遺集……158

あけくれは　源俊頼　散木奇歌集……409
あけぬとも　伊勢　伊勢集……336
あけぬよの　藤原実方　実方集……359
あけぬれば　藤原道信朝臣　百人一首五二番……267
あさがほを　藤原俊成　五社百首……444
あさぎりに　藤原為家　為家千首……466
あさぎりに　藤原俊成　五社百首……441
あさぎりは　藤原俊成　五社百首……434
あさことに　読み人知らず　後撰集……153
あさごほり　源順　順集……168
あさぢふの　源順　順集……167
あさぢふの　源順　源順馬名歌合……193、195
あさぢふの　参議等　百人一首三九番……266
あさなへも　源順　順集……165
あさねがみ　良暹法師　後拾遺集……202
あさひさす　藤原俊成　祇園百首……425
あさひやま　藤原実方　実方集……340
あさぼらけ　権中納言定頼　百人一首六四番……268
あさぼらけ　坂上是則　百人一首三一番……265
あさましや　藤原俊成　五社百首……439
あさまだき　本居宣長　鈴屋集……515
あさみどり
さほのかはべの　藤原俊成　五社百首……437
おのがいろとや　藤原俊成　五社百首……440
よものやまべに　藤原俊成　五社百首……443
あさゆふは　前大納言為家　玉葉集……294
あしたづの　源為憲　源氏物語……123
あしたづの　藤原俊成　千載集……221
あしのかみ　藤原実方　実方集……344
あしのやの　藤原実方　実方集……363
あしのやの　読人不知　続千載集……297
あしのやは　津守国実　新後拾遺集……321
あしひきの　柿本人麻呂　百人一首三番……262
あしひきの　山田法師　後撰集……153
あじろきに　侍従中納言　白河殿七百首……478
あすしらぬ　安嘉門院四条阿仏　新続古今集……327
あだしのの　源順　順集……166
あだなみの　藤原実方　実方集……346
あだなみを　祐子内親王家紀伊　続後撰集……245
あだなりし　摂政左大臣忠通　金葉集……208
あだなれと　紀貫之　拾遺集……154
あだなれど　三善遠衡朝臣　新千載集……311
あだにみし　藤原定家　拾遺愚草……473
あだびとの　仲正　為忠家初度百首……415

俊成三十六人歌合……429
あふことの　藤原ためよ　後撰集……152
あふことの　藤原実方　実方集……385
あふことの　読み人知らず　拾遺集……155
あふことの　読人不知　金葉集……206
あふことの　和泉式部　続後撰集……244
あふことは　為忠　為忠家初度百首……416
あふことは　九条左大臣九条道長　続拾遺集……257
あふことは　権中納言　続勅撰集……239
あふことは　源俊頼　散木奇歌集……410
あふことは　皇太后宮大夫俊成　千載集……215、217、220
あふことは　崇賢門院　新後拾遺集……321
あふことは　藤原朝定　風雅集……305
あふことは　藤原定家　拾遺愚草……472
あふことは　読み人知らず　後撰集……150
あふことは　冷泉前太政大臣　新続古今集……328
あふことも　源順　竹取物語……69、130
あふことも　伏見院御製　続後拾遺集……300
あふことを　左衛門督家通　千載集……215
あふことを　前三位為理　新拾遺集……316
あふことを　中宮大夫公宗母　新続古今集……328
あふことを　藤原実方　実方集……370
あふことを　平宣時朝臣　続千載集……297
あふことを　和泉式部　続勅撰集……239
あふさかの　よみ人知らず　続勅撰集……239
あふさかの　大江匡衡朝臣　後拾遺集……203
あふさかの　中大臣能宣　能宣集……392
あふさかの　藤原兼輔　俊成三十六人歌合……429
あふさかの　藤原俊成　五社百首……444
あふさかの　民部卿為明　新拾遺集……317
あふさかも　本居宣長　鈴屋集……113
あふさかや　本居宣長　鈴屋集……511
あふさかを　建保名所百首……463
あふせこそ　俊恵　林葉集……418
あふとみて　俊恵　林葉集……418
あふまでと　法眼兼誉　続千載集……297
あふまでを　源季広　新後拾遺集……321
あふみてふ　読人不知　金葉集……206、208
あふみてふ　源善の朝臣　後撰集……151
あまくだる　源俊頼　散木奇歌集……408
あまぐもの　源重之　重之集……397
あまころも　前太政大臣実氏　続後撰集……246
あまころも　前大納言為氏　新千載集……311
あまたたび　藤原実方　実方集……364

あまたとし　源為憲　源氏物語……125
あまつかぜ　源順　順集……170
あまつかぜ　僧正遍昭　百人一首一二番……263
あまつかぜ　藤原清正　俊成三十六人歌合……430
あまてらす　本居宣長　玉鉾百首……501
あまてるや　本居宣長　玉鉾百首……498
あまのがは　柿本人麿　拾遺集……154
人丸　和漢朗詠集……497
あまのがは　藤原実方　実方集……340
あまのかは　読み人知らず　後撰集……149
あまのこぐ　躬恒　続後撰集……245
あまのした　本居宣長　玉鉾百首……505
あまのとを
わがためにとは　藤原実方　実方集……347
さしてここにと　藤原実方　実方集……347
あくといふことを藤原実方　実方集……347
あまのはら　安倍仲麿　百人一首七番……262
あまをとめ　従三位為子女　玉葉集……293
あめがした　藤原俊成　五社百首……440
あめつちの　本居宣長　玉鉾百首……502
あめにます　藤原実方　実方集……344
あめにまた　源俊頼　散木奇歌集……411
あめののち　藤原俊成　五社百首……434
あめふれば　源順　順集……167
あやしきは　本居宣長　玉鉾百首……500
あやしくも　永福門院　風雅集……304
あやしくも　藤原実方　実方集……380
あやなしや　源頼政　頼政集……422
あやなわが　藤原実方　実方集……386
あやにくに　西行　山家集……452
あやにくに　本居宣長　鈴屋集……513
あやめぐさ　藤原実方　実方集……381
あらいしの　今川了俊　道ゆきぶり……123
あらいその　中大臣能宣　能宣集……392
あらさじと　源順　順集……162、180
あらざらむ　和泉式部　百人一首五六番……267
あらしふく　能因法師　百人一首六九番……269
あらたまの　源順　拾遺集……158
あらたまの　在原元方　古今集……121、146
あらたまの　前中納言藤原定家　続後撰集……244
拾遺愚草……471
あらたまる　本居宣長　鈴屋集……510
あらはにの　本居宣長　玉鉾百首……501
あられふる　藤原長能　金葉集……206、209

いしばしる　藤原俊成　千載集……218
いしばしる　藤原定家　拾遺愚草……469
いせのうみ　藤原俊成　五社百首……434
いせをのや　藤原実方　実方集……368
いそがずば　藤原実方　実方集……343
いそがなむ　藤原実方　実方集……370
いそぐとも　右兵衛督　白河殿七百首……478
いそげたご　藤原仲実　夫木抄……14
いそのかみ　拾遺集……154
いそのかみ
ふるこみちとは　藤原実方　実方集……368
ふるのせがはの　藤原実方　実方集……368
いそほりに　恵慶法師　恵慶法師集……393
いたづらに　安嘉門院甲斐　新後撰集……288
いたづらに　亀山院御製　新拾遺集……317
いたづらに　藤原俊成　千載集……221
いづくにも　藤原俊成　祇園百首……424
いづことも　源順　順集……163、180
いづことも　躬恒　後撰集……149
いづこなる　源順　源順集……182
いつしかと　藤原顕輔　夫木抄……15
いつしかと　藤原俊成　五社百首……434
いづといる　藤原実方　実方集……384
いつとても　藤原俊成　千載集……218
いつとなく　和泉式部　続拾遺集……257
いつとなく　藤原実方　実方集……343
いつなれし　万秋門院　続千載集……297
いつのまに　藤原顕輔　新古今集……228
いづのめの　本居宣長　玉鉾百首……499
いつはりと　源和義朝臣　新後拾遺集……321
いつまでか　本居宣長　玉鉾百首……505
いづみだに　源順　順集……174
いづれをか　藤原実方　実方集……360
いでたちて　藤原実方　実方集……343
いとどなほ　権大納言資藤　新続古今集……329
いとひても　藤原季通朝臣　詞花集……212
いとひても　藤原季通朝臣　千載集……216
いにしふゆ　藤原実方　実方集……349
いなばふく　藤原俊成　五社百首……442
いにしへの　伊勢大輔　百人一首六一番……268
いにしへの
たねとしみれば　藤原実方　実方集……359
あふひとびとは　藤原実方　実方集……338
やまゐのみづに　藤原実方　実方集……343

ころものいろの　藤原実方　実方集……344
あまのてこらが　藤原実方　実方集……381
いろしかはらぬ　藤原実方　実方集……383
かたみにこれや　藤原実方　実方集……365
いにしへは　宗良親王　李花集……487
いにしへも　藤原実方　実方集……369
いにしへを　円融院御製　続後撰集……244
いにしへを　西行　山家集……452
いにしへを　津守国助女　続後拾遺集……300
いにしへを　藤原実方　実方集……366
いにしへを　藤原俊成　五社百首……438
いのちだに　宗良親王　李花集……486
いのちだに　左兵衛督実能　金葉集……208
いのちだに　藤原実方　実方集……364
いのちつぐ　本居宣長　玉鉾百首……502
いはかげや　藤原俊成　五社百首……436
いはざらん　宇津保物語……137
いはしみづ　源順百首　好忠集……186
いはそそく　藤原俊成　祇園百首……424
いはでおもふ　宗良親王　李花集……487
いはでおもふ　前大納言為氏　続拾遺集……256
いはでただ　浄妙寺関白前右大臣　新拾遺集……317
いはでのみ　中納言朝忠　続勅撰集……238
朝忠集……338
いはのうへの　藤原実方　実方集……380
いはばいへ　藤原実方　実方集……359
いはふなる　藤原実方　実方集……381
いひてなぞ　藤原実方　実方集……341
いへばあり　藤原実方　実方集……386
いまこむと　素性法師　百人一首二一番……264
いまこんと　前大納言為家　新千載集……310
いまさらに　藤原為家　為家千首……464
いまぞしる　藤原清輔朝臣　千載集……213
いまぞしる　藤原定家　拾遺愚草……469
いまだにも　宗良親王　李花集……486
いまのよは　本居宣長　玉鉾百首……502
いまはただ　源頼政　頼政集……422
いまはただ　左京大夫道雅　百人一首六三番……268
いまはとて　藤原実方　実方集……349
いまはみを　藤原為家　為家千首……466
いもせがは　よみ人しらず　続後撰集……244
いもとねば　藤原実方　実方集……382
いやしけど　本居宣長　玉鉾百首……501
いるたびに　権大僧正通玄　風雅集……305

いろいろに　大中臣能宣朝臣　続古今集……248
いろふかく　右大臣師輔　後撰集……150
いろふかく　藤原兼輔朝臣　後撰集……149
うかりける　源俊頼　百人一首七四番……269
うかりつる　前大僧正道意　風雅集……306
うきうゆゑも　祝子内親王　風雅集……305
うきぐもの　今川了俊　道ゆきぶり……115
うきことに　藤原実方　実方集……361
うきことの　建礼門院右京大夫　玉葉集……293
うきことは　入道親王道覚　続後拾遺集……301
うきことも　狭衣物語……141、142
うきことを　伊勢　続古今集……250
うきにかく　藤原実方　実方集……365
うきにはふ　前大納言為家　続千載集……296
うきふしは　宗良親王　李花集……487
うきふしは　源邦長朝臣　新千載集……311
うきふねの　狭衣物語……141
うきみしも　前僧正道意　新千載集……311
うきみよに　藤原経任　白河殿七百首……478
うきみをば　藤原俊成　新古今集……229
うきゆめは　藤原俊成　千載集……221
うきよには　大納言朝光　拾遺集……156
うきよにも　藤原実方　実方集……346
うきよをば　源為憲　源氏物語……114
うぐいすの　本居宣長　鈴屋集……512
うくつらき　藤原定家　拾遺愚草……469
うぐひすの　源為憲　源氏物語……114
うぐひすの　藤原実方　実方集……349
うぐひすは　源順　順集……169
うしとおもひ　院新宰相　玉葉集……294
うしろめた　藤原実方　実方集……369
うすくこく　小野宮実頼　拾遺集……154
うすごほり　左大臣　新後拾遺集……320
うすしとや　藤原実方　実方集……365
うせぬとも　赤染衛門　赤染衛門集……400
うたたねの
　このよのゆめの　藤原実方　実方集……343
　はしともこよひ　藤原実方　実方集……384
うぢがはの
　なみのまくらの　藤原実方　実方集……344
　あじろのひをも　藤原実方　実方集……342
うちかへし　藤原実方　実方集……371
うちかへし　読み人知らず　後撰集……150
うちたえて　中納言国信　風雅集……304

うちたへで　西行法師　玉葉集……294
うちとくる　左兵衛督直義　新続古今集……327
うちよする　源順　順集……169
うちわたし　源順　順集……178
うちわたし　曾禰好忠　好忠集……64
うつせみの　源順　順集……174
うつつとも　前大納言為家　続後拾遺集……300
うつつには　今上御製　新後撰集……288
うづみびの　曾禰好忠　好忠集……66、394
うづみびの　藤原俊成　祇園百首……426
うつらなく　藤原親隆　新古今集……121
うねののの　宗良親王　李花集……486
うねびやま　源順百首　好忠集……186
うのはなの　源俊頼　無名抄……111、117
うのはなの　藤原実方　実方集……382
うのはなの
　かきなはゆきの　藤原俊成　五社百首……440
　なみのしがらみ　藤原俊成　五社百首……443
うぶねさす　藤原実方　実方集……381
うまこらが　本居宣長　玉鉾百首……116、504
うめがえを　源順　拾遺集……159
うめのはな　康資王母　新後拾遺集……320

うらかぜの　宇津保物語……136
うらづたふ　藤原俊成　千載集……219
うらにたく　藤原為家　為家千首……465
うらみじと　源清兼朝臣　続後拾遺集……300
うらみはてむ　後伏見院中納言典侍　風雅集……304
うらみばや　顕親門院　風雅集……303
うらみわび　相模　百人一首六五番……268
うらみんと　正親町院右京大夫　新千載集……310
うらやまし　藤原俊成　祇園百首……425
うれしくは　修理大夫顕季　千載集……215
うれしさは　藤原定家　拾遺愚草……472
うれしてふ　藤原定家　拾遺愚草……472
うゑてみる　藤原実方　実方集……340
えだかはす　藤原実方　実方集……342
えだかはす　本居宣長　鈴屋集……513
えもいはで　源順　順集……173、181
えもせかぬ　源順　順集……179
おいてこそ　権僧正永縁　続後撰集……246
おいぬれば　源順　拾遺集……157
おいらくの　源俊頼　散木奇歌集……406
　夫木抄……528
おおきみを　本居宣長　玉鉾百首……504

おきつなみ　藤原俊成　五社百首……435
おきてみば　藤原実方　実方集……360
おくつゆを　本居宣長　鈴屋集……515
おくふかく　本居宣長　鈴屋集……514
おくやまに　猿丸大夫　百人一首五番……262
おくやまの　前僧都実伊　続千載集……296
おくやまの　藤原俊成　五社百首……433
おしかへし　藤原俊成　祇園百首……424
おしなべて　按察使隆衡　続勅撰集……238
おしなべて　鳥羽院御製　続千載集……296
おしなべて　本居宣長　鈴屋集……516
おしはりて　藤原実方　実方集……384
おそくても　藤原実方　実方集……341
おとなしの　伊勢　伊勢集……335
おとにきく　藤原実方　実方集……371
おとにきく　祐子内親王家紀伊　百人一首七二番……269
おとにのみ　東三条入道摂政　風雅集……304
おとにのみ　蜻蛉日記……133
おとはやま　本居宣長　玉勝間……113
おなじくは　左近府生秦兼文　金葉集……206、208
おなじよに　式乾門院御匣　続古今集……249
おのれのみ　藤原定家　拾遺愚草……470
おひかぜに　今川了俊　新拾遺集……302
おふけなく　本居宣長　玉鉾百首……116、231、232、504
おほあらきの　藤原俊成　五社百首……435
おほあらき　源順百首　好忠集……189
おほうみに　よみ人しらず　新千載集……309
おほえやま　小式部内侍　百人一首六〇番……268
おほかたに　藤原道済　後拾遺集……203
おほかたの　栄華物語……143
おほかたの　源為憲　源氏物語……114
おほかたは　俊恵　林葉集……418
おほかたは　藤原実方　実方集……349
おほけなく　慈円　百人一首九五番……271
おほぞらの　藤原実方　実方集……343
おほぞらは　酒井人真　古今集……146
おぼつかな
かからぬたびも　藤原実方　実方集……358
ゆめぢのをのの　藤原実方　実方集……349
わがことづけし　藤原実方　実方集……348
よをそむきにし　藤原実方　実方集……385
まがきのきくや　藤原実方　実方集……383
くろどにみゆる　藤原実方　実方集……382
いかにわれせむ　藤原実方　実方集……362

おもふこと　馬内侍　金葉集……207、209
おもふこと　本居宣長　玉鉾百首……503
おもふこと　和泉式部　夫木抄……528
おもふとは　藤原定家　拾遺愚草……469
おもふにも　為通朝臣　新千載集……309
おもふひと　藤原家隆　建保名所百首……463
おもふひと　宗良親王　李花集……486
おもふらむ　源順　拾遺集……158、160
おもへきみ　藤原実方　実方集……367
おもへども　権大納言顕朝　続古今集……249
おもへども　源俊頼　散木奇歌集……411
おもへども　前右京権大夫源頼政　千載集……215
頼政集……422
おもほさぬ　本居宣長　玉鉾百首……504
おやもこも　藤原実方　実方集……343
おりたてば　源順　順集……167
おろかにや　衣笠前内大臣　続古今集……249
かきくもり　藤原実方　実方集……344
かきくらし　源為憲　源氏物語……114
かきくらし　藤原実方　実方集……368
かきくらす　本居宣長　鈴屋集……516
かきたえし　源俊頼　散木奇歌集……409
かきつめて　源為憲　源氏物語……114
かぎりあれば　源為憲　源氏物語……125
かきわらひ　本居宣長　鈴屋集……511
かくこひん　狭衣物語……142
かくこひん　源順百首　好忠集……187
かくしこそ　藤原実方　実方集……360
かくとだに　藤原実方朝臣　百人一首五一番……226、267
実方集……358
かくなむと　藤原実方　実方集……361
かくばかり　中臣祐臣　続後拾遺集……300
かくやはと　安擦使顕朝　新続古今集……328
かげにだに　藤原実方　実方集……340
かげはさぞ　藤原実方　実方集……379
かげぶちぞ　藤原俊成　五社百首……434
かけまくは　源為憲　源氏物語……125
かげみゆる　藤原定家　拾遺愚草員外……474
かげろふの　読人不知　続古今集……249
かこたじよ　藤原定家　拾遺愚草……472
かこつべき　藤原実方　実方集……362
かごやまや　藤原俊成　五社百首……434
かささぎの　中納言家持　百人一首六番……262
俊成三十六人歌合……429

かしかまし　藤原実方　実方集……371
かしこきや
　すめらみくにに　本居宣長　玉鉾百首……504
　すめらみくには　本居宣長　玉鉾百首……498
かずかずに　藤原実方　実方集……363
かすがやま　九条良経　新古今集……227
かずならぬ　源順　順集……164
かすみしく　修理大夫顕季　続勅撰集……238
かすみたち　後鳥羽院御製　続後撰集……243
かすみたつ　源順百首　好忠集……187、191
かすむひは　本居宣長　鈴屋集……514
かぜあらき　藤原俊成女　夫木抄……14
　建保名所百首……463
かぜさむみ　藤原俊成　五社百首……435
かぜそよぐ　藤原家隆　百人一首九八番……272
かぜにちる　源為憲　源氏物語……125
かぜにほふ　本居宣長　鈴屋集……511
かぜのまに　藤原実方　実方集……340
かぜはやみ
　ふきあげのはまの藤原実方　実方集……370
　あらしのやまの　藤原実方　実方集……361
かぜはやみ　読人しらず　玉葉集……293
かぜふかぬ　藤原実方　実方集……359
かぜふかば　藤原家隆　新古今集……229
かぜをいたみ　源重之　百人一首四八番……267
かぜをいたみ
　ふなでしのだの　藤原実方　実方集……369
　もとあらのはぎの藤原実方　実方集……367
かぞふれば　宗良親王　李花集……487
かぞふれば　藤原実方　実方集……344
かたいとの　右近中将経家　続古今集……250
かたきまつ　源順　源順馬名歌合……193、196
かたこひに　源順　順集……172、181
かたこひや　蜻蛉日記……134
かたしきし　蜻蛉日記……134
かたずまけ　藤原実方　実方集……345
かたそぎの　藤原俊成　五社百首……442
かたみとて　栄華物語……143
かたみとて　九条道良女　続後拾遺集……301
かたみとて　新古今集……229
かたみとて　藤原為家　為家千首……465
かたみにと　源重之女　続後拾遺集……299
かたみにや　源親房　千載集……213
かちひとの　九条良経　夫木抄……15、527

くさしげみ　源順　順集……164、182
くさまくら　源順　拾遺集……160
くさまくら　源順　順集……164
くさまくら　本居宣長　鈴屋集……512
くさもきも　僧都観教　新続古今集……329
くちはつる　従三位脩久　新続古今集……329
くちもせぬ　西行　山家集……225
くなたぶれ　本居宣長　玉鉾百首……115、116、504
くもかかる　藤原実方　実方集……384
くものうへ　藤原実方　実方集……345
くものうへ　藤原俊成　千載集……220
くもまより　源順　源順馬名歌合……193、195
くもりなき　栄華物語……143、144
くもりよの　藤原定家　拾遺愚草……469
くもゐにて　藤原実方　実方集……365
くらべはや　中務卿宗尊親王　続古今集……249
くることは　読み人知らず　後撰集……152
くれかかる　入道親王尊円　新続古今集……327
くれたけの　源順　順集……163、180
くれたけの　正三位有範　新拾遺集……318
くれにもと　藤原実方　実方集……370
くれをまつ　藤原俊成　五社百首……439

けさはいとど　藤原定家　拾遺愚草……473
けさみれば　源順　順集……178
けさみれば　藤原俊成　五社百首……433
けたずとも　藤原定家　拾遺愚草員外……474
けふくれど　上西門院兵衛　新古今集……227
けふけふと　藤原実方　実方集……367
けふこずは　西園寺入道公経　続千載集……295
けふごとに　藤原俊成　五社百首……444
けふだにも　俊恵　林葉集……418
けふとしも　読人不知　後拾遺集……203
けふにあけ　紀貫之　玉葉集……291
けふのみと　侍従三位　白河殿七百首……477
けふはいと　周防内侍　玉葉集……291
けふはなほ　藤原隆祐朝臣　続古今集……248
けふもまた　藤原為家　為家千首……464
けふよりは　増基法師　詞花集……211
けふよりは
　つゆのいのちも　藤原実方　実方集……339
　ひとへにたのむ　藤原実方　実方集……369
けぶりたつ　藤原実方　実方集……362
けぶりだに　前太政大臣実氏　続後撰集……244
こがたなの　源俊頼　散木奇歌集……409

ことのはは　藤原隆祐朝臣　続古今集……252
ことのはも　前大納言有房　続千載集……295
ことわりや　源俊頼　散木奇歌集……410
こなぎつむ　藤原俊成　五社百首……433
こぬひとを　権中納言定家　百人一首九七番……272
こぬまでも　福光園入道　新続古今集……328
このくれも　権大納言宣明　新拾遺集……316
このごろは　藤原実方　実方集……347
このさとは　後京極摂政太政大臣九条良経　玉葉集……293
このたびは　菅家　百人一首二四番……264
このはちる　久我通光　新古今集……227
このはのみ　源順　順集……178
このはのみ　続古今集……251
このはるは
　いざやまざとに　藤原実方　実方集……341
　いかでむつれん　藤原実方　実方集……363
このまもる　西行　山家集……452
このよには　源頼政　頼政集……421
このよには　藤原俊成　五社百首……444
このよには　藤原俊成　祇園百首……425
こはさらに　藤原実方　実方集……367
こひしきを　源順　拾遺集……158
こひしさに　素性法師　新千載集……309
こひしさに　藤原興風　続後拾遺集……299
こひしさの　大弐三位　後拾遺集……203
こひしさの　藤原実方　実方集……382
こひしさは　源頼政　頼政集……422
こひしさを　藤原定家　拾遺愚草……472
こひしとも　俊恵　林葉集……418
こひしとも　藤原実方　実方集……369
こひしなば　藤原資隆朝臣　新続古今集……327
こひしなむ　源頼政　頼政集……422
こひしなむ　西園寺前内大臣　風雅集……305
こひしのぶ　建礼門院右京大夫　玉葉集……292
こひしのぶ　法眼行済　新後撰集……289
こひすてふ　壬生忠見　百人一首四一番……266
こひすてふ　藤原為家　為家千首……465
こひすてふ　後西園寺入道前太政大臣実兼　続千載集……296
　新拾遺集……315
こひすとも　野宮左大臣徳大寺公継　夫木抄……15
こひするに　源順百首　好忠集……187
こひせまほ　藤原実方　実方集……345
こひぢには　禎子内親王家摂津　続後撰集……244
こひてへむ　伊勢　後撰集……151

こひわびて　中納言俊忠　詞花集……211
こひわびて　藤原定家　拾遺愚草……470
こひわびぬ　衣笠前内大臣家良　新千載集……308
こひをのみ　前大納言実冬　新続古今集……328
こほりしも　藤原俊成　千載集……220
こほりだに　権少僧都良信　新後撰集……287
こほれども　源順　拾遺集……157
こまつひく　藤原為家　為家千首……465
こまにやは　源順　順集……169、175
こまほしと　藤原実方　実方集……346
こもりえの　藤原実方　実方集……385
こもりゐの　中大臣能宣　能宣集……392
こやのいけの　源順百首　好忠集……19
これやこの　藤原俊成　五社百首……440
これやこの　宗良親王　李花集……486
これやこの　蝉丸　百人一首一〇番……263
これやこの　藤原実方　実方集……361
これやこの　本居宣長　鈴屋集……510
これやもし　藤原能清朝臣　続古今集……251
これをみよ　藤原実方　実方集……350
ころもでに　前大僧正行尊　新後撰集……287
こゑはして　式子内親王　新古今集……227
こをおもふ　藤原定家　拾遺愚草……472
さかしけど　本居宣長　玉鉾百首……500
さかしらに　本居宣長　玉鉾百首……499
さかぬまの　本居宣長　鈴屋集……512
さきかかる　本居宣長　鈴屋集……513
さきくさも　源順百首　好忠集……190
さきしより　本居宣長　鈴屋集……514
さきそめし　本居宣長　鈴屋集……512
さきだつと　読人しらず　新千載集……311
さきつきて　本居宣長　鈴屋集……511
さきぬらむ　本居宣長　鈴屋集……510
さきのよの　藤原俊成　五社百首……439
さきのよも　源俊頼　散木奇歌集……411
さくとみて　源為憲　源氏物語……114
さくらだに　源俊頼　散木奇歌集……410
さくらばな　藤原隆頼　金葉集……206、208
さくらばな　本居宣長　鈴屋集……512
さくらゐの　源俊頼　夫木抄……14
さごろもに　藤原実方　実方集……368
ささがにの　源順　順集……164、180
ささがにの　藤原実方　実方集……350
ささがには　源俊頼　散木奇歌集……410

ささなみの　曾禰好忠　好忠集……119
さざなみの　中大臣能宣　拾遺集……119
さざなみや　藤原俊成　五社百首……442
さざなみや　藤原範綱　千載集……119
さしもなぞ　俊恵　林葉集……418
さそはれし　本居宣長　鈴屋集……514
さだかなる　本居宣長　鈴屋集……515
さだめなき　源順　拾遺集……160
順集……169、175
さつきこそ　藤原俊成　五社百首……443
さつきやみ　源順百首　好忠集……189
さつきやみ　藤原実方　実方集……363
さとのなも　範宗　建保名所百首……462
さとはみな　従二位家隆　新続古今集……326
さなへとる　前大納言為家　玉葉集……291
さなへとる　藤原俊成　五社百首……438
さのみよも　従三位長衡　新後拾遺集……321
さはたがは　源順百首　好忠集……189、190
さはみづに　橘為仲朝臣　後拾遺集……203
さはみづに　源順　順集……168
さびしさに　良暹法師　百人一首七〇番……269
さひづるや　本居宣長　玉鉾百首……498

さみだれて　源順百首　好忠集……190
さみだれに　建保名所百首……462
さみだれに　源順　順集……164
さみだれに　周防内侍　後拾遺集……201
さみだれの　為盛　為忠家初度百首……415
さみだれの　源順　順集……165
さみだれの　藤原基任　新拾遺集……314
さみだれは　俊恵　林葉集……418
さみだれは　藤原俊成　五社百首
ながらのやまも……120、443
おふのうらなし……434
みなかみまさる……438
いはなみあらふ……436
さみだれは　藤原俊成　祇園百首……424
さみだれは　藤原俊成　千載集……218
さむしとて　曾禰好忠　好忠集……66、394
さもこそは　よみ人しらず　新後拾遺集……322
さよふけて　源俊頼　散木奇歌集……407
さよふけて　式子内親王　玉葉集……292
さよふけて　人丸　続古今集……251
さらしゐの　源俊頼　散木奇歌集……407
さらにまた　藤原俊成　千載集……221

さりともと　藤原俊成　千載集……218
さりともな　賢阿　白河殿七百首……477
さをさせど　土佐日記……132
さをしかの　藤原実方　実方集……345
さをしかの　兵部　順集……166
しかはあれ　源俊頼　散木奇歌集……409
しかばかり　藤原定家　拾遺愚草……469
しきしのぶ　皇太后宮大夫藤原俊成　千載集……216、220
しきしまの　今上御製　新続古今集……329
しぐれする　中大臣能宣　能宣集……392
しげさのみ　凡河内躬恒　新続古今集……326
したにこそ　中務卿宗尊親王　続古今和歌集……251
したにごる　本居宣長　玉鉾百首……500
したにのみ　藤原実方　実方集……362
したにのみ　読人しらず　新千載集……309
したにのみ　読人しらず　続千載集……296
したひきて　遊義門院　続千載集……295
したひくる　源俊頼朝臣　千載集……216
散木奇歌集……409
したひもの　中大臣能宣　能宣集……392
したふあき　西行　山家集……452
しづくさへ　源順　順集……177

しづはたを　本居宣長　玉鉾百首……505
しでのやま　源為憲　源氏物語……125
しなのなる　源順　順集……165
しぬばかり　寂身法師　新続古今集……328
しのびつつ　大江嘉言　後拾遺集……202
しのびねの　栄華物語……143
しのびねの　栄華物語……143、144
しのびねの　藤原実方　実方集……361
しのびねの　大弐三位　後拾遺集……204
しのびねも　藤原実方　実方集……369
しのぶとは　源頼政　頼政集……422
しのぶとも　後猪熊前関白左大臣　新拾遺集……317
しのぶやま　兼好法師　新拾遺集……315
しのぶるに　九条兼実　新古今集……229
しのぶれど　権中納言師時　新後撰集……287
しのぶれと　源順百首　好忠集……186
しのぶれど　平兼盛　百人一首四〇番……266
しのぶれば　東三条入道　新千載集……309
しばしばに　篁物語……144、145
しほがまの　よみ人しらず　続後撰集……244
しほたるる　後深草院少将内侍　新拾遺集……316
しほみたぬ　侍従三位　白河殿七百首……477

しまのこは　藤原実方　実方集……350
しみこほる　源俊頼　散木奇歌集……410
しもかとて　藤原実方　実方集……381
しもさゆる　藤原俊成　五社百首……444
しもののち　藤原俊成　五社百首……444
しらいとの　源順　源順馬名歌合……193、195
しらかはに　藤原実方　実方集……339
しらくもの　兼輔　続勅撰集……241
しらくもの　源俊頼　散木奇歌集……406
しらくもの　藤原実方　実方集……366
しらずして　藤原実方　実方集……361
しらせても　忠継朝臣　白河殿七百首……478
しらつゆに　文屋朝康　百人一首三七番……265
しらつゆの　源順　順集……174
しらつゆの　藤原実方　実方集……362
しらなみの　祝部成茂　風雅集……305
しられじな　春宮少将　続拾遺集……256
しられじな　前大納言公蔭　新千載集……309
しられじな　前大納言藤原為家　新後撰集……287
しられじな　前大納言藤原為家　為家千首……465
しられじな
かすみのしたに　藤原定家　拾遺愚草……470
いはのしたかげ　藤原定家　拾遺愚草……471
しりながら　入道前太政大臣実氏　続古今集……252
しるひとも　藤原元輔　後拾遺集……202
しるべすと　本居宣長　玉鉾百首……499
しるらむと　藤原実方　実方集……384
しるらめや　藤原定家　拾遺愚草員外……474
しるらめや　二条院御製　千載集……215
しろたへの　宇津保物語……137
しをるとも　伊勢　伊勢集……69、336
しをれあし　俊恵　林葉集……419
すがはらや　藤原俊成　五社百首……439
すぎぬるか　藤原俊成　千載集……218
すずかやま　源俊頼　散木奇歌集……410
すずしさに　本居宣長　鈴屋集……516
すずみにと　藤原定家　拾遺愚草……471
すのうちに　藤原実方　実方集……363
すべらぎの　源俊頼　夫木抄……14
散木奇歌集……407
すまのあま　源順　源順馬名歌合……194、196
すまのせき　藤原俊成　千載集……219
すみがまの　源俊頼　散木奇歌集……407
すみがまの　藤原俊成　五社百首……436

すみこしも　宇津保物語……138
すみぞめの　宗良親王　李花集……487
すみぞめの　藤原実方　実方集……341
すみだかは　藤原俊成　五社百首……437
すみなれし　権大納言長家　新千載集……311
すみのえの　藤原敏行　百人一首一八番……264
すみのえの　本居宣長　鈴屋集……516
すみのえや　本居宣長　鈴屋集……511
すみやまの　源順　順集……173、181
すみれさく　藤原俊成　五社百首……440
すみれつむ　源俊頼　散木奇歌集……409
すみわびて　藤原俊成　千載集……220
すみわぶる　深守法親王　新拾遺集……317
すむみづを　大納言隆季　千載集……213
すめらぎに　本居宣長　玉鉾百首……502
するがなる　宇津保物語……136
するがなる　源順　順集……182
すゑのつゆ　遍昭　俊成三十六人歌合……429
すゑのまつ　藤原定家　拾遺愚草員外……473
せきかぬる　津守国冬　新後撰集……287
せたのさと　源俊頼　散木奇歌集……409
せはふちに　源順　順集……164、173、180、181
せをはやみ　崇徳院　百人一首七七番……270
そこさむみ　源順　順集……163、180
そこひなき　前参議為秀　新拾遺集……316
そでぬらす　藤原光俊朝臣　続古今集……248
そでぬれし　右近大将道綱母　続古今集……251
そでのみと　入道前太政大臣実氏　続古今集……250
そでひつる　蜻蛉日記……134
そのくにを　源俊頼　散木奇歌集……408
そのはらや　藤原実方　実方集……362
そへてまた　藤原実方　実方集……365
そへてわが　藤原実方　実方集……382
そまかたに　大納言公実　千載集……213
そまやまに　中大臣能宣　拾遺集……155
そらさむみ　藤原俊成　五社百首……442
たえずこそ　前大納言為世　新千載集……310
たえねとや　藤原実方　実方集……363
たがあきに　紀貫之　古今集……120
たがかよふ　典侍親子朝臣　続拾遺集……256
たかさごの　式乾門院御匣　新後撰集……285
たかさごの　前権中納言匡房　百人一首七三番……269
たかさごの　藤原もろふむ　順集……166
たかさごの　藤原俊成　祇園百首……426

たがさとに　藤原実方　実方集……345
たかしまや　正三位家隆　続勅撰集……238
たかしやま　増基法師　新拾遺集……315
たがためと　続古今集……248
たがために　静仁法親王　続古今集……248
たがために　源順　順集……174
たがために　藤原実方　実方集……345
たがための　源俊頼　散木奇歌集……409
たがための　平行氏　続後拾遺集……300
たがふなと　源順　順集……173、181
たかみくら　本居宣長　玉鉾百首……498
たがみにも　光俊朝臣　新後拾遺集……320
たきぎつき　瞻西法師　千載集……217
たきのおとは　大納言公任　百人一首五五番……267
たきみれど　藤原実方　実方集……371
たきものの　大和物語……131
たくなはの　源順　源順馬名歌合……194、196
たぐひとて　藤原家隆　夫木抄……15
たけのはに　藤原実方　実方集……350
たごのうらに　山部赤人　百人一首四番……262
たそやこの　藤原実方　実方集……368
ただちには　藤原実方　実方集……348
ただならず　赤染衛門　赤染衛門集……400
たちかへり　前僧正道性　新千載集……310
たちかへり　中納言為氏　続古今集……249
たちかへり　中務卿恒明親王　続千載集……295
たちかへり　中務卿宗尊親王　続古今集……252
たちかへり　本居宣長　鈴屋集……510
たちかへる　源俊頼　散木奇歌集……408
たちかへる　前大納言為定　新拾遺集……315
たちかへる　藤原定家　拾遺愚草員外……473
たちこめて　本居宣長　鈴屋集……510
たちそひて　源為憲　源氏物語……125
たちながら　橘俊宗女　金葉集……208
たちなれて　宇津保物語……137
たちのぼる　藤原実定　新古今集……231
たちのぼる　前大納言為定　新千載集……309
たちはなれ　寂然法師　続勅撰集……238
たちよらむ　藤原実方　実方集……340
たちよるも　宇津保物語……137
たちわかれ　中納言行平　百人一首一六番……263
たつきじの　藤原実方　実方集……345
たつきじの　藤原定家　拾遺愚草……470
たつたひめ　藤原俊成　五社百首……434

たつたやま　本居宣長　鈴屋集……513
たつなみも　藤原為家　為家千首……465
たづねいる　入道前太政大臣実兼　続千載集……296
たづねきて　行円法師　続拾遺集……257
たづねても　源俊頼　散木奇歌集……408
たづねても　藤原為信朝臣　新後撰集……288
たづねばや　宗良親王　李花集……485
たづねゆく　本居宣長　鈴屋集……512
たとへける　本居宣長　鈴屋集……514
たなつもの　本居宣長　玉鉾百首……501
たなばたに　源順　順集……170
たなばたに　藤原実方　実方集……347
たなばたの　源順　順集……165
たなばたの
　ここちこそすれ　藤原実方　実方集……358
　をにぬくたまも　藤原実方　実方集……349
　けさのわかれに　藤原実方　実方集……343
　もろてにいそぐ　藤原実方　実方集……360
たなばたの　藤原俊成　五社百首……441
たなばたは　源順　拾遺集……159、160
たなばたは　源順　順集……167
たなばたは　藤原実方　実方集……364
たにかぜに　栄華物語……143、144
たにかぜに　前大納言公任　後拾遺集……204
たねまきし　藤原俊成　五社百首……441
たのまじな　藤原為顕　新続古今集……327
たのみこし　従三位行能　新続古今集……328
たのみこし　従二位家隆　玉葉集……292
たのみづの　源順　順集……164、173
たのむこと　前大僧正慈鎮　新後撰集……288
たのむとは　為業　為忠家初度百首……416
たのむまこと　太上天皇光厳院　風雅集……306
たのめおきし　光明峰入道摂政　続千載集……297
たのめおきし　藤原定家　拾遺愚草員外……474
たのめおき　藤原俊成　五社百首……441
たのめおく　光明峰入道摂政道家　新後撰集……286
たのめこし　藤原俊成　千載集……220
たのめばと　中務卿宗尊親王　続古今集……250
たのもしな　西行法師　続勅撰集……240
たびころも　藤原俊成　新後撰集……286
たびのそら　宗良親王　李花集……487
たびのそら　藤原俊成　五社百首……444
たびひとの　隆信朝臣　新続古今集……326
たまえこぐ　読み人知らず　拾遺集……155

とへといひし　源順　順集……178
とほやまだ　源順　順集……168
とまるべき　藤原仲実朝臣　新拾遺集……315
　新後拾遺集……321
とまるやと　藤原実方　実方集……367
とめてだに　藤原実方　実方集……361
ともしする　藤原俊成　千載集……219
ともにすむ　源顕則　新後拾遺集……322
とよくにの　本居宣長　玉鉾百首……505
とりのあと　俊恵　林葉集……418
なかがはに　藤原実方　実方集……363
なかがはや　藤原俊成　五社百首……435
ながからじと　堤中納言のみやす所　拾遺集……155
ながからむ　待賢門院堀河　百人一首八〇番……270
ながさはの　頼政為　忠家初度百首……415
なかたゆる　相模　後拾遺集……202
なかなかに　藤原実方　実方集……381
なかなかに　本居宣長　鈴屋集……512
ながむるを　藤原実方　実方集……370
ながむれば　藤原俊成　祇園百首……424
ながらへて　前太政大臣実氏　続後撰集……245
ながらへて　前大納言教良　新後撰集……288
ながらへば　藤原清輔　百人一首八四番……270
ながをかや　藤原俊成　五社百首……437
なきくだれ　源頼政　頼政集……421
なきそむる　光厳院御製　新続古今集……327
なきたむる　源順　順集……179
なきてゆく　本居宣長　鈴屋集……511
なきなたつ　実源法師　後拾遺集……202
なきひとの　信生法師　続後拾遺集……301
なきひとを
　したふこころの　源為憲　源氏物語……125
　しのぶるよほの　源為憲　源氏物語……122
なきひとを　仁和寺後入道覚性　千載集……216
なくこゑを　源順　順集……169
なぐさむる　藤原俊成　五社百首……443
なぐさめも　栄華物語……143、144
なくしかも　藤原定家　拾遺愚草員外……474
なくなみだ　兼輔朝臣　後撰集……153
なくむしの　源順　順集……167
なげかじと　法院長舜　続後拾遺集……301
なげきこし　赤染衛門　赤染衛門集……401
なげきつつ　右大将道綱母　百人一首五三番……267
なげきつつ　源順　順集……165

ねのひとて　後嵯峨院御製　新後撰集……288
ねのひとて　重名朝臣重輔男　白河殿七百首……477
ねをふかみ　源順　順集……163、173、180、181
のきくらき　本居宣長　鈴屋集……511
のきばなる　源順百首　好忠集……190
のこりなく　源順　順集……164、180
のこるやと　本居宣長　鈴屋集……515
のちのよの　二条院讃岐　続勅撰集……240
のどかにも　藤原実方　実方集……346
のふみしし　右京大夫顕輔　千載集……216
のべごとに　源為憲　源順集……181
のぼりけむ　更級日記……135
のぼりにし　順徳院御製　続古今集……250
のもやまも　源順百首　好忠集……190
はかなくも　右大臣藤原実定　千載集……216
はかなしと　源道済　新古今集……228
はかりなき　源為憲　源氏物語……226
はぎのはに　たちばなのもちき　順集……166
はこどりの　藤原実方　実方集……384
はしけやし　源俊頼　散木奇歌集……409
はしたかの　今川了俊　新後拾遺集……302
はしひめに
よはのさむさも　藤原実方　実方集……340
そでかたしかむ　藤原実方　実方集……341
かたしくそでも　藤原実方　実方集……364
はちすのみ　藤原実方　実方集……371
はちすばに　藤原実方　実方集……360
はづかしに　源順百首　好忠集……187
はつかにも　源順　順集……177
はつかりは　藤原俊成　五社百首……441
はなかとて　源順　源順集……182
はなかとよ　本居宣長　鈴屋集……513
はなさそふ　入道前太政大臣　百人一首九六番……271
はなすすき　藤原定家　拾遺愚草……470
はなぞめの　本居宣長　鈴屋集……515
はなならて　慈円　新古今集……230
はなのいろは　小野小町　百人一首九番……263
はなのいろは　本居宣長　鈴屋集……512
はなのえも　藤原俊成　五社百首……443
はなのかに　藤原実方　実方集……341
はなのかの　源順百首　好忠集……190
はなもみぢ　栄華物語……143
はなやいつ　本居宣長　鈴屋集……513
はなゆゑに　源順百首　好忠集……188

はなをみし　西行　山家集……452
はまちどり　宇津保物語……136
はまちどり　藤原実方　実方集……367
はやくより　大条右大臣北方　金葉集……207、208
はらふべき　藤原実方　実方集……385
はるがすみ　藤原孝善　後拾遺集……201
はるかぜに　藤原実方　実方集……381
はるかぜの　藤原伊尹　新古今集……229
はるかなる　源順百首　好忠集……187
はるかなる　藤原実方　実方集……386
はるきても　後京極摂政　新拾遺集……314
はるくりの　藤原実方　実方集……343
はるくれど　藤原実方　実方集……386
はるくれば　源順　順集……169
はるごとに　赤染衛門　赤染衛門集……400
はるごとに　前大僧正道玄　玉葉集……291
はるさめは　藤原俊成　五社百首……438
はるすぎて　持統天皇　百人一首二番……262
はるたたば　源順百首　好忠集……186、190
はるたつと　壬生忠岑　俊成三十六人歌合……430
はるのよの　周防内侍　百人一首六七番……268
はるのよの　藤原実方　実方集……384
はるのよの　本居宣長　鈴屋集……510
はるのよは　藤原俊成　千載集……218
はるははな　藤原俊成　五社百首……435
はるふかみ　源順　拾遺集……157
はるもいぬ　藤原定家　拾遺愚草……471
はるもすぎ　藤原俊成　五社百首……441
はをしげみ　藤原実方　実方集……339
ひかげかく　藤原実方　実方集……386
ひかげさす　藤原実方　実方集……362
ひかげさす　藤原俊成　五社百首……442
ひくひとに　源順　順集……165
ひくひとも　源順　拾遺集……159
ひこほしの　藤原実方　実方集……364
ひさかたの　紀友則　百人一首三三番……265
ひさかたの　源順　源順馬名歌合……193、195
ひさかたの　源順　順集……168
ひさかたの　後京極摂政良経　続勅撰集……241
ひさかたの　藤原実方　実方集……370
ひさかたの　藤原俊成　五社百首……436
ひさかたの　藤原俊成　祇園百首……424
ひさかたの　藤原敏行　俊成三十六人歌合……430
ひさかたの

あまつひつぎの　本居宣長　玉鉾百首……503
あまつつきひの　本居宣長　玉鉾百首……499
ひさしくも　源すぐる　後撰集……151
ひさしくも　藤原俊成　五社百首……437
ひたすらに　藤原実方　実方集……380
ひだりみぎの　源順　源順馬名歌合……194、196
ひときだに　藤原俊成　五社百首……433
ひとこころ　新大納言　白河殿七百首……478
ひとごころ　按察使兼宗　続勅撰集……239
ひとこふる　伊勢　後撰集……150
　伊勢集……335
ひとしれず
　かきねがくれの　藤原実方　実方集……382
　ぬれしたもとは　藤原実方　実方集……365
　かへれることを　藤原実方　実方集……368
ひとしれず　藤原勝臣　古今集……147
ひとしれず　堀河右大臣頼宗　千載集……214
ひとしれぬ　伊尹の朝臣　後撰集……151
ひとしれぬ　右のおほいまうちきみ　千載集……214
ひとしれぬ　達智門院兵衛督　新千載集……308
ひとしれぬ　藤原実方　実方集……385
ひとしれぬ　篁物語……144、145
ひとすぢに　落窪物語……140、141
ひとたびの　院冷泉　風雅集……304
ひとならば　本居宣長　鈴屋集……513
ひとなれぬ　源重之　重之集……398
ひとのあし　良喜法師　千載集……216
ひとのよに　大弐三位　詞花集……212
ひとはいさ　紀貫之　百人一首三五番……265
ひとはみな　源為憲　源氏物語……110、117
ひとふしに　大中臣頼基　拾遺集……154
ひとふしに　読み人知らず　後撰集……152
ひとみなの　本居宣長　玉鉾百首……123
ひとめのみ　中大臣能宣　能宣集……392
ひともとの　源兼澄　後拾遺集……201
ひともとの　源順　拾遺集……159
ひともをし　後鳥羽院　百人一首九九番……272
ひとりして　為盛　為忠家初度百首……416
ひとりぬる　源順　拾遺集……158、160
ひとりぬる　藤原雅冬朝臣　新拾遺集……316
ひとりのみ　藤原実方　実方集……359
ひとわたす　伊勢　伊勢集……337
ひとをなほ　斎宮女御　新古今集……228
ひのかみの　本居宣長　玉鉾百首……498

ひのもとの　本居宣長　玉鉾百首……500
ひむかしの　本居宣長　玉鉾百首……503
ひるまなく　源順百首　好忠集……186
ひろばかり　藤原実方　実方集……360
ひろまへに　藤原実方　実方集……344
ひをさむみ　源順　順集……173、181
ふかからじ　康資王母　続勅撰集……239
ふかからぬ　藤原俊成　五社百首……435
ふかさこそ　伊勢大輔　後拾遺集……202
ふきたつる　藤原俊成　五社百首……439
ふきまよふ　源俊頼　散木奇歌集……407
ふくかぜに　源順　順集……178
ふくかぜに　藤原実方　実方集……367
ふくかぜに　読み人知らず　後撰集……149
ふくかぜの　土御門院御製　続古今集……248
ふくかぜの　藤原実方　実方集……340
ふくからに　文屋康秀　百人一首二二番……264
ふけてこそ　昭訓門院春日　続千載集……295
ふけぬるを　頓阿法師　新拾遺集……317
ふけぬれど　宣光門院新右衛門督　風雅集……304
ふしづけし　平兼盛　拾遺集……154
ふじのねの　紀の乳母　後撰集……150
ふしみづや　藤原俊成　五社百首……433
ふしみやま　前大僧正実超　風雅集……304
ふたつなき　源きよかけ　拾遺集……155
ふたつなき　紀貫之　古今集……147
ふたばしら　本居宣長　玉鉾百首……498
ふたばより　恵慶法師　恵慶法師集……393
ふたばより　藤原実方　実方集……349
ふたりみし　藤原定家　拾遺愚草員外……474
ふぢごろも　源俊頼　散木奇歌集……408
ふぢころも　中納言兼輔　続後撰集……245
ふぢころも　藤原季茂　続後撰集……245
ふぢしろの　読人不知　続古今集……248
ふちせとも　大輔　後撰集……150
ふぢつぼの　栄華物語……143
ふちながら　読み人知らず　後撰集……152
ふぢはらの　もりふむ　順集……166
ふねながら　藤原実方　新古今集……228
実方集……339
ふぶきする　藤原良清　千載集……119
ふもとには　藤原俊成　五社百首……444
ふもとまで　藤原顕輔　新古今集……227
ふゆきても　藤原定家　拾遺愚草……472

みしひとも　前中納言義懐　後拾遺集……204
みしゆめの　藤原定家　拾遺愚草……473
みせばやと　漸空上人　新千載集……308
みせばやな　慈円　新古今集……120
みせばやな　宗良親王　李花集……487
みせばやな　殷富門院大輔　百人一首九〇番……271
みそぎする　藤原俊成　五社百首……438
みそぎせし　源順百首　好忠集……186
みちたえて　入道前摂政通家　続後撰集……244
みちのくに　藤原実方　実方集……363
みちのくの　河原左大臣　百人一首一四番……263
みちのくの　建保名所百首……462
みちのくの　寂照法師　新続古今集……327
みちのくの　藤原為家　為家千首……466
みちのくの　藤原俊成　五社百首……444
みちのつゆ　赤染衛門　後拾遺集……203
みちのひと　源順百首　好忠集……191
みちもなし　西行　山家集……451
みづがきの　藤原実方　実方集……358
みづかきの　藤原俊成　五社百首……436
みづがきの　本居宣長　玉鉾百首……503
みづからは　藤原実方　実方集……365

みつぎもの　前中納言匡房　風雅集……306
みつしほも　源順　順集……169
みづすめる　藤原俊成　祇園百首……425
みつとのみ　藤原実方　実方集……361
みづどりの　藤原俊成　五社百首……439
みづのおもに
　やどれるつきの　源順　拾遺集……159
　てるつきなみと　源順　拾遺集……157
みづふかみ　藤原実方　実方集……380
みづもなく　中納言定頼　後拾遺集……201
みてもまた　忠継朝臣　白河殿七百首……477
みてもまた　藤原高光　俊成三十六人歌合……429
みどりなる　源順百首　好忠集……190
みどりなる　法印為定　新千載集……308
みなかみの　源順百首　好忠集……191
みながらも　源俊頼　散木奇歌集……410
みなそこに　源俊頼　散木奇歌集……407
みなづきの　五条為実　夫木抄……15
みなとえの　読人不知　風雅集……305
みなとがは　良心法師　新続古今集……326
みなひとを　律師永観　千載集……217
みなもとは　源頼政　頼政集……423

みにちかき　藤原実方　実方集……350
みにつもる　法院慶忠　続勅撰集……240
みぬほどの　藤原実方　実方集……366
みねのまつ　源順　源順馬名歌合……193、196
みのうかむ　伊勢　伊勢集……335
みのうさは　大納言師頼　詞花集……212
みのうさも　和泉式部　玉葉集……294
みのうさを　藤原家経　金葉集……207、208
みのならむ　藤原実方　実方集……364
みはかへて　源俊頼　散木奇歌集……411
みはすてつ　藤原興風　古今集……147
みははやく　読み人知らず　後撰集……150
みみにきき　曾禰好忠　好忠集……64、119、120、535
みむといひ　藤原実方　実方集……346
みもみずも　大和物語……132
みやこおもふ　後伏見院御製　新千載集……308
みやこおもふ　津守経国　続後拾遺集……299
みやこおもふ　藤原定家　拾遺愚草……470
みやこかは　本居宣長　鈴屋集……513
みやここそ　藤原俊成　五社百首……439
みやこには
　ききふりぬらむ　藤原実方　実方集……386
　たれをかきみは　藤原実方　実方集……366
みやこにも　藤原惟規　後拾遺集……202
みやこひと　橘俊綱朝臣　後拾遺集……204
みやこびと　藤原実方　実方集……339
みやこびと　本居宣長　鈴屋集……510
みやこへと　源実基朝臣　千載集……214
みやひとの　後九条前内大臣　新拾遺集……314
みやまには　藤原俊成　祇園百首……425
みよしのの　参議雅経　百人一首九四番……271
みよしのの　藤原俊成　千載集……218
みよしのの　本居宣長　鈴屋集……515
みるたびに　狭衣物語……141
みるひとの　宇津保物語……136
みるほども　本居宣長　鈴屋集……511
みわたせば　権僧正実伊　続拾遺集……256
みわたせば
　はなよりほかの　本居宣長　鈴屋集……514
　くももかすみも　本居宣長　鈴屋集……514
　ただしらくもぞ　本居宣長　鈴屋集……514
みをかへて　前左大臣実雄　続古今集……250
みをしらで　左京大夫顕輔　新拾遺集……318
みをつめば　源順　順集……163、180

みをつめば　頼政　為忠家初度百首……416
みをなげん　宇津保物語……137
むかしおひの　宇津保物語……138
むかしおもふ　守覚法親王　続勅撰集……240
むかしおもふ　守覚法親王　新古今集……227
むかしおもふ　従三位氏久　続千載集……296
むかしみし　藤原実方　実方集……338
むかしより　藤原俊成　五社百首……441
むさしのの　藤原俊成　千載集……221
むすびおきて　源順　順集……178
むすぶての
しづくににごる　藤原実方　実方集……369
わかれとおもふに藤原実方　実方集……367
むすぶてふ　藤原実方　実方集……348
むせぶとも　藤原定家　新古今集……230
拾遺愚草……472
むつのみち　花山院内大臣　新後撰集……287
むつまじき　藤原実方　実方集……381
むつれくる　俊恵　林葉集……418
むねにみつ　贈皇太后以子　千載集……214
むべしこそ　藤原実方　実方集……367
むらさきの　源順　拾遺集……157、160
むらさきの
くものかけても　藤原実方　実方集……341
くものたなびく　藤原実方　実方集……345
むらさきの　藤原俊成　五社百首……438
むらさめの　寂蓮法師　百人一首八七番……271
むらむらの　藤原清正　俊成三十六人歌合……430
めかがやく　本居宣長　玉鉾百首……504
めぐりあひて　紫式部　百人一首五七番……267
めづらしき　宇津保物語……137
めのまへに
まづもわするる　藤原実方　実方集……364
たえせずみゆる　藤原実方　実方集……364
めもはるに　源順　順集……177
もがみがは　源順　順集……177
もがみがは　後鳥羽院下野　新後拾遺集……321
もがみがは　寂然法師　続後撰集……244
もがみがは　大蔵卿有家　新拾遺集……316
もぎたつる　源俊頼　散木奇歌集……407
もしもやと　伊勢　伊勢集……336
ものおもふに　贈太政大臣時平　後撰集……151
ものおもふに　道信朝臣　続勅撰集……239
ものおもふ　本居宣長　鈴屋集……516

ものつくる　本居宣長　玉鉾百首……502
ものをだに　藤原実方　実方集……348
ものをのみ　源信明　俊成三十六人歌合……430
もみぢさへ　源順　順集……168、180
もみぢばの
　いろどるつゆは　藤原実方　実方集……342
　いろをたづねて　藤原実方　実方集……383
もみぢみて　藤原実方　実方集……383
ももしきに　参議好古　拾遺集……156
ももしきの　藤原実方　実方集……384
ももしきや　順徳院　百人一首一〇〇番……272
ももしきや　藤原俊成　五社百首……445
ももちたび　藤原俊成　千載集……219
もらさじと　前大納言兼宗　続拾遺集……256
もりぬべし　藤原定家　拾遺愚草員外……474
もるやまに　源順百首　好忠集……187
もろこしくな　本居宣長　玉鉾百首……232
もろこしの　源頼政　頼政集……422
もろともに　祝部成仲　新拾遺集……315
もろともに　前大僧正行尊　百人一首六六番……268
もろともに
　おきふしものを　藤原実方　実方集……359
もろともに
　まつべきつきを　藤原実方　実方集……383
もろはくさ　肥後　続拾遺集……257
もろひとの　前大僧正慈円　続勅撰集……240
もろびとの　藤原定家　拾遺愚草……471
もろもろの
　なりいづるもとは本居宣長　玉鉾百首……501
　からくにひとも　本居宣長　玉鉾百首……499
やえかすみ　本居宣長　鈴屋集……515
やかずとも　壬生忠見　俊成三十六人歌合……431
やすらはず　藤原実方　実方集……366
やすらはで　赤染衛門　百人一首五九番……268
やつはしの　通因法師　千載集……217
やどのうへに　藤原実方　実方集……339
やはらぐる　藤原俊成　祇園百首……424
やへながら　藤原実方　実方集……339
やへにほふ　権僧正円経　続後撰集……243
やへむぐら　恵慶法師　百人一首四七番……266
やへむぐら　藤原俊成　千載集……218
やまがつの
　しわざにもなほ　藤原俊成　五社百首……441
　まろきさしあはせ藤原俊成　五社百首……442
やまがはに　春道列樹　百人一首三二番……265

やまがはの　源順百首　好忠集……188
やまざくら　源順　順集……168
やまざくら　本居宣長　鈴屋集……513
やまざとに　源順　順集……168
やまざとに　藤原実方　実方集……360
やまざとの　藤原実方　実方集……349
やまざとの　如願　新古今集……227
やまざとは　宣秋門院丹後　続後拾遺集……299
やまざとは　源宗于朝臣　百人一首二八番……265
やまざとは　慈鎮（慈円）新後撰集……288
やまざとは
　ぬしをばおきて　藤原俊成　五社百首……437
　たへてもいかが　藤原俊成　五社百首……445
やまざとは　藤原俊成　祇園百首……425
やまざとは　本居宣長　鈴屋集……515
やまざとを　中務典侍後　拾遺集……203
やまたかみ　衣笠内大臣家良　新後撰集……286
やまたかみ　冷泉前太政大臣　新拾遺集……314
やまたかみ　右衛門督実雅　新続古今集……325
やまだもる　源順百首　好忠集……189
やまだもる　僧都玄賓　続古今集……251
やまだもる　藤原俊成　五社百首……436
やまのはの　源順　源順馬名歌合……193、195
やまふかく　源詮政　新続古今集……329
やまふかみ　藤原俊成　五社百首……434
やまぶきの　源順　順集……169
やまぶしの　為盛　為忠家初度百首……416
やまものも　源順　順集……163、180
ゆきかへる　赤染衛門　赤染衛門集……400
ゆきかよふ　伊勢　伊勢集……336
ゆきずりに　藤原実方　実方集……371
ゆきちがふ　赤染衛門　赤染衛門集……400
ゆきとふる　権中納言俊忠　続千載集……297
ゆきふりの　藤原実方　実方集……382
ゆきやらで　藤原実方　実方集……349
ゆくあきの　こはひと　順集……167
ゆくすゑは　藤原為家　為家千首……466
ゆくすゑも　円光院入道　続後拾遺集……300
ゆくはるを　藤原俊成　五社百首……440
ゆふかみの　源順　源順馬名歌合……194、196
ゆふかみは　源順　源順馬名歌合……194、196
ゆふぎりに　源為憲　源氏物語……114
ゆふぎりに　藤原定家　拾遺愚草員外……474
ゆふぎりの　藤原俊成　五社百首……442

ゆふぐれは　宗良親王　李花集……486
ゆふされば　紀友則　俊成三十六人歌合……429
ゆふされば　源順　順集……178
ゆふされば　大江忠成朝臣　続古今集……250
ゆふされば　藤原俊成　千載集……218
ゆうされば　大納言経信　百人一首七一番……269
ゆふしでや　二条太皇太后宮大弐　続勅撰集……238
ゆふだすき　よみ人知らず　後拾遺集……204
ゆふだすき　蜻蛉日記……134
ゆふだちに　源順百首　好忠集……189
ゆふつゆに　源為憲　源氏物語……125
ゆふなぎに　藤原実定　新古今集……227
ゆふなぎに　藤原実方　実方集……362
ゆふまぐれ　栄華物語……142、144
ゆふまぐれ　少将義隆　詞花集……212
ゆふやみに　源順百首　好忠集……189
ゆめとのみ　藤原俊成　五社百首……445
ゆめならば　藤原実方　実方集……385
ゆゆしさに　源道成朝臣　後拾遺集……202
ゆらのとを　曽禰好忠　新古今集……229、260
　百人一首四六番……266
よがたりを　中宮大夫公宗母　新千載集……310

よきひとを　本居宣長　玉鉾百首……501
よしさらば　顕照法師　千載集……215
よしなしな　西行　山家集……452
よしのがは　源順　順集……173、181
よしのやま　本居宣長　鈴屋集……514
よそにかく　藤原実方　実方集……348
よそにても　藤原実方　実方集……371
よどがはの　藤原朝忠　朝忠集……338
よとともに　源頼政　頼政集……422
よとともに　範宗　建保名所百首……463
よのうきめ　紀貫之　古今集……147、148
よのためも　後二条御製　続千載集……295
よのつねの　藤原治方　後撰集……151
よのなかの　本居宣長　玉鉾百首……501
よのなかは　鎌倉右大臣　百人一首九三番……271
よのなかは　藤原俊成　祇園百首……426
よのなかよ　藤原俊成　千載集……221
　百人一首八三番……270
よのなかを　よみ人しらず　後撰集……119
よのなかを　宇津保物語……137
よのなかを　源順　順集……：
　なにとたとへむゆふつゆを……165

なにとたとへむあすかがは……165
なにとたとへんくさもきを……165
なにとたとへんふゆあさみ……166
よのなかを　慈円　新古今集……230
よのなかを　西行　新古今集……228
よのなかを　大納言基良　新千載集……311
よのほどの　藤原実方　実方集……381
よもすがら　俊恵法師　百人一首八五番……270
よものうみ　源俊頼　散木奇歌集……408
よよのあとに　入道前太政大臣実兼　新後撰集……289
よよのおや　本居宣長　玉鉾百首……502
よるもゆる　藤原実方　実方集……380
よろづとせ　入道前太政大臣　新千載集……308
よをかさね　藤原俊成　五社百首……435
よをこめて　清少納言　百人一首六二番……268
よをさむみ　源順　順集……174
よをさむみ　津守国助　続後拾遺集……299
よをてらす　藤原俊成　五社百首……445
らにもかれ　源順　順集……177
りんだうも　源順　順集……163、180
るりくさの　源順　順集……164、180
るりのつぼ　源順百首　好忠集……190

れきこふの　藤原定家　拾遺愚草……473
れふしにも　源順　順集……179
ろくろにや　源順　順集……164、182
ろもかぢも　源順　順集……178
わがいほは　喜撰法師　百人一首八番……262
わがおもふ　前大納言資名　新千載集……308
わがかどの　源順　順集……167
わがかみの　土佐日記……133
わかきこが　藤原実方　実方集……379
わがことや　藤原実方　新拾遺集……317
実方集……349
わがこひは　源通能朝臣　千載集……215
わがこひは　藤原為家　為家千首……465
わがこひや　読人不知　詞花集……211
わがこふる　定修法師　続後撰集……245
わかごまの　源順　順集……174
わがそでは　二条院讃岐　百人一首九二番……271
わがたまを　壬生忠岑　玉葉集……293
わがために　赤染衛門　風雅集……306
赤染衛門集……401
わがために　藤原実方　実方集……342
わがとこの　八条院六条　続勅撰集……239

わがともと　藤原俊成　千載集……219
わかのうらに　山部赤人　俊成三十六人歌合……429
わかのうら　仲正　詞花集……211
わかひぢを　御製　白河殿七百首……478
わがやどに　津守国基　金葉集……207
わがやどの　紀友則　古今集……146、147、148
わがやどの　源順　拾遺集……157
わがやどは　本院侍従　新古今集……228
わかるとも
　ころものせきを　藤原実方　実方集……386
　わかれもはてじ　藤原実方　実方集……360
わかるれど　藤原実方　実方集……387
わかれぢの　藤原実方　実方集……366
わかれぢは　源順　拾遺集……157、160
わかれぢは　藤原実方　実方集……366
わかれても　藤原実方　実方集……385
わかれにし　源頼政　頼政集……421
わぎもこが　源順　順集……161、174
わぎもこが　藤原実方　実方集……387
わさたもる　如願法師　新後拾遺集……320
わすらるる　右近　百人一首三八番……266
わすられぬ　藤原実方　実方集……366
わするなよ　行能　建保名所百首……463
わするなよ　藤原俊成　千載集……220
わすれぐさ　伊勢物語……131
わすれぐさ　大和物語……132
わすれじの　儀同三司母　百人一首五四番……267
わすれずも　源順　順集……163、180
わたしもり　藤原定家　拾遺愚草……473
わたつうみの　伊勢　伊勢集……336
わたつうみ　伊勢　伊勢集……334
わたつうみ　従三位為信　新後拾遺集……321
わたつみの　源順　順集……168
わたのそこ　本居宣長　玉鉾百首……504
わたのはら　源順　源順馬名歌合……194、196
わたのはら　参議篁　百人一首一一番……263
わたのはら　入道二品親王尊円　新千載集……311
わたのはら　法性寺入道　百人一首七六番……269
わたるとてふ　伊勢　伊勢集……336
わびつつも　村上院　新古今集……229
わびぬれば　元良親王　百人一首二〇番……264
わびぬれば　今川了俊　新拾遺集……302
わびはつる　よみ人しらず　古今集……146
わびはつる　伊勢　伊勢集……335

わびびとの　宇津保物語……136
わりなしや　藤原実方　実方集……348
われがみは　左大臣　後拾遺集……202
われながら　藤原実方　実方集……348
われのみは　式子内親王　新拾遺集……314
ゐてもこひ　源順　順集……173、181
ゑこひする　源順　順集……178
ゑじかゑし　藤原実方　実方集……339
をぎのはを　源順　順集……166
をくやまの　藤原俊成　千載集……220
をぐらやま　源順　順集……179
をぐらやま　貞信公　百人一首二六番……264
をじかなく　藤原俊成　五社百首……439
をしとおもふ　前大納言実宣　新続古今集……327
をしどりの　源順百首　好忠集……189
をしへおく　前大僧正君什　新後撰集……287
をしほやま　藤原実方　実方集……346
をしみかね　俊恵　林葉集……417
をしむにし　赤染衛門　赤染衛門集……400
をぢなきが　本居宣長　玉鉾百首……501
をちへゆき　藤原実方　実方集……382
をとめごの　関白左大臣教実　続勅撰集……238

をひかぜに　為盛　為忠家初度百首……415
をみごろも　藤原実方　実方集……350
をみなへし　西行　山家集……451
をもふてふ　よみ人しらず　古今集……147
をやまだの　女の母　後撰集……152
をりをりに　三善遠衡朝臣　風雅集……306

		為故一	為故二	為故三	譜一	譜二
藤原実方	三七二首	四三首	四四首	五三首	三九首	五五首
源順	二二三首	二七首			二五首	
藤原俊成	一八五首	五一首			六五首	
藤原定家	一六〇首注	三五首	四一首		四七首	
本居宣長	一四九首	七〇首			六六首	
勝間田長清	九二首	三四首			四七首	
源俊頼	五三首	四八首				

注…含百人一首。

暗号所在指示索引(頁)

ひ

ふ

し

す

せ

う

え

お

か

き

索引

あ

い

●著者略歴

岩 谷 行 雄(いわたに ゆきお)

1945年　三原市本郷町船木で出生
1964年　広島大学附属高等学校卒業
1968年　東京大学法学部卒業
　　　　同年　帝人株式会社入社、国内・国際法務担当
2003年 3 月　帝人株式会社退職
2001年10月～2002年 3 月　広島大学地域共同研究センター客員教授
2002年 3 月　『邪馬壹国讃歌』文芸社より出版(2012年 7 月出版契約解除合意)
2003年 4 月　広島大学大学院社会科学研究科教授
　　　　広島大学法学部教授　経済法・教科書『法の下における経済活動と個人』
2003年10月　広島大学知的財産社会創造センター長
　　　　同退任後知的財産社会創造センター教授・法学部で経済法講義
2009年 3 月　定年退職
2012年12月　『卑弥呼の一生』新葉館出版より出版

日精潔・柞原・矢馬初国
本居宣長への鎮魂歌

○

2018年 6 月30日　初　版

著　者
岩　谷　行　雄

発行人
松　岡　恭　子

発行所
新　葉　館　出　版
大阪市東成区玉津 1 丁目9-16 4F　〒537-0023
TEL06-4259-3777㈹　FAX06-4259-3888
http://shinyokan.jp/

印刷所
明誠企画株式会社

○

定価はカバーに表示してあります。

ISBN978-4-86044-815-8